La Reine Marg

Alexandre Dum

VOLUME I

I. —
Le Latin de M. de Guise.   II. —
La Chambre de la reine de Navarre.   III. —
Un Roi poëte.   IV. —
La Soirée du 24 août 1572.   V. —
Du Louvre en particulier, et de la Vertu en général.   VI. —
La Dette payée.   VII. —
La Nuit du 24 août 1572.   VIII. —
Les Massacrés.   IX. —
Les Massacreurs.   X. —
Mort, Messe ou Bastille.   XI. —
L'Aubépine du cimetière des Innocents.   XII. —
Les Confidences.   XIII. —
Comme il y a des clefs qui ouvrent des portes auxquelles elles ne sont pas destinées.   XIV. —
Seconde Nuit de noces.   XV. —
Ce que femme veut Dieu le veut.   XVI. —
Le Corps d'un ennemi mort sent toujours bon.   XVII. —
Le Confrère de maître Ambroise Paré.   XVIII. —
Les Revenants.   XIX. —
Le Logis de maître René, le parfumeur de la reine mère.   XX. —
Les Poules noires.   XXI. —
L'Appartement de madame de Sauve.   XXII. —
Sire, vous serez roi.   XXIII. —
Un nouveau Converti.   XXIV. —
La rue Tizon et la rue Cloche-Percée.   XXV. —
Le Manteau cerise.   XXVI. —
Margarita.   XXVII. —
La Main de Dieu.   XXVIII. —
La Lettre de Rome.   XXIX. —
Le Départ.   XXX. —
Maurevel.   XXXI. —

La Chasse à courre.

VOLUME II

I. —
Fraternité   II. —
La Reconnaissance du roi Charles IX   III. —
Dieu dispose IV. —
La Nuit des rois   V. —
Anagramme VI. —

La Rentrée au Louvre   VII. —
La Cordelière de la reine mère   VIII. —
Projets de vengeance   IX. —
Les Atrides   X. —
L'Horoscope   XI. —
Les Confidences   XII. —
Les Ambassadeurs   XIII. —
Oreste et Pylade   XIV. —
Orthon   XV. —
L'Hôtellerie de la Belle-Étoile   XVI. —
De Mouy de Saint-Phale   XVII. —
Deux Têtes pour une couronne   XVIII. —
Le Livre de vénerie   XIX. —
La Chasse au vol   XX. —
Le Pavillon de François Ier   XXI. —
Les Investigations   XXII. —
Actéon   XXIII. —
Le Bois de Vincennes   XXIV. —
La Figure de cire   XXV. —
Les Boucliers invisibles   XXVI. —
Les Juges   XXVII. —
La Torture du brodequin   XXVIII. —
La Chapelle   XXIX. —
La Place Saint-Jean-en-Grève   XXX. —
La Tour du pilori   XXXI. —
La Sueur de sang   XXXII. —
La Plate-forme du donjon de Vincennes   XXXIII. —
La Régence   XXXIV. —
Le Roi est mort : vive le roi !   XXXV. —
Épilogue

VOLUME I

I

LE LATIN DE M. DE GUISE.

Le lundi, dix-huitième jour du mois d'août 1572, il y avait grande fête au Louvre.

Les fenêtres de la vieille demeure royale, ordinairement si sombres, étaient ardemment éclairées ; les places et les rues attenantes, habituellement si solitaires dès que neuf heures sonnaient à Saint-Germain-l'Auxerrois, étaient, quoiqu'il fût minuit, encombrées de populaire.

Tout ce concours menaçant, pressé, bruyant, ressemblait, dans l'obscurité, à une mer sombre et houleuse dont chaque flot faisait une vague grondante ; cette mer, épandue sur le quai, où elle se dégorgeait par la rue des Fossés-Saint-Germain et par la rue de l'Astruce, venait battre de son flux le pied des murs du Louvre et de son reflux la base de l'hôtel de Bourbon qui s'élevait en face.

Il y avait, malgré la fête royale, et même peut-être à cause de la fête royale, quelque chose de menaçant dans ce peuple ; car il ne se doutait pas que cette solennité, à laquelle il assistait comme spectateur, n'était que le prélude d'une autre remise à huitaine, et à laquelle il serait convié et s'ébattrait de tout son cœur.

La cour célébrait les noces de madame Marguerite de Valois, fille du roi Henri II et sœur du roi Charles IX, avec Henri de Bourbon, roi de Navarre. En effet, le matin même, le cardinal de Bourbon avait uni les deux époux avec le cérémonial usité pour les noces des filles de France, sur un théâtre dressé à la porte de Notre-Dame.

Ce mariage avait étonné tout le monde et avait fort donné à songer à quelques-uns qui voyaient plus clair que les autres ; on comprenait peu le rapprochement de deux partis aussi haineux que l'étaient à cette heure le parti protestant et le parti catholique : on se demandait comment le jeune prince de Condé pardonnerait au duc d'Anjou, frère du roi, la mort de son père assassiné à Jarnac par Montesquiou. On se demandait comment le jeune duc de Guise pardonnerait à l'amiral de Coligny la mort du sien assassiné à Orléans par Poltrot de Méré. Il y a plus : Jeanne de Navarre, la courageuse épouse du faible Antoine de Bourbon, qui avait amené son fils Henri aux royales fiançailles qui l'attendaient, était morte il y avait deux mois à peine, et de singuliers bruits s'étaient répandus sur cette mort subite. Partout on disait tout bas, et en quelques lieux tout haut, qu'un secret terrible avait été surpris par elle, et que Catherine de Médicis, craignant la révélation de ce secret, l'avait empoisonnée avec des gants de senteur qui avaient été confectionnés par un nomme Réné, Florentin fort habile dans ces sortes de matières. Ce bruit s'était d'autant plus répandu et confirmé, qu'après la mort de cette grande reine, sur la demande de son fils, deux médecins, desquels était le fameux Ambroise Paré, avaient été autorisés à ouvrir et à étudier le corps, mais non le cerveau. Or, comme c'était par l'odorat qu'avait été empoisonnée Jeanne de Navarre, c'était le cerveau, seule partie du corps exclue de l'autopsie, qui devait offrir les traces du crime. Nous disons crime, car personne ne doutait qu'un crime n'eût été commis.

Ce n'était pas tout : le roi Charles, particulièrement, avait mis à ce mariage, qui non-seulement rétablissait la paix dans son royaume, mais encore attirait à Paris les principaux huguenots de France, une persistance qui ressemblait à de l'entêtement. Comme les deux fiancés appartenaient, l'un à la religion catholique, l'autre à la religion réformée, on avait été obligé de s'adresser pour la dispense à Grégoire XIII, qui tenait alors le siège de Rome. La dispense tardait, et ce retard inquiétait fort la feue reine de Navarre ; elle avait un jour exprimé à Charles IX ses craintes que cette dispense n'arrivât point, ce à quoi le roi avait répondu :

— N'ayez souci, ma bonne tante, je vous honore plus que le pape, et aime plus ma sœur que je ne le crains. Je ne suis pas huguenot, mais je ne suis pas sot non plus, et si monsieur le pape fait trop la bête, je prendrai moi-même Margot par la main, et je la mènerai épouser votre fils en plein prêche.

Ces paroles s'étaient répandues du Louvre dans la ville, et, tout en réjouissant fort les huguenots, avaient considérablement donné à penser aux catholiques, qui se demandaient tout bas si le roi les trahissait réellement, ou bien ne jouait pas quelque comédie qui aurait un beau matin ou un beau soir son dénoûment inattendu.

C'était vis-à-vis de l'amiral de Coligny surtout, qui depuis cinq ou six ans faisait une guerre acharnée au roi, que la conduite de Charles IX paraissait inexplicable : après avoir mis sa tête à prix à cent cinquante mille écus d'or, le roi ne jurait plus que par lui, l'appelant son père et déclarant tout haut qu'il allait confier désormais à lui seul la conduite de la guerre ; c'est au point que Catherine de Médicis elle-même, qui jusqu'alors avait réglé les actions, les volontés et jusqu'aux désirs du jeune prince, paraissait commencer à s'inquiéter tout de bon, et ce n'était pas sans sujet, car, dans un moment d'épanchement, Charles IX avait dit à l'amiral à propos de la guerre de Flandre :

— Mon père, il y a encore une chose en ceci à laquelle il faut bien prendre garde : c'est que la reine mère, qui veut mettre le nez partout comme vous savez, ne connaisse rien de cette entreprise ; que nous la tenions si secrète qu'elle n'y voie goutte, car, brouillonne comme je la connais, elle nous gâterait tout.

Or, tout sage et expérimenté qu'il était, Coligny n'avait pu tenir secrète une si entière confiance ; et quoiqu'il fût arrivé à Paris avec de grands soupçons, quoique à son départ de Châtillon une paysanne se fût jetée à ses pieds, en criant : « Oh ! Monsieur, notre bon maître, n'allez pas à Paris, car si vous y allez vous mourrez, vous et tous ceux qui iront avec vous ; » ces soupçons s'étaient peu à peu éteints dans son cœur et dans celui de Téligny, son gendre, auquel le roi de son côté faisait de grandes amitiés, l'appelant son frère comme il appelait l'amiral son père, et le tutoyant, ainsi qu'il faisait pour ses meilleurs amis.

Les huguenots, à part quelques esprits chagrins et défiants, étaient donc entièrement rassurés : la mort de la reine de Navarre passait pour avoir été causée par une pleurésie, et les vastes salles du Louvre s'étaient emplies de tous ces braves protestants auxquels le mariage de leur jeune chef Henri promettait un retour de fortune bien inespéré. L'amiral de Coligny, La Rochefoucault, le prince de Condé fils, Téligny, enfin tous les principaux du parti, triomphaient de voir tout-puissants au Louvre et si bien venus à Paris ceux-là même que trois mois auparavant le roi Charles et la reine Catherine voulaient faire pendre à des potences plus hautes que celles des assassins. Il n'y avait que le maréchal de Montmorency que l'on cherchait vainement parmi tous ses frères, car aucune promesse n'avait pu le séduire, aucun semblant n'avait pu le tromper, et il restait retiré en son château de l'Isle-Adam, donnant pour excuse de sa retraite la douleur que lui causait encore la mort de son père le connétable Anne de Montmorency, tué d'un coup de pistolet par Robert Stuart, à la bataille de Saint-Denis. Mais comme cet événement était arrivé depuis plus de trois ans et que la sensibilité était une vertu assez peu à la mode à cette époque, on n'avait cru de ce deuil prolongé outre mesure que ce qu'on avait bien voulu en croire.

Au reste, tout donnait tort au maréchal de Montmorency ; le roi, la reine, le duc d'Anjou et le duc d'Alençon faisaient à merveille les honneurs de la royale fête.

Le duc d'Anjou recevait des huguenots eux-mêmes des compliments bien mérités sur les deux batailles de Jarnac et de Moncontour, qu'il avait gagnées avant d'avoir atteint l'âge de dix-huit ans, plus précoce en cela que n'avaient été César et Alexandre, auxquels on le comparait en donnant, bien entendu, l'infériorité aux vainqueurs d'Issus et de Pharsale ; le duc d'Alençon regardait tout cela de son œil caressant et faux ; la reine Catherine rayonnait de joie et, toute confite en gracieusetés, complimentait le prince Henri de Condé sur son récent mariage avec Marie de Clèves ; enfin MM. de Guise eux-mêmes souriaient aux formidables ennemis de leur maison, et le duc de Mayenne discourait avec M. de Tavannes et l'amiral sur la prochaine guerre qu'il était plus que jamais question de déclarer à Philippe II.

Au milieu de ces groupes allait et venait, la tête légèrement inclinée et l'oreille ouverte à tous les propos, un jeune homme de dix-neuf ans, à l'œil fin, aux cheveux noirs coupés très-courts, aux sourcils épais, au nez recourbé comme un bec d'aigle, au sourire narquois, à la moustache et à la barbe naissantes. Ce jeune homme, qui ne s'était fait remarquer encore qu'au combat d'Arnay-le-Duc où il avait bravement payé de sa personne, et qui recevait compliments sur compliments, était l'élève bien-aimé de Coligny et le héros du jour ; trois mois auparavant, c'est-à-dire à l'époque où sa mère vivait encore, on l'avait appelé le prince de Béarn ; on l'appelait maintenant le roi de Navarre, en attendant qu'on l'appelât Henri IV.

De temps en temps un nuage sombre et rapide passait sur son front ; sans doute il se rappelait qu'il y avait deux mois à peine que sa mère était morte, et moins que personne il doutait qu'elle ne fût morte empoisonnée. Mais le nuage était passager et disparaissait comme une ombre flottante ; car ceux qui lui parlaient, ceux qui le félicitaient, ceux qui le coudoyaient, étaient ceux-là mêmes qui avaient assassiné la courageuse Jeanne d'Albret.

À quelques pas du roi de Navarre, presque aussi pensif, presque aussi soucieux que le premier affectait d'être joyeux et ouvert, le jeune duc de Guise causait avec Téligny. Plus heureux que le Béarnais, à vingt-deux ans sa renommée avait presque atteint celle de son père, le grand François de Guise. C'était un élégant seigneur, de haute taille, au regard fier et orgueilleux, et doué de cette majesté naturelle qui faisait dire, quand il passait, que près de lui les autres princes paraissaient peuple. Tout jeune qu'il était, les catholiques voyaient en lui le chef de leur parti, comme les huguenots voyaient le leur dans ce jeune Henri de Navarre dont nous venons de tracer le portrait. Il avait d'abord porté le titre de prince de Joinville, et avait fait, au siège d'Orléans, ses premières armes sous son père, qui était mort dans ses bras en lui désignant l'amiral Coligny pour son assassin. Alors le jeune duc, comme Annibal, avait fait un serment solennel : c'était de venger la mort de son père sur l'amiral et sur sa famille, et de poursuivre ceux de sa religion sans trêve ni relâche, ayant promis à Dieu d'être son ange exterminateur sur la terre jusqu'au jour où le dernier hérétique serait exterminé. Ce n'était donc pas sans un profond étonnement qu'on voyait ce prince, ordinairement si fidèle à sa parole, tendre la main à ceux qu'il avait juré de tenir pour ses éternels ennemis et causer familièrement avec le gendre de celui dont il avait promis la mort à son père mourant.

Mais, nous l'avons dit, cette soirée était celle des étonnements.

En effet, avec cette connaissance de l'avenir qui manque heureusement aux hommes, avec cette faculté de lire dans les cœurs qui n'appartient malheureusement qu'à Dieu, l'observateur privilégié auquel il eût été donné d'assister à cette fête, eût joui certainement du plus curieux spectacle que fournissent les annales de la triste comédie humaine.

Mais cet observateur qui manquait aux galeries intérieures du Louvre, continuait dans la rue à regarder de ses yeux flamboyants et à gronder de sa voix menaçante : cet observateur c'était le peuple, qui, avec son instinct merveilleusement aiguisé par la haine, suivait de loin les ombres de ses ennemis implacables et traduisait leurs impressions aussi nettement que peut le faire le curieux devant les fenêtres d'une salle de bal hermétiquement fermée. La musique enivre et règle le danseur, tandis que le curieux voit le mouvement seul et rit de ce pantin qui s'agite sans raison, car le curieux, lui, n'entend pas la musique.

La musique qui enivrait les huguenots, c'était la voix de leur orgueil.

Ces lueurs qui passaient aux yeux des Parisiens au milieu de la nuit, c'étaient les éclairs de leur haine qui illuminaient l'avenir.

Et cependant tout continuait d'être riant à l'intérieur, et même un murmure plus doux et plus flatteur que jamais courait en ce moment par tout le Louvre : c'est que la jeune fiancée, après être allée déposer sa toilette d'apparat, son manteau traînant et son long voile, venait de rentrer dans la salle de bal, accompagnée de la belle duchesse de Nevers, sa meilleure amie, et menée par son frère Charles IX, qui la présentait aux principaux de ses hôtes.

Cette fiancée, c'était la fille de Henri II, c'était la perle de la couronne de France, c'était Marguerite de Valois, que, dans sa familière tendresse pour elle, le roi Charles IX n'appelait jamais que *ma sœur Margot*.

Certes jamais accueil, si flatteur qu'il fût, n'avait été mieux mérité que celui qu'on faisait en ce moment à la nouvelle reine de Navarre. Marguerite à cette époque avait vingt ans à peine, et déjà elle était l'objet des louanges de tous les poëtes, qui la comparaient les uns à l'Aurore, les autres à Cythérée. C'était en effet la beauté sans rivale de cette cour où Catherine de Médicis avait réuni, pour en faire ses sirènes, les plus belles femmes qu'elle avait pu trouver. Elle avait les cheveux noirs, le teint brillant, l'œil voluptueux et voilé de longs cils, la bouche vermeille et fine, le cou élégant, la taille riche et souple, et, perdu dans une mule de satin, un pied d'enfant. Les Français, qui la possédaient, étaient fiers de voir éclore sur leur sol une si magnifique fleur, et les étrangers qui passaient par la France s'en retournaient éblouis de sa beauté s'ils l'avaient vue seulement, étourdis de sa science s'ils avaient causé avec elle. C'est que Marguerite était non-seulement la plus belle, mais encore la plus lettrée des femmes de son temps, et l'on citait le mot d'un savant italien qui lui avait été présenté, et qui, après avoir causé avec elle une heure en italien, en espagnol, en latin et en grec, l'avait quittée en disant dans son enthousiasme : « Voir la cour sans voir Marguerite de Valois, c'est ne voir ni la France ni la cour. »

Aussi les harangues ne manquaient pas au roi Charles IX et à la reine de Navarre ; on sait combien les huguenots étaient harangueurs. Force allusions au passé, force demandes pour l'avenir furent adroitement glissées au roi au milieu de ces harangues ; mais à toutes ces allusions, il répondait avec ses lèvres pâles et son sourire rusé :

— En donnant ma sœur Margot à Henri de Navarre, je donne ma sœur à tous les protestants du royaume.

Mot qui rassurait les uns et faisait sourire les autres, car il avait réellement deux sens : l'un paternel, et dont en bonne conscience Charles IX ne voulait pas surcharger sa pensée ; l'autre injurieux pour l'épousée, pour son mari et pour celui-là même qui le disait, car il rappelait quelques sourds scandales dont la chronique de la cour avait déjà trouvé moyen de souiller la robe nuptiale de Marguerite de Valois.

Cependant M. de Guise causait, comme nous l'avons dit, avec Téligny ; mais il ne donnait pas à l'entretien une attention si soutenue qu'il ne se détournât parfois pour lancer un regard sur le groupe de dames au centre duquel resplendissait la reine de Navarre. Si le regard de la princesse rencontrait alors celui du jeune duc, un nuage semblait obscurcir ce front charmant autour duquel des étoiles de diamants formaient une tremblante auréole, et quelque vague dessein perçait dans son attitude impatiente et agitée.

La princesse Claude, sœur aînée de Marguerite, qui depuis quelques années déjà avait épousé le duc de Lorraine, avait remarqué cette inquiétude, et elle s'approchait d'elle pour lui en demander la cause, lorsque chacun s'écartant devant la reine mère, qui s'avançait appuyée au bras du jeune prince de Condé, la princesse se trouva refoulée loin de sa sœur. Il y eut alors un mouvement général dont le duc de Guise profita pour se rapprocher de madame de Nevers, sa belle-sœur, et par conséquent de Marguerite. Madame de Lorraine, qui n'avait pas perdu la jeune reine des yeux, vit alors, au lieu de ce nuage qu'elle avait remarqué sur son front, une flamme ardente passer sur ses joues. Cependant le duc s'approchait toujours, et quand il ne fut plus qu'à deux pas de Marguerite, celle-ci, qui semblait plutôt le sentir que le voir, se retourna en faisant un effort violent pour donner à son visage le calme et l'insouciance ; alors le duc salua respectueusement, et, tout en s'inclinant devant elle, murmura à demi voix :

— *Ipse attuli.*

Ce qui voulait dire :

— Je l'ai *apporté*, ou *apporté moi-même.*

Marguerite rendit sa révérence au jeune duc, et, en se relevant, laissa tomber cette réponse :

— *Noctu pro more.*

Ce qui signifiait :

— Cette nuit comme d'habitude.

Ces douces paroles, absorbées par l'énorme collet goudronné de la princesse comme par l'enroulement d'un porte-voix, ne furent entendues que de la personne à laquelle on les adressait ; mais si court qu'eût été le dialogue, sans doute il embrassait tout ce que les deux jeunes gens avaient à se dire, car après cet échange de deux mots contre trois, ils se séparèrent, Marguerite le front plus rêveur, et le duc le front plus radieux qu'avant qu'ils se fussent rapprochés. Cette petite scène avait eu lieu sans que l'homme le plus intéressé à la remarquer eût paru y faire la moindre attention, car, de son côté, le roi de Navarre n'avait d'yeux que pour une seule personne qui rassemblait autour d'elle une cour presque aussi nombreuse que Marguerite de Valois ; cette personne était la belle madame de Sauve.

Charlotte de Beaune-Semblançay, petite-fille du malheureux Semblançay et femme de Simon de Fizes, baron de Sauve, était une des dames d'atours de Catherine de Médicis, et l'une des plus redoutables auxiliaires de cette reine, qui versait à ses ennemis le philtre de l'amour quand elle n'osait leur verser le poison florentin ; petite, blonde, tour à tour pétillante de vivacité ou languissante de mélancolie, toujours prête à l'amour et à l'intrigue, les deux grandes affaires qui, depuis cinquante ans, occupaient la cour des trois rois qui s'étaient succédé ; femme dans toute l'acception du mot et dans tout le charme de la chose, depuis l'œil bleu languissant ou brillant de flammes jusqu'aux petits pieds mutins et cambrés dans leurs mules de velours, madame de Sauve s'était, depuis quelques mois déjà, emparée de toutes les facultés du roi de Navarre, qui débutait alors dans la carrière amoureuse comme dans la carrière politique ; si bien que Marguerite de Navarre, beauté magnifique et royale, n'avait plus même trouvé l'admiration au fond du cœur de son époux ; et, chose étrange et qui étonnait tout le monde, même de la part de cette âme pleine de ténèbres et de mystères, c'est que Catherine de Médicis, tout en poursuivant son projet d'union entre sa fille et le roi de Navarre, n'avait pas discontinué de favoriser presque ouvertement les amours de celui-ci avec madame de Sauve. Mais malgré cette aide puissante et en dépit des mœurs faciles de l'époque, la belle Charlotte avait résisté jusque-là ; et de cette résistance inconnue, incroyable, inouïe, plus encore que de la beauté et de l'esprit de celle qui résistait, était née dans le cœur du Béarnais une passion qui, ne pouvant se satisfaire, s'était repliée sur elle-même et avait dévoré dans le cœur du jeune roi la timidité, l'orgueil et jusqu'à cette insouciance, moitié philosophique, moitié paresseuse, qui faisait le fond de son caractère.

Madame de Sauve venait d'entrer depuis quelques minutes seulement dans la salle de bal : soit dépit, soit douleur, elle avait résolu d'abord de ne point assister au triomphe de sa rivale, et, sous le prétexte d'une indisposition, elle avait laissé son mari, secrétaire d'État depuis cinq ans, venir seul au Louvre. Mais en apercevant le baron de Sauve sans sa femme, Catherine de Médicis s'était informée des causes qui tenaient sa bien-aimée Charlotte éloignée ; et, apprenant que ce n'était qu'une légère indisposition, elle lui avait écrit quelques mots d'appel, auxquels la jeune femme s'était empressée d'obéir. Henri, tout attristé qu'il avait été d'abord de son absence, avait cependant respiré plus librement lorsqu'il avait vu M. de Sauve entrer seul ; mais au moment où, ne s'attendant aucunement à cette apparition, il allait en soupirant se rapprocher de l'aimable créature qu'il était condamné, sinon à aimer, du moins à traiter en épouse, il avait vu au bout de la galerie surgir madame de Sauve ; alors il était demeuré cloué à sa place, les yeux fixés sur cette Circé qui l'enchaînait à elle comme un lien magique, et, au lieu de continuer sa marche vers sa femme, par un mouvement d'hésitation qui tenait bien plus à l'étonnement qu'à la crainte, il s'avança vers madame de Sauve.

De leur côté les courtisans, voyant que le roi de Navarre, dont on connaissait déjà le cœur inflammable, se rapprochait de la belle Charlotte, n'eurent point le courage de s'opposer à leur réunion ; ils s'éloignèrent complaisamment, de sorte qu'au même instant où Marguerite de Valois et M. de Guise échangeaient les quelques mots latins que nous avons rapportés, Henri, arrivé près de madame de Sauve, entamait avec elle en français fort intelligible, quoique saupoudré d'accent gascon, une conversation beaucoup moins mystérieuse.

— Ah ! ma mie ! lui dit-il, vous voilà donc revenue au moment où l'on m'avait dit que vous étiez malade et où j'avais perdu l'espérance de vous voir ?

— Votre Majesté, répondit madame de Sauve, aurait-elle la prétention de me faire croire que cette espérance lui avait beaucoup coûté à perdre ?

— Sang-diou ! je le crois bien, reprit le Béarnais ; ne savez-vous point que vous êtes mon soleil pendant le jour et mon étoile pendant la nuit ? En vérité je me croyais dans l'obscurité la plus profonde, lorsque vous avez paru tout à l'heure et avez soudain tout éclairé.

— C'est un mauvais tour que je vous joue alors, Monseigneur.

— Que voulez-vous dire, ma mie ? demanda Henri.

— Je veux dire que lorsqu'on est maître de la plus belle femme de France, la seule chose qu'on doive désirer, c'est que la lumière disparaisse pour faire place à l'obscurité, car c'est dans l'obscurité que nous attend le bonheur.

— Ce bonheur, mauvaise, vous savez bien qu'il est aux mains d'une seule personne, et que cette personne se rit et se joue du pauvre Henri.

— Oh ! reprit la baronne, j'aurais cru, au contraire, moi, que c'était cette personne qui était le jouet et la risée du roi de Navarre.

Henri fut effrayé de cette attitude hostile, et cependant il réfléchit qu'elle trahissait le dépit, et que le dépit n'est que le masque de l'amour.

— En vérité, dit-il, chère Charlotte, vous me faites là un injuste reproche, et je ne comprends pas qu'une si jolie bouche soit en même temps si cruelle. Croyez-vous donc que ce soit moi qui me marie ? Eh ! non, ventre-saint-gris ! ce n'est pas moi !

— C'est moi, peut-être ! reprit aigrement la baronne, si jamais peut paraître aigre la voix de la femme qui nous aime et qui nous reproche de ne pas l'aimer.

— Avec vos beaux yeux n'avez-vous pas vu plus loin, baronne ? Non, non, ce n'est pas Henri de Navarre qui épouse Marguerite de Valois.

— Et qui est-ce donc alors ?

— Eh, sang-diou ! c'est la religion réformée qui épouse le pape, voilà tout.

— Nenni, nenni, Monseigneur, et je ne me laisse pas prendre à vos jeux d'esprit, moi : Votre Majesté aime madame Marguerite, et je ne vous en fais pas un reproche, Dieu m'en garde ! elle est assez belle pour être aimée.

Henri réfléchit un instant, et tandis qu'il réfléchissait, un fin sourire retroussa le coin de ses lèvres.

— Baronne, dit-il, vous me cherchez querelle, ce me semble, et cependant vous n'en avez pas le droit ; qu'avez-vous fait, voyons ! pour m'empêcher d'épouser madame Marguerite ? Rien ; au contraire, vous m'avez toujours désespéré.

— Et bien m'en a pris, Monseigneur ! répondit madame de Sauve.

— Comment cela ?

— Sans doute, puisque aujourd'hui vous en épousez une autre.

— Ah ! je l'épouse parce que vous ne m'aimez pas.

— Si je vous eusse aimé, sire, il me faudrait donc mourir dans une heure !

— Dans une heure ! Que voulez-vous dire, et de quelle mort seriez-vous morte ?

— De jalousie… car dans une heure la reine de Navarre renverra ses femmes, et Votre Majesté ses gentilshommes.

— Est-ce là véritablement la pensée qui vous préoccupe, ma mie ?

— Je ne dis pas cela. Je dis que, si je vous aimais, elle me préoccuperait horriblement.

— Eh bien ! s'écria Henri au comble de la joie d'entendre cet aveu, le premier qu'il eût reçu, si le roi de Navarre ne renvoyait pas ses gentilshommes ce soir ?

— Sire, dit madame de Sauve, regardant le roi avec un étonnement qui cette fois n'était pas joué, vous dites là des choses impossibles et surtout incroyables.

— Pour que vous les croyiez, que faut-il donc faire ?

— Il faudrait m'en donner la preuve, et cette preuve, vous ne pouvez me la donner.

— Si fait, baronne, si fait. Par saint Henri ! je vous la donnerai, au contraire, s'écria le roi en dévorant la jeune femme d'un regard embrasé d'amour.

— O Votre Majesté ! murmura la belle Charlotte en baissant la voix et les yeux… Je ne comprends pas… Non, non ! il est impossible que vous échappiez au bonheur qui vous attend.

— Il y a quatre Henri dans cette salle, mon adorée ! reprit le roi : Henri de France, Henri de Condé, Henri de Guise ; mais il n'y a qu'un Henri de Navarre.

— Eh bien ?

— Eh bien ! si vous avez ce Henri de Navarre près de vous toute cette nuit.

— Toute cette nuit ?

— Oui ; serez-vous certaine qu'il ne sera pas près d'une autre ?

— Ah ! si vous faites cela, sire ! s'écria à son tour la dame de Sauve.

— Foi de gentilhomme, je le ferai.

Madame de Sauve leva ses grands yeux humides de voluptueuses promesses et sourit au roi, dont le cœur s'emplit d'une joie enivrante.

— Voyons, reprit Henri, en ce cas, que direz vous ?

— Oh ! en ce cas, répondit Charlotte, en ce cas je dirai que je suis véritablement aimée de Votre Majesté.

— Ventre-saint-gris ! vous le direz donc, car cela est, baronne.

— Mais comment faire ? murmura madame de Sauve.

— Oh ! par Dieu ! baronne, il n'est point que vous n'ayez autour de vous quelque camérière, quelque suivante, quelque fille dont vous soyez sûre ?

— Oh ! j'ai Dariole, qui m'est si dévouée qu'elle se ferait couper en morceaux pour moi :

un véritable trésor.

— Sang-diou ! baronne, dites à cette fille que je ferai sa fortune quand je serai roi de France, comme me le prédisent les astrologues.

Charlotte sourit ; car dès cette époque la réputation gasconne du Béarnais était déjà établie à l'endroit de ses promesses.

— Eh bien ! dit-elle, que désirez-vous de Dariole ?

— Bien peu de chose pour elle, tout pour moi.

— Enfin ?

— Votre appartement est au-dessus du mien ?

— Oui.

— Qu'elle attende derrière la porte. Je frapperai doucement trois coups ; elle ouvrira, et vous aurez la preuve que je vous ai offerte.

Madame de Sauve garda le silence pendant quelques secondes ; puis, comme si elle eût regardé autour d'elle pour n'être pas entendue, elle fixa un instant la vue sur le groupe où se tenait la reine mère ; mais si court que fût cet instant, il suffit pour que Catherine et sa dame d'atours échangeassent chacune un regard.

— Oh ! si je voulais, dit madame de Sauve avec un accent de sirène qui eût fait fondre la cire dans les oreilles d'Ulysse, si je voulais prendre Votre Majesté en mensonge.

— Essayez, ma mie, essayez…

— Ah ! ma foi ! j'avoue que j'en combats l'envie.

— Laissez-vous vaincre : les femmes ne sont jamais si fortes qu'après leur défaite.

— Sire, je retiens votre promesse pour Dariole le jour où vous serez roi de France.

Henri jeta un cri de joie.

C'était juste au moment où ce cri s'échappait de la bouche du Béarnais que la reine de Navarre répondait au duc de Guise :

— *Noctu pro more* : Cette nuit comme d'habitude.

Alors Henri s'éloigna de madame de Sauve aussi heureux que l'était le duc de Guise en s'éloignant lui-même de Marguerite de Valois.

Une heure après cette double scène que nous venons de raconter, le roi Charles et la reine mère se retirèrent dans leurs appartements ; presque aussitôt les salles commencèrent à se dépeupler, les galeries laissèrent voir la base de leurs colonnes de marbre. L'amiral et le prince de Condé furent reconduits par quatre cents gentilshommes huguenots au milieu de la foule qui grondait sur leur passage. Puis Henri de Guise, avec les seigneurs lorrains et les catholiques, sortirent à leur tour, escortés des cris de joie et des applaudissements du peuple.

Quant à Marguerite de Valois, à Henri de Navarre et à madame de Sauve, on sait qu'ils demeuraient au Louvre même.

II

LA CHAMBRE DE LA REINE DE NAVARRE.

Le duc de Guise reconduisit sa belle-sœur, la duchesse de Nevers, en son hôtel qui était situé rue du Chaume, en face de la rue de Brac, et, après l'avoir remise à ses femmes, passa dans son appartement pour changer de costume, prendre un manteau de nuit et s'armer d'un de ces poignards courts et aigus qu'on appelait une foi de gentilhomme, lesquels se portaient sans l'épée ; mais au moment où il le prenait sur la table où il était déposé, il aperçut un petit billet serré entre la lame et le fourreau.

Il l'ouvrit et lut ce qui suit :

« J'espère bien que M. de Guise ne retournera pas cette nuit au Louvre, ou, s'il y retourne, qu'il prendra au moins la précaution de s'armer d'une bonne cotte de mailles et d'une bonne épée. »

— Ah ! ah ! dit le duc en se retournant vers son valet de chambre, voici un singulier avertissement, maître Robin. Maintenant faites-moi le plaisir de me dire quelles sont les personnes qui ont pénétré ici pendant mon absence.

— Une seule, Monseigneur.

— Laquelle ?

— M. Du Gast.

— Ah ! ah ! En effet, il me semblait bien reconnaître l'écriture. Et tu es sûr que Du Gast est venu, tu l'as vu ?

— J'ai fait plus, Monseigneur, je lui ai parlé.

— Bon ; alors je suivrai le conseil. Ma jaquette et mon épée.

Le valet de chambre, habitué à ces mutations de costumes, apporta l'une et l'autre. Le duc alors revêtit sa jaquette, qui était en chaînons de mailles si souples que la trame d'acier n'était guère plus épaisse que du velours : puis il passa par-dessus son jacques des chausses et un pourpoint gris et argent, qui étaient ses couleurs favorites, tira de longues bottes qui montaient jusqu'au milieu de ses cuisses, se coiffa d'un toquet de velours noir sans plume ni pierreries, s'enveloppa d'un manteau de couleur sombre, passa un poignard à sa ceinture, et, mettant son épée aux mains d'un page, seule escorte dont il voulût se faire accompagner, il prit le chemin du Louvre.

Comme il posait le pied sur le seuil de l'hôtel, le veilleur de Saint-Germain-l'Auxerrois venait d'annoncer une heure du matin.

Si avancée que fût la nuit et si peu sûres que fussent les rues à cette époque, aucun accident n'arriva à l'aventureux prince par le chemin, et il arriva sain et sauf devant la masse colossale du vieux Louvre, dont toutes les lumières s'étaient successivement éteintes, et qui se dressait à cette heure formidable de silence et d'obscurité.

En avant du château royal s'étendait un fossé profond, sur lequel donnaient la plupart des chambres des princes logés au palais. L'appartement de Marguerite était situé au premier étage.

Mais ce premier étage, accessible s'il n'y eût point eu de fossé, se trouvait, grâce au retranchement, élevé de près de trente pieds, et, par conséquent, hors de l'atteinte des amants et des voleurs, ce qui n'empêcha point M. le duc de Guise de descendre résolûment dans le fossé.

Au même instant, on entendit le bruit d'une fenêtre du rez-de-chaussée qui s'ouvrait. Cette fenêtre était grillée ; mais une main parut, souleva un des barreaux descellé d'avance, et laissa pendre, par cette ouverture, un lacet de soie.

— Est-ce vous, Gillonne ? demanda le duc à voix basse.

— Oui, Monseigneur, répondit une voix de femme d'un accent plus bas encore.

— Et Marguerite ?

— Elle vous attend.

— Bien.

À ces mots le duc fit signe à son page, qui, ouvrant son manteau, déroula une petite échelle de corde. Le prince attacha l'une des extrémités de l'échelle au lacet qui pendait. Gillonne tira l'échelle à elle, l'assujettit solidement ; et le prince, après avoir bouclé son épée à son ceinturon, commença l'escalade, qu'il acheva sans accident. Derrière lui, le barreau reprit sa place, la fenêtre se referma, et le page, après avoir vu entrer paisiblement son seigneur dans le Louvre, aux fenêtres duquel il l'avait accompagné vingt fois de la même façon, s'alla coucher, enveloppé dans son manteau, sur l'herbe du fossé et à l'ombre de la muraille.

Il faisait une nuit sombre, et quelques gouttes d'eau tombaient tièdes et larges des nuages chargés de soufre et d'électricité.

Le duc de Guise suivit sa conductrice, qui n'était rien moins que la fille de Jacques de Matignon maréchal de France ; c'était la confidente toute particulière de Marguerite, qui n'avait aucun secret pour elle, et l'on prétendait qu'au nombre des mystères qu'enfermait son incorruptible fidélité il y en avait de si terribles que c'étaient ceux-là qui la forçaient de garder les autres.

Aucune lumière n'était demeurée ni dans les chambres basses ni dans les corridors ; de temps en temps seulement un éclair livide illuminait les appartements sombres d'un reflet bleuâtre qui disparaissait aussitôt.

Le duc, toujours guidé par sa conductrice qui le tenait par la main, atteignit enfin un escalier en spirale pratiqué dans l'épaisseur d'un mur et qui s'ouvrait par une porte secrète et invisible dans l'antichambre de l'appartement de Marguerite.

L'antichambre, comme les autres salles du bas, était dans la plus profonde obscurité.

Arrivés dans cette antichambre, Gillonne s'arrêta.

— Avez-vous apporté ce que désire la reine ? demanda-t-elle à voix basse.

— Oui, répondit le duc de Guise ; mais je ne le remettrai qu'à Sa Majesté elle-même.

— Venez donc et sans perdre un instant ! dit alors au milieu de l'obscurité une voix qui fit tressaillir le duc, car il la reconnut pour celle de Marguerite.

Et en même temps une portière de velours violet fleurdelisé d'or se soulevant, le duc distingua dans l'ombre la reine elle-même, qui, impatiente, était venue au-devant de lui.

— Me voici, Madame, dit alors le duc.

Et il passa rapidement de l'autre côté de la portière qui retomba derrière lui.

Alors ce fut, à son tour, à Marguerite de Valois de servir de guide au prince dans cet appartement, d'ailleurs bien connu de lui, tandis que Gillonne, restée à la porte, avait, en portant le doigt à sa bouche, rassuré sa royale maîtresse.

Comme si elle eût compris les jalouses inquiétudes du duc, Marguerite le conduisit jusque dans sa chambre à coucher ; là elle s'arrêta.

— Eh bien, lui dit-elle, êtes-vous content, duc ?

— Content, Madame ? demanda celui-ci, et de quoi, je vous prie ?

— De cette preuve que je vous donne, reprit Marguerite avec un léger accent de dépit, que j'appartiens à un homme qui, le soir de son mariage, la nuit même de ses noces, fait assez peu de cas de moi pour n'être pas même venu me remercier de l'honneur que je lui ai fait non pas en le choisissant, mais en l'acceptant pour époux.

— Oh ! Madame, dit tristement le duc, rassurez-vous, il viendra, surtout si vous le désirez.

— Et c'est vous qui dites cela, Henri, s'écria Marguerite, vous qui, entre tous, savez le contraire de ce que vous dites ! Si j'avais le désir que vous me supposez, vous eussé-je donc prié de venir au Louvre ?

— Vous m'avez prié de venir au Louvre, Marguerite, parce que vous avez le désir d'éteindre tout vestige de notre passé, et que ce passé vivait non-seulement dans mon cœur, mais dans ce coffre d'argent que je vous rapporte.

— Henri, voulez-vous que je vous dise une chose ? reprit Marguerite en regardant fixement le duc, c'est que vous ne me faites plus l'effet d'un prince, mais d'un écolier ! Moi nier que je vous ai aimé ! moi vouloir éteindre une flamme qui mourra peut-être, mais dont le reflet ne mourra pas ! Car les amours des personnes de mon rang illuminent et souvent dévorent toute l'époque qui leur est contemporaine. Non, non, mon duc ! Vous pouvez garder les lettres de votre Marguerite et le coffre qu'elle vous a donné. De ces lettres que contient le coffre elle ne vous en demande qu'une seule, et encore parce que cette lettre est aussi dangereuse pour vous que pour elle.

— Tout est à vous, dit le duc ; choisissez donc là-dedans celle que vous voudrez anéantir.

Marguerite fouilla vivement dans le coffre ouvert, et d'une main frémissante prit l'une après l'autre une douzaine de lettres dont elle se contenta de regarder les adresses, comme si à l'inspection de ces seules adresses sa mémoire lui rappelait ce que contenaient ces lettres ; mais arrivée au bout de l'examen elle regarda le duc, et, toute pâlissante :

— Monsieur, dit-elle, celle que je cherche n'est pas là. L'auriez-vous perdue, par hasard ? car, quant à l'avoir livrée…

— Et quelle lettre cherchez-vous, Madame ?

— Celle dans laquelle je vous disais de vous marier sans retard.

— Pour excuser votre infidélité ?

Marguerite haussa les épaules.

— Non, mais pour vous sauver la vie. Celle où je vous disais que le roi, voyant notre amour et les efforts que je faisais pour rompre votre future union avec l'infante de Portugal, avait fait venir son frère le bâtard d'Angoulême et lui avait dit en lui montrant deux épées : « De celle-ci tue Henri de Guise ce soir, ou de celle-là je te tuerai demain. » Cette lettre, où est-elle ?

— La voici, dit le duc de Guise en la tirant de sa poitrine.

Marguerite la lui arracha presque des mains, l'ouvrit avidement, s'assura que c'était bien celle qu'elle réclamait, poussa une exclamation de joie et l'approcha de la bougie. La flamme se communiqua aussitôt de la mèche au papier, qui en un instant fut consumé ; puis, comme si Marguerite eût craint qu'on pût aller chercher l'imprudent avis jusque dans les cendres, elle les écrasa sous son pied.

Le duc de Guise, pendant toute cette fiévreuse action, avait suivi des yeux sa maîtresse.

— Eh bien ! Marguerite, dit-il quand elle eut fini, êtes-vous contente maintenant ?

— Oui ; car, maintenant que vous avez épousé la princesse de Porcian, mon frère me pardonnera votre amour ; tandis qu'il ne m'eût pas pardonné la révélation d'un secret comme celui que, dans ma faiblesse pour vous, je n'ai pas eu la puissance de vous cacher.

— C'est vrai, dit le duc de Guise ; dans ce temps-là vous m'aimiez.

— Et je vous aime encore, Henri, autant et plus que jamais.

— Vous ?…

— Oui, moi ; car jamais plus qu'aujourd'hui je n'eus besoin d'un ami sincère et dévoué. Reine, je n'ai pas de trône ; femme, je n'ai pas de mari.

Le jeune prince secoua tristement la tête.

— Mais quand je vous dis, quand je vous répète, Henri, que mon mari, non-seulement ne m'aime pas, mais qu'il me hait, mais qu'il me méprise ; d'ailleurs, il me semble que votre présence dans la chambre où il devrait être fait bien preuve de cette haine et de ce mépris.

— Il n'est pas encore tard, Madame, et il a fallu au roi de Navarre le temps de congédier ses gentilshommes, et, s'il n'est pas venu, il ne tardera pas à venir.

— Et moi je vous dis, s'écria Marguerite avec un dépit croissant, moi je vous dis qu'il ne viendra pas.

— Madame, s'écria Gillonne en ouvrant la porte et en soulevant la portière, Madame, le roi de Navarre sort de son appartement.

— Oh ! je le savais bien, moi, qu'il viendrait ! s'écria le duc de Guise.

— Henri, dit Marguerite d'une voix brève et en saisissant la main du duc, Henri, vous allez voir si je suis une femme de parole, et si l'on peut compter sur ce que j'ai promis une fois. Henri, entrez dans ce cabinet.

— Madame, laissez-moi partir s'il en est temps encore, car songez qu'à la première marque d'amour qu'il vous donne je sors de ce cabinet, et alors malheur à lui !

— Vous êtes fou ! entrez, entrez, vous dis-je, je réponds de tout.

Et elle poussa le duc dans le cabinet.

Il était temps. La porte était à peine fermée derrière le prince que le roi de Navarre, escorté de deux pages qui portaient huit flambeaux de cire jaune sur deux candélabres, apparut souriant sur le seuil de la chambre.

Marguerite cacha son trouble en faisant une profonde révérence.

— Vous n'êtes pas encore au lit, Madame ? demanda le Béarnais avec sa physionomie ouverte et joyeuse ; m'attendiez-vous, par hasard ?

— Non, Monsieur, répondit Marguerite, car hier encore vous m'avez dit que vous saviez bien que notre mariage était une alliance politique, et que vous ne me contraindriez jamais.

— À la bonne heure ; mais ce n'est point une raison pour ne pas causer quelque peu ensemble. Gillonne, fermez la porte et laissez-nous.

Marguerite, qui était assise, se leva, et étendit la main comme pour ordonner aux pages de rester.

— Faut-il que j'appelle vos femmes ? demanda le roi. Je le ferai si tel est votre désir, quoique je vous avoue que, pour les choses que j'ai à vous dire, j'aimerais mieux que nous fussions en tête-à-tête.

Et le roi de Navarre s'avança vers le cabinet.

— Non ! s'écria Marguerite en s'élançant au-devant de lui avec impétuosité ; non, c'est inutile, et je suis prête à vous entendre.

Le Béarnais savait ce qu'il voulait savoir ; il jeta un regard rapide et profond vers le cabinet, comme s'il eût voulu, malgré la portière qui le voilait, pénétrer dans ses plus sombres profondeurs ; puis, ramenant ses regards sur sa belle épousée pâle de terreur :

— En ce cas, Madame, dit-il d'une voix parfaitement calme, causons donc un instant.

— Comme il plaira à Votre Majesté, dit la jeune femme en retombant plutôt qu'elle ne s'assit sur le siège que lui indiquait son mari.

Le Béarnais se plaça près d'elle.

— Madame, continua-t-il, quoi qu'en aient dit bien des gens, notre mariage est, je le pense, un bon mariage. Je suis bien à vous, et vous êtes bien à moi.

— Mais… dit Marguerite effrayée.

— Nous devons en conséquence, continua le roi de Navarre sans paraître remarquer l'hésitation de Marguerite, agir l'un avec l'autre comme de bons alliés, puisque nous nous sommes aujourd'hui juré alliance devant Dieu. N'est-ce pas votre avis ?

— Sans doute, Monsieur.

— Je sais, Madame, combien votre pénétration est grande, je sais combien le terrain de la cour est semé de dangereux abîmes, or, je suis jeune, et, quoique je n'aie jamais fait de mal à personne, j'ai bon nombre d'ennemis. Dans quel camp, Madame, dois-je ranger celle qui porte mon nom et qui m'a juré affection au pied de l'autel ?

— Oh ! Monsieur, pourriez-vous penser…

— Je ne pense rien, Madame, j'espère, et je veux m'assurer que mon espérance est fondée. Il est certain que notre mariage n'est qu'un prétexte ou qu'un piège.

Marguerite tressaillit, car peut-être aussi cette pensée s'était-elle présentée à son esprit.

— Maintenant, lequel des deux ? continua Henri de Navarre. Le roi me hait, le duc d'Anjou me hait, le duc d'Alençon me hait, Catherine de Médicis haïssait trop ma mère pour ne point me haïr.

— Oh ! Monsieur, que dites-vous ?

— La vérité, Madame, reprit le roi, et je voudrais, afin qu'on ne crût pas que je suis dupe de l'assassinat de M. de Mouy et de l'empoisonnement de ma mère, je voudrais qu'il y eût ici quelqu'un qui pût m'entendre.

— Oh ! Monsieur, dit vivement Marguerite, et de l'air le plus calme et le plus souriant qu'elle pût prendre, vous savez bien qu'il n'y a ici que vous et moi.

— Et voilà justement ce qui fait que je m'abandonne, voilà ce qui fait que j'ose vous dire que je ne suis dupe ni des caresses que me fait la maison de France, ni de celles que me fait la maison de Lorraine.

— Sire ! sire ! s'écria Marguerite.

— Eh bien ! qu'y a-t-il, ma mie ? demanda Henri souriant à son tour.

— Il y a, Monsieur, que de pareils discours sont bien dangereux.

— Non pas quand on est en tête-à-tête, reprit le roi. Je vous disais donc…

Marguerite était visiblement au supplice ; elle eût voulu arrêter chaque parole sur les lèvres du Béarnais ; mais Henri continua avec son apparente bonhomie :

— Je vous disais donc que j'étais menacé de tous côtés, menacé par le roi, menacé par le duc d'Alençon, menacé par le duc d'Anjou, menacé par la reine mère, menacé par le duc de Guise, par le duc de Mayenne, par le cardinal de Lorraine, menacé par tout le monde, enfin. On sent cela instinctivement ; vous le savez, Madame. Eh bien ! contre toutes ces menaces qui ne peuvent tarder de devenir des attaques, je puis me défendre avec votre secours ; car vous êtes aimée, vous, de toutes les personnes qui me détestent.

— Moi ! dit Marguerite.

— Oui, vous, reprit Henri de Navarre avec une bonhomie parfaite ; oui, vous êtes aimée du roi Charles, vous êtes aimée, il appuya sur le mot, du duc d'Alençon ; vous êtes aimée de la reine Catherine ; enfin, vous êtes aimée du duc de Guise.

— Monsieur… murmura Marguerite.

— Eh bien ! qu'y a-t-il donc d'étonnant que tout le monde vous aime ? ceux que je viens de vous nommer sont vos frères ou vos parents. Aimer ses parents et ses frères, c'est vivre selon le cœur de Dieu.

— Mais enfin, reprit Marguerite oppressée, où voulez-vous en venir, Monsieur ?

— J'en veux venir à ce que je vous ai dit : c'est que si vous vous faites, je ne dirai pas mon amie, mais mon alliée, je puis tout braver ; tandis qu'au contraire, si vous vous faites mon ennemie, je suis perdu.

— Oh ! votre ennemie, jamais, Monsieur ! s'écria Marguerite.

— Mais mon amie, jamais non plus ?…

— Peut-être.

— Et mon alliée ?

— Certainement.

Et Marguerite se retourna et tendit la main au roi.

Henri la prit, la baisa galamment, et la gardant dans les siennes bien plus dans un désir d'investigation que par un sentiment de tendresse :

— Eh bien ! je vous crois, Madame, dit-il, et vous accepte pour alliée. Ainsi donc on nous a mariés sans que nous nous connussions, sans que nous nous aimassions ; on nous a mariés sans nous consulter, nous qu'on mariait. Nous ne nous devons donc rien comme mari et femme. Vous voyez, Madame, que je vais au-devant de vos vœux, et que je vous confirme ce soir ce que je vous disais hier. Mais nous, nous nous allions librement, sans que personne nous y force ; nous, nous nous allions comme deux cœurs loyaux qui se doivent protection mutuelle et s'allient ; c'est bien comme cela que vous l'entendez ?

— Oui, Monsieur, dit Marguerite en essayant de retirer sa main.

— Eh bien ! continua le Béarnais les yeux toujours fixés sur la porte du cabinet, comme la première preuve d'une alliance franche est la confiance la plus absolue, je vais, Madame, vous raconter dans ses détails les plus secrets le plan que j'ai formé à l'effet de combattre victorieusement toutes ces inimitiés.

— Monsieur… murmura Marguerite en tournant à son tour et malgré elle les yeux vers le cabinet, tandis que le Béarnais, voyant sa ruse réussir, souriait dans sa barbe.

— Voici donc ce que je vais faire, continua-t-il sans paraître remarquer le trouble de la jeune femme ; je vais…

— Monsieur, s'écria Marguerite en se levant vivement et en saisissant le roi par le bras, permettez que je respire ; l'émotion… la chaleur… j'étouffe.

En effet, Marguerite était pâle et tremblante comme si elle allait se laisser choir sur le tapis.

Henri marcha droit à une fenêtre située à bonne distance et l'ouvrit. Cette fenêtre donnait sur la rivière.

Marguerite le suivit.

— Silence ! silence ! sire ! par pitié pour vous, murmura-t-elle.

— Eh ! Madame, fit le Béarnais en souriant à sa manière, ne m'avez-vous pas dit que nous étions seuls ?

— Oui, Monsieur ; mais n'avez-vous pas entendu dire qu'à l'aide d'une sarbacane, introduite à travers un plafond ou à travers un mur, on peut tout entendre ?

— Bien, Madame, bien, dit vivement et tout bas le Béarnais. Vous ne m'aimez pas, c'est vrai ; mais vous êtes une honnête femme.

— Que voulez-vous dire, Monsieur ?

— Je veux dire que si vous étiez capable de me trahir vous m'eussiez laissé continuer puisque je me trahissais tout seul. Vous m'avez arrêté. Je sais maintenant que quelqu'un est caché ici ; que vous êtes une épouse infidèle, mais une fidèle alliée, et dans ce moment-ci, ajouta le Béarnais en souriant, j'ai plus besoin, je l'avoue, de fidélité en politique qu'en amour…

— Sire… murmura Marguerite confuse.

— Bon, bon, nous parlerons de tout cela plus tard, dit Henri, quand nous nous connaîtrons mieux.

Puis, haussant la voix :

— Eh bien ! continua-t-il, respirez-vous plus librement à cette heure, Madame ?

— Oui, sire, oui, murmura Marguerite.

— En ce cas, reprit le Béarnais, je ne veux pas vous importuner plus longtemps. Je vous devais mes respects et quelques avances de bonne amitié ; veuillez les accepter comme je vous les offre, de tout mon cœur. Reposez-vous donc et bonne nuit.

Marguerite leva sur son mari un œil brillant de reconnaissance et à son tour lui tendit la main.

— C'est convenu, dit-elle.

— Alliance politique, franche et loyale ? demanda Henri.

— Franche et loyale, répondit la reine.

Alors le Béarnais marcha vers la porte, attirant du regard Marguerite comme fascinée. Puis, lorsque la portière fut retombée entre eux et la chambre à coucher :

— Merci Marguerite, dit vivement Henri à voix basse, merci ! Vous êtes une vraie fille de France. Je pars tranquille. À défaut de votre amour, votre amitié ne me fera pas défaut. Je compte sur vous, comme de votre côté vous pouvez compter sur moi. Adieu, Madame.

Et Henri baisa la main de sa femme en la pressant doucement ; puis, d'un pas agile, il retourna chez lui en se disant tout bas dans le corridor :

— Qui diable est chez elle ? Est-ce le roi, est-ce le duc d'Anjou, est-ce le duc d'Alençon, est-ce le duc de Guise, est-ce un frère, est-ce un amant, est-ce l'un et l'autre ? En vérité, je suis presque fâché d'avoir demandé maintenant ce rendez-vous à la baronne ; mais puisque je lui ai engagé ma parole et que Dariole m'attend… n'importe ; elle perdra un peu, j'en ai peur, à ce que j'aie passé par la chambre à coucher de ma femme pour aller chez elle, car, ventre-saint-gris ! cette Margot, comme l'appelle mon beau-frère Charles IX est une adorable créature.

Et d'un pas dans lequel se trahissait une légère hésitation Henri de Navarre monta l'escalier qui conduisait à l'appartement de madame de Sauve.

Marguerite l'avait suivi des yeux jusqu'à ce qu'il eût disparu, et alors elle était rentrée dans sa chambre. Elle trouva le duc à la porte du cabinet : cette vue lui inspira presque un remords.

De son côté le duc était grave, et son sourcil froncé dénonçait une amère préoccupation.

— Marguerite est neutre aujourd'hui, dit-il, Marguerite sera hostile dans huit jours.

— Ah ! vous avez écouté ? dit Marguerite.

— Que vouliez-vous que je fisse dans ce cabinet ?

— Et vous trouvez que je me suis conduite autrement que devait se conduire la reine de Navarre ?

— Non, mais autrement que devait se conduire la maîtresse du duc de Guise.

— Monsieur, répondit la reine, je puis ne pas aimer mon mari, mais personne n'a le droit d'exiger de moi que je le trahisse. De bonne foi, trahiriez-vous les secrets de la princesse de Porcian, votre femme ?

— Allons, allons, Madame, dit le duc en secouant la tête, c'est bien. Je vois que vous ne m'aimez plus comme aux jours où vous me racontiez ce que tramait le roi contre moi et les miens.

— Le roi était le fort et vous étiez les faibles. Henri est le faible et vous êtes les forts. Je joue toujours le même rôle vous le voyez bien.

— Seulement vous passez d'un camp à l'autre.

— C'est un droit que j'ai acquis, Monsieur, en vous sauvant la vie.

— Bien, Madame ; et comme quand on se sépare on se rend entre amants tout ce qu'on s'est donné, je vous sauverai la vie à mon tour, si l'occasion s'en présente, et nous serons quittes.

Et sur ce le duc s'inclina et sortit sans que Marguerite fît un geste pour le retenir.

Dans l'antichambre il trouva Gillonne, qui le conduisit jusqu'à la fenêtre du rez-de-chaussée, et dans les fossés son page avec lequel il retourna à l'hôtel de Guise.

Pendant ce temps, Marguerite, rêveuse, alla se placer à sa fenêtre.

— Quelle nuit de noces ! murmura-t-elle ; l'époux me fuit et l'amant me quitte !

En ce moment passa de l'autre côté du fossé, venant de la Tour de Bois et remontant vers le moulin de la Monnaie, un écolier, le poing sur la hanche et chantant :

Pourquoi doncques, quand je veux
Ou mordre tes beaux cheveux,
Ou baiser ta bouche aimée,
Ou toucher à ton beau sein,
Contrefais-tu la nonnain
Dedans un cloître enfermée ?

Pour qui gardes-tu tes yeux
Et ton sein délicieux,
Ton front, ta lèvre jumelle ?
En veux-tu baiser Pluton,
Là-bas, après que Caron
T'aura mise en sa nacelle ?

Après ton dernier trépas,
Belle, tu n'auras là-bas
Qu'une bouchette blémie ;
Et quand, mort, je te verrai,
Aux ombres je n'avoûrai
Que jadis tu fus ma mie.

Doncques, tandis que tu vis,
Change, maîtresse, d'avis,
Et ne m'épargne ta bouche ;
Car au jour où tu mourras.
Lors tu te repentiras
De m'avoir été farouche.

Marguerite écouta cette chanson en souriant avec mélancolie ; puis, lorsque la voix de l'écolier se fut perdue dans le lointain, elle referma la fenêtre et appela Gillonne pour l'aider à se mettre au lit.

III

UN ROI POËTE.

Le lendemain et les jours qui suivirent se passèrent en fêtes, ballets et tournois.

La même fusion continuait de s'opérer entre les deux partis. C'étaient des caresses et des attendrissements à faire perdre la tête aux plus enragés huguenots. On avait vu le père Cotton dîner et faire débauche avec le baron de Courtaumer, le duc de Guise remonter la Seine en bateau de symphonie avec le prince de Condé.

Le roi Charles paraissait avoir fait divorce avec sa mélancolie habituelle, et ne pouvait plus se passer de son beau-frère Henri. Enfin la reine mère était si joyeuse et si occupée de broderies, de joyaux et de panaches, qu'elle en perdait le sommeil.

Les huguenots, quelque peu amollis par cette Capoue nouvelle, commençaient à revêtir les pourpoints de soie, à arborer les devises et à parader devant certains balcons comme s'ils eussent été catholiques. De tous côtés c'était une réaction en faveur de la religion réformée, à croire que toute la cour allait se faire protestante. L'amiral lui-même, malgré son expérience, s'y était laissé prendre comme les autres, et il en avait la tête tellement montée, qu'un soir il avait oublié, pendant deux heures, de mâcher son cure-dent, occupation à laquelle il se livrait d'ordinaire depuis deux heures de l'après-midi, moment où son dîner finissait, jusqu'à huit heures du soir, moment auquel il se remettait à table pour souper.

Le soir où l'amiral s'était laissé aller à cet incroyable oubli de ses habitudes, le roi Charles IX avait invité à goûter avec lui, en petit comité, Henri de Navarre et le duc de Guise. Puis, la collation terminée, il avait passé avec eux dans sa chambre, et là il leur expliquait l'ingénieux mécanisme d'un piège à loups qu'il avait inventé lui-même, lorsque, s'interrompant tout à coup :

— Monsieur l'amiral ne vient-il donc pas ce soir ? demanda-t-il ; qui l'a aperçu aujourd'hui et qui peut me donner de ses nouvelles ?

— Moi, dit le roi de Navarre, et au cas où Votre Majesté serait inquiète de sa santé, je pourrais la rassurer, car je l'ai vu ce matin à six heures et ce soir à sept.

— Ah ! ah ! fit le roi, dont les yeux un instant distraits se reposèrent avec une curiosité perçante sur son beau-frère, vous êtes bien matineux, Henriot, pour un jeune marié !

— Oui, sire, répondit le roi de Béarn, je voulais savoir de l'amiral, qui sait tout, si quelques gentilshommes que j'attends encore ne sont point en route pour venir.

— Des gentilshommes encore ! vous en aviez huit cents le jour de vos noces, et tous les jours il en arrive de nouveaux, voulez-vous donc nous envahir ? dit Charles IX en riant.

Le duc de Guise fronça le sourcil.

— Sire, répliqua le Béarnais, on parle d'une entreprise sur les Flandres, et je réunis autour de moi tous ceux de mon pays et des environs que je crois pouvoir être utiles à Votre Majesté.

Le duc, se rappelant le projet dont le Béarnais avait parlé à Marguerite le jour de ses noces, écouta plus attentivement.

— Bon, bon ! répondit le roi avec son sourire fauve, plus il y en aura, plus nous serons contents ; amenez, amenez, Henri. Mais qui sont ces gentilshommes ? des vaillants, j'espère ?

— J'ignore, sire, si mes gentilshommes vaudront jamais ceux de Votre Majesté, ceux de monsieur le duc d'Anjou ou ceux de monsieur de Guise, mais je les connais et sais qu'ils feront de leur mieux.

— En attendez-vous beaucoup ?

— Dix ou douze encore.

— Vous les appelez ?

— Sire, leurs noms m'échappent, et, à l'exception de l'un d'eux, qui m'est recommandé par Téligny comme un gentilhomme accompli et qui s'appelle de La Mole, je ne saurais dire…

— De La Mole ! n'est-ce point un Lerac de La Mole, reprit le roi fort versé dans la science généalogique, un Provençal ?

— Précisément, sire ; comme vous voyez, je recrute jusqu'en Provence.

— Et moi, dit le duc de Guise avec un sourire moqueur, je vais plus loin encore que Sa Majesté le roi de Navarre, car je vais chercher jusqu'en Piémont tous les catholiques sûrs que j'y puis trouver.

— Catholiques ou huguenots, interrompit le roi, peu m'importe, pourvu qu'ils soient vaillants.

Le roi, pour dire ces paroles qui, dans son esprit, mêlaient huguenots et catholiques, avait pris une mine si indifférente que le duc de Guise en fut étonné lui-même.

— Votre Majesté s'occupe de nos Flamands ? dit l'amiral à qui le roi, depuis quelques jours, avait accordé la faveur d'entrer chez lui sans être annoncé, et qui venait d'entendre les dernières paroles de Sa Majesté.

— Ah ! voici mon père l'amiral, s'écria Charles IX en ouvrant les bras ; on parle de guerre, de gentilshommes, de vaillants, et il arrive ; ce que c'est que l'aimant, le fer s'y tourne ; mon beau-frère de Navarre et mon cousin de Guise attendent des renforts pour votre armée. Voilà ce dont il était question.

— Et ces renforts arrivent, dit l'amiral.

— Avez-vous eu des nouvelles, Monsieur ? demanda le Béarnais.

— Oui, mon fils, et particulièrement de M. de La Mole ; il était hier à Orléans, et sera demain ou après-demain à Paris.

— Peste ! monsieur l'amiral est donc nécromant, pour savoir ainsi ce qui se fait à trente ou quarante lieues de distance ! Quant à moi, je voudrais bien savoir avec pareille certitude ce qui se passa ou ce qui s'est passé devant Orléans !

Coligny resta impassible à ce trait sanglant du duc de Guise, lequel faisait évidemment allusion à la mort de François de Guise, son père, tué devant Orléans par Poltro de Méré, non sans soupçon que l'amiral eût conseillé le crime.

— Monsieur, répliqua-t-il froidement et avec dignité, je suis nécromant toutes les fois que je veux savoir bien positivement ce qui importe à mes affaires ou à celles du roi. Mon courrier est arrivé d'Orléans il y a une heure, et, grâce à la poste, a fait trente-deux lieues dans la journée. M. de La Mole, qui voyage sur son cheval, n'en fait que dix par jour, lui, et arrivera seulement le 24. Voilà toute la magie.

— Bravo, mon père ! bien répondu, dit Charles IX. Montrez à ces jeunes gens que c'est la sagesse en même temps que l'âge qui ont fait blanchir votre barbe et vos cheveux : aussi allons-nous les envoyer parler de leur tournois et de leurs amours, et rester ensemble à parler de nos guerres. Ce sont les bons conseillers qui font les bons rois, mon père. Allez, Messieurs, j'ai à causer avec l'amiral.

Les deux jeunes gens sortirent, le roi de Navarre d'abord, le duc de Guise ensuite ; mais, hors la porte, chacun tourna de son côté après une froide révérence.

Coligny les avait suivis des yeux avec une certaine inquiétude, car il ne voyait jamais rapprocher ces deux haines sans craindre qu'il n'en jaillît quelque nouvel éclair. Charles IX comprit ce qui se passait dans son esprit, vint à lui, et appuyant son bras au sien :

— Soyez tranquille, mon père, je suis là pour maintenir chacun dans l'obéissance et le respect. Je suis véritablement roi depuis que ma mère n'est plus reine, et elle n'est plus reine depuis que Coligny est mon père.

— Oh ! sire, dit l'amiral, la reine Catherine…

— Est une brouillonne. Avec elle il n'y a pas de paix possible. Ces catholiques italiens sont enragés et n'entendent rien qu'à exterminer. Moi, tout au contraire, non-seulement je veux pacifier, mais encore je veux donner de la puissance à ceux de la religion. Les autres sont trop dissolus, mon père, et ils me scandalisent par leurs amours et par leurs dérèglements. Tiens, veux-tu que je te parle franchement, continua Charles IX en redoublant d'épanchement, je me défie de tout ce qui m'entoure, excepté de mes nouveaux amis ! L'ambition des Tavannes m'est suspecte. Vieilleville n'aime que le bon vin, et il serait capable de trahir son roi pour une tonne de malvoisie.

Montmorency ne se soucie que de la chasse, et passe son temps entre ses chiens et ses faucons. Le comte de Retz est Espagnol, les Guises sont Lorrains. Il n'y a de vrais Français en France, je crois, Dieu me pardonne ! que moi, mon beau-frère de Navarre et toi. Mais, moi, je suis enchaîné au trône et ne puis commander des armées. C'est tout au plus si on me laisse chasser à mon aise à Saint-Germain et à Rambouillet. Mon beau-frère de Navarre est trop jeune et trop peu expérimenté. D'ailleurs, il me semble en tout point tenir de son père Antoine que les femmes ont toujours perdu. Il n'y a que toi, mon père, qui sois à la fois brave comme Julius Caesar, et sage comme Plato. Aussi, je ne sais ce que je dois faire, en vérité : te garder comme conseiller ici, ou t'envoyer là-bas comme général. Si tu me conseilles, qui commandera ? Si tu commandes, qui me conseillera ?

— Sire, dit Coligny, il faut vaincre d'abord, puis le conseil viendra après la victoire.

— C'est ton avis, mon père ? eh bien ! soit. Il sera fait selon ton avis. Lundi tu partiras pour les Flandres, et moi, pour Amboise.

— Votre Majesté quitte Paris ?

— Oui. Je suis fatigué de tout ce bruit et de toutes ces fêtes. Je ne suis pas un homme d'action, moi, je suis un rêveur. Je n'étais pas né pour être roi, j'étais né pour être poëte. Tu feras une espèce de conseil qui gouvernera tant que tu seras à la guerre ; et pourvu que ma mère n'en soit pas, tout ira bien. Moi, j'ai déjà prévenu Ronsard de venir me rejoindre ; et là, tous les deux loin du bruit, loin du monde, loin des méchants, sous nos grands bois, aux bords de la rivière, au murmure des ruisseaux, nous parlerons des choses de Dieu, seule compensation qu'il y ait en ce monde aux choses des hommes. Tiens, écoute ces vers, par lesquels je l'invite à me rejoindre ; je les ai faits ce matin.

Coligny sourit. Charles IX passa sa main sur son front jaune et poli comme de l'ivoire, et dit avec une espèce de chant cadencé les vers suivants :

Ronsard, je connais bien que si tu ne me vois
Tu oublies soudain de ton grand roi la voix,
Mais, pour ton souvenir, pense que je n'oublie
Continuer toujours d'apprendre en poésie,
Et pour ce j'ai voulu t'envoyer cet écrit,
Pour enthousiasmer ton fantastique esprit.

Donc ne t'amuse plus aux soins de ton ménage,
Maintenant n'est plus temps de faire jardinage ;
Il faut suivre ton roi, qui t'aime par sus tous,
Pour les vers qui de toi coulent braves et doux,
Et crois, si tu ne viens me trouver à Amboise,
Qu'entre nous adviendra une bien grande noise. — Bravo ! sire, bravo ! dit Coligny ; je me connais mieux en choses de guerre qu'en choses de poésie, mais il me semble que ces vers valent les plus beaux que fassent Ronsard, Dorat et même Michel de l'Hospital, chancelier de France.

— Ah ! mon père ! s'écria Charles IX, que ne dis-tu vrai ! car le titre de poëte, vois-tu, est celui que j'ambitionne avant toutes choses ; et, comme je le disais il y a quelques jours à mon maître en poésie :

L'art de faire des vers, dût-on s'en indigner,
Doit être à plus haut prix que celui de régner ;
Tous deux également nous portons des couronnes :
Mais roi, je les reçus, poëte, tu les donnes ;
Ton esprit, enflammé d'une céleste ardeur,
Éclate par soi-même et moi par ma grandeur.
Si du côté des dieux je cherche l'avantage,
Ronsard est leur mignon et je suis leur image
Ta lyre, qui ravit par de si doux accords,
Te soumet les esprits dont je n'ai que les corps ;

Elle t'en rend le maître et te fait introduire
Où le plus fier tyran n'a jamais eu d'empire.   — Sire, dit Coligny, je savais bien que Votre Majesté s'entretenait avec les Muses, mais j'ignorais qu'elle en eût fait son principal conseil.

— Après toi, mon père, après toi ; et c'est pour ne pas me troubler dans mes relations avec elles que je veux te mettre à la tête de toutes choses. Écoute donc ; il faut en ce moment que je réponde à un nouveau madrigal que mon grand et cher poëte m'a envoyé… je ne puis donc te donner à cette heure tous les papiers qui sont nécessaires pour te mettre au courant de la grande question qui nous divise, Philippe II et moi. Il y a, en outre, une espèce de plan de campagne qui avait été fait par mes ministres. Je te chercherai tout cela et te le remettrai demain matin.

— À quelle heure, sire ?

— À dix heures ; et si par hasard j'étais occupé de vers, si j'étais enfermé dans mon cabinet de travail… eh bien ! tu entrerais tout de même, et tu prendrais tous les papiers que tu trouverais sur cette table, enfermés dans ce porte-feuille rouge ; la couleur est éclatante, et tu ne t'y tromperas pas ; moi, je vais écrire à Ronsard.

— Adieu, sire.

— Adieu, mon père.

— Votre main ?

— Que dis-tu, ma main ? dans mes bras, sur mon cœur, c'est là ta place. Viens, mon vieux guerrier, viens.

Et Charles IX, attirant à lui Coligny qui s'inclinait, posa ses lèvres sur ses cheveux blancs.

L'amiral sortit en essuyant une larme.

Charles IX le suivit des yeux tant qu'il put le voir, tendit l'oreille tant qu'il put l'entendre ; puis, lorsqu'il ne vit et n'entendit plus rien, il laissa, comme c'était son habitude retomber sa tête pâle sur son épaule, et passa lentement de la chambre où il se trouvait dans son cabinet d'armes.

Ce cabinet était la demeure favorite du roi ; c'était là qu'il prenait ses leçons d'escrime avec Pompée, et ses leçons de poésie avec Ronsard. Il y avait réuni une grande collection d'armes offensives et défensives des plus belles qu'il avait pu trouver. Aussi toutes les murailles étaient tapissées de haches, de boucliers, de piques, de hallebardes, de pistolets et de mousquetons, et le jour même un célèbre armurier lui avait apporté une magnifique arquebuse sur le canon de laquelle étaient incrustés en argent ces quatre vers que le poëte royal avait composés lui-même :
Pour maintenir la foy,
 Je suis belle et fidèle ;
 Aux ennemis du roy
 Je suis belle et cruelle.   Charles IX entra donc, comme nous l'avons dit, dans ce cabinet, et, après avoir fermé la porte principale par laquelle il était entré, il alla soulever une tapisserie qui masquait un passage donnant sur une chambre où une femme agenouillée devant un prie-Dieu disait ses prières.

Comme ce mouvement s'était fait avec lenteur et que les pas du roi, assourdis par le tapis, n'avaient pas eu plus de retentissement que ceux d'un fantôme, la femme agenouillée, n'ayant rien entendu, ne se retourna point et continua de prier. Charles demeura un instant debout, pensif et la regardant.

C'était une femme de trente-quatre à trente-cinq ans, dont la beauté vigoureuse était relevée par le costume des paysannes des environs de Caux. Elle portait le haut bonnet qui avait été si fort à la mode à la cour de France pendant le règne d'Isabeau de Bavière, et son corsage rouge était tout brodé d'or, comme le sont aujourd'hui les corsages des contadines de Nettuno et de Sora.
L'appartement qu'elle occupait depuis tantôt vingt ans était contigu à la chambre à coucher du roi, et offrait un singulier mélange d'élégance et de rusticité. C'est qu'en proportion à peu près égale, le palais avait déteint sur la chaumière, et la chaumière sur le palais. De sorte que cette chambre tenait un milieu entre la simplicité de la villageoise et le luxe de la grande dame. En effet le prie-Dieu sur lequel elle était agenouillée était de bois de chêne merveilleusement sculpté, recouvert de velours à crépines d'or ; tandis que la bible, car cette femme était de la religion réformée, tandis que la bible

dans laquelle elle lisait ses prières était un de ces vieux livres à moitié déchirés, comme on en trouve dans les plus pauvres maisons.

Or, tout était à l'avenant de ce prie-Dieu et de cette bible.

— Eh ! Madelon ! dit le roi.

La femme agenouillée releva la tête en souriant, à cette voix familière ; puis, se levant :

— Ah ! c'est toi, mon fils ! dit-elle.

— Oui, nourrice, viens ici.

Charles IX laissa retomber la portière et alla s'asseoir sur le bras d'un fauteuil. La nourrice parut.

— Que me veux-tu, Charlot ? dit-elle.

— Viens ici et réponds tout bas.

La nourrice s'approcha avec une familiarité qui pouvait venir de cette tendresse maternelle que la femme conçoit pour l'enfant qu'elle a allaité, mais à laquelle les pamphlets du temps donnent une source infiniment moins pure.

— Me voilà, dit-elle, parle.

— L'homme que j'ai fait demander est-il là ?

— Depuis une demi-heure.

Charles se leva, s'approcha de la fenêtre, regarda si personne n'était aux aguets, s'approcha de la porte, tendit l'oreille pour s'assurer que personne n'était aux écoutes, secoua la poussière de ses trophées d'armes, caressa un grand lévrier qui le suivait pas à pas, s'arrêtant quand son maître s'arrêtait, reprenant sa marche quand son maître se remettait en mouvement ; puis, revenant à sa nourrice :

— C'est bon, nourrice, faites-le entrer.

La bonne femme sortit par le même passage qui lui avait donné entrée, tandis que le roi allait s'appuyer à une table sur laquelle étaient posées des armes de toute espèce.

Il y était à peine, que la portière se souleva de nouveau et donna passage à celui qu'il attendait.

C'était un homme de quarante ans à peu près, à l'œil gris et faux, au nez recourbé en bec de chat-huant, au facies élargi par des pommettes saillantes ; son visage essaya d'exprimer le respect et ne put fournir qu'un sourire hypocrite sur ses lèvres blémies par la peur.

Charles allongea doucement derrière lui une main qui se porta sur un pommeau de pistolet de nouvelle invention, et qui partait à l'aide d'une pierre mise en contact avec une roue d'acier, au lieu de partir à l'aide d'une mèche, et regarda de son œil terne le nouveau personnage que nous venons de mettre en scène ; pendant cet examen il sifflait avec une justesse et même avec une mélodie remarquable un de ses airs de chasse favoris.

Après quelques secondes, pendant lesquelles le visage de l'étranger se décomposa de plus en plus :

— C'est bien vous, dit le roi, que l'on nomme François de Louviers-Maurevel ?

— Oui, sire.

— Commandant de pétardiers ?

— Oui, sire.

— J'ai voulu vous voir.

Maurevel s'inclina.

— Vous savez, continua Charles en appuyant sur chaque mot, que j'aime également tous mes sujets.

— Je sais, balbutia Maurevel, que Votre Majesté est le père de son peuple.

— Et que huguenots et catholiques sont également mes enfants.

Maurevel resta muet ; seulement, le tremblement qui agitait son corps devint visible au regard perçant du roi, quoique celui auquel il adressait la parole fût presque caché dans l'ombre.

— Cela vous contrarie, continua le roi, vous qui avez fait une si rude guerre aux huguenots

Maurevel tomba à genoux.

— Sire, balbutia-t-il, croyez bien…

— Je crois, continua Charles IX en arrêtant de plus en plus sur Maurevel un regard qui, de vitreux qu'il était d'abord, devenait presque flamboyant ; je crois que vous aviez bien envie de tuer à Moncontour M. l'amiral qui sort d'ici ; je crois que vous avez manqué votre coup, et qu'alors vous êtes passé dans l'armée du duc d'Anjou, notre frère ; enfin, je crois qu'alors vous êtes passé une seconde fois chez les princes, et que vous y avez pris du service dans la compagnie de M. de Mouy de Saint-Phale…

— Oh ! sire !

— Un brave gentilhomme picard ?

— Sire, sire, s'écria Maurevel, ne m'accablez pas !

— C'était un digne officier, continua Charles IX, et, au fur et à mesure qu'il parlait, une expression de cruauté presque féroce se peignait sur son visage, lequel vous accueillit comme un fils, vous logea, vous habilla, vous nourrit.

Maurevel laissa échapper un soupir de désespoir.

— Vous l'appeliez votre père, je crois, continua impitoyablement le roi, et une tendre amitié vous liait au jeune de Mouy, son fils ?

Maurevel, toujours à genoux, se courbait de plus en plus écrasé sous la parole de Charles IX, debout, impassible et pareil à une statue dont les lèvres seules eussent été douées de vie.

— À propos, continua le roi, n'était-ce pas dix mille écus que vous deviez toucher de M. de Guise au cas où vous tueriez l'amiral ?

L'assassin, consterné, frappait le parquet de son front.

— Quant au sieur de Mouy, votre bon père, un jour vous l'escortiez dans une reconnaissance qu'il poussait vers Chevreux. Il laissa tomber son fouet et mit pied à terre pour le ramasser. Vous étiez seul avec lui, alors vous prîtes un pistolet dans vos fontes, et, tandis qu'il se penchait, vous lui brisâtes les reins ; puis le voyant mort, car vous le tuâtes du coup, vous prîtes la fuite sur le cheval qu'il vous avait donné. Voilà l'histoire, je crois ?

Et comme Maurevel demeurait muet sous cette accusation, dont chaque détail était vrai, Charles IX se remit à siffler avec la même justesse et la même mélodie le même air de chasse.

— Or çà, maître assassin, dit-il au bout d'un instant, savez-vous que j'ai grande envie de vous faire pendre ?

— Oh ! Majesté ! s'écria Maurevel.

— Le jeune de Mouy m'en suppliait encore hier, et en vérité je ne savais que lui répondre, car sa demande est fort juste.

Maurevel joignit les mains.

— D'autant plus juste que, comme vous le disiez, je suis le père de mon peuple, et que, comme je vous répondais, maintenant que me voilà raccommodé avec les huguenots ils sont tout aussi bien mes enfants que les catholiques.

— Sire, dit Maurevel complètement découragé, ma vie est entre vos mains, faites-en ce que vous voudrez.

— Vous avez raison, et je n'en donnerais pas une obole.

— Mais, sire, demanda l'assassin, n'y a-t-il donc pas un moyen de racheter mon crime ?

— Je n'en connais guère. Toutefois, si j'étais à votre place, ce qui n'est pas, Dieu merci !…

— Eh bien, sire ! si vous étiez à ma place ?… murmura Maurevel, le regard suspendu aux lèvres de Charles.

— Je crois que je me tirerais d'affaire, continua le roi.

Maurevel se releva sur un genou et sur une main en fixant ses yeux sur Charles pour s'assurer qu'il ne raillait pas.

— J'aime beaucoup le jeune de Mouy, sans doute, continua le roi, mais j'aime beaucoup aussi mon cousin de Guise ; et si lui me demandait la vie d'un homme dont l'autre me demanderait la mort, j'avoue que je serais fort embarrassé. Cependant, en bonne politique comme en bonne religion, je devrais faire ce que me demanderait mon cousin de Guise, car de Mouy, tout vaillant capitaine qu'il est, est bien petit compagnon, comparé à un prince de Lorraine.

Pendant ces paroles, Maurevel se redressait lentement et comme un homme qui revient à la vie.

— Or, l'important pour vous serait donc, dans la situation extrême où vous êtes, de gagner la faveur de mon cousin de Guise ; et à ce propos je me rappelle une chose qu'il me contait hier.

Maurevel se rapprocha d'un pas.

— « Figurez-vous, sire, me disait-il, que tous les matins, à dix heures, passe dans la rue Saint-Germain-l'Auxerrois, revenant du Louvre, mon ennemi mortel ; je le vois passer d'une fenêtre grillée du rez-de-chaussée ; c'est la fenêtre du logis de mon ancien précepteur, le chanoine Pierre Piles. Je vois donc passer tous les jours mon ennemi, et tous les jours je prie le diable de l'abîmer dans les entrailles de la terre. » Dites donc, maître Maurevel, continua Charles, si vous étiez le diable, ou si du moins pour un instant vous preniez sa place, cela ferait peut-être plaisir à mon cousin de Guise ?

Maurevel retrouva son infernal sourire, et ses lèvres, pâles encore d'effroi, laissèrent tomber ces mots :

— Mais, sire, je n'ai pas le pouvoir d'ouvrir la terre, moi.

— Vous l'avez ouverte, cependant, s'il m'en souvient bien, au brave de Mouy. Après cela, vous me direz que c'est avec un pistolet… Ne l'avez-vous plus, ce pistolet ?…

— Pardonnez, sire, reprit le brigand à peu près rassuré, mais je tire mieux encore l'arquebuse que le pistolet.

— Oh ! fit Charles IX, pistolet ou arquebuse, peu importe, et mon cousin de Guise, j'en suis sûr, ne chicanera pas sur le choix du moyen !

— Mais, dit Maurevel, il me faudrait une arme sur la justesse de laquelle je pusse compter, car peut-être me faudra-t-il tirer de loin.

— J'ai dix arquebuses dans cette chambre, reprit Charles IX, avec lesquelles je touche un écu d'or à cent cinquante pas. Voulez-vous en essayer une ?

— Oh ! sire ! avec la plus grande joie, s'écria Maurevel en s'avançant vers celle qui était déposée dans un coin, et qu'on avait apportée le jour même à Charles IX.

— Non, pas celle-là, dit le roi, pas celle-là, je la réserve pour moi-même. J'aurai un de ces jours une grande chasse, où j'espère qu'elle me servira. Mais toute autre à votre choix.

Maurevel détacha une arquebuse d'un trophée.

— Maintenant, cet ennemi, sire, quel est-il ? demanda l'assassin.

— Est-ce que je sais cela, moi ? répondit Charles IX en écrasant le misérable de son regard dédaigneux.

— Je le demanderai donc à M. de Guise, balbutia Maurevel.

Le roi haussa les épaules.

— Ne demandez rien, dit-il ; M. de Guise ne répondrait pas. Est-ce qu'on répond à ces choses-là ? C'est à ceux qui ne veulent pas être pendus à deviner.

— Mais enfin à quoi le reconnaîtrai-je ?

— Je vous ai dit que tous les matins à dix heures il passait devant la fenêtre du chanoine.

— Mais beaucoup passent devant cette fenêtre. Que Votre Majesté daigne seulement m'indiquer un signe quelconque.

— Oh ! c'est bien facile. Demain, par exemple, il tiendra dans son bras un portefeuille de maroquin rouge.

— Sire, il suffit.

— Vous avez toujours ce cheval que vous a donné M. de Mouy, et qui court si bien ?

— Sire, j'ai un barbe des plus vites.

— Oh ! je ne suis pas en peine de vous ! seulement il est bon que vous sachiez que le cloître a une porte de derrière.

— Merci, sire. Maintenant priez Dieu pour moi.

— Eh ! mille démons ! priez le diable bien plutôt ; car ce n'est que par sa protection que vous pouvez éviter la corde.

— Adieu, sire.

— Adieu. Ah ! à propos, monsieur de Maurevel, vous savez que si d'une façon quelconque on entend parler de vous demain avant dix heures du matin, ou si l'on n'en entend pas parler après, il y a une oubliette au Louvre !

Et Charles IX se remit à siffler tranquillement et plus juste que jamais son air favori.

IV

LA SOIRÉE DU 24 AOÛT 1572.

Notre lecteur n'a pas oublié que dans le chapitre précédent il a été question d'un gentilhomme nommé La Mole, attendu avec quelque impatience par Henri de Navarre. Ce jeune gentilhomme, comme l'avait annoncé l'amiral, entrait à Paris par la porte Saint-Marcel vers la fin de la journée du 24 août 1572, et jetant un regard assez dédaigneux sur les nombreuses hôtelleries qui étalaient à sa droite et à sa gauche leurs pittoresques enseignes, laissa pénétrer son cheval tout fumant jusqu'au cœur de la ville, où, après avoir traversé la place Maubert, le Petit-Pont, le pont Notre-Dame, et longé les quais, il s'arrêta au bout de la rue de Bresec, dont nous avons fait depuis la rue de l'Arbre-Sec, et à laquelle, pour la plus grande facilité de nos lecteurs, nous conserverons son nom moderne.

Le nom lui plut sans doute, car il y entra, et comme à sa gauche une magnifique plaque de tôle grinçant sur sa tringle, avec accompagnement de sonnettes, appelait son attention, il fit une seconde halte pour lire ces mots : *À la Belle-Étoile*, écrits en légende sous une peinture qui représentait le simulacre le plus flatteur pour un voyageur affamé : c'était une volaille rôtissant au milieu d'un ciel noir, tandis qu'un homme à manteau rouge tendait vers cet astre d'une nouvelle espèce ses bras, sa bourse et ses vœux.

— Voilà, se dit le gentilhomme, une auberge qui s'annonce bien, et l'hôte qui la tient doit être, sur mon âme, un ingénieux compère. J'ai toujours entendu dire que la rue de l'Arbre-Sec était dans le quartier du Louvre ; et pour peu que l'établissement réponde à l'enseigne, je serai à merveille ici.

Pendant que le nouveau venu se débitait à lui-même ce monologue, un autre cavalier, entré par l'autre bout de la rue, c'est-à-dire par la rue Saint-Honoré, s'arrêtait et demeurait aussi en extase devant l'enseigne de la Belle-Étoile.

Celui des deux que nous connaissons, de nom du moins, montait un cheval blanc de race espagnole, et était vêtu d'un pourpoint noir, garni de jais. Son manteau était de velours violet foncé : il portait des bottes de cuir noir, une épée à poignée de fer ciselé, et un poignard pareil. Maintenant, si nous passons de son costume à son visage, nous dirons que c'était un homme de vingt-quatre à vingt-cinq ans, au teint basané, aux yeux bleus, à la fine moustache, aux dents éclatantes, qui semblaient éclairer sa figure lorsque s'ouvrait, pour sourire d'un sourire doux et mélancolique, une bouche d'une forme exquise et de la plus parfaite distinction.

Quant au second voyageur, il formait avec le premier venu un contraste complet. Sous son chapeau, à bords retroussés, apparaissaient, riches et crépus, des cheveux plutôt roux que blonds ; sous ses cheveux, un œil gris brillait à la moindre contrariété d'un feu si resplendissant, qu'on eût dit alors un œil noir.

Le reste du visage se composait d'un teint rosé, d'une lèvre mince, surmontée d'une moustache fauve et de dents admirables. C'était en somme, avec sa peau blanche, sa haute taille et ses larges épaules, un fort beau cavalier dans l'acception ordinaire du mot, et depuis une heure qu'il levait le nez vers toutes les fenêtres, sous le prétexte d'y chercher des enseignes, les femmes l'avaient fort regardé ; quant aux hommes, qui avaient peut-être éprouvé quelque envie de rire en voyant son manteau étriqué, ses chausses collantes et ses bottes d'une forme antique, ils avaient achevé ce rire commencé par un *Dieu vous garde !* des plus gracieux, à l'examen de cette physionomie qui prenait en une minute dix expressions différentes, sauf toutefois l'expression bienveillante qui caractérise toujours la figure du provincial embarrassé.

Ce fut lui qui s'adressa le premier à l'autre gentilhomme, qui, ainsi que nous l'avons dit, regardait l'hôtellerie de la Belle-Étoile.

— Mordi, Monsieur, dit-il avec cet horrible accent de la montagne qui ferait au premier mot reconnaître un Piémontais entre cent étrangers, ne sommes-nous pas ici près du Louvre ? En tout cas, je crois que vous avez eu même goût que moi : c'est flatteur pour ma seigneurie.

— Monsieur, répondit l'autre avec un accent provençal qui ne le cédait en rien à l'accent piémontais de son compagnon, je crois en effet que cette hôtellerie est près du Louvre. Cependant, je me demande encore si j'aurai l'honneur d'avoir été de votre avis. Je me consulte.

— Vous n'êtes pas décidé, Monsieur ? la maison est flatteuse, pourtant. Après cela, peut-être me suis-je laissé tenter par votre présence. Avouez néanmoins que voilà une jolie peinture ?

— Oh ! sans doute ; mais c'est justement ce qui me fait douter de la réalité : Paris est plein de pipeurs, m'a-t-on dit, et l'on pipe avec une enseigne aussi bien qu'avec autre chose.

— Mordi, Monsieur, reprit le Piémontais, je ne m'inquiète pas de la piperie, moi, et si l'hôte me fournit une volaille moins bien rôtie que celle de son enseigne, je le mets à la broche lui-même et je ne le quitte pas qu'il ne soit convenablement rissolé. Entrons, Monsieur.

— Vous achevez de me décider, dit le Provençal en riant ; montrez-moi donc le chemin, Monsieur, je vous prie.

— Oh ! Monsieur, sur mon âme, je n'en ferai rien, car je ne suis que votre humble serviteur, le comte Annibal de Coconnas.

— Et moi, Monsieur, je ne suis que le comte Joseph-Hyacinthe-Boniface de Lerac de La Mole, tout à votre service.

— En ce cas, Monsieur, prenons-nous par le bras et entrons ensemble.

Le résultat de cette proposition conciliatrice fut que les deux jeunes gens qui descendirent de leurs chevaux en jetèrent la bride aux mains d'un palefrenier, se prirent par le bras, et, ajustant leurs épées, se dirigèrent vers la porte de l'hôtellerie, sur le seuil de laquelle se tenait l'hôte. Mais, contre l'habitude de ces sortes de gens, le digne propriétaire n'avait paru faire aucune attention à eux, occupé qu'il était de conférer très-attentivement avec un grand gaillard sec et jaune enfoui dans un manteau couleur d'amadou, comme un hibou sous ses plumes.

Les deux gentilshommes étaient arrivés si près de l'hôte et de l'homme au manteau amadou avec lequel il causait, que Coconnas, impatienté de ce peu d'importance qu'on accordait à lui et à son compagnon, tira la manche de l'hôte. Celui-ci parut alors se réveiller en sursaut et congédia son interlocuteur par un « Au revoir. Venez tantôt, et surtout tenez-moi au courant de l'heure. »

— Eh ! monsieur le drôle, dit Coconnas, ne voyez-vous pas que l'on a affaire à vous ?

— Ah ! pardon, Messieurs, dit l'hôte ; je ne vous voyais pas.

— Eh ! mordi, il fallait nous voir ; et maintenant que vous nous avez vus, au lieu de dire « Monsieur » tout court, dites : « monsieur le comte, » s'il vous plaît.

La Mole se tenait derrière, laissant parler Coconnas, qui paraissait avoir pris l'affaire à son compte.

Cependant il était facile de voir à ses sourcils froncés qu'il était prêt à lui venir en aide quand le moment d'agir serait arrivé.

— Eh bien ! que désirez-vous, monsieur le comte ? demanda l'hôte du ton le plus calme.

— Bien… c'est déjà mieux, n'est-ce pas ? dit Coconnas en se retournant vers La Mole, qui fit de la tête un signe affirmatif. Nous désirons, monsieur le comte et moi, attirés que nous sommes par votre enseigne, trouver à souper et à coucher dans votre hôtellerie.

— Messieurs, dit l'hôte, je suis au désespoir ; mais il n'y a qu'une chambre, et je crains que cela ne puisse vous convenir.

— Eh bien ! ma foi, tant mieux, dit La Mole ; nous irons loger ailleurs.

— Ah ! mais non, mais non, dit Coconnas. Je demeure, moi ; mon cheval est harassé. Je prends donc la chambre, puisque vous n'en voulez pas.

— Ah ! ceci est autre chose, répondit l'hôte en conservant toujours le même flegme impertinent. Si vous n'êtes qu'un, je ne puis pas vous loger du tout.

— Mordi ! s'écria Coconnas, voici, sur ma foi ! un plaisant animal. Tout à l'heure nous étions trop de deux, maintenant nous ne sommes pas assez d'un ! Tu ne veux donc pas nous loger, drôle ?

— Ma foi, Messieurs, puisque vous le prenez sur ce ton, je vous répondrai avec franchise.

— Réponds, alors, mais réponds vite.

— Eh bien ! j'aime mieux ne pas avoir l'honneur de vous loger.

— Parce que ?… demanda Coconnas blêmissant de colère.

— Parce que vous n'avez pas de laquais, et que, pour une chambre de maître pleine, cela me ferait deux chambres de laquais vides. Or, si je vous donne la chambre de maître, je risque fort de ne pas louer les autres.

— Monsieur de La Mole, dit Coconnas en se retournant, ne vous semble-t-il pas comme à moi que nous allons massacrer ce gaillard-là ?

— Mais c'est faisable, dit La Mole en se préparant comme son compagnon à rouer l'hôtelier de coups de fouet.

Mais malgré cette double démonstration, qui n'avait rien de bien rassurant de la part de deux gentilshommes qui paraissaient si déterminés, l'hôtelier ne s'étonna point, et se contentant de reculer d'un pas afin d'être chez lui :

— On voit, dit-il en goguenardant, que ces Messieurs arrivent de province. À Paris, la mode est passée de massacrer les aubergistes qui refusent de louer leurs chambres. Ce sont les grands seigneurs qu'on massacre et non les bourgeois, et si vous criez trop fort, je vais appeler mes voisins ; de sorte que ce sera vous qui serez roués de coups, traitement tout à fait indigne de deux gentilshommes.

— Mais il se moque de nous, s'écria Coconnas exaspéré, mordi !

— Grégoire ! mon arquebuse, dit l'hôte en s'adressant à son valet, du même ton qu'il eût dit : « Un siège à ces Messieurs. »

— Trippe del papa ! hurla Coconnas en tirant son épée ; mais échauffez-vous donc, monsieur de La Mole !

— Non pas, s'il vous plaît, non pas ; car tandis que nous nous échaufferons, le souper refroidira, lui.

— Comment ! vous trouvez ? s'écria Coconnas.

— Je trouve que monsieur de la Belle-Étoile a raison ; seulement il sait mal prendre ses voyageurs, surtout quand ces voyageurs sont des gentilshommes. Au lieu de nous dire brutalement : Messieurs, je ne veux pas de vous, il aurait mieux fait de nous dire avec politesse : Entrez, Messieurs ; quitte à mettre sur son mémoire : *chambre de maître, tant* ; *chambre de laquais, tant* ; attendu que si nous n'avons pas de laquais nous comptons en prendre.

Et, ce disant, La Mole écarta doucement l'hôtelier, qui étendait déjà la main vers son arquebuse, fit passer Coconnas et entra derrière lui dans la maison.

— N'importe, dit Coconnas, j'ai bien de la peine à remettre mon épée dans le fourreau avant de m'être assuré qu'elle pique aussi bien que les lardoires de ce gaillard-là.

— Patience, mon cher compagnon, dit La Mole, patience ! Toutes les auberges sont pleines de gentilshommes attirés à Paris pour les fêtes du mariage ou pour la guerre prochaine de Flandre, nous ne trouverions plus d'autres logis ; et puis, c'est peut-être la coutume à Paris de recevoir ainsi les étrangers qui y arrivent.

— Mordi ! comme vous êtes patient ! murmura Coconnas en tortillant de rage sa moustache rouge et en foudroyant l'hôte de ses regards. Mais que le coquin prenne garde à lui : si sa cuisine est mauvaise, si son lit est dur, si son vin n'a pas trois ans de bouteille, si son valet n'est pas souple comme un jonc…

— La, la, la, mon gentilhomme, fit l'hôte en aiguisant sur un repassoir le couteau de sa ceinture ; la, tranquillisez-vous, vous êtes en pays de Cocagne.

Puis tout bas et en secouant la tête :

— C'est quelque huguenot, murmura-t-il ; les traîtres sont si insolents depuis le mariage de leur Béarnais avec mademoiselle Margot !

Puis, avec un sourire qui eût fait frissonner ses hôtes s'ils l'avaient vu, il ajouta :

— Eh ! eh ! ce serait drôle qu'il me fût justement tombé des huguenots ici… et que…

— Çà ! souperons-nous ? demanda aigrement Coconnas, interrompant les apartés de son hôte.

— Mais, comme il vous plaira, Monsieur, répondit celui-ci, radouci sans doute par la dernière pensée qui lui était venue.

— Eh bien ! il nous plaît, et promptement, répondit Coconnas.

Puis se retournant vers La Mole :

— Çà, monsieur le comte, dit-il, tandis que l'on nous prépare notre chambre, dites-moi : est-ce que par hasard vous avez trouvé Paris une ville gaie, vous ?

— Ma foi, non, dit La Mole ; il me semble n'y avoir vu encore que des visages effarouchés ou rébarbatifs. Peut-être aussi les Parisiens ont-ils peur de l'orage. Voyez comme le ciel est noir et comme l'air est lourd.

— Dites-moi, comte, vous cherchez le Louvre, n'est-ce pas ?

— Et vous aussi, je crois, monsieur de Coconnas.

— Eh bien, si vous voulez, nous le chercherons ensemble.

— Hein ! fit La Mole, n'est-il pas un peu tard pour sortir ?

— Tard ou non, il faut que je sorte. Mes ordres sont précis. Arriver au plus vite à Paris, et, aussitôt arrivé, communiquer avec le duc de Guise.

À ce nom du duc de Guise, l'hôte s'approcha fort attentif.

— Il me semble que ce maraud nous écoute, dit Coconnas, qui, en sa qualité de Piémontais, était fort rancunier, et qui ne pouvait passer au maître de la Belle-Étoile la façon peu civile dont il recevait les voyageurs.

— Oui, Messieurs, je vous écoute, dit celui-ci en mettant la main à son bonnet, mais pour vous servir. J'entends parler du grand duc de Guise, et j'accours. À quoi puis-je vous être bon, mes gentilshommes ?

— Ah ! ah ! ce mot est magique, à ce qu'il paraît, car d'insolent te voilà devenu obséquieux. Mordi, maître, maître… comment t'appelles-tu ?

— Maître La Hurière, répondit l'hôte en s'inclinant.

— Eh bien ! maître La Hurière, crois-tu que mon bras soit moins lourd que celui de M. le duc de Guise, qui a le privilège de te rendre si poli ?

— Non, monsieur le comte, mais il est moins long, répliqua La Hurière. D'ailleurs, ajouta-t-il, il faut vous dire que ce grand Henri est notre idole, à nous autres Parisiens.

— Quel Henri ? demanda La Mole.

— Il me semble qu'il n'y en a qu'un, dit l'aubergiste.

— Pardon, mon ami, il y en a encore un autre dont je vous invite à ne pas dire de mal ; c'est Henri de Navarre, sans compter Henri de Condé, qui a bien aussi son mérite.

— Ceux-là, je ne les connais pas, répondit l'hôte.

— Oui, mais moi je les connais, dit La Mole, et comme je suis adressé au roi Henri de

Navarre, je vous invite à n'en pas médire devant moi.

L'hôte, sans répondre à M. de La Mole, se contenta de toucher légèrement à son bonnet, et continuant de faire les doux yeux à Coconnas :

— Ainsi, Monsieur va parler au grand duc de Guise ? Monsieur est un gentilhomme bien heureux ; et sans doute qu'il vient pour… ?

— Pour quoi ? demanda Coconnas.

— Pour la fête, répondit l'hôte avec un singulier sourire.

— Vous devriez dire pour les fêtes, car Paris en regorge, de fêtes, à ce que j'ai entendu dire ; du moins on ne parle que de bals, de festins, de carrousels. Ne s'amuse-t-on pas beaucoup à Paris, hein ?

— Mais modérément, Monsieur, jusqu'à présent du moins, répondit l'hôte ; mais on va s'amuser, je l'espère.

— Les noces de Sa Majesté le roi de Navarre attirent cependant beaucoup de monde en cette ville, dit La Mole.

— Beaucoup de huguenots, oui, Monsieur, répondit brusquement La Hurière ; puis se reprenant : Ah ! pardon, dit-il ; ces Messieurs sont peut-être de la religion ?

— Moi, de la religion ! s'écria Coconnas ; allons donc ! je suis catholique comme notre saint-père le pape.

La Hurière se retourna vers La Mole comme pour l'interroger ; mais ou La Mole ne comprit pas son regard, ou il ne jugea point à propos d'y répondre autrement que par une autre question.

— Si vous ne connaissez point Sa Majesté le roi de Navarre, maître La Hurière, dit-il, peut-être connaissez-vous M. l'amiral ? J'ai entendu dire que M. l'amiral jouissait de quelque faveur à la cour ; et comme je lui étais recommandé, je désirerais, si son adresse ne vous écorche pas la bouche, savoir où il loge.

— *Il logeait* rue de Béthisy, Monsieur, ici à droite, répondit l'hôte avec une satisfaction intérieure qui ne put s'empêcher de devenir extérieure.

— Comment, il logeait ? demanda La Mole ; est-il donc déménagé ?

— Oui, de ce monde peut-être.

— Qu'est-ce à dire ? s'écrièrent ensemble les deux gentilshommes, l'amiral déménagé de ce monde !

— Quoi ! monsieur de Coconnas, poursuivit l'hôte avec un malin sourire, vous êtes de ceux de Guise, et vous ignorez cela ?

— Quoi cela ?

— Qu'avant-hier, en passant sur la place Saint-Germain-l'Auxerrois, devant la maison du chanoine Pierre Piles, l'amiral a reçu un coup d'arquebuse.

— Et il est tué ? s'écria La Mole.

— Non, le coup lui a seulement cassé le bras et coupé deux doigts ; mais on espère que les balles étaient empoisonnées.

— Comment, misérable ! s'écria La Mole, on espère !…

— Je veux dire qu'on croit, reprit l'hôte ; ne nous fâchons pas pour un mot : la langue m'a fourché.

Et maître La Hurière, tournant le dos à La Mole, tira la langue à Coconnas de la façon la plus goguenarde, accompagnant ce geste d'un coup d'œil d'intelligence.

— En vérité ! dit Coconnas rayonnant.

— En vérité ! murmura La Mole avec une stupéfaction douloureuse.

— C'est comme j'ai l'honneur de vous le dire, Messieurs, répondit l'hôte.

— En ce cas, dit La Mole, je vais au Louvre sans perdre un moment. Y trouverai-je le roi Henri ?

— C'est possible, puisqu'il y loge.

— Et moi aussi je vais au Louvre, dit Coconnas. Y trouverai-je le duc de Guise ?

— C'est probable, car je viens de le voir passer il n'y a qu'un instant, avec deux cents gentilshommes.

— Alors, venez, monsieur de Coconnas, dit La Mole.

— Je vous suis, Monsieur, dit Coconnas.

— Mais votre souper, mes gentilshommes ? demanda maître La Hurière.

— Ah ! dit La Mole, je souperai peut-être chez le roi de Navarre.

— Et moi chez le duc de Guise, dit Coconnas.

— Et moi, dit l'hôte, après avoir suivi des yeux les deux gentilshommes qui prenaient le chemin du Louvre, moi, je vais fourbir ma salade, emmêcher mon arquebuse et affiler ma pertuisane. On ne sait pas ce qui peut arriver.

V

DU LOUVRE EN PARTICULIER ET DE LA VERTU EN GÉNÉRAL.

Les deux gentilshommes, renseignés par la première personne qu'ils rencontrèrent, prirent la rue d'Averon, la rue Saint-Germain-l'Auxerrois, et se trouvèrent bientôt devant le Louvre, dont les tours commençaient à se confondre dans les premières ombres du soir.

— Qu'avez-vous donc ? demanda Coconnas à La Mole, qui, arrêté à la vue du vieux château, regardait avec un saint respect ces ponts-levis, ces fenêtres étroites et ces clochetons aigus qui se présentaient tout à coup à ses yeux.

— Ma foi, je n'en sais rien, dit La Mole, le cœur me bat. Je ne suis cependant pas timide outre mesure ; mais je ne sais pourquoi ce palais me paraît sombre, et, dirai-je ? terrible !

— Eh bien ! moi, dit Coconnas, je ne sais ce qui m'arrive, mais je suis d'une allégresse rare. La tenue est pourtant quelque peu négligée, continua-t-il en parcourant des yeux son costume de voyage. Mais, bah ! on a l'air cavalier. Puis, mes ordres me recommandaient la promptitude. Je serai donc le bienvenu, puisque j'aurai ponctuellement obéi.

Et les deux jeunes gens continuèrent leur chemin, agités chacun des sentiments qu'ils avaient exprimés.

Il y avait bonne garde au Louvre ; tous les postes semblaient doublés. Nos deux voyageurs furent donc d'abord assez embarrassés. Mais Coconnas, qui avait remarqué que le nom du duc de Guise était une espèce de talisman près des Parisiens, s'approcha d'une sentinelle, et, se réclamant de ce nom tout-puissant, demanda si, grâce à lui, il ne pourrait point pénétrer dans le Louvre.

Ce nom paraissait faire sur le soldat son effet ordinaire ; cependant, il demanda à Coconnas s'il n'avait point le mot d'ordre.

Coconnas fut forcé d'avouer qu'il ne l'avait point.

— Alors, au large, mon gentilhomme, dit le soldat.

À ce moment, un homme qui causait avec l'officier du poste, et qui, tout en causant, avait entendu Coconnas réclamer son admission au Louvre, interrompt son entretien, et, venant à lui :

— Goi fouloir, fous, à monsir di Gouise ? dit-il.

— Moi, vouloir lui parler, répondit Coconnas en souriant.

— Imbossible ! le dugue il être chez le roi.

— Cependant j'ai une lettre d'avis pour me rendre à Paris.

— Ah ! fous afre eine lettre d'afis ?

— Oui, et j'arrive de fort loin.

— Ah ! fous arrife de fort loin.

— J'arrive du Piémont.

— Pien ! pien ! C'est autre chose. Et fous fous abbellez… ?

— Le comte Annibal de Coconnas.

— Pon ! pon ! Tonnez la lettre, monsir Annipal, tonnez.

— Voici, sur ma parole, un bien galant homme, dit de La Mole se parlant à lui-même ; ne pourrai-je point trouver le pareil pour me conduire chez le roi de Navarre ?

— Mais tonnez donc la lettre, continua le gentilhomme allemand en étendant la main vers Coconnas qui hésitait.

— Mordi ! reprit le Piémontais, défiant comme un demi-Italien, je ne sais si je dois… Je n'ai pas l'honneur de vous connaître, moi, Monsieur.

— Je suis Pesme, j'abbartiens à M. le dugue de Gouise.

— Pesme, murmura Coconnas ; je ne connais pas ce nom-là.

— C'est monsieur de Besme, mon gentilhomme, dit la sentinelle. La prononciation vous trompe, voilà tout. Donnez votre lettre à Monsieur, allez, j'en réponds.

— Ah ! monsieur de Besme, s'écria Coconnas, je le crois bien si je vous connais !… comment donc ! avec le plus grand plaisir. Voici ma lettre. Excusez mon hésitation. Mais on doit hésiter quand on veut être fidèle.

— Pien, pien, dit de Besme, il n'y afre pas besoin d'exguses.

— Ma foi, Monsieur, dit La Mole en s'approchant à son tour, puisque vous êtes si obligeant, voudriez-vous vous charger de ma lettre comme vous venez de faire de celle de mon compagnon ?

— Comment fous abbelez-vous ?

— Le comte Lerac de La Mole.

— Le gonte Lerag de La Mole ?

— Oui.

— Che ne gonnais pas.

— Il est tout simple que je n'aie pas l'honneur d'être connu de vous, Monsieur, je suis étranger, et, comme le comte de Coconnas, j'arrive ce soir de bien loin.

— Et t'où arrifez-fous ?

— De Provence.

— Avec eine lettre ?

— Oui, avec une lettre.

— Pour monsir de Gouise ?

— Non, pour Sa Majesté le roi de Navarre.

— Che ne souis bas au roi de Navarre, Monsir, répondit de Besme avec un froid subit, che ne puis donc pas me charger de votre lettre.

Et Besme, tournant les talons à La Mole, entra dans le Louvre en faisant signe à Coconnas de le suivre.

La Mole demeura seul.

Au même moment, par la porte du Louvre, parallèle à celle qui avait donné passage à Besme et à Coconnas, sortit une troupe de cavaliers d'une centaine d'hommes.

— Ah ! ah ! dit la sentinelle à son camarade, c'est de Mouy et ses huguenots ; ils sont rayonnants. Le roi leur aura promis la mort de l'assassin de l'amiral ; et comme c'est déjà lui qui a tué le père de Mouy, le fils fera d'une pierre deux coups.

— Pardon, fit La Mole s'adressant au soldat, mais n'avez-vous pas dit, mon brave, que cet officier était monsieur de Mouy ?

— Oui-da, mon gentilhomme.

— Et que ceux qui l'accompagnaient étaient…

— Étaient des parpaillots… Je l'ai dit.

— Merci, dit La Mole, sans paraître remarquer le terme de mépris employé par la sentinelle. Voilà tout ce que je voulais savoir.

Et se dirigeant aussitôt vers le chef des cavaliers :

— Monsieur, dit-il en l'abordant, j'apprends que vous êtes monsieur de Mouy.

— Oui, Monsieur, répondit l'officier avec politesse.

— Votre nom, bien connu parmi ceux de la religion, m'enhardit à m'adresser à vous,

Monsieur, pour vous demander un service.

— Lequel, Monsieur ?… Mais, d'abord, à qui ai-je l'honneur de parler ?

— Au comte Lerac de La Mole.

Les deux jeunes gens se saluèrent.

— Je vous écoute, Monsieur, dit de Mouy.

— Monsieur, j'arrive d'Aix, porteur d'une lettre de M. d'Auriac, gouverneur de la Provence. Cette lettre est adressée au roi de Navarre et contient des nouvelles importantes et pressées… Comment puis-je lui remettre cette lettre ? comment puis-je entrer au Louvre ?

— Rien de plus facile que d'entrer au Louvre, Monsieur, répliqua de Mouy : seulement, je crains que le roi de Navarre ne soit trop occupé à cette heure pour vous recevoir. Mais n'importe, si vous voulez me suivre, je vous conduirai jusqu'à son appartement. Le reste vous regarde.

— Mille fois merci !

— Venez, Monsieur, dit de Mouy.

De Mouy descendit de cheval, jeta la bride aux mains de son laquais, s'achemina vers le guichet, se fit reconnaître de la sentinelle, introduisit La Mole dans le château, et, ouvrant la porte de l'appartement du roi :

— Entrez, Monsieur, dit-il, et informez-vous.

Et saluant La Mole, il se retira.

La Mole, demeuré seul, regarda autour de lui.

L'antichambre était vide, une des portes intérieures était ouverte.

Il fit quelques pas et se trouva dans un couloir.

Il frappa et appela sans que personne répondît. Le plus profond silence régnait dans cette partie du Louvre.

— Qui donc me parlait, pensa-t-il, de cette étiquette si sévère ? On va et on vient dans ce palais comme sur une place publique.

Et il appela encore, mais sans obtenir un meilleur résultat que la première fois.

— Allons, marchons devant nous, pensa-t-il ; il faudra bien que je finisse par rencontrer quelqu'un.

Et il s'engagea dans le couloir, qui allait toujours s'assombrissant.

Tout à coup la porte opposée à celle par laquelle il était entré s'ouvrit, et deux pages parurent, portant des flambeaux et éclairant une femme d'une taille imposante, d'un maintien majestueux, et surtout d'une admirable beauté.

La lumière porta en plein sur La Mole, qui demeura immobile.

La femme s'arrêta, de son côté, comme La Mole s'était arrêté du sien.

— Que voulez-vous, Monsieur ? demanda-t-elle au jeune homme d'une voix qui bruit à ses oreilles comme une musique délicieuse.

— Oh ! Madame, dit La Mole en baissant les yeux, excusez-moi, je vous prie. Je quitte M. de Mouy, qui a eu l'obligeance de me conduire jusqu'ici, et je cherchais le roi de Navarre.

— Sa Majesté n'est point ici, Monsieur ; elle est, je crois, chez son beau-frère. Mais, en son absence, ne pourriez-vous dire à la reine… ?

— Oui, sans doute, Madame, reprit La Mole, si quelqu'un daignait me conduire devant elle.

— Vous y êtes, Monsieur.

— Comment ! s'écria La Mole.

— Je suis la reine de Navarre, dit Marguerite.

La Mole fit un mouvement tellement brusque de stupeur et d'effroi que la reine sourit.

— Parlez vite, Monsieur, dit-elle, car on m'attend chez la reine mère.

— Oh ! Madame, si vous êtes si instamment attendue, permettez-moi de m'éloigner, car il me serait impossible de vous parler en ce moment. Je suis incapable de rassembler deux idées ; votre vue m'a ébloui. Je ne pense plus, j'admire.

Marguerite s'avança pleine de grâce et de beauté vers ce jeune homme, qui, sans le savoir, venait d'agir en courtisan raffiné.

— Remettez-vous, Monsieur, dit-elle. J'attendrai et l'on m'attendra.

— Oh ! pardonnez-moi, Madame, si je n'ai point salué d'abord Votre Majesté avec tout le respect qu'elle a le droit d'attendre d'un de ses plus humbles serviteurs, mais…

— Mais, continua Marguerite, vous m'aviez prise pour une de mes femmes.

— Non, Madame, mais pour l'ombre de la belle Diane de Poitiers. On m'a dit qu'elle revenait au Louvre.

— Allons, Monsieur, dit Marguerite, je ne m'inquiète plus de vous, et vous ferez fortune à la cour. Vous aviez une lettre pour le roi, dites-vous ? C'était fort inutile. Mais, n'importe, où est-elle ? Je la lui remettrai… Seulement, hâtez-vous, je vous prie.

En un clin d'œil La Mole écarta les aiguillettes de son pourpoint, et tira de sa poitrine une lettre enfermée dans une enveloppe de soie.

Marguerite prit la lettre et regarda l'écriture

— N'êtes-vous pas monsieur de La Mole ? dit-elle.

— Oui, Madame. Oh ! mon Dieu ! aurais-je le bonheur que mon nom fût connu de Votre Majesté ?

— Je l'ai entendu prononcer par le roi mon mari, et par mon frère le duc d'Alençon. Je sais que vous êtes attendu.

Et elle glissa dans son corsage, tout raide de broderies et de diamants, cette lettre qui sortait du pourpoint du jeune homme, et qui était encore tiède de la chaleur de sa poitrine. La Mole suivait avidement des yeux chaque mouvement de Marguerite.

— Maintenant, Monsieur, dit-elle, descendez dans la galerie au-dessous, et attendez jusqu'à ce qu'il vienne quelqu'un de la part du roi de Navarre ou du duc d'Alençon. Un de mes pages va vous conduire.

À ces mots, Marguerite continua son chemin. La Mole se rangea contre la muraille. Mais le passage était si étroit, et le vertugadin de la reine de Navarre si large, que sa robe de soie effleura l'habit du jeune homme, tandis qu'un parfum pénétrant s'épandait là où elle avait passé.

La Mole frissonna par tout son corps, et, sentant qu'il allait tomber, chercha un appui contre le mur.

Marguerite disparut comme une vision.

— Venez-vous, Monsieur ? dit le page chargé de conduire La Mole dans la galerie inférieure.

— Oh ! oui, oui, s'écria La Mole enivré ; car comme le jeune homme lui indiquait le chemin par lequel venait de s'éloigner Marguerite, il espérait, en se hâtant, la revoir encore.

En effet, en arrivant au haut de l'escalier, il l'aperçut à l'étage inférieur ; et soit hasard, soit que le bruit de ses pas fût arrivé jusqu'à elle, Marguerite ayant relevé la tête, il put la voir encore une fois.

— Oh ! dit-il en suivant le page, ce n'est pas une mortelle, c'est une déesse ; et, comme dit Virgilius Maro :

Et vera incessu patuit dea.

— Eh bien ? demanda le jeune page.

— Me voici, dit La Mole ; pardon, me voici.

Le page précéda La Mole, descendit un étage, ouvrit une première porte, puis une seconde, et s'arrêtant sur le seuil :

— Voici l'endroit où vous devez attendre, lui dit-il.

La Mole entra dans la galerie, dont la porte se referma derrière lui.

La galerie était vide, à l'exception d'un gentilhomme qui se promenait, et qui, de son côté, paraissait attendre.

Déjà le soir commençait à faire tomber de larges ombres du haut des voûtes, et, quoique les deux hommes fussent à peine à vingt pas l'un de l'autre, ils ne pouvaient distinguer leurs visages. La Mole s'approcha.

— Dieu me pardonne ! murmura-t-il quand il ne fut plus qu'à quelques pas du second gentilhomme, c'est M. le comte de Coconnas que je retrouve ici.

Au bruit de ses pas, le Piémontais s'était déjà retourné, et le regardait avec le même étonnement qu'il en était regardé.

— Mordi ! s'écria-t-il, c'est M. de La Mole, ou le diable m'emporte ! Ouf ! que fais-je donc là ! je jure chez le roi ; mais bah ! il paraît que le roi jure bien autrement encore que moi, et jusque dans les églises. Eh, mais ! nous voici donc au Louvre ?…

— Comme vous voyez. M. de Besme vous a introduit ?

— Oui. C'est un charmant Allemand que ce M. de Besme… Et vous, qui vous a servi de guide ?

— M. de Mouy… Je vous disais bien que les huguenots n'étaient pas trop mal en cour non plus… Et avez-vous rencontré M. de Guise ?

— Non, pas encore… Et vous, avez-vous obtenu votre audience du roi de Navarre ?

— Non ; mais cela ne peut tarder. On m'a conduit ici, et l'on m'a dit d'attendre.

— Vous verrez qu'il s'agit de quelque grand souper, et que nous serons côte à côte au festin. Quel singulier hasard, en vérité ! Depuis deux heures le sort nous marie… Mais qu'avez-vous ? vous semblez préoccupé…

— Moi ! dit vivement La Mole en tressaillant, car en effet il demeurait toujours comme ébloui par la vision qui lui était apparue ; non, mais le lieu où nous nous trouvons fait naître dans mon esprit une foule de réflexions.

— Philosophiques, n'est-ce pas ? c'est comme moi. Quand vous êtes entré, justement, toutes les recommandations de mon précepteur me revenaient à l'esprit. Monsieur le comte, connaissez-vous Plutarque ?

— Comment donc ! dit La Mole en souriant, c'est un de mes auteurs favoris.

— Eh bien, continua Coconnas gravement, ce grand homme ne me paraît pas s'être abusé quand il compare les dons de la nature à des fleurs brillantes, mais éphémères, tandis qu'il regarde la vertu comme une plante balsamique d'un impérissable parfum et d'une efficacité souveraine pour la guérison des blessures.

— Est-ce que vous savez le grec, monsieur de Coconnas ? dit La Mole en regardant fixement son interlocuteur.

— Non pas ; mais mon précepteur le savait, et il m'a fort recommandé, lorsque je serais à la cour, de discourir sur la vertu. Cela, dit-il, a fort bon air. Aussi, je suis cuirassé sur ce sujet, je vous en avertis. À propos, avez-vous faim ?

— Non.

— Il me semble cependant que vous teniez à la volaille embrochée de la Belle-Étoile ; moi, je meurs d'inanition.

— Eh bien, monsieur de Coconnas, voici une belle occasion d'utiliser vos arguments sur la vertu et de prouver votre admiration pour Plutarque, car ce grand écrivain dit quelque part : Il est bon d'exercer l'âme à la douleur et l'estomac à la faim. *Prepon esti tên men psuchên odunê, ton de gastéra semô askeïn.*

— Ah ça ! vous le savez donc le grec ? s'écria Coconnas stupéfait.

— Ma foi, oui ! répondit La Mole ; mon précepteur me l'a appris, à moi.

— Mordi ! comte, votre fortune est assurée en ce cas ; vous ferez des vers avec le roi Charles IX, et vous parlerez grec avec la reine Marguerite.

— Sans compter, ajouta La Mole en riant, que je pourrai encore parler gascon avec le roi de Navarre.

En ce moment, l'issue de la galerie qui aboutissait chez le roi s'ouvrit ; un pas retentit, on vit dans l'obscurité une ombre s'approcher. Cette ombre devint un corps. Ce corps était celui de M. de Besme.

Il regarda les deux jeunes gens sous le nez, afin de reconnaître le sien, et fit signe à Coconnas de le suivre.

Coconnas salua de la main La Mole.

De Besme conduisit Coconnas à l'extrémité de la galerie, ouvrit une porte, et se trouva avec lui sur la première marche d'un escalier.

Arrivé là, il s'arrêta, et regardant tout autour de lui, puis en haut, puis en bas :

— Monsir de Gogonnas, dit-il, où temeurez-fous ?

— À l'auberge de la Belle-Étoile, rue de l'Arbre-Sec.

— Pon, pon ! être à teux bas t'izi… Rentez-fous fite à fotre hodel, et ste nuit…

Il regarda de nouveau autour de lui.

— Eh bien, cette nuit ? demanda Coconnas.

— Eh pien, ste nuit, refenez izi afec un groix planche à fotre jabeau. Li mot di basse, il sera *Gouise*. Chut ! pouche glose.

— Mais à quelle heure dois-je venir ?

— Gand fous ententrez le doguesin.

— Comment, le doguesin ? demanda Coconnas.

— Foui, le doguesin : pum ! pum !…

— Ah ! le tocsin ?

— Oui, c'être cela que che disais.

— C'est bien ! on y sera, dit Coconnas.

Et saluant de Besme, il s'éloigna en se demandant tout bas :

— Que diable veut-il donc dire, et à propos de quoi sonnera-t-on le tocsin ? N'importe ! je persiste dans mon opinion : c'est un charmant Tédesco que M. de Besme. Si j'attendais le comte de La Mole ?… Ah ! ma foi, non ; il est probable qu'il soupera avec le roi de Navarre.

Et Coconnas se dirigea vers la rue de l'Arbre-Sec, où l'attirait comme un aimant l'enseigne de la Belle-Étoile.

Pendant ce temps une porte de la galerie correspondant aux appartements du roi de Navarre s'ouvrit, et un page s'avança vers M. de La Mole.

— C'est bien vous qui êtes le comte de La Mole ? dit-il.

— C'est moi-même.

— Où demeurez-vous ?

— Rue de l'Arbre-Sec, à la Belle-Étoile.

— Bon ! c'est à la porte du Louvre. Écoutez… Sa Majesté vous fait dire qu'elle ne peut vous recevoir en ce moment ; peut-être cette nuit vous enverra-t-elle chercher. En tout cas, si demain matin vous n'aviez pas reçu de ses nouvelles, venez au Louvre.

— Mais si la sentinelle me refuse la porte ?

— Ah ! c'est juste… Le mot de passe est *Navarre* ; dites ce mot, et toutes les portes s'ouvriront devant vous.

— Merci.

— Attendez, mon gentilhomme ; j'ai ordre de vous reconduire jusqu'au guichet, de peur que vous ne vous perdiez dans le Louvre.

— À propos, et Coconnas ? se dit La Mole à lui-même quand il se trouva hors du palais. Oh ! il sera resté à souper avec le duc de Guise.

Mais en rentrant chez maître La Hurière, la première figure qu'aperçut notre gentilhomme fut celle de Coconnas attablé devant une gigantesque omelette au lard.

— Oh ! oh ! s'écria Coconnas en riant aux éclats, il paraît que vous n'avez pas plus dîné chez le roi de Navarre que je n'ai soupé chez M. de Guise.

— Ma foi, non.

— Et la faim vous est-elle venue ?

— Je crois que oui.

— Malgré Plutarque ?

— Monsieur le comte, dit en riant La Mole, Plutarque dit dans un autre endroit : « Qu'il faut que celui qui a partage avec celui qui n'a pas. » Voulez-vous, pour l'amour de Plutarque, partager votre omelette avec moi, nous causerons de la vertu en mangeant ?

— Oh ! ma foi, non, dit Coconnas ; c'est bon quand on est au Louvre, qu'on craint d'être écouté et qu'on a l'estomac vide. Mettez-vous là, et soupons.

— Allons, je vois que décidément le sort nous a fait inséparables. Couchez-vous ici ?

— Je n'en sais rien.

— Ni moi non plus.

— En tout cas je sais bien où je passerai la nuit, moi.

— Où cela ?

— Où vous la passerez vous-même, c'est immanquable.

Et tous deux se mirent à rire, en faisant de leur mieux honneur à l'omelette de maître La Hurière.

VI

LA DETTE PAYÉE.

Maintenant, si le lecteur est curieux de savoir pourquoi M. de La Mole n'avait pas été reçu par le roi de Navarre, pourquoi M. de Coconnas n'avait pu voir M. de Guise, et enfin pourquoi tous deux, au lieu de souper au Louvre avec des faisans, des perdrix et du chevreuil, soupaient à l'hôtel de la Belle-Étoile avec une omelette au lard, il faut qu'il ait la complaisance de rentrer avec nous au vieux palais des rois, et de suivre la reine Marguerite de Navarre que de La Mole avait perdue de vue à l'entrée de la grande galerie.

Tandis que Marguerite descendait cet escalier, le duc Henri de Guise, qu'elle n'avait pas revu depuis la nuit de ses noces, était dans le cabinet du roi. À cet escalier que descendait Marguerite, il y avait une issue. À ce cabinet où était M. de Guise, il y avait une porte. Or, cette porte et cette issue conduisaient toutes deux à un corridor, lequel corridor conduisait lui-même aux appartements de la reine mère Catherine de Médicis.

Catherine de Médicis était seule, assise près d'une table, le coude appuyé sur un livre d'heures entr'ouvert, et la tête posée sur sa main encore remarquablement belle, grâce au cosmétique que lui fournissait le Florentin René, qui réunissait la double charge de parfumeur et d'empoisonneur de la reine mère.

La veuve de Henri II était vêtue de ce deuil qu'elle n'avait point quitté depuis la mort de son mari. C'était à cette époque une femme de cinquante-deux à cinquante-trois ans à peu près, qui conservait, grâce à son embonpoint plein de fraîcheur, les traits de sa première beauté. Son appartement, comme son costume, était celui d'une veuve. Tout y était d'un caractère sombre : étoffes, murailles, meubles. Seulement, au-dessus d'une espèce de dais couvrant un fauteuil royal, où pour le moment dormait couchée la petite levrette favorite de la reine mère, laquelle lui avait été donnée par son gendre Henri de Navarre et avait reçu le nom mythologique de Phébé, on voyait peint au naturel un arc-en-ciel entouré de cette devise grecque que le roi François Ier lui avait donnée : *Phôs pherei ê de kai aïthzên*, et qui peut se traduire par ce vers français :

Il porte la lumière et la sérénité.

Tout à coup, et au moment où la reine mère paraissait plongée au plus profond d'une pensée qui faisait éclore sur ses lèvres peintes avec du carmin un sourire lent et plein d'hésitation, un homme ouvrit la porte, souleva la tapisserie et montra son visage pâle en disant :

— Tout va mal.

Catherine leva la tête et reconnut le duc de Guise.

— Comment, tout va mal ! répondit-elle. Que voulez-vous dire, Henri ?

— Je veux dire que le roi est plus que jamais coiffé de ses huguenots maudits, et que, si nous attendons son congé pour exécuter la grande entreprise, nous attendrons encore longtemps et peut-être toujours.

— Qu'est-il donc arrivé ? demanda Catherine en conservant ce visage calme qui lui était habituel, et auquel elle savait cependant si bien, selon l'occasion, donner les expressions les plus opposées.

— Il y a que tout à l'heure, pour la vingtième fois, j'ai entamé avec Sa Majesté cette question de savoir si l'on continuerait de supporter les bravades que se permettent, depuis la blessure de leur amiral, messieurs de la religion.

— El que vous a répondu mon fils ? demanda Catherine.

— Il m'a répondu : « Monsieur le duc, vous devez être soupçonné du peuple comme auteur de l'assassinat commis sur mon second père monsieur l'amiral ; défendez-vous comme il vous plaira. Quant à moi, je me défendrai bien moi-même si l'on m'insulte… » Et sur ce il m'a tourné le dos pour aller donner à souper à ses chiens.

— Et vous n'avez point tenté de le retenir ?

— Si fait. Mais il m'a répondu avec cette voix que vous lui connaissez et en me regardant de ce regard qui n'est qu'à lui : « Monsieur le duc, mes chiens ont faim, et ce ne sont pas des hommes pour que je les fasse attendre… » Sur quoi je suis venu vous prévenir.

— Et vous avez bien fait, dit la reine mère.

— Mais que résoudre ?

— Tenter un dernier effort.

— Et qui l'essayera ?

— Moi. Le roi est-il seul ?

— Non. Il est avec M. de Tavannes.

— Attendez-moi ici. Ou plutôt suivez-moi de loin.

Catherine se leva aussitôt et prit le chemin de la chambre où se tenaient, sur des tapis de Turquie et des coussins de velours, les lévriers favoris du roi. Sur des perchoirs scellés dans la muraille étaient deux ou trois faucons de choix et une petite pie-grièche avec laquelle Charles IX s'amusait à voler les petits oiseaux dans le jardin du Louvre et dans ceux des Tuileries, qu'on commençait à bâtir.

Pendant le chemin la reine mère s'était arrangé un visage pâle et plein d'angoisse, sur lequel roulait une dernière ou plutôt une première larme.

Elle s'approcha sans bruit de Charles IX, qui donnait à ses chiens des fragments de gâteaux coupés en portions pareilles.

— Mon fils ! dit Catherine avec un tremblement de voix si bien joué qu'il fit tressaillir le roi.

— Qu'avez-vous, Madame ? dit le roi en se retournant vivement.

— J'ai, mon fils, répondit Catherine, que je vous demande la permission de me retirer dans un de vos châteaux, peu m'importe lequel, pourvu qu'il soit bien éloigné de Paris.

— Et pourquoi cela, Madame ? demanda Charles IX en fixant sur sa mère son œil vitreux qui, dans certaines occasions, devenait si pénétrant.

— Parce que chaque jour je reçois de nouveaux outrages de ceux de la religion, parce qu'aujourd'hui je vous ai entendu menacer par les protestants jusque dans votre Louvre, et que je ne veux plus assister à de pareils spectacles.

— Mais enfin, ma mère, dit Charles IX avec une expression pleine de conviction, on leur a voulu tuer leur amiral. Un infâme meurtrier leur avait déjà assassiné le brave M. de Mouy, à ces pauvres gens. Mort de ma vie, ma mère ! il faut pourtant une justice dans un royaume.

— Oh ! soyez tranquille, mon fils, dit Catherine, la justice ne leur manquera point, car si vous la leur refusez, ils se la feront à leur manière : sur M. de Guise aujourd'hui, sur moi demain, sur vous plus tard.

— Oh ! Madame, dit Charles IX laissant percer dans sa voix un premier accent de doute, vous croyez ?

— Eh ! mon fils, reprit Catherine, s'abandonnant tout entière à la violence de ses pensées, ne savez-vous pas qu'il ne s'agit plus de la mort de M. François de Guise ou de celle de M. l'amiral, de la religion protestante ou de la religion catholique, mais tout simplement de la substitution du fils d'Antoine de Bourbon au fils de Henri II ?

— Allons, allons, ma mère, voici que vous retombez encore dans vos exagérations habituelles ! dit le roi.

— Quel est donc votre avis, mon fils ?

— D'attendre, ma mère ! d'attendre. Toute la sagesse humaine est dans ce seul mot. Le plus grand, le plus fort et le le plus adroit surtout est celui qui sait attendre.

— Attendez donc ; mais moi, je n'attendrai pas.

Et sur ce, Catherine fit une révérence, et, se rapprochant de la porte, s'apprêta à reprendre le chemin de son appartement.

Charles IX l'arrêta.

— Enfin, que faut-il donc faire, ma mère ? dit-il, car je suis juste avant toute chose, et je voudrais que chacun fût content de moi.

Catherine se rapprocha.

— Venez, monsieur le comte, dit-elle à Tavannes, qui caressait la pie-grièche du roi, et dites au roi ce qu'à votre avis il faut faire.

— Votre Majesté me permet-elle ? demanda le comte.

— Dis, Tavannes ! dis.

— Que fait Votre Majesté à la chasse quand le sanglier revient sur elle ?

— Mordieu ! Monsieur, je l'attends de pied ferme, dit Charles IX, et je lui perce la gorge avec mon épieu.

— Uniquement pour l'empêcher de vous nuire, ajouta Catherine.

— Et pour m'amuser, dit le roi avec un soupir qui indiquait le courage poussé jusqu'à la férocité ; mais je ne m'amuserais pas à tuer mes sujets, car, enfin, les huguenots sont mes sujets aussi bien que les catholiques.

— Alors, sire, dit Catherine, vos sujets les huguenots feront comme le sanglier à qui on ne met pas un épieu dans la gorge : ils découdront le trône.

— Bah ! vous croyez, Madame, dit le roi d'un air qui indiquait qu'il n'ajoutait pas grande foi aux prédictions de sa mère.

— Mais n'avez-vous pas vu aujourd'hui M. de Mouy et les siens ?

— Oui, je les ai vus, puisque je les quitte ; mais que m'a-t-il demandé qui ne soit pas juste ? Il m'a demandé la mort du meurtrier de son père et de l'assassin de l'amiral ! Est-ce que nous n'avons pas puni M. de Montgommery de la mort de mon père et de votre époux, quoique cette mort fût un simple accident ?

— C'est bien, sire, dit Catherine piquée, n'en parlons plus. Votre Majesté est sous la protection du Dieu qui lui donna la force, la sagesse et la confiance ; mais moi, pauvre femme, que Dieu abandonne sans doute à cause de mes péchés, je crains et je cède.

Et sur ce, Catherine salua une seconde fois et sortit, faisant signe au duc de Guise, qui sur ces entrefaites était entré, de demeurer à sa place pour tenter encore un dernier effort.

Charles IX suivit des yeux sa mère, mais sans la rappeler cette fois ; puis il se mit à caresser ses chiens en sifflant un air de chasse.

Tout à coup il s'interrompit.

— Ma mère est bien un esprit royal, dit-il ; en vérité elle ne doute de rien. Allez donc, d'un propos délibéré, tuer quelques douzaines de huguenots, parce qu'ils sont venus demander justice ! N'est-ce pas leur droit, après tout ?

— Quelques douzaines ! murmura le duc de Guise.

— Ah ! vous êtes là, Monsieur ! dit le roi faisant semblant de l'apercevoir pour la première fois : oui, quelques douzaines ; le beau déchet ! Ah ! si quelqu'un venait me dire : Sire, vous serez débarrassé de tous vos ennemis à la fois, et demain il n'en restera pas un pour vous reprocher la mort des autres, ah ! alors, je ne dis pas !

— Eh bien ! sire ?

— Tavannes, interrompit le roi, vous fatiguez Margot, remettez-la au perchoir. Ce n'est pas une raison, parce qu'elle porte le nom de ma sœur la reine de Navarre, pour que tout le monde la caresse.

Tavannes remit la pie sur son bâton, et s'amusa à rouler et à dérouler les oreilles d'un lévrier.

— Mais, sire, reprit le duc de Guise, si l'on disait à Votre Majesté : Sire, Votre Majesté sera délivrée demain de tous ses ennemis ?

— Et par l'intercession de quel saint ferait-on ce miracle ?

— Sire, nous sommes aujourd'hui le 24 août, ce serait donc par l'intercession de saint Barthélémy.

— Un beau saint, dit le roi, qui s'est laissé écorcher tout vif !

— Tant mieux ! plus il a souffert, plus il doit avoir gardé rancune à ses bourreaux.

— Et c'est vous, mon cousin, dit le roi, c'est vous qui, avec votre jolie petite épée à poignée d'or, tuerez d'ici à demain dix mille huguenots ! Ah ! ah ! ah ! mort de ma vie ! que vous êtes plaisant, monsieur de Guise !

Et le roi éclata de rire, mais d'un rire si faux, que l'écho de la chambre le répéta d'un ton lugubre.

— Sire, un mot, un seul, poursuivit le duc tout en frissonnant malgré lui au bruit de ce rire qui n'avait rien d'humain. Un signe, et tout est prêt. J'ai les Suisses, j'ai onze cents gentilshommes, j'ai les chevau-légers, j'ai les bourgeois ; de son côté, Votre Majesté a ses gardes, ses amis, sa noblesse catholique… Nous sommes vingt contre un.

— Eh bien ! puisque vous êtes si fort, mon cousin, pourquoi diable venez-vous me rebattre les oreilles de cela ?… Faites sans moi, faites !…

Et le roi se retourna vers ses chiens.

Alors la portière se souleva et Catherine reparut.

— Tout va bien, dit-elle au duc, insistez, il cédera.

Et la portière retomba sur Catherine sans que Charles IX la vît ou du moins fît semblant de la voir.

— Mais encore, dit le duc de Guise, faut-il que je sache si en agissant comme je le désire, je serai agréable à Votre Majesté.

— En vérité, mon cousin Henri, vous me plantez le couteau sur la gorge ; mais je resterai, mordieu ! ne suis-je donc pas le roi ?

— Non, pas encore, sire ; mais, si vous voulez, vous le serez demain.

— Ah çà ! continua Charles IX, on tuerait donc aussi le roi de Navarre, le prince de Condé… dans mon Louvre !… Ah !

Puis il ajouta d'une voix à peine intelligible :

— Dehors, je ne dis pas.

— Sire, s'écria le duc, ils sortent ce soir pour faire débauche avec le duc d'Alençon, votre frère.

— Tavannes, dit le roi avec une impatience admirablement bien jouée, ne voyez-vous pas que vous taquinez mon chien ! Viens, Actéon, viens.

Et Charles IX sortit sans en vouloir écouter davantage, et rentra chez lui en laissant Tavannes et le duc de Guise presque aussi incertains qu'auparavant.

Cependant une scène d'un autre genre se passait chez Catherine, qui, après avoir donné au duc de Guise le conseil de tenir bon, était rentrée dans son appartement, où elle avait trouvé réunies les personnes qui, d'ordinaire, assistaient à son coucher.

À son retour, Catherine avait la figure aussi riante qu'elle était décomposée à son départ. Peu à peu elle congédia de son air le plus agréable ses femmes et ses courtisans ; il ne resta bientôt près d'elle que madame Marguerite, qui, assise sur un coffre près de la fenêtre ouverte, regardait le ciel absorbée dans ses pensées.

Deux ou trois fois, en se retrouvant seule avec sa fille, la reine mère ouvrit la bouche pour parler, mais chaque fois une sombre pensée refoula au fond de sa poitrine les mots prêts à s'échapper de ses lèvres.

Sur ces entrefaites, la portière se souleva et Henri de Navarre parut.

La petite levrette, qui dormait sur le trône, bondit et courut à lui.

— Vous ici, mon fils ! dit Catherine en tressaillant, est-ce que vous soupez au Louvre ?

— Non, Madame, répondit Henri, nous battons la ville ce soir avec MM. d'Alençon et de Condé. Je croyais presque les trouver occupés à vous faire leur cour.

Catherine sourit.

— Allez, Messieurs, dit-elle, allez… Les hommes sont bien heureux de pouvoir courir ainsi… N'est-ce pas, ma fille ?

— C'est vrai, répondit Marguerite, c'est une si belle et si douce chose que la liberté !

— Cela veut-il dire que j'enchaîne la vôtre, Madame ? dit Henri en s'inclinant devant sa femme.

— Non, Monsieur ; aussi n'est-ce pas moi que je plains, mais la condition des femmes en général.

— Vous allez peut-être voir M. l'amiral, mon fils ? dit Catherine.

— Oui, peut-être.

— Allez-y ; ce sera d'un bon exemple, et demain vous me donnerez de ses nouvelles.

— J'irai donc, Madame, puisque vous approuvez cette démarche.

— Moi, dit Catherine, je n'approuve rien… Mais qui va là ?… Renvoyez, renvoyez.

Henri fit un pas vers la porte pour exécuter l'ordre de Catherine ; mais au même instant la tapissière se souleva, et madame de Sauve montra sa tête blonde.

— Madame, dit-elle, c'est René, le parfumeur, que Votre Majesté a fait demander.

Catherine lança un regard aussi prompt que l'éclair sur Henri de Navarre.

Le jeune prince rougit légèrement, puis presque aussitôt pâlit d'une manière effrayante. En effet, on venait de prononcer le nom de l'assassin de sa mère. Il sentit que son visage trahissait son émotion, et alla s'appuyer sur la barre de la fenêtre.

La petite levrette poussa un gémissement.

Au même instant deux personnes entraient, l'une annoncée et l'autre qui n'avait pas besoin de l'être.

La première était René, le parfumeur, qui s'approcha de Catherine avec toutes les obséquieuses civilités des serviteurs florentins ; il tenait une boîte, qu'il ouvrit, et dont on vit tous les compartiments remplis du poudres et de flacons.

La seconde était madame de Lorraine, sœur aînée de Marguerite. Elle entra par une petite porte dérobée qui donnait dans le cabinet du roi, et, toute pâle et toute tremblante, espérant n'être point aperçue de Catherine qui examinait avec madame de Sauve le contenu de la boîte apportée par René, elle alla s'asseoir à côté de Marguerite, près de laquelle le roi de Navarre se tenait debout, la main sur le front, comme un homme qui cherche à se remettre d'un éblouissement.

En ce moment Catherine se retourna.

— Ma fille, dit-elle à Marguerite, vous pouvez vous retirer chez vous. Mon fils, dit-elle, vous pouvez aller vous amuser par la ville.

Marguerite se leva, et Henri se retourna à moitié.

Madame de Lorraine saisit la main de Marguerite.

— Ma sœur, lui dit-elle tout bas et avec volubilité, au nom de M. de Guise, qui vous sauve comme vous l'avez sauvé, ne sortez pas d'ici, n'allez pas chez vous !

— Hein ! que dites-vous, Claude ? demanda Catherine en se retournant.

— Rien, ma mère.

— Vous avez parlé tout bas à Marguerite.

— Pour lui souhaiter le bonsoir seulement, Madame, et pour lui dire mille choses de la part de la duchesse de Nevers.

— Et où est-elle, cette belle duchesse ?

— Près de son beau-frère M. de Guise.

Catherine regarda les deux femmes de son œil soupçonneux, et fronçant le sourcil :

— Venez là, Claude ! dit la reine mère.

Claude obéit. Catherine lui saisit la main.

— Que lui avez-vous dit ? indiscrète que vous êtes ! murmura-t-elle en serrant le poignet de sa fille à la faire

— Madame, dit à sa femme Henri, qui, sans entendre, n'avait rien perdu de la pantomime de la reine, de Claude et de Marguerite ; Madame, me ferez-vous l'honneur de me donner votre main à baiser ?

Marguerite lui tendit une main tremblante.

— Que vous a-t-elle dit ? murmura Henri en se baissant pour rapprocher ses lèvres de cette main.

— De ne pas sortir. Au nom du ciel, ne sortez pas non plus !

Ce ne fut qu'un éclair ; mais à la lueur de cet éclair, si rapide qu'elle fût, Henri devina tout un complot.

— Ce n'est pas le tout, dit Marguerite ; voici une lettre qu'un gentilhomme provençal a apportée.

— M. de La Mole ?

— Oui.

— Merci, dit-il en prenant la lettre et en la serrant dans son pourpoint. En passant devant sa femme éperdue, il alla appuyer sa main sur l'épaule du Florentin.

— Eh bien, maître René ! dit-il, comment vont les affaires commerciales ?

— Mais assez bien, Monseigneur, assez bien, répondit l'empoisonneur avec son perfide sourire.

— Je le crois bien, dit Henri, quand on est comme vous le fournisseur de toutes les têtes couronnées de France et de l'étranger.

— Excepté de celle du roi de Navarre, répondit effrontément le Florentin.

— Ventre-saint-gris, maître René ! dit Henri, vous avez raison ; et cependant ma pauvre mère, qui achetait aussi chez vous, vous a recommandé à moi en mourant, maître René. Venez me voir demain ou après-demain en mon appartement et apportez-moi vos meilleures parfumeries.

— Ce ne sera point mal vu, dit en souriant Catherine, car on dit…

— Que j'ai le gousset fin, reprit Henri en riant ; qui vous a dit cela, ma mère ? est-ce Margot ?

— Non, mon fils, dit Catherine, c'est madame de Sauve.

En ce moment madame la duchesse de Lorraine, qui, malgré les efforts qu'elle faisait, ne pouvait se contenir, éclata en sanglots.

Henri ne se retourna même pas.

— Ma sœur, s'écria Marguerite en s'élançant vers Claude, qu'avez-vous ?

— Rien, dit Catherine en passant entre les deux jeunes femmes, rien : elle a cette fièvre nerveuse que Mazille lui recommande de traiter avec des aromates.

Et elle serra de nouveau et avec plus de vigueur encore que la première fois le bras de sa fille aînée ; puis, se retournant vers la cadette :

— Çà, Margot, dit-elle, n'avez-vous pas entendu que, déjà, je vous ai invitée à vous retirer chez vous ? Si cela ne suffit pas, je vous l'ordonne.

— Pardonnez-moi, Madame, dit Marguerite tremblante et pâle, je souhaite une bonne nuit à Votre Majesté.

— Et j'espère que votre souhait sera exaucé. Bonsoir, bonsoir.

Marguerite se retira toute chancelante en cherchant vainement à rencontrer un regard de son mari, qui ne se retourna pas même de son côté.

Il se fit un instant de silence pendant lequel Catherine demeura les yeux fixés sur la duchesse de Lorraine, qui de son côté, sans parler, regardait sa mère les mains jointes.

Henri tournait le dos, mais voyait la scène dans une glace, tout en ayant l'air de friser sa moustache avec une pommade que venait de lui donner René.

— Et vous, Henri, dit Catherine, sortez-vous toujours ?

— Ah ! oui ! c'est vrai ! s'écria le roi de Navarre. Ah ! par ma foi ! j'oubliais que le duc d'Alençon et le prince de Condé m'attendent : ce sont ces admirables parfums qui m'enivrent et, je crois, me font perdre la mémoire. Au revoir, Madame.

— Au revoir ! Demain, vous m'apprendrez des nouvelles de l'amiral, n'est-ce pas ?

— Je n'aurai garde d'y manquer. Eh bien, Phébé ! qu'y a-t-il ?

— Phébé ! dit la reine mère avec impatience.

— Rappelez-la, Madame, dit le Béarnais, car elle ne veut pas me laisser sortir.

La reine mère se leva, prit la petite chienne par son collier et la retint, tandis que Henri s'éloignait le visage aussi calme et aussi riant que s'il n'eût pas senti au fond de son cœur qu'il courait danger de mort.

Derrière lui, la petite chienne lâchée par Catherine de Médicis s'élança pour le rejoindre ; mais la porte était refermée, et elle ne put que glisser son museau allongé sous la tapisserie en poussant un hurlement lugubre et prolongé.

— Maintenant, Charlotte, dit Catherine à madame de Sauve, va chercher M. de Guise et Tavannes, qui sont dans mon oratoire, et reviens avec eux pour tenir compagnie à la duchesse de Lorraine qui a ses vapeurs.

VII

LA NUIT DU 24 AOÛT 1572.

Lorsque La Mole et Coconnas eurent achevé leur maigre souper ; car les volailles de l'hôtellerie de la Belle-Étoile ne flambaient que sur l'enseigne, Coconnas fit pivoter sa chaise sur un de ses quatre pieds, étendit les jambes, appuya son coude sur la table, et dégustant un dernier verre de vin :

— Est-ce que vous allez vous coucher incontinent, monsieur de La Mole ? demanda-t-il.

— Ma foi ! j'en aurais grande envie, Monsieur, car il est possible qu'on vienne me réveiller dans la nuit.

— Et moi aussi, dit Coconnas ; mais il me semble, en ce cas, qu'au lieu de nous coucher et de faire attendre ceux qui doivent nous envoyer chercher, nous ferions mieux de demander des cartes et de jouer. Cela fait qu'on nous trouverait tout préparés.

— J'accepterais volontiers la proposition, Monsieur ; mais pour jouer je possède bien peu d'argent ; à peine si j'ai cent écus d'or dans ma valise ; et encore, c'est tout mon trésor. Maintenant, c'est à moi de faire fortune avec cela.

— Cent écus d'or ! s'écria Coconnas, et vous vous plaignez ! Mordi ! mais moi, Monsieur, je n'en ai que six.

— Allons donc, reprit La Mole, je vous ai vu tirer de votre poche une bourse qui m'a paru non-seulement fort ronde, mais on pourrait même dire quelque peu boursouflée.

— Ah ! ceci, dit Coconnas, c'est pour éteindre une ancienne dette que je suis obligé de payer à un vieil ami de mon père que je soupçonne d'être comme vous tant soit peu huguenot. Oui, il y a là cent nobles à la rose, continua Coconnas en frappant sur sa poche ; mais ces cent nobles à la rose appartiennent à maître Mercandon ; quant à mon patrimoine personnel, il se borne, comme je vous l'ai dit, à six écus.

— Comment jouer, alors ?

— Et c'est précisément à cause de cela que je voulais jouer. D'ailleurs, il m'était venu une idée.

— Laquelle ?

— Nous venons tous deux à Paris dans un même but ?

— Oui.

— Nous avons chacun un protecteur puissant ?

— Oui.

— Vous comptez sur le vôtre comme je compte sur le mien ?

— Oui.

— Eh bien ! il m'était venu dans la pensée de jouer d'abord notre argent, puis la première faveur qui nous arrivera, soit de la cour, soit de notre maîtresse…

— En effet, c'est fort ingénieux ! dit La Mole en souriant ; mais j'avoue que je ne suis pas assez joueur pour risquer ma vie tout entière sur un coup de cartes ou de dés, car de la première faveur qui vous arrivera à vous et à moi découlera probablement notre vie tout entière.

— Eh bien ! laissons donc là la première faveur de la cour, et jouons la première faveur de notre maîtresse.

— Je n'y vois qu'un inconvénient, dit La Mole.

— Lequel ?

— C'est que je n'ai point de maîtresse, moi.

— Ni moi non plus ; mais je compte bien ne pas tarder à en avoir une ! Dieu merci ! on n'est point taillé de façon à manquer de femmes.

— Aussi, comme vous dites, n'en manquerez-vous point, monsieur de Coconnas ; mais, comme je n'ai point la même confiance dans mon étoile amoureuse, je crois que ce serait vous voler que de mettre mon enjeu contre le vôtre. Jouons donc jusqu'à concurrence de vos six écus, et, si vous les perdiez par malheur et que vous voulussiez continuer le jeu, eh bien, vous êtes gentilhomme, et votre parole vaut de l'or.

— À la bonne heure ! s'écria Coconnas, et voilà qui est parler ; vous avez raison, Monsieur, la parole d'un gentilhomme vaut de l'or, surtout quand ce gentilhomme a du crédit à la cour. Aussi, croyez que je ne me hasarderais pas trop en jouant contre vous la première faveur que je devrais recevoir.

— Oui, sans doute, vous pouvez la perdre ; mais moi, je ne pourrais pas la gagner ; car, étant au roi de Navarre, je ne puis rien tenir de M. le duc de Guise.

— Ah ! parpaillot ! murmura l'hôte tout en fourbissant son vieux casque, je t'avais donc bien flairé.

Et il s'interrompit pour faire le signe de la croix.

— Ah çà, décidément, reprit Coconnas en battant les cartes que venait de lui apporter le garçon, vous en êtes donc ?…

— De quoi ?

— De la religion.

— Moi ?

— Oui, vous.

— Eh bien ! mettez que j'en sois ! dit La Mole en souriant. Avez-vous quelque chose contre nous ?

— Oh ! Dieu merci, non ; cela m'est bien égal. Je hais profondément la huguenoterie, mais je ne déteste pas les huguenots, et puis c'est la mode.

— Oui, répliqua La Mole en riant, témoin l'arquebusade de M. l'amiral ! Jouerons-nous aussi des arquebusades ?

— Comme vous voudrez, dit Coconnas ; pourvu que je joue, peu m'importe quoi.

— Jouons donc, dit La Mole en ramassant ses cartes et en les rangeant dans sa main.

— Oui, jouez et jouez de confiance ; car, dussé-je perdre cent écus d'or comme les vôtres, j'aurai demain matin de quoi les payer.

— La fortune vous viendra donc en dormant ?

— Non, c'est moi qui irai la trouver.

— Où cela, dites-moi ? j'irai avec vous !

— Au Louvre.

— Vous y retournez cette nuit ?

— Oui, cette nuit j'ai une audience particulière du grand duc de Guise.

Depuis que Coconnas avait parlé d'aller chercher fortune au Louvre, La Hurière s'était interrompu de fourbir sa salade et s'était venu placer derrière la chaise de La Mole, de manière que Coconnas seul le pût voir, et de là il lui faisait des signes que le Piémontais tout à son jeu et à sa conversation ne remarquait pas.

— Eh bien ! voilà qui est miraculeux ! dit La Mole, et vous aviez raison de dire que nous étions nés sous une même étoile. Moi aussi j'ai rendez-vous au Louvre cette nuit ; mais ce n'est pas avec le duc de Guise, moi, c'est avec le roi de Navarre.

— Avez-vous un mot d'ordre, vous ?

— Oui.

— Un signe de ralliement ?

— Non.

— Eh bien, j'en ai un, moi. Mon mot d'ordre est…

À ces paroles du Piémontais, La Hurière fit un geste si expressif, juste au moment où l'indiscret gentilhomme relevait la tête, que Coconnas s'arrêta pétrifié bien plus de ce geste encore que du coup par lequel il venait de perdre trois écus. En voyant l'étonnement qui se peignait sur le visage de son partner, La Mole se retourna ; mais il ne vit pas autre chose que son hôte derrière lui, les bras croisés et coiffé de la salade qu'il lui avait vu fourbir l'instant d'auparavant.

— Qu'avez-vous donc ? dit La Mole à Coconnas.

Coconnas regardait l'hôte et son compagnon sans répondre, car il ne comprenait rien aux gestes redoublés de maître La Hurière.

La Hurière vit qu'il devait venir à son secours :

— C'est que, dit-il rapidement, j'aime beaucoup le jeu aussi, moi, et comme je m'étais approché pour voir le coup sur lequel vous venez de gagner, Monsieur m'aura vu coiffé en guerre, et cela l'aura surpris de la part d'un pauvre bourgeois.

— Bonne figure en effet ! s'écria La Mole en éclatant de rire.

— Eh, Monsieur ! répliqua La Hurière avec une bonhomie admirablement jouée et un mouvement d'épaules plein du sentiment de son infériorité, nous ne sommes pas des vaillants, nous autres, et nous n'avons pas la tournure raffinée. C'est bon pour de braves gentilshommes comme vous de faire reluire les casques dorés et les fines rapières, et pourvu que nous montions exactement notre garde…

— Ah ! ah ! dit La Mole en battant les cartes à son tour, vous montez votre garde ?

— Eh ! mon Dieu, oui, monsieur le comte ; je suis sergent d'une compagnie de milice bourgeoise.

Et cela dit, tandis que La Mole était occupé à donner les cartes, La Hurière se retira en posant un doigt sur ses lèvres pour recommander la discrétion à Coconnas, plus interdit que jamais.

Cette précaution fut cause sans doute qu'il perdit le second coup presque aussi rapidement qu'il venait de perdre le premier.

— Eh bien ! dit La Mole, voilà qui fait juste vos six écus ! Voulez-vous votre revanche sur votre fortune future ?

— Volontiers, dit Coconnas, volontiers.

— Mais avant de vous engager plus avant, ne me disiez-vous pas que vous aviez rendez-vous avec M. de Guise ?

Coconnas tourna ses regards vers la cuisine et vit les gros yeux de La Hurière qui répétaient le même avertissement.

— Oui, dit-il ; mais il n'est pas encore l'heure. D'ailleurs parlons un peu de vous, monsieur de La Mole.

— Nous ferions mieux, je crois, de parler du jeu, mon cher monsieur de Coconnas, car, ou je me trompe fort, ou me voilà encore en train de vous gagner six écus.

— Mordi ! c'est la vérité… On me l'avait toujours dit, que les huguenots avaient du bonheur au jeu. J'ai envie de me faire huguenot, le diable m'emporte !

Les yeux de La Hurière étincelèrent comme deux charbons ; mais Coconnas, tout à son jeu, ne les aperçut pas.

— Faites, comte, faites, dit La Mole, et quoique la façon dont la vocation vous est venue soit singulière, vous serez le bien reçu parmi nous.

Coconnas se gratta l'oreille.

— Si j'étais sûr que votre bonheur vient de là, dit-il, je vous réponds bien… car, enfin, je ne tiens pas énormément à la messe, moi, et dès que le roi n'y tient pas non plus…

— Et puis… c'est une si belle religion, dit La Mole, si simple, si pure !

— Et puis… elle est à la mode, dit Coconnas, et puis… elle porte bonheur au jeu, car, le diable m'emporte ! il n'y a d'as que pour vous ; et cependant je vous examine depuis que nous avons les cartes aux mains : vous jouez franc jeu, vous ne trichez pas… il faut que ce soit la religion…

— Vous me devez six écus de plus, dit tranquillement La Mole.

— Ah ! comme vous me tentez ! dit Coconnas, et si cette nuit je ne suis pas content de M. de Guise…

— Eh bien ?

— Eh bien ! demain je vous demande de me présenter au roi de Navarre ; et, soyez tranquille, si une fois je me fais huguenot, je serai plus huguenot que Luther, que Calvin, que Mélanchthon et que tous les réformistes de la terre.

— Chut ! dit La Mole, vous allez vous brouiller avec notre hôte.

— Oh ! c'est vrai ! dit Coconnas en tournant les yeux vers la cuisine. Mais non, il ne nous écoute pas ; il est trop occupé en ce moment.

— Que fait-il donc ? dit La Mole, qui de sa place ne pouvait l'apercevoir.

— Il cause avec… Le diable m'emporte ! c'est lui !

— Qui, lui ?

— Cette espèce d'oiseau de nuit avec lequel il causait déjà quand nous sommes arrivés, l'homme au pourpoint jaune et au manteau amadou. Mordi ! quel feu il y met ! Eh ! dites donc, maître La Hurière ! est-ce que vous faites de la politique, par hasard ?

Mais cette fois la réponse de maître La Hurière fut un geste si énergique et si impérieux, que, malgré son amour pour le carton peint, Coconnas se leva et alla à lui.

— Qu'avez-vous donc ? demanda La Mole.

— Vous demandez du vin, mon gentilhomme ? dit La Hurière saisissant vivement la main de Coconnas, on va vous en donner. Grégoire ! du vin à ces Messieurs !

Puis à l'oreille :

— Silence, lui glissa-t-il, silence, sur votre vie ! et congédiez votre compagnon.

La Hurière était si pâle, l'homme jaune si lugubre, que Coconnas ressentit comme un frisson, et se retournant vers La Mole :

— Mon cher monsieur de La Mole, lui dit-il, je vous prie de m'excuser. Voilà cinquante écus que je perds en un tour de main. Je suis en malheur ce soir, et je craindrais de m'embarrasser.

— Fort bien, Monsieur, fort bien, dit La Mole ; à votre aise. D'ailleurs, je ne suis point fâché de me jeter un instant sur mon lit. Maître La Hurière !…

— Monsieur le comte ?

— Si l'on venait me chercher de la part du roi de Navarre, vous me réveilleriez. Je serai tout habillé, et par conséquent vite prêt.

— C'est comme moi, dit Coconnas ; pour ne pas faire attendre Son Altesse un seul instant, je vais me préparer le signe. Maître La Hurière, donnez-moi des ciseaux et du papier blanc.

— Grégoire ! cria La Hurière, du papier blanc pour écrire une lettre, des ciseaux pour en tailler l'enveloppe !

— Ah çà, décidément, se dit à lui-même le Piémontais, il se passe ici quelque chose d'extraordinaire.

— Bonsoir, monsieur de Coconnas ! dit La Mole. Et vous, mon hôte, faites-moi l'amitié de me montrer le chemin de ma chambre. Bonne chance, notre ami !

Et La Mole disparut dans l'escalier tournant, suivi de La Hurière. Alors l'homme mystérieux saisit à son tour le bras de Coconnas, et, l'attirant à lui, il lui dit avec volubilité :

— Monsieur, vous avez failli révéler cent fois un secret duquel dépend le sort du royaume. Dieu a voulu que votre bouche fût fermée à temps. Un mot de plus, et j'allais vous abattre d'un coup d'arquebuse. Maintenant nous sommes seuls, heureusement, écoutez.

— Mais qui êtes-vous, pour me parler avec ce ton de commandement ? demanda Coconnas.

— Avez-vous, par hasard, entendu parler du sire de Maurevel ?

— Le meurtrier de l'amiral ?

— Et du capitaine de Mouy.

— Oui, sans doute.

— Eh bien ! le sire de Maurevel, c'est moi.

— Oh ! oh ! fit Coconnas.

— Écoutez-moi donc.

— Mordi ! je le crois bien, que je vous écoute.

— Chut ! fit le sire de Maurevel en portant son doigt à sa bouche.

Coconnas demeura l'oreille tendue.

On entendit en ce moment l'hôte refermer la porte d'une chambre, puis la porte du corridor, y mettre les verrous, et revenir précipitamment du côté des deux interlocuteurs.

Il offrit alors un siège à Coconnas, un siège à Maurevel, et en prenant un troisième pour lui :

— Tout est bien clos, dit-il, monsieur de Maurevel, vous pouvez parler.

Onze heures sonnaient à Saint-Germain-l'Auxerrois. Maurevel compta l'un après l'autre chaque battement de marteau qui retentissait vibrant et lugubre dans la nuit, et quand le dernier se fut éteint dans l'espace :

— Monsieur, dit-il en se retournant vers Coconnas tout hérissé à l'aspect des précautions que prenaient les deux hommes, Monsieur, êtes-vous bon catholique ?

— Mais je le crois, répondit Coconnas.

— Monsieur, continua Maurevel, êtes-vous dévoué au roi ?

— De cœur et d'âme. Je crois même que vous m'offensez, Monsieur, en m'adressant une pareille question.

— Nous n'aurons pas de querelle là-dessus ; seulement, vous allez nous suivre.

— Où cela ?

— Peu vous importe. Laissez-vous conduire. Il y va de votre fortune et peut-être de votre vie.

— Je vous préviens, Monsieur, qu'à minuit j'ai affaire au Louvre.

— C'est justement là que nous allons.

— M. de Guise m'y attend.

— Nous aussi.

— Mais j'ai un mot de passe particulier, continua Coconnas un peu mortifié de partager l'honneur de son audience avec le sire de Maurevel et maître La Hurière.

— Nous aussi.

— Mais j'ai un signe de reconnaissance.

Maurevel sourit, tira de dessous son pourpoint une poignée de croix en étoffe blanche, en donna une à La Hurière, une à Coconnas, et en prit une pour lui. La Hurière attacha la sienne à son casque, Maurevel en fit autant de la sienne à son chapeau.

— Oh çà ! dit Coconnas stupéfait, le rendez-vous, le mot d'ordre, le signe de ralliement, c'est donc pour tout le monde ?

— Oui, Monsieur ; c'est-à-dire pour tous les bons catholiques.

— Il y a fête au Louvre alors, banquet royal, n'est-ce pas ? s'écria Coconnas, et l'on en veut exclure ces chiens de huguenots ?… Bon ! bien ! à merveille ! Il y a assez longtemps qu'ils y paradent.

— Oui, il y a fête au Louvre, dit Maurevel, il y a banquet royal, et les huguenots y seront conviés… Il y a plus, ils seront les héros de la fête, ils payeront le banquet, et, si vous voulez bien être des nôtres, nous allons commencer par aller inviter leur principal champion, leur Gédéon, comme ils disent.

— M. l'amiral ? s'écria Coconnas.

— Oui, le vieux Gaspard, que j'ai manqué comme un imbécile, quoique j'aie tiré sur lui avec l'arquebuse même du roi.

— Et voilà pourquoi, mon gentilhomme, je fourbissais ma salade, j'affilais mon épée et je repassais mes couteaux, dit d'une voix stridente maître La Hurière travesti en guerre.

À ces mots, Coconnas frissonna et devint fort pâle, car il commençait à comprendre.

— Quoi, vraiment ! s'écria-t-il, cette fête, ce banquet… c'est… on va…

— Vous avez été bien long à deviner, Monsieur, dit Maurevel, et l'on voit bien que vous n'êtes pas fatigué comme nous des insolences de ces hérétiques.

— Et vous prenez sur vous, dit-il, d'aller chez l'amiral, et de… ?

Maurevel sourit, et attirant Coconnas contre la fenêtre :

— Regardez, dit-il ; voyez-vous sur la petite place, au bout de la rue, derrière l'église, cette troupe qui se range silencieusement dans l'ombre ?

— Oui.

— Les hommes qui composent cette troupe ont, comme maître La Hurière, vous et moi, une croix au chapeau.

— Eh bien ?

— Eh bien ! ces hommes, c'est une compagnie de Suisses des petits cantons, commandés par Toquenot ; vous savez que messieurs des petits cantons sont les compères du roi.

— Oh ! oh ! fit Coconnas.

— Maintenant, voyez cette troupe de cavaliers qui passe sur le quai ; reconnaissez-vous son chef ?

— Comment voulez-vous que je le reconnaisse ? dit Coconnas tout frémissant, je suis à Paris de ce soir seulement !

— Eh bien ! c'est celui avec qui vous avez rendez-vous à minuit au Louvre. Voyez, il va vous y attendre.

— Le duc de Guise ?

— Lui-même. Ceux qui l'escortent sont Marcel, ex-prévôt des marchands, et J. Choron, prévôt actuel. Les deux derniers vont mettre sur pied leurs compagnies de bourgeois ; et tenez, voici le capitaine du quartier qui entre dans la rue : regardez bien ce qu'il va faire.

— Il heurte à chaque porte. Mais qu'y a-t-il donc sur les portes auxquelles il heurte ?

— Une croix blanche, jeune homme ; une croix pareille à celle que nous avons à nos chapeaux. Autrefois on laissait à Dieu le soin de distinguer les siens ; aujourd'hui, nous sommes plus civilisés, et nous lui épargnons cette besogne.

— Mais chaque maison à laquelle il frappe s'ouvre, et de chaque maison sortent des bourgeois armés.

— Il frappera à la nôtre comme aux autres, et nous sortirons à notre tour.

— Mais, dit Coconnas, tout ce monde sur pied pour aller tuer un vieux huguenot ! Mordi ! c'est honteux ! c'est une affaire d'égorgeurs et non de soldats !

— Jeune homme, dit Maurevel, si les vieux vous répugnent, vous pourrez en choisir de jeunes. Il y en aura pour tous les goûts. Si vous méprisez les poignards, vous pourrez vous servir de l'épée ; car les huguenots ne sont pas gens à se laisser égorger sans se défendre, et, vous le savez, les huguenots, jeunes ou vieux, ont la vie dure.

— Mais on les tuera donc tous, alors ? s'écria Coconnas.

— Tous.

— Par ordre du roi ?

— Par ordre du roi et de M. de Guise.

— Et quand cela ?

— Quand vous entendrez la cloche de Saint-Germain-l'Auxerrois.

— Ah ! c'est donc pour cela que cet aimable Allemand, qui est à M. de Guise… comment l'appelez-vous donc ?

— M. de Besme ?

— Justement. C'est donc pour cela que M. de Besme me disait d'accourir au premier coup de tocsin ?

— Vous avez donc vu M. de Besme ?

— Je l'ai vu et je lui ai parlé.

— Où cela ?

— Au Louvre. C'est lui qui m'a fait entrer, qui m'a donné le mot d'ordre, qui m'a…

— Regardez.

— Mordi ! c'est lui-même.

— Voulez-vous lui parler ?

— Sur mon âme ! je n'en serais pas fâché.

Maurevel ouvrit doucement la fenêtre. Besme, en effet, passait avec une vingtaine d'hommes.

— *Guise et Lorraine !* dit Maurevel.

Besme se retourna, et, comprenant que c'était à lui qu'on avait affaire, il s'approcha.

— Ah ! ah ! c'être fous, monsir de Maurefel.

— Oui, c'est moi ; que cherchez-vous ?

— J'y cherche l'auperge de la Belle-Étoile, pour brévenir un certain monsir Gogonnas.

— Me voici, monsieur de Besme ! dit le jeune homme.

— Ah ! pon, ah ! pien… Vous êtes brêt ?

— Oui. Que faut-il faire ?

— Ce que vous tira monsir de Maurefel. C'être un bon gatholique.

— Vous l'entendez ? dit Maurevel.

— Oui, répondit Coconnas. Mais vous, monsieur de Besme, où allez-vous ?

— Moi ? dit de Besme en riant…

— Oui, vous ?

— Moi, je fas tire un betit mot à l'amiral.

— Dites-lui-en deux, s'il le faut, dit Maurevel, et que cette fois, s'il se relève du premier, il ne se relève pas du second.

— Soyez dranguille, monsir de Maurefel, soyez dranguille, et tressez-moi pien ce cheune homme-là.

— Oui, oui, n'ayez pas de crainte, les Coconnas sont de fins limiers, et bons chiens chassent de race.

— Atieu !

— Allez.

— Et fous ?

— Commencez toujours la chasse, nous arriverons pour la curée.

De Besme s'éloigna et Maurevel ferma la fenêtre.

— Vous l'entendez, jeune homme ? dit Maurevel : si vous avez quelque ennemi particulier, quand il ne serait pas tout à fait huguenot, mettez-le sur la liste, et il passera avec les autres.

Coconnas, plus étourdi que jamais de tout ce qu'il voyait et de tout ce qu'il entendait, regardait tour à tour l'hôte, qui prenait des poses formidables, et Maurevel, qui tirait tranquillement un papier de sa poche.

— Quant à moi, voilà ma liste, dit-il : trois cents. Que chaque bon catholique fasse, cette nuit, la dixième partie de la besogne que je ferai, et il n'y aura plus demain un seul hérétique dans le royaume !

— Chut ! dit La Hurière.

— Quoi ? répétèrent ensemble Coconnas et Maurevel.

On entendit vibrer le premier coup de beffroi à Saint-Germain-l'Auxerrois.

— Le signal ! s'écria Maurevel. L'heure est donc avancée ? Ce n'était que pour minuit, m'avait-on dit… Tant mieux ! Quand il s'agit de la gloire de Dieu et du roi, mieux vaut les horloges qui avancent que celles qui retardent.

En effet, on entendit tinter lugubrement la cloche de l'église. Bientôt un premier coup de feu retentit, et presque aussitôt la lueur de plusieurs flambeaux illumina comme un éclair la rue de l'Arbre-Sec.

Coconnas passa sur son front sa main humide de sueur.

— C'est commencé, s'écria Maurevel, en route !

— Un moment, un moment ! dit l'hôte ; avant de nous mettre en campagne, assurons-nous du logis, comme on dit à la guerre. Je ne veux pas qu'on égorge ma femme et mes enfants pendant que je serai dehors : il y a un huguenot ici.

— M. de La Mole ? s'écria Coconnas avec un soubresaut.

— Oui ! le parpaillot s'est jeté dans la gueule du loup.

— Comment ! dit Coconnas, vous vous attaqueriez à votre hôte ?

— C'est à son intention surtout que j'ai repassé ma rapière.

— Oh ! oh ! fit le Piémontais en fronçant le sourcil.

— Je n'ai jamais tué personne que mes lapins, mes canards et mes poulets, répliqua le digne aubergiste ; je ne sais donc trop comment m'y prendre pour tuer un homme. Eh bien ! je vais m'exercer sur celui-là. Si je fais quelque gaucherie, au moins personne ne sera là pour se moquer de moi.

— Mordi, c'est dur ! objecta Coconnas. M. de La Mole est mon compagnon, M. de La Mole a soupé avec moi, M. de La Mole a joué avec moi…

— Oui, mais M. de La Mole est un hérétique, dit Maurevel, M. de La Mole est condamné ; et si nous ne le tuons pas, d'autres le tueront.

— Sans compter, dit l'hôte, qu'il vous a gagné cinquante écus.

— C'est vrai, dit Coconnas, mais loyalement, j'en suis sûr.

— Loyalement ou non, il vous faudra toujours le payer ; tandis que, si je le tue, vous êtes quitte.

— Allons, allons ! dépêchons, Messieurs, s'écria Maurevel : une arquebusade, un coup de rapière, un coup de marteau, un coup de chenet, un coup de ce que vous voudrez ; mais finissons-en, si vous voulez arriver à temps, comme nous l'avons promis, pour aider M. de Guise chez l'amiral.

Coconnas soupira.

— J'y cours ! s'écria La Hurière, attendez-moi.

— Mordi ! s'écria Coconnas, il va faire souffrir ce pauvre garçon, et le voler peut-être. Je veux être là pour l'achever, s'il est besoin, et empêcher qu'on ne touche à son argent.

Et mû par cette heureuse idée, Coconnas monta l'escalier derrière maître La Hurière, qu'il eut bientôt rejoint ; car, à mesure qu'il montait, par un effet de la réflexion sans doute, La Hurière ralentissait le pas.

Au moment où il arrivait à la porte, toujours suivi de Coconnas, plusieurs coups de feu retentirent dans la rue. Aussitôt on entendit La Mole sauter de son lit et le plancher crier sous ses pas.

— Diable ! murmura La Hurière un peu troublé, il est réveillé, je crois !

— Ça m'en a l'air, dit Coconnas.

— Et il va se défendre ?

— Il en est capable. Dites donc, maître La Hurière, s'il allait vous tuer, ça serait drôle.

— Hum ! hum ! fit l'hôte.

Mais, se sentant armé d'une bonne arquebuse, il se rassura et enfonça la porte d'un vigoureux coup de pied.

On vit alors La Mole, sans chapeau, mais tout vêtu, retranché derrière son lit, son épée entre ses dents et ses pistolets à la main.

— Oh ! oh ! dit Coconnas en ouvrant les narines en véritable bête fauve qui flaire le sang, voilà qui devient intéressant, maître La Hurière. Allons, allons ! en avant !

— Ah ! l'on veut m'assassiner, à ce qu'il paraît ! cria la Mole dont les yeux flamboyaient, et c'est toi, misérable ?

Maître La Hurière ne répondit à cette apostrophe qu'en abaissant son arquebuse et qu'en mettant le jeune homme en joue. Mais La Mole avait vu la démonstration, et, au moment où le coup partit, il se jeta à genoux, et la balle passa par-dessus sa tête.

— À moi ! cria La Mole, à moi, monsieur de Coconnas !

— À moi ! monsieur de Maurevel, à moi ! cria La Hurière.

— Ma foi, monsieur de La Mole ! dit Coconnas, tout ce que je puis dans cette affaire est de ne point me mettre contre vous. Il paraît qu'on tue cette nuit les huguenots au nom du roi. Tirez-vous de là comme vous pourrez.

— Ah ! traîtres ! ah ! assassins ! c'est comme cela ! eh bien ! attendez.

Et La Mole, visant à son tour, lâcha la détente d'un de ses pistolets. La Hurière, qui ne le perdait pas de vue, eut le temps de se jeter de côté ; mais Coconnas, qui ne s'attendait pas à cette riposte, resta à la place où il était et la balle lui effleura l'épaule.

— Mordi ! cria-t-il en grinçant des dents, j'en tiens ; à nous deux donc ! puisque tu le veux.

Et, tirant sa rapière, il s'élança vers La Mole.

Sans doute, s'il eût été seul, La Mole l'eût attendu ; mais Coconnas avait derrière lui maître La Hurière qui rechargeait son arquebuse, sans compter Maurevel qui, pour se rendre à l'invitation de l'aubergiste, montait les escaliers quatre à quatre. La Mole se jeta donc dans un cabinet, et verrouilla la porte derrière lui.

— Ah ! schelme ! s'écria Coconnas furieux, heurtant la porte du pommeau de sa rapière, attends, attends. Je veux te trouer le corps d'autant de coups d'épée que tu m'as gagné d'écus ce soir ! Ah ! je viens pour t'empêcher de souffrir ! ah ! je viens pour qu'on ne te vole pas ! et tu me récompenses en m'envoyant une balle dans l'épaule ! attends ! birbone ! attends !

Sur ces entrefaites maître La Hurière s'approcha et d'un coup de crosse de son arquebuse fit voler la porte en éclats.

Coconnas s'élança dans le cabinet, mais il alla donner du nez contre la muraille : le cabinet était vide et la fenêtre ouverte.

— Il se sera précipité, dit l'hôte ; et comme nous sommes au quatrième, il est mort.

— Ou il se sera sauvé par le toit de la maison voisine, dit Coconnas en enjambant la barre de la fenêtre et en s'apprêtant à le suivre sur ce terrain glissant et escarpé.

Mais Maurevel et La Hurière se précipitèrent sur lui, et le ramenant dans la chambre :

— Êtes-vous fou ? s'écrièrent-ils tous deux à la fois. Vous allez vous tuer.

— Bah ! dit Coconnas, je suis montagnard, moi, et habitué à courir dans les glaciers. D'ailleurs, quand un homme m'a insulté une fois, je monterais avec lui jusqu'au ciel, ou je descendrais avec lui jusqu'en enfer, quelque chemin qu'il prît pour y arriver. Laissez-moi faire.

— Allons donc ! dit Maurevel, ou il est mort, ou il est loin maintenant. Venez avec nous ; et si celui-là vous échappe, vous en trouverez mille autres à sa place.

— Vous avez raison, hurla Coconnas. Mort aux huguenots ! J'ai besoin de me venger, et le plus tôt sera le mieux.

Et tous trois descendirent l'escalier comme une avalanche.

— Chez l'amiral ! cria Maurevel.

— Chez l'amiral ! répéta La Hurière.

— Chez l'amiral, donc ! puisque vous le voulez, dit à son tour Coconnas.

Et tous trois s'élancèrent de l'hôtel de la Belle-Étoile, laissé en garde à Grégoire et aux autres garçons, se dirigeant vers l'hôtel de l'amiral, situé rue de Béthizy ; une flamme brillante et le bruit des arquebusades les guidait de ce côté.

— Eh ! qui vient là ? s'écria Coconnas. Un homme sans pourpoint et sans écharpe.

— C'en est un qui se sauve, dit Maurevel.

— À vous, à vous ! à vous qui avez des arquebuses, s'écria Coconnas.

— Ma foi, non, dit Maurevel ; je garde ma poudre pour meilleur gibier.

— À vous, La Hurière.

— Attendez, attendez, dit l'aubergiste en ajustant.

— Ah ! oui, attendez, s'écria Coconnas ; et en attendant il va se sauver.

Et il s'élança à la poursuite du malheureux qu'il eut bientôt rejoint, car il était déjà blessé. Mais au moment où, pour ne pas le frapper par derrière, il lui criait : « Tourne, mais tourne donc ! » un coup d'arquebuse retentit, une balle siffla aux oreilles de Coconnas, et le fugitif roula comme un lièvre atteint dans sa course la plus rapide par le plomb du chasseur.

Un cri de triomphe se fit entendre derrière Coconnas ; le Piémontais se retourna, et vit La Hurière agitant son arme.

— Ah ! cette fois, s'écria-t-il, j'ai étrenné au moins.

— Oui, mais vous avez manqué me percer d'outre en outre moi.

— Prenez garde, mon gentilhomme, prenez garde, cria La Hurière.

Coconnas fit un bond en arrière. Le blessé s'était relevé sur un genou, et, tout entier à la vengeance, il allait percer Coconnas de son poignard au moment même où l'avertissement de son hôte avait prévenu le Piémontais.

— Ah ! vipère ! s'écria Coconnas.

Et, se jetant sur le blessé, il lui enfonça trois fois son épée jusqu'à la garde dans la poitrine.

— Et maintenant, s'écria Coconnas laissant le huguenot se débattre dans les convulsions de l'agonie, chez l'amiral ! chez l'amiral !

— Ah ! ah ! mon gentilhomme, dit Maurevel, il paraît que vous y mordez.

— Ma foi, oui, dit Coconnas. Je ne sais pas si c'est l'odeur de la poudre qui me grise ou la vue du sang qui m'excite, mais, mordi ! je prends goût à la tuerie. C'est comme qui dirait une battue à l'homme. Je n'ai encore fait que des battues à l'ours ou au loup, et sur mon honneur la battue à l'homme me paraît plus divertissante.

Et tous trois reprirent leur course.

VIII

LES MASSACRÉS.

L'hôtel qu'habitait l'amiral était, comme nous l'avons dit, situé rue de Béthizy. C'était une grande maison s'élevant au fond d'une cour avec deux ailes en retour sur la rue. Un mur ouvert par une grande porte et par deux petites grilles donnait entrée dans cette cour.

Lorsque nos trois guisards atteignirent l'extrémité de la rue de Béthizy, qui fait suite à la rue des Fossés-Saint-Germain-l'Auxerrois, ils virent l'hôtel entouré de Suisses, de soldats et de bourgeois en armes ; tous tenaient à la main droite ou des épées, ou des piques, ou des arquebuses, et quelques-uns, à la main gauche, des flambeaux qui répandaient sur cette scène un jour funèbre et vacillant, lequel, suivant le mouvement imprimé, s'épandait sur le pavé, montait le long des murailles ou flamboyait sur cette mer vivante où chaque arme jetait son éclair. Tout autour de l'hôtel et dans les rues Tirechappe, Étienne et Bertin-Poirée, l'œuvre terrible s'accomplissait. De longs cris se faisaient entendre, la mousqueterie pétillait, et de temps en temps quelque malheureux, à moitié nu, pâle, ensanglanté, passait, bondissant comme un daim poursuivi, dans un cercle de lumière funèbre où semblait s'agiter un monde de démons.

En un instant, Coconnas, Maurevel et La Hurière, signalés de loin par leurs croix blanches et accueillis par des cris de bienvenue, furent au plus épais de cette foule haletante et pressée comme une meute. Sans doute ils n'eussent pas pu passer ; mais quelques-uns reconnurent Maurevel et lui firent faire place. Coconnas et La Hurière se glissèrent à sa suite ; tous trois parvinrent donc à se glisser dans la cour.

Au centre de cette cour, dont les trois portes étaient enfoncées, un homme, autour duquel les assassins laissaient un vide respectueux, se tenait debout, appuyé sur une rapière nue, et les yeux fixés sur un balcon élevé de quinze pieds à peu près et s'étendant devant la fenêtre principale de l'hôtel. Cet homme frappait du pied avec impatience, et de temps en temps se retournait pour interroger ceux qui se trouvaient les plus proches de lui.

— Rien encore, murmura-t-il. Personne… Il aura été prévenu, il aura fui. Qu'en pensez-vous, Du Gast ?

— Impossible, Monseigneur.

— Pourquoi pas ? Ne m'avez-vous pas dit qu'un instant avant que nous arrivassions, un homme sans chapeau, l'épée nue à la main et courant comme s'il était poursuivi, était venu frapper à la porte, et qu'on lui avait ouvert ?

— Oui, Monseigneur ; mais presque aussitôt M. de Besme est arrivé, les portes ont été enfoncées, l'hôtel cerné. L'homme est bien entré, mais à coup sûr il n'a pu sortir.

— Eh ! mais, dit Coconnas à La Hurière, est-ce que je me trompe, ou n'est-ce pas M. de Guise que je vois là ?

— Lui-même, mon gentilhomme. Oui, c'est le grand Henri de Guise en personne, qui attend sans doute que l'amiral sorte pour lui en faire autant que l'amiral en a fait à son père. Chacun a son tour, mon gentilhomme, et, Dieu merci ! c'est aujourd'hui le nôtre.

— Holà ! Besme ! holà ! cria le duc de sa voix puissante, n'est-ce donc point encore fini ?

Et, de la pointe de son épée impatiente comme lui, il faisait jaillir des étincelles du pavé.

En ce moment, on entendit comme des cris dans l'hôtel, puis des coups de feu, puis un grand mouvement de pieds et un bruit d'armes heurtées, auquel succéda un nouveau silence.

Le duc fit un mouvement pour se précipiter dans la maison.

— Monseigneur, Monseigneur, lui dit Du Gast en se rapprochant de lui et en l'arrêtant, votre dignité vous commande de demeurer et d'attendre.

— Tu as raison, Du Gast ; merci ! j'attendrai. Mais, en vérité, je meurs d'impatience et d'inquiétude. Ah ! s'il m'échappait !

Tout à coup le bruit des pas se rapprocha… les vitres du premier étage s'illuminèrent de reflets pareils à ceux d'un incendie.

La fenêtre sur laquelle le duc avait tant de fois levé les yeux, s'ouvrit ou plutôt vola en éclats ; et un homme, au visage pâle et au cou blanc tout souillé de sang, apparut sur le balcon.

— Besme ! cria le duc ; enfin c'est toi ! Eh bien ? eh bien ?

— Foilà ! foilà ! répondit froidement l'Allemand, qui, se baissant, se releva presque aussitôt en paraissant soulever un poids considérable.

— Mais les autres, demanda impatiemment le duc, les autres, où sont-ils ?

— Les autres, ils achèfent les autres.

— Et toi, toi ! qu'as-tu fait ?

— Moi, fous allez foir ; regulez-vous un beu.

Le duc fit un pas en arrière.

En ce moment on put distinguer l'objet que Besme attirait à lui d'un si puissant effort.

C'était le cadavre d'un vieillard.

Il le souleva au-dessus du balcon, le balança un instant dans le vide, et le jeta aux pieds de son maître.

Le bruit sourd de la chute, les flots de sang qui jaillirent du corps et diaprèrent au loin le pavé, frappèrent d'épouvante jusqu'au duc lui-même ; mais ce sentiment dura peu, et la curiosité fit que chacun s'avança de quelques pas, et que la lueur d'un flambeau vint trembler sur la victime.

On distingua alors une barbe blanche, un visage vénérable, et des mains raidies par la mort.

— L'amiral ! s'écrièrent ensemble vingt voix qui ensemble se turent aussitôt.

— Oui, l'amiral. C'est bien lui, dit le duc en se rapprochant du cadavre pour le contempler avec une joie silencieuse.

— L'amiral ! l'amiral ! répétèrent à demi voix tous les témoins de cette terrible scène, se serrant les uns contre les autres, et se rapprochant timidement de ce grand vieillard abattu.

— Ah ! te voilà donc, Gaspard ! dit le duc de Guise triomphant ; tu as fait assassiner mon père, je le venge !

Et il osa poser le pied sur la poitrine du héros protestant.

Mais aussitôt les yeux du mourant s'ouvrirent avec effort, sa main sanglante et mutilée se crispa une dernière fois, et l'amiral, sans sortir de son immobilité, dit au sacrilége d'une voix sépulcrale :

— Henri de Guise, un jour aussi tu sentiras sur ta poitrine le pied d'un assassin. Je n'ai pas tué ton père. Sois maudit !

Le duc, pâle et tremblant malgré lui, sentit un frisson de glace courir par tout son corps, il passa la main sur son front comme pour en chasser la vision lugubre ; puis, quand il la laissa retomber, quand il osa reporter la vue sur l'amiral, ses yeux s'étaient refermés, sa main était redevenue inerte, et un sang noir épanché de sa bouche sur sa barbe blanche avait succédé aux terribles paroles que cette bouche venait de prononcer.

Le duc releva son épée avec un geste de résolution désespérée.

— Eh bien ! monsir, lui dit Besme, êtes-fous gontent ?

— Oui, mon brave, oui, répliqua Henri, car tu as vengé…

— Le dugue François, n'est-ce pas ?

— La religion, reprit Henri d'une voix sourde. Et maintenant, continua-t-il en se retournant vers les Suisses, les soldats et les bourgeois qui encombraient la cour et la rue, à l'œuvre, mes amis, à l'œuvre !

— Eh ! bonjour, monsieur de Besme, dit alors Coconnas s'approchant avec une sorte d'admiration de l'Allemand, qui, toujours sur le balcon, essuyait tranquillement son épée.

— C'est donc vous qui l'avez expédié ? cria La Hurière en extase ; comment avez-vous fait cela, mon digne gentilhomme ?

— Oh ! pien zimblement, pien zimblement : il avre entendu tu pruit, il avre oufert son borte, et moi ly avre passé mon rapir tans le corps à lui. Mais ce n'est bas le dout, che grois que le Téligny en dient, che l'endents grier.

En ce moment, en effet, quelques cris de détresse qui semblaient poussés par une voix de femme se firent entendre ; des reflets rougeâtres illuminèrent une des deux ailes formant galerie. On aperçut deux hommes qui fuyaient poursuivis par une longue file de massacreurs. Une arquebusade tua l'un ; l'autre trouva sur son chemin une fenêtre ouverte, et, sans mesurer la hauteur, sans s'inquiéter des ennemis qui l'attendaient en bas, il sauta intrépidement dans la cour.

— Tuez, tuez ! crièrent les assassins en voyant leur victime prête à leur échapper.

L'homme se releva en ramassant son épée, qui, dans sa chute, lui était échappée des mains prit sa course tête baissée à travers les assistants, en culbuta trois ou quatre, en perça un de son épée, et au milieu du feu des pistolades, au milieu des imprécations des soldats furieux de l'avoir manqué, il passa comme l'éclair devant Coconnas, qui l'attendait à la porte le poignard à la main.

— Touché ! cria le Piémontais en lui traversant le bras de sa lame fine et aiguë.

— Lâche ! répondit le fugitif en fouettant le visage de son ennemi avec la lame de son épée, faute d'espace pour lui donner un coup de pointe.

— Oh ! mille démons ! s'écria Coconnas, c'est monsieur de La Mole !

— Monsieur de La Mole ! répétèrent La Hurière et Maurevel.

— C'est celui qui a prévenu l'amiral ! crièrent plusieurs soldats.

— Tue, tue !… hurla-t-on de tous côtés.

Coconnas, La Hurière et dix soldats s'élancèrent à la poursuite de La Mole, qui, couvert de sang et arrivé à ce degré d'exaltation qui est la dernière réserve de la vigueur humaine, bondissait par les rues, sans autre guide que l'instinct. Derrière lui, les pas et les cris de ses ennemis l'éperonnaient et semblaient lui donner des ailes. Parfois une balle sifflait à son oreille et imprimait tout à coup à sa course, près de se ralentir, une nouvelle rapidité. Ce n'était plus une respiration, ce n'était plus une haleine qui sortait de sa poitrine, mais un râle sourd, mais un rauque hurlement. La sueur et le sang dégouttaient de ses cheveux et coulaient confondus sur son visage.

Bientôt son pourpoint devint trop serré pour les battements de son cœur, et il l'arracha. Bientôt son épée devint trop lourde pour sa main, et il la jeta loin de lui. Parfois il lui semblait que les pas s'éloignaient et qu'il était près d'échapper à ses bourreaux ; mais aux cris de ceux-ci, d'autres massacreurs qui se trouvaient sur son chemin et plus rapprochés quittaient leur besogne sanglante et accouraient. Tout à coup il aperçut la rivière coulant silencieusement à sa gauche ; il lui sembla qu'il éprouverait, comme le cerf aux abois, un indicible plaisir à s'y précipiter, et la force suprême de la raison put seule le retenir. À sa droite c'était le Louvre, sombre, immobile, mais plein de bruits sourds et sinistres. Sur le pont-levis entraient et sortaient des casques, des cuirasses, qui renvoyaient en froids éclairs les rayons de la lune. La Mole songea au roi de Navarre comme il avait songé à Coligny : c'étaient ses deux seuls protecteurs. Il réunit toutes ses forces, regarda le ciel en faisant tout bas le vœu d'abjurer s'il échappait au massacre, fit perdre par un détour une trentaine de pas à la meute qui le poursuivait, piqua droit vers le Louvre, s'élança sur le pont pêle-mêle avec les soldats, reçut un nouveau coup de poignard, qui glissa le long des côtes, et, malgré les cris de : « Tue ! tue ! » qui retentissaient derrière lui et autour de lui, malgré l'attitude offensive que prenaient les sentinelles, il se précipita comme une flèche dans la cour, bondit jusqu'au vestibule, franchit l'escalier, monta deux étages, reconnut une porte et s'y appuya en frappant des pieds et des mains.

— Qui est là ? murmura une voix de femme.

— Oh ! mon Dieu ! mon Dieu ! murmura La Mole, ils viennent… je les entends… les voilà !… je les vois… C'est moi !… moi !…

— Qui vous ? reprit la voix.

La Mole se rappela le mot d'ordre.

— Navarre ! Navarre ! cria-t-il.

Aussitôt la porte s'ouvrit. La Mole, sans voir, sans remercier Gillonne, fit irruption dans un vestibule, traversa un corridor, deux ou trois appartements, et parvint enfin dans une chambre éclairée par une lampe suspendue au plafond.

Sous des rideaux de velours fleurdelisé d'or, dans un lit de chêne sculpté, une femme à moitié nue, appuyée sur son bras, ouvrait des yeux fixes d'épouvante.

La Mole se précipita vers elle.

— Madame ! s'écria-t-il, on tue, on égorge mes frères ; on veut me tuer, on veut m'égorger aussi. Ah ! vous êtes la reine… sauvez-moi.

Et il se précipita à ses pieds, laissant sur le tapis une large trace de sang.

En voyant cet homme pâle, défait, agenouillé devant elle, la reine de Navarre se dressa épouvantée, cachant son visage entre ses mains et criant au secours.

— Madame, dit La Mole en faisant un effort pour se relever, au nom du ciel, n'appelez pas car si l'on vous entend, je suis perdu ! Des assassins me poursuivent, ils montaient les degrés derrière moi. Je les entends… les voilà ! les voilà !…

— Au secours ! répéta la reine de Navarre, hors d'elle ; au secours !

— Ah ! c'est vous qui m'avez tué ! dit La Mole au désespoir. Mourir par une si belle voix, mourir par une si belle main ! Ah ! j'aurais cru cela impossible !

Au même instant la porte s'ouvrit et une meute d'hommes haletants, furieux, le visage taché de sang et de poudre, arquebuses, hallebardes et épées en arrêt, se précipita dans la chambre.

À leur tête était Coconnas, ses cheveux roux hérissés, son œil bleu pâle démesurément dilaté, la joue toute meurtrie par l'épée de La Mole, qui avait tracé sur les chairs son sillon sanglant : ainsi défiguré, le Piémontais était terrible à voir.

— Mordi ! cria-t-il, le voilà, le voilà ! Ah ! cette fois, nous le tenons, enfin !

La Mole chercha autour de lui une arme et n'en trouva point. Il jeta les yeux sur la reine et vit la plus profonde pitié peinte sur son visage. Alors il comprit qu'elle seule pouvait le sauver, se précipita vers elle et l'enveloppa dans ses bras.

Coconnas fit trois pas en avant, et de la pointe de sa longue rapière troua encore une fois l'épaule de son ennemi, et quelques gouttes de sang tiède et vermeil diaprèrent comme une rosée les draps blancs et parfumés de Marguerite.

Marguerite vit couler le sang, Marguerite sentit frissonner ce corps enlacé au sien, elle se jeta avec lui dans la ruelle. Il était temps. La Mole, au bout de ses forces, était incapable de faire un mouvement ni pour fuir, ni pour se défendre. Il appuya sa tête livide sur l'épaule de la jeune femme, et ses doigts crispés se cramponnèrent, en la déchirant, à la fine batiste brodée qui couvrait d'un flot de gaze le corps de Marguerite.

— Ah ! Madame ! murmura-t-il d'une voix mourante ; sauvez-moi !

Ce fut tout ce qu'il put dire. Son œil voilé par un nuage pareil à la nuit de la mort s'obscurcit ; sa tête alourdie retomba en arrière, ses bras se détendirent, ses reins plièrent et il glissa sur le plancher dans son propre sang, entraînant la reine avec lui.

En ce moment Coconnas, exalté par les cris, enivré par l'odeur du sang, exaspéré par la course ardente qu'il venait de faire, allongea le bras vers l'alcôve royale. Un instant encore et son épée perçait le cœur de La Mole, et peut-être en même temps celui de Marguerite.

À l'aspect de ce fer nu, et peut-être plutôt encore à la vue de cette insolence brutale, la fille des rois se releva de toute sa taille et poussa un cri tellement empreint d'épouvante, d'indignation et de rage, que le Piémontais demeura pétrifié par un sentiment inconnu ; il est vrai que, si cette scène se fût prolongée renfermée entre les mêmes acteurs, ce sentiment allait se fondre comme une neige matinale au soleil d'avril.

Mais tout à coup, par une porte cachée dans la muraille s'élança un jeune homme de seize à dix-sept ans, vêtu de noir, pâle et les cheveux en désordre.

— Attends, ma sœur, attends, cria-t-il, me voilà ! me voilà !

— François ! François ! à mon secours ! dit Marguerite.

— Le duc d'Alençon ! murmura La Hurière en baissant son arquebuse.

— Mordi, un fils de France ! grommela Coconnas en reculant d'un pas.

Le duc d'Alençon jeta un regard autour de lui. Il vit Marguerite échevelée, plus belle que jamais, appuyée à la muraille, entourée d'hommes la fureur dans les yeux, la sueur au front, et l'écume à la bouche.

— Misérables ! s'écria-t-il.

— Sauvez-moi, mon frère ! dit Marguerite épuisée. Ils veulent m'assassiner.

Une flamme passa sur le visage pâle du duc.

Quoiqu'il fût sans armes, soutenu sans doute par la conscience de son nom, il s'avança, les poings crispés, contre Coconnas et ses compagnons, qui reculèrent épouvantés devant les éclairs qui jaillissaient de ses yeux.

— Assassinerez-vous ainsi un fils de France ? voyons !

Puis, comme ils continuaient de reculer devant lui :

— Çà, mon capitaine des gardes, venez ici, et qu'on me pende tous ces brigands !

Plus effrayé à la vue de ce jeune homme sans armes qu'il ne l'eût été à l'aspect d'une compagnie de reîtres ou de lansquenets, Coconnas avait déjà gagné la porte. La Hurière redescendait les degrés avec des jambes de cerf, les soldats s'entre-choquaient et se culbutaient dans le vestibule pour fuir au plus tôt, trouvant la porte trop étroite comparée au grand désir qu'ils avaient d'être dehors.

Pendant ce temps, Marguerite avait instinctivement jeté sur le jeune homme évanoui sa couverture de damas, et s'était éloignée de lui.

Quand le dernier meurtrier eut disparu, le duc d'Alençon se retourna.

— Ma sœur, s'écria-t-il en voyant Marguerite toute marbrée de sang, serais-tu blessée ?

Et il s'élança vers sa sœur avec une inquiétude qui eût fait honneur à sa tendresse, si cette tendresse n'eût pas été accusée d'être plus grande qu'il ne convenait à un frère.

— Non, dit-elle, je ne le crois pas, ou, si je le suis, c'est légèrement.

— Mais ce sang, dit le duc en parcourant de ses mains tremblantes tout le corps de Marguerite ; ce sang, d'où vient-il ?

— Je ne sais, dit la jeune femme. Un de ces misérables a porté la main sur moi, peut-être était-il blessé.

— Porté la main sur ma sœur ! s'écria le duc. Oh ! si tu me l'avais seulement montré du doigt, si lu m'avais dit lequel, si je savais où le trouver !…

— Chut ! dit Marguerite.

— Et pourquoi ? dit François.

— Parce que si l'on vous voyait à cette heure dans ma chambre…

— Un frère ne peut-il pas visiter sa sœur, Marguerite ?

La reine arrêta sur le duc d'Alençon un regard si fixe et cependant si menaçant, que le jeune homme recula.

— Oui, oui, Marguerite, dit-il, tu as raison, oui, je rentre chez moi. Mais tu ne peux rester seule pendant cette nuit terrible. Veux-tu que j'appelle Gillonne ?

— Non, non, personne ; va-t'en, François, va-t'en par où tu es venu.

Le jeune prince obéit ; et à peine eut-il disparu, que Marguerite, entendant un soupir qui venait de derrière son lit, s'élança vers la porte du passage secret, la ferma au verrou, puis courut à l'autre porte, qu'elle ferma de même, juste au moment où un gros d'archers et de soldats qui poursuivaient d'autres huguenots logés dans le Louvre passait comme un ouragan à l'extrémité du corridor.

Alors, après avoir regardé avec attention autour d'elle pour voir si elle était bien seule, elle revint vers la ruelle de son lit, souleva la couverture de damas qui avait dérobé le corps de La Mole aux regards du duc d'Alençon, tira avec effort la masse inerte dans la chambre, et, voyant que le malheureux respirait encore, elle s'assit, appuya sa tête sur ses genoux, et lui jeta de l'eau au visage pour le faire revenir.

Ce fut alors seulement que, l'eau écartant le voile de poussière, de poudre et de sang qui couvrait la figure du blessé, Marguerite reconnut en lui ce beau gentilhomme qui, plein d'existence et d'espoir, était trois ou quatre heures auparavant venu lui demander sa protection près du roi de Navarre, et l'avait, en la laissant rêveuse elle-même, quittée ébloui de sa beauté.

Marguerite jeta un cri d'effroi, car maintenant ce qu'elle ressentait pour le blessé c'était plus que de la pitié, c'était de l'intérêt ; en effet, le blessé pour elle n'était plus un simple étranger, c'était presque une connaissance. Sous sa main le beau visage de La Mole reparut bientôt tout entier, mais pâle, alangui par la douleur ; elle mit avec un frisson mortel et presque aussi pâle que lui la main sur son cœur, son cœur battait encore. Alors elle étendit cette main vers un flacon de sels qui se trouvait sur une table voisine et le lui fit respirer.

La Mole ouvrit les yeux.

— Oh ! mon Dieu ! murmura-t-il, où suis-je ?

— Sauvé ! Rassurez-vous. Sauvé ! dit Marguerite.

La Mole tourna avec effort son regard vers la reine, la dévora un instant des yeux et balbutia :

— Oh ! que vous êtes belle !

Et, comme ébloui, il referma aussitôt la paupière en poussant un soupir.

Marguerite jeta un léger cri. Le jeune homme avait pâli encore, si c'était possible ; et elle crut un instant que ce soupir était le dernier.

— Oh ! mon Dieu, mon Dieu ! dit-elle, avez pitié de lui !

En ce moment on heurta violemment à la porte du corridor.

Marguerite se leva à moitié, soutenant La Mole par dessous l'épaule.

— Qui va là ? cria-t-elle.

— Madame, Madame, c'est moi, moi ! cria une voix de femme. Moi, la duchesse de Nevers.

— Henriette ! s'écria Marguerite. Oh ! il n'y a pas de danger, c'est une amie, entendez-vous, Monsieur ?

La Mole fit un effort et se souleva sur un genou.

— Tâchez de vous soutenir tandis que je vais ouvrir la porte, dit la reine.

La Mole appuya sa main à terre, et parvint à garder l'équilibre.

Marguerite fit un pas vers la porte ; mais elle s'arrêta tout à coup, frémissant d'effroi.

— Ah ! tu n'es pas seule ? s'écria-t-elle en entendant un bruit d'armes.

— Non, je suis accompagnée de douze gardes que m'a laissés mon beau frère M. de Guise.

— M. de Guise ! murmura La Mole. Oh ! l'assassin ! l'assassin !

— Silence, dit Marguerite, pas un mot.

Et elle regarda tout autour d'elle pour voir où elle pourrait cacher le blessé.

— Une épée, un poignard ! murmurait La Mole.

— Pour vous défendre ? inutile ; n'avez-vous pas entendu ? ils sont douze et vous êtes seul.

— Non pas pour me défendre, mais pour ne pas tomber vivant entre leurs mains.

— Non, non, dit Marguerite, non, je vous sauverai. Ah ! ce cabinet ! venez, venez.

La Mole fit un effort, et soutenu par Marguerite il se traîna jusqu'au cabinet. Marguerite referma la porte derrière lui, et serrant la clef dans son aumônière : Pas un cri, pas une plainte, pas un soupir, lui glissa-t-elle à travers le lambris, et vous êtes sauvé.

Puis jetant un manteau de nuit sur ses épaules, elle alla ouvrir à son amie qui se précipita dans ses bras.

— Ah ! dit-elle, il ne vous est rien arrivé, n'est-ce pas, Madame ?

— Non, rien, dit Marguerite, croisant son manteau pour qu'on ne vit point les taches de sang qui maculaient son peignoir.

— Tant mieux ; mais en tout cas, comme M. le duc de Guise m'a donné douze gardes pour me reconduire à son hôtel, et que je n'ai pas besoin d'un si grand cortège j'en laisse six à Votre Majesté. Six gardes du duc de Guise valent mieux cette nuit qu'un régiment entier des gardes du roi.

Marguerite n'osa refuser ; elle installa ses six gardes dans le corridor, et embrassa la duchesse, qui, avec les six autres, regagna l'hôtel du duc de Guise, qu'elle habitait en l'absence de son mari.

IX

LES MASSACREURS.

Coconnas n'avait pas fui, il avait fait retraite. La Hurière n'avait pas fui, il s'était précipité. L'un avait disparu à la manière du tigre, l'autre à celle du loup.

Il en résulta que La Hurière se trouvait déjà sur la place Saint-Germain-l'Auxerrois, que Coconnas ne faisait encore que sortir du Louvre.

La Hurière, se voyant seul avec son arquebuse au milieu des passants qui couraient, des balles qui sifflaient et des cadavres qui tombaient des fenêtres, les uns entiers, les autres par morceaux, commença à avoir peur et à chercher prudemment à regagner son hôtellerie ; mais comme il débouchait de la rue de l'Arbre-Sec par la rue d'Averon, il tomba dans une troupe de Suisses et de chevau-légers : c'était celle que commandait Maurevel.

— Eh bien ! s'écria celui qui s'était baptisé lui-même du nom de Tueur de roi, vous avez déjà fini ? Vous rentrez, mon hôte ? et que diable avez-vous fait de notre gentilhomme piémontais ? il ne lui est pas arrivé malheur ? Ce serait dommage, car il allait bien.

— Non pas, que je pense, reprit La Hurière, et qu'il va nous rejoindre.
— D'où venez-vous ?
— Du Louvre, où je dois dire qu'on nous a reçus rudement.
— Et qui cela ?
— M. le duc d'Alençon. Est-ce qu'il n'en est pas, lui ?
— Monseigneur le duc d'Alençon n'est de rien que de ce qui le touche personnellement ; proposez-lui de traiter ses deux frères aînés en huguenots, et il en sera : pourvu toutefois que la besogne se fasse sans le compromettre. Mais n'allez-vous point avec ces braves gens, maître La Hurière ?
— Et où vont-ils ?
— Oh ! mon Dieu ! rue Montorgueil ; il y a là un ministre huguenot de ma connaissance ; il a une femme et six enfants. Ces hérétiques engendrent énormément. Ce sera curieux.
— Et vous, où allez-vous ?
— Oh ! moi, je vais à une affaire particulière.
— Dites donc, n'y allez pas sans moi, dit une voix qui fit tressaillir Maurevel ; vous connaissez les bons endroits et je veux en être.
— Ah ! c'est notre Piémontais ! dit Maurevel.
— C'est M. de Coconnas, dit La Hurière. Je croyais que vous me suiviez.
— Peste ! vous détalez trop vite pour cela ; et puis, je me suis un peu détourné de la ligne droite pour aller jeter à la rivière un affreux enfant qui criait : À bas les papistes, vive l'amiral ! Malheureusement, je crois que le drôle savait nager. Ces misérables parpaillots, si on veut les noyer, il faudra les jeter à l'eau comme les chats, avant qu'ils ne voient clair.
— Ah çà ! vous dites que vous venez du Louvre ? Votre huguenot s'y était donc réfugié ?

demanda Maurevel.

— Oh ! mon Dieu, oui !

— Je lui ai envoyé un coup de pistolet au moment où il ramassait son épée dans la cour de l'amiral ; mais je ne sais comment cela s'est fait, je l'ai manqué.

— Oh ! moi, dit Coconnas, je ne l'ai pas manqué : je lui ai donné de mon épée dans le dos, que la lame en était humide à cinq pouces de la pointe. D'ailleurs, je l'ai vu tomber dans les bras de Marguerite, jolie femme, mordi ! Cependant, j'avoue que je ne serais pas fâché d'être tout à fait sûr qu'il est mort. Ce gaillard-là m'avait l'air d'être d'un caractère fort rancunier, et il serait capable de m'en vouloir toute sa vie. Mais ne disiez-vous pas que vous alliez quelque part ?

— Vous tenez donc à venir avec moi ?

— Je tiens à ne pas rester en place, mordi ! Je n'en ai encore tué que trois ou quatre, et, quand je me refroidis, mon épaule me fait mal. En route ! en route !

— Capitaine ! dit Maurevel au chef de la troupe, donnez-moi trois hommes et allez expédier votre ministre avec le reste.

Trois Suisses se détachèrent et vinrent se joindre à Maurevel. Les deux troupes cependant marchèrent côte à côte jusqu'à la hauteur de la rue Tirechappe ; là les chevau-légers et les Suisses prirent la rue de la Tonnellerie, tandis que Maurevel, Coconnas, La Hurière et ses trois hommes suivaient la rue de la Ferronnerie, prenaient la rue Trousse-Vache et gagnaient la rue Sainte-Avoye.

— Mais où diable nous conduisez-vous ? dit Coconnas, que cette longue marche sans résultat commençait à ennuyer.

— Je vous conduis à une expédition brillante et utile à la fois. Après l'amiral, après Téligny, après les princes huguenots, je ne pouvais rien vous offrir de mieux. Prenez donc patience. C'est rue du Chaume que nous avons affaire, et dans un instant nous allons y être.

— Dites-moi, demanda Coconnas, la rue du Chaume n'est-elle pas proche du Temple ?

— Oui, pourquoi ?

— Ah ! c'est qu'il y a là un vieux créancier de notre famille, un certain Lambert Mercandou, auquel mon père m'a recommandé de rendre cent nobles à la rose que j'ai là à cet effet dans ma poche.

— Eh bien ! dit Maurevel, voilà une belle occasion de vous acquitter envers lui.

— Comment cela ?

— C'est aujourd'hui le jour où l'on règle ses vieux comptes. Votre Mercandon est-il huguenot ?

— Oh ! oh ! fit Coconnas, je comprends, il doit l'être.

— Chut ! nous sommes arrivés.

— Quel est ce grand hôtel avec son pavillon sur la rue ?

— L'hôtel de Guise.

— En vérité, dit Coconnas, je ne pouvais pas manquer de venir ici, puisque j'arrive à Paris sous le patronage du grand Henri. Mais, mordi, tout est bien tranquille dans ce quartier-ci, mon cher, c'est tout au plus si l'on entend le bruit des arquebusades : on se croirait en province ; tout le monde dort, ou que le diable m'emporte !

En effet, l'hôtel de Guise lui-même semblait aussi tranquille que dans les temps ordinaires. Toutes les fenêtres en étaient fermées, et une seule lumière brillait derrière la jalousie de la fenêtre principale du pavillon qui avait, lorsqu'il était entré dans la rue, attiré l'attention de Coconnas.

Un peu au delà de l'hôtel de Guise, c'est-à-dire au coin de la rue du Petit-Chantier et de celle des Quatre-Fils, Maurevel s'arrêta.

— Voici le logis de celui que nous cherchons, dit-il.

— De celui que vous cherchez, c'est-à-dire… fit La Hurière.

— Puisque vous m'accompagnez, nous le cherchons.

— Comment ! cette maison qui semble dormir d'un si bon sommeil…

— Justement ! Vous, La Hurière, vous allez utiliser l'honnête figure que le ciel vous a donnée par erreur, en frappant à cette maison. Passez votre arquebuse à M. de Coconnas, il y a une heure que je vois qu'il la lorgne. Si vous êtes introduit, vous demanderez à parler au seigneur de Mouy.

— Ah ! ah ! fit Coconnas, je comprends : vous avez aussi un créancier dans le quartier du Temple, à ce qu'il paraît.

— Justement, continua Maurevel. Vous monterez donc en jouant le huguenot, vous avertirez de Mouy de tout ce qui se passe ; il est brave, il descendra…

— Et une fois descendu ? demanda La Hurière.

— Une fois descendu, je le prierai d'aligner son épée avec la mienne.

— Sur mon âme, c'est d'un brave gentilhomme, dit Coconnas, et je compte faire exactement la même chose avec Lambert Mercandon ; et s'il est trop vieux pour accepter, ce sera avec quelqu'un de ses fils ou de ses neveux.

La Hurière alla sans répliquer frapper à la porte ; ses coups, retentissant dans le silence de la nuit, firent ouvrir les portes de l'hôtel de Guise et sortir quelques têtes par ses ouvertures : on vit alors que l'hôtel était calme à la manière des citadelles, c'est-à-dire parce qu'il était plein de soldats.

Ces têtes rentrèrent presque aussitôt, devinant sans doute de quoi il était question.

— Il loge donc là, votre M. de Mouy ? dit Coconnas montrant la maison où La Hurière continuait de frapper.

— Non, c'est le logis de sa maîtresse.

— Mordi ! quelle galanterie vous lui faites ! lui fournir l'occasion de tirer l'épée sous les yeux de sa belle ! Alors nous serons les juges du camp. Cependant j'aimerais assez à me battre moi-même. Mon épaule me brûle.

— Et votre figure ? demanda Maurevel, elle est aussi fort endommagée.

Coconnas poussa une espèce de rugissement.

— Mordi ! dit-il, j'espère qu'il est mort, ou sans cela je retournerais au Louvre pour l'achever.

La Hurière frappait toujours.

Bientôt une fenêtre du premier étage s'ouvrit, et un homme parut sur le balcon en bonnet de nuit, en caleçon et sans armes.

— Qui va là ? cria cet homme.

Maurevel fit un signe à ses Suisses, qui se rangèrent sous une encoignure, tandis que Coconnas s'aplatissait de lui-même contre la muraille.

— Ah ! monsieur de Mouy, dit l'aubergiste de sa voix câline, est-ce vous ?

— Oui, c'est moi ; après ?

— C'est bien lui, murmura Maurevel en frémissant de joie.

— Eh ! Monsieur, continua La Hurière, ne savez-vous point ce qui se passe ? On égorge M. l'amiral, on tue les religionnaires nos frères. Venez vite à leur aide, venez.

— Ah ! s'écria de Mouy, je me doutais bien qu'il se tramait quelque chose pour cette nuit. Ah ! je n'aurais pas dû quitter mes braves camarades. Me voici, mon ami, me voici ; attendez-moi.

Et sans refermer la fenêtre, par laquelle sortirent quelques cris de femme effrayée, quelques supplications tendres, M. de Mouy chercha son pourpoint, son manteau et ses armes.

— Il descend, il descend ! murmura Maurevel pâle de joie. Attention, vous autres ! glissa-t-il dans l'oreille des Suisses.

Puis retirant l'arquebuse des mains de Coconnas et soufflant sur la mèche pour s'assurer qu'elle était toujours bien allumée :

— Tiens, La Hurière, ajouta-t-il à l'aubergiste, qui avait fait retraite vers le gros de la troupe, reprends ton arquebuse.

— Mordi ! s'écria Coconnas, voici la lune qui sort d'un nuage pour être témoin de cette belle rencontre. Je donnerais beaucoup pour que Lambert Mercandon fût ici et servît de second à M. de Mouy.

— Attendez, attendez ! dit Maurevel. M. de Mouy vaut dix hommes à lui tout seul, et nous en aurons peut-être assez à nous six à nous débarrasser de lui. Avancez, vous autres continua Maurevel en faisant signe aux Suisses de se glisser contre la porte, afin de le frapper quand il sortira.

— Oh ! oh ! dit Coconnas en regardant ces préparatifs, il paraît que cela ne se passera point tout à fait comme je m'y attendais.

Déjà on entendait le bruit de la barre que tirait de Mouy. Les Suisses étaient sortis de leur cachette pour prendre leur place près de la porte. Maurevel et La Hurière s'avançaient sur la pointe du pied, tandis que, par un reste de gentilhommerie, Coconnas restait à sa place, lorsque la jeune femme, à laquelle on ne pensait plus, parut à son tour au balcon et poussa un cri terrible en apercevant les Suisses, Maurevel et La Hurière.

De Mouy, qui avait déjà entr'ouvert la porte, s'arrêta.

— Remonte, remonte, cria la jeune femme ; je vois reluire des épées, je vois briller la mèche d'une arquebuse. C'est un guet-apens.

— Oh ! oh ! reprit en grondant la voix du jeune homme voyons un peu ce que veut dire tout ceci.

Et il referma la porte, remit la barre, repoussa le verrou et remonta.

L'ordre de bataille de Maurevel fut changé dès qu'il vit que de Mouy ne sortirait point. Les Suisses allèrent se poster de l'autre côté de la rue, et La Hurière, son arquebuse au poing, attendit que l'ennemi reparût à la fenêtre. Il n'attendit pas longtemps. De Mouy s'avança précédé de deux pistolets d'une longueur si respectable, que La Hurière, qui le couchait déjà en joue, réfléchit soudain que les balles du huguenot n'avaient pas plus de chemin à faire pour arriver dans la rue que sa balle à lui n'en avait pour arriver au balcon. Certes, se dit-il, je puis tuer ce gentilhomme, mais aussi ce gentilhomme peut me tuer du même coup.

Or, comme au bout du compte maître La Hurière, aubergiste de son état, n'était soldat que par circonstance, cette réflexion le détermina à faire retraite et à chercher un abri à l'angle de la rue de Braque, assez éloignée pour qu'il eût quelque difficulté à trouver de là, avec une certaine certitude, surtout la nuit, la ligne que devait suivre sa balle pour arriver jusqu'à de Mouy.

De Mouy jeta un coup d'œil autour de lui et s'avança en s'effaçant comme un homme qui se prépare à un duel ; mais voyant que rien ne venait :

— Çà, dit-il, il paraît, monsieur le donneur d'avis, que vous avez oublié votre arquebuse à ma porte. Me voilà, que me voulez-vous ?

— Ah ! ah ! se dit Coconnas, voici en effet un brave.

— Eh bien ! continua de Mouy, amis ou ennemis, qui que vous soyez, ne voyez-vous pas que j'attends ?

La Hurière garda le silence. Maurevel ne répondit point, et les trois Suisses demeurèrent cois.

Coconnas attendit un instant ; puis, voyant que personne ne soutenait la conversation entamée par La Hurière et continuée par de Mouy, il quitta son poste, s'avança jusqu'au milieu de la rue, et mettant le chapeau à la main :

— Monsieur, dit-il, nous ne sommes point ici pour un assassinat, comme vous pourriez le croire, mais pour un duel… J'accompagne un de vos ennemis qui voudrait avoir affaire à vous pour terminer galamment une vieille discussion. Eh ! mordi ! avancez donc, monsieur de Maurevel, au lieu de tourner le dos : Monsieur accepte.

— Maurevel ! s'écria de Mouy ; Maurevel, l'assassin de mon père ! Maurevel, le Tueur de roi ! Ah ! pardieu, oui, j'accepte.

Et, ajustant Maurevel qui allait frapper à l'hôtel de Guise pour y chercher du renfort, il perça son chapeau d'une balle.

Au bruit de l'explosion, aux cris de Maurevel, les gardes qui avaient ramené la duchesse de Nevers sortirent, accompagnés de trois ou quatre gentilshommes suivis de leurs pages, et s'avancèrent vers la maison de la maîtresse du jeune de Mouy.

Un second coup de pistolet, tiré au milieu de la troupe, fit tomber mort le soldat qui se trouvait le plus proche de Maurevel ; après quoi de Mouy se trouvant sans armes, ou du moins avec des armes inutiles, puisque ses pistolets étaient déchargés et que ses adversaires étaient hors de la portée de l'épée, s'abrita derrière la galerie du balcon.

Cependant çà et là les fenêtres commençaient de s'ouvrir aux environs, et, selon l'humeur pacifique ou belliqueuse de leurs habitants, se refermaient ou se hérissaient de mousquets ou d'arquebuses.

— À moi, mon brave Mercandon ! s'écria de Mouy en faisant signe à un homme déjà vieux qui, d'une fenêtre qui venait de s'ouvrir en face de l'hôtel de Guise, cherchait à voir quelque chose dans cette confusion.

— Vous appelez, sire de Mouy ? cria le vieillard, est-ce à vous qu'on en veut ?

— C'est à moi, c'est à vous, c'est à tous les protestants ; et, tenez, en voilà la preuve.

En effet, en ce moment de Mouy avait vu se diriger contre lui l'arquebuse de La Hurière. Le coup partit ; mais le jeune homme eut le temps de se baisser, et la balle alla briser une vitre au-dessus de sa tête.

— Mercandon ! s'écria Coconnas, qui à la vue de cette bagarre tressaillait de plaisir et avait oublié son créancier, mais à qui cette apostrophe de de Mouy le rappelait ; Mercandon, rue du Chaume, c'est bien cela ! Ah ! il demeure là, c'est bon ; nous allons avoir affaire chacun à notre homme.

Et tandis que les gens de l'hôtel de Guise enfonçaient les portes de la maison où était de Mouy ; tandis que Maurevel, un flambeau à la main, essayait d'incendier la maison ; tandis que, les portes une fois brisées, un combat terrible s'engageait contre un seul homme qui, à chaque coup de rapière, abattait son ennemi, Coconnas essayait, à l'aide d'un pavé, d'enfoncer la porte de Mercandon, qui, sans s'inquiéter de cet effort solitaire, arquebusait de son mieux à sa fenêtre.

Alors tout ce quartier désert et obscur se trouva illuminé comme en plein jour, peuplé comme l'intérieur d'une fourmilière ; car, de l'hôtel de Montmorency, six ou huit gentilshommes huguenots, avec leurs serviteurs et leurs amis, venaient de faire une charge furieuse et commençaient, soutenus par le feu des fenêtres, à faire reculer les gens de Maurevel et ceux de l'hôtel de Guise, qu'ils finirent par acculer à l'hôtel d'où ils étaient sortis.

Coconnas, qui n'avait point encore achevé d'enfoncer la porte de Mercandon, quoiqu'il s'escrimât de tout son cœur, fut pris dans ce brusque refoulement. S'adossant alors à la muraille et mettant l'épée à la main, il commença non-seulement à se défendre, mais encore à attaquer avec des cris si terribles, qu'il dominait toute cette mêlée. Il ferrailla ainsi de droite et de gauche, frappant amis et ennemis, jusqu'à ce qu'un large vide se fût opéré autour de lui. À mesure que sa rapière trouait une poitrine et que le sang tiède éclaboussait ses mains et son visage, lui, l'œil dilaté, les narines ouvertes, les dents serrées, regagnait le terrain perdu et se rapprochait de la maison assiégée.

De Mouy, après un combat terrible livré dans l'escalier et le vestibule, avait fini par sortir en véritable héros de sa maison brûlante. Au milieu de toute cette lutte, il n'avait pas cessé de crier : À moi, Maurevel ! Maurevel, où es-tu ? l'insultant par les épithètes les plus injurieuses. Il apparut enfin dans la rue, soutenant d'un bras sa maîtresse, à moitié nue et presque évanouie, et tenant un poignard entre ses dents. Son épée, flamboyante par le mouvement de rotation qu'il lui imprimait, traçait des cercles blancs ou rouges, selon que la lune en argentait la lame ou qu'un flambeau en faisait reluire l'humidité sanglante. Maurevel avait fui. La Hurière, repoussé par de Mouy jusqu'à Coconnas, qui ne le reconnaissait pas et le recevait à la pointe de son épée, demandait grâce des deux côtés. En ce moment, Mercandon l'aperçut, le reconnut à son écharpe blanche pour un massacreur.

Le coup partit. La Hurière jeta un cri, étendit les bras, laissa échapper son arquebuse, et, après avoir essayé de gagner la muraille pour se retenir à quelque chose, tomba la face contre terre.

De Mouy profita de cette circonstance, se jeta dans la rue de Paradis et disparut.

La résistance des huguenots avait été telle, que les gens de l'hôtel de Guise, repoussés, étaient rentrés et avaient fermé les portes de l'hôtel, dans la crainte d'être assiégés et pris chez eux.

Coconnas, ivre de sang et de bruit, arrivé à cette exaltation où, pour les gens du Midi surtout, le courage se change en folie, n'avait rien vu, rien entendu. Il remarqua seulement que ses oreilles tintaient moins fort, que ses mains et son visage se séchaient un peu, et, abaissant la pointe de son épée, il ne vit plus près de lui qu'un homme couché, la face noyée dans un ruisseau rouge, et autour de lui que maisons qui brûlaient.

Ce fut une bien courte trêve, car au moment où il allait s'approcher de cet homme, qu'il croyait reconnaître pour La Hurière, la porte de la maison qu'il avait vainement essayé de briser à coups de pavés s'ouvrit, et le vieux Mercandon, suivi de son fils et de ses deux neveux, fondit sur le Piémontais, occupé à reprendre haleine.

— Le voilà ! le voilà ! s'écrièrent-ils tout d'une voix.

Coconnas se trouvait au milieu de la rue, et, craignant d'être entouré par ces quatre hommes qui l'attaquaient à la fois, il fit, avec la vigueur d'un de ces chamois qu'il avait si souvent poursuivis dans les montagnes, un bond en arrière, et se trouva adossé à la muraille de l'hôtel de Guise. Une fois tranquillisé sur les surprises, il se remit en garde et redevint railleur.

— Ah ! ah ! père Mercandon ! dit-il, vous ne me reconnaissez pas ?

— Oh ! misérable ! s'écria le vieux huguenot, je te reconnais bien, au contraire ; tu m'en veux ! à moi, l'ami, le compagnon de ton père ?

— Et son créancier, n'est-ce pas ?

— Oui, son créancier, puisque c'est toi qui le dis.

— Eh bien ! justement, répondit Coconnas, je viens régler nos comptes.

— Saisissons-le, lions-le, dit le vieillard aux jeunes gens qui l'accompagnaient, et qui à sa voix s'élancèrent contre la muraille.

— Un instant, un instant, dit en riant Coconnas. Pour arrêter les gens il vous faut une prise de corps, et vous avez négligé de la demander au prévôt.

Et à ces paroles il engagea l'épée avec celui des jeunes gens qui se trouvait le plus proche de lui, et au premier dégagement lui abattit le poignet avec sa rapière. Le malheureux se recula en hurlant.

— Et d'un ! dit Coconnas.

Au même instant, la fenêtre sous laquelle Coconnas avait cherché un abri s'ouvrit en grinçant. Coconnas fit un soubresaut, craignant une attaque de ce côté ; mais, au lieu d'un ennemi, ce fut une femme qu'il aperçut ; au lieu de l'arme meurtrière qu'il s'apprêtait à combattre, ce fut un bouquet qui tomba à ses pieds.

— Tiens ! une femme ! dit-il.

Il salua la dame de son épée et se baissa pour ramasser le bouquet.

— Prenez garde, brave catholique, prenez garde, s'écria la dame.

Coconnas se releva, mais pas si rapidement que le poignard du second neveu ne fendît son manteau et n'entamât l'autre épaule.

La dame jeta un cri perçant.

Coconnas la remercia et la rassura d'un même geste, s'élança sur le second neveu, qui rompit ; mais au second appel son pied de derrière glissa dans le sang. Coconnas s'élança sur lui avec la rapidité du chat-tigre, et lui traversa la poitrine de son épée.

— Bien, bien, brave cavalier ! cria la dame de l'hôtel de Guise, bien ! je vous envoie du secours.

— Ce n'est point la peine de vous déranger pour cela, Madame ! dit Coconnas. Regardez plutôt jusqu'au bout, si la chose vous intéresse, et vous allez voir comment le comte Annibal de Coconnas accommode les huguenots.

En ce moment le fils du vieux Mercandon tira presque à bout portant un coup de pistolet à Coconnas, qui tomba sur un genou.

La dame de la fenêtre poussa un cri, mais Coconnas se releva ; il ne s'était agenouillé que pour éviter la balle, qui alla trouver le mur à deux pieds de la belle spectatrice.

Presque en même temps, de la fenêtre du logis de Mercandon partit un cri de rage, et une vieille femme, qui à sa croix et à son écharpe blanche reconnut Coconnas pour un catholique, lui lança un pot de fleurs qui l'atteignit au-dessus du genou.

— Bon ! dit Coconnas ; l'une me jette des fleurs, l'autre les pots. Si cela continue, on va démolir les maisons.

— Merci, ma mère, merci ! cria le jeune homme.

— Va, femme, va ! dit le vieux Mercandon, mais prends garde à nous !

— Attendez, monsieur de Coconnas, attendez, dit la jeune dame de l'hôtel de Guise ; je vais faire tirer aux fenêtres.

— Ah ça ! c'est donc un enfer de femmes, dont les unes sont pour moi et les autres contre moi ! dit Coconnas. Mordi ! finissons-en.

La scène, en effet, était bien changée, et tirait évidemment à son dénoûment. En face de Coconnas, blessé il est vrai, mais dans toute la vigueur de ses vingt-quatre ans, mais habitué aux armes, mais irrité plutôt qu'affaibli par les trois ou quatre égratignures qu'il avait reçues, il ne restait plus que Mercandon et son fils : Mercandon, vieillard de soixante à soixante-dix ans ; son fils, enfant de seize à dix-huit ans : ce dernier, pâle, blond et frêle, avait jeté son pistolet déchargé et par conséquent devenu inutile, et agitait en tremblant une épée de moitié moins longue que celle du Piémontais ; le père, armé seulement d'un poignard et d'une arquebuse vide, appelait au secours. Une vieille femme, à la fenêtre en face, la mère du jeune homme, tenait à la main un morceau de marbre et s'apprêtait à le lancer. Enfin Coconnas, excité d'un côté par les menaces, de l'autre par les encouragements, fier de sa double victoire, enivré de poudre et de sang, éclairé par la réverbération d'une maison en flammes, exalté par l'idée qu'il combattait sous les yeux d'une femme dont la beauté lui avait semblé aussi supérieure que son rang lui paraissait incontestable ; Coconnas, comme le dernier des Horaces, avait senti doubler ses forces, et voyant le jeune homme hésiter, il courut à lui et croisa sur sa petite épée sa terrible et sanglante rapière. Deux coups suffirent pour la lui faire sauter des mains. Alors Mercandon chercha à repousser Coconnas, pour que les projectiles lancés par la fenêtre l'atteignissent plus sûrement. Mais Coconnas, au contraire, pour paralyser la double attaque du vieux Mercandon, qui essayait de le percer de son poignard, et de la mère du jeune homme, qui tentait de lui briser la tête avec la pierre qu'elle s'apprêtait à lui lancer, saisit son adversaire à bras le corps, le présentant à tous les coups comme un bouclier, et l'étouffant dans son étreinte herculéenne.

— À moi, à moi ! s'écria le jeune homme, il me brise la poitrine ! à moi, à moi !

Et sa voix commença de se perdre dans un râle sourd et étranglé.

Alors, Mercandon cessa de menacer, il supplia.

— Grâce ! grâce ! dit-il, monsieur de Coconnas ! grâce ! c'est mon unique enfant !

— C'est mon fils ! c'est mon fils ! cria la mère, l'espoir de notre vieillesse ! ne le tuez pas, Monsieur ! ne le tuez pas !

— Ah ! vraiment ! cria Coconnas en éclatant de rire, que je ne le tue pas ! et que voulait-il donc me faire avec son épée et son pistolet ?

— Monsieur, continua Mercandon en joignant les mains, j'ai chez moi l'obligation souscrite par votre père, je vous la rendrai ; j'ai dix mille écus d'or, je vous les donnerai ; j'ai les pierreries de notre famille, et elles seront à vous ; mais ne le tuez pas, ne le tuez pas !

— Et moi, j'ai mon amour, dit à demi voix la femme de l'hôtel de Guise, et je vous le promets.

Coconnas réfléchit une seconde, et soudain :

— Êtes-vous huguenot ? demanda-t-il au jeune homme.

— Je le suis, murmura l'enfant.

— En ce cas, il faut mourir ! répondit Coconnas en fronçant les sourcils et en approchant de la poitrine de son adversaire la miséricorde acérée et tranchante.

— Mourir ! s'écria le vieillard, mon pauvre enfant ! mourir !

Et un cri de mère retentit si douloureux et si profond, qu'il ébranla pour un moment la sauvage résolution du Piémontais.

— Oh ! madame la duchesse ! s'écria le père se tournant vers la femme de l'hôtel de Guise, intercédez pour nous, et tous les matins et tous les soirs votre nom sera dans nos prières.

— Alors, qu'il se convertisse ! dit la dame de l'hôtel de Guise.

— Je suis protestant, dit l'enfant.

— Meurs donc, dit Coconnas en levant sa dague, meurs donc puisque tu ne veux pas de la vie que cette belle bouche t'offrait.

Mercandon et sa femme virent la lame terrible luire comme un éclair au-dessus de la tête de leur fils.

— Mon fils, mon Olivier, hurla la mère, abjure… abjure !

— Abjure, cher enfant ! cria Mercandon, se roulant aux pieds de Coconnas, ne nous laisse pas seuls sur la terre.

— Abjurez tous ensemble ! cria Coconnas ; pour un *Credo,* trois âmes et une vie !

— Je le veux bien, dit le jeune homme.

— Nous le voulons bien, crièrent Mercandon et sa femme.

— À genoux, alors ! dit Coconnas, et que ton fils récite mot à mot la prière que je vais te dire.

Le père obéit le premier.

— Je suis prêt, dit l'enfant.

Et il s'agenouilla à son tour.

Coconnas commença alors à lui dicter en latin les paroles du *Credo*. Mais, soit hasard, soit calcul, le jeune Olivier s'était agenouillé près de l'endroit où avait volé son épée. À peine vit-il cette arme à la portée de sa main, que, sans cesser de répéter les paroles de Coconnas, il étendit le bras pour la saisir. Coconnas aperçut le mouvement, tout en faisant semblant de ne pas le voir. Mais, au moment où le jeune homme touchait du bout de ses doigts crispés la poignée de l'arme, il s'élança sur lui, et le renversant :

— Ah ! traître ! dit-il.

Et il lui plongea sa dague dans la gorge.

Le jeune homme jeta un cri, se releva convulsivement sur un genou et retomba mort.

— Ah ! bourreau ! hurla Mercandon, tu nous égorges pour nous voler les cent nobles à la rose que tu nous dois.

— Ma foi non, dit Coconnas, et la preuve…

En disant ces mots, Coconnas jeta aux pieds du vieillard la bourse qu'avant son départ son père lui avait remise pour acquitter sa dette avec son créancier.

— Et la preuve, continua-t-il, c'est que voilà votre argent.

— Et toi, voici ta mort ! cria la mère de la fenêtre.

— Prenez garde, monsieur de Coconnas, prenez garde, dit la dame de l'hôtel de Guise.

Mais avant que Coconnas eût pu tourner la tête pour se rendre à ce dernier avis ou pour se soustraire à la première menace, une masse pesante fendit l'air en sifflant, s'abattit à plat sur le chapeau du Piémontais, lui brisa son épée dans la main et le coucha sur le pavé, surpris, étourdi, assommé, sans qu'il eût pu entendre le double cri de joie et de détresse qui se répondit de droite à gauche.

Mercandon s'élança aussitôt, le poignard à la main, sur Coconnas évanoui. Mais en ce moment la porte de l'hôtel de Guise s'ouvrit, et le vieillard, voyant luire les pertuisanes et les épées, s'enfuit ; tandis que celle qu'il avait appelée madame la duchesse, belle d'une beauté terrible à la lueur de l'incendie, éblouissante de pierreries et de diamants, se penchait, à moitié hors de la fenêtre, pour crier aux nouveaux venus, le bras tendu vers Coconnas :

— Là ! là ! en face de moi ; un gentilhomme vêtu d'un pourpoint rouge. Celui-là, oui, oui, celui-là !…

MORT, MESSE OU BASTILLE.

Marguerite, comme nous l'avons dit, avait refermé sa porte et était rentrée dans sa chambre. Mais comme elle y entrait, toute palpitante, elle aperçut Gillonne, qui, penchée avec terreur vers la porte du cabinet, contemplait des traces de sang éparses sur le lit, sur les meubles et sur le tapis.

— Ah ! Madame, s'écria-t-elle en apercevant la reine. Oh ! Madame, est-il donc mort ?

— Silence ! Gillonne, dit Marguerite de ce ton de voix qui indique l'importance de la recommandation.

Gillonne se tut.

Marguerite tira alors de son aumônière une petite clef dorée, ouvrit la porte du cabinet et montra du doigt le jeune homme à sa suivante.

La Mole avait réussi à se soulever et à s'approcher de la fenêtre. Un petit poignard, de ceux que les femmes portaient à cette époque, s'était rencontré sous sa main, et le jeune gentilhomme l'avait saisi en entendant ouvrir la porte.

— Ne craignez rien, Monsieur, dit Marguerite, car, sur mon âme, vous êtes en sûreté.

La Mole se laissa retomber sur ses genoux.

— Oh ! Madame, s'écria-t-il, vous êtes pour moi plus qu'une reine, vous êtes une divinité.

— Ne vous agitez pas ainsi, Monsieur, s'écria Marguerite, votre sang coule encore… Oh ! regarde, Gillonne, comme il est pâle… Voyons, où êtes-vous blessé ?

— Madame, dit La Mole en essayant de fixer sur des points principaux la douleur errante par tout son corps, je crois avoir reçu un premier coup de dague à l'épaule et un second dans la poitrine ; les autres blessures ne valent point la peine qu'on s'en occupe.

— Nous allons voir cela, dit Marguerite ; Gillonne, apporte ma cassette de baumes.

Gillonne obéit et rentra, tenant d'une main la cassette, et de l'autre une aiguière de vermeil et du linge de fine toile de Hollande.

— Aide-moi à le soulever, Gillonne, dit la reine Marguerite, car, en se soulevant lui-même, le malheureux a achevé de perdre ses forces.

— Mais, Madame, dit La Mole, je suis tout confus ; je ne puis souffrir en vérité…

— Mais, Monsieur, vous allez vous laisser faire, que je pense, dit Marguerite ; quand nous pouvons vous sauver, ce serait un crime de vous laisser mourir.

— Oh ! s'écria La Mole, j'aime mieux mourir que de vous voir, vous, la reine, souiller vos mains d'un sang indigne comme le mien… Oh ! jamais ! jamais !

Et il se recula respectueusement.

— Votre sang, mon gentilhomme, reprit en souriant Gillonne, eh ! vous en avez déjà souillé tout à votre aise le lit et la chambre de Sa Majesté.

Marguerite croisa son manteau sur son peignoir de batiste, tout éclaboussés de petites taches vermeilles. Ce geste, plein de pudeur féminine, rappela à La Mole qu'il avait tenu dans ses bras et serré contre sa poitrine cette reine si belle, si aimée, et à ce souvenir une rougeur fugitive passa sur ses joues blêmies.

— Madame, balbutia-t-il, ne pouvez-vous m'abandonner aux soins d'un chirurgien ?

— D'un chirurgien catholique, n'est-ce pas ? demanda la reine avec une expression que comprit La Mole, et qui le fit tressaillir.

— Ignorez-vous donc, continua la reine avec une voix et un sourire d'une douceur inouïe, que, nous autres filles de France, nous sommes élevées à connaître la valeur des plantes et à composer des baumes ? car notre devoir, comme femmes et comme reines, a été de tout temps d'adoucir les douleurs ! Aussi valons-nous les meilleurs chirurgiens du monde, à ce que disent nos flatteurs du moins. Ma réputation, sous ce rapport, n'est-elle pas venue à votre oreille ? Allons, Gillonne, à l'ouvrage !

La Mole voulait essayer de résister encore ; il répéta de nouveau qu'il aimait mieux mourir que d'occasionner à la reine ce labeur, qui pouvait commencer par la pitié et finir par le dégoût. Cette lutte ne servit qu'à épuiser complètement ses forces. Il chancela, ferma les yeux, et laissa retomber sa tête en arrière, évanoui pour la seconde fois.

Alors Marguerite, saisissant le poignard qu'il avait laissé échapper, coupa rapidement le lacet qui fermait son pourpoint, tandis que Gillonne, avec une autre lame, décousait ou plutôt tranchait les manches de La Molle.

Gillonne, avec un linge imbibé d'eau fraîche, étancha le sang qui s'échappait de l'épaule et de la poitrine du jeune homme, tandis que Marguerite, d'une aiguille d'or à la pointe arrondie, sondait les plaies avec toute la délicatesse et l'habileté que maître Ambroise Paré eût pu déployer en pareille circonstance.

Celle de l'épaule était profonde, celle de la poitrine avait glissé sur les côtes et traversait seulement les chairs ; aucune des deux ne pénétrait dans les cavités de cette forteresse naturelle qui protège le cœur et les poumons.

— Plaie douloureuse et non mortelle, *Acerrimum humeri vulnus, non autem lethale*, murmura la belle et savante chirurgienne ; passe-moi du baume et prépare de la charpie, Gillonne.

Cependant Gillonne, à qui la reine venait de donner ce nouvel ordre, avait déjà essuyé et parfumé la poitrine du jeune homme et en avait fait autant de ses bras modelés sur un dessin antique, de ses épaules gracieusement rejetées en arrière, de son cou ombragé de boucles épaisses et qui appartenait bien plutôt à une statue de marbre de Paros qu'au corps mutilé d'un homme expirant.

— Pauvre jeune homme, murmura Gillonne en regardant non pas tant son ouvrage que celui qui venait d'en être l'objet.

— N'est-ce pas qu'il est beau ? dit Marguerite avec une franchise toute royale.

— Oui, Madame. Mais il me semble qu'au lieu de le laisser ainsi couché à terre nous devrions le soulever et l'étendre sur le lit de repos contre lequel il est seulement appuyé.

— Oui, dit Marguerite, tu as raison.

Et les deux femmes, s'inclinant et réunissant leurs forces, soulevèrent La Mole et le déposèrent sur une espèce de grand sofa à dossier sculpté qui s'étendait devant la fenêtre, qu'elles entr'ouvrirent pour lui donner de l'air.

Le mouvement réveilla La Mole, qui poussa un soupir et, rouvrant les yeux, commença d'éprouver cet incroyable bien-être qui accompagne toutes les sensations du blessé, alors qu'à son retour à la vie il retrouve la fraîcheur au lieu des flammes dévorantes, et les parfums du baume au lieu de la tiède et nauséabonde odeur du sang.

Il murmura quelques mots sans suite, auxquels Marguerite répondit par un sourire en posant le doigt sur sa bouche.

En ce moment le bruit de plusieurs coups frappés à une porte retentit.

— On heurte au passage secret, dit Marguerite.

— Qui donc peut venir, Madame ? demanda Gillonne effrayée.

— Je vais voir, dit Marguerite. Toi, reste auprès de lui et ne le quitte pas d'un seul instant.

Marguerite rentra dans sa chambre, et, fermant la porte du cabinet, alla ouvrir celle du passage qui donnait chez le roi et chez la reine mère.

— Madame de Sauve ! s'écria-t-elle en reculant vivement et avec une expression qui ressemblait sinon à la terreur, du moins à la haine, tant il est vrai qu'une femme ne pardonne jamais à une autre femme de lui enlever même un homme qu'elle n'aime pas. Madame de Sauve !

— Oui, Votre Majesté ! dit celle-ci en joignant les mains.

— Ici, vous, Madame ! continua Marguerite de plus en plus étonnée, mais aussi d'une voix plus impérative.

Charlotte tomba à genoux.

— Madame, dit-elle, pardonnez-moi, je reconnais à quel point je suis coupable envers vous ; mais, si vous saviez ! la faute n'est pas tout entière à moi, et un ordre exprès de la reine mère...

— Relevez-vous, dit Marguerite, et comme je ne pense pas que vous soyez venue dans l'espérance de vous justifier vis-à-vis de moi, dites-moi pourquoi vous êtes venue.

— Je suis venue, Madame, dit Charlotte toujours à genoux et avec un regard presque égaré, je suis venue pour vous demander s'il n'était pas ici.

— Ici, qui ? de qui parlez-vous, Madame ?... car, en vérité, je ne comprends pas.

— Du roi !

— Du roi ! vous le poursuivez jusque chez moi ! Vous savez bien qu'il n'y vient pas, cependant !

— Ah ! Madame ! continua la baronne de Sauve sans répondre à toutes ces attaques et sans même paraître les sentir ; ah ! plût à Dieu qu'il y fût !

— Et pourquoi cela ?

— Eh ! mon Dieu ! Madame, parce qu'on égorge les huguenots, et que le roi de Navarre est le chef des huguenots.

— Oh ! s'écria Marguerite en saisissant madame de Sauve par la main et en la forçant de se relever, oh ! je l'avais oublié ! D'ailleurs, je n'avais pas cru qu'un roi pût courir les mêmes dangers que les autres hommes.

— Plus, Madame, mille fois plus, s'écria Charlotte.

— En effet, madame de Lorraine m'avait prévenue. Je lui avais dit de ne pas sortir. Serait-il sorti ?

— Non, non, il est dans le Louvre. Il ne se retrouve pas. Et s'il n'est pas ici...

— Il n'y est pas.

— Oh ! s'écria madame de Sauve avec une explosion de douleur, c'en est fait de lui, car la reine mère a juré sa mort.

— Sa mort ! Ah ! dit Marguerite, vous m'épouvantez. Impossible !

— Madame, reprit madame de Sauve avec cette énergie que donne seule la passion, je vous dis qu'on ne sait pas où est le roi de Navarre.

— Et la reine-mère, où est-elle ?

— La reine mère m'a envoyé chercher M. de Guise et M. de Tavannes, qui étaient dans son oratoire, puis elle m'a congédiée. Alors, pardonnez-moi, Madame ! je suis remontée chez moi, et comme d'habitude j'ai attendu.

— Mon mari ? n'est-ce pas ? dit Marguerite.

— Il n'est pas venu, Madame. Alors, je l'ai cherché de tous côtés ; je l'ai demandé à tout le monde. Un seul soldat m'a répondu qu'il croyait l'avoir aperçu au milieu des gardes qui l'accompagnaient l'épée nue quelque temps avant que le massacre commençât, et le massacre est commencé depuis une heure.

— Merci, Madame, dit Marguerite ; et quoique peut-être le sentiment qui vous fait agir soit une nouvelle offense pour moi, merci !

— Oh ! alors, pardonnez-moi, Madame ! dit-elle, et je rentrerai chez moi plus forte de votre pardon ; car je n'ose vous suivre, même de loin.

Marguerite lui tendit la main.

— Je vais trouver la reine Catherine, dit-elle ; rentrez chez vous. Le roi de Navarre est sous ma sauvegarde, je lui ai promis alliance et je serai fidèle à ma promesse.

— Mais si vous ne pouvez pénétrer jusqu'à la reine mère, Madame ?

— Alors je me tournerai du côté de mon frère Charles, et il faudra bien que je lui parle.

— Allez, allez, Madame, dit Charlotte en laissant le passage libre à Marguerite, et que Dieu conduise Votre Majesté.

Marguerite s'élança par le couloir. Mais arrivée à l'extrémité, elle se retourna pour s'assurer que madame de Sauve ne demeurait pas en arrière. Madame de Sauve la suivait.

La reine de Navarre lui vit prendre l'escalier qui conduisait à son appartement, et poursuivit son chemin vers la chambre de la reine.

Tout était changé ; au lieu de cette foule de courtisans empressés, qui d'ordinaire ouvrait ses rangs devant la reine en la saluant respectueusement, Marguerite ne rencontrait que des gardes avec des pertuisanes rougies et des vêtements souillés de sang, ou des gentilshommes aux manteaux déchirés, à la figure noircie par la poudre, porteurs d'ordres et des dépêches, les uns entrant et les autres sortant : toutes ces allées et venues faisaient un fourmillement terrible et immense dans les galeries.

Marguerite n'en continua pas moins d'aller en avant et parvint jusqu'à l'antichambre de la reine mère. Mais cette antichambre était gardée par deux haies de soldats qui ne laissaient pénétrer que ceux qui étaient porteurs d'un certain mot d'ordre.

Marguerite essaya vainement de franchir cette barrière vivante. Elle vit plusieurs fois s'ouvrir et se fermer la porte, et à chaque fois, par l'entre-bâillement, elle aperçut Catherine rajeunie par l'action, active comme si elle n'avait que vingt ans, écrivant, recevant des lettres, les décachetant, donnant des ordres, adressant à ceux-ci un mot, à ceux-là un sourire, et ceux auxquels elle souriait plus amicalement étaient ceux qui étaient plus couverts de poussière et de sang.

Au milieu de ce grand tumulte qui bruissait dans le Louvre, qu'il emplissait d'effrayantes rumeurs, on entendait éclater les arquebusades de la rue de plus en plus répétées.

— Jamais je n'arriverai jusqu'à elle, se dit Marguerite après avoir fait près des hallebardiers trois tentatives inutiles. Plutôt que de perdre mon temps ici, allons donc trouver mon frère.

En ce moment passa M. de Guise ; il venait d'annoncer à la reine la mort de l'amiral, et retournait à la boucherie.

— Oh ! Henri ! s'écria Marguerite, où est le roi de Navarre ?

Le duc la regarda avec un sourire étonné, s'inclina, et, sans répondre, sortit avec ses gardes.

Marguerite courut à un capitaine qui allait sortir du Louvre et qui, avant de partir, faisait charger les arquebuses de ses soldats.

— Le roi de Navarre ? demanda-t-elle ; Monsieur, où est le roi de Navarre ?

— Je ne sais, Madame, répondit celui-ci, je ne suis point des gardes de Sa Majesté.

— Ah ! mon cher René ! s'écria Marguerite en reconnaissant le parfumeur de Catherine… c'est vous… vous sortez de chez ma mère… savez-vous ce qu'est devenu mon mari ?

— Sa Majesté le roi de Navarre n'est point mon ami, Madame… vous devez vous en souvenir. On dit même, ajouta-t-il avec une contraction qui ressemblait plus à un grincement qu'à un sourire, on dit même qu'il ose m'accuser d'avoir, de complicité avec madame Catherine, empoisonné sa mère.

— Non ! non ! s'écria Marguerite, ne croyez pas cela, mon bon René !

— Oh ! peu m'importe, Madame ! dit le parfumeur ; ni le roi de Navarre ni les siens ne sont plus guère à craindre en ce moment.

Et il tourna le dos à Marguerite.

— Oh ! monsieur de Tavannes, monsieur de Tavannes s'écria Marguerite, un mot, un seul, je vous prie !

Tavannes qui passait, s'arrêta.

— Où est Henri de Navarre ? demanda Marguerite.

— Ma foi ! dit-il tout haut, je crois qu'il court la ville avec MM. d'Alençon et de Condé.

Puis, si bas que Marguerite seule put l'entendre :

— Belle Majesté, dit-il, si vous voulez voir celui pour être à la place duquel je donnerais ma vie, allez frapper au cabinet des Armes du roi.

— Oh ! merci, Tavannes ! dit Marguerite, qui, de tout ce que lui avait dit Tavannes, n'avait entendu que l'indication principale ; merci, j'y vais.

Et elle prit sa course tout en murmurant :

— Oh ! après ce que je lui ai promis, après la façon dont il s'est conduit envers moi quand cet ingrat Henri s'était caché dans le cabinet, je ne puis le laisser périr !

Et elle vint heurter à la porte des appartements du roi ; mais ils étaient ceints intérieurement par deux compagnies des gardes.

— On n'entre point chez le roi ! dit l'officier en s'avançant vivement.

— Mais moi ? dit Marguerite.

— L'ordre est général.

— Moi, la reine de Navarre ! moi, sa sœur !

— Ma consigne n'admet point d'exception, Madame ; recevez donc mes excuses.

Et l'officier referma la porte.

— Oh ! il est perdu, s'écria Marguerite alarmée par la vue de toutes ces figures sinistres, qui, lorsqu'elles ne respiraient pas la vengeance, exprimaient l'inflexibilité. — Oui, oui, je comprends tout… on s'est servi de moi comme d'un appât… je suis le piège où l'on prend et égorge les huguenots… Oh ! j'entrerai, dussé-je me faire tuer.

Et Marguerite courait comme une folle par les corridors et par les galeries, lorsque tout à coup, et passant devant une petite porte, elle entendit un chant doux, presque lugubre, tant il était monotone. C'était un psaume calviniste que chantait une voix tremblante dans la chambre voisine.

— La nourrice du roi mon frère, la bonne Madelon… elle est là ! s'écria Marguerite en se frappant le front, éclairée par une pensée subite ; elle est là !… Dieu des chrétiens, aide-moi !

Et Marguerite, pleine d'espérance, heurta doucement à la petite porte.

En effet, après l'avis qui lui avait été donné par Marguerite, après son entretien avec René, après sa sortie de chez la reine mère, à laquelle, comme un bon génie, avait voulu s'opposer la pauvre petite Phébé, Henri de Navarre avait rencontré quelques gentilshommes catholiques qui, sous prétexte de lui faire honneur, l'avaient reconduit chez lui, où l'attendaient une vingtaine de huguenots, lesquels s'étaient réunis chez le jeune prince, et, une fois réunis, ne voulaient plus le quitter, tant depuis quelques heures le pressentiment de cette nuit fatale avait plané sur le Louvre. Ils étaient donc restés ainsi sans qu'on eût tenté de les troubler. Enfin, au premier coup de la cloche de Saint-Germain-l'Auxerrois, qui retentit dans tous ces cœurs comme un glas funèbre, Tavannes entra, et, au milieu d'un silence de mort, annonça à Henri que le roi Charles IX voulait lui parler.

Il n'y avait point de résistance à tenter, personne n'en eût même la pensée. On entendait les plafonds, les galeries et les corridors du Louvre craquer sous les pieds des soldats réunis tant dans les cours que dans les appartements, au nombre de près de deux mille. Henri, après avoir pris congé de ses amis, qu'il ne devait plus revoir, suivit donc Tavannes, qui le conduisit dans une petite galerie contiguë au logis du roi, où il le laissa seul, sans armes et le cœur gonflé de toutes les défiances.

Le roi de Navarre compta ainsi, minute par minute, deux mortelles heures, écoutant avec une terreur croissante le bruit du tocsin et le retentissement des arquebusades ; voyant, par un guichet vitré, passer, à la lueur de l'incendie, au flamboiement des torches, les fuyards et les assassins ; ne comprenant rien à ces clameurs de meurtre et à ces cris de détresse ; ne pouvant soupçonner enfin, malgré la connaissance qu'il avait de Charles IX, de la reine mère et du duc de Guise, l'horrible drame qui s'accomplissait en ce moment.

Henri n'avait pas le courage physique ; il avait mieux que cela, il avait la puissance morale : craignant le danger, il l'affrontait en souriant, mais le danger du champ de bataille, le danger en plein air et en plein jour, le danger aux yeux de tous, qu'accompagnaient la stridente harmonie des trompettes et la voix sourde et vibrante des tambours… Mais là, il était sans armes, seul, enfermé, perdu dans une demi-obscurité, suffisante à peine pour voir l'ennemi qui pouvait se glisser jusqu'à lui et le fer qui le voulait percer. Ces deux heures furent donc pour lui les deux heures peut-être les plus cruelles de sa vie.

Au plus fort du tumulte, et comme Henri commençait à comprendre que, selon toute probabilité, il s'agissait d'un massacre organisé, un capitaine vint chercher le prince et le conduisit, par un corridor, à l'appartement du roi. À leur approche la porte s'ouvrit, derrière eux la porte se referma, le tout comme par enchantement. Puis le capitaine introduisit Henri près de Charles IX, alors dans son cabinet des Armes.

Lorsqu'ils entrèrent, le roi était assis dans un grand fauteuil, ses deux mains posées sur les deux bras de son siège et la tête retombant sur sa poitrine. Au bruit que firent les nouveaux venus, Charles IX releva son front, sur lequel Henri vit couler la sueur par grosses gouttes.

— Bonsoir, Henriot, dit brutalement le jeune roi. Vous, La Chastre, laissez-nous.

Le capitaine obéit.

Il se fit un moment de sombre silence.

Pendant ce moment, Henri regarda autour de lui avec inquiétude et vit qu'il était seul avec le roi.

Charles IX se leva tout à coup.

— Par la mordieu ! dit-il en retroussant d'un geste rapide ses cheveux blonds et en essuyant son front en même temps, vous êtes content de vous voir près de moi, n'est-ce pas, Henriot ?

— Mais, sans doute, sire, répondit le roi de Navarre, et c'est toujours avec bonheur que je me trouve auprès de Votre Majesté.

— Plus content que d'être là-bas, hein ? reprit Charles IX, continuant à suivre sa propre pensée plutôt qu'il ne répondait au compliment de Henri.

— Sire, je ne comprends pas, dit Henri.

— Regardez et vous comprendrez.

D'un mouvement rapide, Charles IX marcha ou plutôt bondit vers la fenêtre. Et, attirant à lui son beau-frère, de plus en plus épouvanté, il lui montra l'horrible silhouette des assassins, qui, sur le plancher d'un bateau, égorgeaient ou noyaient les victimes qu'on leur amenait à chaque instant.

— Mais, au nom du ciel, s'écria Henri tout pâle, que se passe-t-il donc cette nuit ?

— Cette nuit, Monsieur, dit Charles IX, on me débarrasse de tous les huguenots. Voyez-vous là-bas, au-dessus de l'hôtel de Bourbon, cette fumée et cette flamme ? c'est la fumée et la flamme de la maison de l'amiral, qui brûle. Voyez-vous ce corps que de bons catholiques traînent sur une paillasse déchirée, c'est le corps du gendre de l'amiral, le cadavre de votre ami Téligny.

— Oh ! que veut dire cela ? s'écria le roi de Navarre, en cherchant inutilement à son côté la poignée de sa dague et tremblant à la fois de honte et de colère ; car il sentait que tout à la fois on le raillait et on le menaçait.

— Cela veut dire, s'écria Charles IX furieux, sans transition et blêmissant d'une manière effrayante, cela veut dire que je ne veux plus de huguenots autour de moi, entendez-vous, Henri ? Suis-je le roi ? suis-je le maître ?

— Mais, Votre Majesté…

— Ma Majesté tue et massacre à cette heure tout ce qui n'est pas catholique ; c'est son plaisir. Êtes-vous catholique ? s'écria Charles, dont la colère montait incessamment comme une marée terrible.

— Sire, dit Henri, rappelez-vous vos paroles : Qu'importe la religion de qui me sert bien !

— Ah ! ah ! ah ! s'écria Charles en éclatant d'un rire sinistre ; que je me rappelles mes paroles, dis-tu, Henri ! *Verba volant*, comme dit ma sœur Margot. Et tous ceux-là, regarde, ajouta-t-il en montrant du doigt la ville, ceux-là ne m'avaient-ils pas bien servi aussi ? n'étaient-ils pas braves au combat, sages au conseil, dévoués toujours ? Tous étaient des sujets utiles ! mais ils étaient huguenots, et je ne veux que des catholiques.

Henri resta muet.

— Çà, comprenez-moi donc, Henriot ! s'écria Charles IX.

— J'ai compris, sire.

— Eh bien ?

— Eh bien ! sire, je ne vois pas pourquoi le roi de Navarre ferait ce que tant de gentilshommes ou de pauvres gens n'ont pas fait. Car enfin, s'ils meurent tous, ces malheureux, c'est aussi parce qu'on leur a proposé ce que Votre Majesté me propose, et qu'ils ont refusé comme je refuse.

Charles saisit le bras du jeune prince, et fixant sur lui un regard dont l'atonie se changeait peu à peu en un fauve rayonnement :

— Ah ! tu crois, dit-il, que j'ai pris la peine d'offrir la messe à ceux qu'on égorge là-bas ?

— Sire, dit Henri en dégageant son bras, ne mourrez-vous point dans la religion de vos pères ?

— Oui, par la mordieu ! et toi ?

— Eh bien ! moi aussi, sire, répondit Henri.

Charles poussa un rugissement de rage, et saisit d'une main tremblante son arquebuse, placée sur une table. Henri, collé contre la tapisserie, la sueur de l'angoisse au front, mais, grâce à cette puissance qu'il conservait sur lui-même, calme en apparence, suivait tous les mouvements du terrible monarque avec l'avide stupeur de l'oiseau fasciné par le serpent.

Charles arma son arquebuse, et frappant du pied avec une fureur aveugle :

— Veux-tu la messe ? s'écria-t-il en éblouissant Henri du miroitement de l'arme fatale.

Henri resta muet.

Charles IX ébranla les voûtes du Louvre du plus terrible juron qui soit jamais sorti des lèvres d'un homme, et de pâle qu'il était, il devint livide.

— Mort, messe ou Bastille ! s'écria-t-il en mettant le roi de Navarre en joue.

— Oh ! sire ! s'écria Henri, me tuerez-vous, moi, votre frère ?

Henri venait d'éluder, avec cet esprit incomparable qui était une des plus puissantes facultés de son organisation, la réponse que lui demandait Charles IX ; car, sans aucun doute, si cette réponse eût été négative, Henri était mort.

Aussi, comme après les derniers paroxysmes de la rage se trouve immédiatement le commencement de la réaction, Charles IX ne réitéra pas la question qu'il venait d'adresser au prince de Navarre, et après un moment d'hésitation, pendant lequel il fit entendre un rugissement sourd, il se retourna vers la fenêtre ouverte, et coucha en joue un homme qui courait sur le quai opposé.

— Il faut cependant bien que je tue quelqu'un, s'écria Charles IX, livide comme un cadavre, et dont les yeux s'injectaient de sang : et lâchant le coup, il abattit l'homme qui courait.

Henri poussa un gémissement.

Alors, animé par une effrayante ardeur, Charles chargea et tira sans relâche son arquebuse, poussant des cris de joie chaque fois que le coup avait porté.

— C'est fait de moi, se dit le roi de Navarre ; quand il ne trouvera plus personne à tuer, il me tuera.

— Eh bien ! dit tout à coup une voix derrière les princes, est-ce fait ?

C'était Catherine de Médicis, qui, pendant la dernière détonation de l'arme, venait d'entrer sans être entendue.

— Non, mille tonnerre d'enfer ! hurla Charles en jetant son arquebuse par la chambre… Non, l'entêté… Il ne veut pas !…

Catherine ne répondit point. Elle tourna lentement son regard vers la partie de la chambre où se tenait Henri, aussi immobile qu'une des figures de la tapisserie contre laquelle il était appuyé. Alors elle ramena sur Charles un œil qui voulait dire : Alors, pourquoi vit-il ?

— Il vit… il vit… murmura Charles IX, qui comprenait parfaitement ce regard et qui y répondait, comme on le voit, sans hésitation ; il vit, parce qu'il… est mon parent.

Catherine sourit.

Henri vit ce sourire et reconnut que c'était Catherine surtout qu'il lui fallait combattre.

— Madame, lui dit-il, tout vient de vous, je le vois bien, et rien de mon beau-frère Charles ; c'est vous qui avez eu l'idée de m'attirer dans un piège ; c'est vous qui avez pensé à faire de votre fille l'appât qui devait nous perdre tous ; c'est vous qui m'avez séparé de ma femme, pour qu'elle n'eût pas l'ennui de me voir tuer sous ses yeux…

— Oui, mais cela ne sera pas ! s'écria une autre voix haletante et passionnée que Henri reconnut à l'instant et qui fit tressaillir Charles IX de surprise et Catherine de fureur.

— Marguerite ! s'écria Henri.

— Margot ! dit Charles IX.

— Ma fille ! murmura Catherine.

— Monsieur, dit Marguerite à Henri, vos dernières paroles m'accusaient, et vous aviez à la fois tort et raison : raison, car en effet je suis bien l'instrument dont on s'est servi pour vous perdre tous ; tort, car j'ignorais que vous marchiez à votre perte. Moi-même, Monsieur, telle que vous me voyez, je dois la vie au hasard, à l'oubli de ma mère, peut-être ; mais sitôt que j'ai appris votre danger, je me suis souvenue de mon devoir. Or, le devoir d'une femme est de partager la fortune de son mari. Vous exile-t-on, Monsieur, je vous suis dans l'exil ; vous emprisonne-t-on, je me fais captive ; vous tue-t-on, je meurs.

Et elle tendit à son mari une main que Henri saisit, sinon avec amour, du moins avec reconnaissance.

— Ah ! ma pauvre Margot, dit Charles IX, tu ferais bien mieux de lui dire de se faire catholique !

— Sire, répondit Marguerite avec cette haute dignité qui lui était si naturelle, sire, croyez-moi, pour vous-même ne demandez pas une lâcheté à un prince de votre maison.

Catherine lança un regard significatif à Charles.

— Mon frère, s'écria Marguerite, qui, aussi bien que Charles IX, comprenait la terrible pantomime de Catherine, mon frère, songez-y, vous avez fait de lui mon époux.

Charles IX, pris entre le regard impératif de Catherine et le regard suppliant de Marguerite comme entre deux principes opposés, resta un instant indécis ; enfin, Oromase l'emporta.

— Au fait, Madame, dit-il en se penchant à l'oreille de Catherine, Margot a raison et Henriot est mon beau-frère.

— Oui, répondit Catherine en s'approchant à son tour de l'oreille de son fils, oui… mais s'il ne l'était pas ?

XI

L'AUBÉPINE DU CIMETIÈRE DES INNOCENTS.

Rentrée chez elle, Marguerite chercha vainement à deviner le mot que Catherine de Médicis avait dit tout bas à Charles IX, et qui avait arrêté court le terrible conseil de vie et de mort qui se tenait en ce moment.

Une partie de la matinée fut employée par elle à soigner La Mole, l'autre à chercher l'énigme que son esprit se refusait à comprendre.

Le roi de Navarre était resté prisonnier au Louvre. Les huguenots étaient plus que jamais poursuivis. À la nuit terrible avait succédé un jour de massacre plus hideux encore. Ce n'était plus le tocsin que les cloches sonnaient, c'étaient des *Te Deum*, et les accents de ce bronze joyeux retentissant au milieu du meurtre et des incendies, étaient peut-être plus tristes à la lumière du soleil que ne l'avait été pendant l'obscurité le glas de la nuit précédente. Ce n'était pas le tout : une chose étrange était arrivée ; une aubépine, qui avait fleuri au printemps et qui, comme d'habitude, avait perdu son odorante parure au mois de juin, venait de refleurir pendant la nuit, et les catholiques, qui voyaient dans cet événement un miracle et qui, par la popularisation de ce miracle, faisaient Dieu leur complice, allaient en procession, croix et bannière en tête, au cimetière des Innocents, où cette aubépine fleurissait. Cette espèce d'assentiment donné par le ciel au massacre qui s'exécutait, avait redoublé l'ardeur des assassins. Et tandis que la ville continuait à offrir dans chaque rue, dans chaque carrefour, sur chaque place une scène de désolation, le Louvre avait déjà servi de tombeau commun à tous les protestants qui s'y étaient trouvés enfermés au moment du signal. Le roi de Navarre, le prince de Condé et La Mole y étaient seuls demeurés vivants.

Rassurée sur La Mole, dont les plaies, comme elle l'avait dit la veille, étaient dangereuses, mais non mortelles, Marguerite n'était donc plus préoccupée que d'une chose : sauver la vie de son mari, qui continuait d'être menacée. Sans doute le premier sentiment qui s'était emparé de l'épouse était un sentiment de loyale pitié pour un homme auquel elle venait, comme l'avait dit lui-même le Béarnais, de jurer sinon amour, du moins alliance. Mais, à la suite de ce sentiment, un autre moins pur avait pénétré dans le cœur de la reine.

Marguerite était ambitieuse, Marguerite avait vu presque une certitude de royauté dans son mariage avec Henri de Bourbon. La Navarre, tiraillée d'un côté par les rois de France, de l'autre par les rois d'Espagne, qui, lambeau à lambeau, avaient fini par emporter la moitié de son territoire, pouvait, si Henri de Bourbon réalisait les espérances de courage qu'il avait données dans les rares occasions qu'il avait eues de tirer l'épée, devenir un royaume réel, avec les huguenots de France pour sujets. Grâce à son esprit fin et si élevé, Marguerite avait entrevu et calculé tout cela. En perdant Henri, ce n'était donc pas seulement un mari qu'elle perdait, c'était un trône.

Elle en était au plus intime de ces réflexions, lorsqu'elle entendit frapper à la porte du corridor secret ; elle tressaillit, car trois personnes seulement venaient par cette porte : le roi, la reine mère et le duc d'Alençon. Elle entr'ouvrit la porte du cabinet, recommanda du doigt le silence à Gillonne et à La Mole, et alla ouvrir au visiteur.

Ce visiteur était le duc d'Alençon.

Le jeune homme avait disparu depuis la veille. Un instant Marguerite avait eu l'idée de réclamer son intercession en faveur du roi de Navarre ; mais une idée terrible l'avait arrêtée. Le mariage s'était fait contre son gré ; François détestait Henri et n'avait conservé la neutralité en faveur du Béarnais que parce qu'il était convaincu que Henri et sa femme étaient restés étrangers l'un à l'autre. Une marque d'intérêt donnée par Marguerite à son époux pouvait en conséquence, au lieu de l'écarter, rapprocher de sa poitrine un des trois poignards qui le menaçaient.

Marguerite frissonna donc en apercevant le jeune prince plus qu'elle n'eût frissonné en apercevant le roi Charles IX ou la reine mère elle-même. On n'eût point dit d'ailleurs, en le voyant, qu'il se passât quelque chose d'insolite par la ville, ni au Louvre ; il était vêtu avec son élégance ordinaire. Ses habits et son linge exhalaient ces parfums que méprisait Charles IX, mais dont le duc d'Anjou et lui faisaient un si continuel usage. Seulement, un œil exercé comme l'était celui de Marguerite pouvait remarquer que, malgré sa pâleur plus grande que d'habitude, et malgré le léger tremblement qui agitait l'extrémité de ses mains, aussi belles et aussi soignées que des mains de femme, il renfermait au fond de son cœur un sentiment joyeux.

Son entrée fut ce qu'elle avait l'habitude d'être. Il s'approcha de sa sœur pour l'embrasser. Mais, au lieu de lui tendre ses joues, comme elle eût fait au roi Charles ou au duc d'Anjou, Marguerite s'inclina et lui offrit le front.

Le duc d'Alençon poussa un soupir, et posa ses lèvres blêmissantes sur ce front que lui présentait Marguerite.

Alors, s'asseyant, il se mit à raconter à sa sœur les nouvelles sanglantes de la nuit : la mort lente et terrible de l'amiral ; la mort instantanée de Téligny, qui, percé d'une balle, rendit à l'instant même le dernier soupir. Il s'arrêta, s'appesantit, se complut sur les détails sanglants de cette nuit avec cet amour du sang particulier à lui et à ses deux frères. Marguerite le laissa dire.

Enfin, ayant tout dit, il se tut.

— Ce n'est pas pour me faire ce récit seulement que vous êtes venu me rendre visite, n'est-ce pas, mon frère ? demanda Marguerite.

Le duc d'Alençon sourit.

— Vous avez encore autre chose à me dire ?

— Non, répondit le duc, j'attends.

— Qu'attendez-vous ?

— Ne m'avez-vous pas dit, chère Marguerite bien-aimée, reprit le duc en rapprochant son fauteuil de celui de sa sœur, que ce mariage avec le roi de Navarre se faisait contre votre gré ?

— Oui, sans doute. Je ne connaissais point le prince de Béarn lorsqu'on me l'a proposé pour époux.

— Et depuis que vous le connaissez, ne m'avez-vous pas affirmé que vous n'éprouviez aucun amour pour lui !

— Je vous l'ai dit, il est vrai.

— Votre opinion n'était-elle pas que ce mariage devait faire votre malheur ?

— Mon cher François, dit Marguerite, quand un mariage n'est pas la suprême félicité, c'est presque toujours la suprême douleur.

— Eh bien, ma chère Marguerite ! comme je vous le disais, j'attends.

— Mais qu'attendez-vous, dites ?

— Que vous témoigniez votre joie.

— De quoi donc ai-je à me réjouir ?

— Mais de cette occasion inattendue qui se présente de reprendre votre liberté.

— Ma liberté ! reprit Marguerite, qui voulait forcer le prince à aller jusqu'au bout de sa pensée.

— Sans doute, votre liberté ; vous allez être séparée du roi de Navarre.

— Séparée ! dit Marguerite en fixant ses yeux sur le jeune prince.

Le duc d'Alençon essaya de soutenir le regard de sa sœur ; mais bientôt ses yeux s'écartèrent d'elle avec embarras.

— Séparée ! répéta Marguerite ; voyons cela, mon frère, car je suis bien aise que vous me mettiez à même d'approfondir la question ; et comment compte-t-on nous séparer ?

— Mais, murmura le duc, Henri est huguenot.

— Sans doute ; mais il n'avait pas fait mystère de sa religion, et l'on savait cela quand on nous a mariés.

— Oui, mais depuis votre mariage, ma sœur, dit le duc, laissant malgré lui un rayon de joie illuminer son visage, qu'a fait Henri ?

— Mais vous le savez mieux que personne, François, puisqu'il a passé ses journées presque toujours en votre compagnie, tantôt à la chasse, tantôt au mail, tantôt à la paume.

— Oui, ses journées, sans doute, reprit le duc, ses journées ; mais ses nuits ?

Marguerite se tut, et ce fut à son tour de baisser les yeux.

— Ses nuits, continua le duc d'Alençon, ses nuits ?

— Eh bien ? demanda Marguerite, sentant qu'il fallait bien répondre quelque chose.

— Eh bien, il les a passées chez madame de Sauve.

— Comment le savez-vous ? s'écria Marguerite.

— Je le sais parce que j'avais intérêt à le savoir, répondit le jeune prince en pâlissant et en déchiquetant la broderie de ses manches.

Marguerite commençait à comprendre ce que Catherine avait dit tout bas à Charles IX : mais elle fit semblant de demeurer dans son ignorance.

— Pourquoi me dites-vous cela, mon frère ? répondit-elle avec un air de mélancolie parfaitement joué ; est-ce pour me rappeler que personne ici ne m'aime et ne tient à moi : pas plus ceux que la nature m'a donnés pour protecteurs que celui que l'Église m'a donné pour époux ?

— Vous êtes injuste, dit vivement le duc d'Alençon en rapprochant encore son fauteuil de celui de sa sœur, je vous aime et vous protège, moi.

— Mon frère, dit Marguerite en le regardant fixement, vous avez quelque chose à me dire de la part de la reine mère.

— Moi ! vous vous trompez, ma sœur, je vous jure ; qui peut vous faire croire cela ?

— Ce qui peut me le faire croire, c'est que vous rompez l'amitié qui vous attachait à mon mari ; c'est que vous abandonnez la cause du roi de Navarre.

— La cause du roi de Navarre ! reprit le duc d'Alençon tout interdit.

— Oui, sans doute. Tenez, François, parlons franc. Vous en êtes convenu vingt fois, vous ne pouvez vous élever et même vous soutenir que l'un par l'autre. Cette alliance…

— Est devenue impossible, ma sœur, interrompit le duc d'Alençon.

— Et pourquoi cela ?

— Parce que le roi a des desseins sur votre mari. Pardon ! en disant votre mari, je me trompe : c'est sur Henri de Navarre que je voulais dire. Notre mère a deviné tout. Je m'alliais aux huguenots parce que je croyais les huguenots en faveur. Mais voilà qu'on tue les huguenots et que dans huit jours il n'en restera pas cinquante dans tout le royaume. Je tendais la main au roi de Navarre, parce qu'il était… votre mari. Mais voilà qu'il n'est plus votre mari. Qu'avez-vous à dire à cela, vous qui êtes non-seulement la plus belle femme de France, mais encore la plus forte tête du royaume ?

— J'ai à dire, reprit Marguerite, que je connais notre frère Charles. Je l'ai vu hier dans un de ces accès de frénésie dont chacun abrège sa vie de dix ans ; j'ai à dire que ces accès se renouvellent, par malheur, bien souvent maintenant, ce qui fait que, selon toute probabilité, notre frère Charles n'a pas longtemps à vivre ; j'ai à dire enfin que le roi de Pologne vient de mourir et qu'il est fort question d'élire en sa place un prince de la maison de France ; j'ai à dire enfin que, lorsque les circonstances se présentent ainsi, ce n'est point le moment d'abandonner des alliés qui, au moment du combat, peuvent nous soutenir avec le concours d'un peuple et l'appui d'un royaume.

— Et vous, s'écria le duc, ne me faites-vous pas une trahison bien plus grande de préférer un étranger à votre frère ?

— Expliquez-vous, François ; en quoi et comment vous ai-je trahi ?

— Vous avez demandé hier au roi la vie du roi de Navarre.

— Eh bien ? demanda Marguerite avec une feinte naïveté.

Le duc se leva précipitamment, fit deux ou trois fois le tour de la chambre d'un air égaré, puis revint prendre la main de Marguerite.

Cette main était raide et glacée.

— Adieu, ma sœur, dit-il ; vous n'avez pas voulu me comprendre, ne vous en prenez donc qu'à vous des malheurs qui pourront vous arriver.

Marguerite pâlit, mais demeura immobile à sa place. Elle vit sortir le duc d'Alençon sans faire un signe pour le rappeler ; mais à peine l'avait-elle perdu de vue dans le corridor qu'il revint sur ses pas.

— Écoutez, Marguerite, dit-il, j'ai oublié de vous dire une chose : c'est que demain, à pareille heure, le roi de Navarre sera mort.

Marguerite poussa un cri ; car cette idée qu'elle était l'instrument d'un assassinat lui causait une épouvante qu'elle ne pouvait surmonter.

— Et vous n'empêcherez pas cette mort ? dit-elle ; vous ne sauverez pas votre meilleur et votre plus fidèle allié ?

— Depuis hier, mon allié n'est plus le roi de Navarre.

— Et qui est-ce donc, alors ?

— C'est M. de Guise. En détruisant les huguenots, on a fait M. de Guise roi des catholiques.

— Et c'est le fils de Henri II qui reconnaît pour son roi un duc de Lorraine !…

— Vous êtes dans un mauvais jour, Marguerite, et vous ne comprenez rien.

— J'avoue que je cherche en vain à lire dans votre pensée.

— Ma sœur, vous êtes d'aussi bonne maison que madame la princesse de Porcian, et Guise n'est pas plus immortel que le roi de Navarre ; eh bien ! Marguerite, supposez maintenant trois choses, toutes trois possibles : la première, c'est que Monsieur soit élu roi de Pologne ; la seconde, c'est que vous m'aimiez comme je vous aime ; eh bien ! je suis roi de France, et vous… et vous… reine des catholiques.

Marguerite cacha sa tête dans ses mains, éblouie de la profondeur des vues de cet adolescent que personne à la cour n'osait appeler une intelligence.

— Mais, demanda-t-elle après un moment de silence, vous n'êtes donc pas jaloux de M. le duc de Guise comme vous l'êtes du roi de Navarre ?

— Ce qui est fait est fait, dit le duc d'Alençon d'une voix sourde ; et si j'ai eu à être jaloux du duc de Guise, eh bien ! je l'ai été.

— Il n'y a qu'une seule chose qui puisse empêcher ce beau plan de réussir.

— Laquelle ?

— C'est que je n'aime plus le duc de Guise.

— Et qui donc aimez-vous, alors ?

— Personne.

Le duc d'Alençon regarda Marguerite avec l'étonnement d'un homme qui, à son tour, ne comprend plus, et sortit de l'appartement en poussant un soupir et en pressant de sa main glacée son front prêt à se fendre.

Marguerite demeura seule et pensive. La situation commençait à se dessiner claire et précise à ses yeux ; le roi avait laissé faire la Saint-Barthélémy, la reine Catherine et le duc de Guise l'avaient faite. Le duc de Guise et le duc d'Alençon allaient se réunir pour en tirer le meilleur parti possible. La mort du roi de Navarre était une conséquence naturelle de cette grande catastrophe. Le roi de Navarre mort, on s'emparait de son royaume. Marguerite restait donc veuve, sans trône, sans puissance, et n'ayant d'autre perspective qu'un cloître où elle n'aurait pas même la triste douleur de pleurer un époux qui n'avait jamais été son mari.

Elle en était là, lorsque la reine Catherine lui fit demander si elle ne voulait pas venir faire avec toute la cour un pèlerinage à l'aubépine du cimetière des Innocents.

Le premier mouvement de Marguerite fut de refuser de faire partie de cette cavalcade. Mais la pensée que cette sortie lui fournirait peut-être l'occasion d'apprendre quelque chose de nouveau sur le sort du roi de Navarre la décida. Elle fit donc répondre que si on voulait lui tenir un cheval prêt, elle accompagnerait volontiers Leurs Majestés.

Cinq minutes après, un page vint lui annoncer que, si elle voulait descendre, le cortége allait se mettre en marche. Marguerite fit de la main à Gillonne un signe pour lui recommander le blessé et descendit.

Le roi, la reine mère, Tavannes et les principaux catholiques étaient déjà à cheval. Marguerite jeta un coup d'œil rapide sur ce groupe, qui se composait d'une vingtaine de personnes à peu près : le roi de Navarre n'y était point.

Mais madame de Sauve y était ; elle échangea un regard avec elle, et Marguerite comprit que la maîtresse de son mari avait quelque chose à lui dire.

On se mit en route en gagnant la rue Saint-Honoré par la rue de l'Astruce. À la vue du roi, de la reine Catherine et des principaux catholiques, le peuple s'était amassé, suivant le cortège comme un flot qui monte, criant : Vive le roi ! vive la messe ! mort aux huguenots !

Ces cris étaient accompagnés de brandissements d'épées rougies et d'arquebuses fumantes, qui indiquaient la part que chacun avait prise au sinistre événement qui venait de s'accomplir.

En arrivant à la hauteur de la rue des Prouvelles, on rencontra des hommes qui traînaient un cadavre sans tête. C'était celui de l'amiral. Ces hommes allaient le pendre par les pieds à Montfaucon.

On entra dans le cimetière des Saints-Innocents par la porte qui s'ouvrait en face de la rue des Chaps, aujourd'hui celle des Déchargeurs. Le clergé, prévenu de la visite du roi et de celle de la reine mère, attendait Leurs Majestés pour les haranguer.

Madame de Sauve profita du moment où Catherine écoutait le discours qu'on lui faisait pour s'approcher de la reine de Navarre et lui demander la permission de baiser sa main. Marguerite étendit le bras vers elle, madame de Sauve approcha ses lèvres de la main de la reine, et, en la baisant, lui glissa un petit papier roulé dans la manche.

Si rapide et si dissimulée qu'eût été la retraite de madame de Sauve, Catherine s'en était aperçue, elle se retourna au moment où sa dame d'honneur baisait la main de la reine.

Les deux femmes virent ce regard qui pénétrait jusqu'à elles comme un éclair, mais toutes deux restèrent impassibles. Seulement madame de Sauve s'éloigna de Marguerite, et alla reprendre sa place près de Catherine.

Lorsqu'elle eut répondu au discours qui venait de lui être adressé, Catherine fit du doigt, et en souriant, signe à la reine de Navarre de s'approcher d'elle.

Marguerite obéit.

— Eh ! ma fille ! dit la reine mère dans son patois italien, vous avez donc de grandes amitiés avec madame de Sauve ?

Marguerite sourit, en donnant à son beau visage l'expression la plus amère qu'elle put trouver.

— Oui, ma mère, répondit-elle, le serpent est venu me mordre la main.

— Ah ! ah ! dit Catherine en souriant, vous êtes jalouse, je crois !

— Vous vous trompez, Madame, répondit Marguerite. Je ne suis pas plus jalouse du roi de Navarre que le roi de Navarre n'est amoureux de moi. Seulement je sais distinguer mes amis de mes ennemis. J'aime qui m'aime, et déteste qui me hait. Sans cela, Madame, serais-je votre fille ?

Catherine sourit de manière à faire comprendre à Marguerite que, si elle avait eu quelque soupçon, ce soupçon était évanoui.

D'ailleurs, en ce moment, de nouveaux pèlerins attirèrent l'attention de l'auguste assemblée. Le duc de Guise arrivait escorté d'une troupe de gentilshommes tout échauffés encore d'un carnage récent. Ils escortaient une litière richement tapissée, qui s'arrêta en face du roi.

— La duchesse de Nevers ! s'écria Charles IX. Çà, voyons ! qu'elle vienne recevoir nos compliments, cette belle et rude catholique. Que m'a-t-on dit, ma cousine ! que, de votre propre fenêtre, vous avez giboyé aux huguenots, et que vous en avez tué un d'un coup de pierre ?

La duchesse de Nevers rougit extrêmement.

— Sire, dit-elle à voix basse, en venant s'agenouiller devant le roi, c'est au contraire un catholique blessé que j'ai eu le bonheur de recueillir.

— Bien, bien, ma cousine ! il y a deux façons de me servir : l'une en exterminant mes ennemis, l'autre en secourant mes amis. On fait ce qu'on peut, et je suis sûr que, si vous eussiez pu davantage, vous l'eussiez fait.

Pendant ce temps, le peuple, qui voyait la bonne harmonie qui régnait entre la maison de Lorraine et Charles IX, criait à tue-tête : Vive le roi ! vive le duc de Guise ! vive la messe !

— Revenez-vous au Louvre avez nous, Henriette ? dit la reine mère à la belle duchesse.

Marguerite toucha du coude son amie, qui comprit aussitôt ce signe, et qui répondit :

— Non pas, Madame, à moins que Votre Majesté ne me l'ordonne, car j'ai affaire en ville avec Sa Majesté la reine de Navarre.

— Et qu'allez-vous faire ensemble ? demanda Catherine.

— Voir des livres grecs très-rares et très-curieux qu'on a trouvés chez un vieux pasteur protestant, et qu'on a transportés à la tour Saint-Jacques-la-Boucherie, répondit Marguerite.

— Vous feriez mieux d'aller voir jeter les derniers huguenots, du haut du pont des Meuniers dans la Seine, dit Charles IX. C'est la place des bons Français.

— Nous irons, s'il plaît à Votre Majesté, répondit la duchesse de Nevers.

Catherine jeta un regard de défiance sur les deux jeunes femmes. Marguerite, aux aguets, l'intercepta, et se tournant et retournant aussitôt d'un air fort préoccupé, elle regarda avec inquiétude autour d'elle.

Cette inquiétude, feinte ou réelle, n'échappa point à Catherine.

— Que cherchez-vous ?

— Je cherche… Je ne vois plus, dit-elle.

— Qui cherchez-vous ? qui ne voyez-vous plus ?

— La Sauve, dit Marguerite. Serait-elle retournée au Louvre ?

— Quand je te disais que tu étais jalouse ! dit Catherine à l'oreille de sa fille. *O bestia !…* Allons, allons, Henriette ! continua-t-elle en haussant les épaules, emmenez la reine de Navarre.

Marguerite feignit encore de regarder autour d'elle, puis, se penchant à son tour à l'oreille de son amie :

— Emmène-moi vite, lui dit-elle. J'ai des choses de la plus haute importance à te dire.

La duchesse fit une révérence à Charles IX et à Catherine, puis, s'inclinant devant la reine de Navarre :

— Votre Majesté daignera-t-elle monter dans ma litière ? dit-elle.

— Volontiers. Seulement vous serez obligée de me faire reconduire au Louvre.

— Ma litière, comme mes gens, comme moi-même, répondit la duchesse, sont aux ordres de Votre Majesté.

La reine Marguerite monta dans la litière, et, sur un signe qu'elle lui fit, la duchesse de Nevers monta à son tour, et prit respectueusement place sur le devant.

Catherine et ses gentilshommes retournèrent au Louvre en suivant le même chemin qu'ils avaient pris pour venir. Seulement, pendant toute la route, on vit la reine mère parler sans relâche à l'oreille du roi, en lui désignant plusieurs fois madame de Sauve.

Et à chaque fois le roi riait, comme riait Charles IX, c'est à-dire d'un rire plus sinistre qu'une menace.

Quant à Marguerite, une fois qu'elle eut senti la litière se mettre en mouvement, et qu'elle n'eut plus à craindre la perçante investigation de Catherine, elle tira vivement de sa manche le billet de madame de Sauve et lut les mots suivants :

« J'ai reçu l'ordre de faire remettre ce soir au roi de Navarre deux clefs : l'une est celle de la chambre dans laquelle il est enfermé, l'autre est celle de la mienne. Une fois qu'il sera entré chez moi, il m'est enjoint de l'y garder jusqu'à six heures du matin.

« Que Votre Majesté réfléchisse, que Votre Majesté décide, que Votre Majesté ne compte ma vie pour rien. »

— Il n'y a plus de doute, murmura Marguerite, et la pauvre femme est l'instrument dont on veut se servir pour nous perdre tous. Mais nous verrons si de la reine Margot, comme dit mon frère Charles, on fait si facilement une religieuse.

— De qui donc est cette lettre ? demanda la duchesse de Nevers en montrant le papier que Marguerite venait de lire et de relire avec une si grande attention.

— Ah ! duchesse ! j'ai bien des choses à te dire, répondit Marguerite en déchirant le billet en mille et mille morceaux.

XII

LES CONFIDENCES.

— Et, d'abord, où allons-nous ? demanda Marguerite. Ce n'est pas au pont des Meuniers, j'imagine ?... J'ai vu assez de tueries comme cela depuis hier, ma pauvre Henriette !

— J'ai pris la liberté de conduire Votre Majesté...

— D'abord, et avant toute chose, Ma Majesté te prie d'oublier sa majesté... Tu me conduisais donc...

— À l'hôtel de Guise, à moins que vous n'en décidiez autrement.

— Non pas ! non pas, Henriette ! allons chez toi ; le duc de Guise n'y est pas, ton mari n'y est pas ?

— Oh ! non ! s'écria la duchesse avec une joie qui fit étinceler ses beaux yeux couleur d'émeraude ; non ! ni mon beau-frère, ni mon mari, ni personne ! Je suis libre, libre comme l'air, comme l'oiseau, comme le nuage... Libre, ma reine, entendez-vous ? Comprenez-vous ce qu'il y a de bonheur dans ce mot : libre ?... Je vais, je viens, je commande ! Ah ! pauvre reine ! vous n'êtes pas libre, vous ! aussi vous soupirez...

— Tu vas, tu viens, tu commandes ! Est-ce donc tout ? Et ta liberté ne sert-elle qu'à cela ? Voyons, tu es bien joyeuse pour n'être que libre.

— Votre Majesté m'a promis d'entamer les confidences.

— Encore Ma Majesté ; voyons, nous nous fâcherons. Henriette ; as-tu donc oublié nos conventions ?

— Non, votre respectueuse servante devant le monde, ta folle confidente dans le tête-à-tête. N'est-ce pas cela, Madame, n'est-ce pas cela, Marguerite ?

— Oui, oui ! dit la reine en souriant.

— Ni rivalités de maisons, ni perfidies d'amour ; tout bien, tout bon, tout franc ; une alliance enfin offensive et défensive, dans le seul but de rencontrer et de saisir au vol, si nous le rencontrons, cet éphémère qu'on nomme le bonheur.

— Bien, ma duchesse ! c'est cela ; et pour renouveler le pacte, embrasse-moi.

Et les deux charmantes têtes, l'une pâle et voilée de mélancolie, l'autre rosée, blonde et rieuse, se rapprochèrent gracieusement et unirent leurs lèvres comme elles avaient uni leurs pensées.

— Donc il y a du nouveau ? demanda la duchesse en fixant sur Marguerite un regard avide et curieux.

— Tout n'est-il pas nouveau depuis deux jours ?

— Oh ! je parle d'amour et non de politique, moi. Quand nous aurons l'âge de dame Catherine, ta mère, nous en ferons, de la politique. Mais nous avons vingt ans, ma belle reine, parlons d'autre chose. Voyons, serais-tu mariée pour tout de bon ?

— À qui ? dit Marguerite en riant.

— Ah ! tu me rassures, en vérité.

— Eh bien ! Henriette, ce qui te rassure m'épouvante. Duchesse, il faut que je sois mariée.

— Quand cela ?

— Demain.

— Ah bah ! vraiment ! Pauvre amie ! Et c'est nécessaire ?

— Absolument.

— Mordi ! comme dit quelqu'un de ma connaissance, voilà qui est fort triste.

— Tu connais quelqu'un qui dit : Mordi ? demanda en riant Marguerite.

— Oui.

— Et quel est ce quelqu'un ?

— Tu m'interroges toujours, quand c'est à toi de parler. Achève, et je commencerai.

— En deux mots, voici : le roi de Navarre est amoureux et ne veux pas de moi. Je ne suis pas amoureuse ; mais je ne veux pas de lui. Cependant il faudrait que nous changeassions d'idée l'un et l'autre, ou que nous eussions l'air d'en changer d'ici à demain.

— Eh bien ! change, toi ! et tu peux être sûre qu'il changera, lui !

— Justement, voilà l'impossible ; car je suis moins disposée à changer que jamais.

— À l'égard de ton mari seulement, j'espère ?

— Henriette, j'ai un scrupule.

— Un scrupule de quoi ?

— De religion. Fais-tu une différence entre les huguenots et les catholiques ?

— En politique ?

— Oui.

— Sans doute.

— Mais en amour ?

— Ma chère amie, nous autres femmes, nous sommes tellement païennes, qu'en fait de sectes, nous les admettons toutes ; qu'en fait de dieux, nous en reconnaissons plusieurs.

— En un seul, n'est-ce pas ?

— Oui, dit la duchesse avec un regard étincelant de paganisme ; oui, celui qui s'appelle Eros, Cupido, Amor ; oui, celui qui a carquois, un bandeau et des ailes… Mordi ! vive la dévotion

!
— Cependant tu as une manière de prier qui est exclusive ; tu jettes des pierres sur la tête des huguenots.

— Faisons bien et laissons dire… Ah ! Marguerite comme les meilleures idées, comme les plus belles actions se travestissent en passant par la bouche du vulgaire !

— Le vulgaire !… Mais c'est mon frère Charles qui te félicitait, ce me semble ?

— Ton frère Charles, Marguerite, est un grand chasseur qui sonne du cor toute la journée, ce qui le rend fort maigre… Je récuse donc jusqu'à ses compliments. D'ailleurs je lui ai répondu, à ton frère Charles… N'as-tu pas entendu ma réponse ?

— Non, tu parlais si bas !

— Tant mieux, j'aurai plus de nouveau à t'apprendre. Çà ! la fin de ta confidence, Marguerite ?

— C'est que… c'est que…

— Eh bien ?

— C'est que, dit la reine en riant, si la pierre dont parlait mon frère Charles était historique, je m'abstiendrais.

— Bon ! s'écria Henriette, tu as choisi un huguenot. Eh bien ! sois tranquille ! pour rassurer ta conscience, je te promets d'en choisir un à la première occasion.

— Ah ! il paraît que cette fois tu as pris un catholique ?

— Mordi ! reprit la duchesse.

— Bien, bien ! je comprends.

— Et comment est-il notre huguenot ?

— Je ne l'ai pas choisi ; ce jeune homme ne m'est rien, et ne me sera probablement jamais rien.

— Mais enfin, comment est-il ? cela ne t'empêche pas de me le dire, tu sais combien je suis curieuse.

— Un pauvre jeune homme beau comme le Nisus de Benvenuto Cellini… et qui s'est venu réfugier dans mon appartement.

— Oh ! oh !… et tu ne l'avais pas un peu convoqué ?

— Pauvre garçon ! Ne ris donc pas ainsi, Henriette, car en ce moment il est encore entre la vie et la mort.

— Il est donc malade ?

— Il est grièvement blessé.

— Mais c'est très-gênant, un huguenot blessé ! surtout dans des jours comme ceux où nous nous trouvons ; et qu'en fais-tu de ce huguenot blessé qui ne t'est rien et ne te sera jamais rien ?

— Il est dans mon cabinet ; je le cache, et je veux le sauver.

— Il est beau, il est jeune, il est blessé. Tu le caches dans ton cabinet, tu veux le sauver ; ce huguenot-là sera bien ingrat s'il n'est pas trop reconnaissant !

— Il l'est déjà, j'en ai bien peur… plus que je ne le désirerais.

— Et il t'intéresse… ce pauvre jeune homme ?

— Par humanité… seulement.

— Ah ! l'humanité, ma pauvre reine ! c'est toujours cette vertu-là qui nous perd, nous autres femmes !

— Oui, et tu comprends : comme d'un moment à l'autre le roi, le duc d'Alençon, ma mère, mon mari même… peuvent entrer dans mon appartement…

— Tu veux me prier de te garder ton petit huguenot, n'est-ce pas, tant qu'il sera malade, à la condition de te le rendre quand il sera guéri ?

— Rieuse ! dit Marguerite. Non, je te jure que je ne prépare pas les choses de si loin. Seulement, si tu pouvais trouver un moyen de cacher le pauvre garçon ; si tu pouvais lui conserver la vie que je lui ai sauvée ; eh bien ! je t'avoue que je t'en serais véritablement reconnaissante ! Tu es libre à l'hôtel de Guise, tu n'as ni beau-frère, ni mari qui t'espionne ou qui te contraigne, et de plus derrière ta chambre, où personne, chère Henriette, n'a heureusement pour toi le droit d'entrer, un grand cabinet pareil au mien. Eh bien ! prête-moi ce cabinet pour mon huguenot ; quand il sera guéri tu lui ouvriras la cage et l'oiseau s'envolera.

— Il n'y a qu'une difficulté, chère reine, c'est que la cage est occupée.

— Comment ! tu as donc aussi sauvé quelqu'un, toi ?

— C'est justement ce que j'ai répondu à ton frère.

— Ah ! je comprends ; voilà pourquoi tu parlais si bas que je ne t'ai pas entendue.

— Écoute, Marguerite, c'est une histoire admirable, non moins belle, non moins poétique que la tienne. Après t'avoir laissé six de mes gardes, j'étais montée avec les six autres à l'hôtel de Guise, et je regardais piller et brûler une maison qui n'est séparée de l'hôtel de mon frère que par la rue des Quatre-Fils, quand tout à coup j'entends crier des femmes et jurer des hommes. Je m'avance sur le balcon et je vois d'abord une épée dont le feu semblait éclairer toute la scène à elle seule. J'admire cette lame furieuse : j'aime les belles choses, moi !... puis je cherche naturellement à distinguer le bras qui la faisait mouvoir, et le corps auquel ce bras appartenait. Au milieu des coups, des cris, je distingue enfin l'homme, et je vois... un héros, un Ajax Télamon. J'entends une voix, une voix de Stentor. Je m'enthousiasme, je demeure toute palpitante, tressaillant à chaque coup dont il était menacé, à chaque botte qu'il portait ; ça été une émotion d'un quart d'heure, vois-tu, ma reine, comme je n'en avais jamais éprouvé, comme j'avais cru qu'il n'en existait pas. Aussi j'étais là, haletante, suspendue, muette, quand tout à coup mon héros a disparu.

— Comment cela ?

— Sous une pierre que lui a jetée une vieille femme ; alors, comme Cyrus, j'ai retrouvé la voix, j'ai crié : À l'aide, au secours ! Nos gardes sont venus, l'ont pris, l'ont relevé, et enfin l'ont transporté dans la chambre que tu me demandes pour ton protégé.

— Hélas ! je comprends d'autant mieux cette histoire, chère Henriette, dit Marguerite, que cette histoire est presque la mienne.

— Avec cette différence, ma reine, que servant mon roi et ma religion, je n'ai point besoin de renvoyer M. Annibal de Coconnas.

— Il s'appelle Annibal de Coconnas ? reprit Marguerite en éclatant de rire.

— C'est un terrible nom, n'est-ce pas ? dit Henriette. Eh bien ! celui qui le porte en est digne. Quel champion, mordi ! et que de sang il a fait couler ! Mets ton masque, ma reine, nous voici à l'hôtel.

— Pourquoi donc mettre mon masque ?

— Parce que je veux te montrer mon héros.

— Il est beau ?

— Il m'a semblé magnifique pendant ses batailles. Il est vrai que c'était la nuit à la lueur des flammes. Ce matin, à la lumière du jour, il m'a paru perdre un peu, je l'avoue. Cependant je crois que tu en seras contente.

— Alors, mon protégé est refusé à l'hôtel de Guise ; j'en suis fâchée, car c'est le dernier endroit où l'on viendrait chercher un huguenot.

— Pas le moins du monde : je le ferai apporter ici ce soir ; l'un couchera dans le coin à droite, l'autre dans le coin à gauche.

— Mais s'ils se reconnaissent l'un pour protestant, l'autre pour catholique, ils vont se dévorer.

— Oh ! il n'y a pas de danger. M. de Coconnas a reçu dans la figure un coup qui fait qu'il n'y voit presque pas clair ; ton huguenot a reçu dans la poitrine un coup qui fait qu'il ne peut presque pas remuer ;... et puis, d'ailleurs, tu lui recommanderas de garder le silence à l'endroit de la religion, et tout ira à merveille.

— Allons, soit !

— Entrons, c'est conclu.

— Merci, dit Marguerite en serrant la main de son amie.

— Ici, Madame, vous redevenez Majesté, dit la duchesse de Nevers : permettez-moi donc de vous faire les honneurs de l'hôtel de Guise, comme ils doivent être faits à la reine de Navarre.

Et la duchesse, descendant de sa litière, mit presque un genou en terre pour aider Marguerite à descendre à son tour ; puis lui montrant de la main la porte de l'hôtel gardée par deux sentinelles, arquebuse à la main, elle suivit à quelques pas la reine, qui marcha majestueusement précédant la duchesse, qui garda son humble attitude tant qu'elle put être vue. Arrivée à sa chambre, la duchesse ferma sa porte ; et appelant sa cameriste, Sicilienne des plus alertes :

— Mica, lui dit-elle en italien, comment va M. le comte ?

— Mais de mieux en mieux, répondit celle-ci.

— Et que fait-il ?

— En ce moment, je crois, Madame, qu'il prend quelque chose.

— Bien ! dit Marguerite, si l'appétit revient, c'est bon signe.

— Ah ! c'est vrai ! j'oubliais que tu es une élève d'Ambroise Paré. Allez, Mica.

— Tu la renvoies ?

— Oui, pour qu'elle veille sur nous.

Mica sortit.

— Maintenant, dit la duchesse, veux-tu entrer chez lui, veux-tu que je le fasse venir ?

— Ni l'un, ni l'autre ; je voudrais le voir sans être vue.

— Que t'importe, puisque tu as ton masque ?

— Il peut me reconnaître à mes cheveux, à mes mains, à un bijou.

— Oh ! comme elle est prudente depuis qu'elle est mariée, ma belle reine !

Marguerite sourit.

— Eh bien ! mais, je ne vois qu'un moyen, continua la duchesse.

— Lequel ?

— C'est de le regarder par le trou de la serrure.

— Soit ! conduis-moi.

La duchesse prit Marguerite par la main, la conduisit à une porte sur laquelle retombait une tapisserie, s'inclina sur un genou et approcha son œil de l'ouverture que laissait la clef absente.

— Justement, dit-elle, il est à la table et a le visage tourné de notre côté. Viens.

La reine Marguerite prit la place de son amie et approcha à son tour son œil du trou de la serrure. Coconnas, comme l'avait dit la duchesse, était assis à une table admirablement servie, et à laquelle ses blessures ne l'empêchaient pas de faire honneur.

— Ah ! mon Dieu ! s'écria Marguerite en se reculant.

— Quoi donc ! demanda la duchesse étonnée.

— Impossible ! Non ! Si ! Oh ! sur mon âme ! c'est lui-même.

— Qui, lui-même ?

— Chut ! dit Marguerite en se relevant et en saisissant la main de la duchesse, celui qui voulait tuer mon huguenot, qui l'a poursuivi jusque dans ma chambre, qui l'a frappé jusque dans mes bras ! Oh ! Henriette, quel bonheur qu'il ne m'ait pas aperçue !

— Eh bien, alors ! puisque tu l'as vu à l'œuvre, n'est-ce pas qu'il était beau ?

— Je ne sais, dit Marguerite, car je regardais celui qu'il poursuivait.

— Et celui qu'il poursuivait s'appelle ?

— Tu ne prononceras pas son nom devant lui ?

— Non, je te le promets.

— Lerac de La Mole.

— Et comment le trouves-tu maintenant ?

— M. de La Mole ?

— Non, M. de Coconnas.

— Ma foi, dit Marguerite, j'avoue que je lui trouve…

Elle s'arrêta.

— Allons, allons, dit la duchesse, je vois que tu lui en veux de la blessure qu'il a faite à ton huguenot.

— Mais il me semble, reprit Marguerite en riant, que mon huguenot ne lui doit rien, et que la balafre avec laquelle il lui a souligné l'œil…

— Ils sont quittes, alors, et nous pouvons les raccommoder. Envoie-moi ton blessé.

— Non, pas encore ; plus tard.

— Quand cela ?

— Quand tu auras prêté au tien une autre chambre.

— Laquelle donc ?

Marguerite regarda son amie, qui, après un moment de silence, la regarda aussi et se mit à rire.

— Eh bien, soit ! dit la duchesse. Ainsi donc, alliance plus que jamais.

— Amitié sincère toujours, répondit la reine.

— Et le mot d'ordre, le signe de reconnaissance, si nous avons besoin l'une de l'autre ?

— Le triple nom de ton triple dieu : *Eros-Cupido-Amor.*

Et les deux femmes se quittèrent après s'être embrassées pour la seconde fois et s'être serré la main pour la vingtième fois.

XIII

COMME IL Y A DES CLEFS QUI OUVRENT LES PORTES AUXQUELLES ELLES NE SONT PAS DESTINÉES.

La reine de Navarre, en rentrant au Louvre, trouva Gillonne dans une grande émotion. Madame de Sauve était venue en son absence. Elle avait apporté une clef que lui avait fait passer la reine mère. Cette clef était celle de la chambre où était renfermé Henri. Il était évident que la reine mère avait besoin, pour un dessein quelconque, que le Béarnais passât cette nuit chez madame de Sauve.

Marguerite prit la clef, la tourna et la retourna entre ses mains. Elle se fit rendre compte des moindres paroles de madame de Sauve, les pesa lettre par lettre dans son esprit, et crut avoir compris le projet de Catherine.

Elle prit une plume, de l'encre et écrivit sur un papier :

« Au lieu d'aller ce soir chez madame de Sauve, venez chez la reine de Navarre.

MARGUERITE. »

Puis elle roula le papier, l'introduisit dans le trou de la clef et ordonna à Gillonne, dès que la nuit serait venue, d'aller glisser cette clef sous la porte du prisonnier.

Ce premier soin accompli, Marguerite pensa au pauvre blessé, elle ferma toutes les portes, entra dans le cabinet, et, à son grand étonnement, elle trouva La Mole revêtu de ses habits encore tout déchirés et tout tachés de sang.

En la voyant, il essaya de se lever ; mais, chancelant encore, il ne put se tenir debout et retomba sur le canapé dont on avait fait un lit.

— Mais qu'arrive-t-il donc, Monsieur ? demanda Marguerite, et pourquoi suivez-vous si mal les ordonnances de votre médecin ? Je vous avais recommandé le repos, et voilà qu'au lieu de m'obéir vous faites tout le contraire de ce que j'ai ordonné !

— Oh ! Madame ! dit Gillonne, ce n'est point ma faute. J'ai prié, supplié monsieur le comte de ne point faire cette folie, mais il m'a déclaré que rien ne le retiendrait plus longtemps au Louvre.

— Quitter le Louvre ! dit Marguerite en regardant avec étonnement le jeune homme, qui baissait les yeux ; mais c'est impossible. Vous ne pouvez pas marcher ; vous êtes pâle et sans force, on voit trembler vos genoux. Ce matin, votre blessure de l'épaule a saigné encore.

— Madame, répondit le jeune homme, autant j'ai rendu grâce à Votre Majesté de m'avoir donné asile hier soir, autant je la supplie de vouloir bien me permettre de partir aujourd'hui.

— Mais, dit Marguerite étonnée, je ne sais comment qualifier une si folle résolution : c'est pire que de l'ingratitude.

— Oh ! Madame ! s'écria La Mole en joignant les mains, croyez que, loin d'être ingrat, il y a dans mon cœur un sentiment de reconnaissance qui durera toute ma vie.

— Il ne durera pas longtemps, alors ! dit Marguerite émue à cet accent, qui ne laissait pas de doute sur la sincérité des paroles ; car, ou vos blessures se rouvriront et vous mourrez de la perte du sang, ou l'on vous reconnaîtra comme huguenot et vous ne ferez pas cent pas dans la rue sans qu'on vous achève.

— Il faut pourtant que je quitte le Louvre, murmura La Mole.

— Il faut ! dit Marguerite en le regardant de son regard limpide et profond ; puis pâlissant légèrement : Oh, oui ! je comprends ! dit-elle, pardon, Monsieur ! Il y a sans doute, hors du Louvre, une personne à qui votre absence donne de cruelles inquiétudes. C'est juste, monsieur de La Mole, c'est naturel, et je comprends cela. Que ne l'avez-vous dit tout de suite, ou plutôt comment n'y ai-je pas songé moi-même ! C'est un devoir, quand on exerce l'hospitalité, de protéger les affections de son hôte comme on panse des blessures, et de soigner l'âme comme on soigne le corps.

— Hélas ! Madame, répondit La Mole, vous vous trompez étrangement. Je suis presque seul au monde et tout à fait seul à Paris, où personne ne me connaît. Mon assassin est le premier homme à qui j'aie parlé dans cette ville, et Votre Majesté est la première femme qui m'y ait adressé la parole.

— Alors, dit Marguerite surprise, pourquoi voulez-vous donc vous en aller ?

— Parce que, dit La Mole, la nuit passée Votre Majesté n'a pris aucun repos, et que cette nuit…

Marguerite rougit.

— Gillonne, dit-elle, voici la nuit venue, je crois qu'il est temps que tu ailles porter la clef.

Gillonne sourit et se retira.

— Mais, continua Marguerite, si vous êtes seul à Paris, sans amis, comment ferez-vous ?

— Madame, j'en aurai beaucoup ; car, tandis que j'étais poursuivi, j'ai pensé à ma mère, qui était catholique ; il m'a semblé que je la voyais glisser devant moi sur le chemin du Louvre, une croix à la main, et j'ai fait vœu, si Dieu me conservait la vie, d'embrasser la religion de ma mère. Dieu a fait plus que de me conserver la vie, Madame ; il m'a envoyé un de ses anges pour me la faire aimer.

— Mais vous ne pourrez marcher ; avant d'avoir fait cent pas vous tomberez évanoui.

— Madame, je me suis essayé aujourd'hui dans le cabinet ; je marche lentement et avec souffrance, c'est vrai ; mais que j'aille seulement jusqu'à la place du Louvre ; une fois dehors, il arrivera ce qu'il pourra.

Marguerite appuya sa tête sur sa main et réfléchit profondément.

— Et le roi de Navarre, dit-elle avec intention, vous n'en parlez plus. En changeant de religion, avez-vous donc perdu le désir d'entrer à son service ?

— Madame, répondit La Mole en pâlissant, vous venez toucher à la véritable cause de mon départ… Je sais que le roi de Navarre court les plus grands dangers et que tout crédit de Votre Majesté comme fille de France suffira à peine à sauver sa tête.

— Comment, Monsieur ! demanda Marguerite ; que voulez-vous dire et de quels dangers me parlez-vous ?

— Madame, répondit La Mole en hésitant, on entend tout du cabinet où je suis placé.

— C'est vrai, murmura Marguerite pour elle seule, M. de Guise me l'avait déjà dit.

Puis tout haut :

— Eh bien, ajouta-t-elle, qu'avez-vous donc entendu ?

— Mais d'abord la conversation que Votre Majesté a eue ce matin avec son frère.

— Avec François ? s'écria Marguerite en rougissant.

— Avec le duc d'Alençon, oui, Madame ; puis ensuite, après votre départ, celle de mademoiselle Gillonne avec madame de Sauve.

— Et ce sont ces deux conversations… ?

— Oui, Madame. Mariée depuis huit jours à peine, vous aimez votre époux. Votre époux viendra à son tour comme sont venus M. le duc d'Alençon et madame de Sauve. Il vous entretiendra de ses secrets. Eh bien ! je ne dois pas les entendre ; je serais indiscret… et je ne puis pas… je ne dois pas… surtout je ne veux pas l'être !

Au ton que La Mole mit à prononcer ces derniers mots, au trouble de sa voix, à l'embarras de sa contenance, Marguerite fut illuminée d'une révélation subite.

— Ah ! dit-elle, vous avez entendu de ce cabinet tout ce qui a été dit dans cette chambre jusqu'à présent ?

— Oui, Madame.

Ces mots furent soupirés à peine.

— Et vous voulez partir cette nuit, ce soir, pour n'en pas entendre davantage ?

— À l'instant même, Madame ! s'il plaît à Votre Majesté de me le permettre.

— Pauvre enfant ! dit Marguerite avec un singulier accent de douce pitié.

Étonné d'une réponse si douce lorsqu'il s'attendait à quelque brusque riposte, La Mole leva timidement la tête ; son regard rencontra celui de Marguerite et demeura rivé comme par une puissance magnétique sur le limpide et profond regard de la reine.

— Vous vous sentez donc incapable de garder un secret, monsieur de La Mole ? dit doucement Marguerite, qui, penchée sur le dossier de son siège, à moitié cachée par l'ombre d'une tapisserie épaisse, jouissait du bonheur de lire couramment dans cette âme en restant impénétrable elle-même.

— Madame, dit La Mole, je suis d'une misérable nature, je me défie de moi-même, et le bonheur d'autrui me fait mal.

— Le bonheur de qui ? dit Marguerite en souriant ; ah ! oui, le bonheur du roi de Navarre ! Pauvre Henri !

— Vous voyez bien qu'il est heureux, Madame ! s'écria vivement La Mole.

— Heureux ?…

— Oui, puisque Votre Majesté le plaint.

Marguerite chiffonnait la soie de son aumônière et en effilait les torsades d'or.

— Ainsi, vous refusez de voir le roi de Navarre ? dit-elle, c'est arrêté, c'est décidé dans votre esprit ?

— Je crains d'importuner Sa Majesté en ce moment.

— Mais le duc d'Alençon, mon frère ?

— Oh ! Madame, s'écria La Mole, M. le duc d'Alençon ! non, non ; moins encore M. le duc d'Alençon que le roi de Navarre.

— Parce que… ? demanda Marguerite émue au point de trembler en parlant.

— Parce que, quoique déjà trop mauvais huguenot pour être serviteur bien dévoué de Sa Majesté le roi de Navarre, je ne suis pas encore assez bon catholique pour être des amis de M. d'Alençon et de M. de Guise.

Cette fois, ce fut Marguerite qui baissa les yeux et qui sentit le coup vibrer au plus profond de son cœur ; elle n'eût pas su dire si le mot de La Mole était pour elle caressant ou douloureux.

En ce moment Gillonne rentra. Marguerite l'interrogea d'un coup d'œil. La réponse de

Gillonne, renfermée aussi dans un regard, fut affirmative. Elle était parvenue à faire passer la clef au roi de Navarre.

Marguerite ramena ses yeux sur La Mole, qui demeurait devant elle indécis, la tête penchée sur sa poitrine, et pâle comme l'est un homme qui souffre à la fois du corps et de l'âme.

— Monsieur de La Mole est fier, dit-elle, et j'hésite à lui faire une proposition qu'il refusera sans doute.

La Mole se leva, fit un pas vers Marguerite et voulut s'incliner devant elle en signe qu'il était à ses ordres ; mais une douleur profonde, aiguë, brûlante, vint tirer des larmes de ses yeux, et, sentant qu'il allait tomber, il saisit une tapisserie, à laquelle il se soutint.

— Voyez-vous, s'écria Marguerite en courant à lui et en le retenant dans ses bras, voyez-vous, Monsieur, que vous avez encore besoin de moi !

Un mouvement à peine sensible agita les lèvres de La Mole.

— Oh ! oui ! murmura-t-il, comme de l'air que je respire, comme du jour que je vois !

En ce moment trois coups retentirent, frappés à la porte de Marguerite.

— Entendez-vous, Madame ? dit Gillonne effrayée.

— Déjà ! murmura Marguerite.

— Faut-il ouvrir ?

— Attends. C'est le roi de Navarre peut-être.

— Oh ! Madame ! s'écria La Mole rendu fort par ces quelques mots, que la reine avait cependant prononcés à voix si basse qu'elle espérait que Gillonne seule les aurait entendus ; Madame ! je vous en supplie à genoux, faites-moi sortir, oui, mort ou vif, Madame ! Ayez pitié de moi ! Oh ! vous ne me répondez pas. Eh bien ! je vais parler ! et, quand j'aurai parlé, vous me chasserez, je l'espère.

— Taisez-vous, malheureux ! dit Marguerite, qui ressentait un charme infini à écouter les reproches du jeune homme : taisez-vous donc !

— Madame, reprit La Mole, qui ne trouvait pas sans doute dans l'accent de Marguerite cette rigueur à laquelle il s'attendait ; Madame, je vous le répète, on entend tout de ce cabinet. Oh ! ne me faites pas mourir d'une mort que les bourreaux les plus cruels n'oseraient inventer.

— Silence ! silence ! dit Marguerite.

— Oh ! Madame, vous êtes sans pitié ; vous ne voulez rien écouter, vous ne voulez rien entendre. Mais comprenez donc que je vous aime…

— Silence donc, puisque je vous le dis ! interrompit Marguerite en appuyant sa main tiède et parfumée sur la bouche du jeune homme, qui la saisit entre ses deux mains et l'appuya contre ses lèvres.

— Mais… murmura La Mole.

— Mais taisez-vous donc, enfant ! Qu'est-ce donc que ce rebelle qui ne veut pas obéir à sa reine ?

Puis, s'élançant hors du cabinet, elle referma la porte, et s'adossant à la muraille en comprimant avec sa main tremblante les battements de son cœur :

— Ouvre, Gillonne ! dit-elle.

Gillonne sortit de la chambre, et, un instant après, la tête fine, spirituelle et un peu inquiète du roi de Navarre souleva la tapisserie.

— Vous m'avez mandé, Madame ? dit le roi de Navarre à Marguerite.

— Oui, Monsieur, Votre Majesté a reçu ma lettre ?

— Et non sans quelque étonnement, je l'avoue, dit Henri en regardant autour de lui avec une défiance bientôt évanouie.

— Et non sans quelque inquiétude, n'est-ce pas, Monsieur ajouta Marguerite.

— Je vous l'avouerai, Madame. Cependant, tout entouré que je suis d'ennemis acharnés et d'amis plus dangereux encore peut-être que mes ennemis, je me suis rappelé qu'un soir j'avais vu rayonner dans vos yeux le sentiment de la générosité : c'était le soir de nos noces ; qu'un autre jour j'y avais vu briller l'étoile du courage, et, cet autre jour, c'était hier, jour fixé pour ma mort.

— Eh bien, Monsieur ? dit Marguerite en souriant, tandis que Henri semblait vouloir lire jusqu'au fond de son cœur.

— Eh bien ! Madame, en songeant à tout cela, je me suis dit à l'instant même, en lisant votre billet qui me disait de venir : Sans amis, comme il est, prisonnier, désarmé, le roi de Navarre n'a qu'un moyen de mourir avec éclat, d'une mort qu'enregistre l'histoire, c'est de mourir trahi par sa femme, et je suis venu.

— Sire, répondit Marguerite, vous changerez de langage quand vous saurez que tout ce qui se fait en ce moment est l'ouvrage d'une personne qui vous aime... et que vous aimez.

Henri recula presque à ces paroles, et son œil gris et perçant interrogea sous son sourcil noir la reine avec curiosité.

— Oh ! rassurez-vous, sire ! dit la reine en souriant ; cette personne, je n'ai pas la prétention de dire que ce soit moi !

— Mais cependant, Madame, dit Henri, c'est vous qui m'avez fait tenir cette clef : cette écriture, c'est la vôtre.

— Cette écriture est la mienne, je l'avoue, ce billet vient de moi, je ne le nie pas. Quant à cette clef, c'est autre chose. Qu'il vous suffise de savoir qu'elle a passé entre les mains de quatre femmes avant d'arriver jusqu'à vous.

— De quatre femmes ! s'écria Henri avec étonnement.

— Oui, entre les mains de quatre femmes, dit Marguerite : entre les mains de la reine mère, entre les mains de madame de Sauve, entre les mains de Gillonne, et entre les miennes.

Henri se mit à méditer cette énigme.

— Parlons raison maintenant, Monsieur, dit Marguerite, et surtout parlons franc. Est-il vrai, comme c'est aujourd'hui le bruit public, que Votre Majesté consent à abjurer ?

— Ce bruit public se trompe, Madame, je n'ai pas encore consenti.

— Mais vous êtes décidé, cependant.

— C'est-à-dire, je me consulte. Que voulez-vous ? quand on a vingt ans et qu'on est à peu près roi, ventre-saint-gris ! il y a des choses qui valent bien une messe.

— Et entre autres choses la vie, n'est-ce pas ?

Henri ne put réprimer un léger sourire.

— Vous ne me dites pas toute votre pensée, sire ! dit Marguerite.

— Je fais des réserves pour mes alliés, Madame ; car, vous le savez, nous ne sommes encore qu'alliés : si vous étiez à la fois mon alliée... et...

— Et votre femme, n'est-ce pas, sire ?

— Ma foi, oui... et ma femme.

— Alors ?

— Alors, peut-être serait-ce différent ; et peut-être tiendrais-je à rester roi des huguenots, comme ils disent... Maintenant, il faut que je me contente de vivre.

Marguerite regarda Henri d'un air si étrange qu'il eût éveillé les soupçons d'un esprit moins délié que ne l'était celui du roi de Navarre.

— Et êtes-vous sûr, au moins, d'arriver à ce résultat ? dit-elle.

— Mais à peu près, dit Henri ; vous savez qu'en ce monde, Madame, on n'est jamais sûr de rien.

— Il est vrai, reprit Marguerite, que Votre Majesté annonce tant de modération et professe tant de désintéressement, qu'après avoir renoncé à sa couronne, après avoir renoncé à sa religion, elle renoncera probablement, on en a l'espoir du moins, à son alliance avec une fille de France.

Ces mots portaient avec eux une si profonde signification que Henri en frissonna malgré lui. Mais domptant cette émotion avec la rapidité de l'éclair :

— Daignez vous souvenir, Madame, qu'en ce moment je n'ai point mon libre arbitre. Je ferai donc ce que m'ordonnera le roi de France. Quant à moi, si l'on me consultait le moins du monde dans cette question où il ne va de rien moins que de mon trône, de mon honneur et de ma vie, plutôt que d'asseoir mon avenir sur les droits que me donne notre mariage forcé, j'aimerais mieux m'ensevelir chasseur dans quelque château, pénitent dans quelque cloître.

Ce calme résigné à sa situation, cette renonciation aux choses de ce monde, effrayèrent Marguerite. Elle pensa que peut-être cette rupture de mariage était convenue entre Charles IX, Catherine et le roi de Navarre. Pourquoi, elle aussi, ne la prendrait-on pas pour dupe ou pour victime ? Parce qu'elle était sœur de l'un et fille de l'autre ? L'expérience lui avait appris que ce n'était point là une raison sur laquelle elle pût fonder sa sécurité. L'ambition donc mordit au cœur la jeune femme ou plutôt la jeune reine, trop au-dessus des faiblesses vulgaires pour se laisser entraîner à un dépit d'amour-propre : chez toute femme, même médiocre, lorsqu'elle aime, l'amour n'a point de ces misères, car l'amour véritable est aussi une ambition.

— Votre Majesté, dit Marguerite avec une sorte de dédain railleur, n'a pas grande confiance, ce me semble, dans l'étoile qui rayonne au-dessus du front de chaque roi ?

— Ah ! dit Henri, c'est que j'ai beau chercher la mienne en ce moment, je ne puis la voir, cachée qu'elle est dans l'orage qui gronde sur moi à cette heure.

— Et si le souffle d'une femme écartait cet orage, et faisait cette étoile aussi brillante que jamais ?

— C'est bien difficile, dit Henri.

— Niez-vous l'existence de cette femme, Monsieur ?

— Non, seulement je nie son pouvoir.

— Vous voulez dire sa volonté ?

— J'ai dit son pouvoir, et je répète le mot. La femme n'est réellement puissante que lorsque l'amour et l'intérêt sont réunis chez elle à un degré égal ; et si l'un de ces deux sentiments la préoccupe seul, comme Achille elle est vulnérable. Or, cette femme, si je ne m'abuse, je ne puis pas compter sur son amour.

Marguerite se tut.

— Écoutez, continua Henri ; au dernier tintement de la cloche de Saint-Germain-l'Auxerrois, vous avez dû songer à reconquérir votre liberté qu'on avait mise en gage pour détruire ceux de mon parti. Moi, j'ai dû songer à sauver ma vie. C'était le plus pressé… Nous y perdons la Navarre, je le sais bien ; mais c'est peu de chose que la Navarre en comparaison de la liberté qui vous est rendue de pouvoir parler haut dans votre chambre, ce que vous n'osiez pas faire quand vous aviez quelqu'un qui vous écoutait de ce cabinet.

Quoique au plus fort de sa préoccupation, Marguerite ne put s'empêcher de sourire. Quant au roi de Navarre, il s'était déjà levé pour regagner son appartement ; car depuis quelque temps onze heures étaient sonnées, et tout dormait ou du moins semblait dormir au Louvre.

Henri fit trois pas vers la porte ; puis, s'arrêtant tout à coup, comme s'il se rappelait seulement à cette heure la circonstance qui l'avait amené chez la reine :

— À propos, Madame, dit-il, n'avez-vous point à me communiquer certaines choses ; ou ne vouliez-vous que m'offrir l'occasion de vous remercier du répit que votre brave présence dans le cabinet des Armes du roi m'a donné hier ? En vérité, Madame, il était temps, je ne puis le nier, et vous êtes descendue sur le lieu de la scène comme la divinité antique, juste à point pour me sauver la vie.

— Malheureux ! s'écria Marguerite d'une voix sourde, et saisissant le bras de son mari. Comment donc ne voyez-vous pas que rien n'est sauvé au contraire, ni votre liberté, ni votre couronne, ni votre vie !… Aveugle ! fou ! pauvre fou ! Vous n'avez pas vu dans ma lettre autre chose, n'est-ce pas, qu'un rendez-vous ? vous avez cru que Marguerite, outrée de vos froideurs, désirait une réparation ?

— Mais, Madame, dit Henri étonné, j'avoue…

Marguerite haussa les épaules avec une expression impossible à rendre.

Au même instant un bruit étrange, comme un grattement aigu et pressé retentit à la petite porte dérobée.

Marguerite entraîna le roi du côté de cette petite porte.

— Écoutez, dit-elle.

— La reine mère sort de chez elle, murmura une voix saccadée par la terreur et que Henri reconnut à l'instant même pour celle de madame de Sauve.

— Et où va-t-elle ? demanda Marguerite.

— Elle vient chez Votre Majesté.

Et aussitôt le frôlement d'une robe de soie prouva, en s'éloignant, que madame de Sauve s'enfuyait.

— Oh ! oh ! s'écria Henri.

— J'en étais sûre, dit Marguerite.

— Et moi je le craignais, dit Henri, et la preuve, voyez.

Alors, d'un geste rapide, il ouvrit son pourpoint de velours noir, et sur sa poitrine fit voir à Marguerite une fine tunique de mailles d'acier et un long poignard de Milan qui brilla aussitôt à sa main comme une vipère au soleil.

— Il s'agit bien ici de fer et de cuirasse ! s'écria Marguerite ; allons, sire, allons, cachez cette dague : c'est la reine mère, c'est vrai ; mais c'est la reine mère toute seule.

— Cependant…

— C'est elle, je l'entends, silence !

Et, se penchant à l'oreille de Henri, elle lui dit à voix basse quelques mots que le jeune roi écouta avec une attention mêlée d'étonnement.

Aussitôt Henri se déroba derrière les rideaux du lit.

De son côté, Marguerite bondit avec l'agilité d'une panthère vers le cabinet où La Mole attendait en frissonnant, l'ouvrit, chercha le jeune homme, et lui prenant, lui serrant la main dans l'obscurité :

— Silence ! lui dit-elle en s'approchant si près de lui qu'il sentit son souffle tiède et embaumé couvrir son visage d'une moite vapeur, silence !

Puis, rentrant dans sa chambre et refermant la porte, elle détacha sa coiffure, coupa avec son poignard tous les lacets de sa robe et se jeta dans le lit.

Il était temps, la clef tournait dans la serrure.

Catherine avait des passe-partout pour toutes les portes du Louvre.

— Qui est là ? s'écria Marguerite, tandis que Catherine consignait à la porte une garde de quatre gentilshommes qui l'avait accompagnée.

Et, comme si elle eût été effrayée de cette brusque irruption dans sa chambre, Marguerite, sortant de dessous les rideaux en peignoir blanc, sauta à bas du lit, et, reconnaissant Catherine, vint, avec une surprise trop bien imitée pour que la Florentine elle-même n'en fût pas dupe, baiser la main de sa mère.

XIV

SECONDE NUIT DES NOCES.

La reine mère promena son regard autour d'elle avec une merveilleuse rapidité. Des mules de velours au pied du lit, les habits de Marguerite épars sur les chaises, ses yeux qu'elle frottait pour en chasser le sommeil, convainquirent Catherine qu'elle avait réveillé sa fille.

Alors elle sourit comme une femme qui a réussi dans ses projets, et tirant un fauteuil :

— Asseyons-nous, Marguerite, dit-elle, et causons.

— Madame, je vous écoute.

— Il est temps, dit Catherine en fermant les yeux avec cette lenteur particulière aux gens qui réfléchissent ou qui dissimulent profondément, il est temps, ma fille, que vous compreniez combien votre frère et moi aspirons à vous rendre heureuse.

L'exorde était effrayant pour qui connaissait Catherine.

— Que va-t-elle me dire ? pensa Marguerite.

— Certes, en vous mariant, continua la Florentine, nous avons accompli un de ces actes de politique commandés souvent par de graves intérêts à ceux qui gouvernent. Mais il le faut avouer, ma pauvre enfant, nous ne pensions pas que la répugnance du roi de Navarre pour vous, si jeune, si belle et si séduisante, demeurerait opiniâtre à ce point.

Marguerite se leva, et fit, en croisant sa robe de nuit, une cérémonieuse révérence à sa mère.

— J'apprends de ce soir seulement, dit Catherine, car sans cela je vous eusse visitée plus tôt, j'apprends que votre mari est loin d'avoir pour vous les égards qu'on doit non-seulement à une jolie femme, mais encore à une fille de France.

Marguerite poussa un soupir, et Catherine, encouragée par cette muette adhésion, continua :

— En effet, que le roi de Navarre entretienne publiquement une de mes filles, qui l'adore jusqu'au scandale, qu'il fasse mépris pour cet amour de la femme qu'on a bien voulu lui accorder, c'est un malheur auquel nous ne pouvons remédier, nous autres pauvres tout-puissants, mais que punirait le moindre gentilhomme de notre royaume en appelant son gendre ou en le faisant appeler par son fils.

Marguerite baissa la tête.

— Depuis assez longtemps, continua Catherine, je vois, ma fille, à vos yeux rougis, à vos amères sorties contre la Sauve, que la plaie de votre cœur ne peut, malgré vos efforts, toujours saigner en dedans.

Marguerite tressaillit : un léger mouvement avait agité les rideaux ; mais heureusement Catherine ne s'en était pas aperçue.

— Cette plaie, dit-elle en redoublant d'affectueuse douceur, cette plaie, mon enfant, c'est à la main d'une mère qu'il appartient de la guérir. Ceux qui, en croyant faire votre bonheur, ont décidé votre mariage, et qui, dans leur sollicitude pour vous, remarquent que chaque nuit Henri de Navarre se trompe d'appartement ; ceux qui ne peuvent permettre qu'un roitelet comme lui offense à tout instant une femme de votre beauté, de votre rang et de votre mérite, par le dédain de votre personne et la négligence de sa postérité ; ceux qui voient enfin qu'au premier vent qu'il croira favorable, cette folle et insolente tête tournera contre notre famille et vous expulsera de sa maison ; ceux-là n'ont-ils pas le droit d'assurer, en le séparant du sien, votre avenir d'une façon à la fois plus digne de vous et de votre condition ?

— Cependant, Madame, répondit Marguerite, malgré ces observations tout empreintes d'amour maternel, et qui me comblent de joie et d'honneur, j'aurai la hardiesse de représenter à Votre Majesté que le roi de Navarre est mon époux.

Catherine fit un mouvement de colère, et se rapprochant de Marguerite :

— Lui, dit-elle, votre époux ! Suffit-il donc pour être mari et femme que l'Église vous ait bénis ? et la consécration du mariage est-elle seulement dans les paroles du prêtre ? Lui, votre époux ! Eh ! ma fille, si vous étiez madame de Sauve, vous pourriez me faire cette réponse. Mais, tout au contraire de ce que nous attendions de lui, depuis que vous avez accordé à Henri de Navarre l'honneur de vous nommer sa femme, c'est à une autre qu'il en a donné les droits, et, en ce moment même, dit Catherine en haussant la voix, venez, venez avec moi, cette clef ouvre la porte de l'appartement de madame de Sauve, et vous verrez.

— Oh ! plus bas, plus bas, Madame, je vous prie, dit Marguerite, car non-seulement vous vous trompez, mais encore...

— Eh bien ?

— Eh bien ! vous allez réveiller mon mari.

À ces mots, Marguerite se leva avec une grâce toute voluptueuse, et laissant flotter entr'ouverte sa robe de nuit, dont les manches courtes laissaient à nu son bras d'un modelé si pur, et sa main véritablement royale, elle approcha un flambeau de cire rosée du lit, et, relevant le rideau, elle montra du doigt, en souriant à sa mère, le profil fier, les cheveux noirs et la bouche entr'ouverte du roi de Navarre, qui semblait, sur la couche en désordre, reposer du plus calme et du plus profond sommeil.

Pâle, les yeux hagards, le corps cambré en arrière comme si un abîme se fût ouvert sur ses pas, Catherine poussa, non pas un cri, mais un rugissement sourd.

— Vous voyez, Madame, dit Marguerite, que vous étiez mal informée.

Catherine jeta un regard sur Marguerite, puis un autre sur Henri. Elle unit dans sa pensée active l'image de ce front pâle et moite, de ces yeux entourés d'un léger cercle de bistre, au sourire de Marguerite, et elle mordit ses lèvres minces avec une fureur silencieuse.

Marguerite permit à sa mère de contempler un instant ce tableau, qui faisait sur elle l'effet de la tête de Méduse. Puis elle laissa retomber le rideau, et, marchant sur la pointe du pied, elle revint près de Catherine, et, reprenant sa place sur sa chaise :

— Vous disiez donc, Madame ?

La Florentine chercha pendant quelques secondes à sonder cette naïveté de la jeune femme ; puis, comme si ses regards acérés se fussent émoussés sur le calme de Marguerite :

— Rien, dit-elle.

Et elle sortit à grands pas de l'appartement.

Aussitôt que le bruit de ses pas se fut assourdi dans la profondeur du corridor, le rideau du lit s'ouvrit de nouveau, et Henri, l'œil brillant, la respiration oppressée, la main tremblante, vint s'agenouiller devant Marguerite. Il était seulement vêtu de ses trousses et de sa cotte de mailles, de sorte qu'en le voyant ainsi affublé, Marguerite, tout en lui serrant la main de bon cœur, ne put s'empêcher d'éclater de rire.

— Ah ! Madame, ah ! Marguerite, s'écria-t-il, comment m'acquitterai-je jamais envers vous ?

Et il couvrait sa main de baisers, qui de la main montaient insensiblement au bras de la jeune femme.

— Sire, dit-elle en se reculant tout doucement, oubliez-vous qu'à cette heure une pauvre femme, à laquelle vous devez la vie, souffre et gémit pour vous ? Madame de Sauve, ajouta-t-elle tout bas, vous a fait le sacrifice de sa jalousie en vous envoyant près de moi, et peut-être, après vous avoir fait le sacrifice de sa jalousie, vous fait-elle celui de sa vie, car, vous le savez mieux que personne, la colère de ma mère est terrible.

Henri frissonna, et, se relevant, fit un mouvement pour sortir.

— Oh ! mais, dit Marguerite avec une admirable coquetterie, je réfléchis et me rassure. La clef vous a été donnée sans indication, et vous serez censé m'avoir accordé ce soir la préférence.

— Et je vous l'accorde, Marguerite ; consentez-vous seulement à oublier…

— Plus bas, sire, plus bas, répliqua la reine parodiant les paroles que dix minutes auparavant elle venait d'adresser à sa mère ; on vous entend du cabinet, et comme je ne suis pas encore tout à fait libre, sire, je vous prierai de parler moins haut.

— Oh ! oh ! dit Henri, moitié riant, moitié assombri, c'est vrai ; j'oubliais que ce n'est probablement pas moi qui suis destiné à jouer la fin de cette scène intéressante. Ce cabinet…

— Entrons-y, sire, dit Marguerite, car je veux avoir l'honneur de présenter à Votre Majesté un brave gentilhomme blessé pendant le massacre, en venant avertir jusque dans le Louvre Votre Majesté du danger qu'elle courait.

La reine s'avança vers la porte. Henri suivit sa femme.

La porte s'ouvrit, et Henri demeura stupéfait en voyant un homme dans ce cabinet prédestiné aux surprises.

Mais La Mole fut plus surpris encore en se trouvant inopinément en face du roi de Navarre.

Il en résulta que Henri jeta un coup d'œil ironique à Marguerite, qui le soutint à merveille.

— Sire, dit Marguerite, j'en suis réduite à craindre qu'on ne tue dans mon logis même ce gentilhomme, qui est dévoué au service de Votre Majesté, et que je mets sous sa protection.

— Sire, reprit alors le jeune homme, je suis le comte Lerac de La Mole, que Votre Majesté attendait, et qui vous avait été recommandé par ce pauvre M. de Téligny, qui a été tué à mes côtés.

— Ah ! ah ! fit Henri, en effet, Monsieur, et la reine m'a remis sa lettre ; mais n'aviez-vous pas aussi une lettre de M. le gouverneur du Languedoc ?

— Oui, sire, et recommandation de la remettre à Votre Majesté aussitôt mon arrivée.

— Pourquoi ne l'avez-vous pas fait ?

— Sire, je me suis rendu au Louvre dans la soirée d'hier ; mais Votre Majesté était tellement occupée, qu'elle n'a pu me recevoir.

— C'est vrai, dit le roi ; mais vous eussiez pu, ce me semble, me faire passer cette lettre ?

— J'avais ordre, de la part de M. d'Auriac, de ne la remettre qu'à Votre Majesté elle-même ; car elle contenait, m'a-t-il assuré, un avis si important, qu'il n'osait le confier à un messager ordinaire.

— En effet, dit le roi en prenant et en lisant la lettre, c'était l'avis de quitter la cour et de me retirer en Béarn. M. d'Auriac était de mes bons amis, quoique catholique, et il est probable que, comme gouverneur de province, il avait vent de ce qui s'est passé. Ventre-saint-gris ! Monsieur, pourquoi ne pas m'avoir remis cette lettre il y a trois jours au lieu de ne me la remettre qu'aujourd'hui ?

— Parce que, ainsi que j'ai eu l'honneur de le dire à Votre Majesté, quelque diligence que j'aie faite, je n'ai pu arriver qu'hier.

— C'est fâcheux, c'est fâcheux, murmura le roi ; car à cette heure nous serions en sûreté, soit à la Rochelle, soit dans quelque bonne plaine, avec deux à trois mille chevaux autour de nous.

— Sire, ce qui est fait est fait, dit Marguerite à demi voix, et, au lieu de perdre votre temps à récriminer sur le passé, il s'agit de tirer le meilleur parti possible de l'avenir.

— À ma place, dit Henri avec son regard interrogateur, vous auriez donc encore quelque espoir, Madame ?

— Oui, certes, et je regarderais le jeu engagé comme une partie en trois points, dont je n'ai perdu que la première manche.

— Ah ! Madame, dit tout bas Henri, si j'étais sûr que vous fussiez de moitié dans mon jeu…

— Si j'avais voulu passer du côté de vos adversaires, répondit Marguerite, il me semble que je n'eusse point attendu si tard.

— C'est juste, dit Henri, je suis un ingrat, et, comme vous dites, tout peut encore se réparer aujourd'hui.

— Hélas ! sire, répliqua La Mole, je souhaite à Votre Majesté toutes sortes de bonheurs ; mais aujourd'hui nous n'avons plus M. l'amiral.

Henri se mit à sourire de ce sourire de paysan matois que l'on ne comprit à la cour que le jour où il fut roi de France.

— Mais, Madame, reprit-il en regardant La Mole avec attention, ce gentilhomme ne peut demeurer chez vous sans vous gêner infiniment et sans être exposé à de fâcheuses surprises. Qu'en ferez-vous ?

— Mais, sire, dit Marguerite, ne pourrions-nous le faire sortir du Louvre ? car en tous points je suis de votre avis.

— C'est difficile.

— Sire, M. de La Mole ne peut-il trouver un peu de place dans la maison de Votre Majesté ?

— Hélas ! Madame, vous me traitez toujours comme si j'étais encore roi des huguenots et comme si j'avais encore un peuple. Vous savez bien que je suis à moitié converti et que je n'ai plus de peuple du tout.

Une autre que Marguerite se fût empressée de répondre sur-le-champ : *Il* est catholique. Mais la reine voulait se faire demander par Henri ce qu'elle désirait obtenir de lui. Quant à La Mole, voyant cette réserve de sa protectrice et ne sachant encore où poser le pied sur le terrain glissant d'une cour aussi dangereuse que l'était celle de France, il se tut également.

— Mais, reprit Henri, relisant la lettre apportée par La Mole, que me dit donc M. le gouverneur de Provence, que votre mère était catholique et que de là vient l'amitié qu'il vous porte ?

— Et à moi, dit Marguerite ; que me parliez-vous d'un vœu que vous avez fait, monsieur le comte, d'un changement de religion ? Mes idées se brouillent à cet égard ; aidez-moi donc, monsieur de la Mole. Ne s'agissait-il pas de quelque chose de semblable à ce que paraît désirer le roi ?

— Hélas ! oui ; mais Votre Majesté a si froidement accueilli mes explications à cet égard, reprit La Mole, que je n'ai point osé…

— C'est que tout cela ne me regardait aucunement, Monsieur. Expliquez au roi, expliquez.

— Eh bien ! qu'est-ce que ce vœu ? demanda le roi.

— Sire, dit La Mole, poursuivi par des assassins, sans armes, presque mourant de mes deux blessures, il m'a semblé voir l'ombre de ma mère me guidant vers le Louvre une croix à la main. Alors j'ai fait vœu, si j'avais la vie sauve, d'adopter la religion de ma mère, à qui Dieu avait permis de sortir de son tombeau pour me servir de guide pendant cette horrible nuit. Dieu m'a conduit ici, sire. Je m'y vois sous la double protection d'une fille de France et du roi de Navarre. Ma vie a été sauvée miraculeusement ; je n'ai donc qu'à accomplir mon vœu, sire. Je suis prêt à me faire catholique.

Henri fronça le sourcil. Le sceptique qu'il était comprenait bien l'abjuration par intérêt ; mais il doutait fort de l'abjuration par la foi.

— Le roi ne veut pas se charger de mon protégé, pensa Marguerite.

La Mole cependant demeurait timide et gêné entre les deux volontés contraires. Il sentait bien, sans se l'expliquer, le ridicule de sa position. Ce fut encore Marguerite qui, avec sa délicatesse de femme, le tira de ce mauvais pas.

— Sire, dit-elle, nous oublions que le pauvre blessé a besoin de repos. Moi-même je tombe de sommeil. Eh ! tenez !

La Mole pâlissait en effet ; mais c'étaient les dernières paroles de Marguerite qu'il avait entendues et interprétées qui le faisaient pâlir.

— Eh bien ! Madame, dit Henri, rien de plus simple ; ne pouvons-nous laisser reposer M. de La Mole ?

Le jeune homme adressa à Marguerite un regard suppliant, et, malgré la présence des deux Majestés, se laissa aller sur un siège, brisé de douleur et de fatigue.

Marguerite comprit tout ce qu'il y avait d'amour dans ce regard et de désespoir dans cette faiblesse.

— Sire, dit-elle, il convient à Votre Majesté de faire à ce jeune gentilhomme, qui a risqué sa vie pour son roi, puisqu'il accourait ici pour vous annoncer la mort de l'amiral et de Téligny, lorsqu'il a été blessé ; il convient, dis-je, à Votre Majesté de lui faire un honneur dont il sera reconnaissant toute sa vie.

— Et lequel, Madame ? dit Henri. Commandez, je suis prêt.

— M. de La Mole couchera cette nuit aux pieds de Votre Majesté, qui couchera, elle, sur ce lit de repos. Quant à moi, avec la permission de mon auguste époux, ajouta Marguerite en souriant, je vais appeler Gillonne et me remettre au lit ; car, je vous le jure, sire, je ne suis pas celle de nous trois qui ai le moins besoin de repos.

Henri avait de l'esprit, peut-être un peu trop même : ses amis et ses ennemis le lui reprochèrent plus tard. Mais il comprit que celle qui l'exilait de la couche conjugale en avait acquis le droit par l'indifférence même qu'il avait manifestée pour elle ; d'ailleurs, Marguerite venait de se venger de cette indifférence en lui sauvant la vie. Il ne mit donc pas d'amour-propre dans sa réponse.

— Madame, dit-il, si M. de La Mole était en état de passer dans mon appartement, je lui offrirais mon propre lit.

— Oui, reprit Marguerite ; mais votre appartement, à cette heure, ne vous peut protéger ni l'un ni l'autre, et la prudence veut que Votre Majesté demeure ici jusqu'à demain.

Et, sans attendre le réponse du roi, elle appela Gillonne, fit préparer les coussins pour le roi, et aux pieds du roi un lit pour La Mole, qui semblait si heureux et si satisfait de cet honneur, qu'on eût juré qu'il ne sentait plus ses blessures.

Quant à Marguerite, elle tira au roi une cérémonieuse révérence, et, rentrée dans sa chambre bien verrouillée de tous côtés, elle s'étendit dans son lit.

— Maintenant, se dit Marguerite à elle-même, il faut que demain M. de La Mole ait un protecteur au Louvre, et tel fait ce soir la sourde oreille qui demain se repentira.

Puis elle fit signe à Gillonne, qui attendait ses derniers ordres, de venir les recevoir.

Gillonne s'approcha.

— Gillonne, lui dit-elle tout bas, il faut que demain, sous un prétexte quelconque, mon frère, le duc d'Alençon, ait envie de venir ici avant huit heures du matin.

Deux heures sonnaient au Louvre.

La Mole causa un instant politique avec le roi, qui peu à peu s'endormit, et bientôt ronfla aux éclats, comme s'il eût été couché dans son lit de cuir de Béarn.

La Mole eût peut-être dormi comme le roi ; mais Marguerite ne dormait pas, elle ; elle se tournait et se retournait dans son lit, et ce bruit troublait les idées et le sommeil du jeune homme.

— Il est bien jeune, murmurait Marguerite au milieu de son insomnie, il est bien timide ; peut-être même, il faudra voir cela, peut-être même sera-t-il ridicule ; de beaux yeux cependant… une taille bien prise, beaucoup de charmes ; mais s'il allait ne pas être brave !… Il fuyait… Il abjure… c'est fâcheux, le rêve commençait bien ; allons… Laissons aller les choses et rapportons-nous-en au triple dieu de cette folle Henriette.

Et vers le jour Marguerite finit enfin par s'endormir en murmurant : *Eros-Cupido-Amor.*

XV

CE QUE FEMME VEUT DIEU LE VEUT.

Marguerite ne s'était pas trompée : la colère amassée au fond du cœur de Catherine par cette comédie, dont elle voyait l'intrigue sans avoir la puissance de rien changer au dénoûment, avait besoin de déborder sur quelqu'un. Au lieu de rentrer chez elle, la reine mère monta directement chez sa dame d'atours.

Madame de Sauve s'attendait à deux visites : elle espérait celle de Henri, elle craignait celle de la reine mère. Au lit, à moitié vêtue, tandis que Dariole veillait dans l'antichambre, elle entendit tourner une clef dans la serrure, puis s'approcher des pas lents et qui eussent paru lourds s'ils n'eussent pas été assourdis par d'épais tapis. Elle ne reconnut point là la marche légère et empressée de Henri ; elle se douta qu'on empêchait Dariole de la venir avertir ; et, appuyée sur sa main, l'oreille et l'œil tendus, elle attendit.

La portière se leva, et la jeune femme, frissonnante, vit paraître Catherine de Médicis.

Catherine semblait calme ; mais madame de Sauve, habituée à l'étudier depuis deux ans, comprit tout ce que ce calme apparent cachait de sombres préoccupations et peut-être de cruelles vengeances.

Madame de Sauve, en apercevant Catherine, voulut sauter en bas de son lit ; mais Catherine leva le doigt pour lui faire signe de rester, et la pauvre Charlotte demeura clouée à sa place, amassant intérieurement toutes les forces de son âme pour faire face à l'orage qui se préparait silencieusement.

— Avez-vous fait tenir la clef au roi de Navarre ? demanda Catherine sans que l'accent de sa voix indiquât aucune altération ; seulement ces paroles étaient prononcées avec des lèvres de plus en plus blêmissantes.

— Oui, Madame… répondit Charlotte d'une voix qu'elle tentait inutilement de rendre aussi assurée que l'était celle de Catherine.

— Et vous l'avez vu ?

— Qui ? demanda madame de Sauve.

— Le roi de Navarre ?

— Non, Madame ; mais je l'attends, et j'avais même cru, en entendant tourner une clef dans la serrure, que c'était lui qui venait.

À cette réponse, qui annonçait dans madame de Sauve ou une parfaite confiance ou une suprême dissimulation, Catherine ne put retenir un léger frémissement. Elle crispa sa main grasse et courte.

— Et cependant tu savais bien, dit-elle avec son méchant sourire, tu savais bien, Carlotta, que le roi de Navarre ne viendrait point cette nuit.

— Moi, Madame, je savais cela ! s'écria Charlotte avec un accent de surprise parfaitement bien jouée.

— Oui, tu le savais.

— Pour ne point venir, reprit la jeune femme frissonnante à cette seule supposition, il faut donc qu'il soit mort !

Ce qui donnait à Charlotte le courage de mentir ainsi, c'était la certitude qu'elle avait d'une terrible vengeance, dans le cas où sa petite trahison serait découverte.

— Mais tu n'as donc pas écrit au roi de Navarre, Carlotta mia ? demanda Catherine avec ce même rire silencieux et cruel.

— Non, Madame, répondit Charlotte avec un admirable accent de naïveté ; Votre Majesté ne me l'avait pas dit, ce me semble.

Il se fit un moment de silence pendant lequel Catherine regarda madame de Sauve comme le serpent regarde l'oiseau qu'il veut fasciner.

— Tu te crois belle, dit alors Catherine ; tu te crois adroite, n'est-ce pas ?

— Non, Madame, répondit Charlotte, je sais seulement que Votre Majesté a été parfois d'une bien grande indulgence pour moi, quand il s'agissait de mon adresse et de ma beauté.

— Eh bien, dit Catherine en s'animant, tu te trompais si tu as cru cela, et moi je mentais si je te l'ai dit, tu n'es qu'une sotte et qu'une laide près de ma fille Margot.

— Oh ! ceci, Madame, c'est vrai ! dit Charlotte, et je n'essayerai pas même de le nier, surtout à vous.

— Aussi, continua Catherine, le roi de Navarre te préfère-t-il de beaucoup ma fille, et ce n'était pas ce que tu voulais, je crois, ni ce dont nous étions convenues.

— Hélas, Madame ! dit Charlotte éclatant cette fois en sanglots sans qu'elle eût besoin de se faire aucune violence ; si cela est ainsi, je suis bien malheureuse.

— Cela est, dit Catherine en enfonçant comme un double poignard le double rayon de ses yeux dans le cœur de madame de Sauve.

— Mais qui peut vous le faire croire ? demanda Charlotte.

— Descends chez la reine de Navarre, *pazza* ! et tu y trouveras ton amant.

— Oh ! fit madame de Sauve.

Catherine haussa les épaules.

— Es-tu jalouse, par hasard ? demanda la reine mère.

— Moi ? dit madame de Sauve rappelant à elle toute sa force prête à l'abandonner.

— Oui, toi ! je serais curieuse de voir une jalousie de Française.

— Mais, dit madame de Sauve, comment Votre Majesté veut-elle que je sois jalouse autrement que d'amour-propre ? je n'aime le roi de Navarre qu'autant qu'il le faut pour le service de Votre Majesté !

Catherine la regarda un moment avec des yeux rêveurs.

— Ce que tu me dis là peut, à tout prendre, être vrai, murmura-t-elle.

— Votre Majesté lit dans mon cœur.

— Et ce cœur m'est tout dévoué ?

— Ordonnez, Madame, et vous en jugerez.

— Eh bien ! puisque tu te sacrifies à mon service, Carlotta, il faut, pour mon service toujours, que tu sois très-éprise du roi de Navarre, et très-jalouse surtout, jalouse comme une Italienne.

— Mais, Madame, demanda Charlotte, de quelle façon une Italienne est-elle jalouse ?

— Je te le dirai, reprit Catherine ; et, après avoir fait deux ou trois mouvements de tête du haut en bas, elle sortit silencieusement et lentement, comme elle était entrée.

Charlotte, troublée par le clair regard de ces yeux dilatés comme ceux du chat et de la panthère, sans que cette dilatation lui fît rien perdre de sa profondeur, la laissa partir sans prononcer un seul mot, sans même laisser à son souffle la liberté de se faire entendre, et elle ne respira que lorsqu'elle eut entendu la porte se refermer derrière elle et que Dariole fut venue lui dire que la terrible apparition était bien évanouie.

— Dariole, lui dit-elle alors, traîne un fauteuil près de mon lit et passe la nuit dans ce fauteuil. Je t'en prie, car je n'oserais pas rester seule.

Dariole obéit ; mais malgré la compagnie de sa femme de chambre, qui restait près d'elle, malgré la lumière de la lampe qu'elle ordonna de laisser allumée pour plus grande tranquillité, madame de Sauve aussi ne s'endormit qu'au jour, tant bruissait à son oreille le métallique accent de la voix de Catherine.

Cependant, quoique endormie au moment où le jour commençait à paraître, Marguerite se réveilla au premier son des trompettes, aux premiers aboiements des chiens. Elle se leva aussitôt et commença de revêtir un costume si négligé qu'il en était prétentieux. Alors elle appela ses femmes, fit introduire dans son antichambre les gentilshommes du service ordinaire du roi de Navarre ; puis, ouvrant la porte qui enfermait sous la même clef Henri et de La Mole, elle donna du regard un bonjour affectueux à ce dernier, et appelant son mari :

— Allons, sire, dit-elle, ce n'est pas le tout que d'avoir fait croire à madame ma mère ce qui n'est pas, il convient encore que vous persuadiez toute votre cour de la parfaite intelligence qui règne entre nous. Mais tranquillisez-vous, ajouta-t-elle en riant, et retenez bien mes paroles, que la circonstance fait presque solennelles : Aujourd'hui sera la dernière fois que je mettrai Votre Majesté à cette cruelle épreuve.

Le roi de Navarre sourit et ordonna qu'on introduisît ses gentilshommes.

Au moment où ils le saluaient, il fit semblant de s'apercevoir seulement que son manteau était resté sur le lit de la reine ; il leur fit ses excuses de les recevoir ainsi, prit son manteau des mains de Marguerite rougissante, et l'agrafa sur son épaule. Puis, se tournant vers eux, il leur demanda des nouvelles de la ville et de la cour.

Marguerite remarquait du coin de l'œil l'imperceptible étonnement que produisit sur le visage des gentilshommes cette intimité qui venait de se révéler entre le roi et la reine de Navarre, lorsqu'un huissier entra suivi de trois ou quatre gentilshommes, et annonçant le duc d'Alençon.

Pour le faire venir, Gillonne avait eu besoin de lui apprendre seulement que le roi avait passé la nuit chez sa femme.

François entra si rapidement qu'il faillit, en les écartant, renverser ceux qui le précédaient. Son premier coup d'œil fut pour Henri. Marguerite n'eut que le second.

Henri lui répondit par un salut courtois. Marguerite composa son visage, qui exprima la plus parfaite sérénité.

D'un autre regard vague, mais scrutateur, le duc embrassa alors toute la chambre ; il vit le lit aux tapisseries dérangées, le double oreiller affaissé au chevet, le chapeau du roi jeté sur une chaise.

Il pâlit ; mais se remettant sur-le-champ :

— Mon frère Henri, dit-il, venez-vous jouer ce matin à la paume avec le roi ?

— Le roi me fait-il cet honneur de m'avoir choisi, demanda Henri, ou n'est-ce qu'une attention de votre part, mon beau-frère ?

— Mais non, le roi n'a point parlé de cela, dit le duc un peu embarrassé ; mais n'êtes-vous point de sa partie ordinaire ?

Henri sourit ; car il s'était passé tant et de si graves choses depuis la dernière partie qu'il avait faite avec le roi, qu'il n'y aurait rien eu d'étonnant à ce que Charles IX eût changé ses joueurs habituels.

— J'y vais, mon frère ! dit Henri en souriant.

— Venez, reprit le duc.

— Vous vous en allez ? demanda Marguerite.

— Oui, ma sœur.

— Vous êtes donc pressé ?

— Très-pressé.

— Si cependant je réclamais de vous quelques minutes ?

Une pareille demande était si rare dans la bouche de Marguerite, que son frère la regarda en rougissant et en pâlissant tour à tour.

— Que va-t-elle lui dire ? pensa Henri non moins étonné que le duc d'Alençon.

Marguerite, comme si elle eût deviné la pensée de son époux, se retourna de son côté.

— Monsieur, dit-elle avec un charmant sourire, vous pouvez rejoindre Sa Majesté, si bon vous semble, car le secret que j'ai à révéler à mon frère est déjà connu de vous, puisque la demande que je vous ai adressée hier à propos de ce secret a été à peu près refusée par Votre Majesté. Je ne voudrais donc pas, continua Marguerite ; fatiguer une seconde fois Votre Majesté par l'expression émise en face d'elle d'un désir qui lui a paru être désagréable.

— Qu'est-ce donc ? demanda François en les regardant tous deux avec étonnement.

— Ah ! ah ! dit Henri en rougissant de dépit, je sais ce que vous voulez dire, Madame. En vérité, je regrette de ne pas être plus libre. Mais si je ne puis donner à M. de La Mole une hospitalité qui ne lui offrirait aucune assurance, je n'en peux pas moins recommander après vous à mon frère d'Alençon la personne *à laquelle vous vous intéressez*. Peut-être même, ajouta-t-il pour donner plus de force encore aux mots que nous venons de souligner, peut-être même mon frère trouvera-t-il une idée qui vous permettra de garder M. de La Mole… ici… près de vous… ce qui serait mieux que tout, n'est-ce pas, Madame ?

— Allons, allons, se dit Marguerite en elle-même, à eux deux ils vont faire ce que ni l'un ni l'autre des deux n'eût fait tout seul.

Et elle ouvrit la porte du cabinet et en fit sortir le jeune blessé après avoir dit à Henri :

— C'est à vous, Monsieur, d'expliquer à mon frère à quel titre nous nous intéressons à M. de La Mole.

En deux mots Henri, pris au trébuchet, raconta à M. d'Alençon, moitié protestant par opposition, comme Henri moitié catholique par prudence, l'arrivée de La Mole à Paris, et comment le jeune homme avait été blessé en venant lui apporter une lettre de M. d'Auriac.

Quand le duc se retourna, La Mole, sorti du cabinet, se tenait debout devant lui.

François, en l'apercevant si beau, si pâle, et par conséquent doublement séduisant par sa beauté et par sa pâleur, sentit naître une nouvelle terreur au fond de son âme. Marguerite le prenait à la fois par la jalousie et par l'amour-propre.

— Mon frère, lui dit-elle, ce jeune gentilhomme, j'en réponds, sera utile à qui saura l'employer. Si vous l'acceptez pour vôtre, il trouvera en vous un maître puissant, et vous, en lui, un serviteur dévoué. En ces temps, il faut bien s'entourer, mon frère ! surtout, ajouta-t-elle en baissant la voix de manière que le duc d'Alençon l'entendît seul, quand on est ambitieux et que l'on a le malheur de n'être que troisième fils de France.

Elle mit un doigt sur sa bouche pour indiquer à François que, malgré cette ouverture, elle gardait encore à part en elle-même une portion importante de sa pensée.

— Puis, ajouta-t-elle, peut-être trouverez-vous, tout au contraire de Henri, qu'il n'est pas séant que ce jeune homme demeure si près de mon appartement.

— Ma sœur, dit vivement François, monsieur de La Mole, si cela lui convient toutefois, sera dans une demi-heure installé dans mon logis, où je crois qu'il n'a rien à craindre. Qu'il m'aime et je l'aimerai.

François mentait, car au fond de son cœur il détestait déjà La Mole.

— Bien, bien… je ne m'étais donc pas trompée ! murmura Marguerite, qui vit les sourcils du roi de Navarre se froncer. Ah ! pour vous conduire l'un et l'autre, je vois qu'il faut vous conduire l'un par l'autre.

Puis complétant sa pensée :

— Allons, allons, continua-t-elle, bien, Marguerite, dirait Henriette.

En effet, une demi-heure après, La Mole, gravement catéchisé par Marguerite, baisait le bas de sa robe et montait, assez lestement pour un blessé, l'escalier qui conduisait chez M. d'Alençon.

Deux ou trois jours s'écoulèrent pendant lesquels la bonne harmonie parut se consolider de plus en plus entre Henri et sa femme. Henri avait obtenu de ne pas faire abjuration publique, mais il avait renoncé entre les mains du confesseur du roi et entendait tous les matins la messe qu'on disait au Louvre. Le soir il prenait ostensiblement le chemin de l'appartement de sa femme, entrait par la grande porte, causait quelques instants avec elle, puis sortait par la petite porte secrète et montait chez madame de Sauve, qui n'avait pas manqué de le prévenir de la visite de Catherine et du danger incontestable qui le menaçait. Henri, renseigné des deux côtés, redoublait donc de méfiance à l'endroit de la reine mère, et cela avec d'autant plus de raison qu'insensiblement la figure de Catherine commençait de se dérider. Henri en arriva même à voir éclore un matin sur ses lèvres pâles un sourire de bienveillance. Ce jour-là il eut toutes les peines du monde à se décider à manger autre chose que des œufs qu'il avait fait cuire lui-même, et à boire autre chose que de l'eau qu'il avait vu puiser à la Seine devant lui.

Les massacres continuaient, mais néanmoins allaient s'éteignant ; on avait fait si grande tuerie des huguenots que le nombre en était fort diminué. La plus grande partie étaient morts, beaucoup avaient fui, quelques-uns étaient restés cachés.

De temps en temps une grande clameur s'élevait dans un quartier ou dans un autre : c'était quand on avait découvert un de ceux-là. L'exécution alors était privée ou publique, selon que le malheureux était acculé dans quelque endroit sans issue ou pouvait fuir. Dans le dernier cas, c'était une grande joie pour le quartier où l'événement avait eu lieu : car, au lieu de se calmer par l'extinction de leurs ennemis, les catholiques devenaient de plus en plus féroces ; et moins il en restait, plus ils paraissaient acharnés après ces malheureux restes.

Charles IX avait pris grand plaisir à la chasse aux huguenots ; puis, quand il n'avait pas pu continuer de chasser lui-même, il s'était délecté au bruit des chasses des autres.

Un jour, en revenant de jouer au mail, qui était avec la paume et la chasse son plaisir favori, il entra chez sa mère le visage tout joyeux, suivi de ses courtisans habituels.

— Ma mère, dit-il en embrassant la Florentine, qui, remarquant cette joie, avait déjà essayé d'en deviner la cause ; ma mère, bonne nouvelle ! Mort de tous les diables, savez-vous une chose ? c'est que l'illustre carcasse de monsieur l'amiral, qu'en croyait perdue, est retrouvée !

— Ah ! ah ! dit Catherine.

— Oh ! mon Dieu, oui ! Vous avez eu comme moi l'idée, n'est-ce pas, ma mère, que les chiens en avaient fait leur repas de noce ! mais il n'en était rien. Mon peuple, mon cher peuple, mon bon peuple a eu une idée : il a pendu l'amiral au croc de Montfaucon.

Du haut en bas Gaspard on a jeté,
 Et puis de bas en haut on l'a monté.

    — Eh bien ? dit Catherine.

    — Eh bien, ma bonne mère ! reprit Charles IX, j'ai toujours eu l'envie de le revoir depuis que je sais qu'il est mort, ce cher homme. Il fait beau ; tout me semble en fleurs aujourd'hui ; l'air est plein de vie et de parfums ; je me porte comme je ne me suis jamais porté ; si vous voulez, ma mère, nous monterons à cheval et nous irons à Montfaucon.

    — Ce serait bien volontiers, mon fils, dit Catherine, si je n'avais pas donné un rendez-vous que je ne veux pas manquer ; puis à une visite faite à un homme de l'importance de monsieur l'amiral, ajouta-t-elle, il faut convier toute la cour. Ce sera une occasion pour les observateurs de faire des observations curieuses. Nous verrons qui viendra et qui demeurera.

    — Vous avez, ma foi, raison, ma mère ! à demain la chose, cela vaut mieux ! Ainsi, faites vos invitations, je ferai les miennes, ou plutôt nous n'inviterons personne. Nous dirons seulement que nous y allons ; cela fait, tout le monde sera libre. Adieu, ma mère ! je vais sonner du cor.

    — Vous vous épuiserez, Charles ! Ambroise Paré vous le dit sans cesse, et il a raison ; c'est un trop rude exercice pour vous.

    — Bah, bah, bah ! dit Charles, je voudrais bien être sûr de ne mourir que de cela. J'enterrerais tout le monde ici, et même Henriot, qui doit un jour nous succéder à tous, à ce que prétend Nostradamus.

    Catherine fronça le sourcil.

    — Mon fils, dit-elle, défiez-vous surtout des choses qui paraissent impossibles, et, en attendant, ménagez-vous.

    — Deux ou trois fanfares seulement pour réjouir mes chiens, qui s'ennuient à crever, pauvres bêtes ! j'aurais dû les lâcher sur le huguenot, cela les aurait réjouis.

    Et Charles IX sortit de la chambre de sa mère, entra dans son cabinet d'Armes, détacha un cor, en sonna avec une vigueur qui eût fait honneur à Roland lui-même. On ne pouvait pas comprendre comment, de ce corps faible et maladif et de ces lèvres pâles, pouvait sortir un souffle si puissant.

    Catherine attendait en effet quelqu'un, comme elle l'avait dit à son fils. Un instant après qu'il fut sorti, une de ses femmes vint lui parler tout bas. La reine sourit, se leva, salua les personnes qui lui faisaient la cour et suivit la messagère.

    Le Florentin René, celui auquel le roi de Navarre, le soir même de la Saint-Barthélémy, avait fait un accueil si diplomatique, venait d'entrer dans son oratoire.

    — Ah ! c'est vous, René ! lui dit Catherine ; je vous attendais avec impatience.

    René s'inclina.

    — Vous avez reçu hier le petit mot que je vous ai écrit ?

    — J'ai eu cet honneur.

    — Avez-vous renouvelé, comme je vous le disais, l'épreuve de cet horoscope tiré par Ruggieri et qui s'accorde si bien avec cette prophétie de Nostradamus, qui dit que mes fils régneront tous trois ?… Depuis quelques jours, les choses sont bien modifiées, René, et j'ai pensé qu'il était possible que les destinées fussent devenues moins menaçantes.

    — Madame, répondit René en secouant la tête, Votre Majesté sait bien que les choses ne modifient pas la destinée ; c'est la destinée au contraire qui gouverne les choses.

    — Vous n'en avez pas moins renouvelé le sacrifice, n'est-ce pas ?

    — Oui, Madame, répondit René, car vous obéir est mon premier devoir.

    — Eh bien, le résultat ?

    — Est demeuré le même, Madame.

    — Quoi ! l'agneau noir a toujours poussé ses trois cris ?

— Toujours, Madame.

— Signe de trois morts cruelles dans ma famille ! murmura Catherine.

— Hélas ! dit René.

— Mais ensuite ?

— Ensuite, Madame, il y avait dans ses entrailles cet étrange déplacement du foie que nous avons déjà remarqué dans les deux premiers et qui penchait en sens inverse.

— Changement de dynastie. Toujours, toujours, toujours ! grommela Catherine. Il faudra cependant combattre cela, René ! continua-t-elle.

René secoua la tête.

— Je l'ai dit à Votre Majesté, reprit-il, le destin gouverne.

— C'est ton avis ? dit Catherine.

— Oui, Madame.

— Te souviens-tu de l'horoscope de Jeanne d'Albret ?

— Oui, Madame.

— Redis-le un peu, voyons, je l'ai oublié, moi.

— *Vives honorata*, dit René, *morieris reformidata, regina amplificabere*.

— Ce qui veut dire, je crois : « Tu vivras honorée, » et elle manquait du nécessaire, la pauvre femme ! « Tu mourras redoutée, » et nous nous sommes moqués d'elle. « Tu seras plus grande que tu n'as été comme reine, » et voilà qu'elle est morte et que sa grandeur repose dans un tombeau où nous avons oublié de mettre même son nom.

— Madame, Votre Majesté traduit mal le *vives honorata*. La reine de Navarre a vécu honorée en effet, car elle a joui, tant qu'elle a vécu, de l'amour de ses enfants et du respect de ses partisans, amour et respect d'autant plus sincères qu'elle était plus pauvre.

— Oui, dit Catherine, je vous passe le *tu vivras honorée* ; mais *morieris reformidata*, voyons, comment l'expliquerez-vous ?

— Comment je l'expliquerai ! Rien de plus facile. Tu mourras redoutée.

— Eh bien ! est-elle morte redoutée ?

— Si bien redoutée, Madame, qu'elle ne fût pas morte si Votre Majesté n'en avait pas eu peur. Enfin *comme reine, tu grandiras, ou tu seras plus grande que tu n'as été comme reine* ; ce qui est encore vrai, Madame, car en échange de la couronne périssable, elle a peut-être maintenant, comme reine et martyre, la couronne du ciel, et outre cela, qui sait encore l'avenir réservé à sa race sur la terre ?

Catherine était superstitieuse à l'excès. Elle s'épouvanta plus encore peut-être du sang-froid de René que de cette persistance des augures ; et comme pour elle un mauvais pas était une occasion de franchir hardiment la situation, elle dit brusquement à René et sans transition aucune que le travail muet de sa pensée :

— Est-il arrivé des parfums d'Italie ?

— Oui, Madame.

— Vous m'en enverrez un coffret garni.

— Desquels ?

— Des derniers, de ceux…

Catherine s'arrêta.

— De ceux qu'aimait particulièrement la reine de Navarre ? reprit René.

— Précisément.

— Il n'est point besoin de les préparer, n'est-ce pas, Madame ? car Votre Majesté y est à cette heure aussi savante que moi.

— Tu trouves ? dit Catherine. Le fait est qu'ils réussissent.

— Votre Majesté n'a rien de plus à me dire ? demanda le parfumeur.

— Non, non, reprit Catherine pensive ; je ne crois pas, du moins. Si toutefois il y avait du nouveau dans les sacrifices, faites-le-moi savoir. À propos, laissons là les agneaux, et essayons des poules.

— Hélas ! Madame, j'ai bien peur qu'en changeant la victime, nous ne changions rien aux présages.

— Fais ce que je dis.

René salua et sortit.

Catherine resta un instant assise et pensive ; puis elle se leva à son tour et rentra dans sa chambre à coucher, où l'attendaient ses femmes et où elle annonça pour le lendemain le pèlerinage à Montfaucon.

La nouvelle de cette partie de plaisir fut pendant toute la soirée le bruit du palais et la rumeur de la ville. Les dames firent préparer leurs toilettes les plus élégantes, les gentilshommes leurs armes et leurs chevaux d'apparat. Les marchands fermèrent boutiques et ateliers, et les flâneurs de la populace tuèrent, par-ci, par-là, quelques huguenots épargnés pour la bonne occasion, afin d'avoir un accompagnement convenable à donner au cadavre de l'amiral.

Ce fut un grand vacarme pendant toute la soirée et pendant une bonne partie de la nuit.

La Mole avait passé la plus triste journée du monde, et cette journée avait succédé à trois ou quatre autres qui n'étaient pas moins tristes.

M. d'Alençon, pour obéir aux désirs de Marguerite, l'avait installé chez lui, mais ne l'avait point revu depuis. Il se sentait tout à coup, comme un pauvre enfant abandonné, privé des soins tendres, délicats et charmants de deux femmes dont le souvenir seul de l'une dévorait incessamment sa pensée. Il avait bien eu de ses nouvelles par le chirurgien Ambroise Paré, qu'elle lui avait envoyé ; mais ces nouvelles, transmises par un homme de cinquante ans, qui ignorait ou feignait d'ignorer l'intérêt que La Mole portait aux moindres choses qui se rapportaient à Marguerite, étaient bien incomplètes et bien insuffisantes. Il est vrai que Gillonne était venue une fois, en son propre nom, bien entendu, pour savoir des nouvelles du blessé. Cette visite avait fait l'effet d'un rayon de soleil dans un cachot, et La Mole en était resté comme ébloui, attendant toujours une seconde apparition, laquelle, quoiqu'il se fût écoulé deux jours depuis la première, ne venait point.

Aussi, quand la nouvelle fut apportée au convalescent de cette réunion splendide de toute la cour pour le lendemain, fit-il demander à M. d'Alençon la faveur de l'accompagner.

Le duc ne se demanda pas même si La Mole était en état de supporter cette fatigue ; il répondit seulement :

— À merveille ! Qu'on lui donne un de mes chevaux.

C'était tout ce que désirait La Mole. Maître Ambroise Paré vint comme d'habitude pour le panser. La Mole lui exposa la nécessité où il était de monter à cheval et le pria de mettre un double soin à la pose des appareils. Les deux blessures, au reste, étaient refermées, celle de la poitrine comme celle de l'épaule, et celle de l'épaule seule le faisait souffrir. Toutes deux étaient vermeilles, comme il convient à des chairs en voie de guérison. Maître Ambroise Paré les recouvrit d'un taffetas gommé fort en vogue à cette époque pour ces sortes de cas, et promit à La Mole que, pourvu qu'il ne se donnât point trop de mouvement dans l'excursion qu'il allait faire, les choses iraient convenablement.

La Mole était au comble de la joie. À part une certaine faiblesse causée par la perte de son sang et un léger étourdissement qui se rattachait à cette cause, il se sentait aussi bien qu'il pouvait être. D'ailleurs, Marguerite serait sans doute de cette cavalcade ; il reverrait Marguerite, et lorsqu'il songeait au bien que lui avait fait la vue de Gillonne, il ne mettait point en doute l'efficacité bien plus grande de celle de sa maîtresse.

La Mole employa donc une partie de l'argent qu'il avait reçu en partant de sa famille à acheter le plus beau justaucorps de satin blanc et la plus riche broderie de manteau que lui pût procurer le tailleur à la mode. Le même lui fournit encore les bottes de cuir parfumé qu'on portait à cette époque. Le tout lui fut apporté le matin, une demi-heure seulement après l'heure pour laquelle La Mole l'avait demandé, ce qui fait qu'il n'eut trop rien à dire. Il s'habilla rapidement, se regarda dans son miroir, se trouva assez convenablement vêtu, coiffé, parfumé pour être satisfait de lui-même ; enfin il s'assura par plusieurs tours faits rapidement dans sa chambre qu'à part plusieurs douleurs assez vives, le bonheur moral ferait taire les incommodités physiques.

Un manteau cerise de son invention, et taillé un peu plus long qu'on ne les portait alors, lui allait particulièrement bien.

Tandis que cette scène se passait au Louvre, une autre du même genre avait lieu à l'hôtel de Guise. Un grand gentilhomme à poil roux examinait devant une glace une raie rougeâtre qui lui traversait désagréablement le visage ; il peignait et parfumait sa moustache, et tout en la parfumant, il étendait sur cette malheureuse raie, qui, malgré tous les cosmétiques en usage à cette époque, s'obstinait à reparaître, il étendait, dis-je, une triple couche de blanc et de rouge ; mais comme l'application était insuffisante, une idée lui vint : un ardent soleil, un soleil d'août dardait ses rayons dans la cour ; il descendit dans cette cour, mit son chapeau à la main, et le nez en l'air et les yeux fermés, il se promena pendant dix minutes, s'exposant volontairement à cette flamme dévorante qui tombait par torrents du ciel.

Au bout de dix minutes, grâce à un coup de soleil de premier ordre, le gentilhomme était arrivé à avoir un visage si éclatant, que c'était la raie rouge qui maintenant n'était plus en harmonie avec le reste et qui par comparaison paraissait jaune. Notre gentilhomme ne parut pas fort moins satisfait de cet arc-en-ciel, qu'il rassortit de son mieux avec le reste du visage, grâce à une couche de vermillon qu'il étendit dessus ; après quoi il endossa un magnifique habit qu'un tailleur avait mis dans sa chambre avant qu'il n'eût demandé le tailleur.

Ainsi paré, musqué, armé de pied en cap, il descendit une seconde fois dans la cour et se mit à caresser un grand cheval noir dont la beauté eût été sans égale sans une petite coupure qu'à l'instar de celle de son maître lui avait faite dans une des dernières batailles civiles un sabre de reître.

Néanmoins, enchanté de son cheval comme il l'était de lui-même, ce gentilhomme, que nos lecteurs ont sans doute reconnu sans peine, fut en selle un quart d'heure avant tout le monde, et fit retentir la cour de l'hôtel de Guise des hennissements de son coursier, auxquels répondaient, à mesure qu'il s'en rendait maître, des *mordi* prononcés sur tous les tons. Au bout d'un instant le cheval, complétement dompté, reconnaissait par sa souplesse et son obéissance la légitime domination de son cavalier ; mais la victoire n'avait pas été remportée sans bruit, et ce bruit (c'était peut-être là-dessus que comptait notre gentilhomme), et ce bruit avait attiré aux vitres une dame que notre dompteur de chevaux salua profondément et qui lui sourit de la façon la plus agréable.

Cinq minutes après, madame de Nevers faisait appeler son intendant.

— Monsieur, demanda-t-elle, a-t-on fait convenablement déjeuner M. le comte Annibal de Coconnas ?

— Oui, Madame, répondit l'intendant. Il a même ce matin mangé de meilleur appétit encore que d'habitude.

— Bien, Monsieur ! dit la duchesse.

Puis se retournant vers son premier gentilhomme :

— Monsieur d'Arguzon, dit-elle, partons pour le Louvre et tenez l'œil, je vous prie, sur M. le comte Annibal de Coconnas, car il est blessé, par conséquent encore faible, et je ne voudrais pas pour tout au monde qu'il lui arrivât malheur. Cela ferait rire les huguenots, qui lui gardent rancune depuis cette bienheureuse soirée de la Saint-Barthélémy.

Et madame de Nevers, montant à cheval à son tour, partit toute rayonnante pour le Louvre, où était le rendez-vous général.

Il était deux heures de l'après-midi, lorsqu'une file de cavaliers ruisselants d'or, de joyaux et d'habits splendides apparut dans la rue Saint-Denis, débouchant à l'angle du cimetière des Innocents, et se déroulant au soleil entre les deux rangées de maisons sombres comme un immense reptile aux chatoyants anneaux.

XVI

LE CORPS D'UN ENNEMI MORT SENT TOUJOURS BON.

Nulle troupe, si riche qu'elle soit, ne peut donner une idée de ce spectacle. Les habits soyeux, riches et éclatants, légués comme une mode splendide par François Ier à ses successeurs, ne s'étaient pas transformés encore dans ces vêtements étriqués et sombres qui furent de mise sous Henri III ; de sorte que le costume de Charles IX, moins riche, mais peut-être plus élégant que ceux des époques précédentes, éclatait dans toute sa parfaite harmonie. De nos jours, il n'y a plus de point de comparaison possible avec un semblable cortége ; car nous en sommes réduits, pour nos magnificences de parade, à la symétrie et à l'uniforme.

Pages, écuyers, gentilshommes de bas étage, chiens et chevaux marchant sur les flancs et en arrière, faisaient du cortége royal une véritable armée. Derrière cette armée venait le peuple, ou, pour mieux dire, le peuple était partout.

Le peuple suivait, escortait et précédait ; il criait à la fois Noël et Haro, car, dans le cortége, on distinguait plusieurs calvinistes raillés, et le peuple a de la rancune.

C'était le matin, en face de Catherine et du duc de Guise, que Charles IX avait, comme d'une chose toute naturelle, parlé devant Henri de Navarre d'aller visiter le gibet de Montfaucon, ou plutôt le corps mutilé de l'amiral, qui était pendu. Le premier mouvement de Henri avait été de se dispenser de prendre part à cette visite. C'était là où l'attendait Catherine. Aux premiers mots qu'il dit exprimant sa répugnance, elle échangea un coup d'œil et un sourire avec le duc de Guise. Henri surprit l'un et l'autre, les comprit, puis, se reprenant tout à coup :

— Mais, au fait, dit-il, pourquoi n'irais-je pas ? Je suis catholique et je me dois à ma nouvelle religion.

Puis s'adressant à Charles IX :

— Que Votre Majesté compte sur moi, lui dit-il, je serai toujours heureux de l'accompagner partout où elle ira.

Et il jeta autour de lui un coup d'œil rapide pour compter les sourcils qui se fronçaient.

Aussi celui de tout le cortège que l'on regardait avec le plus de curiosité, peut-être, était ce fils sans mère, ce roi sans royaume, ce huguenot fait catholique. Sa figure longue et caractérisée, sa tournure un peu vulgaire, sa familiarité avec ses inférieurs, familiarité qu'il portait à un degré presque inconvenant pour un roi, familiarité qui tenait aux habitudes montagnardes de sa jeunesse et qu'il conserva jusqu'à sa mort, le signalaient aux spectateurs, dont quelques-uns lui criaient :

— À la messe, Henriot, à la messe !

Ce à quoi Henri répondait :

— J'y ai été hier, j'en viens aujourd'hui, et j'y retournerai demain. Ventre-saint-gris ! il me semble cependant que c'est assez comme cela.

Quant à Marguerite, elle était à cheval, si belle, si fraîche, si élégante, que l'admiration faisait autour d'elle un concert dont quelques notes, il faut l'avouer, s'adressaient à sa compagne, madame la duchesse de Nevers, qu'elle venait de rejoindre, et dont le cheval blanc, comme s'il était fier du poids qu'il portait, secouait furieusement la tête.

— Eh bien, duchesse ! dit la reine de Navarre, quoi de nouveau ?

— Mais, Madame, répondit tout haut Henriette, rien que je sache.

Puis tout bas :

— Et le huguenot, demanda-t-elle, qu'est-il devenu ?

— Je lui ai trouvé une retraite à peu près sûre, répondit Marguerite. Et le grand massacreur de gens, qu'en as-tu fait ?

— Il a voulu être de la fête ; il monte le cheval de bataille de M. de Nevers, un cheval grand comme un éléphant. C'est un cavalier effrayant. Je lui ai permis d'assister à la cérémonie, parce que j'ai pensé que prudemment ton huguenot garderait la chambre et que de cette façon il n'y aurait pas de rencontre à craindre.

— Oh ! ma foi ! répondit Marguerite en souriant, fût-il ici, et il n'y est pas, je crois qu'il n'y aurait pas de rencontre pour cela. C'est un beau garçon que mon huguenot, mais pas autre chose : une colombe et non un milan ; il roucoule, mais ne mord pas. Après tout, fit-elle avec un accent intraduisible et en haussant légèrement ses épaules ; après tout, peut-être l'avons-nous cru huguenot, tandis qu'il était brahme, et sa religion lui défend-elle de répandre le sang.

— Mais où donc est le duc d'Alençon ? demanda Henriette, je ne l'aperçois point.

— Il doit rejoindre, il avait mal aux yeux ce matin et désirait ne pas venir ; mais comme on sait que, pour ne pas être du même avis que son frère Charles et son frère Henri, il penche pour les huguenots, on lui a fait observer que le roi pourrait interpréter à mal son absence et il s'est décidé. Mais, justement, tiens, on regarde, on crie là-bas, c'est lui qui sera venu par la porte Montmartre.

— En effet, c'est lui-même, je le reconnais, dit Henriette. En vérité, mais il a bon air aujourd'hui. Depuis quelque temps, il se soigne particulièrement : il faut qu'il soit amoureux. Voyez donc comme c'est bon d'être prince du sang : il galope sur tout le monde, et tout le monde se range.

— En effet, dit en riant Marguerite, il va nous écraser. Dieu me pardonne ! Mais faites donc ranger vos gentilshommes, duchesse ! car en voici un qui, s'il ne se range pas, va se faire tuer.

— Eh, c'est mon intrépide ! s'écria la duchesse, regarde donc, regarde.

Coconnas avait en effet quitté son rang pour se rapprocher de madame de Nevers ; mais, au moment même où son cheval traversait l'espèce de boulevard extérieur qui séparait la rue du faubourg Saint-Denis, un cavalier de la suite du duc d'Alençon, essayant en vain de retenir son cheval emporté, alla en plein corps heurter Coconnas. Coconnas ébranlé vacilla sur sa colossale monture, son chapeau faillit tomber, il le retint et se retourna furieux.

— Dieu ! dit Marguerite en se penchant à l'oreille de son amie, M. de La Mole !

— Ce beau jeune homme pâle ! s'écria la duchesse incapable de maîtriser sa première impression.

— Oui, oui ! celui-là même qui a failli renverser ton Piémontais.

— Oh ! mais, dit la duchesse, il va se passer des choses affreuses ! ils se regardent, ils se reconnaissent !

En effet, Coconnas en se retournant avait reconnu la figure de La Mole ; et, de surprise, il avait laissé échapper la bride de son cheval, car il croyait bien avoir tué son ancien compagnon, ou du moins l'avoir mis pour un certain temps hors de combat. De son côté, La Mole reconnut Coconnas et sentit un feu qui lui montait au visage. Pendant quelques secondes, qui suffirent à l'expression de tous les sentiments que couvaient ces deux hommes, ils s'étreignirent d'un regard qui fit frissonner les deux femmes. Après quoi La Mole ayant regardé tout autour de lui, et ayant compris sans doute que le lieu était mal choisi pour une explication, piqua son cheval et rejoignit le duc d'Alençon. Coconnas resta un moment ferme à la même place, tordant sa moustache et en faisant remonter la pointe jusqu'à se crever l'œil ; après quoi, voyant que La Mole s'éloignait sans lui rien dire de plus, il se remit lui-même en route.

— Ah ! ah ! dit avec une dédaigneuse douleur Marguerite, je ne m'étais donc pas trompée… Oh ! pour cette fois c'est trop fort.

Et elle se mordit les lèvres jusqu'au sang.

— Il est bien joli, répondit la duchesse avec commisération.

Juste en ce moment le duc d'Alençon venait de reprendre sa place derrière le roi et la reine mère, de sorte que ses gentilshommes, en le rejoignant, étaient forcés de passer devant Marguerite et la duchesse de Nevers. La Mole, en passant à son tour devant les deux princesses, leva son chapeau, salua la reine en s'inclinant jusqu'sur le cou de son cheval, et demeura tête nue en attendant que Sa Majesté l'honorât d'un regard.

Mais Marguerite détourna fièrement la tête.

La Mole lut sans doute l'expression de dédain empreinte sur le visage de la reine, et de pâle qu'il était devint livide. De plus, pour ne pas choir de son cheval il fut forcé de se retenir à la crinière.

— Oh ! oh ! dit Henriette à la reine, regarde donc, cruelle que tu es ! Mais il va se trouver mal !…

— Bon ! dit la reine avec un sourire écrasant, il ne nous manquerait plus que cela… As-tu des sels ?

Madame de Nevers se trompait.

La Mole, chancelant, retrouva des forces, et, se raffermissant sur son cheval, alla reprendre son rang à la suite du duc d'Alençon.

Cependant on continuait d'avancer, on voyait se dessiner la silhouette lugubre du gibet dressé et étrenné par Enguerrand de Marigny. Jamais il n'avait été si bien garni qu'à cette heure.

Les huissiers et les gardes marchèrent en avant et formèrent un large cercle autour de l'enceinte. À leur approche, les corbeaux perchés sur le gibet s'envolèrent avec des croassements de désespoir.

Le gibet qui s'élevait à Montfaucon offrait d'ordinaire, derrière ses colonnes, un abri aux chiens attirés par une proie fréquente et aux bandits philosophes qui venaient méditer sur les tristes vicissitudes de la fortune.

Ce jour-là il n'y avait, en apparence du moins, à Montfaucon ni chiens, ni bandits. Les huissiers et les gardes avaient chassé les premiers en même temps que les corbeaux, et les autres s'étaient confondus dans la foule pour y opérer quelques-uns de ces bons coups qui sont les riantes vicissitudes du métier.

Le cortège s'avançait ; le roi et Catherine arrivaient les premiers, puis venaient le duc d'Anjou, le duc d'Alençon, le roi de Navarre, M. de Guise et leurs gentilshommes ; puis madame Marguerite, la duchesse de Nevers et toutes les femmes composant ce qu'on appelait l'escadron volant de la reine ; puis les pages, les écuyers, les valets et le peuple, en tout dix mille personnes.

Au gibet principal pendait une masse informe, un cadavre noir, souillé de sang coagulé et de boue blanchie par de nouvelles couches de poussière. Au cadavre il manquait une tête. Aussi l'avait-on pendu par les pieds. Au reste, la populace, ingénieuse comme elle l'est toujours, avait remplacé la tête par un bouchon de paille sur lequel elle avait mis un masque, et dans la bouche de ce masque, quelque railleur qui connaissait les habitudes de M. l'amiral avait introduit un cure-dents.

C'était un spectacle à la fois lugubre et bizarre, que tous ces élégants seigneurs et toutes ces belles dames défilant, comme une procession peinte par Goya, au milieu de ces squelettes noircis et de ces gibets aux longs bras décharnés. Plus la joie des visiteurs était bruyante, plus elle faisait contraste avec le morne silence et la froide insensibilité de ces cadavres, objets de railleries qui faisaient frissonner ceux-là même qui les faisaient.

Beaucoup supportaient à grand'peine ce terrible spectacle ; et à sa pâleur on pouvait distinguer, dans le groupe des huguenots ralliés, Henri, qui, quelle que fût sa puissance sur lui-même, et si étendu que fût le degré de dissimulation dont le ciel l'avait doté, n'y put tenir. Il prétexta l'odeur impure que répandaient tous ces débris humains ; et s'approchant de Charles IX, qui, côte à côte avec Catherine, était arrêté devant les restes de l'amiral : Sire, dit-il, Votre Majesté ne trouve-t-elle pas que, pour rester plus longtemps ici, ce pauvre cadavre sent bien mauvais ?

— Tu trouves, Henriot ! dit Charles IX, dont les yeux étincelaient d'une joie féroce.

— Oui, sire.

— Eh bien ! je ne suis pas de ton avis, moi… le corps d'un ennemi mort sent toujours bon.

— Ma foi, sire, dit Tavannes, puisque Votre Majesté savait que nous devions venir faire une petite visite à M. l'amiral, elle eût dû inviter Pierre Ronsard, son maître en poésie : il eût fait, séance tenante, l'épitaphe du vieux Gaspard.

— Il n'y a pas besoin de lui pour cela, dit Charles IX, et nous le ferons bien nous-même…
Par exemple, écoutez, Messieurs, dit Charles IX après avoir réfléchi un instant :

Ci-gît, — mais c'est mal entendu,

Pour lui le mot est trop honnête, —

Ici l'amiral est pendu

Par les pieds, à faute de tête.   — Bravo, bravo ! s'écrièrent les gentilshommes catholiques tout d'une voix, tandis que les huguenots ralliés fronçaient les sourcils en gardant le silence.

Quant à Henri, comme il causait avec Marguerite et madame de Nevers, il fit semblant de n'avoir pas entendu.

— Allons, allons, Monsieur, dit Catherine, que, malgré les parfums dont elle était couverte, cette odeur commençait à indisposer, allons, il n'y a si bonne compagnie qu'on ne quitte. Disons adieu à monsieur l'amiral, et revenons à Paris.

Elle fit de la tête un geste ironique comme lorsqu'on prend congé d'un ami, et, reprenant la tête de colonne, elle revint gagner le chemin, tandis que le cortège défilait devant le cadavre de Coligny.

Le soleil se couchait à l'horizon.

La foule s'écoula sur les pas de Leurs Majestés pour jouir jusqu'au bout des magnificences du cortège et des détails du spectacle : les voleurs suivirent la foule ; de sorte que, dix minutes après le départ du roi, il n'y avait plus personne autour du cadavre mutilé de l'amiral, que commençaient à effleurer les premières brises du soir.

Quand nous disons personne, nous nous trompons. Un gentilhomme monté sur un cheval noir, et qui n'avait pu sans doute, au moment où il était honoré de la présence des princes, contempler à son aise ce tronc informe et noirci, était demeuré le dernier, et s'amusait à examiner dans tous leurs détails chaînes, crampons, piliers de pierre, le gibet enfin, qui lui paraissait sans doute, à lui arrivé depuis quelques jours à Paris et ignorant des perfectionnements qu'apporte en toute chose la capitale, le parangon de tout ce que l'homme peut inventer de plus terriblement laid.

Il n'est pas besoin de dire à nos lecteurs que cet homme était notre ami Coconnas. Un œil exercé de femme l'avait en vain cherché dans la cavalcade et avait sondé les rangs sans pouvoir le retrouver.

M. de Coconnas, comme nous l'avons dit, était donc en extase devant l'œuvre d'Enguerrand de Marigny.

Mais cette femme n'était pas seule à chercher M. de Coconnas. Un autre gentilhomme, remarquable par son pourpoint de satin blanc et sa galante plume, après avoir regardé en avant et sur les côtés, s'avisa de regarder en arrière et vit la haute taille de Coconnas et la gigantesque silhouette de son cheval se profiler en vigueur sur le ciel rougi des derniers reflets du soleil couchant.

Alors le gentilhomme au pourpoint de satin blanc quitta le chemin suivi par l'ensemble de la troupe, prit un petit sentier, et, décrivant une courbe, retourna vers le gibet.

Presque aussitôt la dame que nous avons reconnue pour la duchesse de Nevers, comme nous avons reconnu le grand gentilhomme au cheval noir pour Coconnas, s'approcha de Marguerite et lui dit :

— Nous nous sommes trompées toutes deux, Marguerite, car le Piémontais est demeuré en arrière, et M. de La Mole l'a suivi.

— Mordi ! reprit Marguerite en riant, il va donc se passer quelque chose. Ma foi, j'avoue que je ne serais pas fâchée d'avoir à revenir sur son compte.

Marguerite alors se retourna et vit s'exécuter effectivement de la part de La Mole la manœuvre que nous avons dite.

Ce fut alors au tour des deux princesses à quitter la file : l'occasion était des plus favorables ; on tournait devant un sentier bordé de larges haies qui remontait, et, en remontant, passait à trente pas du gibet. Madame de Nevers dit un mot à l'oreille de son capitaine, Marguerite fit un signe à Gillonne, et les quatre personnes s'en allèrent par ce chemin de traverse s'embusquer derrière le buisson le plus proche du lieu où allait se passer la scène dont ils paraissaient désirer être spectateurs. Il y avait trente pas environ, comme nous l'avons dit, de cet endroit à celui où Coconnas, ravi, en extase, gesticulait devant M. l'amiral.

Marguerite mit pied à terre, madame de Nevers et Gillonne en firent autant ; le capitaine descendit à son tour, et réunit dans ses mains les brides des quatre chevaux. Un gazon frais et touffu offrait aux trois femmes un siège comme en demandent souvent et inutilement les princesses.

Une éclaircie leur permettait de ne pas perdre le moindre détail.

La Mole avait décrit son cercle. Il vint au pas se placer derrière Coconnas, et, allongeant la main, il lui frappa sur l'épaule.

Le Piémontais se retourna.

— Oh ! dit-il, ce n'était donc pas un rêve ! et vous vivez encore !

— Oui, Monsieur, répondit La Mole, oui, je vis encore. Ce n'est pas votre faute, mais enfin je vis.

— Mordi ! je vous reconnais bien, reprit Coconnas, malgré votre mine pâle. Vous étiez plus rouge que cela la dernière fois que nous nous sommes vus.

— Et moi, dit La Mole, je vous reconnais aussi malgré cette ligne jaune qui vous coupe le visage ; vous étiez plus pâle que cela lorsque je vous la fis.

Coconnas se mordit les lèvres ; mais, décidé, à ce qu'il paraît, à continuer la conversation sur le ton de l'ironie, il continua :

— C'est curieux, n'est-ce pas, monsieur de La Mole, surtout pour un huguenot, de pouvoir regarder monsieur l'amiral pendu à ce crochet de fer ; et dire cependant qu'il y a des gens assez exagérés pour nous accuser d'avoir tué jusqu'aux huguenotins à la mamelle !

— Comte, dit La Mole en s'inclinant, je ne suis plus huguenot, j'ai le bonheur d'être catholique.

— Bah ! s'écria Coconnas en éclatant de rire, vous êtes converti, Monsieur ! oh ! que c'est adroit !

— Monsieur, continua La Mole avec le même sérieux et la même politesse, j'avais fait vœu de me convertir si j'échappais au massacre.

— Comte, reprit le Piémontais, c'est un vœu très-prudent, et je vous en félicite ; n'en auriez-vous point fait d'autres encore ?

— Oui, bien, Monsieur, j'en ai fait un second, répondit La Mole en caressant sa monture avec une tranquillité parfaite.

— Lequel ? demanda Coconnas.

— Celui de vous accrocher là-haut, voyez-vous, à ce petit clou qui semble vous attendre au-dessous de monsieur de Coligny.

— Comment ! dit Coconnas, comme je suis là, tout grouillant ?

— Non, Monsieur, après vous avoir passé mon épée au travers du corps.

Coconnas devint pourpre, ses yeux verts lancèrent des flammes.

— Voyez-vous, dit-il en goguenardant, à ce clou !

— Oui, reprit La Mole, à ce clou…

— Vous n'êtes pas assez grand pour cela, mon petit Monsieur ! dit Coconnas.

— Alors, je monterai sur votre cheval, mon grand tueur de gens ! répondit La Mole. Ah ! vous croyez, mon cher monsieur Annibal de Coconnas, qu'on peut impunément assassiner les gens sous le loyal et honorable prétexte qu'on est cent contre un ; nenni ! Un jour vient où l'homme retrouve son homme, et je crois que ce jour est venu aujourd'hui. J'aurais bien envie de casser votre vilaine tête d'un coup de pistolet ; mais, bah ! j'ajusterais mal, car j'ai la main encore tremblante des blessures que vous m'avez faites en traître.

— Ma vilaine tête ! hurla Coconnas en sautant de son cheval. À terre ! sus ! sus ! monsieur le comte, dégainons.

Et il mit l'épée à la main.

— Je crois que ton huguenot a dit vilaine tête, murmura la duchesse de Nevers à l'oreille de

Marguerite ; est-ce que tu le trouves laid ?

— Il est charmant ! dit en riant Marguerite, et je suis forcée de dire que la fureur rend M. de La Mole injuste ; mais, chut ! regardons.

En effet, La Mole était descendu de son cheval avec autant de mesure que Coconnas avait mis, lui, de rapidité ; il avait détaché son manteau cerise, l'avait posé à terre, avait tiré son épée et était tombé en garde.

— Aïe ! fit-il en allongeant le bras.

— Ouf ! murmura Coconnas en déployant le sien ; car tous deux, on se le rappelle, étaient blessés à l'épaule et souffraient d'un mouvement trop vif.

Un éclat de rire, mal retenu, sortit du buisson. Les princesses n'avaient pu se contraindre tout à fait en voyant les deux champions se frotter l'omoplate en grimaçant. Cet éclat de rire parvint jusqu'aux deux gentilshommes, qui ignoraient qu'ils eussent des témoins, et qui, en se retournant reconnurent leurs dames.

La Mole se remit en garde, ferme comme un automate, et Coconnas engagea le fer avec un *mordi !* des plus accentués.

— Ah çà ! mais, ils y vont tout de bon et s'égorgeront si nous n'y mettons bon ordre. Assez de plaisanteries. Holà. Messieurs ! holà ! cria Marguerite.

— Laisse ! laisse ! dit Henriette, qui, ayant vu Coconnas à l'œuvre, espérait au fond du cœur que Coconnas aurait aussi bon marché de La Mole qu'il avait eu des deux neveux et du fils de Mercandon.

— Oh ! ils sont vraiment très-beaux ainsi, dit Marguerite, regarde, on dirait qu'ils soufflent du feu.

En effet, le combat, commencé par des railleries et des provocations, était devenu silencieux depuis que les deux champions avaient croisé le fer. Tous deux se défiaient de leurs forces, et l'un et l'autre, à chaque mouvement trop vif, était forcé de réprimer un frisson de douleur arraché par les anciennes blessures. Cependant, les yeux fixes et ardents, la bouche entr'ouverte, les dents serrées, La Mole avançait à petits pas fermes et secs sur son adversaire qui, reconnaissant en lui un maître en fait d'armes, rompait aussi pas à pas, mais enfin rompait. Tous deux arrivèrent ainsi jusqu'au bord du fossé, de l'autre côté duquel se trouvaient les spectateurs. Là, comme si sa retraite eût été un simple calcul pour se rapprocher de sa dame, Coconnas s'arrêta, et, sur un dégagement un peu large de La Mole, fournit avec la rapidité de l'éclair un coup droit, et à l'instant même le pourpoint de satin blanc de La Mole s'imbiba d'une tache rouge qui alla s'élargissant.

— Courage ! cria la duchesse de Nevers.

— Ah ! pauvre La Mole ! fit Marguerite avec un cri de douleur.

La Mole entendit ce cri, lança à la reine un de ces regards qui pénètrent plus profondément dans le cœur que la pointe d'une épée, et sur un cercle trompé se fendit à fond.

Cette fois les deux femmes jetèrent deux cris qui n'en firent qu'un. La pointe de la rapière de La Mole avait apparu sanglante derrière le dos de Coconnas.

Cependant ni l'un ni l'autre ne tomba ; tous deux restèrent debout, se regardant la bouche ouverte, sentant chacun de son côté qu'au moindre mouvement qu'il ferait l'équilibre allait lui manquer. Enfin le Piémontais, plus dangereusement blessé que son adversaire, et sentant que ses forces allaient fuir avec son sang, se laissa tomber sur La Mole, l'étreignant d'un bras, tandis que de l'autre il cherchait à dégainer son poignard. De son côté, La Mole réunit toutes ses forces, leva la main et laissa retomber le pommeau de son épée au milieu du front de Coconnas, qui, étourdi du coup, tomba ; mais en tombant il entraîna son adversaire dans sa chute, si bien que tous deux roulèrent dans le fossé.

Aussitôt Marguerite et la duchesse de Nevers, voyant que tout mourants qu'ils étaient ils cherchaient encore à s'achever, se précipitèrent, aidées du capitaine des gardes. Mais avant qu'elles ne fussent arrivées à eux, les mains se détendirent, les yeux se refermèrent, et chacun des combattants, laissant échapper le fer qu'il tenait, se raidit dans une convulsion suprême.

Un large flot de sang écumait autour d'eux.

— Oh ! brave, brave La Mole ! s'écria Marguerite, incapable de renfermer plus longtemps en elle son admiration. Ah ! pardon, mille fois pardon de t'avoir soupçonné !

Et ses yeux se remplirent de larmes.

— Hélas ! hélas ! murmura la duchesse, valeureux Annibal… Dites, dites, Madame, avez-vous jamais vu deux plus intrépides lions ?

Et elle éclata en sanglots.

— Tudieu ! les rudes coups ! dit le capitaine en cherchant à étancher le sang qui coulait à flots… Holà ! vous qui venez, venez plus vite !

En effet, un homme, assis sur le devant d'une espèce de tombereau peint en ronge, apparaissait dans la brume du soir, chantant cette vieille chanson que lui avait sans doute rappelée le miracle du cimetière des Innocents :

Bel aubespin fleurissant,
  Verdissant,
Le long de ce beau rivage,
Tu es vêtu, jusqu'au bas,
  Des longs bras
D'une lambrusche sauvage.

Le chantre rossignolet,
  Nouvelet,
Courtisant sa bien-aimée,
Pour ses amours alléger,
  Vient loger
Tous les ans sous ta ramée.

Or, vis, gentil aubespin,
  Vis sans fin ;
Vis, sans que jamais tonnerre,
Ou la cognée, ou les vents,
  Ou le temps
Te puissent ruer par…

— Holà hé ! répéta le capitaine, venez donc quand on vous appelle ! Ne voyez-vous pas que ces gentilshommes ont besoin de secours ?

L'homme au chariot, dont l'extérieur repoussant et le visage rude formaient un contraste étrange avec la douce et bucolique chanson que nous venons de citer, arrêta alors son cheval, descendit, et se baissant sur les deux corps :

— Voilà de belles plaies, dit-il ; mais j'en fais encore de meilleures.

— Qui donc êtes-vous ? demanda Marguerite ressentant malgré elle une certaine terreur qu'elle n'avait pas la force de vaincre.

— Madame, répondit cet homme en s'inclinant jusqu'à terre, je suis maître Caboche, bourreau de la prévôté de Paris, et je venais accrocher à ce gibet des compagnons pour M. l'amiral.

— Eh bien ! moi, je suis la reine de Navarre, répondit Marguerite ; jetez là vos cadavres, étendez dans votre chariot les housses de nos chevaux, et ramenez doucement derrière nous ces deux gentilshommes au Louvre.

XVII

LE CONFRÈRE DE MAÎTRE AMBROISE PARÉ.

Le tombereau dans lequel on avait placé Coconnas et La Mole reprit la route de Paris, suivant dans l'ombre le groupe qui lui servait de guide. Il s'arrêta au Louvre ; le conducteur reçut un riche salaire. On fit transporter les blessés chez M. le duc d'Alençon, et l'on envoya chercher maître Ambroise Paré.

Lorsqu'il arriva, ni l'un ni l'autre n'avait encore repris connaissance.

La Mole était le moins maltraité des deux : le coup d'épée l'avait frappé au-dessous de l'aisselle droite, mais n'avait offensé aucun organe essentiel ; quant à Coconnas, il avait le poumon traversé, et le souffle qui sortait par la blessure faisait vaciller la flamme d'une bougie.

Maître Ambroise Paré ne répondait pas de Coconnas.

Madame de Nevers était désespérée ; c'était elle qui, confiante dans la force, dans l'adresse et le courage du Piémontais, avait empêché Marguerite de s'opposer au combat. Elle eût bien fait porter Coconnas à l'hôtel de Guise pour lui renouveler dans cette seconde occasion les soins de la première ; mais d'un moment à l'autre son mari pouvait arriver de Rome, et trouver étrange l'installation d'un intrus dans le domicile conjugal.

Pour cacher la cause des blessures, Marguerite avait fait porter les deux jeunes gens chez son frère, où l'un d'eux, d'ailleurs, était déjà installé, en disant que c'étaient deux gentilshommes qui s'étaient laissés choir de cheval pendant la promenade ; mais la vérité fut divulguée par l'admiration du capitaine témoin du combat, et l'on sut bientôt à la cour que deux nouveaux raffinés venaient de naître au grand jour de la renommée.

Soignés par le même chirurgien qui partageait ses soins entre eux, les deux blessés parcoururent les différentes phases de convalescence qui ressortaient du plus ou du moins de gravité de leurs blessures. La Mole, le moins grièvement atteint des deux, reprit le premier connaissance. Quant à Coconnas, une fièvre terrible s'était emparée de lui, et son retour à la vie fut signalé par tous les signes du plus affreux délire.

Quoique enfermé dans la même chambre que Coconnas, La Mole, en reprenant connaissance, n'avait pas vu son compagnon, ou n'avait par aucun signe indiqué qu'il le vît. Coconnas tout au contraire, en rouvrant les yeux, les fixa sur La Mole, et cela avec une expression qui eût pu prouver que le sang que le Piémontais venait de perdre n'avait en rien diminué les passions de ce tempérament de feu.

Coconnas pensa qu'il rêvait, et que dans son rêve il retrouvait l'ennemi que deux fois il croyait avoir tué ; seulement le rêve se prolongeait outre mesure. Après avoir vu La Mole couché comme lui, pansé comme lui par le chirurgien, il vit La Mole se soulever sur ce lit, où lui-même était cloué encore par la fièvre, la faiblesse et la douleur, puis en descendre, puis marcher au bras du chirurgien, puis marcher avec une canne, puis enfin marcher tout seul.

Coconnas, toujours en délire, regardait toutes ces différentes périodes de la convalescence de son compagnon d'un regard tantôt atone, tantôt furieux, mais toujours menaçant.

Tout cela offrait à l'esprit brûlant du Piémontais un mélange effrayant de fantastique et de réel. Pour lui La Mole était mort, bien mort, et même plutôt deux fois qu'une, et cependant il reconnaissait l'ombre de ce La Mole couchée dans un lit pareil au sien ; puis il vit, comme nous l'avons dit, l'ombre se lever, puis l'ombre marcher, et, chose effrayante, marcher vers son lit. Cette ombre, que Coconnas eût voulu fuir, fût-ce au fond des enfers, vint droit à lui et s'arrêta à son chevet, debout et le regardant ; il y avait même dans ses traits un sentiment de douceur et de compassion que Coconnas prit pour l'expression d'une dérision infernale.

Alors s'alluma dans cet esprit, plus malade peut-être que le corps, une aveugle passion de vengeance. Coconnas n'eut plus qu'une préoccupation, celle de se procurer une arme quelconque, et, avec cette arme, de frapper ce corps ou cette ombre de La Mole qui le tourmentait si cruellement. Ses habits avaient été déposés sur une chaise, puis emportés ; car, tout souillés de sang qu'ils étaient, on avait jugé à propos de les éloigner du blessé, mais on avait laissé sur la même chaise son poignard dont on ne supposait pas qu'avant longtemps il eût l'envie de se servir. Coconnas vit le poignard ; pendant trois nuits, profitant du moment où La Mole dormait, il essaya d'étendre la main jusqu'à lui ; trois fois la force lui manqua, et il s'évanouit. Enfin, la quatrième nuit, il atteignit l'arme, la saisit du bout de ses doigts crispés, et, en poussant un gémissement arraché par la douleur, il la cacha sous son oreiller.

Le lendemain, il vit quelque chose d'inouï jusque-là : l'ombre de La Mole, qui semblait chaque jour reprendre de nouvelles forces, tandis que lui, sans cesse occupé de la vision terrible, usait les siennes dans l'éternelle trame du complot qui devait l'en débarrasser ; l'ombre de la Mole, devenue de plus en plus alerte, fit, d'un air pensif, deux ou trois tours dans la chambre ; puis enfin, après avoir ajusté son manteau, ceint son épée, coiffé sa tête d'un feutre à larges bords, ouvrit la porte et sortit.

Coconnas respira ; il se crut débarrassé de son fantôme. Pendant deux ou trois heures son sang circula dans ses veines plus calme et plus rafraîchi qu'il n'avait jamais encore été depuis le moment du duel ; un jour d'absence de La Mole eût rendu la connaissance à Coconnas, huit jours l'eussent guéri peut-être ; malheureusement La Mole rentra au bout de deux heures.

Cette rentrée fut pour le Piémontais un véritable coup de poignard, et, quoique La Mole ne rentrât point seul, Coconnas n'eut pas un regard pour son compagnon.

Son compagnon méritait cependant bien qu'on le regardât.

C'était un homme d'une quarantaine d'années, court, trapu, vigoureux, avec des cheveux noirs qui descendaient jusqu'aux sourcils, et une barbe noire qui, contre la mode du temps, couvrait tout le bas de son visage ; mais le nouveau venu paraissait peu s'occuper de mode. Il avait une espèce de justaucorps de cuir tout maculé de taches brunes, des chausses sang-de-bœuf, un maillot rouge, de gros souliers de cuir montant au-dessus de la cheville, un bonnet de la même couleur que ses chausses, et la taille serrée par une large ceinture à laquelle pendait un couteau caché dans sa gaine.

Cet étrange personnage, dont la présence semblait une anomalie dans le Louvre, jeta sur une chaise le manteau brun qui l'enveloppait, et s'approcha brutalement du lit de Coconnas, dont les yeux, comme par une fascination singulière, demeuraient constamment fixés sur La Mole, qui se tenait à distance. Il regarda le malade, et secouant la tête :

— Vous avez attendu bien tard, mon gentilhomme ! dit-il.

— Je ne pouvais pas sortir plus tôt, dit La Mole.

— Eh ! pardieu ! il fallait m'envoyer chercher.

— Par qui ?

— Ah ! c'est vrai ! J'oubliais où nous sommes. Je l'avais dit à ces dames ; mais elles n'ont point voulu m'écouter. Si l'on avait suivi mes ordonnances, au lieu de s'en rapporter à celles de cet âne bâté que l'on nomme Ambroise Paré, vous seriez depuis longtemps en état ou de courir les aventures ensemble, ou de vous redonner un autre coup d'épée si c'était votre bon plaisir ; enfin on verra. Entend-il raison, votre ami ?

— Pas trop.

— Tirez la langue, mon gentilhomme.

Coconnas tira la langue à La Mole en faisant une si affreuse grimace, que l'examinateur secoua une seconde fois la tête.

— Oh ! oh ! murmura-t-il, contraction des muscles. Il n'y a pas de temps à perdre. Ce soir même je vous enverrai une potion toute préparée qu'on lui fera prendre en trois fois, d'heure en heure : une fois à minuit, une fois à une heure, une fois à deux heures.

— Bien.

— Mais qui la lui fera prendre, cette potion ?

— Moi.

— Vous-même ?

— Oui.

— Vous m'en donnez votre parole ?

— Foi de gentilhomme !

— Et si quelque médecin voulait en soustraire la moindre partie pour la décomposer et voir de quels ingrédients elle est formée…

— Je la renverserais jusqu'à la dernière goutte.

— Foi de gentilhomme aussi ?

— Je vous le jure.

— Par qui vous enverrai-je cette potion ?

— Par qui vous voudrez.

— Mais mon envoyé…

— Eh bien ?

— Comment pénétrera-t-il jusqu'à vous ?

— C'est prévu. Il dira qu'il vient de la part de M. René, le parfumeur.

— Ce Florentin qui demeure sur le pont Saint-Michel ?

— Justement. Il a ses entrées au Louvre à toute heure du jour et de la nuit.

L'homme sourit.

— En effet, dit-il, c'est bien le moins que lui doive la reine mère. C'est dit, on viendra de la part de maître René le parfumeur. Je puis bien prendre son nom une fois : il a assez souvent, sans être patenté, exercé ma profession.

— Eh bien, dit La Mole, je compte donc sur vous ?

— Comptez-y.

— Quant au payement…

— Oh ! nous réglerons cela avec le gentilhomme lui-même quand il sera sur pied.

— Et soyez tranquille, je crois qu'il sera en état de vous récompenser généreusement.

— Moi aussi, je crois. Mais, ajouta-t-il avec un singulier sourire, comme ce n'est pas l'habitude des gens qui ont affaire à moi d'être reconnaissants, cela ne m'étonnerait point qu'une fois sur ses pieds il oubliât ou plutôt ne se souciât point de se souvenir de moi.

— Bon ! bon ! dit La Mole en souriant à son tour ; en ce cas je serai là pour lui en rafraîchir la mémoire.

— Allons, soit ! dans deux heures vous aurez la potion.

— Au revoir.

— Vous dites ?

— Au revoir.

L'homme sourit.

— Moi, reprit-il, j'ai l'habitude de dire toujours adieu. Adieu donc, monsieur de La Mole ; dans deux heures vous aurez votre potion. Vous entendez, elle doit être prise à minuit… en trois doses… d'heure en heure.

Sur quoi il sortit, et La Mole resta seul avec Coconnas.

Coconnas avait entendu toute cette conversation, mais n'y avait rien compris : un vain bruit de paroles, un vain cliquetis de mots étaient arrivés jusqu'à lui. De tout cet entretien, il n'avait retenu que le mot : Minuit.

Il continua donc de suivre de son regard ardent La Mole, qui continua, lui, de demeurer dans la chambre, rêvant et se promenant.

Le docteur inconnu tint parole, et à l'heure dite envoya la potion, que La Mole mit sur un petit réchaud d'argent. Puis, cette précaution prise, il se coucha.

Cette action de La Mole donna un peu de repos à Coconnas ; il essaya de fermer les yeux à son tour, mais son assoupissement fiévreux n'était qu'une suite de sa veille délirante. Le même fantôme qui le poursuivait le jour venait le relancer la nuit ; à travers ses paupières arides, il continuait de voir La Mole toujours menaçant, puis une voix répétait à son oreille : Minuit ! minuit ! minuit !

Tout à coup le timbre vibrant de l'horloge s'éveilla dans la nuit et frappa douze fois.

Coconnas rouvrit ses yeux enflammés ; le souffle ardent de sa poitrine dévorait ses lèvres arides ; une soif inextinguible consumait son gosier embrasé ; la petite lampe de nuit brûlait comme d'habitude, et à sa terne lueur faisait danser mille fantômes aux regards vacillants de Coconnas.

Il vit alors, chose effrayante ! La Mole descendre de son lit ; puis, après avoir fait un tour ou deux dans sa chambre, comme fait l'épervier devant l'oiseau qu'il fascine, s'avancer jusqu'à lui en lui montrant le poing. Coconnas étendit la main vers son poignard, le saisit par le manche, et s'apprêta à éventrer son ennemi.

La Mole approchait toujours.

Coconnas murmurait :

— Ah ! c'est toi, toi encore, toi toujours ! Viens. Ah ! tu me menaces, tu me montres le poing, tu souris ! viens, viens ! Ah ! tu continues d'approcher tout doucement, pas à pas ; viens, viens, que je te massacre.

Et en effet, joignant le geste à cette sourde menace, au moment où La Mole se penchait vers lui, Coconnas fit jaillir de dessous ses draps l'éclair d'une lame ; mais l'effort que le Piémontais fit en se soulevant brisa ses forces ; le bras étendu vers La Mole s'arrêta à moitié chemin, le poignard échappa à sa main débile, et le moribond retomba sur son oreiller.

— Allons, allons, murmura La Mole en soulevant doucement sa tête et en approchant une tasse de ses lèvres, buvez cela, mon pauvre camarade, car vous brûlez.

C'était en effet une tasse que La Mole présentait à Coconnas, et que celui-ci avait prise pour ce poing menaçant dont s'était effarouché le cerveau vide du blessé.

Mais, au contact velouté de la liqueur bienfaisante humectant ses lèvres et rafraîchissant sa poitrine, Coconnas reprit sa raison ou plutôt son instinct : il sentit se répandre en lui un bien-être comme jamais il n'en avait éprouvé ; il ouvrit un œil intelligent sur La Mole, qui le tenait entre ses bras et lui souriait, et, de cet œil contracté naguère par une fureur sombre, une petite larme imperceptible roula sur sa joue ardente, qui la but avidement.

— Mordi ! murmura Coconnas en se laissant aller sur son traversin, si j'en réchappe, monsieur de La Mole, vous serez mon ami.

— Et vous en réchapperez, mon camarade, dit La Mole, si vous voulez boire trois tasses comme celle que je viens de vous donner, et ne plus faire de vilains rêves.

Une heure après, La Mole, constitué en garde-malade et obéissant ponctuellement aux ordonnances du docteur inconnu, se leva une seconde fois, versa une seconde portion de la liqueur dans une tasse, et porta cette tasse à Coconnas. Mais cette fois le Piémontais, au lieu de l'attendre le poignard à la main, le reçut les bras ouverts, et avala son breuvage avec délices, puis pour la première fois s'endormit avec tranquillité.

La troisième tasse eut un effet non moins merveilleux. La poitrine du malade commença de laisser passer un souffle régulier, quoique haletant encore. Ses membres raidis se détendirent, une douce moiteur s'épandit à la surface de la peau brûlante ; et lorsque le lendemain maître Ambroise Paré vint visiter le blessé, il sourit avec satisfaction en disant :

— À partir de ce moment je réponds de M. de Coconnas, et ce ne sera pas une des moins belles cures que j'aurai faites.

Il résulta de cette scène moitié dramatique, moitié burlesque, mais qui ne manquait pas au fond d'une certaine poésie attendrissante, eu égard aux mœurs farouches de Coconnas, que l'amitié des deux gentilshommes, commencée à l'auberge de la Belle-Étoile, et violemment interrompue par les événements de la nuit de la Saint-Barthélemy, reprit dès lors avec une nouvelle vigueur, et dépassa bientôt celle d'Oreste et de Pylade de cinq coups d'épée et d'un coup de pistolet répartis sur leurs deux corps.

Quoi qu'il en soit, blessures vieilles et nouvelles, profondes et légères, se trouvèrent enfin en voie de guérison. La Mole, fidèle à sa mission de garde-malade, ne voulut point quitter la chambre que Coconnas ne fût entièrement guéri. Il le souleva dans son lit tant que sa faiblesse l'y enchaîna, l'aida à marcher quand il commença de se soutenir, enfin eut pour lui tous les soins qui ressortaient de sa nature douce et aimante, et qui, secondés par la vigueur du Piémontais, amenèrent une convalescence plus rapide qu'on n'avait le droit de l'espérer.

Cependant une seule et même pensée tourmentait les deux jeunes gens : chacun dans le délire de sa fièvre avait bien cru voir s'approcher de lui la femme qui remplissait tout son cœur ; mais depuis que chacun avait repris connaissance, ni Marguerite ni madame de Nevers n'étaient certainement entrées dans la chambre. Au reste, cela se comprenait : l'une, femme du roi de Navarre, l'autre, belle-sœur du duc de Guise, pouvaient-elles donner aux yeux de tous une marque si publique d'intérêt à deux simples gentilshommes ? Non. C'était bien certainement la réponse que devaient se faire La Mole et Coconnas. Mais cette absence, qui tenait peut-être à un oubli total, n'en était pas moins douloureuse.

Il est vrai que le gentilhomme qui avait assisté au combat était venu de temps en temps, et comme de son propre mouvement, demander des nouvelles des deux blessés. Il est vrai que Gillonne, pour son propre compte, en avait fait autant ; mais La Mole n'avait point osé parler à l'une de Marguerite, et Coconnas n'avait point osé parler à l'autre de madame de Nevers.

XVIII

LES REVENANTS.

Pendant quelque temps les deux jeunes gens gardèrent chacun de son côté le secret enfermé dans sa poitrine. Enfin, dans un jour d'expansion, la pensée qui les préoccupait seule déborda de leurs lèvres, et tous deux corroborèrent leur amitié par cette dernière preuve, sans laquelle il n'y a pas d'amitié, c'est-à-dire par une confiance entière.

Ils étaient éperdument amoureux, l'un d'une princesse, l'autre d'une reine.

Il y avait pour les deux pauvres soupirants quelque chose d'effrayant dans cette distance presque infranchissable qui les séparait de l'objet de leurs désirs. Et cependant l'espérance est un sentiment si profondément enraciné au cœur de l'homme, que, malgré la folie de leur espérance, ils espéraient.

Tous deux, au reste, à mesure qu'ils revenaient à eux, soignaient fort leur visage. Chaque homme, même le plus indifférent aux avantages physiques, a, dans certaines circonstances, avec son miroir des conversations muettes, des signes d'intelligence, après lesquels il s'éloigne presque toujours de son confident, fort satisfait de l'entretien. Or, nos deux jeunes gens n'étaient point de ceux à qui leurs miroirs devaient donner de trop rudes avis. La Mole, mince, pâle et élégant, avait la beauté de la distinction ; Coconnas, vigoureux, bien découplé, haut en couleur, avait la beauté de la force. Il y avait même plus : pour ce dernier, la maladie avait été un avantage. Il avait maigri, il avait pâli ; enfin, la fameuse balafre qui lui avait jadis donné tant de tracas par ses rapports prismatiques avec l'arc-en-ciel avait disparu, annonçant probablement, comme le phénomène post-diluvien, une longue suite de jours purs et de nuits sereines.

Au reste les soins les plus délicats continuaient d'entourer les deux blessés ; le jour où chacun d'eux avait pu se lever, il avait trouvé une robe de chambre sur le fauteuil le plus proche de son lit ; le jour où il avait pu se vêtir, un habillement complet. Il y a plus, dans la poche de chaque pourpoint il y avait une bourse largement fournie, que chacun des deux ne garda, bien entendu, que pour la rendre en temps et lieu au protecteur inconnu qui veillait sur lui.

Ce protecteur inconnu ne pouvait être le prince chez lequel logeaient les deux jeunes gens, car ce prince non-seulement n'était pas monté une seule fois chez eux pour les voir, mais encore n'avait pas fait demander de leurs nouvelles.

Un vague espoir disait tout bas à chaque cœur que ce protecteur inconnu était la femme qu'il aimait.

Aussi les deux blessés attendaient-ils avec une impatience sans égale le moment de leur sortie. La Mole, plus fort et mieux guéri que Coconnas, aurait pu opérer la sienne depuis longtemps ; mais une espèce de convention tacite le liait au sort de son ami. Il était convenu que leur première sortie serait consacrée à trois visites.

La première, au docteur inconnu dont le breuvage velouté avait opéré sur la poitrine enflammée de Coconnas une si notable amélioration.

La seconde, à l'hôtel de défunt maître La Hurière, où chacun d'eux avait laissé valise et cheval.

La troisième au Florentin René, lequel, joignant à son titre de parfumeur celui de magicien, vendait non-seulement des cosmétiques et des poisons, mais encore composait des philtres et rendait des oracles.

Enfin, après deux mois passés de convalescence et de réclusion, ce jour tant attendu arriva.

Nous avons dit de réclusion, c'est le mot qui convient, car plusieurs fois, dans leur impatience, ils avaient voulu hâter ce jour ; mais une sentinelle placée à la porte leur avait constamment barré le passage, et ils avaient appris qu'ils ne sortiraient que sur un *exeat* de maître Ambroise Paré.

Or, un jour, l'habile chirurgien ayant reconnu que les deux malades étaient, sinon complètement guéris, du moins en voie de complète guérison, avait donné cet *exeat*, et vers les deux heures de l'après-midi, par une de ces belles journées d'automne, comme Paris en offre parfois à ses habitants étonnés qui ont déjà fait provision de résignation pour l'hiver, les deux amis, appuyés au bras l'un de l'autre, mirent le pied hors du Louvre.

La Mole, qui avait retrouvé avec grand plaisir sur un fauteuil le fameux manteau cerise qu'il avait plié avec tant de soin avant le combat, s'était constitué le guide de Coconnas, et Coconnas se laissait guider sans résistance et même sans réflexion. Il savait que son ami le conduisait chez le docteur inconnu dont la potion, non patentée, l'avait guéri en une seule nuit, quand toutes les drogues de maître Ambroise Paré le tuaient lentement. Il avait fait deux parts de l'argent renfermé dans sa bourse, c'est-à-dire de deux cents nobles à la rose, et il en avait destiné cent à récompenser l'Esculape anonyme auquel il devait sa convalescence : Coconnas ne craignait pas la mort, mais Coconnas n'en était pas moins fort aise de vivre ; aussi, comme on le voit, s'apprêtait-il à récompenser généreusement son sauveur.

La Mole prit la rue de l'Astruce, la grande rue Saint-Honoré, la rue des Prouvelles, et se trouva bientôt sur la place des Halles. Près de l'ancienne fontaine et à l'endroit que l'on désigne aujourd'hui par le nom de *Carreau des Halles,* s'élevait une construction octogone en maçonnerie surmontée d'une vaste lanterne de bois, surmontée elle-même par un toit pointu, au sommet duquel grinçait une girouette. Cette lanterne de bois offrait huit ouvertures que traversait, comme cette pièce héraldique qu'on appelle la *fasce* traverse le champ du blason, une espèce de roue en bois, laquelle se divisait par le milieu, afin de prendre dans des échancrures taillées à cet effet la tête et les mains du condamné ou des condamnés que l'on exposait à l'une ou l'autre, ou à plusieurs de ces huit ouvertures.

Cette construction étrange, qui n'avait son analogue dans aucune des constructions environnantes, s'appelait le pilori.

Une maison informe, bossue, éraillée, borgne et boiteuse, au toit taché de mousse comme la peau d'un lépreux, avait, pareille à un champignon, poussé au pied de cette espèce de tour.

Cette maison était celle du bourreau.

Un homme était exposé et tirait la langue aux passants c'était un des voleurs qui avaient exercé autour du gibet de Montfaucon, et qui avait par hasard été arrêté dans l'exercice de ses fonctions.

Coconnas crut que son ami l'amenait voir ce curieux spectacle, et il se mêla à la foule des amateurs qui répondait aux grimaces du patient par des vociférations et des huées.

Coconnas était naturellement cruel, et ce spectacle l'amusa fort ; seulement, il eût voulu qu'au lieu des huées et des vociférations, ce fussent des pierres que l'on jetât au condamné assez insolent pour tirer la langue aux nobles seigneurs qui lui faisaient l'honneur de le visiter.

Aussi, lorsque la lanterne mouvante tourna sur sa base pour faire jouir une autre partie de la place de la vue du patient, et que la foule suivit le mouvement de la lanterne, Coconnas voulut-il suivre le mouvement de la foule, mais La Mole l'arrêta en lui disant à demi voix :

— Ce n'est point pour cela que nous sommes venus ici.

— Et pourquoi donc sommes-nous venus, alors ? demanda Coconnas.

— Tu vas le voir, répondit La Mole.

Les deux amis se tutoyaient depuis le lendemain de cette fameuse nuit où Coconnas avait voulu éventrer La Mole.

Et La Mole conduisit Coconnas droit à la petite fenêtre de cette maison adossée à la tour et sur l'appui de laquelle se tenait un homme accoudé.

— Ah ! ah ! c'est vous, Messeigneurs ! dit l'homme en soulevant son bonnet sang-de-bœuf et en découvrant sa tête aux cheveux noirs et épais descendant jusqu'à ses sourcils, soyez les bienvenus.

— Quel est cet homme ? demanda Coconnas cherchant à rappeler ses souvenirs, car il lui sembla avoir vu cette tête-là pendant un des moments de sa fièvre.

— Ton sauveur, mon cher ami, dit La Mole, celui qui t'a apporté au Louvre cette boisson rafraîchissante qui t'a fait tant de bien.

— Oh ! oh ! fit Coconnas ; en ce cas, mon ami…

Et il lui tendit la main.

Mais l'homme, au lieu de correspondre à cette avance par un geste pareil, se redressa, et, en se redressant, s'éloigna des deux amis de toute la distance qu'occupait la courbe de son corps.

— Monsieur, dit-il à Coconnas, merci de l'honneur que vous voulez bien me faire, mais il est probable que si vous me connaissiez vous ne me le feriez pas.

— Ma foi, dit Coconnas, je déclare que quand vous seriez le diable je me tiens pour votre obligé, car sans vous je serais mort à cette heure.

— Je ne suis pas tout à fait le diable, répondit l'homme au bonnet rouge ; mais souvent beaucoup aimeraient mieux voir le diable que de me voir.

— Qui êtes-vous donc ? demanda Coconnas.

— Monsieur, répondit l'homme, je suis maître Caboche, bourreau de la prévôté de Paris !…

— Ah !… fit Coconnas en retirant sa main.

— Vous voyez bien ! dit maître Caboche.

— Non pas ! je toucherai votre main, ou le diable m'emporte. Étendez-la…

— En vérité ?

— Toute grande.

— Voici !

— Plus grande… encore… bien !… Et Coconnas prit dans sa poche la poignée d'or préparée pour son médecin anonyme et la déposa dans la main du bourreau.

— J'aurais mieux aimé votre main toute seule, dit maître Caboche en secouant la tête, car je ne manque pas d'or ; mais de mains qui touchent la mienne, tout au contraire, j'en chôme fort. N'importe ! Dieu vous bénisse, mon gentilhomme.

— Ainsi donc, mon ami, dit Coconnas regardant avec curiosité le bourreau, c'est vous qui donnez la gêne, qui rouez, qui écartelez, qui coupez les têtes, qui brisez les os. Ah ! ah ! je suis bien aise d'avoir fait votre connaissance.

— Monsieur, dit maître Caboche, je ne fais pas tout moi-même ; car, ainsi que vous avez vos laquais, vous autres seigneurs, pour faire ce que vous ne voulez pas faire, moi j'ai mes aides, qui font la grosse besogne et qui expédient les manants. Seulement, quand par hasard j'ai affaire à des gentilshommes, comme vous et votre compagnon par exemple, oh ! alors c'est autre chose, et je me fais un honneur de m'acquitter moi-même de tous les détails de l'exécution, depuis le premier jusqu'au dernier, c'est-à-dire depuis la question jusqu'au décollement.

Coconnas sentit malgré lui courir un frisson dans ses veines, comme si le coin brutal pressait ses jambes et comme si le fil de l'acier effleurait son cou. La Mole, sans se rendre compte de la cause, éprouva la même sensation.

Mais Coconnas surmonta cette émotion dont il avait honte, et voulant prendre congé de maître Caboche par une dernière plaisanterie :

— Eh bien, maître ! lui dit-il, je retiens votre parole quand ce sera mon tour de monter à la potence d'Enguerrand de Marigny ou sur l'échafaud de M. de Nemours, il n'y aura que vous qui me toucherez.

— Je vous le promets.

— Cette fois, dit Coconnas, voici ma main en gage que j'accepte votre promesse.

Et il étendit vers le bourreau une main que le bourreau toucha timidement de la sienne, quoiqu'il fût visible qu'il eût eu grande envie de la toucher franchement.

À ce simple attouchement, Coconnas pâlit légèrement, mais le même sourire demeura sur ses lèvres ; tandis que La Mole, mal à l'aise, et voyant la foule tourner avec la lanterne et se rapprocher d'eux, le tirait par son manteau.

Coconnas, qui, au fond, avait aussi grande envie que La Mole de mettre fin à cette scène dans laquelle, par la pente naturelle de son caractère, il s'était trouvé enfoncé plus qu'il n'eût voulu, fit un signe de tête et s'éloigna.

— Ma foi ! dit La Mole quand lui et son compagnon furent arrivés à la croix du Trahoir, conviens que l'on respire mieux ici que sur la place des Halles ?

— J'en conviens, dit Coconnas, mais je n'en suis pas moins fort aise d'avoir fait connaissance avec maître Caboche. Il est bon d'avoir des amis partout.

— Même à l'enseigne de la Belle-Étoile, dit La Mole en riant.

— Oh ! pour le pauvre maître La Hurière, dit Coconnas, celui-là est mort et bien mort. J'ai vu la flamme de l'arquebuse, j'ai entendu le coup de la balle qui a résonné comme s'il eût frappé sur le bourdon de Notre-Dame, et je l'ai laissé étendu dans le ruisseau avec le sang qui lui sortait par le nez et par la bouche. En supposant que ce soit un ami, c'est un ami que nous avons dans l'autre monde.

Tout en causant ainsi, les deux jeunes gens entrèrent dans la rue de l'Arbre-Sec et s'acheminèrent vers l'enseigne de la Belle-Étoile, qui continuait de grincer à la même place, offrant toujours au voyageur son âtre gastronomique et son appétissante légende.

Coconnas et La Mole s'attendaient à trouver la maison désespérée, la veuve en deuil, et les marmitons un crêpe au bras ; mais, à leur grand étonnement, ils trouvèrent la maison en pleine activité, madame La Hurière fort resplendissante, et les garçons plus joyeux que jamais.

— Oh ! l'infidèle ! dit La Mole, elle se sera remariée !

Puis s'adressant à la nouvelle Artémise :

— Madame, lui dit-il, nous sommes deux gentilshommes de la connaissance de ce pauvre M. La Hurière. Nous avons laissé ici deux chevaux et deux valises que nous venons réclamer.

— Messieurs, répondit la maîtresse de la maison après avoir essayé de rappeler ses souvenirs, comme je n'ai pas l'honneur de vous reconnaître, je vais, si vous le voulez bien appeler mon mari… Grégoire, faites venir votre maître.

Grégoire passa de la première cuisine, qui était le pandæmonium général, dans la seconde, qui était le laboratoire où se confectionnaient les plats que maître La Hurière, de son vivant, jugeait dignes d'être préparés par ses savantes mains.

— Le diable m'emporte, murmura Coconnas, si cela ne me fait pas de la peine de voir cette maison si gaie quand elle devrait être si triste. Pauvre La Hurière, va !

— Il a voulu me tuer, dit La Mole, mais je lui pardonne de grand cœur.

La Mole avait à peine prononcé ces paroles, qu'un homme apparut tenant à la main une casserole au fond de laquelle il faisait roussir des oignons qu'il tournait avec une cuiller de bois.

La Mole et Coconnas jetèrent un cri de surprise.

À ce cri l'homme releva la tête, et, répondant par un cri pareil, laissa échapper sa casserole, ne conservant à la main que sa cuiller de bois.

— *In nomine Patris,* dit l'homme en agitant sa cuiller comme il eût fait d'un goupillon, *et Filii, et Spiritus sancti...*

— Maître La Hurière ! s'écrièrent les jeunes gens.

— Messieurs de Coconnas et de La Mole ! dit La Hurière.

— Vous n'êtes donc pas mort ? fit Coconnas.

— Mais vous êtes donc vivants ? demanda l'hôte.

— Je vous ai vu tomber, cependant, dit Coconnas ; j'ai entendu le bruit de la balle qui vous cassait quelque chose, je ne sais pas quoi. Je vous ai laissé couché dans le ruisseau, perdant le sang par le nez, par la bouche et même par les yeux.

— Tout cela est vrai comme l'Évangile, monsieur de Coconnas. Mais, ce bruit que vous avez entendu, c'était celui de la balle frappant sur ma salade, sur laquelle, heureusement, elle s'est aplatie ; mais le coup n'en a pas été moins rude, et la preuve, ajouta La Hurière en levant son bonnet et montrant sa tête pelée comme un genou, c'est que, comme vous le voyez, il ne m'en est pas resté un cheveu.

Les deux jeunes gens éclatèrent de rire en voyant cette figure grotesque.

— Ah ! ah ! vous riez ! dit La Hurière un peu rassuré, vous ne venez donc pas avec de mauvaises intentions ?

— Et vous, maître La Hurière, vous êtes donc guéri de vos goûts belliqueux ?

— Oui, ma foi, oui, Messieurs ; et maintenant...

— Eh bien ? maintenant...

— Maintenant, j'ai fait vœu de ne plus voir d'autre feu que celui de ma cuisine.

— Bravo ! dit Coconnas, voilà qui est prudent. Maintenant, ajouta le Piémontais, nous avons laissé dans vos écuries deux chevaux, et dans vos chambres deux valises.

— Ah ! diable ! fit l'hôte se grattant l'oreille.

— Eh bien ?

— Deux chevaux, vous dites ?

— Oui, dans l'écurie.

— Et deux valises ?

— Oui, dans la chambre.

— C'est que, voyez-vous... vous m'aviez cru mort, n'est-ce pas ?

— Certainement.

— Vous avouez que, puisque vous vous êtes trompés, je pouvais bien me tromper de mon côté.

— En nous croyant morts aussi ? vous étiez parfaitement libre.

— Ah ! voilà !... c'est que, comme vous mouriez intestat... continua maître La Hurière...

— Après ?

— J'ai cru, j'ai eu tort, je le vois bien maintenant...

— Qu'avez-vous cru, voyons ?

— J'ai cru que je pouvais hériter de vous.

— Ah ! ah ! firent les deux jeunes gens.

— Je n'en suis pas moins on ne peut plus satisfait que vous soyez vivants, Messieurs.

— De sorte que vous avez vendu nos chevaux ? dit Coconnas.

— Hélas ! dit La Hurière.

— Et nos valises ? continua La Mole.

— Oh ! les valises ! non... s'écria La Hurière, mais seulement ce qu'il y avait dedans.

— Dis donc, La Mole, reprit Coconnas, voilà, ce me semble, un hardi coquin... Si nous l'étripions ?

Cette menace parut faire un grand effet sur maître La Hurière, qui hasarda ces paroles :

— Mais, Messieurs, on peut s'arranger, ce me semble.

— Écoute, dit La Mole, c'est moi qui ai le plus à me plaindre de toi.

— Certainement, monsieur le comte, car je me rappelle que, dans un moment de folie, j'ai eu l'audace de vous menacer.

— Oui, d'une balle qui m'est passée à deux pouces au-dessus de la tête.

— Vous croyez ?

— J'en suis sûr.

— Si vous en êtes sûr, monsieur de La Mole, dit La Hurière en ramassant sa casserole d'un air innocent, je suis trop votre serviteur pour vous démentir.

— Eh bien, dit La Mole, pour ma part, je ne te réclame rien.

— Comment, mon gentilhomme !…

— Si ce n'est…

— Aïe ! aïe ! fit La Hurière…

— Si ce n'est un dîner pour moi et mes amis toutes les fois que je me trouverai dans ton quartier.

— Comment donc ! s'écria La Hurière ravi, à vos ordres, mon gentilhomme, à vos ordres !

— Ainsi, c'est chose convenue ?

— De grand cœur… Et vous, monsieur de Coconnas, continua l'hôte, souscrivez-vous au marché ?

— Oui ; mais, comme mon ami, j'y mets une petite condition.

— Laquelle ?

— C'est que vous rendrez à M. de La Mole les cinquante écus que je lui dois et que je vous ai confiés.

— À moi, Monsieur ! Et quand cela ?

— Un quart d'heure avant que vous ne vendissiez mon cheval et ma valise.

La Hurière fit un signe d'intelligence.

— Ah ! je comprends ! dit-il.

Et il s'avança vers une armoire, en tira, l'un après l'autre, cinquante écus, qu'il apporta à La Mole.

— Bien, Monsieur, dit le gentilhomme, bien ! servez-nous une omelette. Les cinquante écus seront pour M. Grégoire.

— Oh ! s'écria La Hurière, en vérité, mes gentilshommes, vous êtes des cœurs de princes, et vous pouvez compter sur moi à la vie et à la mort.

— En ce cas, dit Coconnas, faites-nous l'omelette demandée, et n'y épargnez ni le beurre ni le lard.

Puis se retournant vers la pendule :

— Ma foi, tu as raison, La Mole, dit-il. Nous avons encore trois heures à attendre, autant donc les passer ici qu'ailleurs. D'autant plus que, si je ne me trompe, nous sommes ici presque à moitié chemin du pont Saint-Michel.

Et les deux jeunes gens allèrent reprendre à table et dans la petite pièce du fond la même place qu'ils occupaient pendant cette fameuse soirée du 26 août 1572, pendant laquelle Coconnas avait proposé à La Mole de jouer l'un contre l'autre la première maîtresse qu'ils auraient.

Avouons, à l'honneur de la moralité des deux jeunes gens, que ni l'un ni l'autre n'eut l'idée de faire à son compagnon ce soir-là pareille proposition.

XIX

LE LOGIS DE MAÎTRE RENÉ LE PARFUMEUR DE LA REINE MÈRE.

À l'époque où se passe l'histoire que nous racontons à nos lecteurs, il n'existait, pour passer d'une partie de la ville à l'autre, que cinq ponts, les uns de pierre, les autres de bois ; encore ces cinq ponts aboutissaient-ils à la Cité. C'étaient le pont des Meuniers, le Pont-au-Change, le pont Notre-Dame, le Petit-Pont et le pont Saint-Michel.

Aux autres endroits où la circulation était nécessaire, des bacs étaient établis, et tant bien que mal remplaçaient les ponts.

Ces cinq ponts étaient garnis de maisons, comme l'est encore aujourd'hui le Ponte-Vecchio à Florence.

Parmi ces cinq ponts, qui chacun ont leur histoire, nous nous occuperons particulièrement, pour le moment, du pont Saint-Michel.

Le pont Saint-Michel avait été bâti en pierres en 1373 : malgré son apparente solidité, un débordement de la Seine le renversa en partie le 31 janvier 1408 ; en 1416, il avait été reconstruit en bois ; mais pendant la nuit du 16 décembre 1547 il avait été emporté de nouveau ; vers 1550, c'est-à-dire vingt-deux ans avant l'époque où nous sommes arrivés, on le reconstruisit en bois, et, quoiqu'on eût déjà eu besoin de le réparer, il passait pour assez solide.

Au milieu des maisons qui bordaient la ligne du pont, faisant face au petit îlot sur lequel avaient été brûlés les Templiers, et où pose aujourd'hui le terre-plein du Pont-Neuf, on remarquait une maison à panneaux de bois sur laquelle un large toit s'abaissait comme la paupière d'un œil immense. À la seule fenêtre qui s'ouvrît au premier étage, au-dessus d'une fenêtre et d'une porte de rez-de-chaussée hermétiquement fermée, transparaissait une lueur rougeâtre qui attirait les regards des passants sur la façade basse, large, peinte en bleu avec de riches moulures dorées. Une espèce de frise, qui séparait le rez-de-chaussée du premier étage, représentait une foule de diables dans des attitudes plus grotesques les unes que les autres, et un large ruban, peint en bleu comme la façade, s'étendait entre la frise et la fenêtre du premier, avec cette inscription :

René, Florentin, parfumeur de Sa Majesté la reine mère

La porte de cette boutique, comme nous l'avons dit, était bien verrouillée ; mais, mieux que par ses verrous, elle était défendue des attaques nocturnes par la réputation si effrayante de son locataire, que les passants qui traversaient le pont à cet endroit le traversaient presque toujours en décrivant une courbe qui les rejetait vers l'autre rang de maisons, comme s'ils eussent redouté que l'odeur des parfums ne suât jusqu'à eux par la muraille.

Il y avait plus : les voisins de droite et de gauche, craignant sans doute d'être compromis par le voisinage, avaient, depuis l'installation de maître René sur le pont Saint-Michel, déguerpi l'un et l'autre de leur logis, de sorte que les deux maisons attenantes à la maison de René étaient demeurées désertes et fermées. Cependant, malgré cette solitude et cet abandon, des passants attardés avaient vu jaillir, à travers les contrevents fermés de ces maisons vides, certains rayons de lumière, et assuraient avoir entendu certains bruits pareils à des plaintes, qui prouvaient que des êtres quelconques fréquentaient ces deux maisons ; seulement on ignorait si ces êtres appartenaient à ce monde ou à l'autre.

Il en résultait, que les locataires de deux maisons attenantes aux deux maisons désertes se demandaient de temps en temps s'il ne serait pas prudent à eux de faire à leur tour comme leurs voisins avaient fait.

C'était sans doute à ce privilège de terreur qui lui était publiquement acquis que maître René avait dû de conserver seul du feu après l'heure consacrée. Ni ronde, ni guet n'eût osé d'ailleurs inquiéter un homme doublement cher à Sa Majesté, en sa qualité de compatriote et de parfumeur.

Comme nous supposons que le lecteur cuirassé par le philosophisme du dix-huitième siècle ne croit plus ni à la magie ni aux magiciens, nous l'inviterons à entrer avec nous dans cette habitation qui, à cette époque de superstitieuse croyance, répandait autour d'elle un si profond effroi.

La boutique du rez-de-chaussée est sombre et déserte à partir de huit heures du soir, moment auquel elle se ferme pour ne plus se rouvrir qu'assez avant quelquefois dans la journée du lendemain ; c'est là que se fait la vente quotidienne des parfums, des onguents et des cosmétiques de tout genre que débite l'habile chimiste. Deux apprentis l'aident dans cette vente de détail, mais ils ne couchent pas dans la maison ; ils couchent rue de la Calandre. Le soir, ils sortent un instant avant que la boutique soit fermée. Le matin, ils se promènent devant la porte jusqu'à ce que la boutique soit ouverte.

Cette boutique du rez-de-chaussée est donc, comme nous l'avons dit, sombre et déserte.

Dans cette boutique, assez large et assez profonde, il y a deux portes, chacune donnant sur un escalier. Un des escaliers rampe dans la muraille même, et il est latéral : l'autre est extérieur et est visible du quai qu'on appelle aujourd'hui le quai des Augustins, et de la berge qu'on appelle aujourd'hui le quai des Orfèvres.

Tous deux conduisent à la chambre du premier.

Cette chambre est de la même grandeur que celle du rez-de-chaussée, seulement une tapisserie tendue dans le sens du pont la sépare en deux compartiments. Au fond du premier compartiment s'ouvre la porte donnant sur l'escalier extérieur. Sur la face latérale du second s'ouvre la porte de l'escalier secret ; seulement cette porte est invisible, car elle est cachée par une haute armoire sculptée, scellée à elle par des crampons de fer, et qu'elle poussait en s'ouvrant. Catherine seule connaît avec René le secret de cette porte, c'est par là qu'elle monte et qu'elle descend ; c'est l'oreille ou l'œil posé contre cette armoire, dans laquelle des trous sont ménagés, qu'elle écoute et qu'elle voit ce qui se passe dans la chambre.

Deux autres portes parfaitement ostensibles s'offrent encore sur les côtés latéraux de ce second compartiment. L'une s'ouvre sur une petite chambre éclairée par le toit et qui n'a pour tout meuble qu'un vaste fourneau, des cornues des alambics, des creusets : c'est le laboratoire de l'alchimiste. L'autre s'ouvre sur une cellule plus bizarre que le reste de l'appartement, car elle n'est point éclairée du tout, car elle n'a ni tapis ni meubles, mais seulement une sorte d'autel de pierre.

Le parquet est une dalle inclinée du centre aux extrémités, et aux extrémités court au pied du mur une espèce de rigole aboutissant à un entonnoir par l'orifice duquel on voit couler l'eau sombre de la Seine. À des clous enfoncés dans la muraille sont suspendus des instruments de forme bizarre, tous aigus ou tranchants ; la pointe en est fine comme celle d'une aiguille, le fil en est tranchant comme celui d'un rasoir ; les uns brillent comme des miroirs, les autres, au contraire, sont d'un gris mat ou d'un bleu sombre.

Dans un coin, deux poules noires se débattent, attachées l'une à l'autre par la patte : c'est le sanctuaire de l'augure.

Revenons à la chambre du milieu, à la chambre aux deux compartiments.

C'est là qu'est introduit le vulgaire des consultants ; c'est là que les ibis égyptiens, les momies aux bandelettes dorées, le crocodile bâillant au plafond, les têtes de mort aux yeux vides et aux dents branlantes, enfin les bouquins poudreux vénérablement rongés par les rats, offrent à l'œil du visiteur le pêle-mêle d'où résultent les émotions diverses qui empêchent la pensée de suivre son droit chemin. Derrière le rideau sont des fioles, des boîtes particulières, des amphores à l'aspect sinistre ; tout cela est éclairé par deux petites lampes d'argent exactement pareilles, qui semblent enlevées à quelque autel de Santa-Maria-Novella ou de l'église Dei-Servi de Florence, et qui, brûlant une huile parfumée, jettent leur clarté jaunâtre du haut de la voûte sombre où chacune est suspendue par trois chaînettes noircies.

René, seul et les bras croisés, se promène à grands pas dans le second compartiment de la chambre du milieu, en secouant la tête. Après une méditation longue et douloureuse, il s'arrête devant un sablier.

— Ah ! ah ! dit-il, j'ai oublié de le retourner, et voilà que depuis longtemps peut-être tout le sable est passé.

Alors, regardant la lune qui se dégage à grand-peine d'un nuage noir qui semble peser sur la pointe du clocher de Notre-Dame :

— Neuf heures, dit-il. Si elle vient, elle viendra comme d'habitude, dans une heure ou une heure et demie ; il y aura donc temps pour tout.

En ce moment on entendit quelque bruit sur le pont. René appliqua son oreille à l'orifice d'un long tuyau dont l'autre extrémité allait s'ouvrir sur la rue, sous la forme d'une tête de Guivre.

— Non, dit-il, ce n'est ni *elle*, ni *elles*. Ce sont des pas d'hommes ; ils s'arrêtent devant ma porte ; ils viennent ici.

En même temps trois coups secs retentirent.

René descendit rapidement ; cependant il se contenta d'appuyer son oreille contre la porte sans ouvrir encore.

Les mêmes trois coups secs se renouvelèrent.

— Qui va là ? demanda maître René.

— Est-il bien nécessaire de dire nos noms ? demanda une voix.

— C'est indispensable, répond René.

— En ce cas, je me nomme le comte Annibal de Coconnas, dit la même voix qui avait déjà parlé.

— Et moi, le comte Lerac de La Mole, dit une autre voix qui, pour la première fois, se faisait entendre.

— Attendez, attendez, Messieurs, je suis à vous.

Et en même temps René, tirant les verrous, enlevant les barres, ouvrit aux deux jeunes gens la porte, qu'il se contenta de fermer à la clef ; puis, les conduisant par l'escalier extérieur, il les introduisit dans le second compartiment.

La Mole, en entrant, fit le signe de la croix sous son manteau ; il était pâle, et sa main tremblait sans qu'il pût réprimer cette faiblesse.

Coconnas regarda chaque chose l'une après l'autre, et trouvant au milieu de son examen la porte de la cellule, il voulut l'ouvrir.

— Permettez, mon gentilhomme, dit René de sa voix grave et en posant sa main sur celle de Coconnas, les visiteurs qui me font l'honneur d'entrer ici n'ont la jouissance que de cette partie de la chambre.

— Ah ! c'est différent, reprit Coconnas ; et, d'ailleurs, je sens que j'ai besoin de m'asseoir.

Et il se laissa aller sur une chaise.

Il se fit un instant de profond silence : maître René attendait que l'un ou l'autre des deux jeunes gens s'expliquât. Pendant ce temps, on entendait la respiration sifflante de Coconnas, encore mal guéri.

— Maître René, dit-il enfin, vous êtes un habile homme, dites-moi donc si je demeurerai estropié de ma blessure, c'est-à-dire si j'aurai toujours cette courte respiration qui m'empêche de monter à cheval, de faire des armes et de manger des omelettes au lard.

René approcha son oreille de la poitrine de Coconnas, et écouta attentivement le jeu des poumons.

— Non, monsieur le comte, dit-il, vous guérirez.

— En vérité ?

— Je vous l'affirme.

— Vous me faites plaisir.

Il se fit un nouveau silence.

— Ne désirez-vous pas savoir encore autre chose, monsieur le comte ?

— Si fait, dit Coconnas ; je désire savoir si je suis véritablement amoureux.

— Vous l'êtes, dit René.

— Comment le savez-vous ?

— Parce que vous le demandez.

— Mordi ! je crois que vous avez raison. Mais de qui ?

— De celle qui dit maintenant à tout propos le juron que vous venez de dire.

— En vérité, dit Coconnas stupéfait, maître René, vous êtes un habile homme. À ton tour, La Mole.

La Mole rougit et demeura embarrassé.

— Eh ! que diable ! dit Coconnas, parle donc !

— Parlez, dit le Florentin.

— Moi, monsieur René, balbutia La Mole dont la voix se rassura peu à peu, je ne veux pas vous demander si je suis amoureux, car je sais que je le suis et ne m'en cache point ; mais dites-moi si je serai aimé, car en vérité tout ce qui m'était d'abord un sujet d'espoir tourne maintenant contre moi.

— Vous n'avez peut-être pas fait tout ce qu'il faut faire pour cela.

— Qu'y a-t-il à faire, Monsieur, qu'à prouver par son respect et son dévouement à la dame de ses pensées qu'elle est véritablement et profondément aimée ?

— Vous savez, dit René, que ces démonstrations sont parfois bien insignifiantes.

— Alors, il faut désespérer ?

— Non, alors il faut recourir à la science. Il y a dans la nature humaine des antipathies qu'on peut vaincre, des sympathies qu'on peut forcer. Le fer n'est pas l'aimant ; mais en l'aimantant, à son tour il attire le fer.

— Sans doute, sans doute, murmura La Mole ; mais je répugne à toutes ces conjurations.

— Ah ! si vous répugnez, dit René, alors il ne fallait pas venir.

— Allons donc, allons donc, dit Coconnas, vas-tu faire l'enfant à présent ? Monsieur René, pouvez-vous me faire voir le diable ?

— Non, monsieur le comte.

— J'en suis fâché, j'avais deux mots à lui dire, et cela eût peut-être encouragé La Mole.

— Eh bien, soit ! dit La Mole, abordons franchement la question. On m'a parlé de figures en cire modelées à la ressemblance de l'objet aimé. Est-ce un moyen ?

— Infaillible.

— Et rien, dans cette expérience, ne peut porter atteinte à la vie ni à la santé de la personne qu'on aime ?

— Rien.

— Essayons donc.

— Veux-tu que je commence ? dit Coconnas.

— Non, dit La Mole, et, puisque me voilà engagé, j'irai jusqu'au bout.

— Désirez-vous beaucoup, ardemment, impérieusement savoir à quoi vous en tenir, monsieur de La Mole ? demanda le Florentin.

— Oh ! s'écria La Mole, j'en meurs, maître René.

Au même instant on heurta doucement à la porte de la rue, si doucement que maître René entendit seul ce bruit, et encore parce qu'il s'y attendait sans doute.

Il approcha sans affectation, et tout en faisant quelques questions oiseuses à La Mole, son oreille du tuyau et perçut quelques éclats de voix qui parurent le fixer.

— Résumez donc maintenant votre désir, dit-il, et appelez la personne que vous aimez.

La Mole s'agenouilla comme s'il eût parlé à une divinité, et René passant dans le premier compartiment, glissa sans bruit par l'escalier extérieur : un instant après, des pas légers effleuraient le plancher de la boutique.

La Mole, en se relevant, vit devant lui maître René ; le Florentin tenait à la main une petite figurine de cire d'un travail assez médiocre, elle portait une couronne et un manteau.

— Voulez-vous toujours être aimé de votre royale maîtresse ? demanda le parfumeur.

— Oui, dût-il m'en coûter la vie, dussé-je y perdre mon âme, répondit La Mole.

— C'est bien, dit le Florentin en prenant du bout des doigts quelques gouttes d'eau dans une aiguière et en les secouant sur la tête de la figurine en prononçant quelques mots latins.

La Mole frissonna, il comprit qu'un sacrilège s'accomplissait.

— Que faites-vous ? demanda-t-il.

— Je baptise cette petite figurine du nom de Marguerite.

— Mais dans quel but ?

— Pour établir la sympathie.

La Mole ouvrait la bouche pour l'empêcher d'aller plus avant, mais un regard railleur de Coconnas l'arrêta.

René, qui avait vu le mouvement, attendit.

— Il faut la pleine et entière volonté, dit-il.

— Faites, répondit La Mole.

René traça sur une petite banderole de papier rouge quelques caractères cabalistiques, les passa dans une aiguille d'acier, et avec cette aiguille, piqua la statuette au cœur.

Chose étrange ! à l'orifice de la blessure apparut une gouttelette de sang, puis il mit le feu au papier.

La chaleur de l'aiguille fit fondre la cire autour d'elle et sécha la gouttelette de sang.

— Ainsi, dit René, par la force de la sympathie, votre amour percera et brûlera le cœur de la femme que vous aimez.

Coconnas, en sa qualité d'esprit fort, riait dans sa moustache et raillait tout bas ; mais La Mole, aimant et superstitieux, sentait une sueur glacée perler à la racine de ses cheveux.

— Et maintenant, dit René, appuyer vos lèvres sur les lèvres de la statuette en disant :

« Marguerite, je t'aime ; viens, Marguerite ! »

La Mole obéit.

En ce moment on entendit ouvrir la porte de la seconde chambre, et des pas légers s'approchèrent. Coconnas, curieux et incrédule, tira son poignard, et craignant s'il tentait de soulever la tapisserie, que René ne lui fît la même observation que lorsqu'il voulut ouvrir la porte, fendit avec son poignard l'épaisse tapisserie, et, ayant appliqué son œil à l'ouverture, poussa un cri d'étonnement auquel deux cris de femmes répondirent.

— Qu'y a-t-il ? demanda La Mole prêt à laisser tomber la figurine de cire, que René lui reprit des mains.

— Il y a, reprit Coconnas, que la duchesse de Nevers et madame Marguerite sont là.

— Eh bien ! incrédules ! dit René avec un sourire austère, doutez-vous encore de la force de la sympathie ?

La Mole était resté pétrifié en apercevant sa reine. Coconnas avait eu un moment d'éblouissement en reconnaissant madame de Nevers. L'un se figura que les sorcelleries de maître René avaient évoqué le fantôme de Marguerite ; l'autre, en voyant entr'ouverte encore la porte par laquelle les charmants fantômes étaient entrés, eut bientôt trouvé l'explication de ce prodige dans le monde vulgaire et matériel.

Pendant que La Mole se signait et soupirait à fendre des quartiers de roc, Coconnas, qui avait eu tout le temps de se faire des questions philosophiques et de chasser l'esprit malin à l'aide de ce goupillon qu'on appelle l'incrédulité, Coconnas, voyant par l'ouverture du rideau fermé l'ébahissement de madame de Nevers et le sourire un peu caustique de Marguerite, jugea que le moment était décisif, et comprenant que l'on peut dire pour un ami ce que l'on n'ose dire pour soi-même, au lieu d'aller à madame de Nevers, il alla droit à Marguerite, et mettant un genou en terre à la façon dont était représenté, dans les parades de la foire, le grand Artaxerce, il s'écria d'une voix à laquelle le sifflement de la blessure donnait un certain accent qui ne manquait pas de puissance :

— Madame, à l'instant même, sur la demande de mon ami le comte de La Mole, maître René évoquait votre ombre ; or, à mon grand étonnement, votre ombre est apparue accompagnée d'un corps qui m'est bien cher et que je recommande à mon ami. Ombre de Sa Majesté la reine de Navarre, voulez-vous bien dire au corps de votre compagne de passer de l'autre côté du rideau ?

Marguerite se mit à rire et fit signe à Henriette qui passa de l'autre côté.

— La Mole, mon ami ! dit Coconnas, sois éloquent comme Démosthène, comme Cicéron, comme M. le chancelier de L'Hospital ; et songe qu'il y va de ma vie si tu ne persuades pas au corps de madame la duchesse de Nevers que je suis son plus dévoué, son plus obéissant et son plus fidèle serviteur.

— Mais… balbutia La Mole.

— Fais ce que je te dis ; et vous, maître René, veillez à ce que personne ne nous dérange.

René fit ce que lui demandait Coconnas.

— Mordi ! Monsieur, dit Marguerite, vous êtes homme d'esprit. Je vous écoute ; voyons, qu'avez-vous à me dire ?

— J'ai à vous dire, Madame, que l'ombre de mon ami, car c'est une ombre, et la preuve c'est qu'elle ne prononce pas le plus petit mot, j'ai donc à vous dire que cette ombre me supplie d'user de la faculté qu'ont les corps de parler intelligiblement pour vous dire : Belle ombre, le gentilhomme ainsi excorporé a perdu tout son corps et tout son souffle par la rigueur de vos yeux. Si vous étiez vous-même, je demanderais à maître René de m'abîmer dans quelque trou sulfureux plutôt que de tenir un pareil langage à la fille du roi Henri II, à la sœur du roi Charles IX, et à l'épouse du roi de Navarre. Mais les ombres sont dégagées de tout orgueil terrestre, et elles ne se fâchent pas quand on les aime. Or, priez votre corps, Madame, d'aimer un peu l'âme de ce pauvre La Mole, âme en peine s'il en fut jamais ; âme percutée d'abord par l'amitié, qui lui a, à trois reprises, enfoncé plusieurs pouces de fer dans le ventre ; âme brûlée par le feu de vos yeux, feu mille fois plus dévorant que tous les feux de l'enfer. Ayez donc pitié de cette pauvre âme, aimez un peu ce qui fut le beau La Mole, et si vous n'avez plus la parole, usez du geste, usez du sourire. C'est une âme fort intelligente que celle de mon ami, et elle comprendra tout. Usez-en, mordi ! ou je passe mon épée au travers du corps de René, pour qu'en vertu du pouvoir qu'il a sur les ombres il force la vôtre, qu'il a déjà évoquée si à propos, de faire des choses peu séantes pour une ombre honnête comme vous me faites l'effet de l'être.

À cette péroraison de Coconnas, qui s'était campé devant la reine en Énée descendant aux enfers, Marguerite ne put retenir un énorme éclat de rire, et, tout en gardant le silence qui convenait en pareille occasion à une ombre royale, elle tendit la main à Coconnas.

Celui-ci la reçut délicatement dans la sienne, en appelant La Mole.

— Ombre de mon ami, s'écria-t-il, venez ici à l'instant même.

La Mole, tout stupéfait et tout palpitant, obéit.

— C'est bien, dit Coconnas en le prenant par derrière la tête ; maintenant approchez la vapeur de votre beau visage brun de la blanche et vaporeuse main que voici.

Et Coconnas, joignant le geste aux paroles, unit cette fine main à la bouche de La Mole, et les retint un instant respectueusement appuyées l'une sur l'autre, sans que la main essayât de se dégager de la douce étreinte.

Marguerite n'avait pas cessé de sourire, mais madame de Nevers ne souriait pas, elle, encore tremblante de l'apparition inattendue des deux gentilshommes. Elle sentait augmenter son malaise de toute la fièvre d'une jalousie naissante, car il lui semblait que Coconnas n'eût pas dû oublier ainsi ses affaires pour celles des autres.

La Mole vit la contraction de son sourcil, surprit l'éclair menaçant de ses yeux, et, malgré le trouble enivrant où la volupté lui conseillait de s'engourdir, il comprit le danger que courait son ami et devina ce qu'il devait tenter pour l'y soustraire.

Se levant donc et laissant la main de Marguerite dans celle de Coconnas, il alla saisir celle de la duchesse de Nevers, et, mettant un genou en terre :

— O la plus belle, ô la plus adorable des femmes ! dit-il, je parle des femmes vivantes, et non des ombres, et il adressa un regard et un sourire à Marguerite, permettez à une âme dégagée de son enveloppe grossière de réparer les absences d'un corps tout absorbé par une amitié matérielle. M. de Coconnas, que vous voyez, n'est qu'un homme, un homme d'une structure ferme et hardie, c'est une chair belle à voir peut-être, mais périssable comme toute chair : *Omnis caro fenum*. Bien que ce gentilhomme m'adresse du matin au soir les litanies les plus suppliantes à votre sujet, bien que vous l'ayez vu distribuer les plus rudes coups que l'on ait jamais fournis en France, ce champion si fort en éloquence près d'une ombre n'ose parler à une femme. C'est pour cela qu'il s'est adressé à l'ombre de la reine, en me chargeant, moi, de parler à votre beau corps, de vous dire qu'il dépose à vos pieds son cœur et son âme ; qu'il demande à vos yeux divins de le regarder en pitié, à vos doigts roses et brûlants de l'appeler d'un signe ; à votre voix vibrante et harmonieuse de lui dire de ces mots qu'on n'oublie pas ; ou sinon, il m'a encore prié d'une chose, c'est, dans le cas où il ne pourrait vous attendrir, de lui passer, pour la seconde fois, mon épée, qui est une lame véritable, les épées n'ont d'ombre qu'au soleil, de lui passer, dis-je, pour la seconde fois, mon épée au travers du corps ; car il ne saurait vivre si vous ne l'autorisez à vivre exclusivement pour vous.

Autant Coconnas avait mis de verve et de pantalonnade dans son discours, autant La Mole venait de déployer de sensibilité, de puissance enivrante et de câline humilité dans sa supplique.

Les yeux d'Henriette se détournèrent alors de La Mole, qu'elle avait écouté tout le temps qu'il venait de parler, et se portèrent sur Coconnas pour voir si l'expression du visage du gentilhomme était en harmonie avec l'oraison amoureuse de son ami. Il paraît qu'elle en fut satisfaite, car rouge, haletante, vaincue, elle dit à Coconnas avec un sourire qui découvrait une double rangée de perles enchâssées dans du corail :

— Est-ce vrai ?

— Mordi ! s'écria Coconnas fasciné par ce regard, et brûlant des feux du même fluide, c'est vrai !... Oh ! oui, Madame, c'est vrai, vrai sur votre vie, vrai sur ma mort !

— Alors, venez donc ! dit Henriette en lui tendant la main avec un abandon que trahissait la langueur de ses yeux.

Coconnas jeta en l'air son toquet de velours et d'un bond fut près de la jeune femme, tandis que La Mole, rappelé de son côté par un geste de Marguerite, faisait avec son ami un chassez-croisez amoureux.

En ce moment René apparut à la porte du fond.

— Silence ! s'écria-t-il avec un accent qui éteignit toute cette flamme… silence !

Et l'on entendit dans l'épaisseur de la muraille le frôlement du fer grinçant dans une serrure et le cri d'une porte roulant sur ses gonds.

— Mais, dit Marguerite fièrement, il me semble que personne n'a le droit d'entrer ici quand nous y sommes !

— Pas même la reine mère ! murmura René à son oreille.

Marguerite s'élança aussitôt par l'escalier extérieur, attirant La Mole après elle ; Henriette et Coconnas, à demi enlacés, s'enfuirent sur leurs traces, tous quatre s'envolant comme s'envolent, au premier bruit indiscret, les oiseaux gracieux qu'on a vus se becqueter sur une branche en fleur.

XX

LES POULES NOIRES.

Il était temps que les deux couples disparussent. Catherine mettait la clef dans la serrure de la seconde porte au moment où Coconnas et madame de Nevers sortaient par l'issue du fond, et Catherine en entrant put entendre le craquement de l'escalier sous les pas des fugitifs.

Elle jeta autour d'elle un regard inquisiteur, et arrêtant enfin son œil soupçonneux sur René, qui se trouvait debout et incliné devant elle :

— Qui était là ? demanda-t-elle.

— Des amants qui se sont contentés de ma parole quand je leur ai assuré qu'ils s'aimaient.

— Laissons cela, dit Catherine en haussant les épaules ; n'y a-t-il plus personne ici ?

— Personne que Votre Majesté et moi.

— Avez-vous fait ce que je vous ai dit ?

— À propos des poules noires ?

— Oui.

— Elles sont prêtes, Madame.

— Ah ! si vous étiez juif ! murmura Catherine.

— Moi, juif, Madame, pourquoi ?

— Parce que vous pourriez lire les livres précieux qu'ont écrits les Hébreux sur les sacrifices. Je me suis fait traduire l'un d'eux, et j'ai vu que ce n'était ni dans le cœur ni dans le foie, comme les Romains, que les Hébreux cherchaient les présages : c'était dans la disposition du cerveau et dans la figuration des lettres qui y sont tracées par la main toute-puissante de la destinée.

— Oui, Madame ! je l'ai aussi entendu dire par un vieux rabbin de mes amis.

— Il y a, dit Catherine, des caractères ainsi dessinés qui ouvrent toute une voie prophétique ; seulement les savants chaldéens recommandent…

— Recommandent… quoi ? demanda René, voyant que la reine hésitait à continuer.

— Recommandent que l'expérience se fasse sur des cerveaux humains, comme étant plus développés et plus sympathiques à la volonté du consultant.

— Hélas ! Madame, dit René, Votre Majesté sait bien que c'est impossible !

— Difficile du moins, dit Catherine ; car si nous avions su cela à la Saint-Barthélemy… hein, René ! quelle riche récolte ! Le premier condamné… j'y songerai. En attendant, demeurons dans le cercle du possible… La chambre des sacrifices est-elle préparée ?

— Oui, Madame.

— Passons-y.

René alluma une bougie faite d'éléments étranges et dont l'odeur, tantôt subtile et pénétrante, tantôt nauséabonde et fumeuse, révélait l'introduction de plusieurs matières ; puis éclairant Catherine, il passa le premier dans la cellule.

Catherine choisit elle-même parmi tous les instruments de sacrifice un couteau d'acier bleuissant, tandis que René allait chercher une des deux poules qui roulaient dans un coin leur œil d'or inquiet.

— Comment procéderons-nous ?

— Nous interrogerons le foie de l'une et le cerveau de l'autre. Si les deux expériences nous donnent les mêmes résultats, il faudra bien croire, surtout si ces résultats se combinent avec ceux précédemment obtenus.

— Par où commencerons-nous ?

— Par l'expérience du foie.

— C'est bien, dit René ; et il attacha la poule sur le petit autel à deux anneaux placés aux deux extrémités, de manière que l'animal renversé sur le dos ne pouvait que se débattre sans bouger de place.

Catherine lui ouvrit la poitrine d'un seul coup de couteau. La poule jeta trois cris, et expira après s'être assez longtemps débattue.

— Toujours trois cris, murmura Catherine, trois signes de mort ; puis elle ouvrit le corps.

— Et le foie pendant à gauche, continua-t-elle, toujours à gauche, triple mort suivie d'une déchéance. Sais-tu, René, que c'est effrayant ?

— Il faut voir, Madame, si les présages de la seconde victime coïncideront avec ceux de la première.

René détacha le cadavre de la poule et le jeta dans un coin ; puis il alla vers l'autre, qui, jugeant de son sort par celui de sa compagne, essaya de s'y soustraire en courant tout autour de la cellule, et qui enfin, se voyant prise dans un coin, s'envola par-dessus la tête de René, et s'en alla dans son vol éteindre la bougie magique que tenait à la main Catherine.

— Vous le voyez, René, dit la reine. C'est ainsi que s'éteindra notre race. La mort soufflera dessus et elle disparaîtra de la surface de la terre. Trois fils, cependant, trois fils !... murmura-t-elle tristement.

René lui prit des mains la bougie éteinte et alla la rallumer dans la pièce à côté.

Quand il revint, il vit la poule qui s'était fourré la tête dans l'entonnoir.

— Cette fois, dit Catherine, j'éviterai les cris, car je lui trancherai la tête d'un seul coup.

Et en effet, lorsque la poule fut attachée, Catherine, comme elle l'avait dit, d'un seul coup lui trancha la tête. Mais dans la convulsion suprême, le bec s'ouvrit trois fois et se rejoignit pour ne plus se rouvrir.

— Vois-tu ! dit Catherine épouvantée. À défaut de trois cris, trois soupirs. Trois, toujours trois. Ils mourront tous les trois. Toutes ces âmes, avant de partir, comptent et appellent jusqu'à trois. Voyons maintenant les signes de la tête.

Alors Catherine abattit la crête pâlie de l'animal, ouvrit avec précaution le crâne, et le séparant de manière à laisser à découvert les lobes du cerveau, elle essaya de trouver la forme d'une lettre quelconque sur les sinuosités sanglantes que trace la division de la pulpe cérébrale.

— Toujours, s'écria-t-elle en frappant dans ses deux mains, toujours ! et cette fois le pronostic est plus clair que jamais. Viens et regarde.

René s'approcha.

— Quelle est cette lettre ? lui demanda Catherine en lui désignant un signe.

— Un H, répondit René.

— Combien de fois répété ?

René compta.

— Quatre, dit-il.

— Eh bien ! eh bien ! est-ce cela ? Je le vois, c'est-à-dire Henri IV. Oh ! gronda-t-elle en jetant le couteau, je suis maudite dans ma postérité.

C'était une effrayante figure que celle de cette femme pâle comme un cadavre, éclairée par la lugubre lumière et crispant ses mains sanglantes.

— Il régnera, dit-elle avec un soupir de désespoir, il régnera !

— Il régnera, répéta René enseveli dans une rêverie profonde.

Cependant, bientôt cette expression sombre s'effaça des traits de Catherine à la lumière d'une pensée qui semblait éclore au fond de son cerveau.

— René, dit-elle en étendant la main vers le Florentin sans détourner sa tête inclinée sur sa poitrine, René, n'y a-t-il pas une terrible histoire d'un médecin de Pérouse qui, du même coup, à l'aide d'une pommade, a empoisonné sa fille et l'amant de sa fille ?

— Oui, Madame.

— Et cet amant, c'était... ? continua Catherine toujours pensive.

— C'était le roi Ladislas, Madame.

— Ah ! oui, c'est vrai ! murmura-t-elle. Avez-vous quelques détails sur cette histoire ?

— Je possède un vieux livre qui en traite, répondit René.

— Eh bien, passons dans l'autre chambre, vous me le prêterez.

Tous deux quittèrent alors la cellule, dont René ferma la porte derrière lui.

— Votre Majesté me donne-t-elle d'autres ordres pour de nouveaux sacrifices ? demanda le Florentin.

— Non, René, non ! je suis pour le moment suffisamment convaincue. Nous attendrons que nous puissions nous procurer la tête de quelque condamné, et le jour de l'exécution tu en traiteras avec le bourreau.

René s'inclina en signe d'assentiment, puis il s'approcha, sa bougie à la main, des rayons où étaient rangés les livres, monta sur une chaise, en prit un et le donna à la reine.

Catherine l'ouvrit.

— Qu'est-ce que cela ? dit-elle.

« De la manière d'élever et de nourrir les tiercelets, les faucons et les gerfauts pour qu'ils soient braves, vaillants et toujours prêts au vol. »

— Ah ! pardon, Madame, je me trompe ! Ceci est un traité de vénerie fait par un savant Lucquois pour le fameux Castruccio Castracani. Il était placé à côté de l'autre, relié de la même façon. Je me suis trompé. C'est d'ailleurs un livre très-précieux ; il n'en existe que trois exemplaires au monde : un qui appartient à la bibliothèque de Venise, l'autre qui avait été acheté par votre aïeul Laurent, et qui a été offert par Pierre de Médicis au roi Charles VIII, lors de son passage à Florence, et le troisième que voici.

— Je le vénère, dit Catherine, à cause de sa rareté ; mais, n'en ayant pas besoin, je vous le rends.

Et elle tendit la main droite vers René pour recevoir l'autre, tandis que de la main gauche elle lui rendit celui qu'elle avait reçu.

Cette fois René ne s'était point trompé, c'était bien le livre qu'elle désirait. René descendit, le feuilleta un instant et le lui rendit tout ouvert.

Catherine alla s'asseoir à une table, René posa près d'elle la bougie magique, et à la lueur de cette flamme bleuâtre, elle lut quelques lignes à demi voix.

— Bien, dit-elle en refermant le livre, voilà tout ce que je voulais savoir.

Elle se leva, laissant le livre sur la table et emportant seulement au fond de son esprit la pensée qui y avait germé et qui devait y mûrir.

René attendit respectueusement, la bougie à la main, que la reine, qui paraissait prête à se retirer, lui donnât de nouveaux ordres ou lui adressât de nouvelles questions.

Catherine fit plusieurs pas la tête inclinée, le doigt sur la bouche et en gardant le silence.

Puis s'arrêtant tout à coup devant René et relevant sur lui son œil rond et fixe comme celui d'un oiseau de proie :

— Avoue-moi que tu as fait pour elle quelque philtre, dit-elle.

— Pour qui ? demanda René en tressaillant.

— Pour la Sauve.

— Moi, Madame, dit René, jamais !

— Jamais ?

— Sur mon âme, je vous le jure.

— Il y a cependant de la magie, car il l'aime comme un fou, lui qui n'est pas renommé par sa constance.

— Qui lui, Madame ?

— Lui, Henri le maudit, celui qui succédera à nos trois fils, celui qu'on appellera un jour Henri IV, et qui cependant est le fils de Jeanne d'Albret.

Et Catherine accompagna ces derniers mots d'un soupir qui fit frissonner René, car il lui rappelait les fameux gants que, par ordre de Catherine, il avait préparés pour la reine de Navarre.

— Il y va donc toujours ? demanda René.

— Toujours, dit Catherine.

— J'avais cru cependant que le roi de Navarre était revenu tout entier à sa femme.

— Comédie, René, comédie. Je ne sais dans quel but, mais tout se réunit pour me tromper. Ma fille elle-même, Marguerite, se déclare contre moi ; peut-être, elle aussi, espère-t-elle la mort de ses frères, peut-être espère-t-elle être reine de France.

— Oui, peut-être, dit René, rejeté dans sa rêverie et se faisant l'écho du doute terrible de Catherine.

— Enfin, dit Catherine, nous verrons, et elle s'achemina vers la porte du fond, jugeant sans doute inutile de descendre par l'escalier secret, puisqu'elle était sûre d'être seule.

René la précéda, et, quelques instants après, tous deux se trouvèrent dans la boutique du parfumeur.

— Tu m'avais promis de nouveaux cosmétiques pour mes mains et pour mes lèvres, René, dit-elle ; voici l'hiver, et tu sais que j'ai la peau fort sensible au froid.

— Je m'en suis déjà occupé, Madame, et je vous les porterai demain.

— Demain soir tu ne me trouverais pas avant neuf ou dix heures. Pendant la journée je fais mes dévotions.

— Bien, Madame, je serai au Louvre à neuf heures.

— Madame de Sauve a de belles mains et de belles lèvres, dit d'un ton indifférent Catherine ; et de quelle pâte se sert-elle ?

— Pour ses mains ?

— Oui, pour ses mains d'abord.

— De pâte à l'héliotrope.

— Et pour ses lèvres ?

— Pour ses lèvres, elle va se servir du nouvel opiat que j'ai inventé et dont je comptais porter demain une boîte à Votre Majesté en même temps qu'à elle.

Catherine resta un instant pensive.

— Au reste, elle est belle, cette créature, dit-elle, répondant toujours à sa secrète pensée, et il n'y a rien d'étonnant à cette passion du Béarnais.

— Et surtout dévouée à Votre Majesté, dit René, à ce que je crois du moins.

Catherine sourit et haussa les épaules.

— Lorsqu'une femme aime, dit-elle, est-ce qu'elle est jamais dévouée à un autre qu'à son amant ! Tu lui as fait quelque philtre, René.

— Je vous jure que non, Madame.

— C'est bien ! n'en parlons plus. Montre-moi donc cet opiat nouveau dont tu me parlais, et qui doit lui faire les lèvres plus fraîches et plus roses encore.

René s'approcha d'un rayon et montra à Catherine six petites boîtes d'argent de la même forme, c'est-à-dire rondes, rangées les unes à côté des autres.

— Voilà le seul philtre qu'elle m'ait demandé, dit René ; il est vrai, comme le dit Votre Majesté, que je l'ai composé exprès pour elle, car elle a les lèvres si fines et si tendres, que le soleil et le vent les gercent également.

Catherine ouvrit une de ces boîtes, elle contenait une pâte du carmin le plus séduisant.

— René, dit-elle, donne-moi de la pâte pour mes mains ; j'en emporterai avec moi.

René s'éloigna avec la bougie et s'en alla chercher dans un compartiment particulier ce que lui demandait la reine. Cependant il ne se retourna pas si vite, qu'il ne crût voir que Catherine, par un brusque mouvement, venait de prendre une boîte et de la cacher sous sa mante. Il était trop familiarisé avec ces soustractions de la reine mère pour avoir la maladresse de paraître s'en apercevoir. Aussi, prenant la pâte demandée enfermée dans un sac de papier fleurdelisé :

— Voici, Madame, dit-il.

— Merci, René ! reprit Catherine. Puis, après un moment de silence : Ne porte cet opiat à madame de Sauve que dans huit ou dix jours, je veux être la première à en faire l'essai.

Et elle s'apprêta à sortir.

— Votre Majesté veut-elle que je la reconduise ? dit René.

— Jusqu'au bout du pont seulement, répondit Catherine ; mes gentilshommes m'attendent là avec ma litière.

Tous deux sortirent et gagnèrent le coin de la rue de la Barillerie, ou quatre gentilshommes à cheval et une litière sans armoiries attendaient Catherine.

En rentrant chez lui, le premier soin de René fut de compter ses boîtes d'opiat.

Il en manquait une.

XXI

L'APPARTEMENT DE MADAME DE SAUVE.

Catherine ne s'était pas trompée dans ses soupçons. Henri avait repris ses habitudes, et chaque soir il se rendait chez madame de Sauve. D'abord, il avait exécuté cette excursion avec le plus grand secret, puis, peu à peu, il s'était relâché de sa défiance, avait négligé les précautions, de sorte que Catherine n'avait pas eu de peine à s'assurer que la reine de Navarre continuait d'être de nom Marguerite, de fait madame de Sauve.

Nous avons dit deux mots, au commencement de cette histoire, de l'appartement de madame de Sauve ; mais la porte ouverte par Dariole au roi de Navarre s'est hermétiquement refermée sur lui, de sorte que cet appartement, théâtre des mystérieuses amours du Béarnais, nous est complètement inconnu.

Ce logement, du genre de ceux que les princes fournissent à leurs commensaux dans les palais qu'ils habitent, afin de les avoir à leur portée, était plus petit et moins commode que n'eût certainement été un logement situé par la ville. Il était, comme on le sait déjà, placé au second, à peu près au-dessus de celui de Henri, et la porte s'en ouvrait sur un corridor dont l'extrémité était éclairée par une fenêtre ogivale à petits carreaux enchâssés de plomb, laquelle, même dans les plus beaux jours de l'année, ne laissait pénétrer qu'une lumière douteuse. Pendant l'hiver, dès trois heures de l'après-midi, on était obligé d'y allumer une lampe, qui, ne contenant, été comme hiver, que la même quantité d'huile, s'éteignait alors vers les dix heures du soir, et donnait ainsi, depuis que les jours d'hiver étaient arrivés, une plus grande sécurité aux deux amants.

Une petite antichambre tapissée de damas de soie à larges fleurs jaunes, une chambre de réception tendue de velours bleu, une chambre à coucher, dont le lit à colonnes torses et à rideau de satin cerise enchâssait une ruelle ornée d'un miroir garni d'argent et de deux tableaux tirés des amours de Vénus et d'Adonis ; tel était le logement, aujourd'hui l'on dirait le nid, de la charmante fille d'atours de la reine Catherine de Médicis.

En cherchant bien on eût encore, en face d'une toilette garnie de tous ses accessoires, trouvé, dans un coin sombre de cette chambre, une petite porte ouvrant sur une espèce d'oratoire, où, exhaussé sur deux gradins, s'élevait un prie-Dieu. Dans cet oratoire étaient pendues à la muraille, et comme pour servir de correctif aux deux tableaux mythologiques dont nous avons parlé, trois ou quatre peintures du spiritualisme le plus exalté. Entre ces peintures étaient suspendues, à des clous dorés, des armes de femme ; car, à cette époque de mystérieuses intrigues, les femmes portaient des armes comme les hommes, et, parfois, s'en servaient aussi habilement qu'eux.

Ce soir-là, qui était le lendemain du jour où s'étaient passées chez maître René les scènes que nous avons racontées, madame de Sauve, assise dans sa chambre à coucher sur un lit de repos, racontait à Henri ses craintes et son amour, et lui donnait comme preuve de ces craintes et de cet amour le dévouement qu'elle avait montré dans la fameuse nuit qui avait suivi celle de la Saint-Barthélemy, nuit que Henri, on se le rappelle, avait passée chez sa femme.

Henri, de son côté, lui exprimait sa reconnaissance. Madame de Sauve était charmante ce soir-là dans son simple peignoir de batiste, et Henri était très-reconnaissant.

Au milieu de tout cela, comme Henri était réellement amoureux, il était rêveur. De son côté madame de Sauve, qui avait fini par adopter de tout son cœur cet amour commandé par Catherine, regardait beaucoup Henri pour voir si ses yeux étaient d'accord avec les paroles.

— Voyons, Henri, disait madame de Sauve, soyez franc : pendant cette nuit passée dans le cabinet de Sa Majesté la reine de Navarre, avec M. de La Mole à vos pieds, n'avez-vous pas regretté que ce digne gentilhomme se trouvât entre vous et la chambre à coucher de la reine ?

— Oui, en vérité, ma mie, dit Henri, car il me fallait absolument passer par cette chambre pour aller à celle où je me trouve si bien, et où je suis si heureux en ce moment.

Madame de Sauve sourit.

— Et vous n'y êtes pas rentré depuis ?

— Que les fois que je vous ai dites.

— Vous n'y rentrerez jamais sans me le dire ?

— Jamais.

— En jureriez-vous ?

— Oui, certainement, si j'étais encore huguenot, mais…

— Mais, quoi ?

— Mais la religion catholique, dont j'apprends les dogmes en ce moment, m'a appris qu'on ne doit jamais jurer.

— Gascon ! dit madame de Sauve en secouant la tête.

— Mais à votre tour, Charlotte, dit Henri, si je vous interrogeais, répondriez-vous à mes questions ?

— Sans doute, répondit la jeune femme. Moi je n'ai rien à vous cacher.

— Voyons, Charlotte, dit le roi, expliquez-moi une bonne fois comment il se fait qu'après cette résistance désespérée qui a précédé mon mariage, vous soyez devenue moins cruelle pour moi qui suis un gauche Béarnais, un provincial ridicule, un prince trop pauvre, enfin, pour entretenir brillants les joyaux de sa couronne ?

— Henri, dit Charlotte, vous me demandez le mot de l'énigme que cherchent depuis trois mille ans les philosophes de tous les pays ! Henri, ne demandez jamais à une femme pourquoi elle vous aime ; contentez-vous de lui demander : M'aimez-vous ?

— M'aimez-vous, Charlotte ? demanda Henri.

— Je vous aime, répondit madame de Sauve avec un charmant sourire et en laissant tomber sa belle main dans celle de son amant.

Henri retint cette main.

— Mais, reprit-il poursuivant sa pensée, si je l'avais deviné ce mot que les philosophes cherchent en vain depuis trois mille ans, du moins relativement à vous, Charlotte ?

Madame de Sauve rougit.

— Vous m'aimez, continua Henri ; par conséquent je n'ai pas autre chose à vous demander, et me tiens pour le plus heureux homme du monde. Mais, vous le savez, au bonheur il manque toujours quelque chose. Adam, au milieu du paradis, ne s'est pas trouvé complètement heureux, et il a mordu à cette misérable pomme qui nous a donné à tous ce besoin de curiosité qui fait que chacun passe sa vie à la recherche d'un inconnu quelconque. Dites-moi, ma mie, pour m'aider à trouver le mien, n'est-ce point la reine Catherine qui vous a dit d'abord de m'aimer ?

— Henri, dit madame de Sauve, parlez bas quand vous parlez de la reine mère.

— Oh ! dit Henri avec un abandon et une confiance à laquelle madame de Sauve fut trompée elle-même, c'était bon autrefois de me défier d'elle, cette bonne mère, quand nous étions mal ensemble ; mais maintenant que je suis le mari de sa fille…

— Le mari de madame Marguerite ! dit Charlotte en rougissant de jalousie.

— Parlez bas à votre tour, dit Henri. Maintenant que je suis le mari de sa fille, nous sommes les meilleurs amis du monde. Que voulait-on ? que je me fisse catholique, à ce qu'il paraît. Eh bien ! la grâce m'a touché ; et, par l'intercession de saint Barthélemy, je le suis devenu. Nous vivons maintenant en famille comme de bons frères, comme de bons chrétiens.

— Et la reine Marguerite ?

— La reine Marguerite, dit Henri, eh bien ! elle est le lien qui nous unit tous.

— Mais vous m'avez dit, Henri, que la reine de Navarre, en récompense de ce que j'avais été dévouée pour elle, avait été généreuse pour moi. Si vous m'avez dit vrai, si cette générosité, pour laquelle je lui ai voué une si grande reconnaissance, est réelle, elle n'est qu'un lien de convention facile à briser. Vous ne pouvez donc vous reposer sur cet appui, car vous n'en avez imposé à personne avec cette prétendue intimité.

— Je m'y repose cependant, et c'est depuis trois mois l'oreiller sur lequel je dors.

— Alors, Henri, s'écria madame de Sauve, c'est que vous m'avez trompée, c'est que véritablement madame Marguerite est votre femme.

Henri sourit.

— Tenez, Henri ! dit madame de Sauve, voilà de ces sourires qui m'exaspèrent, et qui font que, tout roi que vous êtes, il me prend parfois de cruelles envies de vous arracher les yeux.

— Alors, dit Henri, j'arrive donc à en imposer sur cette prétendue intimité, puisqu'il y a des moments où, tout roi que je suis, vous voulez m'arracher les yeux, parce que vous croyez qu'elle existe !

— Henri ! Henri ! dit madame de Sauve, je crois que Dieu lui-même ne sait pas ce que vous pensez.

— Je pense, ma mie, dit Henri, que Catherine vous a dit d'abord de m'aimer, que votre cœur vous l'a dit ensuite, et que, quand ces deux voix vous parlent, vous n'entendez que celle de votre cœur. Maintenant, moi aussi, je vous aime, et de toute mon âme, et même c'est pour cela que lorsque j'aurais des secrets, je ne vous les confierais pas, de peur de vous compromettre, bien entendu… car l'amitié de la reine est changeante, c'est celle d'une belle-mère.

Ce n'était point là le compte de Charlotte ; il lui semblait que ce voile qui s'épaississait entre elle et son amant toutes les fois qu'elle voulait sonder les abîmes de ce cœur sans fond, prenait la consistance d'un mur et les séparait l'un de l'autre. Elle sentit donc les larmes envahir ses yeux à cette réponse, et comme en ce moment dix heures sonnèrent :

— Sire, dit Charlotte, voici l'heure de me reposer ; mon service m'appelle de très-bon matin demain chez la reine mère.

— Vous me chassez donc ce soir, ma mie ? dit Henri.

— Henri, je suis triste. Étant triste, vous me trouveriez maussade, et, me trouvant maussade, vous ne m'aimeriez plus. Vous voyez bien qu'il vaut mieux que vous vous retiriez.

— Soit ! dit Henri, je me retirerai si vous l'exigez, Charlotte ; seulement, ventre-saint-gris ! vous m'accorderez bien la faveur d'assister à votre toilette !

— Mais la reine Marguerite, sire, ne la ferez-vous pas attendre en y assistant ?

— Charlotte, répliqua Henri sérieux, il avait été convenu entre nous que nous ne parlerions jamais de la reine de Navarre, et ce soir, ce me semble, nous n'avons parlé que d'elle.

Madame de Sauve soupira, et elle alla s'asseoir devant sa toilette. Henri prit une chaise, la traîna jusqu'à celle qui servait de siège à sa maîtresse, et mettant un genou dessus en s'appuyant au dossier :

— Allons, dit-il, ma bonne petite Charlotte, que je vous voie vous faire belle, et belle pour moi, quoi que vous en disiez. Mon Dieu ! que de choses, que de pots de parfums, que de sacs de poudre, que de fioles, que de cassolettes !

— Cela paraît beaucoup, dit Charlotte en soupirant, et cependant c'est trop peu, puisque je n'ai pas encore, avec tout cela, trouvé le moyen de régner seule sur le cœur de Votre Majesté.

— Allons ! dit Henri, ne retombons pas dans la politique. Qu'est-ce que ce petit pinceau si fin, si délicat ? Ne serait-ce pas pour peindre les sourcils de mon Jupiter Olympien ?

— Oui, sire, répondit madame de Sauve en souriant, et vous avez deviné du premier coup.

— Et ce joli petit râteau d'ivoire ?

— C'est pour tracer la ligne des cheveux.

— Et cette charmante petite boîte d'argent au couvercle ciselé ?

— Oh ! cela, c'est un envoi de René, sire, c'est le fameux opiat qu'il me promet depuis si longtemps pour adoucir encore ces lèvres que Votre Majesté a la bonté de trouver quelquefois assez douces.

Et Henri, comme pour approuver ce que venait de dire la charmante femme dont le front s'éclaircissait à mesure qu'on la remettait sur le terrain de la coquetterie, appuya ses lèvres sur celles que la baronne regardait avec attention dans son miroir.

Charlotte porta la main à la boîte qui venait d'être l'objet de l'explication ci-dessus, sans doute pour montrer à Henri de quelle façon s'employait la pâte vermeille, lorsqu'un coup sec frappé à la porte de l'antichambre fit tressaillir les deux amants.

— On frappe, Madame, dit Dariole en passant la tête par l'ouverture de la portière.

— Va t'informer qui frappe et reviens, dit madame de Sauve. Henri et Charlotte se regardèrent avec inquiétude, et Henri songeait à se retirer dans l'oratoire où déjà plus d'une fois il avait trouvé un refuge, lorsque Dariole reparut.

— Madame, dit-elle, c'est maître René le parfumeur.

À ce nom, Henri fronça le sourcil et se pinça involontairement les lèvres.

— Voulez-vous que je lui refuse la porte ? dit Charlotte.

— Non pas ! dit Henri ; maître René ne fait rien sans avoir auparavant songé à ce qu'il fait ; s'il vient chez vous, c'est qu'il a des raisons d'y venir.

— Voulez-vous vous cacher alors ?

— Je m'en garderai bien, dit Henri, car maître René sait tout, et maître René sait que je suis ici.

— Mais Votre Majesté n'a-t-elle pas quelque raison pour que sa présence lui soit douloureuse.

— Moi ! dit Henri en faisant un effort que, malgré sa puissance sur lui-même, il ne put tout à fait dissimuler, moi ! aucune ! Nous étions en froid, c'est vrai ; mais, depuis le soir de la Saint-Barlhélemy, nous nous sommes raccommodés.

— Faites entrer ! dit madame de Sauve à Dariole.

Un instant après, René parut et jeta un regard qui embrassa toute la chambre.

Madame de Sauve était toujours devant sa toilette.

Henri avait repris sa place sur le lit de repos.

Charlotte était dans la lumière et Henri dans l'ombre.

— Madame, dit René avec une respectueuse familiarité, je viens vous faire mes excuses.

— Et de quoi donc, René ? demanda madame de Sauve avec cette condescendance que les jolies femmes ont toujours pour ce monde de fournisseurs qui les entoure et qui tend à les rendre plus jolies.

— De ce que depuis si longtemps j'avais promis de travailler pour ces jolies lèvres, et de ce que…

— De ce que vous n'avez tenu votre promesse qu'aujourd'hui, n'est-ce pas ? dit Charlotte.

— Qu'aujourd'hui ! répéta René.

— Oui, c'est aujourd'hui seulement, et même ce soir, que j'ai reçu cette boîte que vous m'avez envoyée.

— Ah ! en effet, dit René en regardant avec une expression étrange la petite boîte d'opiat qui se trouvait sur la table de madame de Sauve, et qui était de tout point pareille à celles qu'il avait dans son magasin.

— J'avais deviné ! murmura-t-il ; et vous vous en êtes servie ?

— Non, pas encore, et j'allais l'essayer quand vous êtes entré.

La figure de René prit un expression rêveuse qui n'échappa point à Henri, auquel, d'ailleurs, bien peu de choses échappaient.

— Eh bien, René ! qu'avez-vous donc ? demanda le roi.

— Moi ! rien, sire, dit le parfumeur, j'attends humblement que Votre Majesté m'adresse la parole avant de prendre congé de madame la baronne.

— Allons donc ! dit Henri en souriant. Avez-vous besoin de mes paroles pour savoir que je vous vois avec plaisir ?

René regarda autour de lui, fit le tour de la chambre comme pour sonder de l'œil et de l'oreille les portes et les tapisseries, puis s'arrêtant de nouveau et se plaçant de manière à embrasser du même regard madame de Sauve et Henri :

— Je ne le sais pas, dit-il.

Henri averti, grâce à cet instinct admirable qui, pareil à un sixième sens, le guida pendant toute la première partie de sa vie au milieu des dangers qui l'entouraient, qu'il se passait en ce moment quelque chose d'étrange et qui ressemblait à une lutte dans l'esprit du parfumeur, se tourna vers lui, et tout en restant dans l'ombre, tandis que le visage du Florentin se trouvait dans la lumière :

— Vous à cette heure ici, René ? lui dit-il.

— Aurais-je le malheur de gêner Votre Majesté ? répondit le parfumeur en faisant un pas en arrière.

— Non pas. Seulement je désire savoir une chose.

— Laquelle, sire ?

— Pensiez-vous me trouver ici ?

— J'en étais sûr.

— Vous me cherchiez donc ?

— Je suis heureux de vous rencontrer, du moins.

— Vous avez quelque chose à me dire ? insista Henri.

— Peut-être, sire ! répondit René.

Charlotte rougit, car elle tremblait que cette révélation, que semblait vouloir faire le parfumeur, ne fût relative à sa conduite passée envers Henri ; elle fit donc comme si, toute aux soins de sa toilette, elle n'eût rien entendu, et interrompant la conversation :

— Ah ! en vérité, René, s'écria-t-elle en ouvrant la boîte d'opiat, vous êtes un homme charmant ; cette pâte est d'une couleur merveilleuse, et, puisque vous voilà, je vais, pour vous faire honneur, expérimenter devant vous votre nouvelle production.

Et elle prit la boîte d'une main, tandis que de l'autre elle effleurait du bout du doigt la pâte rosée qui devait passer du doigt à ses lèvres.

René tressaillit.

La baronne approcha en souriant l'opiat de sa bouche.

René pâlit.

Henri, toujours dans l'ombre, mais les yeux fixes et ardents, ne perdait ni un mouvement de l'un, ni un frisson de l'autre.

La main de Charlotte n'avait plus que quelques lignes à parcourir pour toucher ses lèvres, lorsque René lui saisit le bras, au moment où Henri se levait pour en faire autant.

Henri retomba sans bruit sur son lit de repos.

— Un moment, Madame, dit René avec un sourire contraint ; mais il ne faudrait pas employer cet opiat sans quelques recommandations particulières.

— Et qui me les donnera, ces recommandations ?

— Moi.

— Quand cela ?

— Aussitôt que je vais avoir terminé ce que j'ai à dire à Sa Majesté le roi de Navarre.

Charlotte ouvrit de grands yeux, ne comprenant rien à cette espèce de langue mystérieuse qui se parlait auprès d'elle, et elle resta tenant le pot d'opiat d'une main, et regardant l'extrémité de son doigt rougie par la pâte carminée.

Henri se leva, et mû par une pensée qui, comme toutes celles du jeune roi, avait deux côtés, l'un qui paraissait superficiel et l'autre qui était profond, il alla prendre la main de Charlotte, et fit, toute rouge qu'elle était, un mouvement pour la porter à ses lèvres.

— Un instant, dit vivement René, un instant ! Veuillez, Madame, laver vos belles mains avec ce savon de Naples que j'avais oublié de vous envoyer en même temps que l'opiat, et que j'ai eu l'honneur de vous apporter moi-même.

Et tirant de son enveloppe d'argent une tablette de savon de couleur verdâtre, il la mit dans un bassin de vermeil, y versa de l'eau, et, un genou en terre, présenta le tout à madame de Sauve.

— Mais, en vérité, maître René, je ne vous reconnais plus, dit Henri ; vous êtes d'une galanterie à laisser loin de vous tous les muguets de la cour.

— Oh ! quel délicieux arôme ! s'écria Charlotte en frottant ses belles mains avec de la mousse nacrée qui se dégageait de la tablette embaumée.

René accomplit ses fonctions de cavalier servant jusqu'au bout ; il présenta une serviette de fine toile de Frise à madame de Sauve, qui essuya ses mains.

— Et maintenant, dit le Florentin à Henri, faites à votre plaisir, Monseigneur.

Charlotte présenta sa main à Henri, qui la baisa, et, tandis que Charlotte se tournait à demi sur son siège pour écouter ce que René allait dire, le roi de Navarre alla reprendre sa place, plus convaincu que jamais qu'il se passait dans l'esprit du parfumeur quelque chose d'extraordinaire.

— Eh bien ? demanda Charlotte.

Le Florentin parut rassembler toute sa résolution et se tourna vers Henri.

XXII

SIRE, VOUS SEREZ ROI.

— Sire, dit René à Henri, je viens vous parler d'une chose dont je m'occupe depuis longtemps.

— De parfums ? dit Henri en souriant.

— Eh bien ! oui, sire… de parfums ! répondit René avec un singulier signe d'acquiescement.

— Parlez, je vous écoute, c'est un sujet qui de tout temps m'a fort intéressé.

René regarda Henri pour essayer de lire, malgré ses paroles, dans cette impénétrable pensée ; mais voyant que c'était chose parfaitement inutile, il continua :

— Un de mes amis, sire, arrive de Florence ; cet ami s'occupe beaucoup d'astrologie.

— Oui, interrompit Henri, je sais que c'est une passion florentine.

— Il a, en compagnie des premiers savants du monde, tiré les horoscopes des principaux gentilshommes de l'Europe.

— Ah ! ah ! fit Henri.

— Et comme la maison de Bourbon est en tête des plus hautes, descendant comme elle le fait du comte de Clermont, cinquième fils de saint Louis, Votre Majesté doit penser que le sien n'a pas été oublié.

Henri écouta plus attentivement encore.

— Et vous vous souvenez de cet horoscope ? dit le roi de Navarre avec un sourire qu'il essaya de rendre indifférent.

— Oh ! reprit René en secouant la tête, votre horoscope n'est pas de ceux qu'on oublie.

— En vérité ! dit Henri avec un geste ironique.

— Oui. sire, Votre Majesté, selon les termes de cet horoscope, est appelée aux plus brillantes destinées.

L'œil du jeune prince lança un éclair involontaire qui s'éteignit presque aussitôt dans un nuage d'indifférence.

— Tous ces oracles italiens sont flatteurs, dit Henri ; or, qui dit flatteur dit menteur. N'y en a-t-il pas qui m'ont prédit que je commanderais des armées, moi !

Et il éclata de rire. Mais un observateur moins occupé de lui-même que ne l'était René, eût vu et reconnu l'effort de ce rire.

— Sire, dit froidement René, l'horoscope annonce mieux que cela.

— Annonce-t-il qu'à la tête d'une de ces armées je gagnerai des batailles ?

— Mieux que cela, sire.

— Allons, dit Henri, vous verrez que je serai conquérant.

— Sire, vous serez roi.

— Eh ! ventre-saint-gris ! dit Henri en réprimant un violent battement de cœur, ne le suis-je point déjà ?

— Sire, mon ami sait ce qu'il promet ; non-seulement vous serez roi, mais vous régnerez.

— Alors, dit Henri avec son même ton railleur, votre ami a besoin de dix écus d'or, n'est-ce pas, René ; car une pareille prophétie est bien ambitieuse, par le temps qui court surtout ? Allons, René, comme je ne suis pas riche, j'en donnerai à votre ami cinq tout de suite, et cinq autres quand la prophétie sera réalisée.

— Sire, dit madame de Sauve, n'oubliez pas que vous êtes déjà engagé avec Dariole, et ne vous surchargez pas de promesses.

— Madame, dit Henri, ce moment venu, j'espère que l'on me traitera en roi, et que chacun sera fort satisfait si je tiens la moitié de ce que j'ai promis.

— Sire, reprit René, je continue.

— Oh ! ce n'est donc pas tout ? dit Henri, soit : si je suis empereur, je donne le double.

— Sire, mon ami revient donc de Florence avec cet horoscope qu'il renouvela à Paris, et qui donna toujours le même résultat, et il me confia un secret.

— Un secret qui intéresse Sa Majesté ? demanda vivement Charlotte.

— Je le crois, dit le Florentin.

Il cherche ses mots, pensa Henri sans aider en rien René ; il paraît que la chose est difficile à dire.

— Alors, parlez, reprit la baronne de Sauve, de quoi s'agit-il ?

— Il s'agit, dit le Florentin en pesant une à une toutes ses paroles, il s'agit de tous ces bruits d'empoisonnement qui ont couru depuis quelque temps à la cour.

Un léger gonflement de narines du roi de Navarre fut le seul indice de son attention croissante à ce détour subit que faisait la conversation.

— Et votre ami le Florentin, dit Henri, sait des nouvelles de ces empoisonnements ?

— Oui, sire.

— Comment me confiez-vous un secret qui n'est pas le vôtre, René, surtout quand ce secret est si important ? dit Henri du ton le plus naturel qu'il put prendre.

— Cet ami a un conseil à demander à Votre Majesté.

— À moi ?

— Qu'y a-t-il d'étonnant à cela, sire ? Rappelez-vous le vieux soldat d'Actium, qui, ayant un procès, demandait un conseil à Auguste.

— Auguste était avocat, René, et je ne le suis pas.

— Sire, quand mon ami me confia ce secret, Votre Majesté appartenait encore au parti calviniste, dont vous étiez le premier chef, et M. de Condé le second.

— Après ? dit Henri.

— Cet ami espérait que vous useriez de votre influence toute-puissante sur M. le prince de Condé pour le prier de ne pas lui être hostile.

— Expliquez-moi cela, René, si vous voulez que je le comprenne, dit Henri sans manifester la moindre altération dans ses traits ni dans sa voix.

— Sire, Votre Majesté comprendra au premier mot ; cet ami sait toutes les particularités de la tentative d'empoisonnement essayé sur monseigneur le prince de Condé.

— On a essayé d'empoisonner le prince de Condé ? demanda Henri avec un étonnement parfaitement joué ; ah ! vraiment, et quand cela ?

René regarda fixement le roi, et répondit ces seuls mots :

— Il y a huit jours, Majesté.

— Quelque ennemi ? demanda le roi.

— Oui, répondit René, un ennemi que Votre Majesté connaît, et qui connaît Votre Majesté.

— En effet, dit Henri, je crois avoir entendu parler de cela, mais j'ignore les détails que votre ami veut me révéler, dites-vous.

— Eh bien ! une pomme de senteur fut offerte au prince de Condé ; mais, par bonheur, son médecin se trouva chez lui quand on l'apporta. Il la prit des mains du messager et la flaira pour en essayer l'odeur et la vertu. Deux jours après, une enflure gangreneuse du visage, une extravasation du sang, une plaie vive qui lui dévora la face, furent le prix de son dévouement ou le résultat de son imprudence.

— Malheureusement, répondit Henri, étant déjà à moitié catholique, j'ai perdu toute influence sur M. de Condé ; votre ami aurait donc tort de s'adresser à moi.

— Ce n'était pas seulement près du prince de Condé que Votre Majesté pouvait, par son influence, être utile à mon ami, mais encore près du prince de Porcian, frère de celui qui a été empoisonné.

— Ah çà ! dit Charlotte, savez-vous, René, que vos histoires sentent le trembleur ! Vous sollicitez mal à propos. Il est tard, votre conversation est mortuaire. En vérité, vos parfums valent mieux.

Et Charlotte étendit de nouveau la main sur la boîte d'opiat.

— Madame, dit René, avant de l'essayer comme vous allez le faire, écoutez ce que les méchants en peuvent tirer de cruels effets.

— Décidément, René, dit la baronne, vous êtes funèbre ce soir.

Henri fronça le sourcil, mais il comprit que René voulait en venir à un but qu'il n'entrevoyait pas encore, et il résolut de pousser jusqu'au bout cette conversation, qui éveillait en lui de si douloureux souvenirs.

— Et, reprit-il, vous connaissez aussi les détails de l'empoisonnement du prince de Porcian ?

— Oui, dit-il. On savait qu'il laissait brûler chaque nuit une lampe près de son lit ; on empoisonna l'huile, et il fut asphyxié par l'odeur.

Henri crispa l'un sur l'autre ses doigts humides de sueur.

— Ainsi donc, murmura-t-il, celui que vous nommez votre ami sait non-seulement les détails de cet empoisonnement, mais il en connaît l'auteur ?

— Oui, et c'est pour cela qu'il eût voulu savoir de vous si vous auriez sur le prince de Porcian qui reste cette influence de lui faire pardonner au meurtrier la mort de son frère.

— Malheureusement, répondit Henri, étant encore à moitié huguenot, je n'ai aucune influence sur M. le prince de Porcian : votre ami aurait donc tort de s'adresser à moi.

— Mais que pensez-vous des dispositions de M. le prince de Condé et de M. de Porcian ?

— Comment connaîtrais-je leurs dispositions, René ? Dieu, que je sache, ne m'a point donné le privilège de lire dans les cœurs.

— Votre Majesté peut s'interroger elle-même, dit le Florentin avec calme. N'y a-t-il pas dans la vie de Votre Majesté quelque événement si sombre qu'il puisse servir d'épreuve à la clémence, si douloureux qu'il soit une pierre de touche pour la générosité ?

Ces mots furent prononcés avec un accent qui fit frissonner Charlotte elle-même : c'était une allusion tellement directe, tellement sensible, que la jeune femme se détourna pour cacher sa rougeur et pour éviter de rencontrer le regard de Henri.

Henri fit un suprême effort sur lui-même ; il désarma son front, qui, pendant les paroles du Florentin, s'était chargé de menaces, et changeant la noble douleur filiale qui lui étreignait le cœur en vague méditation :

— Dans ma vie, dit-il, un événement sombre… non, René, non, je ne me rappelle de ma jeunesse que la folie et l'insouciance mêlées aux nécessités plus ou moins cruelles qu'imposent à tous les besoins de la nature et les épreuves de Dieu.

René se contraignit à son tour en promenant son attention de Henri à Charlotte, comme pour exciter l'un et retenir l'autre ; car Charlotte, en effet, se remettant à sa toilette pour cacher la gêne que lui inspirait cette conversation, venait de nouveau d'étendre la main vers la boîte d'opiat.

— Mais enfin, sire, si vous étiez le frère du prince de Porcian, ou le fils du prince de Condé, et qu'on eût empoisonné votre frère ou assassiné votre père…

Charlotte poussa un léger cri et approcha de nouveau l'opiat de ses lèvres. René vit le mouvement ; mais, cette fois, il ne l'arrêta ni de la parole ni du geste, seulement il s'écria :

— Au nom du ciel ! répondez, sire : sire, si vous étiez à leur place, que feriez-vous ?

Henri se recueillit, essuya de sa main tremblante son front où perlaient quelques gouttes de sueur froide, et, se levant de toute sa hauteur, il répondit, au milieu du silence qui suspendait jusqu'à la respiration de René et de Charlotte :

— Si j'étais à leur place et que je fusse sûr d'être roi, c'est-à-dire de représenter Dieu sur la terre, je ferais comme Dieu, je pardonnerais.

— Madame, s'écria René en arrachant l'opiat des mains de madame de Sauve, Madame, rendez-moi cette boîte, mon garçon, je le vois, s'est trompé en vous l'apportant : demain je vous en enverrai une autre.

XXIII

UN NOUVEAU CONVERTI.

Le lendemain, il devait y avoir chasse à courre dans la forêt de Saint-Germain.

Henri avait ordonné qu'on lui tînt prêt, pour huit heures du matin, c'est-à-dire tout sellé et tout bridé, un petit cheval du Béarn, qu'il comptait donner à madame de Sauve, mais qu'auparavant il désirait essayer. À huit heures moins un quart, le cheval était appareillé. À huit heures sonnant, Henri descendait.

Le cheval, fier et ardent, malgré sa petite taille, dressait les crins et piaffait dans la cour. Il avait fait froid, et un léger verglas couvrait la terre.

Henri s'apprêta à traverser la cour pour gagner le côté des écuries où l'attendaient le cheval et le palefrenier, lorsqu'en passant devant un soldat suisse, en sentinelle à la porte, ce soldat lui présenta les armes en disant :

— Dieu garde Sa Majesté le roi de Navarre !

À ce souhait, et surtout à l'accent de la voix qui venait de l'émettre, le Béarnais tressaillit.

Il se retourna et fit un pas en arrière.

— De Mouy ! murmura-t-il.

— Oui, sire, de Mouy.

— Que venez-vous faire ici ?

— Je vous cherche.

— Que me voulez-vous ?

— Il faut que je parle à Votre Majesté.

— Malheureux, dit le roi en se rapprochant de lui, ne sais-tu pas que tu risques ta tête ?

— Je le sais.

— Eh bien ?

— Eh bien, me voilà.

Henri pâlit légèrement, car ce danger que courait l'ardent jeune homme, il comprit qu'il le partageait. Il regarda donc avec inquiétude autour de lui, et se recula une seconde fois, non moins vivement que la première.

Il venait d'apercevoir le duc d'Alençon à une fenêtre.

Changeant aussitôt d'allure, Henri prit le mousquet des mains de de Mouy, placé, comme nous l'avons dit, en sentinelle, et tout en ayant l'air de l'examiner :

— De Mouy, lui dit-il, ce n'est pas certainement sans un motif bien puissant que vous êtes venu ainsi vous jeter dans la gueule du loup ?

— Non, sire. Aussi voilà huit jours que je vous guette. Hier seulement, j'ai appris que Votre Majesté devait essayer ce cheval ce matin et j'ai pris poste à la porte du Louvre.

— Mais comment sous ce costume ?

— Le capitaine de la compagnie est protestant et de mes amis.

— Voici votre mousquet, remettez-vous à votre faction. On nous examine. En repassant, je tâcherai de vous dire un mot ; mais si je ne vous parle point, ne m'arrêtez point. Adieu.

De Mouy reprit sa marche mesurée, et Henri s'avança vers le cheval.

— Qu'est-ce que ce joli petit animal ? demanda le duc d'Alençon de sa fenêtre.

— Un cheval que je devais essayer ce matin, répondit Henri.

— Mais ce n'est point un cheval d'homme, cela.

— Aussi était-il destiné à une belle dame.

— Prenez garde, Henri, vous allez être indiscret, car nous allons voir cette belle dame à la chasse ; et si je ne sais pas de qui vous êtes le chevalier, je saurai au moins de qui vous êtes l'écuyer.

— Eh ! mon Dieu non, vous ne le saurez pas, dit Henri avec sa feinte bonhomie, car cette belle dame ne pourra sortir, étant fort indisposée ce matin.

Et il se mit en selle.

— Ah bah ! dit d'Alençon en riant, pauvre madame de Sauve !

— François ! François ! c'est vous qui êtes indiscret.

— Et qu'a-t-elle donc cette belle Charlotte ? reprit le duc d'Alençon.

— Mais, continua Henri en lançant son cheval au petit galop et en lui faisant décrire un cercle de manège, mais je ne sais trop : une grande lourdeur de tête, à ce que m'a dit Dariole, une espèce d'engourdissement par tout le corps, une faiblesse générale enfin.

— Et cela vous empêchera-t-il d'être des nôtres ? demanda le duc.

— Moi, et pourquoi ? reprit Henri, vous savez que je suis fou de la chasse à courre, et que rien n'aurait cette influence de m'en faire manquer une.

— Vous manquerez pourtant celle-ci, Henri, dit le duc après s'être retourné et avoir causé un instant avec une personne qui était demeurée invisible aux yeux de Henri, attendu qu'elle causait avec son interlocuteur du fond de la chambre, car voici Sa Majesté qui me fait dire que la chasse ne peut avoir lieu.

— Bah ! dit Henri de l'air le plus désappointé du monde. Pourquoi cela ?

— Des lettres fort importantes de M. de Nevers, à ce qu'il paraît. Il y a conseil entre le roi, la reine mère et mon frère le duc d'Anjou.

— Ah ! ah ! fit en lui-même Henri serait-il arrivé des nouvelles de Pologne ?

Puis tout haut :

— En ce cas, continua-t-il, il est inutile que je me risque plus longtemps sur ce verglas. Au revoir, mon frère !

Puis arrêtant le cheval en face de de Mouy :

— Mon ami, dit-il, appelle un de tes camarades pour finir ta faction. Aide le palefrenier à dessangler ce cheval, mets la selle sur ta tête et porte-la chez l'orfèvre de la sellerie ; il y a une broderie à y faire qu'il n'avait pas eu le temps d'achever pour aujourd'hui. Tu reviendras me rendre réponse chez moi.

De Mouy se hâta d'obéir, car le duc d'Alençon avait disparu de sa fenêtre, et il était évident qu'il avait conçu quelque soupçon.

En effet, à peine avait-il tourné le guichet que le duc d'Alençon parut. Un véritable Suisse était à la place de de Mouy.

D'Alençon regarda avec grande attention le nouveau factionnaire ; puis se retournant du côté de Henri :

— Ce n'est point avec cet homme que vous causiez tout à l'heure, n'est-ce pas, mon frère ?

— L'autre est un garçon qui est de ma maison et que j'ai fait entrer dans les Suisses : je lui ai donné une commission et il est allé l'exécuter.

— Ah ! fit le duc, comme si cette réponse lui suffisait. Et Marguerite, comment va-t-elle ?

— Je vais le lui demander, mon frère.

— Ne l'avez-vous donc point vue depuis hier ?

— Non, je me suis présenté chez elle cette nuit, vers onze heures, mais Gillonne m'a dit qu'elle était fatiguée et qu'elle dormait.

— Vous ne la trouverez point dans son appartement, elle est sortie.

— Oui, dit Henri, c'est possible ; elle devait aller au couvent de l'Annonciade.

Il n'y avait pas moyen de pousser la conversation plus loin, Henri paraissant décidé seulement à répondre.

Les deux beaux-frères se quittèrent donc, le duc d'Alençon pour aller aux nouvelles, disait-il, le roi de Navarre pour rentrer chez lui.

Henri y était à peine depuis cinq minutes lorsqu'il entendit frapper.

— Qui est là ? demanda-t-il.

— Sire, répondit une voix que Henri reconnut pour celle de de Mouy, c'est la réponse de l'orfèvre de la sellerie.

Henri, visiblement ému, fit entrer le jeune homme, et referma la porte derrière lui.

— C'est vous, de Mouy ! dit-il. J'espérais que vous réfléchiriez.

— Sire, répondit de Mouy, il y a trois mois que je réfléchis, c'est assez ; maintenant il est temps d'agir.

Henri fit un mouvement d'inquiétude.

— Ne craignez rien, sire, nous sommes seuls et je me hâte, car les moments sont précieux. Votre Majesté peut nous rendre, par un seul mot, tout ce que les événements de l'année ont fait perdre à la cause de la religion. Soyons clairs, soyons brefs, soyons francs.

— J'écoute, mon brave de Mouy ! répondit Henri voyant qu'il lui était impossible d'éluder l'explication.

— Est-il vrai que Votre Majesté ait abjuré la religion protestante ?

— C'est vrai, dit Henri.

— Oui, mais est-ce des lèvres ? est-ce du cœur ?

— On est toujours reconnaissant à Dieu quand il nous sauve la vie, répondit Henri tournant la question, comme il avait l'habitude de le faire en pareil cas, et Dieu m'a visiblement épargné dans ce cruel danger.

— Sire, reprit de Mouy, avouons une chose.

— Laquelle ?

— C'est que votre abjuration n'est point une affaire de conviction, mais de calcul. Vous avez abjuré pour que le roi vous laissât vivre, et non parce que Dieu vous avait conservé la vie.

— Quelle que soit la cause de ma conversion, de Mouy, répondit Henri, je n'en suis pas moins catholique.

— Oui, mais le resterez-vous toujours ? à la première occasion de reprendre votre liberté d'existence et de conscience, ne la reprendrez-vous pas ? Eh bien ! cette occasion, elle se présente : La Rochelle est insurgée, le Roussillon et le Béarn n'attendent qu'un mot pour agir ; dans la Guyenne, tout crie à la guerre. Dites-moi seulement que vous êtes un catholique forcé et je vous réponds de l'avenir.

— On ne force pas un gentilhomme de ma naissance, mon cher de Mouy. Ce que j'ai fait, je l'ai fait librement.

— Mais, sire, dit le jeune homme le cœur oppressé de cette résistance à laquelle il ne s'attendait pas, vous ne songez donc pas qu'en agissant ainsi vous nous abandonnez… vous nous trahissez ?

Henri resta impassible.

— Oui, reprit de Mouy, oui, vous nous trahissez, sire, car plusieurs d'entre nous sont venus, au péril de leur vie, pour sauver votre honneur et votre liberté. Nous avons tout préparé pour vous donner un trône, sire, entendez-vous bien ? Non-seulement la liberté, mais la puissance : un trône à votre choix, car dans deux mois vous pourrez opter entre Navarre et France.

— De Mouy, dit Henri en voilant son regard, qui malgré lui, à cette proposition, avait jeté un éclair, de Mouy, je suis sauf, je suis catholique, je suis l'époux de Marguerite, je suis frère du roi Charles, je suis gendre de ma bonne mère Catherine. De Mouy, en prenant ces diverses positions, j'en ai calculé les chances, mais aussi les obligations.

— Mais, sire, reprit de Mouy, à quoi faut-il croire ? On me dit que votre mariage n'est pas consommé, on me dit que vous êtes libre au fond du cœur, on me dit que la haine de Catherine…

— Mensonge, mensonge, interrompit vivement le Béarnais. Oui, l'on vous a trompé impudemment, mon ami. Cette chère Marguerite est bien ma femme ; Catherine est bien ma mère ; le roi Charles IX enfin est bien le seigneur et le maître de ma vie et de mon cœur.

De Mouy frissonna, un sourire presque méprisant passa sur ses lèvres.

— Ainsi donc, sire, dit-il en laissant retomber ses bras avec découragement et en essayant de sonder du regard cette âme pleine de ténèbres, voilà la réponse que je rapporterai à mes frères. Je leur dirai que le roi de Navarre tend sa main et donne son cœur à ceux qui nous ont égorgés, je leur dirai qu'il est devenu le flatteur de la reine mère et l'ami de Maurevel…

— Mon cher de Mouy, dit Henri, le roi va sortir du conseil, et il faut que j'aille m'informer près de lui des raisons qui nous ont fait remettre une chose aussi importante qu'une partie de chasse. Adieu, imitez-moi, mon ami, quittez la politique, revenez au roi et prenez la messe.

Et Henri reconduisit ou plutôt repoussa jusqu'à l'antichambre le jeune homme, dont la stupéfaction commençait à faire place à la fureur.

À peine eut-il refermé la porte que, ne pouvant résister à l'envie de se venger sur quelque chose à défaut de quelqu'un, de Mouy broya son chapeau entre ses mains, le jeta à terre, et le foulant aux pieds comme fait un taureau du manteau d'un matador :

— Par la mort ! s'écria-t-il, voilà un misérable prince, et j'ai bien envie de me faire tuer ici pour le souiller à jamais de mon sang.

— Chut ! monsieur de Mouy ! dit une voix qui se glissait par l'ouverture d'une porte entre-bâillée ; chut ! car un autre que moi pourrait vous entendre.

De Mouy se retourna vivement et aperçut le duc d'Alençon enveloppé d'un manteau et avançant sa tête pâle dans le corridor pour s'assurer si de Mouy et lui étaient bien seuls.

— M. le duc d'Alençon ! s'écria de Mouy, je suis perdu.

— Au contraire, murmura le prince, peut-être même avez-vous trouvé ce que vous cherchez, et la preuve, c'est que je ne veux pas que vous vous fassiez tuer ici comme vous en avez le dessein. Croyez-moi, votre sang peut être mieux employé qu'à rougir le seuil du roi de Navarre.

Et à ces mots le duc ouvrit toute grande la porte qu'il tenait entrebâillée.

— Cette chambre est celle de deux de mes gentilshommes, dit le duc : nul ne viendra nous relancer ici ; nous pourrons donc y causer en toute liberté. Venez, Monsieur.

— Me voici, Monseigneur ! dit le conspirateur stupéfait.

Et il entra dans la chambre, dont le duc d'Alençon referma la porte derrière lui non moins vivement que n'avait fait le roi de Navarre.

De Mouy était entré furieux, exaspéré, maudissant ; mais peu à peu le regard froid et fixe du jeune duc François fit sur le capitaine huguenot l'effet de cette glace enchantée qui dissipe l'ivresse.

— Monseigneur, dit-il, si j'ai bien compris, Votre Altesse veut me parler ?

— Oui, monsieur de Mouy, répondit François. Malgré votre déguisement, j'avais cru vous reconnaître ; et quand vous avez présenté les armes à mon frère Henri, je vous ai reconnu tout à fait. Eh bien ! de Mouy, vous n'êtes donc pas content du roi de Navarre ?

— Monseigneur !

— Allons, voyons ! parlez-moi hardiment. Sans que vous vous en doutiez, peut-être suis-je de vos amis.

— Vous, Monseigneur ?

— Oui, moi. Parlez donc.

— Je ne sais que dire à Votre Altesse, Monseigneur. Les choses dont j'avais à entretenir le roi de Navarre touchent à des intérêts que Votre Altesse ne saurait comprendre. D'ailleurs, ajouta de Mouy d'un air qu'il tâcha de rendre indifférent, il s'agissait de bagatelles.

— De bagatelles ? fit le duc.

— Oui, Monseigneur.

— De bagatelles pour lesquelles vous avez cru devoir exposer votre vie en revenant au Louvre, où, vous le savez, votre tête vaut son pesant d'or. Car on n'ignore point que vous êtes, avec le roi de Navarre et le prince de Condé, un des principaux chefs des huguenots.

— Si vous croyez cela, Monseigneur, agissez envers moi comme doit le faire le frère du roi Charles et le fils de la reine Catherine.

— Pourquoi voulez-vous que j'agisse ainsi, quand je vous ai dit que j'étais de vos amis ? Dites-moi donc la vérité.

— Monseigneur, dit de Mouy, je vous jure…

— Ne jurez pas, Monsieur ; la religion réformée défend de faire des serments, et surtout de faux serments.

De Mouy fronça le sourcil.

— Je vous dis que je sais tout, reprit le duc.

De Mouy continua de se taire.

— Vous en doutez ? reprit le prince avec une affectueuse insistance. Eh bien, mon cher de Mouy, il faut vous convaincre. Voyons, vous allez juger si je me trompe. Avez-vous ou non proposé à mon beau-frère Henri, là, tout à l'heure, le duc étendit la main dans la direction de la chambre du Béarnais, votre secours et celui des vôtres pour le réinstaller dans sa royauté de Navarre ?

De Mouy regarda le duc d'un air effaré.

— Propositions qu'il a refusées avec terreur !

De Mouy demeura stupéfait.

— Avez-vous alors invoqué votre ancienne amitié, le souvenir de la religion commune ? Avez-vous même alors leurré le roi de Navarre d'un espoir bien brillant, si brillant qu'il en a été ébloui, de l'espoir d'atteindre à la couronne de France ? Hein ? dites, suis-je bien informé ? Est-ce là ce que vous êtes venu proposer au Béarnais ?

— Monseigneur ! s'écria de Mouy, c'est si bien cela que je me demande en ce moment même si je ne dois pas dire à Votre Altesse Royale qu'elle en a menti ! provoquer dans cette chambre un combat sans merci, et assurer ainsi par la mort de nous deux l'extinction de ce terrible secret !

— Doucement, mon brave de Mouy, doucement ! dit le duc d'Alençon sans changer de visage, sans faire le moindre mouvement à cette terrible menace ; le secret s'éteindra mieux entre nous si nous vivons tous deux que si l'un de nous meurt. Écoutez-moi et cessez de tourmenter ainsi la poignée de votre épée. Pour la troisième fois, je vous dis que vous êtes avec un ami ; répondez donc comme à un ami. Voyons, le roi de Navarre n'a-t-il pas refusé tout ce que vous lui avez offert ?

— Oui, Monseigneur, et je l'avoue, puisque cet aveu ne peut compromettre que moi.

— N'avez-vous pas crié en sortant de sa chambre et en foulant aux pieds votre chapeau, qu'il était un prince lâche et indigne de demeurer votre chef ?

— C'est vrai, Monseigneur, j'ai dit cela.

— Ah ! c'est vrai ! Vous l'avouez, enfin ?

— Oui.

— Et c'est toujours votre avis ?

— Plus que jamais, Monseigneur !

— Eh bien ! moi, moi, monsieur de Mouy, moi, troisième fils de Henri II, moi, fils de France, suis-je assez bon gentilhomme pour commander à vos soldats, voyons ? et jugez-vous que je suis assez loyal pour que vous puissiez compter sur ma parole ?

— Vous, Monseigneur ! vous, le chef des huguenots !

— Pourquoi pas ? C'est l'époque des conversions, vous le savez. Henri s'est bien fait catholique, je puis bien me faire protestant, moi.

— Oui, sans doute, Monseigneur ; aussi j'attends que vous m'expliquiez...

— Rien de plus simple, et je vais vous dire en deux mots la politique de tout le monde.

Mon frère Charles tue les huguenots pour régner plus largement. Mon frère d'Anjou les laisse tuer parce qu'il doit succéder à mon frère Charles, et que, comme vous le savez mon frère Charles est souvent malade. Mais moi... et c'est tout différent, moi qui ne régnerai jamais, en France du moins, attendu que j'ai deux aînés devant moi ; moi que la haine de ma mère et de mes frères, plus encore que la loi de la nature, éloigne du trône ; moi qui ne dois prétendre à aucune affection de famille, à aucune gloire, à aucun royaume ; moi qui, cependant, porte un cœur aussi noble que mes aînés ; eh bien ! de Mouy ! moi, je veux chercher à me tailler avec mon épée un royaume dans cette France qu'ils couvrent de sang.

Or, voilà ce que je veux, moi, de Mouy, écoutez.

Je veux être roi de Navarre, non par la naissance, mais par l'élection. Et remarquez bien que vous n'avez aucune objection à faire à cela, car je ne suis pas usurpateur, puisque mon frère refuse vos offres, et, s'ensevelissant dans sa torpeur, reconnaît hautement que ce royaume de Navarre n'est qu'une fiction. Avec Henri de Béarn, vous n'avez rien ; avec moi, vous avez une épée et un nom. François d'Alençon, fils de France, sauvegarde tous ses compagnons ou tous ses complices, comme il vous plaira de les appeler. Eh bien ! que dites-vous de cette offre, monsieur de Mouy ?

— Je dis qu'elle m'éblouit, Monseigneur.

— De Mouy, de Mouy, nous aurons bien des obstacles à vaincre. Ne vous montrez donc pas dès l'abord si exigeant et si difficile envers un fils de roi et un frère de roi qui vient à vous.

— Monseigneur, la chose serait déjà faite si j'étais seul à soutenir mes idées ; mais nous avons un conseil, et si brillante que soit l'offre, peut-être même à cause de cela, les chefs du parti n'y adhéreront-ils pas sans condition.

— Ceci est autre chose, et la réponse est d'un cœur honnête et d'un esprit prudent. À la façon dont je viens d'agir, de Mouy, vous avez dû reconnaître ma probité. Traitez-moi donc de votre côté en homme qu'on estime et non en prince qu'on flatte. De Mouy, ai-je des chances ?

— Sur ma parole, Monseigneur, et puisque Votre Altesse veut que je lui donne mon avis, Votre Altesse les a toutes depuis que le roi de Navarre a refusé l'offre que j'étais venu lui faire. Mais, je vous le répète, Monseigneur, me concerter avec nos chefs est chose indispensable.

— Faites donc, Monsieur, répondit d'Alençon. Seulement, à quand la réponse ?

De Mouy regarda le prince en silence. Puis, paraissant prendre une résolution :

— Monseigneur, dit-il, donnez-moi votre main ; j'ai besoin que cette main d'un fils de France touche la mienne pour être sûr que je ne serai point trahi.

Le duc non-seulement tendit la main vers de Mouy, mais il saisit la sienne et la serra.

— Maintenant, Monseigneur, je suis tranquille, dit le jeune huguenot. Si nous étions trahis, je dirais que vous n'y êtes pour rien. Sans quoi, Monseigneur, et pour si peu que vous fussiez dans cette trahison, vous seriez déshonoré.

— Pourquoi me dites-vous cela, de Mouy, avant de me dire quand vous me rapporterez la réponse de vos chefs ?

— Parce que, Monseigneur, en me demandant à quand la réponse, vous me demandez en même temps où sont les chefs, et que, si je vous dis : À ce soir, vous saurez que les chefs sont à Paris et s'y cachent.

Et en disant ces mots, par un geste de défiance, de Mouy attachait son œil perçant sur le regard faux et vacillant du jeune homme.

— Allons, allons, reprit le duc, il vous reste encore des doutes, monsieur de Mouy. Mais je ne puis du premier coup exiger de vous une entière confiance. Vous me connaîtrez mieux plus tard.

Nous allons être liés par une communauté d'intérêts qui vous délivrera de tout soupçon. Vous dites donc à ce soir, monsieur de Mouy ?

— Oui, Monseigneur, car le temps presse. À ce soir. Mais où cela, s'il vous plaît ?

— Au Louvre, ici, dans cette chambre, cela vous convient-il ?

— Cette chambre est habitée ? dit de Mouy en montrant du regard les deux lits qui s'y trouvaient en face l'un de l'autre.

— Par deux de mes gentilshommes, oui.

— Monseigneur, il me semble imprudent, à moi, de revenir au Louvre.

— Pourquoi cela ?

— Parce que, si vous m'avez reconnu, d'autres peuvent avoir d'aussi bons yeux que Votre Altesse et me reconnaître à leur tour. Je reviendrai cependant au Louvre, si vous m'accordez ce que je vais vous demander.

— Quoi ?

— Un sauf-conduit.

— De Mouy, répondit le duc, un sauf-conduit de moi saisi sur vous me perd et ne vous sauve pas. Je ne puis pour vous quelque chose qu'à la condition qu'à tous les yeux nous sommes complétement étrangers l'un à l'autre. La moindre relation de ma part avec vous, prouvée à ma mère ou à mes frères, me coûterait la vie. Vous êtes donc sauvegardé par mon propre intérêt, du moment où je me serai compromis avec les autres, comme je me compromets avec vous en ce moment. Libre dans ma sphère d'action, fort si je suis inconnu, tant que je reste moi-même impénétrable, je vous garantis tous ; ne l'oubliez pas. Faites donc un nouvel appel à votre courage, tentez sur ma parole ce que vous tentiez sans la parole de mon frère. Venez ce soir au Louvre.

— Mais comment voulez-vous que j'y vienne ? Je ne puis risquer ce costume dans les appartements. Il était pour les vestibules et les cours. Le mien est encore plus dangereux, puisque tout le monde me connaît ici et qu'il ne me déguise aucunement.

— Aussi, je cherche, attendez… Je crois que… oui, le voici.

En effet, le duc avait jeté les yeux autour de lui, et ses yeux s'étaient arrêtés sur la garde-robe d'apparat de La Mole, pour le moment étendue sur le lit, c'est-à-dire sur ce magnifique manteau cerise brodé d'or dont nous avons déjà parlé, sur un toquet orné d'une plume blanche, entouré d'un cordon de marguerites d'or et d'argent entremêlées, enfin sur un pourpoint de satin gris perle et or.

— Voyez-vous ce manteau, cette plume et ce pourpoint, dit le duc, ils appartiennent à M. de La Mole, un de mes gentilshommes, un muguet du meilleur ton. Cet habit a fait rage à la cour, et on reconnaît M. de La Mole à cent pas lorsqu'il le porte. Je vais vous donner l'adresse du tailleur qui le lui a fourni ; en le lui payant le double de ce qu'il vaut, vous en aurez un pareil ce soir. Vous retiendrez bien le nom de M. de La Mole, n'est-ce pas ?

Le duc d'Alençon achevait à peine la recommandation, que l'on entendit un pas qui s'approchait dans le corridor et qu'une clef tourna dans la serrure.

— Eh ! qui va là ? s'écria le duc en s'élançant vers la porte et en poussant le verrou.

— Pardieu, répondit une voix du dehors, je trouve la question singulière. Qui va là vous-même ? Voilà qui est plaisant ; quand je veux rentrer chez moi, on me demande qui va là !

— Est-ce vous, monsieur de La Mole ?

— Eh ! sans doute que c'est moi. Mais vous, qui êtes-vous ?

Pendant que La Mole exprimait son étonnement de trouver sa chambre habitée et essayait de découvrir quel en était le nouveau commensal, le duc d'Alençon se retournait vivement, une main sur le verrou, l'autre sur la serrure.

— Connaissez-vous M. de La Mole ? demanda-t-il à de Mouy.

— Non, Monseigneur.

— Et lui, vous connaît-il ?

— Je ne le crois pas.

— Alors, tout va bien ; d'ailleurs, faites semblant de regarder par la fenêtre.

De Mouy obéit sans répondre, car La Mole commençait à s'impatienter et frappait à tour de bras.

Le duc d'Alençon jeta un dernier regard vers de Mouy, et, voyant qu'il avait le dos tourné, il ouvrit.

— Monseigneur le duc ! s'écria La Mole en reculant de surprise. Oh ! pardon, pardon, Monseigneur !

— Ce n'est rien, Monsieur. J'ai eu besoin de votre chambre peur recevoir quelqu'un.

— Faites, Monseigneur, faites. Mais permettez, je vous en supplie, que je prenne mon manteau et mon chapeau, qui sont sur le lit ; car j'ai perdu l'un et l'autre cette nuit sur le quai de la Grève, où j'ai été attaqué de nuit par des voleurs.

— En effet, Monsieur, dit le prince en souriant et en passant lui-même à La Mole les objets demandés, vous voici assez mal accommodé ; vous avez eu affaire à des gaillards fort entêtés, à ce qu'il paraît !

Et le duc passa lui-même à La Mole le manteau et le toquet. Le jeune homme salua et sortit pour changer de vêtement dans l'antichambre, ne s'inquiétant aucunement de ce que le duc faisait dans sa chambre ; car c'était assez l'usage au Louvre que les logements des gentilshommes fussent, pour les princes auxquels ils étaient attachés, des hôtelleries qu'ils employaient à toutes sortes de réceptions.

De Mouy se rapprocha alors du duc, et tous deux écoutèrent pour savoir le moment où La Mole aurait fini et sortirait ; mais lorsqu'il eut changé de costume, lui-même les tira d'embarras, car s'approchant de la porte :

— Pardon, Monseigneur ! dit-il ; mais Votre Altesse n'a pas rencontré sur son chemin le comte de Coconnas ?

— Non, monsieur le comte ! et cependant il était de service ce matin.

— Alors on me l'aura assassiné, dit La Mole en se parlant à lui-même tout en s'éloignant.

Le duc écouta le bruit des pas qui allaient s'affaiblissant ; puis ouvrant la porte et tirant de Mouy après lui :

— Regardez-le s'éloigner, dit-il, et tâchez d'imiter cette tournure inimitable.

— Je ferai de mon mieux, répondit de Mouy. Malheureusement je ne suis pas un damoiseau, mais un soldat.

— En tout cas, je vous attends avant minuit dans ce corridor. Si la chambre de mes gentilshommes est libre, je vous y recevrai ; si elle ne l'est pas, nous en trouverons une autre.

— Oui, Monseigneur.

— Ainsi donc, à ce soir, avant minuit.

— À ce soir, avant minuit.

— Ah ! à propos, de Mouy, balancez fort le bras droit en marchant, c'est l'allure particulière de M. de La Mole.

XXIV

LA RUE TIZON ET LA RUE CLOCHE-PERCÉE.

La Mole sortit du Louvre tout courant, et se mit à fureter dans Paris pour découvrir le pauvre Coconnas.

Son premier soin fut de se rendre à la rue de l'Arbre-Sec et d'entrer chez maître La Hurière, car La Mole se rappelait avoir souvent cité au Piémontais certaine devise latine qui tendait à prouver que l'Amour, Bacchus et Cérès sont des dieux de première nécessité, et il avait l'espoir que

Coconnas, pour suivre l'aphorisme romain, se serait installé à la Belle-Étoile, après une nuit qui devait avoir été pour son ami non moins occupée qu'elle ne l'avait été pour lui.

La Mole ne trouva rien chez La Hurière que le souvenir de l'obligation prise et un déjeuner offert d'assez bonne grâce que notre gentilhomme accepta avec grand appétit, malgré son inquiétude.

L'estomac tranquillisé à défaut de l'esprit, La Mole se remit en course, remontant la Seine, comme ce mari qui cherchait sa femme noyée. En arrivant sur le quai de la Grève, il reconnut l'endroit où, ainsi qu'il l'avait dit à M. d'Alençon, il avait, pendant sa course nocturne, été arrêté trois ou quatre heures auparavant, ce qui n'était pas rare dans un Paris plus vieux de cent ans que celui où Boileau se réveillait au bruit d'une balle perçant son volet. Un petit morceau de la plume de son chapeau était resté sur le champ de bataille. Le sentiment de possession est inné chez l'homme. La Mole avait dix plumes plus belles les unes que les autres ; il ne s'arrêta pas moins à ramasser celle-là, ou plutôt le seul fragment qui en eût survécu, et le considérait d'un air piteux, lorsque des pas alourdis retentirent, s'approchant de lui, et que des voix brutales lui ordonnèrent de se ranger. La Mole releva la tête et aperçut une litière précédée de deux pages et accompagnée d'un écuyer.

La Mole crut reconnaître la litière et se rangea vivement.

Le jeune gentilhomme ne s'était pas trompé.

— Monsieur de La Mole ! dit une voix pleine de douceur qui sortait de la litière, tandis qu'une main blanche et douce comme le satin écartait les rideaux.

— Oui, Madame, moi-même, répondit La Mole en s'inclinant.

— Monsieur de La Mole une plume à la main… continua la dame à la litière : êtes-vous donc amoureux, mon cher Monsieur, et retrouvez-vous des traces perdues ?

— Oui, Madame, répondit La Mole, je suis amoureux, et très-fort ; mais, pour le moment, ce sont mes propres traces que je retrouve, quoique ce ne soient pas elles que je cherche. Mais Votre Majesté me permettra-t-elle de lui demander des nouvelles de sa santé ?

— Excellente, Monsieur ; je ne me suis jamais mieux portée, ce me semble ; cela vient probablement de ce que j'ai passé la nuit en retraite.

— Ah ! en retraite, dit La Mole en regardant Marguerite d'une façon étrange.

— Eh bien ! oui ; qu'y a-t-il d'étonnant à cela ?

— Peut-on, sans indiscrétion, vous demander dans quel couvent ?

— Certainement, Monsieur, je n'en fais pas mystère : au couvent des Annonciades. Mais vous, que faites-vous ici avec cet air tout effarouché ?

— Madame, moi aussi j'ai passé la nuit en retraite et dans les environs du même couvent ; ce matin, je cherche mon ami, qui a disparu, et en le cherchant j'ai retrouvé cette plume.

— Qui vient de lui ? Mais en vérité vous m'effrayez sur son compte, la place est mauvaise.

— Que Votre Majesté se rassure, la plume vient de moi ; je l'ai perdue vers cinq heures et demie sur cette place, en me sauvant des mains de quatre bandits qui me voulaient à toute force assassiner, à ce que je crois du moins.

Marguerite réprima un vif mouvement d'effroi.

— Oh ! contez-moi cela ! dit-elle.

— Rien de plus simple, Madame. Il était donc, comme j'avais l'honneur de dire à Votre Majesté, cinq heures du matin à peu près…

— Et à cinq heures du matin, interrompit Marguerite, vous étiez déjà sorti ?

— Votre Majesté m'excusera, dit La Mole, je n'étais pas encore rentré.

— Ah ! monsieur de La Mole ! rentrer à cinq heures du matin ! dit Marguerite avec un sourire qui pour tous était malicieux et que La Mole eut la fatuité de trouver adorable, rentrer si tard ! vous aviez mérité cette punition.

— Aussi je ne me plains pas, Madame, dit La Mole en s'inclinant avec respect, et j'eusse été éventré que je m'estimerais encore plus heureux cent fois que je ne mérite de l'être. Mais enfin je rentrais tard ou de bonne heure, comme Votre Majesté voudra, de cette bienheureuse maison où j'avais passé la nuit en retraite, lorsque quatre tire-laine ont débouché de la rue de la Mortelierie et m'ont poursuivi avec des coupe-choux démesurément longs. C'est grotesque, n'est-ce pas, Madame ? mais enfin c'est comme cela ; il m'a fallu fuir, car j'avais oublié mon épée.

— Oh ! je comprends, dit Marguerite avec un air d'admirable naïveté, et vous retournez chercher votre épée ?

La Mole regarda Marguerite comme si un doute se glissait dans son esprit.

— Madame, j'y retournerais effectivement et même très-volontiers, attendu que mon épée est une excellente lame, mais je ne sais pas où est cette maison.

— Comment, Monsieur ! reprit Marguerite, vous ne savez pas où est la maison où vous avez passé la nuit ?

— Non, Madame, et que Satan m'extermine si je m'en doute !

— Oh ! voilà qui est singulier ! c'est donc tout un roman que votre histoire ?

— Un véritable roman, vous l'avez dit, Madame.

— Contez-la-moi.

— C'est un peu long.

— Qu'importe ! j'ai le temps.

— Et fort incroyable, surtout.

— Allez toujours : je suis on ne peut plus crédule.

— Votre Majesté l'ordonne ?

— Mais oui, s'il le faut.

— J'obéis. Hier soir, après avoir quitté deux adorables femmes avec lesquelles nous avions passé la soirée sur le pont Saint-Michel, nous soupions chez maître La Hurière.

— D'abord, demanda Marguerite avec un naturel parfait, qu'est-ce que maître La Hurière ?

— Maître La Hurière, Madame, dit la Mole en regardant une seconde fois Marguerite avec cet air de doute qu'on avait déjà pu remarquer une première fois chez lui, maître La Hurière est le maître de l'hôtellerie de la Belle-Étoile, située rue de l'Arbre-Sec.

— Bien ; je vois cela d'ici… Vous soupiez donc chez maître La Hurière, avec votre ami Coconnas, sans doute ?

— Oui, Madame, avec mon ami Coconnas, quand un homme entra et nous remit à chacun un billet.

— Pareil ? demanda Marguerite.

— Exactement pareil. Cette ligne seulement :

« Vous êtes attendu rue Saint-Antoine, en face de la rue de Jouy. »

— Et pas de signature au bas de ce billet ? demanda Marguerite.

— Non ; mais trois mots, trois mots charmants qui promettaient trois fois la même chose ; c'est-à-dire un triple bonheur.

— Et quels étaient ces trois mots ?

— *Eros, Cupido, Amor.*

— En effet, ce sont trois doux noms ; et ont-ils tenu ce qu'ils promettaient ?

— Oh ! plus, Madame, cent fois plus ! s'écria La Mole avec enthousiasme.

— Continuez ; je suis curieuse de savoir ce qui vous attendait rue Saint-Antoine, en face de la rue de Jouy.

— Deux duègnes avec chacune un mouchoir à la main. Il s'agissait de nous laisser bander les yeux. Votre Majesté devine que nous n'y fîmes point de difficulté. Nous tendîmes bravement le cou. Mon guide me fit tourner à gauche, le guide de mon ami le fit tourner à droite, et nous nous séparâmes.

— Et alors ? continua Marguerite, qui paraissait décidée à pousser l'investigation jusqu'au bout.

— Je ne sais, reprit La Mole, où mon guide conduisit mon ami. En enfer, peut-être. Mais quant à moi, ce que je sais, c'est que le mien me mena en un lieu que je tiens pour le paradis.

— Et d'où vous fit sans doute chasser votre trop grande curiosité ?

— Justement, Madame, et vous avez le don de la divination. J'attendais le jour avec impatience pour voir où j'étais, quand, à quatre heures et demie, la même duègne est rentrée, m'a bandé de nouveau les yeux, m'a fait promettre de ne point chercher à soulever mon bandeau, m'a conduit dehors, m'a accompagné cent pas, m'a fait encore jurer de n'ôter mon bandeau que lorsque j'aurais compté jusqu'à cinquante. J'ai compté jusqu'à cinquante, et je me suis trouvé rue Saint-Antoine, en face de la rue de Jouy.

— Et alors…

— Alors, Madame, je suis revenu tellement joyeux que je n'ai point fait attention aux quatre misérables des mains desquels j'ai eu tant de mal à me tirer. Or, Madame, continua La Mole, en retrouvant ici un morceau de ma plume, mon cœur a tressailli de joie, et je l'ai ramassé en me promettant à moi-même de le garder comme un souvenir de cette heureuse nuit. Mais, au milieu de mon bonheur, une chose me tourmente, c'est ce que peut être devenu mon compagnon.

— Il n'est donc pas rentré au Louvre ?

— Hélas ! non, Madame ! Je l'ai cherché partout où il pouvait être, à l'Étoile-d'Or, au jeu de paume, et en quantité d'autres lieux honorables ; mais d'Annibal point, et de Coconnas pas davantage…

En disant ces paroles et les accompagnant d'un geste lamentable, La Mole ouvrit les bras et écarta son manteau, sous lequel on vit bâiller à divers endroits son pourpoint qui montrait, comme autant d'élégants crevés, la doublure par les accrocs.

— Mais vous avez été criblé ! dit Marguerite.

— Criblé, c'est le mot ! dit La Mole, qui n'était pas fâché de se faire un mérite du danger qu'il avait couru. Voyez, Madame ! voyez !

— Comment n'avez-vous pas changé de pourpoint au Louvre, puisque vous y êtes retourné ? demanda la reine.

— Ah ! dit La Mole, c'est qu'il y avait quelqu'un dans ma chambre.

— Comment, quelqu'un dans votre chambre ? dit Marguerite, dont les yeux exprimèrent le plus vif étonnement ; et qui donc était dans votre chambre ?

— Son Altesse.

— Chut ! interrompit Marguerite.

Le jeune homme obéit.

— *Qui ad lecticam meam stant ?* demanda-t-elle à La Mole.

— *Duo pueri et unus eques.*

— *Optime, barbari !* dit-elle. *Die, Moles, quem inveneris in cubiculo tuo ?*

— *Franciscum ducem.*

— *Agentem ?*

— *Nescio quid.*

— *Quocum ?*

— *Cum ignoto* [1].

— C'est bizarre, dit Marguerite. Ainsi vous n'avez pu retrouver Coconnas ? continua-t-elle sans songer évidemment à ce qu'elle disait.

— Aussi, Madame, comme j'avais l'honneur de le dire à Votre Majesté, j'en meurs véritablement d'inquiétude.

— Eh bien ! dit Marguerite en soupirant, je ne veux pas vous distraire plus longtemps de sa recherche, mais je ne sais pourquoi j'ai l'idée qu'il se retrouvera tout seul ! N'importe, allez toujours.

Et la reine appuya un doigt sur sa bouche. Or, comme la belle Marguerite n'avait confié aucun secret, n'avait fait aucun aveu à La Mole, le jeune homme comprit que ce geste charmant, ne pouvant avoir pour but de lui recommander le silence, devait avoir une autre signification.

Le cortége se remit en marche ; et La Mole, dans le but de poursuivre son investigation, continua de remonter le quai jusqu'à la rue du Long-Pont, qui le conduisit dans la rue Saint-Antoine.

En face de la rue de Jouy, il s'arrêta.

C'était là que, la veille, les deux duègnes leur avaient bandé les yeux, à lui et à Coconnas. Il avait tourné à gauche, puis il avait compté vingt pas ; il recommença le même manège et se trouva en face d'une maison ou plutôt d'un mur derrière lequel s'élevait une maison ; au milieu de ce mur était une porte à auvent garnie de clous larges et de meurtrières.

La maison était située rue Cloche-Percée, petite rue étroite qui commence à la rue Saint-Antoine et qui aboutit à la rue du Roi-de-Sicile.

— Par la sambleu ! dit La Mole, c'est bien là… j'en jurerais… En étendant la main, comme je sortais, j'ai senti les clous de la porte, puis j'ai descendu deux degrés. Cet homme qui courait en criant : À l'aide ! et qu'on a tué rue du Roi-de-Sicile, passait au moment où je mettais le pied sur le premier. Voyons.

La Mole alla à la porte et frappa.

La porte s'ouvrit, et une espèce de concierge à moustaches vint ouvrir.

— *Was ist das ?* demanda le concierge.

— Ah ! ah ! fit La Mole, il me paraît que nous sommes Suisse. Mon ami, continua-t-il en prenant son air le plus charmant, je voudrais avoir mon épée, que j'ai laissée dans cette maison, où j'ai passé la nuit.

— *Ich verstehe nicht*, répondit le concierge.

— Mon épée… reprit La Mole.

— *Ich verstehe nicht,* répéta le concierge.

—… Que j'ai laissée… Mon épée, que j'ai laissée…

— *Ich verstehe nicht…*

—… Dans cette maison, où j'ai passé la nuit.

— *Gehe zum Teufel…*

Et il lui referma la porte au nez.

— Mordieu ! dit La Mole, si j'avais cette épée que je réclame, je la passerais bien volontiers à travers le corps de ce drôle-là… Mais je ne l'ai point, et ce sera pour un autre jour.

Sur quoi La Mole continua son chemin jusqu'à la rue du Roi-de-Sicile, prit à droite, fit cinquante pas à peu près, prit à droite encore et se trouva rue Tizon, petite rue parallèle à la rue Cloche-Percée, et en tous points semblable. Il y eut plus : à peine eut-il fait trente pas, qu'il retrouva la petite porte à clous larges, à auvent et à meurtrières, les deux degrés et le mur. On eût dit que la rue Cloche-Percée s'était retournée pour le voir passer.

la Mole réfléchit alors qu'il avait bien pu prendre sa droite pour sa gauche, et il alla frapper à cette porte pour y faire la même réclamation qu'il avait faite à l'autre. Mais cette fois il eut beau frapper, on n'ouvrit même pas.

La Mole fit et refit deux ou trois fois le même tour qu'il venait de faire, ce qui l'amena à cette idée toute naturelle, que la maison avait deux entrées, l'une sur la rue Cloche-Percée et l'autre sur la rue Tizon.

Mais ce raisonnement, si logique qu'il fût, ne lui rendait pas son épée, et ne lui apprenait pas où était son ami.

Il eut un instant l'idée d'acheter une autre épée et d'éventrer le misérable portier qui s'obstinait à ne parler qu'allemand ; mais il pensa que si ce portier était à Marguerite et que si Marguerite l'avait choisi ainsi, c'est qu'elle avait ses raisons pour cela, et qu'il lui serait peut-être désagréable d'en être privée.

Or, La Mole, pour rien au monde, n'eût voulu faire une chose désagréable à Marguerite.

De peur de céder à la tentation, il reprit donc vers les deux heures de l'après-midi le chemin du Louvre.

Comme son appartement n'était point occupé cette fois, il put rentrer chez lui. La chose était assez urgente relativement au pourpoint, qui, comme le lui avait fait observer la reine, était considérablement détérioré.

Il s'avança donc incontinent vers son lit pour substituer le beau pourpoint gris perle à celui-là. Mais, à son grand étonnement, la première chose qu'il aperçut près du pourpoint gris perle fut cette fameuse épée qu'il avait laissée rue Cloche-Percée.

La Mole la prit, la tourna et la retourna : c'était bien elle.

— Ah ! ah ! fit-il, est-ce qu'il y aurait quelque magie là-dessous ? Puis avec un soupir : Ah ! si le pauvre Coconnas se pouvait retrouver comme mon épée !

Deux ou trois heures après que La Mole avait cessé sa ronde circulaire tout autour de la petite maison double, la porte de la rue Tizon s'ouvrit. Il était cinq heures du soir à peu près, et par conséquent nuit fermée.

Une femme, enveloppée dans un long manteau garni de fourrures, accompagnée d'une suivante, sortit par cette porte que lui tenait ouverte une duègne d'une quarantaine d'années, se glissa rapidement jusqu'à la rue du Roi-de-Sicile, frappa à une petite porte de l'hôtel d'Argenson qui s'ouvrit devant elle, sortit par la grande porte du même hôtel, qui donnait Vieille-rue-du-Temple, alla gagner une petite poterne de l'hôtel de Guise, l'ouvrit avec une clef qu'elle avait dans sa poche, et disparut.

Une demi-heure après, un jeune homme, les yeux bandés, sortait par la même porte de la même petite maison, guidé par une femme qui le conduisait au coin de la rue Geoffroy-Lasnier et de la Mortellerie. Là, elle l'invita à compter jusqu'à cinquante et à ôter son bandeau.

Le jeune homme accomplit scrupuleusement la recommandation, et au chiffre convenu ôta le mouchoir qui lui couvrait les yeux.

— Mordi ! s'écria-t-il en regardant tout autour de lui, si je sais où je suis, je veux être pendu ! Six heures ! s'écria-t-il en entendant sonner l'horloge de Notre-Dame. Et ce pauvre La Mole, que peut-il être devenu ? Courons au Louvre, peut-être là en saura-t-on des nouvelles.

Et ce disant, Coconnas descendit tout courant la rue de la Mortellerie et arriva aux portes du Louvre en moins de temps qu'il n'en eût fallu à un cheval ordinaire ; il bouscula et démolit sur son passage cette haie mobile des braves bourgeois qui se promenaient paisiblement autour des boutiques de la place de Baudoyer, et entra dans le palais.

Là il interrogea suisse et sentinelle. Le suisse croyait bien avoir vu entrer M. de La Mole le matin, mais il ne l'avait pas vu sortir. La sentinelle n'était là que depuis une heure et demie et n'avait rien vu.

Il monta tout courant à la chambre et en ouvrit la porte précipitamment ; mais il ne trouva dans la chambre que le pourpoint de La Mole tout lacéré, ce qui redoubla encore ses inquiétudes.

Alors il songea à La Hurière et courut chez le digne hôtelier de la Belle-Étoile. La Hurière avait vu La Mole ; La Mole avait déjeuné chez La Hurière. Coconnas fut donc entièrement rassuré, et, comme il avait grand'faim, il demanda à souper à son tour.

Coconnas était dans les deux dispositions nécessaires pour bien souper : il avait l'esprit rassuré et l'estomac vide ; il soupa donc si bien que son repas le conduisit jusqu'à huit heures. Alors, réconforté par deux bouteilles d'un petit vin d'Anjou qu'il aimait fort et qu'il venait de sabler avec une sensualité qui se trahissait par des clignements d'yeux et des clapements de langue réitérés, il se remit à la recherche de La Mole, accompagnant cette nouvelle exploration à travers la foule de coups de pied et de coups de poing proportionnés à l'accroissement d'amitié que lui avait inspiré le bien-être qui suit toujours un bon repas.

Cela dura une heure ; pendant une heure Coconnas parcourut toutes les rues avoisinant le quai de la Grève, le port au charbon, la rue Saint-Antoine et les rues Tizon et Cloche-Percée, où il pensait que son ami pouvait être revenu. Enfin, il comprit qu'il y avait un endroit par lequel il fallait qu'il passât, c'était le guichet du Louvre, et il résolut de l'aller attendre sous ce guichet jusqu'à sa rentrée.

Il n'était plus qu'à cent pas du Louvre, et remettait sur ses jambes une femme dont il avait déjà renversé le mari, place Saint-Germain-l'Auxerrois, lorsqu'à l'horizon il aperçut devant lui, à la clarté douteuse d'un grand fanal dressé près du pont-levis du Louvre, le manteau de velours cerise et la plume blanche de son ami qui, déjà pareil à une ombre, disparaissait sous le guichet en rendant le salut à la sentinelle.

Le fameux manteau cerise avait fait tant d'effet de par le monde qu'il n'y avait pas à s'y tromper.

— Eh ! mordi ! s'écria Coconnas ; c'est bien lui, cette fois, et le voilà qui rentre. Eh ! eh ! La Mole, eh ! notre ami. Peste ! j'ai pourtant une bonne voix. Comment se fait-il donc qu'il ne m'ait pas entendu ? Mais par bonheur j'ai aussi bonnes jambes que bonne voix, et je vais le rejoindre.

Dans cette espérance, Coconnas s'élança de toute la vigueur de ses jarrets, arriva en un instant au Louvre ; mais quelque diligence qu'il eût faite, au moment où il mettait le pied dans la cour, le manteau rouge, qui paraissait fort pressé aussi, disparaissait sous le vestibule.

— Ohé ! La Mole ! s'écria Coconnas en reprenant sa course, attends-moi donc, c'est moi, Coconnas ! Que diable as-tu donc à courir ainsi ? Est-ce que tu te sauves, par hasard ?

En effet, le manteau rouge, comme s'il eût eu des ailes, escaladait le second étage plutôt qu'il ne le montait.

— Ah ! tu ne veux pas m'entendre ! cria Coconnas. Ah ! tu m'en veux ! ah ! tu es fâché ! Eh bien ! au diable, mordi ! quant à moi, je n'en puis plus.

C'était au bas de l'escalier que Coconnas lançait cette apostrophe au fugitif, qu'il renonçait à suivre des jambes, mais qu'il continuait à suivre de l'œil à travers la vis de l'escalier et qui était arrivé à la hauteur de l'appartement de Marguerite. Tout à coup une femme sortit de cet appartement et prit celui que poursuivait Coconnas par le bras.

— Oh ! oh ! fit Coconnas, cela m'a tout l'air d'être la reine Marguerite. Il était attendu. Alors, c'est autre chose, je comprends qu'il ne m'ait pas répondu.

Et il se coucha sur la rampe, plongeant son regard par l'ouverture de l'escalier.

Alors, après quelques paroles à voix basse, il vit le manteau cerise suivre la reine chez elle.

— Bon ! bon ! dit Coconnas, c'est cela. Je ne me trompais point. Il y a des moments où la présence de notre meilleur ami nous est importune, et ce cher La Mole est dans un de ces moments-là.

Et Coconnas, montant doucement les escaliers, s'assit sur un banc de velours qui garnissait le palier même, en se disant :

— Soit, au lieu de le rejoindre, j'attendrai… oui ; mais, ajouta-t-il, j'y pense, il est chez la reine de Navarre, de sorte que je pourrais bien attendre longtemps… Il fait froid, mordi ! Allons, allons ! j'attendrai aussi bien dans ma chambre. Il faudra toujours bien qu'il y rentre, quand le diable y serait.

Il achevait à peine ces paroles et commençait à mettre à exécution la résolution qui en était le résultat, lorsqu'un pas allègre et léger retentit au-dessus de sa tête, accompagné d'une petite chanson si familière à son ami que Coconnas tendit aussitôt le cou vers le côté d'où venait le bruit du pas et de la chanson. C'était La Mole qui descendait de l'étage supérieur, celui où était située sa chambre, et qui, apercevant Coconnas, se mit à sauter quatre à quatre les escaliers qui le séparaient encore de lui, et, cette opération terminée, se jeta dans ses bras.

— Oh ! mordi, c'est toi ! dit Coconnas. Et par où diable es-tu donc sorti ?

— Eh ! par la rue Cloche-Percée, pardieu !
— Non. Je ne dis pas de la maison là-bas…
— Et d'où ?
— De chez la reine.
— De chez la reine ?…
— De chez la reine de Navarre.
— Je n'y suis pas entré.
— Allons donc !
— Mon cher Annibal, dit La Mole, tu déraisonnes. Je sors de ma chambre, où je t'attends

depuis deux heures.

— Tu sors de ta chambre ?

— Oui.

— Ce n'est pas toi que j'ai poursuivi sur la place du Louvre ?

— Quand cela ?

— À l'instant même.

— Non.

— Ce n'est pas toi qui as disparu sous le guichet il y a dix minutes ?

— Non.

— Ce n'est pas toi qui viens de monter cet escalier comme si tu étais poursuivi par une légion de diables ?

— Non.

— Mordi ! s'écria Coconnas, le vin de la Belle-Étoile n'est point assez méchant pour m'avoir tourné à ce point la tête. Je te dis que je viens d'apercevoir ton manteau cerise et ta plume blanche sous le guichet du Louvre, que j'ai poursuivi l'un et l'autre jusqu'au bas de cet escalier, et que ton manteau, ton plumeau, tout, jusqu'à ton bras qui fait le balancier, était attendu ici par une dame que je soupçonne fort d'être la reine de Navarre, laquelle a entraîné le tout par cette porte qui, si je ne me trompe, est bien celle de la belle Marguerite.

— Mordieu ! dit La Mole en pâlissant, y aurait-il déjà trahison ?

— À la bonne heure ! dit Coconnas. Jure tant que tu voudras, mais ne me dis plus que je me trompe.

La Mole hésita un instant, serrant sa tête entre ses mains et retenu entre son respect et sa jalousie ; mais sa jalousie l'emporta, et il s'élança vers la porte, à laquelle il commença à heurter de toutes ses forces, ce qui produisit un vacarme assez peu convenable, eu égard à la majesté du lieu où l'on se trouvait.

— Nous allons nous faire arrêter, dit Coconnas ; mais n'importe, c'est bien drôle. Dis donc, La Mole, est-ce qu'il y aurait des revenants au Louvre ?

— Je n'en sais rien, dit le jeune homme, aussi pâle que la plume qui ombrageait son front ; mais j'ai toujours désiré en voir, et comme l'occasion s'en présente, je ferai de mon mieux pour me trouver face à face avec celui-là.

— Je ne m'y oppose pas, dit Coconnas, seulement frappe un peu moins fort si tu ne veux pas l'effaroucher.

La Mole, si exaspéré qu'il fût, comprit la justesse de l'observation et continua de frapper, mais plus doucement.

↑ — Qui est ma portière ?

— Deux pages et un écuyer.

— Bon ! ce sont des barbares ! Dites-moi, La Mole, qui avez-vous trouvé dans votre chambre ?

— Le duc François.

— Faisant ?

— Je ne sais quoi.

— Avec ?

— Avec un inconnu.

XXV

LE MANTEAU CERISE.

Coconnas ne s'était point trompé. La dame qui avait arrêté le cavalier au manteau cerise était bien la reine de Navarre ; quant au cavalier au manteau cerise, notre lecteur a déjà deviné, je présume, qu'il n'était autre que le brave de Mouy.

En reconnaissant la reine de Navarre, le jeune huguenot comprit qu'il y avait quelque méprise : mais il n'osa rien dire, dans la crainte qu'un cri de Marguerite ne le trahît. Il préféra donc se laisser amener jusque dans les appartements, quitte, une fois arrivé là, à dire à sa belle conductrice :

— Silence pour silence, Madame.

En effet, Marguerite avait serré doucement le bras de celui que, dans la demi-obscurité, elle avait pris pour La Mole, et, se penchant à son oreille, elle lui avait dit en latin :

Sola sum ; introito, carissime[1].

De Mouy, sans répondre, se laissa guider ; mais à peine la porte se fut-elle refermée derrière lui et se trouva-t-il dans l'antichambre, mieux éclairée que l'escalier, que Marguerite reconnut que ce n'était point La Mole.

Ce petit cri qu'avait redouté le prudent huguenot échappa en ce moment à Marguerite ; heureusement il n'était plus à craindre.

— Monsieur de Mouy ! dit-elle en reculant d'un pas.

— Moi-même, Madame, et je supplie Votre Majesté de me laisser libre de continuer mon chemin sans rien dire à personne de ma présence au Louvre.

— Oh ! monsieur de Mouy, répéta Marguerite, je m'étais donc trompée !

— Oui, dit de Mouy, je comprends, Votre Majesté m'aura pris pour le roi de Navarre : c'est la même taille, la même plume blanche, et beaucoup, qui voudraient me flatter sans doute, m'ont dit la même tournure.

Marguerite regarda fixement de Mouy.

— Savez-vous le latin, monsieur de Mouy ? demanda-t-elle.

— Je l'ai su autrefois, répondit le jeune homme ; mais je l'ai oublié.

Marguerite sourit.

— Monsieur de Mouy, dit-elle, vous pouvez être sûr de ma discrétion. Cependant, comme je crois savoir le nom de la personne que vous cherchez au Louvre, je vous offrirai mes services pour vous guider sûrement vers elle.

— Excusez-moi, Madame, dit de Mouy, je crois que vous vous trompez, et qu'au contraire vous ignorez complètement...

— Comment ! s'écria Marguerite, ne cherchez-vous pas le roi de Navarre ?

— Hélas ! Madame, dit de Mouy, j'ai le regret de vous prier d'avoir surtout à cacher ma présence au Louvre à Sa Majesté le roi votre époux.

— Écoutez, monsieur de Mouy, dit Marguerite surprise, je vous ai tenu jusqu'ici pour un des plus fermes chefs du parti huguenot, pour un des plus fidèles partisans du roi mon mari ; me suis-je donc trompée ?

— Non, Madame, car ce matin encore j'étais tout ce que vous dites.

— Et pour quelle cause avez-vous changé depuis ce matin ?

— Madame, dit de Mouy en s'inclinant, veuillez me dispenser de répondre, et faites-moi la grâce d'agréer mes hommages.

Et de Mouy, dans une attitude respectueuse, mais ferme, fit quelques pas vers la porte par laquelle il était entré.

Marguerite l'arrêta.

— Cependant, Monsieur, dit-elle, si j'osais vous demander un mot d'explication ; ma parole est bonne, ce me semble ?

— Madame, répondit de Mouy, je dois me taire, et il faut que ce dernier devoir soit bien réel pour que je n'aie point encore répondu à Votre Majesté.

— Cependant, Monsieur…

— Votre Majesté peut me perdre, Madame ; mais elle ne peut exiger que je trahisse mes nouveaux amis.

— Mais les anciens, Monsieur, n'ont-ils pas aussi quelques droits sur vous ?

— Ceux qui sont restés fidèles, oui ; ceux qui non-seulement nous ont abandonnés, mais encore se sont abandonnés eux-mêmes, non.

Marguerite, pensive et inquiète, allait sans doute répondre par une nouvelle interrogation, quand soudain Gillonne s'élança dans l'appartement.

— Le roi de Navarre ! cria-t-elle.

— Par où vient-il ?

— Par le corridor secret.

— Faites sortir Monsieur par l'autre porte.

— Impossible, Madame. Entendez-vous ?

— On frappe ?

— Oui, à la porte par laquelle vous voulez que je fasse sortir Monsieur.

— Et qui frappe ?

— Je ne sais.

— Allez voir, et me le revenez dire.

— Madame, dit de Mouy, oserais-je faire observer à Votre Majesté que, si le roi de Navarre me voit à cette heure et sous ce costume au Louvre, je suis perdu ?

Marguerite saisit de Mouy, et l'entraînant vers le fameux cabinet :

— Entrez ici, Monsieur, dit-elle ; vous y êtes aussi bien caché et surtout aussi garanti que dans votre maison même, car vous y êtes sur la foi de ma parole.

De Mouy s'y élança précipitamment, et à peine la porte était-elle refermée derrière lui, que Henri parut.

Cette fois, Marguerite n'avait aucun trouble à cacher ; elle n'était que sombre, et l'amour était à cent lieues de sa pensée.

Quant à Henri, il entra avec cette minutieuse défiance qui, dans les moments les moins dangereux, lui faisait remarquer jusqu'aux plus petits détails ; à plus forte raison Henri était-il profondément observateur dans les circonstances où il se trouvait.

Aussi vit-il à l'instant même le nuage qui obscurcissait le front de Marguerite.

— Vous étiez occupée, Madame ? dit-il.

— Moi, mais, oui, sire, je rêvais.

— Et vous avez raison, Madame ; la rêverie vous sied. Moi aussi, je rêvais ; mais tout au contraire de vous, qui recherchez la solitude, je suis descendu exprès pour vous faire part de mes rêves.

Marguerite fit au roi un signe de bienvenue, et, lui montrant un fauteuil, elle s'assit elle-même sur une chaise d'ébène sculptée, fine et forte comme de l'acier.

Il se fit entre les deux époux un instant de silence ; puis, rompant ce silence le premier :

— Je me suis rappelé, Madame, dit Henri, que mes rêves sur l'avenir avaient cela de commun avec les vôtres, que, séparés comme époux, nous désirions cependant l'un et l'autre unir notre fortune.

— C'est vrai, sire.

— Je crois avoir compris aussi que, dans tous les plans que je pourrai faire d'élévation commune, vous m'avez dit que je trouverais en vous non-seulement une fidèle, mais encore une active alliée.

— Oui, sire, et je ne demande qu'une chose, c'est qu'en vous mettant le plus vite possible à l'œuvre, vous me donniez bientôt l'occasion de m'y mettre aussi.

— Je suis heureux de vous trouver dans ces dispositions, Madame, et je crois que vous n'avez pas douté un instant que je perdisse de vue le plan dont j'ai résolu l'exécution, le jour même où, grâce à votre courageuse intervention, j'ai été à peu près sûr d'avoir la vie sauve.

— Monsieur, je crois qu'en vous l'insouciance n'est qu'un masque, et j'ai foi non-seulement dans les prédictions des astrologues, mais encore dans votre génie.

— Que diriez-vous donc, Madame, si quelqu'un venait se jeter à la traverse de nos plans et nous menaçait de nous réduire, vous et moi, à un état médiocre ?

— Je dirais que je suis prête à lutter avec vous, soit dans l'ombre, soit ouvertement, contre ce quelqu'un, quel qu'il fût.

— Madame, continua Henri, il vous est possible d'entrer à toute heure, n'est-ce pas, chez M. d'Alençon, votre frère ? vous avez sa confiance et il vous porte une vive amitié. Oserais-je vous prier de vous informer si dans ce moment même il n'est pas en conférence secrète avec quelqu'un ?

Marguerite tressaillit.

— Avec qui, Monsieur ? demanda-t-elle.

— Avec de Mouy.

— Pourquoi cela ? demanda Marguerite en réprimant son émotion.

— Parce que s'il en est ainsi, Madame, adieu tous nos projets, tous les miens du moins.

— Sire, parlez bas, dit Marguerite en faisant à la fois un signe des yeux et des lèvres, et en désignant du doigt le cabinet.

— Oh ! oh ! dit Henri ; encore quelqu'un ? En vérité, ce cabinet est si souvent habité, qu'il rend votre chambre inhabitable.

Marguerite sourit.

— Au moins est-ce toujours M. de La Mole ? demanda Henri.

— Non, sire, c'est M. de Mouy.

— Lui ? s'écria Henri avec une surprise mêlée de joie ; il n'est donc pas chez le duc d'Alençon, alors ? Oh ! faites-le venir, que je lui parle…

Marguerite courut au cabinet, l'ouvrit, et, prenant de Mouy par la main, l'amena sans préambule devant le roi de Navarre.

— Ah ! Madame, dit le jeune huguenot avec un accent de reproche plus triste qu'amer, vous me trahissez malgré votre promesse, c'est mal. Que diriez-vous si je me vengeais en disant…

— Vous ne vous vengerez pas, de Mouy, interrompit Henri en serrant la main du jeune homme, ou du moins vous m'écouterez auparavant. Madame, continua Henri en s'adressant à la reine, veillez, je vous prie, à ce que personne ne nous écoute.

Henri achevait à peine ces mots, que Gillonne arriva toute effarée et dit à l'oreille de Marguerite quelques mots qui la firent bondir de son siége. Pendant qu'elle courait vers l'antichambre avec Gillonne, Henri, sans s'inquiéter de la cause qui l'appelait hors de l'appartement, visitait le lit, la ruelle, les tapisseries et sondait du doigt les murailles. Quant à M. de Mouy, effarouché de tous ces préambules, il s'assurait préalablement que son épée ne tenait pas au fourreau.

Marguerite, en sortant de sa chambre à coucher, s'était élancée dans l'antichambre et s'était trouvée en face de La Mole, lequel, malgré toutes les prières de Gillonne, voulait à toute force entrer chez Marguerite.

Coconnas se tenait derrière lui, prêt à le pousser en avant ou à soutenir la retraite.

— Ah ! c'est vous, monsieur de La Mole, s'écria la reine ; mais qu'avez-vous donc, et pourquoi êtes-vous aussi pâle et tremblant ?

— Madame, dit Gillonne, M. de La Mole a frappé à la porte de telle sorte, que malgré les ordres de Votre Majesté j'ai été forcée de lui ouvrir.

— Oh ! oh ! qu'est-ce donc que cela ? dit sévèrement la reine ; est-ce vrai ce qu'on me dit là, monsieur de La Mole ?

— Madame, c'est que je voulais prévenir Votre Majesté qu'un étranger, un inconnu, un voleur peut-être, s'était introduit chez elle avec mon manteau et mon chapeau.

— Vous êtes fou, Monsieur, dit Marguerite, car je vois votre manteau sur vos épaules, et je crois, Dieu me pardonne, que je vois aussi votre chapeau sur votre tête lorsque vous parlez à une reine.

— Oh ! pardon, Madame, pardon ! s'écria La Mole en se découvrant vivement, ce n'est cependant pas, Dieu m'en est témoin, le respect qui me manque.

— Non, c'est la foi, n'est-ce pas ? dit la reine.

— Que voulez-vous ! s'écria La Mole ; quand un homme est chez Votre Majesté, quand il s'y introduit en prenant mon costume, et peut-être mon nom, qui sait ?...

— Un homme ! dit Marguerite en serrant doucement le bras du pauvre amoureux : un homme !... Vous êtes modeste, monsieur de La Mole. Approchez votre tête de l'ouverture de la tapisserie, et vous verrez deux hommes.

Et Marguerite entr'ouvrit en effet la portière de velours brodé d'or, et La Mole reconnut Henri causant avec l'homme au manteau rouge ; Coconnas, curieux comme s'il se fût agi de lui-même, regarda aussi, vit et reconnut de Mouy ; tous deux demeurèrent stupéfaits.

— Maintenant que vous voilà rassuré, à ce que j'espère du moins, dit Marguerite, placez-vous à la porte de mon appartement, et, sur votre vie, mon cher La Mole, ne laissez entrer personne. S'il approche quelqu'un du palier même, avertissez.

La Mole, faible et obéissant comme un enfant, sortit en regardant Coconnas, qui le regardait aussi, et tous deux se trouvèrent dehors sans être bien revenus de leur ébahissement.

— De Mouy ! s'écria Coconnas.

— Henri ! murmura La Mole.

— De Mouy avec ton manteau cerise, ta plume blanche et ton bras en balancier.

— Ah çà, mais... reprit La Mole, du moment qu'il ne s'agit pas d'amour, il s'agit certainement de complot.

— Ah ! mordi ! nous voilà dans la politique, dit Coconnas en grommelant. Heureusement que je ne vois point dans tout cela madame de Nevers.

Marguerite revint s'asseoir près des deux interlocuteurs ; sa disparition n'avait duré qu'une minute, et elle avait bien utilisé son temps. Gillonne, en vedette au passage secret, les deux gentilshommes en faction à l'entrée principale, lui donnaient toute sécurité.

— Madame, dit Henri, croyez-vous qu'il soit possible, par un moyen quelconque, de nous écouter et de nous entendre ?

— Monsieur, dit Marguerite, cette chambre est matelassée, et un double lambris me répond de son assourdissement.

— Je m'en rapporte à vous, répondit Henri en souriant.

Puis se retournant vers de Mouy :

— Voyons, dit le roi à voix basse et comme si, malgré l'assurance de Marguerite, ses craintes ne s'étaient pas entièrement dissipées, que venez-vous faire ici ?

— Ici ? dit de Mouy.

— Oui, ici, dans cette chambre, répéta Henri.

— Il n'y venait rien faire, dit Marguerite ; c'est moi qui l'y ai attiré.

— Vous saviez donc ?...

— J'ai deviné tout.

— Vous voyez bien, de Mouy, qu'on peut deviner.

— Monsieur de Mouy, continua Marguerite, était ce matin avec le duc François dans la chambre de deux de ses gentilshommes.

— Vous voyez bien, de Mouy, répéta Henri, qu'on sait tout.

— C'est vrai, dit de Mouy.

— J'en étais sûr, dit Henri, que M. d'Alençon s'était emparé de vous.

— C'est votre faute, sire. Pourquoi avez-vous refusé si obstinément ce que je venais vous offrir ?

— Vous avez refusé ! s'écria Marguerite. Ce refus que je pressentais était donc réel ?

— Madame, dit Henri secouant la tête, et toi, mon brave de Mouy, en vérité vous me faites rire avec vos exclamations. Quoi ! un homme entre chez moi, me parle de trône, de révolte, de bouleversement, à moi, à moi Henri, prince toléré pourvu que je porte le front humble, huguenot épargné à la condition que je jouerai le catholique, et j'irais accepter quand ces propositions me sont faites dans une chambre non matelassée et sans double lambris ! Ventre-saint-gris ! vous êtes des enfants ou des fous !

— Mais, sire, Votre Majesté ne pouvait-elle me laisser quelque espérance, sinon par ses paroles, du moins par un geste, par un signe ?

— Que vous a dit mon beau-frère, de Mouy ? demanda Henri.

— Oh ! sire, ceci n'est point mon secret.

— Eh ! mon Dieu, reprit Henri avec une certaine impatience d'avoir affaire à un homme qui comprenait si mal ses paroles, je ne vous demande pas quelles sont les propositions qu'il vous a faites, je vous demande seulement s'il écoutait, s'il a entendu.

— Il écoutait, sire, et il a entendu.

— Il écoutait, et il a entendu ! Vous le dites vous-même, de Mouy. Pauvre conspirateur que vous êtes ! si j'avais dit un mot, vous étiez perdu. Car je ne savais point, je me doutais, du moins, qu'il était là, et, sinon lui, quelque autre, le duc d'Anjou, Charles IX, la reine mère ; vous ne connaissez pas les murs du Louvre, de Mouy ; c'est pour eux qu'a été fait le proverbe que les murs ont des oreilles ; et connaissant ces murs-là j'eusse parlé ! Allons, allons, de Mouy, vous faites peu d'honneur au bon sens du roi de Navarre, et je m'étonne que, ne le mettant pas plus haut dans votre esprit, vous soyez venu lui offrir une couronne.

— Mais, sire, reprit encore de Mouy, ne pouviez-vous, tout en refusant cette couronne, me faire un signe ! Je n'aurais pas cru tout désespéré, tout perdu.

— Eh ! ventre-saint-gris ! s'écria Henri, s'il écoutait, ne pouvait-il pas aussi bien voir, et n'est-on pas perdu par un signe comme par une parole ! Tenez, de Mouy, continua le roi en regardant autour de lui, à cette heure, si près de vous que mes paroles ne franchissent pas le cercle de nos trois chaises, je crains encore d'être entendu quand je dis : De Mouy, répète-moi tes propositions.

— Mais, sire, s'écria de Mouy au désespoir, maintenant je suis engagé avec M. d'Alençon.

Marguerite frappa l'une contre l'autre et avec dépit ses deux belles mains.

— Alors, il est donc trop tard ? dit-elle.

— Au contraire, murmura Henri, comprenez donc qu'en cela même la protection de Dieu est visible. Reste engagé de Mouy, car ce duc François c'est notre salut à tous. Crois-tu donc que le roi de Navarre garantirait vos têtes ? Au contraire, malheureux ! Je vous fais tuer tous jusqu'au dernier et cela sur le moindre soupçon. Mais un fils de France, c'est autre chose ; aie des preuves, de Mouy, demande des garanties ; mais, niais que tu es, tu te seras engagé de cœur, et une parole t'aura suffi.

— Oh ! sire ! c'est le désespoir de votre abandon, croyez-le bien, qui m'a jeté dans les bras du duc ; c'est aussi la crainte d'être trahi, car il tenait notre secret.

— Tiens donc le sien à ton tour, de Mouy, cela dépend de toi. Que désire-t-il ? Être roi de Navarre ? promets-lui la couronne. Que veut-il ? Quitter la cour ? fournis-lui les moyens de fuir, travaille pour lui, de Mouy, comme si tu travaillais pour moi, dirige le bouclier pour qu'il pare tous les coups qu'on nous portera. Quand il faudra fuir, nous fuirons à deux ; quand il faudra combattre et régner, je régnerai seul.

— Défiez-vous du duc, dit Marguerite, c'est un esprit sombre et pénétrant, sans haine comme sans amitié, toujours prêt à traiter ses amis en ennemis et ses ennemis en amis.

— Et, dit Henri, il vous attend, de Mouy ?

— Oui, sire.

— Où cela ?

— Dans la chambre de ses deux gentilshommes.

— À quelle heure ?

— Jusqu'à minuit.

— Pas encore onze heures, dit Henri ; il n'y a point de temps perdu, allez, de Mouy.

— Nous avons votre parole, Monsieur, dit Marguerite.

— Allons donc ! Madame, dit Henri avec cette confiance qu'il savait si bien montrer avec certaines personnes et dans certaines occasions, avec M. de Mouy ces choses-là ne se demandent même point.

— Vous avez raison, sire, répondit le jeune homme ; mais moi j'ai besoin de la vôtre, car il faut que je dise aux chefs que je l'ai reçue. Vous n'êtes point catholique n'est-ce pas ?

Henri haussa les épaules.

— Vous ne renoncez pas à la royauté de Navarre ?

— Je ne renonce à aucune royauté, de Mouy ; seulement, je me réserve de choisir la meilleure, c'est-à-dire celle qui sera le plus à ma convenance et à la vôtre.

— Et si, en attendant, Votre Majesté était arrêtée, Votre Majesté promet-elle de ne rien révéler, au cas même où l'on violerait par la torture la majesté royale ?

— De Mouy, je le jure sur Dieu.

— Un mot, sire : comment vous reverrai-je ?

— Vous aurez, dès demain, une clef de ma chambre ; vous y entrerez, de Mouy, autant de fois qu'il sera nécessaire et aux heures que vous voudrez. Ce sera au duc d'Alençon de répondre de votre présence au Louvre. En attendant, remontez par le petit escalier, je vous servirai de guide. Pendant ce temps-là la reine fera entrer ici le manteau rouge, pareil au vôtre, qui était tout à l'heure dans l'antichambre. Il ne faut pas qu'on fasse une différence entre les deux et qu'on sache que vous êtes double, n'est-ce pas, de Mouy ? n'est-ce pas, Madame ?

Henri prononça ces derniers mots en riant et en regardant Marguerite.

— Oui, dit-elle sans s'émouvoir ; car enfin, ce monsieur de La Mole est au duc mon frère.

— Eh bien, tâchez de nous le gagner, Madame, dit Henri avec un sérieux parfait. N'épargnez ni l'or ni les promesses. Je mets tous mes trésors à sa disposition.

— Alors, dit Marguerite avec un de ces sourires qui n'appartiennent qu'aux femmes de Boccace, puisque tel est votre désir, je ferai de mon mieux pour le seconder.

— Bien, bien, Madame, et vous, de Mouy, retournez vers le duc et enferrez-le.

↑ Je suis seule ; entrez, mon cher.

XXVI

MARGARITA.

Pendant la conversation que nous venons de rapporter, La Mole et Coconnas montaient leur faction ; La Mole un peu chagrin, Coconnas un peu inquiet.

C'est que La Mole avait eu le temps de réfléchir et que Coconnas l'y avait merveilleusement aidé.

— Que penses-tu de tout cela, notre ami ? avait demandé La Mole à Coconnas.

— Je pense, avait répondu le Piémontais, qu'il y a dans tout cela quelque intrigue de cour.

— Et, le cas échéant, es-tu disposé à jouer un rôle dans cette intrigue ?

— Mon cher, répondit Coconnas, écoute bien ce que je te vais dire et tâche d'en faire ton profit. Dans toutes ces menées princières, dans toutes ces machinations royales, nous ne pouvons et surtout nous ne devons passer que comme des ombres : où le roi de Navarre laissera un morceau de sa plume et le duc d'Alençon un pan de son manteau, nous laisserons notre vie, nous. La reine a un caprice pour toi, et toi une fantaisie pour elle, rien de mieux. Perds la tête en amour, mon cher, mais ne la perds pas en politique.

C'était un sage conseil. Aussi fut-il écouté par La Mole avec la tristesse d'un homme qui sent que, placé entre la raison et la folie, c'est la folie qu'il va suivre.

— Je n'ai point une fantaisie pour la reine, Annibal, je l'aime ; et, malheureusement ou heureusement, je l'aime de toute mon âme. C'est de la folie, me diras-tu, je l'admets, je suis fou. Mais toi qui es un sage, Coconnas, tu ne dois pas souffrir de mes sottises et de mon infortune. Va-t'en retrouver notre maître et ne te compromets pas.

Coconnas réfléchit un instant, puis relevant la tête :

— Mon cher, répondit-il, tout ce que tu dis là est parfaitement juste ; tu es amoureux, agis en amoureux. Moi je suis ambitieux, et je pense, en cette qualité, que la vie vaut mieux qu'un baiser de femme. Quand je risquerai ma vie, je ferai mes conditions. Toi, de ton côté, pauvre Médor, tâche de faire les tiennes.

Et sur ce Coconnas tendit la main à La Mole, et partit après avoir échangé avec son compagnon un dernier regard et un dernier sourire.

Il y avait dix minutes à peu près qu'il avait quitté son poste lorsque la porte s'ouvrit et que Marguerite, paraissant avec précaution, vint prendre La Mole par la main, et, sans dire une seule parole, l'attira du corridor au plus profond de son appartement, fermant elle-même les portes avec un soin qui indiquait l'importance de la conférence qui allait avoir lieu.

Arrivée dans la chambre, elle s'arrêta, s'assit sur sa chaise d'ébène, et attirant La Mole à elle en enfermant ses deux mains dans les siennes :

— Maintenant que nous sommes seuls, lui dit-elle, causons sérieusement, mon grand ami.

— Sérieusement, Madame ? dit La Mole.

— Ou amoureusement, voyons ! cela vous va-t-il mieux ? Il peut y avoir des choses sérieuses dans l'amour, et surtout dans l'amour d'une reine.

— Causons… alors de ces choses sérieuses, mais à la condition que Votre Majesté ne se fâchera pas des choses folles que je vais lui dire.

— Je ne me fâcherai que d'une chose, La Mole, c'est si vous m'appelez Madame ou Majesté. Pour vous, très-cher, je suis seulement Marguerite.

— Oui, Marguerite ! oui, Margarita ! oui, ma perle ! dit le jeune homme en dévorant la reine de son regard.

— Bien comme cela, dit Marguerite ; ainsi vous êtes jaloux, mon beau gentilhomme ?

— Oh ! à en perdre la raison.

— Encore !…

— À en devenir fou, Marguerite.

— Et jaloux de qui ? voyons.

— De tout le monde.

— Mais enfin ?

— Du roi d'abord.

— Je croyais qu'après ce que vous aviez vu et entendu, vous pouviez être tranquille de ce côté-là.

— De ce M. de Mouy que j'ai vu ce matin pour la première fois, et que je trouve ce soir si avant dans votre intimité.

— De M. de Mouy ?

— Oui.

— Et qui vous donne ces soupçons sur M. de Mouy ?

— Écoutez… je l'ai reconnu à sa taille, à la couleur de ses cheveux, à un sentiment naturel de haine ; c'est lui qui ce matin était chez M. d'Alençon.

— Eh bien ! quel rapport cela a-t-il avec moi ?

— M. d'Alençon est votre frère ; on dit que vous l'aimez beaucoup ; vous lui aurez conté une vague pensée de votre cœur ; et lui, selon l'habitude de la cour, il aura favorisé votre désir en introduisant près de vous M. de Mouy. Maintenant, comment ai-je été assez heureux pour que le roi se trouvât là en même temps que lui ? c'est ce que je ne puis savoir ; mais en tout cas, Madame, soyez franche avec moi ; à défaut d'un autre sentiment, un amour comme le mien a bien le droit d'exiger la franchise en retour. Voyez, je me prosterne à vos pieds. Si ce que vous avez éprouvé pour moi n'est que le caprice d'un moment, je vous rends votre foi, votre promesse, votre amour, je rends à M. d'Alençon ses bonnes grâces et ma charge de gentilhomme, et je vais me faire tuer au siége de La Rochelle, si toutefois l'amour ne m'a pas tué avant que je puisse arriver jusque-là.

Marguerite écouta en souriant ces paroles pleines de charme, et suivit des yeux cette action pleine de grâces ; puis, penchant sa belle tête rêveuse sur sa main brûlante :

— Vous m'aimez ? dit-elle.

— Oh ! Madame ! plus que ma vie, plus que mon salut, plus que tout ; mais vous, vous… vous ne m'aimez pas.

— Pauvre fou ! murmura-t-elle.

— Eh ! oui, Madame, s'écria La Mole toujours à ses pieds, je vous ai dit que je l'étais.

— La première affaire de votre vie est donc votre amour, cher La Mole !

— C'est la seule, Madame, c'est l'unique.

— Eh bien ! soit ; je ne ferai de tout le reste qu'un accessoire de cet amour. Vous m'aimez, vous voulez demeurer près de moi ?

— Ma seule prière à Dieu est qu'il ne m'éloigne jamais de vous.

— Eh bien ! vous ne me quitterez pas ; j'ai besoin de vous, La Mole.

— Vous avez besoin de moi ? le soleil a besoin du ver luisant ?

— Si je vous dis que je vous aime, me serez-vous entièrement dévoué ?

— Eh ! ne le suis-je point déjà, Madame, et tout entier ?

— Oui ; mais vous doutez encore, Dieu me pardonne !

— Oh ! j'ai tort, je suis ingrat, ou plutôt, comme je vous l'ai dit et comme vous l'avez répété, je suis un fou. Mais pourquoi M. de Mouy était-il chez vous ce soir ? pourquoi l'ai-je vu ce matin chez M. le duc d'Alençon ? pourquoi ce manteau cerise, cette plume blanche, cette affectation d'imiter ma tournure ?… Ah ! Madame, ce n'est pas vous que je soupçonne, c'est votre frère.

— Malheureux ! dit Marguerite, malheureux qui croit que le duc François pousse la complaisance jusqu'à introduire un soupirant chez sa sœur ! Insensé qui se dit jaloux et qui n'a pas deviné ! Savez-vous, La Mole, que le duc d'Alençon demain vous tuerait de sa propre épée s'il savait que vous êtes là, ce soir, à mes genoux, et qu'au lieu de vous chasser de cette place, je vous dis : Restez là comme vous êtes, La Mole ; car je vous aime, mon beau gentilhomme, entendez-vous ? je vous aime ! Eh bien, oui, je vous le répète, il vous tuerait !

— Grand Dieu ! s'écria La Mole eu se renversant en arrière et en regardant Marguerite avec effroi, serait-il possible ?

— Tout est possible, ami, en notre temps et dans cette cour. Maintenant, un seul mot : ce n'était pas pour moi que M. de Mouy, revêtu de votre manteau, le visage caché sous votre feutre, venait au Louvre. C'était pour M. d'Alençon. Mais moi, je l'ai amené ici, croyant que c'était vous. Il tient notre secret, La Mole, il faut donc le ménager.

— J'aime mieux le tuer, dit La Mole, c'est plus court et c'est plus sûr.

— Et moi, mon brave gentilhomme, dit la reine, j'aime mieux qu'il vive et que vous sachiez tout, car sa vie nous est non-seulement utile, mais nécessaire. Écoutez et pesez bien vos paroles avant de me répondre : m'aimez-vous assez, La Mole, pour vous réjouir si je devenais véritablement reine, c'est-à-dire maîtresse d'un véritable royaume ?

— Hélas ! Madame, je vous aime assez pour désirer ce que vous désirez, ce désir dût-il faire le malheur de toute ma vie !

— Eh bien ! voulez-vous m'aider à réaliser ce désir, qui vous rendra plus heureux encore ?

— Oh ! je vous perdrai, Madame ! s'écria La Mole en cachant sa tête dans ses mains.

— Non pas, am contraire ; au lieu d'être le premier de mes serviteurs, vous deviendrez le premier de mes sujets. Voilà tout.

— Oh ! pas d'intérêt… pas d'ambition, Madame… ne souillez pas vous-même le sentiment que j'ai pour vous… du dévouement, rien que du dévouement !

— Noble nature ! dit Marguerite. Eh bien, oui, je l'accepte, ton dévouement, et je saurai le reconnaître.

Et elle lui tendit ses deux mains que La Mole couvrit de baisers.

— Eh bien ? dit-elle.

— Eh bien, oui ! répondit La Mole. Oui, Marguerite, je commence à comprendre ce vague projet dont on parlait déjà chez nous autres huguenots avant la Saint-Barthélemy ; ce projet pour l'exécution duquel, comme tant d'autres plus dignes que moi, j'avais été mandé à Paris. Cette royauté réelle de Navarre qui devait remplacer une royauté fictive, vous la convoitez ; le roi Henri vous y pousse. De Mouy conspire avec vous, n'est-ce pas ? Mais le duc d'Alençon, que fait-il dans toute cette affaire ? Où y a-t-il un trône pour lui dans tout cela ? Je n'en vois point. Or, le duc d'Alençon est-il assez votre… ami pour vous aider dans tout cela, et sans rien exiger en échange du danger qu'il court ?

— Le duc, ami, conspire pour son compte. Laissons-le s'égarer : sa vie nous répond de la nôtre.

— Mais moi, moi qui suis à lui, puis-je le trahir ?

— Le trahir ! et en quoi le trahirez-vous ? Que vous a-t-il confié ? N'est-ce pas lui qui vous a trahi en donnant à de Mouy votre manteau et votre chapeau comme un moyen de pénétrer jusqu'à lui ? Vous êtes à lui, dites-vous ! N'étiez-vous pas à moi, mon gentilhomme, avant d'être à lui ? Vous a-t-il donné une plus grande preuve d'amitié que la preuve d'amour que vous tenez de moi ?

La Mole se releva pâle et comme foudroyé.

— Oh ! murmura-t-il, Coconnas me le disait bien. L'intrigue m'enveloppe dans ses replis. Elle m'étouffera.

— Eh bien ? demanda Marguerite.

— Eh bien ! dit La Mole, voici ma réponse : On prétend, et je l'ai entendu dire à l'autre extrémité de la France, où votre nom si illustre, votre réputation de beauté si universelle m'étaient venus, comme un vague désir de l'inconnu, effleurer le cœur ; on prétend que vous avez aimé quelquefois, et que votre amour a toujours été fatal aux objets de votre amour, si bien que la mort, jalouse sans doute, vous a presque toujours enlevé vos amants.

— La Mole !…

— Ne m'interrompez pas, ô ma Margarita chérie, car on ajoute aussi que vous conservez dans des boîtes d'or les cœurs de ces fidèles amis[1], et que parfois vous donnez à ces tristes restes un souvenir mélancolique, un regard pieux. Vous soupirez, ma reine, vos yeux se voilent ; c'est vrai. Eh bien ! faites de moi le plus aimé et le plus heureux de vos favoris. Des autres vous avez percé le cœur, et vous gardez ce cœur ; de moi, vous faites plus, vous exposez ma tête… Eh bien ! Marguerite, jurez-moi devant l'image de ce Dieu qui m'a sauvé la vie ici même, jurez-moi que si je meurs pour vous, comme un sombre pressentiment me l'annonce, jurez-moi que vous garderez, pour y appuyer quelquefois vos lèvres, cette tête que le bourreau aura séparée de mon corps ; jurez, Marguerite, et la promesse d'une telle récompense, faite par ma reine, me rendra muet, traître et lâche au besoin, c'est-à-dire tout dévoué, comme doit l'être votre amant et votre complice.

— Ô lugubre folie, ma chère âme ! dit Marguerite, ô fatale pensée, mon doux amour !

— Jurez…

— Que je jure ?

— Oui, sur ce coffret d'argent que surmonte une croix. Jurez.

— Eh bien ! dit Marguerite, si, ce qu'à Dieu ne plaise ! tes sombres pressentiments se réalisaient, mon beau gentilhomme, sur cette croix, je te le jure, tu seras près de moi, vivant ou mort, tant que je vivrai moi-même ; et si je ne puis te sauver dans le péril où tu te jettes pour moi, pour moi seule, je le sais, je donnerai du moins à ta pauvre âme la consolation que tu demandes et que tu auras si bien méritée.

— Un mot encore, Marguerite. Je puis mourir maintenant, me voilà rassuré sur ma mort ; mais aussi je puis vivre, nous pouvons réussir : le roi de Navarre peut être roi, vous pouvez être reine, alors le roi vous emmènera ; ce vœu de séparation fait entre vous se rompra un jour et amènera la nôtre. Allons, Marguerite, chère Marguerite bien-aimée, d'un mot vous m'avez rassuré sur ma mort, d'un mot maintenant rassurez-moi sur ma vie.

— Oh ! ne crains rien, je suis à toi corps et âme, s'écria Marguerite en étendant de nouveau la main sur la croix du petit coffre : si je pars, tu me suivras ; et si le roi refuse de t'emmener, c'est moi alors qui ne partirai pas.

— Mais vous n'oserez résister !

— Mon Hyacinthe bien-aimé, dit Marguerite tu ne connais pas Henri ; Henri ne songe en ce moment qu'à une chose, c'est à être roi ; et à ce désir il sacrifierait en ce moment tout ce qu'il possède, et à plus forte raison ce qu'il ne possède pas. Adieu.

— Madame, dit en souriant La Mole, vous me renvoyez ?

— Il est tard, dit Marguerite.

— Sans doute ; mais où voulez-vous que j'aille ? M. de Mouy est dans ma chambre avec M. le duc d'Alençon.

— Ah ! c'est juste, dit Marguerite avec un admirable sourire. D'ailleurs, j'ai encore beaucoup de choses à vous dire à propos de cette conspiration.

À dater de cette nuit, La Mole ne fut plus un favori vulgaire, et il put porter haut la tête à laquelle, vivante ou morte, était réservé un si doux avenir.

Cependant, parfois, son front pesant s'inclinait vers la terre, sa joue pâlissait, et l'austère méditation creusait son sillon entre les sourcils du jeune homme, si gai autrefois, si heureux maintenant !

↑ Elle portait un grand vertugadin qui avait des pochettes tout autour, en chacune desquelles elle mettait une boîte où était le cœur d'un de ses amants trépassés ; car elle était soigneuse, à mesure qu'ils mouraient, d'en faire embaumer le cœur. Ce vertugadin se pendait tous les soirs à un crochet qui fermait à cadenas derrière le dossier de son lit. (TALLEMANT DES RÉAUX, *Histoire de Marguerite de Valois.*)

XXVII

LA MAIN DE DIEU.

Henri avait dit à madame de Sauve en la quittant :

— Mettez-vous au lit, Charlotte. Feignez d'être gravement malade, et sous aucun prétexte demain de toute la journée ne recevez personne.

Charlotte obéit sans se rendre compte du motif qu'avait le roi de lui faire cette recommandation. Mais elle commençait à s'habituer à ses excentricités, comme on dirait de nos jours, et à ses fantaisies, comme on disait alors.

D'ailleurs elle savait que Henri renfermait dans son cœur des secrets qu'il ne disait à personne, dans sa pensée des projets qu'il craignait de révéler même dans ses rêves ; de sorte qu'elle se faisait obéissante à toutes ses volontés, certaine que ses idées les plus étranges avaient un but.

Le soir même elle se plaignit donc à Dariole d'une grande lourdeur de tête accompagnée d'éblouissements. C'étaient les symptômes que Henri lui avait recommandé d'accuser.

Le lendemain elle feignit de se vouloir lever, mais à peine eut-elle posé un pied sur le parquet qu'elle se plaignit d'une faiblesse générale et qu'elle se recoucha.

Cette indisposition, que Henri avait déjà annoncée au duc d'Alençon, fut la première nouvelle que l'on apprit à Catherine lorsqu'elle demanda d'un air tranquille pourquoi la Sauve ne paraissait pas comme d'habitude à son lever.

— Malade ! répondit madame de Lorraine qui se trouvait là.

— Malade ! répéta Catherine sans qu'un muscle de son visage dénonçât l'intérêt qu'elle prenait à sa réponse. Quelque fatigue de paresseuse.

— Non pas, Madame, reprit la princesse. Elle se plaint d'un violent mal de tête et d'une faiblesse qui l'empêche de marcher.

Catherine ne répondit rien ; mais pour cacher sa joie, sans doute, elle se retourna vers la fenêtre, et voyant Henri qui traversait la cour à la suite de son entretien avec de Mouy, elle se leva pour mieux le regarder, et, poussée par cette conscience qui bouillonne toujours, quoique invisiblement, au fond des cœurs les plus endurcis au crime :

— Ne semblerait-il pas, demanda-t-elle à son capitaine des gardes, que mon fils Henri est plus pâle ce matin que d'habitude ?

Il n'en était rien ; Henri était fort inquiet d'esprit, mais fort sain de corps.

Peu à peu les personnes qui assistaient d'habitude au lever de la reine se retirèrent ; trois ou quatre restaient plus familières que les autres ; Catherine impatiente les congédia en disant qu'elle voulait rester seule.

Lorsque le dernier courtisan fut sorti, Catherine ferma la porte derrière lui, et allant à une armoire secrète cachée dans l'un des panneaux de sa chambre, elle en fit glisser la porte dans une rainure de la boiserie et en tira un livre dont les feuillets froissés annonçaient les fréquents services.

Elle posa le livre sur une table, l'ouvrit à l'aide d'un signet, appuya son coude sur la table et sa tête sur sa main.

— C'est bien cela, murmura-t-elle tout en lisant ; mal de tête, faiblesse générale, douleurs d'yeux, enflure du palais. On n'a encore parlé que des maux de tête et de la faiblesse… les autres symptômes ne se feront pas attendre.

Elle continua :

— Puis l'inflammation gagne la gorge, s'étend à l'estomac, enveloppe le cœur comme d'un cercle de feu et fait éclater le cerveau comme un coup de foudre.

Elle relut tout bas ; puis elle continua encore, mais à demi voix :

— Pour la fièvre six heures, pour l'inflammation générale douze heures, pour la gangrène douze heures, pour l'agonie six heures ; en tout trente-six heures.

Maintenant, supposons que l'absorption soit plus lente que l'inglutition, et au lieu de trente-six heures nous en aurons quarante, quarante-huit même ; oui, quarante-huit heures doivent suffire. Mais lui, lui Henri, comment est-il encore debout ? Parce qu'il est homme, parce qu'il est d'un tempérament robuste, parce que peut-être il aura bu après l'avoir embrassée, et se sera essuyé les lèvres après avoir bu.

Catherine attendit l'heure du dîner avec impatience. Henri dînait tous les jours à la table du roi. Il vint, il se plaignit à son tour d'élancements au cerveau, ne mangea point, et se retira aussitôt après le repas, en disant qu'ayant veillé une partie de la nuit passée, il éprouvait un pressant besoin de dormir.

Catherine écouta s'éloigner le pas chancelant de Henri et le fit suivre. On lui rapporta que le roi de Navarre avait pris le chemin de la chambre de madame de Sauve.

— Henri, se dit-elle, va achever auprès d'elle ce soir l'œuvre d'une mort qu'un hasard malheureux a peut-être laissée incomplète.

Le roi de Navarre était en effet allé chez madame de Sauve, mais c'était pour lui dire de continuer à jouer son rôle.

Le lendemain, Henri ne sortit point de sa chambre pendant toute la matinée, et il ne parut point au dîner du roi. Madame de Sauve, disait-on, allait de plus mal en plus mal, et le bruit de la maladie de Henri, répandu par Catherine elle-même, courait comme un de ces pressentiments dont personne n'explique la cause, mais qui passent dans l'air.

Catherine s'applaudissait : dès la veille au matin elle avait éloigné Ambroise Paré pour aller porter des secours à un de ses valets de chambre favoris, malade à Saint-Germain.

Il fallait alors que ce fût un homme à elle que l'on appelât chez madame de Sauve et chez Henri ; et cet homme ne dirait que ce qu'elle voudrait qu'il dît. Si, contre toute attente, quelque autre docteur se trouvait mêlé là-dedans, et si quelque déclaration de poison venait épouvanter cette cour où avaient déjà retenti tant de déclarations pareilles, elle comptait fort sur le bruit que faisait la jalousie de Marguerite à l'endroit des amours de son mari. On se rappelle qu'à tout hasard elle avait fort parlé de cette jalousie qui avait éclaté en plusieurs circonstances, et entre autres à la promenade de l'aubépine, où elle avait dit à sa fille en présence de plusieurs personnes :

— Vous êtes donc bien jalouse, Marguerite ?

Elle attendait donc avec un visage composé le moment où la porte s'ouvrirait, et où quelque serviteur tout pâle et tout effaré entrerait en criant :

— Majesté, le roi de Navarre se meurt et madame de Sauve est morte !

Quatre heures du soir sonnèrent. Catherine achevait son goûter dans la volière où elle émiettait des biscuits à quelques oiseaux rares qu'elle nourrissait de sa propre main. Quoique son visage, comme toujours, fût calme et même morne, son cœur battait violemment au moindre bruit.

La porte s'ouvrit tout à coup.

— Madame, dit le capitaine des gardes, le roi de Navarre est...

— Malade ? interrompit vivement Catherine.

— Non, Madame, Dieu merci ! et Sa Majesté semble se porter à merveille.

— Que dites-vous donc alors ?

— Que le roi de Navarre est là.

— Que me veut-il ?

— Il apporte à Votre Majesté un petit singe de l'espèce la plus rare.

En ce moment Henri entra tenant une corbeille à la main et caressant un ouistiti couché dans cette corbeille.

Henri souriait en entrant et paraissait tout entier au charmant petit animal qu'il apportait ; mais, si préoccupé qu'il parût, il n'en perdit point cependant ce premier coup d'œil qui lui suffisait dans les circonstances difficiles. Quant à Catherine, elle était fort pâle, d'une pâleur qui croissait au fur et à mesure qu'elle voyait sur les joues du jeune homme qui s'approchait d'elle circuler le vermillon de la santé.

La reine mère fut étourdie à ce coup. Elle accepta machinalement le présent de Henri, se troubla, lui fit compliment sur sa bonne mine, et ajouta :

— Je suis d'autant plus aise de vous voir si bien portant, mon fils, que j'avais entendu dire que vous étiez malade et que, si je me le rappelle bien, vous vous êtes plaint en ma présence d'une indisposition ; mais je comprends maintenant, ajouta-t-elle en essayant de sourire, c'était quelque prétexte pour vous rendre libre.

— J'ai été fort malade, en effet, Madame, répondit Henri ; mais un spécifique usité dans nos montagnes, et qui me vient de ma mère, a guéri cette indisposition.

— Ah ! vous m'apprendrez la recette, n'est-ce pas, Henri ? dit Catherine en souriant cette fois véritablement, mais avec une ironie qu'elle ne put déguiser.

— Quelque contre-poison, murmura-t-elle ; nous aviserons à cela, ou plutôt non. Voyant madame de Sauve malade, il se sera défié. En vérité, c'est à croire que la main de Dieu est étendue sur cet homme.

Catherine attendit impatiemment la nuit. Madame de Sauve ne parut point. Au jeu, elle en demanda des nouvelles ; on lui répondit qu'elle était de plus en plus souffrante.

Toute la soirée elle fut inquiète, et l'on se demandait avec anxiété quelles étaient les pensées qui pouvaient agiter ce visage d'ordinaire si immobile.

Tout le monde se retira. Catherine se fit coucher et déshabiller par ses femmes ; puis, quand tout le monde fut couché dans le Louvre, elle se releva, passa une longue robe de chambre noire, prit une lampe, choisit parmi toutes ses clefs celle qui ouvrait la porte de madame de Sauve, et monta chez sa dame d'honneur.

Henri avait-il prévu cette visite, était-il occupé chez lui, était-il caché quelque part ?

toujours est-il que la jeune femme était seule.

Catherine ouvrit la porte avec précaution, traversa l'antichambre, entra dans le salon, déposa sa lampe sur un meuble, car une veilleuse brûlait près de la malade, et, comme une ombre, elle se glissa dans la chambre à coucher.

Dariole, étendue dans un grand fauteuil, dormait près du lit de sa maîtresse.

Ce lit était entièrement fermé par les rideaux.

La respiration de la jeune femme était si légère, qu'un instant Catherine crut qu'elle ne respirait plus.

Enfin elle entendit un léger souffle, et, avec une joie maligne, elle vint lever le rideau, afin de constater par elle-même l'effet du terrible poison, tressaillant d'avance à l'aspect de cette livide pâleur ou de cette dévorante pourpre d'une fièvre mortelle qu'elle espérait ; mais, au lieu de tout cela, calme, les yeux doucement clos par leurs blanches paupières, la bouche rose et entr'ouverte, sa joue moite doucement appuyée sur un de ses bras gracieusement arrondi, tandis que l'autre, frais et nacré, s'allongeait sur le damas cramoisi qui lui servait de couverture, la belle jeune femme dormait presque rieuse encore ; car sans doute quelque songe charmant faisait éclore sur ses lèvres le sourire, et sur sa joue ce coloris d'un bien-être que rien ne trouble.

Catherine ne put s'empêcher de pousser un cri de surprise qui réveilla pour un instant Dariole.

La reine mère se jeta derrière les rideaux du lit.

Dariole ouvrit les yeux ; mais, accablée de sommeil, sans même chercher dans son esprit engourdi la cause de son réveil, la jeune fille laissa retomber sa lourde paupière et se rendormit.

Catherine alors sortit de dessous son rideau, et, tournant son regard vers les autres points de l'appartement, elle vit sur une petite table un flacon de vin d'Espagne, des fruits, des pâtes sucrées et deux verres. Henri avait dû venir souper chez la baronne, qui visiblement se portait aussi bien que lui.

Aussitôt Catherine, marchant à sa toilette, y prit la petite boîte d'argent au tiers vide. C'était exactement la même, ou tout au moins la pareille de celle qu'elle avait fait remettre à Charlotte. Elle en enleva une parcelle de la grosseur d'une perle sur le bout d'une aiguille d'or, rentra chez elle, la présenta au petit singe que lui avait donné Henri le soir même. L'animal, affriandé par l'odeur aromatique, la dévora avidement, et, s'arrondissant dans sa corbeille, se rendormit. Catherine attendit un quart d'heure.

— Avec la moitié de ce qu'il vient de manger là, dit Catherine, mon chien Brutus est mort enflé en une minute. On m'a jouée. Est-ce René ? René ! c'est impossible. Alors c'est donc Henri ! ô fatalité ! C'est clair : puisqu'il doit régner, il ne peut pas mourir.

Mais peut-être n'y a-t-il que le poison qui soit impuissant, nous verrons bien en essayant du fer.

Et Catherine se coucha en tordant dans son esprit une nouvelle pensée qui se trouva sans doute complète le lendemain ; car, le lendemain, elle appela son capitaine des gardes, lui remit une lettre, lui ordonna de la porter à son adresse, et de ne la remettre qu'aux propres mains de celui à qui elle était adressée.

Elle était adressée au sire de Louviers de Maurevel, capitaine des pétardiers du roi, rue de la Cerisaie, près de l'Arsenal.

XXVIII

LA LETTRE DE ROME.

Quelques jours s'étaient écoulés depuis les événements que nous venons de raconter, lorsqu'un matin une litière escortée de plusieurs gentilshommes aux couleurs de M. de Guise entra au Louvre, et que l'on vint annoncer à la reine de Navarre que madame la duchesse de Nevers sollicitait l'honneur de lui faire sa cour.

Marguerite recevait la visite de madame de Sauve. C'était la première fois que la belle baronne sortait depuis sa prétendue maladie. Elle avait su que la reine avait manifesté à son mari une grande inquiétude de cette indisposition, qui avait été pendant près d'une semaine le bruit de la cour, et elle venait la remercier.

Marguerite la félicitait sur sa convalescence et sur le bonheur qu'elle avait eu d'échapper à l'accès subit de ce mal étrange dont, en sa qualité de fille de France, elle ne pouvait manquer d'apprécier toute la gravité.

— Vous viendrez, j'espère, à cette grande chasse déjà remise une fois, demanda Marguerite, et qui doit avoir lieu définitivement demain. Le temps est doux pour un temps d'hiver. Le soleil a rendu la terre plus molle, et tous nos chasseurs prétendent que ce sera un jour des plus favorables.

— Mais, Madame, dit la baronne, je ne sais si je serai assez bien remise.

— Bah ! reprit Marguerite, vous ferez un effort ; puis, comme je suis une guerrière, moi, j'ai autorisé le roi à disposer d'un petit cheval de Béarn que je devais monter et qui vous portera à merveille. N'en avez-vous point encore entendu parler ?

— Si fait, Madame, mais j'ignorais que ce petit cheval eût été destiné à l'honneur d'être offert à Votre Majesté : sans cela, je ne l'eusse point accepté.

— Par orgueil, baronne ?

— Non, Madame, tout au contraire, par humilité.

— Donc vous viendrez ?

— Votre Majesté me comble d'honneur. Je viendrai puisqu'elle l'ordonne.

Ce fut en ce moment qu'on annonça madame la duchesse de Nevers. À ce nom Marguerite laissa échapper un tel mouvement de joie, que la baronne comprit que les deux femmes avaient à causer ensemble, et elle se leva pour se retirer.

— À demain donc, dit Marguerite.

— À demain, Madame.

— À propos ! vous savez, baronne, continua Marguerite en la congédiant de la main, qu'en public je vous déteste, attendu que je suis horriblement jalouse.

— Mais en particulier ? demanda madame de Sauve.

— Oh ! en particulier, non-seulement je vous pardonne, mais encore je vous remercie.

— Alors, Votre Majesté permettra…

Marguerite lui tendit la main, la baronne la baisa avec respect, fit une révérence profonde et sortit.

Tandis que madame de Sauve remontait son escalier, bondissant comme un chevreau dont on a rompu l'attache, madame de Nevers échangeait avec la reine quelques saluts cérémonieux qui donnèrent le temps aux gentilshommes qui l'avaient accompagnée jusque-là de se retirer.

— Gillonne, cria Marguerite lorsque la porte se fut refermée sur le dernier, Gillonne, fais que personne ne nous interrompe.

— Oui, dit la duchesse, car nous avons à parler d'affaires tout à fait graves.

Et, prenant un siège, elle s'assit sans façon, certaine que personne ne viendrait déranger cette intimité convenue entre elle et la reine de Navarre, prenant sa meilleure place du feu et du soleil.

— Eh bien, dit Marguerite avec un sourire, notre fameux massacreur, qu'en faisons-nous ?

— Ma chère reine, dit la duchesse, c'est sur mon âme un être mythologique. Il est incomparable en esprit et ne tarit jamais. Il a des saillies qui feraient pâmer de rire un saint dans sa châsse. Au demeurant, c'est le plus furieux païen qui ait jamais été cousu dans la peau d'un catholique ! j'en raffole. Et toi, que fais-tu de ton Apollo ?

— Hélas ! fit Marguerite avec un soupir.

— Oh ! oh ! que cet hélas m'effraye, chère reine ! est-il donc trop respectueux ou trop sentimental, ce gentil La Mole ! Ce serait, je suis forcée de l'avouer, tout le contraire de son ami Coconnas.

— Mais non, il a ses moments, dit Marguerite, et cet hélas ne se rapporte qu'à moi.

— Que veut-il dire alors ?

— Il veut dire, chère duchesse, que j'ai une peur affreuse de l'aimer tout de bon.

— Vraiment ?

— Foi de Marguerite !

— Oh ! tant mieux ! la joyeuse vie que nous allons mener alors ! s'écria Henriette : aimer un peu, c'était mon rêve ; aimer beaucoup, c'était le tien. C'est si doux, chère et docte reine, de se reposer l'esprit par le cœur, n'est-ce pas ? et d'avoir après le délire le sourire. Ah ! Marguerite, j'ai le pressentiment que nous allons passer une bonne année.

— Crois-tu ? dit la reine ; moi, tout au contraire, je ne sais pas comment cela se fait, je vois les choses à travers un crêpe. Toute cette politique me préoccupe affreusement. À propos, sache donc si ton Annibal est aussi dévoué à mon frère qu'il paraît l'être. Informe-toi de cela, c'est important.

— Lui, dévoué à quelqu'un ou à quelque chose ! On voit bien que tu ne le connais pas comme moi. S'il se dévoue jamais à quelque chose, ce sera à son ambition et voilà tout. Ton frère est-il homme à lui faire de grandes promesses, oh ! alors, très-bien : il sera dévoué à ton frère ; mais que ton frère, tout fils de France qu'il est, prenne garde de manquer aux promesses qu'il lui aura faites, ou sans cela, ma foi, gare à ton frère !

— Vraiment ?

— C'est comme je te le dis. En vérité, Marguerite, il y a des moments où ce tigre que j'ai apprivoisé me fait peur à moi-même. L'autre jour, je lui disais : Annibal, prenez-y garde, ne me trompez pas, car si vous me trompiez !... Je lui disais cependant cela avec mes yeux d'émeraude qui ont fait dire à Ronsard :

La duchesse de Nevers
        Aux yeux verts
Qui, sous leur paupière blonde,
Lancent sur nous plus d'éclairs
Que ne font vingt Jupiters
        Dans les airs,
Lorsque la tempête gronde.

— Eh bien ?

— Eh bien ! je crus qu'il allait me répondre : Moi, vous tromper ! moi, jamais ! etc., etc... Sais-tu ce qu'il m'a répondu ?

— Non.

— Eh bien ! juge l'homme : Et vous, a-t-il répondu, si vous me trompiez, prenez garde aussi ; car, toute princesse que vous êtes... Et, en disant ces mots, il me menaçait, non-seulement des yeux, mais de son doigt sec et pointu, muni d'un ongle taillé en fer de lance, et qu'il me mit presque sous le nez. En ce moment, ma pauvre reine, je te l'avoue, il avait une physionomie si peu rassurante que j'en tressaillis, et, tu le sais cependant, je ne suis pas trembleuse.

— Te menacer, toi, Henriette ! il a osé ?

— Eh ! mordi ! je le menaçais bien, moi ! Au bout du compte, il a eu raison. Ainsi, tu le vois, dévoué jusqu'à un certain point, ou plutôt jusqu'à un point très-incertain.

— Alors, nous verrons, dit Marguerite rêveuse, je parlerai à La Mole. Tu n'avais pas autre chose à me dire ?

— Si fait : une chose des plus intéressantes et pour laquelle je suis venue. Mais, que veux-tu ! tu as été me parler de choses plus intéressantes encore. J'ai reçu des nouvelles.

— De Rome ?

— Oui, un courrier de mon mari.

— Eh bien ! l'affaire de Pologne ?

— Va à merveille, et tu vas probablement sous peu de jours être débarrassée de ton frère d'Anjou.

— Le pape a donc ratifié son élection ?

— Oui, ma chère.

— Et tu ne me disais pas cela ! s'écria Marguerite. Eh ! vite, vite, des détails.

— Oh ! ma foi, je n'en ai pas d'autres que ceux que je te transmets. D'ailleurs attends, je vais te donner la lettre de M. de Nevers. Tiens, la voilà. Eh ! non, non ; ce sont des vers d'Annibal, des vers atroces, ma pauvre Marguerite ; il n'en fait pas d'autres. Tiens, cette fois, la voici. Non, pas encore ceci : c'est un billet de moi que j'ai apporté pour que tu le lui fasses passer par La Mole. Ah ! enfin, cette fois, c'est la lettre en question.

Et madame de Nevers remit la lettre à la reine.

Marguerite l'ouvrit vivement et la parcourut ; mais effectivement elle ne disait rien autre chose que ce qu'elle avait déjà appris de la bouche de son amie.

— Et comment as-tu reçu cette lettre ? continua la reine.

— Par un courrier de mon mari qui avait ordre de toucher à l'hôtel de Guise avant d'aller au Louvre et de me remettre cette lettre avant celle du roi. Je savais l'importance que ma reine attachait à cette nouvelle, et j'avais écrit à M. de Nevers d'en agir ainsi. Tu vois, il a obéi, lui. Ce n'est pas comme ce monstre de Coconnas. Maintenant il n'y a donc dans tout Paris que le roi, toi et moi qui sachions cette nouvelle ; à moins que l'homme qui suivait notre courrier…

— Quel homme ?

— Oh ! l'horrible métier ! Imagine-toi que ce malheureux messager est arrivé las, défait, poudreux ; il a couru sept jours, jour et nuit, sans s'arrêter un instant.

— Mais cet homme dont tu parlais tout à l'heure ?

— Attends donc. Constamment suivi par un homme de mine farouche qui avait des relais comme lui et courait aussi vite que lui pendant ces quatre cents lieues, ce pauvre courrier a toujours attendu quelque balle de pistolet dans les reins. Tous deux sont arrivés à la barrière Saint-Marcel en même temps, tous deux ont descendu la rue Mouffetard au grand galop, tous deux ont traversé la Cité. Mais, au bout du pont Notre-Dame, notre courrier a pris à droite, tandis que l'autre tournait à gauche par la place du Châtelet, et filait par les quais du côté du Louvre comme un trait d'arbalète.

— Merci, ma bonne Henriette, merci, s'écria Marguerite. Tu avais raison, et voilà de bien intéressantes nouvelles. Pour qui cet autre courrier ? Je le saurai. Mais laisse-moi. À ce soir, rue Tizon, n'est-ce pas ? et à demain la chasse ; et surtout prends un cheval bien méchant pour qu'il s'emporte et que nous soyons seules. Je te dirai ce soir ce qu'il faut que tu tâches de savoir de ton Coconnas.

— Tu n'oublieras donc pas ma lettre ? dit la duchesse de Nevers en riant.

— Non, non, sois tranquille, il l'aura et à temps.

Madame de Nevers sortit, et aussitôt Marguerite envoya chercher Henri, qui accourut et auquel elle remit la lettre du duc de Nevers.

— Oh ! oh ! fit-il.

Puis Marguerite lui raconta l'histoire du double courrier.

— Au fait, dit Henri, je l'ai vu entrer au Louvre.

— Peut-être était-il pour la reine mère ?

— Non pas ; j'en suis sûr, car j'ai été à tout hasard me placer dans le corridor, et je n'ai vu passer personne.

— Alors, dit Marguerite en regardant son mari, il faut que ce soit…

— Pour votre frère d'Alençon, n'est-ce pas ? dit Henri.

— Oui ; mais comment le savoir ?

— Ne pourrait-on, demanda Henri négligemment, envoyer chercher un de ces deux gentilshommes et savoir par lui…

— Vous avez raison, sire ! dit Marguerite mise à son aise par la proposition de son mari ; je vais envoyer chercher M. de La Mole… Gillonne ! Gillonne !

La jeune fille parut.

— Il faut que je parle à l'instant même à M. de La Mole, lui dit la reine. Tâchez de le trouver et amenez-le.

Gillonne partit. Henri s'assit devant une table sur laquelle était un livre allemand avec des gravures d'Albert Durer, qu'il se mit à regarder avec une si grande attention que, lorsque La Mole vint, il ne parut pas l'entendre et ne leva pas même la tête.

De son côté, le jeune homme voyant le roi chez Marguerite demeura debout sur le seuil de la chambre, muet de surprise et pâlissant d'inquiétude.

Marguerite alla à lui.

— Monsieur de La Mole, demanda-t-elle, pourriez-vous me dire qui est aujourd'hui de garde chez M. d'Alençon ?

— Coconnas, Madame… dit La Mole.

— Tâchez de me savoir de lui s'il a introduit chez son maître un homme couvert de boue et paraissant avoir fait une longue route à franc étrier.

— Ah ! Madame, je crains bien qu'il ne me le dise pas ; depuis quelques jours il devient très-taciturne.

— Vraiment ! Mais en lui donnant ce billet, il me semble qu'il vous devra quelque chose en échange.

— De la duchesse !… Oh ! avec ce billet, j'essayerai.

— Ajoutez, dit Marguerite en baissant la voix, que ce billet lui servira de sauf-conduit pour entrer ce soir dans la maison que vous savez.

— Et moi, Madame, dit tout bas La Mole, quel sera le mien ?

— Vous vous nommerez, et cela suffira.

— Donnez, Madame, donnez, dit La Mole tout palpitant d'amour ; je vous réponds de tout. Et il partit.

— Nous saurons demain si le duc d'Alençon est instruit de l'affaire de Pologne, dit tranquillement Marguerite en se retournant vers son mari.

— Ce M. de La Mole est véritablement un gentil serviteur, dit le Béarnais avec ce sourire qui n'appartenait qu'à lui ; et… par la messe ! je ferai sa fortune.

XXIX

LE DÉPART.

Lorsque le lendemain un beau soleil rouge, mais sans rayons, comme c'est l'habitude dans les jours privilégiés de l'hiver, se leva derrière les collines de Paris, tout depuis deux heures était déjà en mouvement dans la cour du Louvre.

Un magnifique barbe, nerveux quoique élancé, aux jambes de cerf sur lesquelles les veines se croisaient comme un réseau, frappant du pied, dressant l'oreille et soufflant le feu par ses narines, attendait Charles IX dans la cour ; mais il était moins impatient encore que son maître, retenu par Catherine, qui l'avait arrêté au passage pour lui parler, disait-elle, d'une affaire importante.

Tous deux étaient dans la galerie vitrée, Catherine froide, pâle et impassible comme toujours, Charles IX frémissant, rongeant ses ongles et fouettant ses deux chiens favoris, revêtus de cuirasses de mailles pour que le boutoir du sanglier n'eût pas de prise sur eux et qu'ils pussent impunément affronter le terrible animal. Un petit écusson aux armes de France était cousu sur leur poitrine à peu près comme sur la poitrine des pages, qui plus d'une fois avaient envié les privilèges de ces bienheureux favoris.

— Faites-y bien attention, Charles, disait Catherine, nul que vous et moi ne sait encore l'arrivée prochaine des Polonais ; cependant le roi de Navarre agit, Dieu me pardonne ! comme s'il le savait. Malgré son abjuration, dont je me suis toujours défiée, il a des intelligences avec les huguenots. Avez-vous remarqué comme il sort souvent depuis quelques jours ? Il a de l'argent, lui qui n'en a jamais eu ; il achète des chevaux, des armes, et, les jours de pluie, du matin au soir il s'exerce à l'escrime.

— Eh ! mon Dieu, ma mère, fit Charles IX impatienté, croyez-vous point qu'il ait l'intention de me tuer, moi, ou mon frère d'Anjou ? En ce cas il lui faudra encore quelques leçons, car hier je lui ai compté avec mon fleuret onze boutonnières sur son pourpoint, qui n'en a cependant que six. Et quant à mon frère d'Anjou, vous savez qu'il tire encore mieux que moi ou tout aussi bien, à ce qu'il dit du moins.

— Écoutez donc, Charles, reprit Catherine, et ne traitez pas légèrement les choses que vous dit votre mère. Les ambassadeurs vont arriver ; eh bien ! vous verrez ! Une fois qu'ils seront à Paris, Henri fera tout ce qu'il pourra pour captiver leur attention. Il est insinuant, il est sournois ; sans compter que sa femme, qui le seconde je ne sais pourquoi, va caqueter avec eux, leur parler latin, grec, hongrois, que sais-je ! Oh ! je vous dis, Charles, et vous savez que je ne me trompe jamais ! je vous dis, moi, qu'il y a quelque chose sous jeu.

En ce moment l'heure sonna, et Charles IX cessa d'écouter sa mère pour écouter l'heure.

— Mort de ma vie ! sept heures ! s'écria-t-il. Une heure pour aller, cela fera huit ; une heure pour arriver au rendez-vous et lancer, nous ne pourrons nous mettre en chasse qu'à neuf heures. En vérité, ma mère, vous me faites perdre bien du temps ! À bas, Risquetout !... mort de ma vie ! à bas donc, brigand !

Et un vigoureux coup de fouet sanglé sur les reins du molosse arracha au pauvre animal, tout étonné de recevoir un châtiment en échange d'une caresse, un cri de vive douleur.

— Charles, reprit Catherine, écoutez-moi donc, au nom de Dieu ! et ne jetez pas ainsi au hasard votre fortune et celle de la France. La chasse, la chasse, la chasse, dites-vous... Eh ! vous aurez tout le temps de chasser lorsque votre besogne de roi sera faite.

— Allons, allons, ma mère ! dit Charles pâle d'impatience, expliquons-nous vite, car vous me faites bouillir. En vérité, il y a des jours où je ne vous comprends pas.

Et il s'arrêta battant sa botte du manche de son fouet.

Catherine jugea que le bon moment était venu, et qu'il ne fallait pas le laisser passer.

— Mon fils, dit-elle, nous avons la preuve que de Mouy est revenu à Paris. M. de Maurevel, que vous connaissez bien, l'y a vu. Ce ne peut être que pour le roi de Navarre. Cela nous suffit, je l'espère, pour qu'il nous soit plus suspect que jamais.

— Allons, vous voilà encore après mon pauvre Henriot ! vous voulez me le faire tuer, n'est-ce pas ?

— Oh ! non.

— Exiler ? Mais comment ne comprenez-vous pas qu'exilé il devient beaucoup plus à craindre qu'il ne le sera jamais ici, sous nos yeux, dans le Louvre, où il ne peut rien faire que nous ne le sachions à l'instant même !

— Aussi ne veux-je pas l'exiler.

— Mais que voulez-vous donc ? dites vite !

— Je veux qu'on le tienne en sûreté, tandis que les Polonais seront ici ; à la Bastille, par exemple.

— Ah ! ma foi non, s'écria Charles IX. Nous chassons le sanglier ce matin, Henriot est un de mes meilleurs suivants. Sans lui la chasse est manquée. Mordieu, ma mère ! vous ne songez vraiment qu'à me contrarier.

— Eh ! mon cher fils, je ne dis pas ce matin. Les envoyés n'arrivent que demain ou après-demain. Arrêtons-le après la chasse seulement, ce soir… cette nuit…

— C'est différent, alors. Eh bien ! nous reparlerons de cela, nous verrons ; après la chasse, je ne dis pas. Adieu ! Allons ! ici, Risquetout ! ne vas-tu pas bouder, à ton tour ?

— Charles, dit Catherine en l'arrêtant par le bras au risque de l'explosion qui pouvait résulter de ce nouveau retard, je crois que le mieux serait, tout en ne l'exécutant que ce soir ou cette nuit, de signer l'acte d'arrestation de suite.

— Signer, écrire un ordre, aller chercher le scel des parchemins quand on m'attend pour la chasse, moi qui ne me fais jamais attendre ! Au diable, par exemple !

— Mais non, je vous aime trop pour vous retarder ; j'ai tout prévu, entrez là, chez moi, tenez !

Et Catherine, agile comme si elle n'eût eu que vingt ans, poussa une porte qui communiquait à son cabinet, montra au roi un encrier, une plume, un parchemin, le sceau et une bougie allumée.

Le roi prit le parchemin et le parcourut rapidement.

« Ordre, etc., etc., de faire arrêter et conduire à la Bastille notre frère Henri de Navarre. »

— Bon, c'est fait ! dit-il en signant d'un trait. Adieu, ma mère.

Et il s'élança hors du cabinet suivi de ses chiens, tout allègre de s'être si facilement débarrassé de Catherine.

Charles IX était attendu avec impatience, et, comme on connaissait son exactitude en matière de chasse, chacun s'étonnait de ce retard. Aussi, lorsqu'il parut, les chasseurs le saluèrent-ils par leurs vivats, les piqueurs par leurs fanfares, les chevaux par leurs hennissements, les chiens par leurs cris. Tout ce bruit, tout ce fracas fit monter une rougeur à ses joues pâles, son cœur se gonfla, Charles fut jeune et heureux pendant une seconde.

À peine le roi prit-il le temps de saluer la brillante société réunie dans la cour ; il fit un signe de tête au duc d'Alençon, un signe de main à sa sœur Marguerite, passa devant Henri sans faire semblant de le voir, et s'élança sur ce cheval barbe qui, impatient, bondit sous lui. Mais après trois ou quatre courbettes, il comprit à quel écuyer il avait affaire et se calma.

Aussitôt les fanfares retentirent de nouveau, et le roi sortit du Louvre suivi du duc d'Alençon, du roi de Navarre, de Marguerite, de madame de Nevers, de madame de Sauve, de Tavannes et des principaux seigneurs de la cour.

Il va sans dire que La Mole et Coconnas étaient de la partie.

Quant au duc d'Anjou, il était depuis trois mois au siège de La Rochelle.

Pendant qu'on attendait le roi, Henri était venu saluer sa femme, qui, tout en répondant à son compliment, lui avait glissé à l'oreille :

— Le courrier venu de Rome a été introduit par M. de Coconnas lui-même chez le duc d'Alençon, un quart d'heure avant que l'envoyé du duc de Nevers ne fût introduit chez le roi.

— Alors il sait tout, dit Henri.

— Il doit tout savoir, répondit Marguerite ; d'ailleurs jetez les yeux sur lui, et voyez comme, malgré sa dissimulation habituelle, son œil rayonne.

— Ventre-saint-gris ! murmura le Béarnais, je le crois bien ! il chasse aujourd'hui trois proies : France, Pologne et Navarre, sans compter le sanglier.

Il salua sa femme, revint à son rang, et appelant un de ses gens, Béarnais d'origine, dont les aïeux étaient serviteurs des siens depuis plus d'un siècle et qu'il employait comme messager ordinaire de ses affaires de galanterie :

— Orthon, lui dit-il, prends cette clef et va la porter chez ce cousin de madame de Sauve que tu sais, qui demeure chez sa maîtresse, au coin de la rue des Quatre-Fils ; tu lui diras que sa cousine désire lui parler ce soir ; qu'il entre dans ma chambre, et, si je n'y suis pas, qu'il m'attende ; si je tarde, qu'il se jette sur mon lit en attendant.

— Il n'y a pas de réponse, sire ?

— Aucune, que de me dire si tu l'as trouvé. La clef est pour lui seul, tu comprends ?

— Oui, sire.

— Attends donc, et ne me quitte pas ici, peste ! Avant de sortir de Paris, je t'appellerai comme pour ressangler mon cheval, tu demeureras ainsi en arrière tout naturellement, tu feras ta commission et tu nous rejoindras à Bondy.

Le valet fit un signe d'obéissance et s'éloigna.

On se mit en marche par la rue Saint-Honoré, on gagna la rue Saint-Denis, puis le faubourg ; arrivé à la rue Saint-Laurent, le cheval du roi de Navarre se dessangla, Orthon accourut, et tout se passa comme il avait été convenu entre lui et son maître, qui continua de suivre avec le cortège royal la rue des Récollets, tandis que son fidèle serviteur gagnait la rue du Temple.

Lorsque Henri rejoignit le roi, Charles était engagé avec le duc d'Alençon dans une conversation si intéressante sur le temps, sur l'âge du sanglier détourné qui était un solitaire, enfin sur l'endroit où il avait établi sa bauge, qu'il ne s'aperçut pas ou feignit de ne pas s'apercevoir que Henri était resté un instant en arrière.

Pendant ce temps Marguerite observait de loin la contenance de chacun, et croyait reconnaître dans les yeux de son frère un certain embarras toutes les fois que ses yeux se reposaient sur Henri. Madame de Nevers se laissait aller à une gaieté folle, car Coconnas, éminemment joyeux ce jour-là, faisait autour d'elle cent lazzis pour faire rire les dames.

Quant à La Mole, il avait déjà trouvé deux fois l'occasion de baiser l'écharpe blanche à franges d'or de Marguerite sans que cette action, faite avec l'adresse ordinaire aux amants, eût été vue de plus de trois ou quatre personnes.

On arriva vers huit heures et un quart à Bondy.

Le premier soin de Charles IX fut de s'informer si le sanglier avait tenu.

Le sanglier était à sa bauge, et le piqueur qui l'avait détourné répondait de lui.

Une collation était prête. Le roi but un verre de vin de Hongrie. Charles IX invita les dames à se mettre à table, et, tout à son impatience, s'en alla, pour occuper son temps, visiter les chenils et les perchoirs, recommandant qu'on ne dessellât pas son cheval, attendu, dit-il, qu'il n'en avait jamais monté de meilleur et de plus fort.

Pendant que le roi faisait sa tournée, le duc de Guise arriva. Il était armé en guerre plutôt qu'en chasse, et vingt ou trente gentilshommes, équipés comme lui, l'accompagnaient. Il s'informa aussitôt du lieu où était le roi, l'alla rejoindre et revint en causant avec lui.

À neuf heures précises, le roi donna lui-même le signal en sonnant le *lancer*, et chacun, montant à cheval, s'achemina vers le rendez-vous.

Pendant la route, Henri trouva moyen de se rapprocher encore une fois de sa femme.

— Eh bien ! lui demanda-t-il, savez-vous quelque chose de nouveau ?

— Non, répondit Marguerite, si ce n'est que mon frère Charles vous regarde d'une étrange façon.

— Je m'en suis aperçu, dit Henri.

— Avez-vous pris vos précautions ?

— J'ai sur la poitrine ma cotte de mailles et à mon côté un excellent couteau de chasse espagnol, affilé comme un rasoir, pointu comme une aiguille, et avec lequel je perce des doublons.

— Alors, dit Marguerite, à la garde de Dieu !

Le piqueur qui dirigeait le cortège fit un signe : on était arrivé à la bauge.

XXX

MAUREVEL.

Pendant que toute cette jeunesse joyeuse et insouciante, en apparence du moins, se répandait comme un tourbillon doré sur la route de Bondy, Catherine, roulant le parchemin précieux sur lequel le roi Charles venait d'apposer sa signature, faisait introduire dans son cabinet l'homme à qui son capitaine des gardes avait apporté, quelques jours auparavant, une lettre rue de la Cerisaie, quartier de l'Arsenal.

Une large bande de taffetas, pareil à un sceau mortuaire, cachait un des yeux de cet homme, découvrant seulement l'autre œil, et laissant voir entre deux pommettes saillantes la courbure d'un nez de vautour, tandis qu'une barbe grisonnante lui couvrait le bas du visage. Il était vêtu d'un manteau long et épais sous lequel on devinait tout un arsenal. En outre il portait au côté, quoique ce ne fût pas l'habitude des gens appelés à la cour, une épée de campagne longue, large et à double coquille. Une de ses mains était cachée et ne quittait point sous son manteau le manche d'un long poignard.

— Ah ! vous voici, Monsieur, dit la reine en s'asseyant ; vous savez que je vous ai promis après la Saint-Barthélemy, où vous nous avez rendu de si signalés services, de ne pas vous laisser dans l'inaction. L'occasion se présente, ou plutôt non, je l'ai fait naître. Remerciez-moi donc.

— Madame, je remercie humblement Votre Majesté, répondit l'homme au bandeau noir avec une réserve basse et insolente à la fois.

— Une belle occasion, Monsieur, comme vous n'en trouverez pas deux dans votre vie, profitez-en donc.

— J'attends, Madame ; seulement, je crains, d'après le préambule…

— Que la commission ne soit violente ? N'est-ce pas de ces commissions-là que sont friands ceux qui veulent s'avancer ? Celle dont je vous parle serait enviée par les Tavannes et par les Guise même.

— Ah ! Madame, reprit l'homme, croyez bien, quelle qu'elle soit, que je suis aux ordres de Votre Majesté.

— En ce cas, lisez, dit Catherine.

Et elle lui présenta le parchemin.

L'homme le parcourut et pâlit.

— Quoi ! s'écria-t-il, l'ordre d'arrêter le roi de Navarre !

— Eh bien ! qu'y a-t-il d'extraordinaire à cela ?

— Mais un roi, Madame ! En vérité, je doute, je crains de n'être pas assez bon gentilhomme.

— Ma confiance vous fait le premier gentilhomme de ma cour, monsieur de Maurevel, dit Catherine.

— Grâces soient rendues à Votre Majesté, dit l'assassin si ému qu'il paraissait hésiter.

— Vous obéirez donc ?

— Si Votre Majesté le commande, n'est-ce pas mon devoir ?

— Oui, je le commande.

— Alors, j'obéirai.

— Comment vous y prendrez-vous ?

— Mais je ne sais pas trop, Madame, et je désirerais fort être guidé par Votre Majesté.

— Vous redoutez le bruit ?

— Je l'avoue.

— Prenez douze hommes sûrs, plus s'il le faut.

— Sans doute, je le comprends, Votre Majesté me permet de prendre mes avantages, et je lui en suis reconnaissant ; mais où saisirai-je le roi de Navarre ?

— Où vous plairait-il mieux de le saisir ?

— Dans un lieu qui, par Sa Majesté même, me garantît, s'il était possible.

— Oui, je comprends, dans quelque palais royal ; que diriez-vous du Louvre, par exemple ?

— Oh ! si Votre Majesté me le permettait, ce serait une grande faveur.

— Vous l'arrêterez donc dans le Louvre.

— Et dans quelle partie du Louvre ?

— Dans sa chambre même.

Maurevel s'inclina.

— Et quand cela, Madame ?

— Ce soir, où plutôt cette nuit.

— Bien, Madame. Maintenant, que Votre Majesté daigne me renseigner sur une chose.

— Sur laquelle ?

— Sur les égards dus à sa qualité.

— Égards !... qualité !... dit Catherine. Mais vous ignorez donc, Monsieur, que le roi de France ne doit les égards à qui que ce soit dans son royaume, ne reconnaissant personne dont la qualité soit égale à la sienne ?

Maurevel fit une seconde révérence.

— J'insisterai sur ce point cependant, Madame, dit-il, si Votre Majesté le permet.

— Je le permets, Monsieur.

— Si le roi contestait l'authenticité de l'ordre, ce n'est pas probable, mais enfin...

— Au contraire, Monsieur, c'est sûr.

— Il contestera ?

— Sans aucun doute.

— Et par conséquent il refusera d'y obéir ?

— Je le crains.

— Et il résistera ?

— C'est probable.

— Ah ! diable ! dit Maurevel ; et dans ce cas...

— Dans quel cas ? dit Catherine avec son regard fixe.

— Mais dans le cas où il résisterait, que faut-il faire ?

— Que faites-vous quand vous êtes chargé d'un ordre du roi, c'est-à-dire quand vous représentez le roi, et qu'on vous résiste, monsieur de Maurevel ?

— Mais, Madame, dit le sbire, quand je suis honoré d'un pareil ordre, et que cet ordre concerne un simple gentilhomme, je le tue.

— Je vous ai dit, Monsieur, reprit Catherine, et je ne croyais pas qu'il y eût assez longtemps pour que vous l'eussiez déjà oublié, que le roi de France ne reconnaissait aucune qualité dans son royaume ; c'est vous dire que le roi de France seul est roi, et qu'auprès de lui les plus grands sont de simples gentilshommes.

Maurevel pâlit, car il commençait à comprendre.

— Oh ! oh ! dit-il, tuer le roi de Navarre ?...

— Mais qui vous parle donc de le tuer ? où est l'ordre de le tuer ? Le roi veut qu'on le mène à la Bastille, et l'ordre ne porte que cela. Qu'il se laisse arrêter, très-bien ; mais comme il ne se laissera pas arrêter, comme il résistera, comme il essayera de vous tuer...

Maurevel pâlit.

— Vous vous défendrez, continua Catherine. On ne peut pas demander à un vaillant comme vous de se laisser tuer sans se défendre ; et en vous défendant, que voulez-vous, arrive qu'arrive. Vous me comprenez, n'est-ce pas ?

— Oui, Madame ; mais cependant...

— Allons, vous voulez qu'après ces mots : *Ordre d'arrêter*, j'écrive de ma main : *mort ou vif ?*

— J'avoue, Madame, que cela lèverait mes scrupules.

— Voyons, il le faut bien, puisque vous ne croyez pas la commission exécutable sans cela. Et Catherine, en haussant les épaules, déroula le parchemin d'une main, et de l'autre écrivit

: mort ou vif.

— Tenez, dit-elle, trouvez-vous l'ordre suffisamment en règle, maintenant ?

— Oui, Madame, répondit Maurevel ; mais je prie Votre Majesté de me laisser l'entière disposition de l'entreprise.

— En quoi ce que j'ai dit nuit-il donc à son exécution ?

— Votre Majesté m'a dit de prendre douze hommes ?

— Oui ; pour être plus sûr…

— Eh bien ! je demanderais la permission de n'en prendre que six.

— Pourquoi cela ?

— Parce que, Madame, s'il arrivait malheur au prince, comme la chose est probable, on excuserait facilement six hommes d'avoir eu peur de manquer un prisonnier, tandis que personne n'excuserait douze gardes de n'avoir pas laissé tuer la moitié de leurs camarades avant de porter la main sur une Majesté.

— Belle Majesté, ma foi ! qui n'a pas de royaume.

— Madame, dit Maurevel, ce n'est pas le royaume qui fait le roi, c'est la naissance.

— Eh bien donc, dit Catherine, faites comme il vous plaira. Seulement, je dois vous prévenir que je désire que vous ne quittiez point le Louvre.

— Mais, Madame, pour réunir mes hommes ?

— Vous avez bien une espèce de sergent que vous puissiez charger de ce soin ?

— J'ai mon laquais, qui non-seulement est un garçon fidèle, mais qui même m'a quelquefois aidé dans ces sortes d'entreprises.

— Envoyez-le chercher, et concertez-vous avec lui. Vous connaissez le cabinet des Armes du roi, n'est-ce pas ? eh bien ! on va vous servir là à déjeuner ; là vous donnerez vos ordres. Le lieu raffermira vos sens s'ils étaient ébranlés. Puis, quand mon fils reviendra de la chasse, vous passerez dans mon oratoire, où vous attendrez l'heure.

— Mais comment entrerons-nous dans la chambre ? Le roi a sans doute quelque soupçon, et il s'enfermera en dedans.

— J'ai une double clef de toutes les portes, dit Catherine, et on a enlevé les verrous de celle de Henri. Adieu, monsieur de Maurevel ; à tantôt. Je vais vous faire conduire dans le cabinet des Armes du roi. Ah ! à propos ! rappelez-vous que ce qu'un roi ordonne doit, avant toute chose, être exécuté ; qu'aucune excuse n'est admise ; qu'une défaite, même un insuccès compromettraient l'honneur du roi. C'est grave.

Et Catherine, sans laisser à Maurevel le temps de lui répondre, appela M. de Nancey, capitaine des gardes, et lui ordonna de conduire Maurevel dans le cabinet des Armes du roi.

— Mordieu ! disait Maurevel en suivant son guide, je m'élève dans la hiérarchie de l'assassinat : d'un simple gentilhomme à un capitaine, d'un capitaine à un amiral, d'un amiral à un roi sans couronne. Et qui sait si je n'arriverai pas un jour à un roi couronné !…

XXXI

LA CHASSE À COURRE.

Le piqueur qui avait détourné le sanglier et qui avait affirmé au roi que l'animal n'avait pas quitté l'enceinte ne s'était pas trompé. À peine le limier fut-il mis sur la trace, qu'il s'enfonça dans le taillis et que d'un massif d'épines il fit sortir le sanglier qui, ainsi que le piqueur l'avait reconnu à ses voies, était un solitaire, c'est-à-dire une bête de la plus forte taille.

L'animal piqua droit devant lui et traversa la route à cinquante pas du roi, suivi seulement du limier qui l'avait détourné. On découpla aussitôt un premier relais, et une vingtaine de chiens s'enfoncèrent à sa poursuite.

La chasse était la passion de Charles. À peine l'animal eut-il traversé la route qu'il s'élança derrière lui, sonnant la vue, suivi du duc d'Alençon et de Henri, à qui un signe de Marguerite avait indiqué qu'il ne devait point quitter Charles.

Tous les autres chasseurs suivirent le roi.

Les forêts royales étaient loin, à l'époque où se passe l'histoire que nous racontons, d'être, comme elles le sont aujourd'hui, de grands parcs coupés par des allées carrossables. Alors, l'exploitation était à peu près nulle. Les rois n'avaient pas encore eu l'idée de se faire commerçants et de diviser leurs bois en coupes, en taillis et en futaies. Les arbres, semés non point par de savants forestiers, mais par la main de Dieu, qui jetait la graine au caprice du vent, n'étaient pas disposés en quinconces, mais poussaient à leur loisir et comme ils font encore aujourd'hui dans une forêt vierge de l'Amérique. Bref, une forêt, à cette époque, était un repaire où il y avait à foison du sanglier, du cerf, du loup et des voleurs ; et une douzaine de sentiers seulement, partant d'un point, étoilaient celle de Bondy, qu'une route circulaire enveloppait comme le cercle de la roue enveloppe les jantes.

En poussant la comparaison plus loin, le moyeu ne représenterait pas mal l'unique carrefour situé au centre du bois, et où les chasseurs égarés se ralliaient pour s'élancer de là vers le point où la chasse perdue reparaissait.

Au bout d'un quart d'heure, il arriva ce qui arrivait toujours en pareil cas : c'est que des obstacles presque insurmontables s'étant opposés à la course des chasseurs, les voix des chiens s'étaient éteintes dans le lointain, et le roi lui-même était revenu au carrefour, jurant et sacrant, comme c'était son habitude.

— Eh bien ! d'Alençon, eh bien ! Henriot, dit-il, vous voilà, mordieu, calmes et tranquilles comme des religieuses qui suivent leur abbesse. Voyez-vous, ça ne s'appelle point chasser, cela. Vous, d'Alençon, vous avez l'air de sortir d'une boîte, et vous êtes tellement parfumé que si vous passez entre la bête et mes chiens, vous êtes capable de leur faire perdre la voie. Et vous, Henriot, où est votre épieu, où est votre arquebuse ? voyons.

— Sire, dit Henri, à quoi bon une arquebuse ? Je sais que Votre Majesté aime à tirer l'animal quand il tient aux chiens. Quant à un épieu, je manie assez maladroitement cette arme, qui n'est point d'usage dans nos montagnes, où nous chassons l'ours avec le simple poignard.

— Par la mordieu, Henri, quand vous serez retourné dans vos Pyrénées, il faudra que vous m'envoyiez une pleine charretée d'ours, car ce doit être une belle chasse que celle qui se fait ainsi corps à corps avec un animal qui peut nous étouffer. Écoutez donc, je crois que j'entends les chiens. Non, je me trompais.

Le roi prit son cor et sonna une fanfare. Plusieurs fanfares lui répondirent. Tout à coup un piqueur parut qui fit entendre un autre air.

— La vue ! la vue ! cria le roi.

Et il s'élança au galop, suivi de tous les chasseurs qui s'étaient ralliés à lui.

Le piqueur ne s'était pas trompé. À mesure que le roi s'avançait, on commençait d'entendre les aboiements de la meute, composée alors de plus de soixante chiens, car on avait successivement lâché tous les relais placés dans les endroits que le sanglier avait déjà parcourus. Le roi le vit passer pour la seconde fois, et, profitant d'une haute futaie, se jeta sous bois après lui, donnant du cor de toutes ses forces.

Les princes le suivirent quelque temps. Mais le roi avait un cheval si vigoureux, emporté par son ardeur il passait par des chemins tellement escarpés, par des taillis si épais, que d'abord les femmes, puis le duc de Guise et ses gentilshommes, puis les deux princes, furent forcés de l'abandonner. Tavannes tint encore quelque temps ; mais enfin il y renonça à son tour.

Tout le monde, excepté Charles et quelques piqueurs qui, excités par une récompense promise, ne voulaient pas quitter le roi, se retrouva donc dans les environs du carrefour.

Les deux princes étaient l'un près de l'autre dans une longue allée. À cent pas d'eux, le duc de Guise et ses gentilshommes avaient fait halte. Au carrefour se tenaient les femmes.

— Ne semblerait-il pas, en vérité, dit le duc d'Alençon à Henri en lui montrant du coin de l'œil le duc de Guise, que cet homme, avec son escorte bardée de fer, est le véritable roi ? Pauvres princes que nous sommes, il ne nous honore pas même d'un regard.

— Pourquoi nous traiterait-il mieux que ne nous traitent nos propres parents ? répondit Henri. Eh ! mon frère ! ne sommes-nous pas, vous et moi, des prisonniers à la cour de France, des otages de notre parti ?

Le duc François tressaillit à ces mots, et regarda Henri comme pour provoquer une plus large explication ; mais Henri s'était plus avancé qu'il n'avait coutume de le faire, et il garda le silence.

— Que voulez-vous dire, Henri ? demanda le duc François, visiblement contrarié que son beau-frère, en ne continuant pas, le laissât entamer ces éclaircissements.

— Je dis, mon frère, reprit Henri, que ces hommes si bien armés, qui semblent avoir reçu pour tâche de ne point nous perdre de vue, ont tout l'aspect de gardes qui prétendraient empêcher deux personnes de s'échapper.

— S'échapper, pourquoi ? comment ? demanda d'Alençon en jouant admirablement la surprise et la naïveté.

— Vous avez là un magnifique genêt, François, dit Henri poursuivant sa pensée tout en ayant l'air de changer de conversation ; je suis sûr qu'il ferait sept lieues en une heure, et vingt lieues d'ici à midi. Il fait beau ; cela invite, sur ma parole, à baisser la main. Voyez donc le joli chemin de traverse. Est-ce qu'il ne vous tente pas, François ? Quant à moi, l'éperon me brûle.

François ne répondit rien. Seulement il rougit et pâlit successivement ; puis il tendit l'oreille comme s'il écoutait la chasse.

— La nouvelle de Pologne fait son effet, dit Henri, et mon cher beau-frère a son plan. Il voudrait bien que je me sauvasse, mais je ne me sauverai pas seul.

Il achevait à peine cette réflexion, quand plusieurs nouveaux convertis, revenus à la cour depuis deux ou trois mois, arrivèrent au petit galop et saluèrent les deux princes avec un sourire des plus engageants.

Le duc d'Alençon, provoqué par les ouvertures de Henri, n'avait qu'un mot à dire, qu'un geste à faire, et il était évident que trente ou quarante cavaliers, réunis en ce moment autour d'eux comme pour faire opposition à la troupe de M. de Guise favoriseraient sa fuite ; mais il détourna la tête, et portant son cor à sa bouche, il sonna le ralliement.

Cependant les nouveaux venus, comme s'ils eussent cru que l'hésitation du duc d'Alençon venait du voisinage et de la présence des Guisards, s'étaient peu à peu glissés entre eux et les deux princes, et s'étaient échelonnés avec une habileté stratégique qui annonçait l'habitude des dispositions militaires. En effet, pour arriver au duc d'Alençon et au roi de Navarre, il eût fallu leur passer sur le corps, tandis qu'à perte de vue s'étendait devant les deux frères une route parfaitement libre.

Tout à coup, entre les arbres, à dix pas du roi de Navarre, apparut un autre gentilhomme que les deux princes n'avaient pas encore vu. Henri cherchait à deviner qui il était, quand ce gentilhomme, soulevant son chapeau, se fit reconnaître à Henri pour le vicomte de Turenne, un des chefs du parti protestant que l'on croyait en Poitou.

Le vicomte hasarda même un signe qui voulait clairement dire :
— Venez-vous ?

Mais Henri, après avoir bien consulté le visage impassible et l'œil terne du duc d'Alençon, tourna deux ou trois fois la tête sur son épaule comme si quelque chose le gênait dans le col de son pourpoint.

C'était une réponse négative. Le vicomte la comprit, piqua des deux et disparut dans le fourré.

Au même instant on entendit la meute se rapprocher, puis, à l'extrémité de l'allée où l'on se trouvait, on vit passer le sanglier, puis au même instant les chiens, puis, pareil au chasseur infernal, Charles IX sans chapeau, le cor à la bouche, sonnant à se briser les poumons ; trois ou quatre piqueurs le suivaient. Tavannes avait disparu.

— Le roi ! s'écria le duc d'Alençon, et il s'élança sur la trace.

Henri, rassuré par la présence de ses bons amis, leur fit signe de ne pas s'éloigner et s'avança vers les dames.

— Eh bien ? dit Marguerite en faisant quelques pas au-devant de lui.

— Eh bien ! Madame, dit Henri, nous chassons le sanglier.

— Voilà tout ?

— Oui, le vent a tourné depuis hier matin ; mais je crois vous avoir prédit que cela serait ainsi.

— Ces changements de vent sont mauvais pour la chasse, n'est-ce pas, Monsieur ? demanda Marguerite.

— Oui, dit Henri : cela bouleverse quelquefois toutes les dispositions arrêtées, et c'est un plan à refaire.

En ce moment les aboiements de la meute commencèrent à se faire entendre, se rapprochant rapidement, et une sorte de vapeur tumultueuse avertit les chasseurs de se tenir sur leurs gardes. Chacun leva la tête et tendit l'oreille.

Presque aussitôt, le sanglier déboucha, et au lieu de se rejeter dans le bois, il suivit la route venant droit sur le carrefour où se trouvaient les dames, les gentilshommes qui leur faisaient la cour, et les chasseurs qui avaient perdu la chasse.

Derrière lui, et lui soufflant au poil, venaient trente ou quarante chiens des plus robustes ; puis, derrière les chiens, à vingt pas à peine, le roi Charles sans toquet, sans manteau, avec ses habits tout déchirés par les épines, le visage et les mains en sang.

Un ou deux piqueurs restaient seuls avec lui.

Le roi ne quittait son cor que pour exciter ses chiens, ne cessait d'exciter ses chiens que pour reprendre son cor. Le monde tout entier avait disparu à ses yeux. Si son cheval eût manqué, il eût crié comme Richard III : Ma couronne pour un cheval !

Mais le cheval paraissait aussi ardent que le maître, ses pieds ne touchaient pas la terre et ses naseaux soufflaient le feu.

Le sanglier, les chiens, le roi passèrent comme une vision.

— Hallali, hallali ! cria le roi en passant, et il ramena son cor à ses lèvres sanglantes.

À quelques pas de lui venaient le duc d'Alençon et deux piqueurs ; seulement les chevaux des autres avaient renoncé ou ils s'étaient perdus.

Tout le monde partit sur la trace, car il était évident que le sanglier ne tarderait pas à tenir.

En effet, au bout de dix minutes à peine le sanglier quitta le sentier qu'il suivait et se jeta dans le bois ; mais, arrivé à une clairière, il s'accula à une roche et fit tête aux chiens.

Aux cris de Charles, qui l'avait suivi, tout le monde accourut.

On était arrivé au moment intéressant de la chasse. L'animal paraissait résolu à une défense désespérée. Les chiens, animés par une course de plus de trois heures, se ruaient sur lui avec un acharnement que redoublaient les cris et les jurons du roi.

Tous les chasseurs se rangèrent en cercle, le roi un peu en avant, ayant derrière lui le duc d'Alençon armé d'une arquebuse, et Henri qui n'avait que son simple couteau de chasse.

Le duc d'Alençon détacha son arquebuse du crochet et en alluma la mèche. Henri fit jouer son couteau de chasse dans le fourreau.

Quant au duc de Guise, assez dédaigneux de tous ces exercices de vénerie, il se tenait un peu à l'écart avec tous ses gentilshommes.

Les femmes réunies en groupe formaient une petite troupe qui faisait le pendant à celle du duc de Guise.

Tout ce qui était chasseur demeurait les yeux fixés sur l'animal, dans une attente pleine d'anxiété.

À l'écart se tenait un piqueur se raidissant pour résister aux deux molosses du roi, qui, couverts de leurs jaques de mailles, attendaient, en hurlant et en s'élançant de manière à faire croire à chaque instant qu'ils allaient briser leurs chaînes, le moment de coiffer le sanglier.

L'animal faisait merveille : attaqué à la fois par une quarantaine de chiens qui l'enveloppaient comme une marée hurlante, qui le recouvraient de leur tapis bigarré, qui de tous côtés essayaient d'entamer sa peau rugueuse aux poils hérissés, à chaque coup de boutoir il lançait à dix pieds de haut un chien, qui retombait éventré, et qui, les entrailles traînantes, se rejetait aussitôt dans la mêlée, tandis que Charles, les cheveux raidis, les yeux enflammés, les narines ouvertes, courbé sur le cou de son cheval ruisselant, sonnait un hallali furieux.

En moins de dix minutes, vingt chiens furent hors de combat.

— Les dogues ! cria Charles, les dogues !…

À ce cri, le piqueur ouvrit les porte-mousquetons des laisses, et les deux molosses se ruèrent au milieu du carnage, renversant tout, écartant tout, se frayant avec leurs cottes de fer un chemin jusqu'à l'animal, qu'ils saisirent chacun par une oreille.

Le sanglier, se sentant coiffé, fit claquer ses dents à la fois de rage et de douleur.

— Bravo ! Duredent ! bravo ! Risquetout ! cria Charles. Courage, les chiens ! Un épieu ! un épieu !

— Vous ne voulez pas mon arquebuse ? dit le duc d'Alençon.

— Non, cria le roi, non, on ne sent pas entrer la balle ; il n'y a pas de plaisir ; tandis qu'on sent entrer l'épieu. Un épieu ! un épieu !

On présenta au roi un épieu de chasse durci au feu et armé d'une pointe de fer.

— Mon frère, prenez garde ! cria Marguerite.

— Sus ! sus ! cria la duchesse de Nevers. Ne le manquez pas, sire ! Un bon coup à ce parpaillot !

— Soyez tranquille, duchesse ! dit Charles.

Et, mettant son épieu en arrêt, il fondit sur le sanglier, qui, tenu par les deux chiens, ne put éviter le coup. Cependant, à la vue de l'épieu luisant, il fit un mouvement de côté, et l'arme, au lieu de pénétrer dans la poitrine, glissa sur l'épaule et alla s'émousser sur la roche contre laquelle l'animal était acculé.

— Mille noms d'un diable ! cria le roi, je l'ai manqué… Un épieu ! un épieu !

Et, se reculant comme faisaient les chevaliers lorsqu'ils prenaient du champ, il jeta à dix pas de lui son épieu hors de service.

Un piqueur s'avança pour lui en offrir un autre.

Mais au même moment, comme s'il eût prévu le sort qui l'attendait et qu'il eût voulu s'y soustraire, le sanglier, par un violent effort, arracha aux dents des molosses ses deux oreilles déchirées, et, les yeux sanglants, hérissé, hideux, l'haleine bruyante comme un soufflet de forge, faisant claquer ses dents l'une contre l'autre, il s'élança, la tête basse, vers le cheval du roi.

Charles était trop bon chasseur pour ne pas avoir prévu cette attaque. Il enleva son cheval, qui se cabra ; mais il avait mal mesuré la pression : le cheval, trop serré par le mors ou peut-être même cédant à son épouvante, se renversa en arrière.

Tous les spectateurs jetèrent un cri terrible : le cheval était tombé, et le roi avait la cuisse engagée sous lui.

— La main, sire, rendez la main, dit Henri.

Le roi lâcha la bride de son cheval, saisit la selle de sa main gauche, essayant de tirer de la droite son couteau de chasse ; mais le couteau, pressé par le poids de son corps, ne voulut pas sortir de sa gaine.

— Le sanglier ! le sanglier ! cria Charles. À moi, d'Alençon ! à moi !

Cependant le cheval, rendu à lui-même, comme s'il eût compris le danger que courait son maître, tendit ses muscles et était parvenu déjà à se relever sur trois jambes, lorsqu'à l'appel de son frère, Henri vit le duc François pâlir affreusement et approcher l'arquebuse de son épaule ; mais la balle, au lieu d'aller frapper le sanglier, qui n'était plus qu'à deux pas du roi, brisa le genou du cheval, qui retomba le nez contre terre. Au même instant le sanglier déchira de son boutoir la botte de Charles.

— Oh ! murmura d'Alençon de ses lèvres blêmissantes, je crois que le duc d'Anjou est roi de France, et que moi je suis roi de Pologne.

En effet le sanglier labourait la cuisse de Charles, lorsque celui-ci sentit quelqu'un qui lui levait le bras ; puis il vit briller une lame aiguë et tranchante qui s'enfonçait et disparaissait jusqu'à la garde au défaut de l'épaule de l'animal, tandis qu'une main gantée de fer écartait la hure déjà fumante sous ses habits.

Charles, qui dans le mouvement qu'avait fait le cheval était parvenu à dégager sa jambe, se releva lourdement, et, se voyant tout ruisselant de sang, devint pâle comme un cadavre.

— Sire, dit Henri, qui toujours à genoux maintenait le sanglier atteint au cœur, sire, ce n'est rien, j'ai écarté la dent, et Votre Majesté n'est pas blessée.

Puis il se releva, lâchant le couteau, et le sanglier tomba rendant plus de sang encore par sa gueule que par sa plaie.

Charles, entouré de tout un monde haletant, assailli par des cris de terreur qui eussent étourdi le plus calme courage, fut un moment sur le point de tomber près de l'animal agonisant. Mais il se remit ; et se retournant vers le roi de Navarre, il lui serra la main avec un regard où brillait le premier élan de sensibilité qui eût fait battre son cœur depuis vingt-quatre ans.

— Merci, Henriot ! lui dit-il.

— Mon pauvre frère ! s'écria d'Alençon en s'approchant de Charles.

— Ah ! c'est toi, d'Alençon ! dit le roi. Eh bien ! fameux tireur, qu'est donc devenue ta balle ?

— Elle se sera aplatie sur le sanglier, dit le duc.

— Eh ! mon Dieu ! s'écria Henri avec une surprise admirablement jouée, voyez donc, François, votre balle a cassé la jambe du cheval de Sa Majesté. C'est étrange !

— Hein ! dit le roi. Est-ce vrai, cela ?

— C'est possible, dit le duc consterné ; la main me tremblait si fort !

— Le fait est que, pour un tireur habile, vous avez fait là un singulier coup, François ! dit Charles en fronçant le sourcil. Une seconde fois, merci, Henriot ! Messieurs, continua le roi, retournons à Paris, j'en ai assez comme cela.

Marguerite s'approcha pour féliciter Henri.

— Ah ! ma foi, oui, Margot, dit Charles, fais-lui ton compliment, et bien sincère même, car sans lui le roi de France s'appelait Henri III.

— Hélas ! Madame, dit le Béarnais, monsieur le duc d'Anjou, qui est déjà mon ennemi, va m'en vouloir bien davantage. Mais que voulez-vous ! on fait ce qu'on peut ; demandez à monsieur d'Alençon.

Et, se baissant, il retira du corps du sanglier son couteau de chasse, qu'il plongea deux ou trois fois dans la terre, afin d'en essuyer le sang.

VOLUME II

I

FRATERNITÉ.

En sauvant la vie de Charles, Henri avait fait plus que sauver la vie d'un homme : il avait empêché trois royaumes de changer de souverains.

En effet, Charles IX tué, le duc d'Anjou devenait roi de France, et le duc d'Alençon, selon toute probabilité, devenait roi de Pologne. Quant à la Navarre, comme M. le duc d'Anjou était l'amant de madame de Condé, sa couronne eût probablement payé au mari la complaisance de sa femme.

Or, dans tout ce grand bouleversement il n'arrivait rien de bon pour Henri. Il changeait de maître, voilà tout ; et au lieu de Charles IX, qui le tolérait, il voyait monter au trône de France le duc d'Anjou, qui, n'ayant avec sa mère Catherine qu'un cœur et qu'une tête, avait juré sa mort et ne manquerait pas de tenir son serment.

Toutes ces idées s'étaient présentées à la fois à son esprit quand le sanglier s'était élancé sur Charles IX, et nous avons vu ce qui était résulté de cette réflexion rapide comme l'éclair, qu'à la vie de Charles IX était attachée sa propre vie.

Charles IX avait été sauvé par un dévouement dont il était impossible au roi de comprendre le motif.

Mais Marguerite avait tout compris, et elle avait admiré ce courage étrange de Henri qui, pareil à l'éclair, ne brillait que dans l'orage.

Malheureusement ce n'était pas le tout que d'avoir échappé au règne du duc d'Anjou, il fallait se faire roi soi-même. Il fallait disputer la Navarre au duc d'Alençon et au prince de Condé ; il fallait surtout quitter cette cour où l'on ne marchait qu'entre deux précipices, et la quitter protégé par un fils de France.

Henri, tout en revenant de Bondy, réfléchit profondément à la situation. En arrivant au Louvre, son plan était fait.

Sans se débotter, tel qu'il était, tout poudreux et tout sanglant encore, il se rendit chez le duc d'Alençon, qu'il trouva fort agité et se promenant à grands pas dans sa chambre.

En l'apercevant, le prince fit un mouvement.

— Oui, lui dit Henri en lui prenant les deux mains, oui, je comprends, mon bon frère, vous m'en voulez de ce que le premier j'ai fait remarquer au roi que votre balle avait frappé la jambe de son cheval, au lieu d'aller frapper le sanglier, comme c'était votre intention. Mais que voulez-vous ? je n'ai pu retenir une exclamation de surprise. D'ailleurs le roi s'en fût toujours aperçu, n'est-ce pas ?

— Sans doute, sans doute, murmura d'Alençon. Mais je ne puis cependant attribuer qu'à mauvaise intention cette espèce de dénonciation que vous avez faite, et qui, vous l'avez vu, n'a pas eu un résultat moindre que de faire suspecter à mon frère Charles mes intentions, et de jeter un nuage entre nous.

— Nous reviendrons là-dessus tout à l'heure ; et quant à la bonne ou à la mauvaise intention que j'ai à votre égard, je viens exprès auprès de vous pour vous en faire juge.

— Bien ! dit d'Alençon avec sa réserve ordinaire ; parlez, Henri, je vous écoute.

— Quand j'aurai parlé, François, vous verrez bien quelles sont mes intentions, car la confidence que je viens vous faire exclut toute réserve et toute prudence ; et quand je vous l'aurai faite, d'un seul mot vous pourrez me perdre !

— Qu'est-ce donc ? dit François, qui commençait à se troubler.

— Et cependant, continua Henri, j'ai hésité longtemps à vous parler de la chose qui m'amène, surtout après la façon dont vous avez fait la sourde oreille aujourd'hui.

— En vérité, dit François en pâlissant, je ne sais pas ce que vous voulez dire, Henri.

— Mon frère, vos intérêts me sont trop chers pour que je ne vous avertisse pas que les huguenots ont fait faire près de moi des démarches.

— Des démarches ! demanda d'Alençon, et quelles démarches ?

— L'un d'eux, M. de Mouy de Saint-Phal, le fils du brave de Mouy assassiné par Maurevel, vous savez...

— Oui.

— Eh bien ! il est venu me trouver au risque de sa vie pour me démontrer que j'étais en captivité.

— Ah ! vraiment ! et que lui avez-vous répondu ?

— Mon frère, vous savez que j'aime tendrement Charles, qui m'a sauvé la vie, et que la reine mère a pour moi remplacé ma mère. J'ai donc refusé toutes les offres qu'il venait me faire.

— Et quelles étaient ces offres ?

— Les huguenots veulent reconstituer le trône de Navarre, et comme en réalité ce trône m'appartient par héritage, ils me l'offraient.

— Oui ; et M. de Mouy, au lieu de l'adhésion qu'il venait solliciter, a reçu votre désistement ?

— Formel… par écrit même. Mais depuis, continua Henri…

— Vous vous êtes repenti, mon frère ? interrompit d'Alençon.

— Non, j'ai cru m'apercevoir seulement que M. de Mouy, mécontent de moi, reportait ailleurs ses visées.

— Et où cela ? demanda vivement François.

— Je n'en sais rien. Près du prince de Condé, peut-être.

— Oui, c'est probable, dit le duc.

— D'ailleurs, reprit Henri, j'ai moyen de connaître d'une manière infaillible le chef qu'il s'est choisi.

François devint livide.

— Mais, continua Henri, les huguenots sont divisés entre eux, et de Mouy, tout brave et tout loyal qu'il est, ne représente qu'une moitié du parti. Or cette autre moitié, qui n'est point à dédaigner, n'a pas perdu l'espoir de porter au trône ce Henri de Navarre, qui, après avoir hésité dans le premier moment, peut avoir réfléchi depuis.

— Vous croyez ?

— Oh ! tous les jours j'en reçois des témoignages. Cette troupe qui nous a rejoints à la chasse, avez-vous remarqué de quels hommes elle se composait ?

— Oui, de gentilshommes convertis.

— Le chef de cette troupe, qui m'a fait un signe, l'avez-vous reconnu ?

— Oui, c'est le vicomte de Turenne.

— Ce qu'ils me voulaient, l'avez-vous compris ?

— Oui, ils vous proposaient de fuir.

— Alors, dit Henri à François inquiet, il est donc évident qu'il y a un second parti qui veut autre chose que ce que veut M. de Mouy.

— Un second parti ?

— Oui, et fort puissant, vous dis-je ; de sorte que pour réussir il faudrait réunir les deux partis : Turenne et de Mouy. La conspiration marche, les troupes sont désignées, on n'attend qu'un signal. Or, dans cette situation suprême qui demande de ma part une prompte solution, j'ai débattu deux résolutions entre lesquelles je flotte. Ces deux résolutions, je viens vous les soumettre comme à un ami.

— Dites mieux, comme à un frère.

— Oui, comme à un frère, reprit Henri.

— Parlez donc, je vous écoute.

— Et d'abord je dois vous exposer l'état de mon âme, mon cher François. Nul désir, nulle ambition, nulle capacité ; je suis un bon gentilhomme de campagne, pauvre, sensuel et timide ; le métier de conspirateur me présente des disgrâces mal compensées par la perspective même certaine d'une couronne.

— Ah ! mon frère, dit François, vous vous faites tort, et c'est une situation triste que celle d'un prince dont la fortune est limitée par une borne dans le champ paternel ou par un homme dans la carrière des honneurs ! Je ne crois donc pas à ce que vous me dites.

— Ce que je vous dis est si vrai cependant, mon frère, reprit Henri, que si je croyais avoir un ami réel, je me démettrais en sa faveur de la puissance que veut me conférer le parti qui s'occupe de moi ; mais, ajouta-t-il avec un soupir, je n'en ai point.

— Peut-être. Vous vous trompez sans doute.

— Non, ventre-saint-gris ! dit Henri. Excepté vous, mon frère, Je ne vois personne qui me soit attaché ; aussi, plutôt que de laisser avorter en des déchirements affreux une tentative qui produirait à la lumière quelque homme… indigne… je préfère en vérité avertir le roi mon frère de ce qui se passe. Je ne nommerai personne, je ne citerai ni pays ni date ; mais je préviendrai la catastrophe.

— Grand Dieu ! s'écria d'Alençon ne pouvant réprimer sa terreur, que dites-vous là !.. Quoi ! vous, vous la seule espérance du parti depuis la mort de l'amiral ; vous un huguenot converti, mal converti, on le croyait du moins, vous lèveriez le couteau sur vos frères ! Henri, Henri, en faisant cela, savez-vous que vous livrez à une seconde Saint-Barthélémy tous les calvinistes du royaume ? Savez-vous que Catherine n'attend qu'une occasion pareille pour exterminer tout ce qui a survécu ?

Et le duc tremblant, le visage marbré de plaques rouges et livides, pressait la main de Henri pour le supplier de renoncer à cette résolution, qui le perdait.

— Comment ! dit Henri avec une expression de parfaite bonhomie, vous croyez, François, qu'il arriverait tant de malheurs ? Avec la parole du roi, cependant, il me semble que je garantirais les imprudents.

— La parole du roi Charles IX, Henri !… Eh ! l'amiral ne l'avait-il pas ? Téligny ne l'avait-il pas ? Ne l'aviez-vous pas vous-même ? Oh ! Henri, c'est moi qui vous le dis : si vous faites cela, vous les perdez tous ; non seulement eux, mais encore tout ce qui a eu des relations directes ou indirectes avec eux.

Henri parut réfléchir un moment.

— Si j'eusse été un prince important à la cour, dit-il, j'eusse agi autrement. À votre place, par exemple, à votre place, à vous, François, fils de France, héritier probable de la couronne…

François secoua ironiquement la tête.

— À ma place, dit-il, que feriez-vous ?

— À votre place, mon frère, répondit Henri, je me mettrais à la tête du mouvement pour le diriger. Mon nom et mon crédit répondraient à ma conscience de la vie des séditieux, et je tirerais utilité pour moi d'abord et pour le roi ensuite, peut-être, d'une entreprise qui, sans cela, peut faire le plus grand mal à la France.

D'Alençon écouta ces paroles avec une joie qui dilata tous les muscles de son visage.

— Croyez-vous, dit-il, que ce moyen soit praticable, et qu'il nous épargne tous ces désastres que vous prévoyez ?

— Je le crois, dit Henri. Les huguenots vous aiment : votre extérieur modeste, votre situation élevée et intéressante à la fois, la bienveillance enfin que vous avez toujours témoignée à ceux de la religion, les portent à vous servir.

— Mais, dit d'Alençon, il y a schisme dans le parti. Ceux qui sont pour vous seront-ils pour moi ?

— Je me charge de vous les concilier par deux raisons.

— Lesquelles ?

— D'abord, par la confiance que les chefs ont en moi ; ensuite, par la crainte où ils seraient que Votre Altesse, connaissant leurs noms…

— Mais ces noms, qui me les révélera ?

— Moi, ventre-saint-gris !

— Vous feriez cela ?

— Écoutez, François, je vous l'ai dit, continua Henri, je n'aime que vous à la cour : cela vient sans doute de ce que vous êtes persécuté comme moi ; et puis, ma femme aussi vous aime d'une affection qui n'a pas d'égale…

François rougit de plaisir.

— Croyez-moi, mon frère, continua Henri, prenez cette affaire en main, régnez en Navarre ;

et pourvu que vous me conserviez une place à votre table et une belle forêt pour chasser, je m'estimerai heureux.

— Régner en Navarre ! dit le duc ; mais si…

— Si le duc d'Anjou est nommé roi de Pologne, n'est-ce pas ? J'achève votre pensée.

François regarda Henri avec une certaine terreur.

— Eh bien, écoutez, François ! continua Henri ; puisque rien ne vous échappe, c'est justement dans cette hypothèse que je raisonne : si le duc d'Anjou est nommé roi de Pologne, et que notre frère Charles, que Dieu conserve ! vienne à mourir, il n'y a que deux cents lieues de Pau à Paris ; tandis qu'il y en a quatre cents de Paris à Cracovie ; vous serez donc ici pour recueillir l'héritage juste au moment où le roi de Pologne apprendra qu'il est vacant. Alors, si vous êtes content de moi, François, vous me donnerez ce royaume de Navarre, qui ne sera plus qu'un des fleurons de votre couronne ; de cette façon, j'accepte. Le pis qui puisse vous arriver, c'est de rester roi là-bas et de faire souche de rois en vivant en famille avec moi et ma famille, tandis qu'ici, qu'êtes-vous ? un pauvre prince persécuté, un pauvre troisième fils de roi, esclave de deux aînés et qu'un caprice peut envoyer à la Bastille.

— Oui, oui, dit François, je sens bien cela, si bien que je ne comprends pas que vous renonciez à ce plan que vous me proposez. Rien ne bat donc là ?

Et le duc d'Alençon posa la main sur le cœur de son frère.

— Il y a, dit Henri en souriant, des fardeaux trop lourds pour certaines mains, je n'essayerai pas de soulever celui-là ; la crainte de la fatigue me fait passer l'envie de la possession.

— Ainsi, Henri, véritablement vous renoncez ?

— Je l'ai dit à de Mouy et je vous le répète.

— Mais en pareille circonstance, cher frère, dit d'Alençon, on ne dit pas, on prouve.

Henri respira comme un lutteur qui sent plier les reins de son adversaire.

— Je le prouverai, dit-il, ce soir : à neuf heures la liste des chefs et le plan de l'entreprise seront chez vous. J'ai même déjà remis mon acte de renonciation à de Mouy.

François prit la main de Henri et la serra avec effusion entre les siennes.

Au même instant Catherine entra chez le duc d'Alençon, et cela, selon son habitude, sans se faire annoncer.

— Ensemble ! dit-elle en souriant, deux bons frères, en vérité !

— Je l'espère, Madame, dit Henri avec le plus grand sang-froid, tandis que le duc d'Alençon pâlissait d'angoisse.

Puis il fit quelques pas en arrière pour laisser Catherine libre de parler à son fils.

La reine mère alors tira de son aumônière un joyau magnifique.

— Cette agrafe vient de Florence, dit-elle, je vous la donne pour mettre au ceinturon de votre épée.

Puis tout bas :

— Si, continua-t-elle, vous entendez ce soir du bruit chez votre bon frère Henri, ne bougez pas.

François serra la main de sa mère, et dit :

— Me permettez-vous de lui montrer le beau présent que vous venez de me faire ?

— Faites-mieux, donnez-le-lui en votre nom et au mien, car j'en avais ordonné une seconde à son intention.

— Vous entendez, Henri, dit François, ma bonne mère m'apporte ce bijou, et en double la valeur en permettant que je vous le donne.

Henri s'extasia sur la beauté de l'agrafe, et se confondit en remerciements.

Quand ses transports se furent calmés :

— Mon fils, dit Catherine, je me sens un peu indisposée, et je vais me mettre au lit ; votre frère Charles est bien fatigué de sa chute et va en faire autant. On ne soupera donc pas en famille ce soir, et nous serons servis chacun chez nous. Ah ! Henri, j'oubliais de vous faire mon compliment sur votre courage et votre adresse : vous avez sauvé votre roi et votre frère, vous en serez récompensé.

— Je le suis déjà, Madame ! répondit Henri en s'inclinant.

— Par le sentiment que vous avez fait votre devoir, reprit Catherine ; ce n'est pas assez, et croyez que nous songeons, Charles et moi, à faire quelque chose qui nous acquitte envers vous.

— Tout ce qui me viendra de vous et de mon bon frère sera bienvenu, Madame.

Puis il s'inclina et sortit.

— Ah ! mon frère François, pensa Henri en sortant, je suis sûr maintenant de ne pas partir seul, et la conspiration, qui avait un corps, vient de trouver une tête et un cœur. Seulement prenons garde à nous. Catherine me fait un cadeau, Catherine me promet une récompense : il y a quelque diablerie là-dessous ; je veux conférer ce soir avec Marguerite.

II

LA RECONNAISSANCE DU ROI CHARLES IX

Maurevel était resté une partie de la journée dans le cabinet des Armes du roi ; mais, quand Catherine avait vu approcher le moment du retour de la chasse, elle l'avait fait passer dans son oratoire avec les sbires qui l'étaient venu rejoindre.

Charles IX, averti à son arrivée par sa nourrice qu'un homme avait passé une partie de la journée dans son cabinet, s'était d'abord mis dans une grande colère qu'on se fût permis d'introduire un étranger chez lui. Mais se l'étant fait dépeindre, et sa nourrice lui ayant dit que c'était le même homme qu'elle avait été elle-même chargée de lui amener un soir, le roi avait reconnu Maurevel ; et se rappelant l'ordre arraché le matin par sa mère, il avait tout compris.

— Oh ! oh ! murmura Charles, dans la même journée où il m'a sauvé la vie ; le moment est mal choisi.

En conséquence il fit quelques pas pour descendre chez sa mère ; mais une pensée le retint.

— Mordieu ! dit-il, si je lui parle de cela, ce sera une discussion à n'en pas finir ; mieux vaut que nous agissions chacun de notre côté.

— Nourrice, dit-il, ferme bien toutes les portes, et préviens la reine Élisabeth[1] qu'un peu souffrant de la chute que j'ai faite, je dormirai seul cette nuit.

La nourrice obéit, et, comme l'heure d'exécuter son projet n'était pas arrivée, Charles se mit à faire des vers.

C'était l'occupation pendant laquelle le temps passait le plus vite pour le roi. Aussi neuf heures sonnèrent-elles que Charles croyait encore qu'il en était à peine sept. Il compta l'un après l'autre les battements de la cloche et au dernier il se leva.

— Nom d'un diable ! dit-il, il est temps tout juste.

Et, prenant son manteau et son chapeau, il sortit par une porte secrète qu'il avait fait percer dans la boiserie, et dont Catherine elle-même ignorait l'existence.

Charles alla droit à l'appartement de Henri. Henri n'avait fait que rentrer chez lui pour changer de costume en quittant le duc d'Alençon, et il était sorti aussitôt.

— Il sera allé souper chez Margot, se dit le roi ; il était au mieux aujourd'hui avec elle, à ce qu'il m'a semblé du moins.

Et il s'achemina vers l'appartement de Marguerite.

Marguerite avait ramené chez elle la duchesse de Nevers, Coconnas et La Mole, et faisait avec eux une collation de confitures et de pâtisseries.

Charles heurta à la porte d'entrée : Gillonne alla ouvrir ; mais à l'aspect du roi elle fut si épouvantée, qu'elle trouva à peine la force de faire la révérence, et qu'au lieu de courir pour prévenir sa maîtresse de l'auguste visite qui lui arrivait, elle laissa passer Charles sans donner d'autre signal que le cri qu'elle avait poussé.

Le roi traversa l'antichambre, et, guidé par les éclats de rire, il s'avança vers la salle à manger.

« Pauvre Henriot ! dit-il, il se réjouit sans penser à mal. »

— C'est moi, dit-il en soulevant la tapisserie et en montrant un visage riant.

Marguerite poussa un cri terrible ; tout riant qu'il était, ce visage avait produit sur elle l'effet de la tête de Méduse. Placée en face de la portière, elle venait de reconnaître Charles.

Les deux hommes tournaient le dos au roi.

— Majesté ! s'écria-t-elle avec effroi.

Et elle se leva.

Coconnas, quand les trois autres convives sentaient en quelque sorte leur tête vaciller sur leurs épaules, fut le seul qui ne perdit pas la sienne. Il se leva aussi, mais avec une si habile maladresse, qu'en se levant il renversa la table, et qu'avec elle il culbuta cristaux, vaisselle et bougies.

En un instant il y eut obscurité complète et silence de mort.

— Gagne au pied, dit Coconnas à La Mole. Hardi ! hardi !

La Mole ne se le fit pas dire deux fois ; il se jeta contre le mur, s'orienta des mains, cherchant la chambre à coucher pour se cacher dans le cabinet qu'il connaissait si bien.

Mais en mettant le pied dans la chambre à coucher, il se heurta contre un homme qui venait d'entrer par le passage secret.

— Que signifie donc tout cela ? dit Charles dans les ténèbres, avec une voix qui commençait à prendre un formidable accent d'impatience ; suis-je donc un trouble-fête, que l'on fasse à ma vue un pareil remue-ménage ? Voyons, Henriot ! Henriot ! où es-tu ? réponds-moi.

— Nous sommes sauvés ! murmura Marguerite en saisissant une main qu'elle prit pour celle de La Mole. Le roi croit que mon mari est un de nos convives.

— Et je le lui laisserai croire, Madame, soyez tranquille, dit Henri répondant à la reine sur le même ton.

— Grand Dieu ! s'écria Marguerite en lâchant vivement la main qu'elle tenait, et qui était celle du roi de Navarre.

— Silence ! dit Henri.

— Mille noms du diable ! qu'avez-vous donc à chuchoter ainsi ? s'écria Charles. Henri, répondez-moi, où êtes-vous ?

— Me voici, sire, dit la voix du roi de Navarre.

— Diable ! dit Coconnas qui tenait la duchesse de Nevers dans un coin, voilà qui se complique.

— Alors, nous sommes deux fois perdus, dit Henriette.

Coconnas, brave jusqu'à l'imprudence, avait réfléchi qu'il fallait toujours finir par rallumer les bougies ; et pensant que le plus tôt serait le mieux, il quitta la main de madame de Nevers, ramassa au milieu des débris un chandelier, s'approcha du chauffe-doux[2], et souffla sur un charbon qui enflamma aussitôt la mèche d'une bougie.

La chambre s'éclaira.

Charles IX jeta autour de lui un regard interrogateur.

Henri était près de sa femme ; la duchesse de Nevers était seule dans un coin ; et Coconnas, debout au milieu de la chambre, un chandelier à la main, éclairait toute la scène.

— Excusez-nous, mon frère, dit Marguerite, nous ne vous attendions pas.

— Aussi Votre Majesté, comme elle peut le voir, nous a fait une peur étrange ! dit Henriette.

— Pour ma part, dit Henri qui devina tout, je crois que la peur a été si réelle qu'en me levant j'ai renversé la table.

Coconnas jeta au roi de Navarre un regard qui voulait dire :

— À la bonne heure ! voilà un mari qui entend à demi mot.

— Quel affreux remue-ménage ! répéta Charles IX. Voilà ton souper renversé, Henriot.

Viens avec moi, tu l'achèveras ailleurs ; je te débauche pour ce soir.

— Comment, sire ! dit Henri, Votre Majesté me ferait l'honneur !…

— Oui, Ma Majesté te fait l'honneur de t'emmener hors du Louvre. Prête-le-moi, Margot, je te le ramènerai demain matin.

— Ah ! mon frère ! dit Marguerite, vous n'avez pas besoin de ma permission pour cela, et vous êtes bien le maître.

— Sire, dit Henri, je vais prendre chez moi un autre manteau, et je reviens à l'instant même.

— Tu n'en as pas besoin, Henriot ; celui que tu as là est bon.

— Mais, sire… essaya le Béarnais.

— Je te dis de ne pas retourner chez toi, mille noms d'un diable ! n'entends-tu pas ce que je te dis ? Allons, viens donc !

— Oui, oui, allez ! dit tout à coup Marguerite en serrant le bras de son mari ; car un singulier regard de Charles venait de lui apprendre qu'il se passait quelque chose d'étrange.

— Me voilà, sire, dit Henri.

Mais Charles ramena son regard sur Coconnas, qui continuait son office d'éclaireur en rallumant les autres bougies.

— Quel est ce gentilhomme ? demanda-t-il à Henri en toisant le Piémontais ; ne serait-ce point, par hasard, M. de La Mole ?

— Qui lui a donc parlé de La Mole ? se demanda tout bas Marguerite.

— Non, sire, répondit Henri, M. de La Mole n'est point ici, et je le regrette, car j'aurais eu l'honneur de le présenter à Votre Majesté en même temps que M. de Coconnas, son ami ; ce sont deux inséparables, et tous deux appartiennent à M. d'Alençon.

— Ah ! ah ! notre grand tireur ! dit Charles. Bon !

Puis en fronçant le sourcil :

— Ce monsieur de La Mole, ajouta-t-il, n'est-il pas huguenot ?

— Converti, sire, dit Henri, et je réponds de lui comme de moi.

— Quand vous répondez de quelqu'un, Henriot, après ce que vous avez fait aujourd'hui, je n'ai plus le droit de douter de lui. Mais n'importe, j'aurais voulu le voir, ce monsieur de La Mole. Ce sera pour plus tard.

En faisant de ses gros yeux une dernière perquisition dans la chambre, Charles embrassa Marguerite et emmena le roi de Navarre en le tenant par-dessous le bras.

À la porte du Louvre, Henri voulut s'arrêter pour parler à quelqu'un.

— Allons, allons ! sors vite, Henriot, lui dit Charles. Quand je te dis que l'air du Louvre n'est pas bon pour toi ce soir, que diable ! crois-moi donc.

— Ventre-saint-gris ! murmura Henri ; et de Mouy, que va-t-il devenir tout seul dans ma chambre ?… Pourvu que cet air qui n'est pas bon pour moi ne soit pas plus mauvais encore pour lui !

— Ah ça ! dit le roi lorsque Henri et lui eurent traversé le pont-levis, cela t'arrange donc, Henriot, que les gens de M. d'Alençon fassent la cour à ta femme ?

— Comment cela, sire ?

— Oui, ce monsieur de Coconnas ne fait-il pas les doux yeux à Margot ?

— Qui vous a dit cela ?

— Dame ! reprit le roi, on me l'a dit.

— Raillerie pure, sire ; M. de Coconnas fait les doux yeux à quelqu'un, c'est vrai, mais c'est à madame de Nevers.

— Ah bah !

— Je puis répondre à Votre Majesté de ce que je lui dis là.

Charles se prit à rire aux éclats.

— Eh bien ! dit-il, que le duc de Guise vienne encore me faire des propos, et j'allongerai agréablement sa moustache en lui contant les exploits de sa belle-sœur. Après cela, dit le roi en se ravisant, je ne sais plus si c'est de M. de Coconnas ou de M. de La Mole qu'il m'a parlé.

— Pas plus l'un que l'autre, sire, dit Henri, et je vous réponds des sentiments de ma femme.

— Bon ! Henriot, bon ! dit le roi ; j'aime mieux te voir ainsi qu'autrement ; et, sur mon honneur, tu es si brave garçon que je crois que je finirai par ne plus pouvoir me passer de toi.

En disant ces mots, le roi se mit à siffler d'une façon particulière, et quatre gentilshommes qui attendaient au bout de la rue de Beauvais le vinrent rejoindre, et tous ensemble s'enfoncèrent dans l'intérieur de la ville.

Dix heures sonnaient.

— Eh bien ! dit Marguerite quand le roi et Henri furent partis, nous remettons-nous à table ?

— Non, ma foi ! dit la duchesse, j'ai eu trop peur. Vive la petite maison de la rue Cloche-Percée ! on n'y peut pas entrer sans en faire le siège, et nos braves ont le droit d'y jouer des épées. Mais que cherchez-vous sous les meubles et dans les armoires, monsieur de Coconnas ?

— Je cherche mon ami La Mole, dit le Piémontais.

— Cherchez du côté de ma chambre, Monsieur, dit Marguerite, il y a là un certain cabinet…

— Bon, dit Coconnas, j'y suis.

Et il entra dans la chambre.

— Eh bien ! dit une voix dans les ténèbres, où en sommes-nous ?

— Eh ! mordi ! nous en sommes au dessert.

— Et le roi de Navarre ?

— Il n'a rien vu ; c'est un mari parfait, et j'en souhaite un pareil à ma femme. Cependant je crains bien qu'elle ne l'ait jamais qu'en secondes noces.

— Et le roi Charles ?

— Ah ! le roi, c'est différent ; il a emmené le mari.

— En vérité ?

— C'est comme je te le dis. De plus, il m'a fait l'honneur de me regarder de côté quand il a su que j'étais à M. d'Alençon, et de travers quand il a su que j'étais ton ami.

— Tu crois donc qu'on lui aura parlé de moi ?

— J'ai peur, au contraire, qu'on ne lui en ait dit trop de bien. Mais ce n'est point de tout cela qu'il s'agit ; je crois que ces dames ont un pèlerinage à faire du côté de la rue du Roi-de-Sicile, et que nous conduisons les pèlerines.

— Mais impossible !… tu le sais bien.

— Comment, impossible ?

— Eh ! oui, nous sommes de service chez Son Altesse Royale.

— Mordi, c'est ma foi vrai ; j'oublie toujours que nous sommes en grade, et que de gentilshommes que nous étions nous avons eu l'honneur de passer valets.

Et les deux amis allèrent exposer à la reine et à la duchesse la nécessité où ils étaient d'assister au moins au coucher de monsieur le duc.

— C'est bien, dit madame de Nevers, nous partons de notre côté.

— Et peut-on savoir où vous allez ? demanda Coconnas.

— Oh ! vous êtes trop curieux, dit la duchesse. *Quære et invenies.*

Les deux jeunes gens saluèrent et montèrent en toute hâte chez M. d'Alençon.

Le duc semblait les attendre dans son cabinet.

— Ah ! ah ! dit-il, vous voilà bien tard, Messieurs.

— Dix heures à peine, Monseigneur, dit Coconnas.

Le duc tira sa montre.

— C'est vrai, dit-il. Tout le monde est couché au Louvre cependant.

— Oui, Monseigneur, mais nous voici à vos ordres. Faut-il introduire dans la chambre de Votre Altesse les gentilshommes du petit coucher ?

— Au contraire, passez dans la petite salle et congédiez tout le monde.

Les deux jeunes gens obéirent, exécutèrent l'ordre donné, qui n'étonna personne à cause du caractère bien connu du duc, et revinrent près de lui.

— Monseigneur, dit Coconnas, Votre Altesse va sans doute se mettre au lit ou travailler ?

— Non, Messieurs ; vous avez congé jusqu'à demain.

— Allons, allons, dit tout bas Coconnas à l'oreille de La Mole, la cour découche ce soir, à ce qu'il paraît ; la nuit sera friande en diable, prenons notre part de la nuit.

Et les deux jeunes gens montèrent les escaliers quatre à quatre, prirent leurs manteaux et leurs épées de nuit, et s'élancèrent hors du Louvre à la poursuite des deux dames, qu'ils rejoignirent au coin de la rue du Coq-Saint-Honoré.

Pendant ce temps, le duc d'Alençon, l'œil ouvert, l'oreille au guet, attendait, enfermé dans sa chambre, les événements imprévus qu'on lui avait promis.

↑ Charles IX avait épousé Élisabeth d'Autriche, fille de Maximilien.

↑ Espèce de brasero.

III

DIEU DISPOSE.

Comme l'avait dit le duc aux jeunes gens, le plus profond silence régnait au Louvre.

En effet, Marguerite et madame de Nevers étaient parties pour la rue Tizon. Coconnas et La Mole s'étaient mis à leur poursuite. Le roi et Henri battaient la ville. Le duc d'Alençon se tenait chez lui dans l'attente vague et anxieuse des événements que lui avait prédits la reine mère. Enfin Catherine s'était mise au lit, et madame de Sauve, assise à son chevet, lui faisait lecture de certains contes italiens dont riait fort la bonne reine.

Depuis longtemps Catherine n'avait été de si belle humeur. Après avoir fait de bon appétit une collation avec ses femmes, après avoir pris consultation du médecin, après avoir réglé les comptes quotidiens de sa maison, elle avait ordonné une prière pour le succès de certaine entreprise importante, disait-elle, pour le bonheur de ses enfants ; c'était l'habitude de Catherine, habitude, au reste, toute florentine, de faire dire dans certaines circonstances des prières et des messes dont Dieu et elle savaient seuls le but.

Enfin elle avait revu René, et avait choisi, dans ses odorants sachets et dans son riche assortiment, plusieurs nouveautés.

— Qu'on sache, dit Catherine, si ma fille la reine de Navarre est chez elle ; et si elle y est, qu'on la prie de venir me faire compagnie.

Le page auquel cet ordre était adressé sortit, et un instant après il revint accompagné de Gillonne.

— Eh bien ! dit la reine mère, j'ai demandé la maîtresse et non la suivante.

— Madame, dit Gillonne, j'ai cru devoir venir moi-même dire à Votre Majesté que la reine de Navarre est sortie avec son amie la duchesse de Nevers...

— Sortie à cette heure ! reprit Catherine en fronçant le sourcil ; et où peut-elle être allée ?

— À une séance d'alchimie, répondit Gillonne, laquelle doit avoir lieu à l'hôtel de Guise, dans le pavillon habité par madame de Nevers.

— Et quand rentrera-t-elle ? demanda la reine mère.

— La séance se prolongera fort avant dans la nuit, répondit Gillonne, de sorte qu'il est probable que Sa Majesté demeurera demain matin chez son amie.

— Elle est heureuse, la reine de Navarre, murmura Catherine, elle a des amies et elle est reine ; elle porte une couronne, on l'appelle Votre Majesté, et elle n'a pas de sujets ; elle est bien heureuse.

Après cette boutade, qui fit sourire intérieurement les auditeurs :

— Au reste, murmura Catherine, puisqu'elle est sortie ! car elle est sortie, dites-vous ?

— Depuis une demi-heure. Madame.

— Tout est pour le mieux ; allez.

Gillonne salua et sortit.

— Continuez votre lecture, Charlotte, dit la reine.

Madame de Sauve continua.

Au bout de dix minutes Catherine interrompit la lecture.

— Ah ! à propos, dit-elle, qu'on renvoie les gardes de la galerie.

C'était le signal qu'attendait Maurevel.

On exécuta l'ordre de la reine mère, et madame de Sauve continua son histoire.

Elle avait lu un quart d'heure à peu près sans interruption aucune, lorsqu'un cri long, prolongé, terrible, parvint jusque dans la chambre royale et fit dresser les cheveux sur la tête des assistants.

Un coup de pistolet le suivit immédiatement.

— Qu'est-ce cela, dit Catherine, et pourquoi ne lisez-vous plus, Carlotta ?

— Madame, dit la jeune femme pâlissante, n'avez-vous point entendu ?

— Quoi ? demanda Catherine.

— Ce cri.

— Et ce coup de pistolet ? ajouta le capitaine des gardes.

— Un cri, un coup de pistolet, ajouta Catherine, je n'ai rien entendu, moi… D'ailleurs, est-ce donc une chose bien extraordinaire au Louvre qu'un cri et qu'un coup de pistolet ? Lisez, lisez, Carlotta.

— Mais écoutez, Madame, dit celle-ci, tandis que M. de Nancey se tenait debout la main à la poignée de son épée et n'osant sortir sans le congé de la reine, écoutez, on entend des pas, des imprécations.

— Faut-il que je m'informe, Madame ? dit ce dernier.

— Point du tout, Monsieur, restez là, dit Catherine en se soulevant sur une main comme pour donner plus de force à son ordre. Qui donc me garderait en cas d'alarme ? Ce sont quelques Suisses ivres qui se battent.

Le calme de la reine, opposé à la terreur qui planait sur toute cette assemblée, formait un contraste tellement remarquable, que, si timide qu'elle fût, madame de Sauve fixa un regard interrogateur sur la reine.

— Mais, Madame, s'écria-t-elle, on dirait que l'on tue quelqu'un.

— Et qui voulez-vous qu'on tue ?

— Mais le roi de Navarre, Madame ; le bruit vient du côté de son appartement.

— La sotte ! murmura la reine, dont les lèvres, malgré sa puissance sur elle-même, commençaient à s'agiter étrangement, car elle marmottait une prière ; la sotte voit son roi de Navarre partout.

— Mon Dieu ! mon Dieu ! dit madame de Sauve en retombant sur son fauteuil.

— C'est fini, c'est fini, dit Catherine. Capitaine, continua-t-elle en s'adressant à M. de Nancey, j'espère que, s'il y a du scandale dans le palais, vous ferez demain punir sévèrement les coupables. Reprenez votre lecture, Carlotta.

Et Catherine retomba elle-même sur son oreiller dans une impassibilité qui ressemblait beaucoup à de l'affaissement, car les assistants remarquèrent que de grosses gouttes de sueur roulaient sur son visage.

Madame de Sauve obéit à cet ordre formel ; mais ses yeux et sa voix fonctionnaient seuls. Sa pensée errante sur d'autres objets lui représentait un danger terrible suspendu sur une tête chérie. Enfin, après quelques minutes de ce combat, elle se trouva tellement oppressée entre l'émotion et l'étiquette que sa voix cessa d'être intelligible ; le livre lui tomba des mains, elle s'évanouit.

Soudain un fracas plus violent se fit entendre ; un pas lourd et pressé ébranla le corridor ; deux coups de feu partirent faisant vibrer les vitres ; et Catherine, étonnée de cette lutte prolongée outre mesure, se dressa à son tour, droite, pâle, les yeux dilatés ; et au moment où le capitaine des gardes allait s'élancer dehors, elle l'arrêta en disant :

— Que tout le monde reste ici, j'irai moi-même voir là-bas ce qui se passe.

Voilà ce qui se passait, ou plutôt ce qui s'était passé :

De Mouy avait reçu le matin des mains d'Orthon la clef de Henri. Dans cette clef, qui était forée, il avait remarqué un papier roulé. Il avait tiré le papier avec une épingle.

C'était le mot d'ordre du Louvre pour la prochaine nuit.

En outre, Orthon lui avait verbalement transmis les paroles de Henri qui invitaient de Mouy à venir trouver à dix heures le roi au Louvre.

À neuf heures et demie, de Mouy avait revêtu une armure dont il avait plus d'une fois déjà eu l'occasion de reconnaître la solidité ; il avait boutonné dessus un pourpoint de soie, avait agrafé son épée, passé dans le ceinturon ses pistolets, recouvert le tout du fameux manteau cerise de La Mole.

Nous avons vu comment, avant de rentrer chez lui, Henri avait jugé à propos de faire une visite à Marguerite, et comment il était arrivé par l'escalier secret juste à temps pour heurter La Mole dans la chambre à coucher de Marguerite, et pour prendre sa place aux yeux du roi dans la salle à manger. C'était précisément au moment même que, grâce au mot d'ordre envoyé par Henri et surtout au fameux manteau cerise, de Mouy traversait le guichet du Louvre.

Le jeune homme monta droit chez le roi de Navarre, imitant de son mieux, comme d'habitude, la démarche de La Mole. Il trouva dans l'antichambre Orthon, qui l'attendait.

— Sire de Mouy, lui dit le montagnard, le roi est sorti, mais il m'a ordonné de vous introduire chez lui et de vous dire de l'attendre. S'il tarde par trop, il vous invite, vous le savez, à vous jeter sur son lit.

De Mouy entra sans demander d'autre explication, car ce que venait de lui dire Orthon n'était que la répétition de ce qu'il lui avait déjà dit le matin.

Pour utiliser son temps, de Mouy prit une plume et de l'encre ; et s'approchant d'une excellente carte de France pendue à la muraille, il se mit à compter et à régler les étapes qu'il y avait de Paris à Pau.

Mais ce travail fut l'affaire d'un quart d'heure, et ce travail fini, de Mouy ne sut plus à quoi s'occuper.

Il fit deux ou trois tours de chambre, se frotta les yeux, bâilla, s'assit et se leva, se rassit encore. Enfin, profitant de l'invitation de Henri, excusé d'ailleurs par les lois de familiarité qui existaient entre les princes et leurs gentilshommes, il déposa sur la table de nuit ses pistolets et la lampe, s'étendit sur le vaste lit à tentures sombres qui garnissait le fond de la chambre, plaça son épée nue le long de sa cuisse, et, sûr de n'être pas surpris puisqu'un domestique se tenait dans la pièce précédente, il se laissa aller à un sommeil pesant, dont bientôt le bruit fit retentir les vastes échos du baldaquin. De Mouy ronflait en vrai soudard, et sous ce rapport aurait pu lutter avec le roi de Navarre lui-même.

C'est alors que six hommes, l'épée à la main et le poignard à la ceinture, se glissèrent silencieusement dans le corridor qui, par une petite porte, communiquait aux appartements de Catherine et par une grande donnait chez Henri.

Un de ces six hommes marchait le premier. Outre son épée nue et son poignard fort comme un couteau de chasse, il portait encore ses fidèles pistolets accrochés à sa ceinture par des agrafes d'argent.

Cet homme, c'était Maurevel.

Arrivé à la porte de Henri, il s'arrêta.

— Vous vous êtes bien assuré que les sentinelles du corridor ont disparu ? demanda-t-il à celui qui paraissait commander la petite troupe.

— Plus une seule n'est à son poste, répondit le lieutenant.

— Bien, dit Maurevel. Maintenant il n'y a plus qu'à s'informer d'une chose, c'est si celui que nous cherchons est chez lui.

— Mais, dit le lieutenant en arrêtant la main que Maurevel posait sur le marteau de la porte, mais, capitaine, cet appartement est celui du roi de Navarre.

— Qui vous dit le contraire ? répondit Maurevel.

Les sbires se regardèrent tout surpris, et le lieutenant fit un pas en arrière.

— Heu ! fit le lieutenant, arrêter quelqu'un à cette heure, au Louvre, et dans l'appartement du roi de Navarre ?

— Que répondriez-vous donc, dit Maurevel, si je vous disais que celui que vous allez arrêter est le roi de Navarre lui-même ?

— Je vous dirais, capitaine, que la chose est grave, et que, sans un ordre signé de la main du roi Charles IX…

— Lisez, dit Maurevel.

Et, tirant de son pourpoint l'ordre que lui avait remis Catherine, il le donna au lieutenant.

— C'est bien, répondit celui-ci après avoir lu ; je n'ai plus rien à vous dire.

— Et vous êtes prêt ?

— Je le suis.

— Et vous ? continua Maurevel en s'adressant aux cinq autres sbires.

Ceux-ci saluèrent avec respect.

— Écoutez-moi donc, Messieurs, dit Maurevel, voilà le plan : deux de vous resteront à cette porte, deux à la porte de la chambre à coucher, et deux entreront avec moi.

— Ensuite ? dit le lieutenant.

— Écoutez bien ceci : il nous est ordonné d'empêcher le prisonnier d'appeler, de crier, de résister ; toute infraction à cet ordre doit être punie de mort.

— Allons, allons, il a carte blanche, dit le lieutenant à l'homme désigné avec lui pour suivre Maurevel chez le roi.

— Tout à fait, dit Maurevel.

— Pauvre diable de roi de Navarre ! dit un des hommes, il était écrit là-haut qu'il ne devait point en réchapper.

— Et ici-bas, dit Maurevel en reprenant des mains du lieutenant l'ordre de Catherine, qu'il rentra dans sa poitrine.

Maurevel introduisit dans la serrure la clef que lui avait remise Catherine, et, laissant deux hommes à la porte extérieure, comme il en était convenu, entra avec les quatre autres dans l'antichambre.

— Ah ! ah ! dit Maurevel en entendant la bruyante respiration du dormeur, dont le bruit arrivait jusqu'à lui, il paraît que nous trouverons ici ce que nous cherchons.

Aussitôt Orthon, pensant que c'était son maître qui rentrait, alla au-devant de lui, et se trouva en face de cinq hommes armés qui occupaient la première chambre.

À la vue de ce visage sinistre, de ce Maurevel qu'on appelait le Tueur de Roi, le fidèle serviteur recula, et se plaçant devant la seconde porte :

— Qui êtes-vous ? dit Orthon, que voulez-vous ?

— Au nom du roi, répondit Maurevel, où est ton maître ?

— Mon maître ?

— Oui, le roi de Navarre ?

— Le roi de Navarre n'est pas au logis, dit Orthon en défendant plus que jamais la porte ; ainsi vous ne pouvez pas entrer.

— Prétexte, mensonge, dit Maurevel. Allons, arrière !

Les Béarnais sont entêtés ; celui-ci gronda comme un chien de ses montagnes, et sans se laisser intimider :

— Vous n'entrerez pas, dit-il ; le roi est absent.

Et il se cramponna à la porte.

Maurevel fit un geste ; les quatre hommes s'emparèrent du récalcitrant, l'arrachant au chambranle auquel il se tenait cramponné, et, comme il ouvrait la bouche pour crier, Maurevel lui appliqua la main sur les lèvres.

Orthon mordit furieusement l'assassin, qui retira sa main avec un cri sourd, et frappa du pommeau de son épée le serviteur sur la tête. Orthon chancela et tomba en criant : Alarme ! alarme ! alarme !

Sa voix expira, il était évanoui.

Les assassins passèrent sur son corps, puis deux restèrent à cette seconde porte, et les deux autres entrèrent dans la chambre à coucher, conduits par Maurevel.

À la lueur de la lampe brûlant sur la table de nuit, ils virent le lit.

Les rideaux étaient fermés.

— Oh ! oh ! dit le lieutenant, il ne ronfle plus, ce me semble.

— Allons, sus ! dit Maurevel.

À cette voix, un cri rauque qui ressemblait plutôt au rugissement du lion qu'à des accents humains partit de dessous les rideaux, qui s'ouvrirent violemment, et un homme armé d'une cuirasse et le front couvert d'une de ces salades qui ensevelissaient la tête jusqu'aux yeux, apparut, assis, deux pistolets à la main et son épée sur les genoux.

Maurevel n'eut pas plus tôt aperçu cette figure et reconnu de Mouy, qu'il sentit ses cheveux se dresser sur sa tête ; il devint d'une pâleur affreuse ; sa bouche se remplit d'écume ; et, comme s'il se fût trouvé en face d'un spectre, il fit un pas en arrière.

Soudain la figure armée se leva et fit en avant un pas égal à celui que Maurevel avait fait en arrière, de sorte que c'était celui qui était menacé qui semblait poursuivre, et celui qui menaçait qui semblait fuir.

— Ah ! scélérat, dit de Mouy d'une voix sourde, tu viens pour me tuer comme tu as tué mon père !

Deux des sbires, c'est-à-dire ceux qui étaient entrés avec Maurevel dans la chambre du roi, entendirent seuls ces paroles terribles ; mais en même temps qu'elles avaient été dites, le pistolet s'était abaissé à la hauteur du front de Maurevel. Maurevel se jeta à genoux au moment où de Mouy appuyait le doigt sur la détente ; le coup partit, et un des gardes qui se trouvaient derrière lui, et qu'il avait démasqué par ce mouvement, tomba frappé au cœur. Au même instant Maurevel riposta, mais la balle alla s'aplatir sur la cuirasse de de Mouy.

Alors prenant son élan, mesurant la distance, de Mouy, d'un revers de sa large épée, fendit le crâne du deuxième garde, et, se retournant vers Maurevel, engagea l'épée avec lui.

Le combat fut terrible, mais court. À la quatrième passe, Maurevel sentit dans sa gorge le froid de l'acier ; il poussa un cri étranglé, tomba en arrière, et en tombant renversa la lampe, qui s'éteignit.

Aussitôt de Mouy, profitant de l'obscurité, vigoureux et agile comme un héros d'Homère, s'élança tête baissée vers l'antichambre, renversa un des gardes, repoussa l'autre, passa comme un éclair entre les sbires qui gardaient la porte extérieure, essuya deux coups de pistolet, dont les balles éraillèrent la muraille du corridor, et dès lors il fut sauvé, car un pistolet tout chargé lui restait encore, outre cette épée qui frappait de si terribles coups.

Un instant de Mouy hésita pour savoir s'il devait fuir chez M. d'Alençon, dont il lui semblait que la porte venait de s'ouvrir, ou s'il devait essayer de sortir du Louvre. Il se décida pour ce dernier parti, reprit sa course d'abord ralentie, sauta dix degrés d'un seul coup, parvint au guichet, prononça les deux mots de passe et s'élança en criant :

— Allez là-haut, on y tue pour le compte du roi.

Et profitant de la stupéfaction que ses paroles jointes au bruit des coups de pistolet avaient jetée dans le poste, il gagna au pied et disparut dans la rue du Coq sans avoir reçu une égratignure.

C'était en ce moment que Catherine avait arrêté son capitaine des gardes en disant :

— Demeurez, j'irai voir moi-même ce qui se passe là-bas.

— Mais, Madame, répondit le capitaine, le danger que pourrait courir Votre Majesté m'ordonne de la suivre.

— Restez, Monsieur, dit Catherine d'un ton plus impérieux encore que la première fois, restez. Il y a autour des rois une protection plus puissante que l'épée humaine.

Le capitaine demeura.

Alors Catherine prit une lampe, passa ses pieds nus dans des mules de velours, sortit de sa chambre, gagna le corridor encore plein de fumée, s'avança, impassible et froide comme une ombre, vers l'appartement du roi de Navarre.

Tout était redevenu silencieux.

Catherine arriva à la porte d'entrée, en franchit le seuil et vit d'abord dans l'antichambre Orthon évanoui.

— Ah ! ah ! dit-elle, voici toujours le laquais ; plus loin sans doute nous allons trouver le maître. Et elle franchit la seconde porte.

Là son pied heurta un cadavre ; elle abaissa sa lampe : c'était celui du garde qui avait eu la tête fendue ; il était complètement mort.

Trois pas plus loin était le lieutenant frappé d'une balle et râlant le dernier soupir.

Enfin, devant le lit un homme qui, la tête pâle comme celle d'un mort, perdant son sang par une double blessure qui lui traversait le cou, raidissant ses mains crispées, essayait de se relever.

C'était Maurevel.

Un frisson passa dans les veines de Catherine ; elle vit le lit désert, elle regarda tout autour de la chambre, et chercha en vain parmi ces trois hommes couchés dans leur sang le cadavre qu'elle espérait.

Maurevel reconnut Catherine ; ses yeux se dilatèrent horriblement, et il tendit vers elle un geste désespéré.

— Eh bien, dit-elle à demi voix, où est-il ? qu'est-il devenu ? Malheureux ! l'auriez-vous laissé échapper ?

Maurevel essaya d'articuler quelques paroles, mais un sifflement inintelligible sortit seul de sa blessure, une écume rougeâtre frangea ses lèvres, et il secoua la tête en signe d'impuissance et de douleur.

— Mais parle donc ! s'écria Catherine, parle donc ! ne fût-ce que pour me dire un seul mot !

Maurevel montra sa blessure, et fit entendre de nouveau quelques sons inarticulés, tenta un effort qui n'aboutit qu'à un rauque râlement et s'évanouit.

Catherine alors regarda autour d'elle : elle n'était entourée que de cadavres et de mourants ; le sang coulait à flots par la chambre, et un silence de mort planait sur toute cette scène.

Encore une fois elle adressa la parole à Maurevel, mais sans le réveiller : cette fois, il demeura non seulement muet, mais immobile ; un papier sortait de son pourpoint, c'était l'ordre d'arrestation signé du roi. Catherine s'en saisit et le cacha dans sa poitrine.

En ce moment Catherine entendit derrière elle un léger froissement de parquet ; elle se retourna et vit debout, à la porte de la chambre, le duc d'Alençon, que le bruit avait attiré malgré lui, et que le spectacle qu'il avait sous les yeux fascinait.

— Vous ici ? dit-elle.

— Oui, Madame. Que se passe-t-il donc, mon Dieu ? demanda le duc.

— Retournez chez vous, François, et vous apprendrez assez tôt la nouvelle.

D'Alençon n'était pas aussi ignorant de l'aventure que Catherine le supposait. Aux premiers pas retentissant dans le corridor, il avait écouté. Voyant entrer des hommes chez le roi de Navarre, il avait, en rapprochant ce fait des paroles de Catherine, deviné ce qui allait se passer, et s'était applaudi de voir un ami si dangereux détruit par une main plus forte que la sienne.

Bientôt des coups de feu, les pas rapides d'un fugitif avaient attiré son attention, et il avait vu dans l'espace lumineux projeté par l'ouverture de la porte de l'escalier disparaître un manteau rouge qui lui était trop familier pour qu'il ne le reconnût pas.

— De Mouy ! s'écria-t-il, de Mouy chez mon beau-frère de Navarre ! Mais non, c'est impossible ! Serait-ce M. de La Mole ?…

Alors l'inquiétude le gagna. Il se rappela que le jeune homme lui avait été recommandé par Marguerite elle-même, et voulant s'assurer si c'était lui qu'il venait de voir passer, il monta rapidement à la chambre des deux jeunes gens : elle était vide. Mais, dans un coin de cette chambre, il trouva suspendu le fameux manteau cerise. Ses doutes avaient été fixés : ce n'est donc pas La Mole, mais de Mouy.

La pâleur sur le front, tremblant que le huguenot ne fût découvert et ne trahît les secrets de la conspiration, il s'était alors précipité vers le guichet du Louvre. Là il avait appris que le manteau cerise s'était échappé sain et sauf, en annonçant qu'on tuait dans le Louvre pour le compte du roi.

— Il s'est trompé, murmura d'Alençon ; c'est pour le compte de la reine mère.

Et, revenant vers le théâtre du combat, il trouva Catherine errant comme une hyène parmi les morts.

À l'ordre que lui donna sa mère, le jeune homme rentra chez lui, affectant le calme et l'obéissance, malgré les idées tumultueuses qui agitaient son esprit.

Catherine, désespérée de voir cette nouvelle tentative échouée, appela son capitaine des gardes, fit enlever les corps, commanda que Maurevel, qui n'était que blessé, fût reporté chez lui, et ordonna qu'on ne réveillât point le roi.

— Oh ! murmura-t-elle en rentrant dans son appartement la tête inclinée sur sa poitrine, il a échappé cette fois encore. La main de Dieu est étendue sur cet homme. Il régnera ! il régnera !

Puis, comme elle ouvrait la porte de sa chambre, elle passa la main sur son front et se composa un sourire banal.

— Qu'y avait-il donc, Madame ? demandèrent tous les assistants, à l'exception de madame de Sauve, trop effrayée pour faire des questions.

— Rien, répondit Catherine ; du bruit, voilà tout.

— Oh ! s'écria tout à coup madame de Sauve en indiquant du doigt le passage de Catherine, Votre Majesté dit qu'il n'y a rien, et chacun de ses pas laisse une trace sur le tapis !

IV

LA NUIT DES ROIS.

Cependant Charles IX marchait côte à côte avec Henri appuyé à son bras, suivi de ses quatre gentilshommes et précédé de deux porte-torches.

— Quand je sors du Louvre, disait le pauvre roi, j'éprouve un plaisir analogue à celui qui me vient quand j'entre dans une belle forêt ; je respire, je vis, je suis libre.

Henri sourit.

— Votre Majesté serait bien dans les montagnes du Béarn, alors ! dit Henri.

— Oui, et je comprends que tu aies envie d'y retourner ; mais si le désir t'en prend par trop fort, Henriot, ajouta Charles en riant, prends bien tes précautions, c'est un conseil que je te donne : car ma mère Catherine t'aime si fort qu'elle ne peut pas absolument se passer de toi.

— Que fera Votre Majesté ce soir ? dit Henri en détournant cette conversation dangereuse.

— Je veux te faire faire une connaissance, Henriot ; tu me diras ton avis.

— Je suis aux ordres de Votre Majesté.

— À droite, à droite ! nous allons rue des Barres.

Les deux rois, suivis de leur escorte, avaient dépassé la rue de la Savonnerie, quand, à la hauteur de l'hôtel de Condé, ils virent deux hommes enveloppés de grands manteaux sortir par une fausse porte que l'un d'eux referma sans bruit.

— Oh ! oh ! dit le roi à Henri, qui selon son habitude regardait aussi, mais sans rien dire, cela mérite attention.

— Pourquoi dites-vous cela, sire ? demanda le roi de Navarre.

— Ce n'est pas pour toi, Henriot. Tu es sûr de ta femme, ajouta Charles avec un sourire ;

mais ton cousin de Condé n'est pas sûr de la sienne, ou, s'il en est sûr, il a tort, le diable m'emporte !

— Mais qui vous dit, sire, que ce soit madame de Condé que visitaient ces messieurs ?

— Un pressentiment. L'immobilité de ces deux hommes, qui se sont rangés dans la porte depuis qu'ils nous ont vus et qui n'en bougent pas ; puis, certaine coupe de manteau du plus petit des deux… Pardieu ! ce serait étrange.

— Quoi ?

— Rien ; une idée qui m'arrive, voilà tout. Avançons.

Et il marcha droit aux deux hommes, qui, voyant alors que c'était bien à eux qu'on en avait, firent quelques pas pour s'éloigner.

— Holà, Messieurs ! dit le roi, arrêtez.

— Est-ce à nous qu'on parle ? demanda une voix qui fit tressaillir Charles et son compagnon.

— Eh bien ! Henriot, dit Charles, reconnais-tu cette voix-là maintenant ?

— Sire, dit Henri, si votre frère le duc d'Anjou n'était point à La Rochelle, je jurerais que c'est lui qui vient de parler.

— Eh bien ! dit Charles, c'est qu'il n'est point à La Rochelle, voilà tout.

— Mais qui est avec lui ?

— Tu ne reconnais pas le compagnon ?

— Non, sire.

— Il est pourtant de taille à ne pas s'y tromper. Attends, tu vas le reconnaître… Holà ! hé ! vous dis-je, répéta le roi ; n'avez-vous pas entendu, mordieu !

— Êtes-vous le guet pour nous arrêter ? dit le plus grand des deux hommes, développant son bras hors des plis de son manteau.

— Prenez que nous sommes le guet, dit le roi, et arrêtez quand on vous l'ordonne.

Puis se penchant à l'oreille de Henri :

— Tu vas voir le volcan jeter des flammes, lui dit-il.

— Vous êtes huit, dit le plus grand des deux hommes, montrant cette fois non seulement son bras mais encore son visage, mais fussiez-vous cent, passez au large !

— Ah ! ah ! le duc de Guise ! dit Henri.

— Ah ! notre cousin de Lorraine ! dit le roi ; vous vous faites enfin connaître ! c'est heureux !

— Le roi ! s'écria le duc.

Quant à l'autre personnage, on le vit à ces paroles s'ensevelir dans son manteau et demeurer immobile après s'être d'abord découvert la tête par respect.

— Sire, dit le duc de Guise, je venais de rendre visite à ma belle-sœur, madame de Condé.

— Oui… et vous avez amené avec vous un de vos gentilshommes, lequel ?

— Sire, répondit le duc. Votre Majesté ne le connaît pas.

— Nous ferons connaissance alors, dit le roi.

Et marchant droit à l'autre figure, il fit signe à un des deux laquais d'approcher avec son flambeau.

— Pardon, mon frère ! dit le duc d'Anjou en décroisant son manteau et s'inclinant avec un dépit mal déguisé.

— Ah ! ah ! Henri, c'est vous !.. Mais non, ce n'est point possible, je me trompe… Mon frère d'Anjou ne serait allé voir personne avant de venir me voir moi-même. Il n'ignore pas que pour les princes du sang qui rentrent dans la capitale, il n'y a qu'une porte à Paris : c'est le guichet du Louvre.

— Pardonnez, sire, dit le duc d'Anjou : je prie Votre Majesté d'excuser mon inconséquence.

— Oui-da ! répondit le roi d'un ton moqueur ; et que faisiez-vous donc, mon frère, à l'hôtel de Condé ?

— Eh ! mais, dit le roi de Navarre de son air narquois, ce que Votre Majesté disait tout à l'heure.

Et se penchant à l'oreille du roi, il termina sa phrase par un grand éclat de rire.

— Qu'est-ce donc ? demanda le duc de Guise avec hauteur ; car, comme tout le monde à la cour, il avait pris l'habitude de traiter assez rudement ce pauvre roi de Navarre… Pourquoi n'irais-je pas voir ma belle-sœur ? M. le duc d'Alençon ne va-t-il pas voir la sienne ?

Henri rougit légèrement.

— Quelle belle-sœur ? demanda Charles ; je ne lui en connais pas d'autre que la reine Élisabeth.

— Pardon, sire ! c'était sa sœur que j'aurais dû dire, madame Marguerite, que nous avons vue passer en venant ici il y a une demi-heure dans sa litière, accompagnée de deux muguets qui trottaient chacun à une portière.

— Vraiment ! dit Charles… Que répondez-vous à cela, Henri ?

— Que la reine de Navarre est bien libre d'aller où elle veut, mais je doute qu'elle soit sortie du Louvre.

— Et moi, j'en suis sûr, dit le duc de Guise.

— Et moi aussi, fit le duc d'Anjou, à telle enseigne que la litière s'est arrêtée rue Cloche-Percée.

— Il faut que votre belle-sœur, pas celle-ci, dit Henri en montrant l'hôtel de Condé, mais celle de là-bas, et il tourna son doigt dans la direction de l'hôtel de Guise, soit aussi de la partie, car nous les avons laissées ensemble, et, comme vous le savez, elles sont inséparables.

— Je ne comprends pas ce que veut dire Votre Majesté, répondit le duc de Guise.

— Au contraire, dit le roi, rien de plus clair, et voilà pourquoi il y avait un muguet courant à chaque portière.

— Eh bien ! dit le duc, s'il y a scandale de la part de la reine et de la part de mes belles-sœurs, invoquons pour le faire cesser la justice du roi.

— Eh ! pardieu, dit Henri, laissez là mesdames de Condé et de Nevers. Le roi ne s'inquiète pas de sa sœur… et moi j'ai confiance dans ma femme.

— Non pas, non pas, dit Charles ; je veux en avoir le cœur net ; mais faisons nos affaires nous-mêmes. La litière s'est arrêtée rue Cloche-Percée, dites-vous, mon cousin ?

— Oui, sire.

— Vous reconnaîtriez l'endroit ?

— Oui, sire.

— Eh bien ! allons-y ; et s'il faut brûler la maison pour savoir qui est dedans, on la brûlera.

C'est avec ces dispositions, assez peu rassurantes pour la tranquillité de ceux dont il est question, que les quatre principaux seigneurs du monde chrétien prirent le chemin de la rue Saint-Antoine.

Les quatre princes arrivèrent rue Cloche-Percée ; Charles, qui voulait faire ses affaires en famille, renvoya les gentilshommes de sa suite en leur disant de disposer du reste de leur nuit, mais de se tenir près de la Bastille à six heures du matin avec deux chevaux.

Il n'y avait que trois maisons dans la rue Cloche-Percée ; la recherche était d'autant moins difficile que deux ne firent aucun refus d'ouvrir : c'étaient celles qui touchaient l'une à la rue Saint-Antoine, l'autre à la rue du Roi-de-Sicile.

Quant à la troisième, ce fut autre chose : c'était celle qui était gardée par le concierge allemand, et le concierge allemand était peu traitable. Paris semblait destiné à offrir cette nuit les plus mémorables exemples de fidélité domestique.

M. de Guise eut beau menacer dans le plus pur saxon, Henri d'Anjou eut beau offrir une bourse pleine d'or, Charles eut beau aller jusqu'à dire qu'il était lieutenant du guet, le brave Allemand ne tint compte ni de la déclaration, ni de l'offre, ni des menaces. Voyant que l'on insistait, et d'une manière qui devenait importune, il glissa entre les barres de fer l'extrémité de certaine arquebuse, démonstration dont ne firent que rire trois des quatre visiteurs… Henri de Navarre se tenant à l'écart, comme si la chose eût été sans intérêt pour lui… attendu que l'arme, ne pouvant obliquer dans les barreaux, ne devait guère être dangereuse que pour un aveugle qui eût été se placer en face.

Voyant qu'on ne pouvait intimider, corrompre ni fléchir le portier, le duc de Guise feignit de partir avec ses compagnons ; mais la retraite ne fut pas longue. Au coin de la rue Saint-Antoine, le duc trouva ce qu'il cherchait : c'était une de ces pierres comme en remuaient, trois mille ans auparavant, Ajax Télamon et Diomède ; il la chargea sur son épaule, et revint en faisant signe à ses compagnons de le suivre. Juste en ce moment le concierge, qui avait vu ceux qu'il prenait pour des malfaiteurs s'éloigner, refermait la porte sans avoir encore eu le temps de repousser les verrous. Le duc de Guise profita du moment : véritable catapulte vivante, il lança la pierre contre la porte. La serrure vola, emportant la portion de la muraille dans laquelle elle était scellée. La porte s'ouvrit, renversant l'Allemand, qui tomba en donnant, par un cri terrible, l'éveil à la garnison, qui, sans ce cri, courait grand risque d'être surprise.

Justement en ce moment-là même, La Mole traduisait, avec Marguerite, une idylle de Théocrite, et Coconnas buvait, sous prétexte qu'il était Grec aussi, force vin de Syracuse avec Henriette, La conversation scientifique et la conversation bachique furent violemment interrompues.

Commencer par éteindre les bougies, ouvrir les fenêtres, s'élancer sur le balcon, distinguer quatre hommes dans les ténèbres, leur lancer sur la tête tous les projectiles qui leur tombèrent sous la main, faire un affreux bruit de coups de plat d'épée qui n'atteignaient que le mur, tel fut l'exercice auquel se livrèrent immédiatement La Mole et Coconnas. Charles, le plus acharné des assaillants, reçut une aiguière d'argent sur l'épaule, le duc d'Anjou un bassin contenant une compote d'oranges et de cédrats, et le duc de Guise un quartier de venaison.

Henri ne reçut rien. Il questionnait tout bas le portier, que M. de Guise avait attaché à la porte, et qui répondait par son éternel :

— *Ich verstehe nicht.*

Les femmes encourageaient les assiégés et leur passaient des projectiles qui se succédaient comme une grêle.

— Par la mort-diable ! s'écria Charles IX en recevant sur la tête un tabouret qui lui fit rentrer son chapeau jusque sur le nez, qu'on m'ouvre bien vite, ou je ferai tout pendre là-haut.

— Mon frère ! dit Marguerite bas à La Mole.

— Le roi ! dit celui-ci tout bas à Henriette.

— Le roi ! le roi ! dit celle-ci à Coconnas, qui traînait un bahut vers la fenêtre, et qui tenait à exterminer le duc de Guise, auquel, sans le connaître, il avait particulièrement affaire. Le roi ! je vous dis.

Coconnas lâcha le bahut, regarda d'un air étonné.

— Le roi ? dit-il.

— Oui, le roi.

— Alors, en retraite.

— Eh ! justement La Mole et Marguerite sont déjà partis ! venez.

— Par où ?

— Venez, vous dis-je.

Et le prenant par la main, Henriette entraîna Coconnas par la porte secrète qui donnait dans la maison attenante ; et tous quatre, après avoir refermé la porte derrière eux, s'enfuirent par l'issue qui donnait rue Tizon.

— Oh ! oh ! dit Charles, je crois que la garnison se rend.

On attendit quelques minutes ; mais aucun bruit ne parvint jusqu'aux assiégeants.

— On prépare quelque ruse, dit le duc de Guise.

— Ou plutôt on a reconnu la voix de mon frère et l'on détale, dit le duc d'Anjou.

— Il faudra toujours bien qu'on passe par ici, dit Charles.

— Oui, reprit le duc d'Anjou, si la maison n'a pas deux issues.

— Cousin, dit le roi, reprenez votre pierre, et faites de l'autre porte comme de celle-ci.

Le duc pensa qu'il était inutile de recourir à de pareils moyens, et comme il avait remarqué que la seconde porte était moins forte que la première, il l'enfonça d'un simple coup de pied.

— Les torches, les torches ! dit le roi.

Les laquais s'approchèrent. Elles étaient éteintes ; mais ils avaient sur eux tout ce qu'il fallait pour les rallumer. On fit de la flamme. Charles IX en prit une et passa l'autre au duc d'Anjou.

Le duc de Guise marcha le premier, l'épée à la main.

Henri ferma la marche.

On arriva au premier étage.

Dans la salle à manger était servi ou plutôt desservi le souper, car c'était particulièrement le souper qui avait fourni les projectiles. Les candélabres étaient renversés, les meubles sens dessus dessous, et tout ce qui n'était pas vaisselle d'argent en pièces.

On passa dans le salon. Là pas plus de renseignements que dans la première chambre sur l'identité des personnages. Des livres grecs et latins, quelques instruments de musique, voilà tout ce que l'on trouva.

La chambre à coucher était plus muette encore. Une veilleuse brûlait dans un globe d'albâtre suspendu au plafond ; mais on ne paraissait pas même être entré dans cette chambre.

— Il y a une seconde sortie, dit le roi.

— C'est probable, dit le duc d'Anjou.

— Mais où est-elle ? demanda le duc de Guise.

On chercha de tous côtés ; on ne la trouva pas.

— Où est le concierge ? demanda le roi.

— Je l'ai attaché à la grille, dit le duc de Guise.

— Interrogez-le, cousin.

— Il ne voudra pas répondre.

— Bah ! On lui fera un petit feu bien sec autour des jambes dit le roi en riant, et il faudra bien qu'il parle.

Henri regarda vivement par la fenêtre.

— Il n'y est plus, dit-il.

— Qui l'a détaché ? demanda vivement le duc de Guise.

— Mort diable ! s'écria le roi, nous ne saurons rien encore.

— En effet, dit Henri, vous voyez bien, sire, que rien ne prouve que ma femme et la belle-sœur de M. de Guise aient été dans cette maison.

— C'est vrai, dit Charles. L'Écriture nous apprend : il y a trois choses qui ne laissent pas de traces : l'oiseau dans l'air, le poisson dans l'eau, et la femme… non, je me trompe, l'homme chez…

— Ainsi, interrompit Henri, ce que nous avons de mieux à faire…

— Oui, dit Charles, c'est de soigner, moi ma contusion ; vous, d'Anjou, d'essuyer votre sirop d'oranges, et vous, Guise, de faire disparaître votre graisse de sanglier.

Et là-dessus ils sortirent sans se donner la peine de refermer la porte.

Arrivés à la rue Saint-Antoine :

— Où allez-vous, Messieurs ? dit le roi au duc d'Anjou et au duc de Guise.

— Sire, nous allons chez Nantouillet, qui nous attend à souper, mon cousin de Lorraine et moi. Votre Majesté veut-elle venir avec nous ?

— Non, merci ; nous allons du côté opposé. Voulez-vous un de mes porte-torches ?

— Nous vous rendons grâce, sire, dit vivement le duc d'Anjou.

— Bon ; il a peur que je ne le fasse espionner, souffla Charles à l'oreille du roi de Navarre.

Puis prenant ce dernier par-dessous le bras :

— Viens ! Henriot, dit-il ; je te donne à souper ce soir.

— Nous ne rentrons donc pas au Louvre ? demanda Henri.

— Non, te dis-je, triple entêté ! viens avec moi, puisque je te dis de venir ; viens.

Et il entraîna Henri par la rue Geoffroy-Lasnier.

V

ANAGRAMME.

Au milieu de la rue Geoffroy-Lasnier venait aboutir la rue Garnier-sur-l'Eau, et au bout de la rue Garnier-sur-l'Eau s'étendait à droite et à gauche la rue des Barres.

Là, en faisant quelques pas vers la rue de la Mortellerie, on trouvait à droite une petite maison isolée au milieu d'un jardin clos de hautes murailles et auquel une porte pleine donnait seule entrée.

Charles tira une clef de sa poche, ouvrit la porte, qui céda aussitôt, étant fermée seulement au pêne ; puis, ayant fait passer Henri et le laquais qui portait la torche, il referma la porte derrière lui.

Une seule petite fenêtre était éclairée. Charles la montra du doigt en souriant à Henri.

— Sire, je ne comprends pas, dit celui-ci.

— Tu vas comprendre, Henriot.

Le roi de Navarre regarda Charles avec étonnement. Sa voix, son visage avaient pris une expression de douceur qui était si loin du caractère habituel de sa physionomie, que Henri ne le reconnaissait pas.

— Henriot, lui dit le roi, je t'ai dit que lorsque je sortais du Louvre, je sortais de l'enfer. Quand j'entre ici, j'entre dans le paradis.

— Sire, dit Henri, je suis heureux que Votre Majesté m'ait trouvé digne de me faire faire le voyage du ciel avec elle.

— Le chemin en est étroit, dit le roi en s'engageant dans un petit escalier ; mais c'est pour que rien ne manque à la comparaison.

— Et quel est l'ange qui garde l'entrée de votre Éden, sire ?

— Tu vas voir, répondit Charles IX.

Et faisant signe à Henri de le suivre sans bruit, il poussa une première porte, puis une seconde, et s'arrêta sur le seuil.

— Regarde ! dit-il.

Henri s'approcha, et demeura fixe sur un des plus charmants tableaux qu'il eût vus.

C'était une femme de dix-huit à dix-neuf ans à peu près, dormant la tête posée sur le pied du lit d'un enfant endormi dont elle tenait entre ses deux mains les petits pieds rapprochés de ses lèvres, tandis que ses longs cheveux ondoyaient, épandus comme un flot d'or.

On eût dit un tableau de l'Albane représentant la Vierge et l'enfant Jésus.

— Oh ! sire, dit le roi de Navarre, quelle est cette charmante créature ?

— L'ange de mon paradis, Henriot, le seul qui m'aime pour moi.

Henri sourit.

— Oui, pour moi, dit Charles, car elle m'a aimé avant de savoir que j'étais roi.

— Et depuis qu'elle le sait ?

— Eh bien, depuis qu'elle le sait, dit Charles avec un soupir qui prouvait que cette sanglante royauté lui était lourde parfois, depuis qu'elle le sait, elle m'aime encore ; ainsi juge.

Le roi s'approcha tout doucement, et sur la joue en fleur de la jeune femme, il posa un baiser aussi léger que celui d'une abeille sur un lis.

Et cependant la jeune femme se réveilla.

— Charles ! murmura-t-elle en ouvrant les yeux.

— Tu vois, dit le roi, elle m'appelle Charles. La reine dit Sire.

— Oh ! s'écria la jeune femme, vous n'êtes pas seul, mon roi.

— Non, ma bonne Marie. J'ai voulu t'amener un autre roi plus heureux que moi, car il n'a pas de couronne ; plus malheureux que moi, car il n'a pas une Marie Touchet. Dieu fait une compensation à tout.

— Sire, c'est le roi de Navarre ? demanda Marie.

— Lui-même, mon enfant. Approche, Henriot.

Le roi de Navarre s'approcha, Charles lui prit la main droite.

— Regarde cette main, Marie, dit-il ; c'est la main d'un bon frère et d'un loyal ami. Sans cette main, vois-tu…

— Eh bien, sire ?

— Eh bien ! sans cette main, aujourd'hui, Marie, notre enfant n'aurait plus de père.

Marie jeta un cri, tomba à genoux, saisit la main de Henri et la baisa.

— Bien, Marie, bien, dit Charles.

— Et qu'avez-vous fait pour le remercier, sire ?

— Je lui ai rendu la pareille.

Henri regarda Charles avec étonnement.

— Tu sauras un jour ce que je veux dire, Henriot. En attendant, viens voir.

Et il s'approcha du lit où l'enfant dormait toujours.

— Eh ! dit-il, si ce gros garçon-là dormait au Louvre au lieu de dormir ici, dans cette petite maison de la rue des Barres, cela changerait bien des choses dans le présent et peut-être dans l'avenir[1].

— Sire, dit Marie, n'en déplaise à Votre Majesté, j'aime mieux qu'il dorme ici, il dort mieux.

— Ne troublons donc pas son sommeil, dit le roi ; c'est si bon de dormir quand on ne fait pas de rêves !

— Eh bien ! sire, fit Marie en étendant la main vers une des portes qui donnaient dans cette chambre.

— Oui, tu as raison, Marie, dit Charles IX ; soupons.

— Mon bien-aimé Charles, dit Marie, vous direz au roi votre frère de m'excuser, n'est-ce pas ?

— Et de quoi ?

— De ce que j'ai renvoyé nos serviteurs. Sire, continua Marie en s'adressant au roi de Navarre, vous saurez que Charles ne veut être servi que par moi.

— Ventre-saint-gris ! dit Henri, je le crois bien.

Les deux hommes passèrent dans la salle à manger, tandis que la mère, inquiète et soigneuse, couvrait d'une chaude étoffe le petit Charles, qui, grâce à son bon sommeil d'enfant que lui envoyait son père, ne s'était pas réveillé.

Marie vint les rejoindre.

— Il n'y a que deux couverts ! dit le roi.

— Permettez, dit Marie, que je serve Vos Majestés.

— Allons, dit Charles, voilà que tu me portes malheur, Henriot.

— Comment, sire ?

— N'entends-tu pas ?

— Pardon, Charles, pardon.

— Je te pardonne. Mais place-toi là, près de moi, entre nous deux.

— J'obéis, dit Marie.

Elle apporta un couvert, s'assit entre les deux rois et les servit.

— N'est-ce pas, Henriot, que c'est bon, dit Charles, d'avoir un endroit au monde dans lequel on ose boire et manger sans avoir besoin que personne ne fasse avant vous l'essai de vos vins et de vos viandes ?

— Sire, dit Henri en souriant et en répondant par le sourire à l'appréhension éternelle de son esprit, croyez que j'apprécie votre bonheur plus que personne.

— Aussi dis-lui bien, Henriot, que pour que nous demeurions ainsi heureux, il ne faut pas qu'elle se mêle de politique ; il ne faut pas surtout qu'elle fasse connaissance avec ma mère.

— La reine Catherine aime en effet Votre Majesté avec tant de passion, qu'elle pourrait être jalouse de tout autre amour, répondit Henri, trouvant, par un subterfuge, le moyen d'échapper à la dangereuse confiance du roi.

— Marie, dit le roi, je te présente un des hommes les plus fins et les plus spirituels que je connaisse. À la cour, vois-tu, et ce n'est pas peu dire, il a mis tout le monde dedans ; moi seul ait vu clair peut-être, je ne dis pas dans son cœur, mais dans son esprit.

— Sire, dit Henri, je suis fâché qu'en exagérant l'un comme vous le faites, vous doutiez de l'autre.

— Je n'exagère rien, Henriot, dit le roi ; d'ailleurs on te connaîtra un jour.

Puis se retournant vers la jeune femme :

— Il fait surtout les anagrammes à ravir. Dis-lui de faire celle de ton nom, et je réponds qu'il la fera.

— Oh ! que voulez-vous qu'on trouve dans le nom d'une pauvre fille comme moi ? quelle gracieuse pensée peut sortir de cet assemblage de lettres avec lesquelles le hasard a écrit Marie Touchet ?

— Oh ! l'anagramme de ce nom, sire, dit Henri, est trop facile, et je n'ai pas eu grand mérite à la trouver.

— Ah ! ah ! c'est déjà fait, dit Charles. Tu vois… Marie.

Henri tira de la poche de son pourpoint ses tablettes, en déchira une page, et en dessous du nom :

Marie Touchet,

écrivit :

Je charme tout.

Puis il passa la feuille à la jeune femme.

— En vérité, s'écria-t-elle, c'est impossible !

— Qu'a-t-il trouvé ? demanda Charles.

— Sire, je n'ose répéter, moi.

— Sire, dit Henri, dans le nom de Marie Touchet, il y a, lettre pour lettre, en faisant de l'I un J, comme c'est l'habitude : *Je charme tout.*

— En effet, s'écria Charles, lettre pour lettre. Je veux que ce soit ta devise, entends-tu, Marie ? Jamais devise n'a été mieux méritée. Merci, Henriot. Marie, je te la donnerai écrite en diamants.

Le souper s'acheva ; deux heures sonnèrent à Notre-Dame.

— Maintenant, dit Charles, en récompense de son compliment, Marie, tu vas lui donner un fauteuil où il puisse dormir jusqu'au jour ; bien loin de nous seulement, parce qu'il ronfle à faire peur. Puis, si tu t'éveilles avant moi, tu me réveilleras, car nous devons être à six heures du matin à la Bastille. Bonsoir, Henriot. Arrange-toi comme tu voudras. Mais, ajouta-t-il en s'approchant du roi de Navarre et en lui posant la main sur l'épaule, sur ta vie, entends-tu bien, Henri ? sur ta vie, ne sors pas d'ici sans moi, surtout pour retourner au Louvre.

Henri avait soupçonné trop de choses dans ce qu'il n'avait pas compris pour manquer à une telle recommandation.

Charles IX entra dans sa chambre, et Henri, le dur montagnard, s'accommoda sur un fauteuil, où bientôt il justifia la précaution qu'avait prise son beau-frère de l'éloigner de lui.

Le lendemain, au point du jour, il fut éveillé par Charles. Comme il était resté tout habillé, sa toilette ne fut pas longue. Le roi était heureux et souriant comme on ne le voyait jamais au Louvre. Les heures qu'il passait dans cette petite maison de la rue des Barres étaient ses heures de soleil.

Tous deux repassèrent par la chambre à coucher. La jeune femme dormait dans son lit ;

l'enfant dormait dans son berceau. Tous deux souriaient en dormant.

Charles les regarda un instant avec une tendresse infinie. Puis se tournant vers le roi de Navarre :

— Henriot, lui dit-il, s'il t'arrivait jamais d'apprendre quel service je t'ai rendu cette nuit, et qu'à moi il m'arrivât malheur, souviens-toi de cet enfant qui repose dans son berceau.

Puis les embrassant tous deux au front, sans donner à Henri le temps de l'interroger :

— Au revoir, mes anges, dit-il.

Et il sortit.

Henri le suivit tout pensif.

Des chevaux tenus en main par des gentilshommes auxquels Charles IX avait donné rendez-vous, les attendaient à la Bastille. Charles fit signe à Henri de monter à cheval, se mit en selle, sortit par le jardin de l'Arbalète, et suivit les boulevards extérieurs.

— Où allons-nous ? demanda Henri.

— Nous allons, répondit Charles, voir si le duc d'Anjou est revenu pour madame de Condé seule, et s'il y a dans ce cœur-là autant d'ambition que d'amour, ce dont je doute fort.

Henri ne comprenait rien à l'explication : il suivit Charles sans rien dire.

En arrivant au Marais, et comme à l'abri des palissades on découvrait tout ce qu'on appelait alors les faubourgs Saint-Laurent, Charles montra à Henri, à travers la brume grisâtre du matin, des hommes enveloppés de grands manteaux et coiffés de bonnets de fourrures qui s'avançaient à cheval, précédant un fourgon pesamment chargé. À mesure qu'ils avançaient, ces hommes prenaient une forme précise, et l'on pouvait voir, à cheval comme eux et causant avec eux, un autre homme vêtu d'un long manteau brun et le front ombragé d'un chapeau à la française.

— Ah ! ah ! dit Charles en souriant, je m'en doutais.

— Eh ! sire, dit Henri, je ne me trompe pas, ce cavalier au manteau brun, c'est le duc d'Anjou.

— Lui-même, dit Charles IX. Range-toi un peu, Henriot, je désire qu'il ne nous voie pas.

— Mais, demanda Henri, les hommes aux manteaux grisâtres et aux bonnets fourrés quels sont-ils ? et dans ce chariot qu'y a-t-il ?

— Ces hommes, dit Charles, ce sont les ambassadeurs polonais, et dans ce chariot il y a une couronne. Et maintenant, continua-t-il en mettant son cheval au galop et en reprenant le chemin de la porte du Temple, viens, Henriot, j'ai vu tout ce que je voulais voir.

↑ En effet, cet enfant naturel, qui n'était autre que le fameux duc d'Angoulême, qui mourut en 1650, supprimait, s'il eût été légitime, Henri III, Henri IV, Louis XIII, Louis XIV. Que nous donnait-il à la place ? L'esprit se confond et se perd dans les ténèbres d'une pareille question.

VI

LA RENTRÉE AU LOUVRE.

Lorsque Catherine pensa que tout était fini dans la chambre du roi de Navarre, que les gardes morts étaient enlevés, que Maurevel était transporté chez lui, que les tapis étaient lavés, elle congédia ses femmes, car il était minuit à peu près, et elle essaya de dormir. Mais la secousse avait été trop violente et la déception trop forte. Ce Henri détesté, échappant éternellement à ses embûches d'ordinaire mortelles, semblait protégé par quelque puissance invincible que Catherine s'obstinait à appeler hasard, quoique au fond de son cœur une voix lui dît que le véritable nom de cette puissance fût la destinée. Cette idée, que le bruit de cette nouvelle tentative, en se répandant dans le Louvre et hors du Louvre, allait donner à Henri et aux huguenots une plus grande confiance encore dans l'avenir, l'exaspérait, et en ce moment, si ce hasard contre lequel elle luttait si malheureusement lui eût livré son ennemi, certes, avec le petit poignard florentin qu'elle portait à sa ceinture, elle eût déjoué cette fatalité si favorable au roi de Navarre.

Les heures de la nuit, ces heures si lentes à celui qui attend et qui veille, sonnèrent donc les unes après les autres sans que Catherine pût fermer l'œil. Tout un monde de projets nouveaux se déroula pendant ces heures nocturnes dans son esprit plein de visions. Enfin au point du jour elle se leva, s'habilla toute seule et s'achemina vers l'appartement de Charles IX.

Les gardes, qui avaient l'habitude de la voir venir chez le roi à toute heure du jour et de la nuit, la laissèrent passer. Elle traversa donc l'antichambre et atteignit le cabinet des Armes. Mais là elle trouva la nourrice de Charles qui veillait.

— Mon fils ? dit la reine.

— Madame, il a défendu qu'on entrât dans sa chambre avant huit heures.

— Cette défense n'est pas pour moi, nourrice.

— Elle est pour tout le monde, Madame.

Catherine sourit.

— Oui, je sais bien, reprit la nourrice, je sais bien que nul ici n'a droit de faire obstacle à Votre Majesté ; je la supplierai donc d'écouter la prière d'une pauvre femme et de ne pas aller plus avant.

— Nourrice, il faut que je parle à mon fils.

— Madame, je n'ouvrirai la porte que sur un ordre formel de Votre Majesté.

— Ouvrez, nourrice, dit Catherine, je le veux !

La nourrice, à cette voix plus respectée et surtout plus redoutée au Louvre que celle de Charles lui-même, présenta la clef à Catherine, mais Catherine n'en avait pas besoin. Elle tira de sa poche la clef qui ouvrait la porte de son fils, et sous sa rapide pression la porte céda.

La chambre était vide, la couche de Charles était intacte, et son lévrier Actéon, couché sur la peau d'ours étendue à la descente de son lit, se leva et vint lécher les mains d'ivoire de Catherine.

— Ah ! dit la reine en fronçant le sourcil, il est sorti ! J'attendrai.

Et elle alla s'asseoir, pensive et sombrement recueillie, à la fenêtre qui donnait sur la cour du Louvre et de laquelle on découvrait le principal guichet.

Depuis deux heures elle était là immobile et pâle comme une statue de marbre, lorsqu'elle aperçut enfin rentrant au Louvre une troupe de cavaliers à la tête desquels elle reconnut Charles et Henri de Navarre.

Alors elle comprit tout. Charles, au lieu de discuter avec elle sur l'arrestation de son beau-frère, l'avait emmené et sauvé ainsi.

— Aveugle, aveugle, aveugle ! murmura-t-elle ; et elle attendit.

Un instant après des pas retentirent dans la chambre à côté, qui était le cabinet des Armes.

— Mais, sire, disait Henri, maintenant que nous voilà rentrés au Louvre, dites-moi pourquoi vous m'en avez fait sortir et quel est le service que vous m'avez rendu ?

— Non pas, non pas, Henriot, répondit Charles en riant. Un jour tu le sauras peut-être ; mais pour le moment c'est un mystère. Sache seulement que pour l'heure tu vas, selon toute probabilité, me valoir une rude querelle avec ma mère.

En achevant ces mots, Charles souleva la tapisserie et se trouva face à face avec Catherine.

Derrière lui et par-dessus son épaule apparaissait la tête pâle et inquiète du Béarnais.

— Ah ! vous êtes ici, Madame ! dit Charles IX en fronçant le sourcil.

— Oui, mon fils, dit Catherine. J'ai à vous parler.

— À moi ?

— À vous seul.

— Allons, allons, dit Charles en se retournant vers son beau-frère, puisqu'il n'y avait pas moyen d'y échapper, le plus tôt est le mieux.

— Je vous laisse, sire, dit Henri.

— Oui, oui, laisse-nous, répondit Charles ; et puisque tu es catholique, Henriot, va entendre la messe à mon intention, moi je reste au prêche.

Henri salua et sortit.

Charles IX alla au-devant des questions que venait lui adresser sa mère.

— Eh bien ! Madame, dit-il en essayant de tourner la chose au rire ; pardieu ! vous m'attendez pour me gronder, n'est-ce pas ? j'ai fait manquer irréligieusement votre petit projet. Eh ! mort d'un diable ! je ne pouvais pas cependant laisser arrêter et conduire à la Bastille l'homme qui venait de me sauver la vie. Je ne voulais pas non plus me quereller avec vous ; je suis bon fils. Et puis, ajouta-t-il tout bas, le bon Dieu punit les enfants qui se querellent avec leur mère, témoin mon frère François II. Pardonnez-moi donc franchement, et avouez ensuite que la plaisanterie était bonne.

— Sire, dit Catherine, Votre Majesté se trompe ; il ne s'agit pas d'une plaisanterie.

— Si fait, si fait ! et vous finirez par l'envisager ainsi, ou le diable m'emporte !

— Sire, vous avez par votre faute fait manquer tout un plan qui devait nous amener à une grande découverte.

— Bah ! un plan... Est-ce que vous êtes embarrassée pour un plan avorté, vous, ma mère ? Vous en ferez vingt autres, et dans ceux-là, eh bien ! je vous promets de vous seconder.

— Maintenant, me secondassiez-vous, il est trop tard, car il est averti et il se tiendra sur ses gardes.

— Voyons, fit le roi, venons au but. Qu'avez-vous contre Henriot ?

— J'ai contre lui qu'il conspire.

— Oui, je comprends bien, c'est votre accusation éternelle ; mais tout le monde ne conspire-t-il pas peu ou prou dans cette charmante résidence royale qu'on appelle le Louvre ?

— Mais lui conspire plus que personne, et il est d'autant plus dangereux que personne ne s'en doute.

— Voyez-vous, le Lorenzino ! dit Charles.

— Écoutez, dit Catherine s'assombrissant à ce nom qui lui rappelait une des plus sanglantes catastrophes de l'histoire florentine ; écoutez, il y a un moyen de me prouver que j'ai tort.

— Et lequel, ma mère ?

— Demandez à Henri qui était cette nuit dans sa chambre.

— Dans sa chambre... cette nuit ?

— Oui. Et s'il vous le dit...

— Eh bien ?

— Eh bien ! je suis prête à avouer que je me trompais.

— Mais si c'était une femme cependant, nous ne pouvons pas exiger...

— Une femme ?

— Oui.

— Une femme qui a tué deux de vos gardes et qui a blessé mortellement peut-être M. de Maurevel !

— Oh ! oh ! dit le roi, cela devient sérieux. Il y a eu du sang répandu ?

— Trois hommes sont restés couchés sur le plancher.

— Et celui qui les a mis dans cet état ?

— S'est sauvé sain et sauf.

— Par Gog et Magog ! dit Charles, c'était un brave, et vous avez raison, ma mère, je veux le connaître.

— Eh bien ! je vous le dis d'avance, vous ne le connaîtrez pas, du moins par Henri.

— Mais par vous, ma mère ? Cet homme n'a pas fui ainsi sans laisser quelque indice, sans qu'on ait remarqué quelque partie de son habillement ?

— On n'a remarqué que le manteau cerise fort élégant dans lequel il était enveloppé.

— Ah ! ah ! un manteau cerise ! dit Charles : je n'en connais qu'un à la cour assez remarquable pour qu'il frappe ainsi les yeux.

— Justement, dit Catherine.

— Eh bien ? demanda Charles.

— Eh bien ! dit Catherine, attendez-moi chez vous, mon fils, et je vais voir si mes ordres ont été exécutés.

Catherine sortit, et Charles demeura seul, se promenant de long en large avec distraction, sifflant un air de chasse, une main dans son pourpoint et laissant pendre l'autre main, que léchait son lévrier chaque fois qu'il s'arrêtait.

Quant à Henri, il était sorti de chez son beau-frère fort inquiet, et, au lieu de suivre le corridor ordinaire, il avait pris le petit escalier dérobé dont plus d'une fois déjà il a été question et qui conduisait au second étage. Mais à peine avait-il monté quatre marches, qu'au premier tournant il aperçut une ombre. Il s'arrêta en portant la main à son poignard. Aussitôt il reconnut une femme, et une charmante voix dont le timbre lui était familier lui dit en lui saisissant la main :

— Dieu soit loué, sire, vous voilà sain et sauf. J'ai eu bien peur pour vous ; mais sans doute Dieu a exaucé ma prière.

— Qu'est-il donc arrivé ? dit Henri.

— Vous le saurez en rentrant chez vous. Ne vous inquiétez point d'Orthon, je l'ai recueilli.

El la jeune femme descendit rapidement, croisant Henri comme si c'était par hasard qu'elle l'eût rencontré sur l'escalier.

— Voilà qui est bizarre, se dit Henri ; que s'est-il donc passé ? qu'est-il arrivé à Orthon ?

La question malheureusement ne pouvait être entendue de madame de Sauve, car madame de Sauve était déjà loin.

Au haut de l'escalier Henri vit tout à coup apparaître une autre ombre ; mais celle-là, c'était celle d'un homme.

— Chut ! dit cet homme.

— Ah ! ah ! c'est vous, François !

— Ne m'appelez point par mon nom.

— Que s'est-il donc passé ?

— Rentrez chez vous, et vous le saurez ; puis ensuite glissez-vous dans le corridor, regardez bien de tous côtés si personne ne vous épie, entrez chez moi, la porte sera seulement poussée.

Et il disparut à son tour par l'escalier, comme ces fantômes qui au théâtre s'abîment dans une trappe.

— Ventre-saint-gris ! murmura le Béarnais, l'énigme se continue ; mais puisque le mot est chez moi, allons-y, et nous verrons bien.

Cependant ce ne fut pas sans émotion que Henri continua son chemin ; il avait la sensibilité, cette superstition de la jeunesse. Tout se reflétait nettement sur cette âme à la surface unie comme un miroir, et tout ce qu'il venait d'entendre lui présageait un malheur.

Il arriva à la porte de son appartement et écouta. Aucun bruit ne s'y faisait entendre. D'ailleurs, puisque Charlotte lui avait dit de rentrer chez lui, il était évident qu'il n'avait rien à craindre en y rentrant. Il jeta un coup d'œil rapide autour de l'antichambre, elle était solitaire ; mais rien ne lui indiquait encore quelle chose s'était passée.

— En effet, dit-il, Orthon n'est point là.

Et il passa dans la seconde chambre.

Là tout fut expliqué.

Malgré l'eau qu'on avait jetée à flots, de larges taches rougeâtres marbraient le plancher ; un meuble était brisé, les tentures du lit déchiquetées à coups d'épée, un miroir de Venise était brisé par le choc d'une balle ; et une main sanglante appuyée contre la muraille, et qui avait laissé sa terrible empreinte, annonçait que cette chambre muette alors avait été témoin d'une lutte mortelle.

Henri recueillit d'un œil hagard tous ces différents détails, passa sa main sur son front moite de sueur, et murmura :

— Ah ! je comprends ce service que m'a rendu le roi ; on est venu pour m'assassiner… Et… — Ah ! de Mouy ! qu'ont-ils fait de de Mouy ! Les misérables ! ils l'auront tué !

Et, aussi pressé d'apprendre des nouvelles que le duc d'Alençon l'était de lui en donner, Henri, après avoir jeté une dernière fois un morne regard sur les objets qui l'entouraient, s'élança hors de la chambre, gagna le corridor, s'assura qu'il était bien solitaire, et poussant la porte entrebâillée, qu'il referma avec soin derrière lui, il se précipita chez le duc d'Alençon.

Le duc l'attendait dans la première pièce. Il prit vivement la main de Henri, l'entraîna, en mettant un doigt sur sa bouche, dans un petit cabinet en tourelle, complétement isolé, et par conséquent échappant par sa position à tout espionnage.

— Ah ! mon frère, lui dit-il, quelle horrible nuit !

— Que s'est-il donc passé ? demanda Henri.

— On a voulu vous arrêter.

— Moi ?

— Oui, vous.

— Et à quel propos ?

— Je ne sais. Où étiez-vous ?

— Le roi m'avait emmené hier soir avec lui par la ville.

— Alors il le savait, dit d'Alençon. Mais puisque vous n'étiez pas chez vous, qui donc y était ?

— Y avait-il donc quelqu'un chez moi ? demanda Henri comme s'il l'eût ignoré.

— Oui, un homme. Quand j'ai entendu le bruit, j'ai couru pour vous porter secours ; mais il était trop tard.

— L'homme était arrêté ? demanda Henri avec anxiété.

— Non, il s'était sauvé après avoir blessé dangereusement Maurevel et tué deux gardes.

— Ah ! brave de Mouy ! s'écria Henri.

— C'était donc de Mouy ? dit vivement d'Alençon.

Henri vit qu'il avait fait une faute.

— Du moins, je le présume, dit-il, car je lui avais donné rendez-vous pour m'entendre avec lui de votre fuite, et lui dire que je vous avais concédé tous mes droits au trône de Navarre.

— Alors, si la chose est sue, dit d'Alençon en pâlissant, nous sommes perdus.

— Oui, car Maurevel parlera.

— Maurevel a reçu un coup d'épée dans la gorge ; et je m'en suis informé au chirurgien qui l'a pansé, de plus de huit jours il ne pourra prononcer une seule parole.

— Huit jours ! c'est plus qu'il n'en faudra à de Mouy pour se mettre en sûreté.

— Après cela, dit d'Alençon, ça peut être un autre que M. de Mouy.

— Vous croyez ? dit Henri.

— Oui, cet homme a disparu très vite, et l'on n'a vu que son manteau cerise.

— En effet, dit Henri, un manteau cerise est bon pour un dameret et non pour un soldat. Jamais on ne soupçonnera de Mouy sous un manteau cerise.

— Non. Si l'on soupçonnait quelqu'un, dit d'Alençon, ce serait plutôt…

Il s'arrêta.

— Ce serait plutôt M. de La Mole, dit Henri.

— Certainement, puisque moi-même, qui ai vu fuir cet homme, j'ai douté un instant.

— Vous avez douté ! En effet, ce pourrait bien être M. de La Mole.

— Ne sait-il rien ? demanda d'Alençon.

— Rien absolument, du moins rien d'important.

— Mon frère, dit le duc, maintenant je crois véritablement que c'était lui.

— Diable ! dit Henri, si c'est lui, cela va faire grande peine à la reine, qui lui porte intérêt.

— Intérêt, dites-vous ? demanda d'Alençon interdit.

— Sans doute. Ne vous rappelez-vous pas, François, que c'est votre sœur qui vous l'a recommandé ?

— Si fait, dit le duc d'une voix sourde ; aussi je voudrais lui être agréable, et la preuve c'est que, de peur que son manteau rouge ne le compromît, je suis monté chez lui et je l'ai rapporté chez moi.

— Oh ! oh ! dit Henri, voilà qui est doublement prudent ; et maintenant je ne parierais pas, mais je jurerais que c'était lui.

— Même en justice ? demanda François.

— Ma foi, oui, répondit Henri. Il sera venu m'apporter quelque message de la part de Marguerite.

— Si j'étais sûr d'être appuyé par votre témoignage, dit d'Alençon, moi je l'accuserais presque.

— Si vous accusiez, répondit Henri, vous comprenez, mon frère, que je ne vous démentirais pas.

— Mais la reine ? dit d'Alençon.

— Ah ! oui, la reine.

— Il faut savoir ce qu'elle fera.

— Je me charge de la commission.

— Peste, mon frère ! elle aurait tort de nous démentir, car voilà une flambante réputation de vaillant faite à ce jeune homme, et qui ne lui aura pas coûté cher, car il l'aura achetée à crédit. Il est vrai qu'il pourra bien rembourser ensemble intérêts et capital.

— Dame ! que voulez-vous ! dit Henri, dans ce bas monde on n'a rien pour rien !

Et saluant d'Alençon de la main et du sourire, il passa avec précaution sa tête dans le corridor ; et s'étant assuré qu'il n'y avait personne aux écoutes, il se glissa rapidement et disparut dans l'escalier dérobé qui conduisait chez Marguerite.

De son côté, la reine de Navarre n'était guère plus tranquille que son mari. L'expédition de la nuit dirigée contre elle et la duchesse de Nevers par le roi, par le duc d'Anjou, par le duc de Guise et par Henri, qu'elle avait reconnu, l'inquiétait fort. Sans doute il n'y avait aucune preuve qui pût la compromettre, le concierge détaché de sa grille par La Mole et Coconnas avait affirmé être resté muet. Mais quatre seigneurs de la taille de ceux à qui deux simples gentilshommes comme La Mole et Coconnas avaient tenu tête, ne s'étaient pas dérangés de leur chemin au hasard et sans savoir pour qui ils se dérangeaient. Marguerite était donc rentrée au point du jour, après avoir passé le reste de la nuit chez la duchesse de Nevers. Elle s'était couchée aussitôt, mais elle ne pouvait dormir, elle tressaillait au moindre bruit.

Ce fut au milieu de ces anxiétés qu'elle entendit frapper à la porte secrète, et qu'après avoir fait reconnaître le visiteur par Gillonne, elle ordonna de laisser entrer.

Henri s'arrêta à la porte : rien en lui n'annonçait le mari blessé ; son sourire habituel errait sur ses lèvres fines, et aucun muscle de son visage ne trahissait les terribles émotions à travers lesquelles il venait de passer.

Il parut interroger de l'œil Marguerite pour savoir si elle lui permettait de rester en tête-à-tête avec elle. Marguerite comprit le regard de son mari et fit signe à Gillonne de s'éloigner.

— Madame, dit alors Henri, je sais combien vous êtes attachée à vos amis, et j'ai bien peur de vous apporter une fâcheuse nouvelle.

— Laquelle, Monsieur ? demanda Marguerite.

— Un de nos plus chers serviteurs se trouve en ce moment fort compromis.

— Lequel ?

— Ce cher comte de La Mole.

— M. le comte de La Mole compromis ! et à propos de quoi ?

— À propos de l'aventure de cette nuit.

Marguerite, malgré sa puissance sur elle-même, ne put s'empêcher de rougir.

Enfin elle fit un effort :

— Quelle aventure ? demanda-t-elle.

— Comment ! dit Henri, n'avez-vous point entendu tout le bruit qui s'est fait cette nuit au Louvre ?

— Non, Monsieur.

— Oh ! je vous en félicite, Madame, dit Henri avec une naïveté charmante, cela prouve que vous avez un bien excellent sommeil.

— Eh bien ! que s'est-il donc passé ?

— Il s'est passé que notre bonne mère avait donné l'ordre à M. de Maurevel et à six de ses gardes de m'arrêter.

— Vous, Monsieur ! vous !

— Oui, moi.

— Et pour quelle raison ?

— Ah ! qui peut dire les raisons d'un esprit profond comme l'est celui de notre mère ? Je les respecte, mais je ne les sais pas.

— Et vous n'étiez pas chez vous ?

— Non par hasard, c'est vrai. Vous avez deviné cela, Madame, non, je n'étais pas chez moi. Hier au soir le roi m'a invité à l'accompagner ; mais si je n'étais pas chez moi, un autre y était.

— Et quel était cet autre ?

— Il paraît que c'était le comte de La Mole.

— Le comte de La Mole ! dit Marguerite étonnée.

— Tudieu ! quel gaillard que ce petit Provençal, continua Henri. Comprenez-vous qu'il a blessé Maurevel et tué deux gardes ?

— Blessé M. de Maurevel et tué deux gardes… impossible !

— Comment ! vous doutez de son courage, Madame ?

— Non ; mais je dis que M. de La Mole ne pouvait pas être chez vous.

— Comment ne pouvait-il pas être chez moi ?

— Mais parce que… parce que… reprit Marguerite embarrassée, parce qu'il était ailleurs.

— Ah ! s'il peut prouver un alibi, reprit Henri, c'est autre chose ; il dira où il était, et tout sera fini.

— Où il était ? dit vivement Marguerite.

— Sans doute… La journée ne se passera pas sans qu'il soit arrêté et interrogé. Mais malheureusement, comme on a des preuves…

— Des preuves !… lesquelles ?

— L'homme qui a fait cette défense désespérée avait un manteau rouge.

— Mais il n'y a pas que M. de La Mole qui ait un manteau rouge… je connais un autre homme encore.

— Sans doute, et moi aussi… Mais voilà ce qui arrivera : si ce n'est pas M. de La Mole qui était chez moi, ce sera cet autre homme à manteau rouge comme lui. Or, cet autre homme vous savez qui ?

— Ciel !

— Voilà l'écueil ; vous l'avez vu comme moi, Madame, et votre émotion me le prouve. Causons donc maintenant comme deux personnes qui parlent de la chose la plus recherchée du monde… d'un trône… du bien le plus précieux… de la vie… De Mouy arrêté nous perd.

— Oui, je comprends cela.

— Tandis que M. de La Mole ne compromet personne ; à moins que vous ne le croyiez capable d'inventer quelque histoire, comme de dire, par hasard, qu'il était en partie avec des dames… que sais-je… moi ?

— Monsieur, dit Marguerite, si vous ne craignez que cela, soyez tranquille… il ne le dira point.

— Comment ! dit Henri, il se taira, sa mort dût-elle être le prix de son silence ?

— Il se taira, Monsieur.

— Vous en êtes sûre ?

— J'en réponds.

— Alors tout est pour le mieux, dit Henri en se levant.

— Vous vous retirez, Monsieur ? demanda vivement Marguerite.

— Oh ! mon Dieu, oui. Voilà tout ce que j'avais à vous dire.

— Et vous allez… ?

— Tâchez de nous tirer tous du mauvais pas où ce diable d'homme au manteau rouge nous a mis.

— Oh ! mon Dieu ! mon Dieu ! pauvre jeune homme ! s'écria douloureusement Marguerite se tordant les mains.

— En vérité, dit Henri en se retirant, c'est un bien gentil serviteur que ce cher M. de La Mole.

VII

LA CORDELIÈRE DE LA REINE MÈRE.

Charles était entré riant et railleur chez lui ; mais, après une conversation de dix minutes avec sa mère, on eût dit que celle-ci lui avait cédé sa pâleur et sa colère, tandis qu'elle avait repris la joyeuse humeur de son fils.

— M. de La Mole, disait Charles, M. de La Mole !… Il faut appeler Henri et le duc d'Alençon. Henri, parce que ce jeune homme était huguenot ; le duc d'Alençon, parce qu'il est à son service.

— Appelez-les si vous voulez, mon fils, vous ne saurez rien. Henri et François, j'en ai peur, sont plus liés ensemble que ne pourrait le faire croire l'apparence. Les interroger, c'est leur donner des soupçons : mieux vaudrait, je crois, l'épreuve lente et sûre de quelques jours. Si vous laissez respirer les coupables, mon fils, si vous laissez croire qu'ils ont échappé à votre vigilance, enhardis, triomphants, ils vont vous fournir une occasion meilleure de sévir ; alors nous saurons tout.

Charles se promenait indécis, rongeant sa colère, comme un cheval qui ronge son frein, et comprimant de sa main crispée son cœur mordu par le soupçon.

— Non, non, dit-il enfin, je n'attendrai pas. Vous ne savez pas ce que c'est que d'attendre, escorté comme je le suis de fantômes. D'ailleurs tous les jours ces muguets deviennent plus insolents : cette nuit même deux damoiseaux n'ont-ils pas osé nous tenir tête et se rebeller contre nous ?… Si M. de La Mole est innocent, c'est bien ; mais je ne suis pas fâché de savoir où était M. de La Mole cette nuit, tandis qu'on battait mes gardes au Louvre et qu'on me battait, moi, rue Cloche-Percée. Qu'on m'aille donc chercher le duc d'Alençon, puis Henri ; je veux les interroger séparément. Quant à vous, vous pouvez rester, ma mère.

Catherine s'assit. Pour un esprit ferme comme le sien, tout incident pouvait, courbé par sa main puissante, la conduire à son but, bien qu'il parût s'en écarter. De tout choc jaillit un bruit ou une étincelle. Le bruit guide : l'étincelle éclaire.

Le duc d'Alençon entra : sa conversation avec Henri l'avait préparé à l'entrevue, il était donc assez calme.

Ses réponses furent des plus précises. Prévenu par sa mère de demeurer chez lui, il ignorait complètement les événements de la nuit. Seulement, comme son appartement se trouvait donner sur le même corridor que celui du roi de Navarre, il avait d'abord cru entendre un bruit comme celui d'une porte qu'on enfonce, puis des imprécations, puis des coups de feu. Alors seulement il s'était hasardé à entrebâiller sa porte, et avait vu fuir un homme en manteau rouge.

Charles et sa mère échangèrent un regard.

— En manteau rouge ? dit le roi.

— En manteau rouge, reprit d'Alençon.

— Et ce manteau rouge ne vous a donné soupçon sur personne ?

D'Alençon rappela toute sa force pour mentir le plus naturellement possible.

— Au premier aspect, dit-il, je dois avouer à Votre Majesté que j'avais cru reconnaître le manteau incarnat d'un de mes gentilshommes.

— Et comment nommez-vous ce gentilhomme ?

— M. de La Mole.

— Pourquoi M. de La Mole n'était-il pas près de vous comme son devoir l'exigeait ?

— Je lui avais donné congé, dit le duc.

— C'est bien ; allez, dit Charles.

Le duc d'Alençon s'avança vers la porte qui lui avait donné passage pour entrer.

— Non point par celle-là, dit Charles ; par celle-ci.

Et il lui indiqua celle qui donnait chez sa nourrice. Charles ne voulait pas que François et Henri se rencontrassent.

Il ignorait qu'ils se fussent vus un instant, que cet instant eût suffi pour que les deux beaux-frères convinssent de leurs faits…

Derrière d'Alençon et sur un signe de Charles, Henri entra à son tour.

Henri n'attendit pas que Charles l'interrogeât.

— Sire, dit-il, Votre Majesté a bien fait de m'envoyer chercher, car j'allais descendre pour lui demander justice.

Charles fronça le sourcil.

— Oui, justice, dit Henri. Je commence par remercier Votre Majesté de ce qu'elle m'a pris hier au soir avec elle ; car en me prenant avec elle, je sais maintenant qu'elle m'a sauvé la vie ; mais qu'avais-je fait pour qu'on tentât sur moi un assassinat ?

— Ce n'était point un assassinat, dit vivement Catherine, c'était une arrestation.

— Eh bien ! soit, dit Henri. Quel crime avais-je commis pour être arrêté ? Si je suis coupable, je le suis autant ce matin qu'hier soir. Dites-moi mon crime, sire.

Charles regarda sa mère assez embarrassé de la réponse qu'il avait à faire.

— Mon fils, dit Catherine, vous recevez des gens suspects.

— Bien, dit Henri ; et ces gens suspects me compromettent, n'est-ce pas, Madame ?

— Oui, Henri.

— Nommez-les-moi, nommez-les-moi ! Quels sont-ils ? Confrontez-moi avec eux !

— En effet, dit Charles, Henriot a le droit de demander une explication.

— Et je la demande ! reprit Henri, qui, sentant la supériorité de sa position, en voulait tirer parti ; je la demande à mon bon frère Charles, à ma bonne mère Catherine. Depuis mon mariage avec Marguerite, ne me suis-je pas conduit en bon époux ? qu'on le demande à Marguerite ; en bon catholique ? qu'on le demande à mon confesseur ; en bon parent ? qu'on le demande à tous ceux qui assistaient à la chasse d'hier.

— Oui, c'est vrai, Henriot, dit le roi ; mais, que veux-tu ? on prétend que tu conspires.

— Contre qui ?

— Contre moi.

— Sire, si j'eusse conspiré contre vous, je n'avais qu'à laisser faire les événements, quand votre cheval ayant la cuisse cassée ne pouvait se relever, quand le sanglier furieux revenait sur Votre Majesté.

— Eh ! mort-diable ! ma mère, savez-vous qu'il a raison !

— Mais enfin qui était chez vous cette nuit ?

— Madame, dit Henri, dans un temps où si peu osent répondre d'eux-mêmes, je ne répondrai jamais des autres. J'ai quitté mon appartement à sept heures du soir ; à dix heures mon frère Charles m'a emmené avec lui : je suis resté avec lui pendant toute la nuit. Je ne pouvais pas à la fois être avec Sa Majesté et savoir ce qui se passait chez moi.

— Mais, dit Catherine, il n'en est pas moins vrai qu'un homme à vous a tué deux gardes de Sa Majesté et blessé M. de Maurevel.

— Un homme à moi ? dit Henri. Quel était cet homme, Madame ? nommez-le…

— Tout le monde accuse M. de La Mole.

— M. de La Mole n'est point à moi, Madame ; M. de La Mole est à M. d'Alençon, à qui il a été recommandé par votre fille.

— Mais enfin, dit Charles, est-ce M. de La Mole qui était chez toi, Henriot ?

— Comment voulez-vous que je sache cela, sire ? Je ne dis pas oui, je ne dis pas non... M. de La Mole est un fort gentil serviteur, tout dévoué à la reine de Navarre, et qui m'apporte souvent des messages, soit de Marguerite à qui il est reconnaissant de l'avoir recommandé à M. le duc d'Alençon, soit de M. le duc lui-même. Je ne puis pas dire que ce ne soit pas M. de La Mole...

— C'était lui, dit Catherine ; on a reconnu son manteau rouge.

— M. de La Mole a donc un manteau rouge ?

— Oui.

— Et l'homme qui a si bien arrangé mes deux gardes et M. de Maurevel...

— Avait un manteau rouge ? demanda Henri.

— Justement, dit Charles.

— Je n'ai rien à dire, reprit le Béarnais. Mais il me semble, en ce cas, qu'au lieu de me faire venir, moi, qui n'étais point chez moi, c'était M. de La Mole, qui y était, dites-vous, qu'il fallait interroger. Seulement, dit Henri, je dois faire observer une chose à Votre Majesté.

— Laquelle ?

— Si c'était moi qui, voyant un ordre signé de mon roi, me fusse défendu au lieu d'obéir à cet ordre, je serais coupable et mériterais toutes sortes de châtiments ; mais ce n'est point moi, c'est un inconnu que cet ordre ne concernait en rien : on a voulu l'arrêter injustement, il s'est défendu, trop bien défendu même, mais il était dans son droit.

— Cependant... murmura Catherine.

— Madame, dit Henri, l'ordre portait-il de m'arrêter ?

— Oui, dit Catherine, et c'est Sa Majesté elle-même qui l'avait signé.

— Mais portait-il en outre d'arrêter, si l'on ne me trouvait pas, celui que l'on trouverait à ma place ?

— Non, dit Catherine.

— Eh bien ! reprit Henri, à moins qu'on ne prouve que je conspire et que l'homme qui était dans ma chambre conspire avec moi, cet homme est innocent. Puis, se retournant vers Charles IX :

— Sire, continua Henri, je ne quitte pas le Louvre. Je suis même prêt à me rendre, sur un simple mot de Votre Majesté, dans telle prison d'État qu'il lui plaira de m'indiquer. Mais en attendant la preuve du contraire, j'ai le droit de me dire et je me dirai le très fidèle serviteur, sujet et frère de Votre Majesté.

Et avec une dignité qu'on ne lui avait point vue encore, Henri salua Charles et se retira.

— Bravo, Henriot ! dit Charles quand le roi de Navarre fut sorti.

— Bravo ! parce qu'il nous a battus ? dit Catherine.

— Et pourquoi n'applaudirais-je pas ? Quand nous faisons des armes ensemble et qu'il me touche, est-ce que je ne dis pas bravo aussi ? Ma mère, vous avez tort de mépriser ce garçon-là comme vous le faites.

— Mon fils, dit Catherine en serrant la main de Charles IX, je ne le méprise pas, je le crains.

— Eh bien, vous avez tort, ma mère. Henriot est mon ami, et, comme il l'a dit, s'il eût conspiré contre moi, il n'eût eu qu'à laisser faire le sanglier.

— Oui, dit Catherine, pour que M. le duc d'Anjou, son ennemi personnel, fût roi de France ?

— Ma mère, n'importe le motif pour lequel Henriot m'a sauvé la vie ; mais il y a un fait, c'est qu'il me l'a sauvée, et, mort de tous les diables ! je ne veux pas qu'on lui fasse de la peine. Quant à M. de La Mole, eh bien, je vais m'entendre avec mon frère d'Alençon, auquel il appartient.

C'était un congé que Charles IX donnait à sa mère. Elle se retira en essayant d'imprimer une certaine fixité à ses soupçons errants.

M. de La Mole, par son peu d'importance, ne répondait pas à ses besoins.

En rentrant dans sa chambre, à son tour Catherine trouva Marguerite qui l'attendait.

— Ah ! ah ! dit-elle, c'est vous, ma fille ; je vous ai envoyé chercher hier soir.

— Je le sais, Madame ; mais j'étais sortie.

— Et ce matin ?

— Ce matin, Madame, je viens vous trouver pour dire à Votre Majesté qu'elle va commettre une grande injustice.

— Laquelle ?

— Vous allez faire arrêter M. le comte de La Mole ?

— Vous vous trompez, ma fille, je ne fais arrêter personne, c'est le roi qui fait arrêter, et non pas moi.

— Ne jouons pas sur les mots, Madame, quand les circonstances sont graves. On va arrêter M. de La Mole, n'est-ce pas ?

— C'est probable.

— Comme accusé de s'être trouvé cette nuit dans la chambre du roi de Navarre et d'avoir tué deux gardes et blessé M. de Maurevel ?

— C'est en effet le crime qu'on lui impute.

— On le lui impute à tort, Madame, dit Marguerite ; M. de La Mole n'est pas coupable.

— M. de La Mole n'est pas coupable ! dit Catherine en faisant un soubresaut de joie et en devinant qu'il allait jaillir quelque lueur de ce que Marguerite venait lui dire.

— Non, reprit Marguerite, il n'est pas coupable, il ne peut pas l'être, car il n'était pas chez le roi.

— Et où était-il ?

— Chez moi, Madame.

— Chez vous !

— Oui, chez moi.

Catherine devait un regard foudroyant à cet aveu d'une fille de France, mais elle se contenta de croiser ses mains sur sa ceinture.

— Et… dit-elle après un moment de silence, si l'on arrête M. de La Mole et qu'on l'interroge…

— Il dira où il était et avec qui il était, ma mère, répondit Marguerite, quoiqu'elle fût sûre du contraire.

— Puisqu'il en est ainsi, vous avez raison, ma fille, il ne faut pas qu'on arrête M. de La Mole.

Marguerite frissonna : il lui sembla qu'il y avait dans la manière dont sa mère prononçait ces paroles un sens mystérieux et terrible : mais elle n'avait rien à dire, car ce qu'elle venait demander lui était accordé.

— Mais alors, dit Catherine, si ce n'était point M. de La Mole qui était chez le roi, c'était un autre ?

Marguerite se tut.

— Cet autre, le connaissez-vous, ma fille ? dit Catherine.

— Non, ma mère, dit Marguerite d'une voix mal assurée.

— Voyons, ne soyez pas confiante à moitié.

— Je vous répète, Madame, que je ne le connais pas, répondit une seconde fois Marguerite en pâlissant malgré elle.

— Bien, bien, dit Catherine d'un air indifférent, on s'informera. Allez, ma fille ; tranquillisez-vous, votre mère veille sur votre honneur.

Marguerite sortit.

— Ah ! murmura Catherine, on se ligue ; Henri et Marguerite s'entendent : pourvu que la femme soit muette, le mari est aveugle. Ah ! vous êtes bien adroits, mes enfants, et vous vous croyez bien forts ; mais votre force est dans votre union, et je vous briserai les uns après les autres. D'ailleurs un jour viendra où Maurevel pourra parler ou écrire, prononcer un nom ou former six lettres, et ce jour-là on saura tout.

Oui, mais d'ici à ce jour-là le coupable sera en sûreté. Ce qu'il y a de mieux, c'est de les désunir tout de suite.

Et en vertu de ce raisonnement, Catherine reprit le chemin des appartements de son fils, qu'elle trouva en conférence avec d'Alençon.

— Ah ! ah ! dit Charles IX en fronçant le sourcil, c'est vous, ma mère !

— Pourquoi n'avez-vous pas dit *encore* ? Le mot était dans votre pensée, Charles.

— Ce qui est dans ma pensée n'appartient qu'à moi, Madame, dit le roi de ce ton brutal qu'il prenait quelquefois, même pour parler à Catherine. Que me voulez-vous ? dites vite.

— Eh bien ! vous aviez raison, mon fils, dit Catherine à Charles ; et vous, d'Alençon, vous aviez tort.

— En quoi, Madame ? demandèrent les deux princes.

— Ce n'est point M. de La Mole qui était chez le roi de Navarre.

— Ah ! ah ! dit François en pâlissant.

— Et qui était-ce donc ? demanda Charles.

— Nous ne le savons pas encore, mais nous le saurons quand Maurevel pourra parler. Ainsi, laissons là cette affaire qui ne peut tarder à s'éclaircir, et revenons à M. de La Mole.

— Eh bien ! M. de La Mole, que lui voulez-vous, ma mère, puisqu'il n'était pas chez le roi de Navarre ?

— Non, dit Catherine, il n'était pas chez le roi, mais il était chez… la reine.

— Chez la reine ! dit Charles en partant d'un éclat de rire nerveux.

— Chez la reine ! murmura d'Alençon en devenant pâle comme un cadavre.

— Mais non, mais non, dit Charles : Guise m'a dit avoir rencontré la litière de Marguerite.

— C'est cela, dit Catherine ; elle a une maison en ville.

— Rue Cloche-Percée ! s'écria le roi.

— Oh ! oh ! c'est trop fort, dit d'Alençon en enfonçant ses ongles dans les chairs de sa poitrine. Et me l'avoir recommandé à moi-même !

— Ah ! mais j'y pense ! dit le roi en s'arrêtant tout à coup, c'est lui alors qui s'est défendu cette nuit contre nous et qui m'a jeté une aiguière d'argent sur la tête, le misérable !

— Oh ! oui, répéta François, le misérable !

— Vous avez raison, mes enfants, dit Catherine sans avoir l'air de comprendre le sentiment qui faisait parler chacun de ses deux fils. Vous avez raison, car une seule indiscrétion de ce gentilhomme peut causer un scandale horrible ; perdre une fille de France ! il ne faut qu'un moment d'ivresse pour cela.

— Ou de vanité, dit François.

— Sans doute, sans doute, dit Charles ; mais nous ne pouvons cependant déférer la cause à des juges, à moins que Henriot ne consente à se porter plaignant.

— Mon fils, dit Catherine en posant la main sur l'épaule de Charles et en l'appuyant d'une façon assez significative pour appeler toute l'attention du roi sur ce qu'elle allait proposer, écoutez bien ce que je vous dis. Il y a crime et il peut y avoir scandale. Mais ce n'est pas avec des juges et des bourreaux qu'on punit ces sortes de délits à la majesté royale. Si vous étiez de simples gentilshommes, je n'aurais rien à vous apprendre, car vous êtes braves tous deux ; mais vous êtes princes, vous ne pouvez croiser votre épée contre celle d'un hobereau : avisez à vous venger en princes.

— Mort de tous les diables ! dit Charles, vous avez raison, ma mère, et j'y vais rêver.

— Je vous y aiderai, mon frère, s'écria François.

— Et moi, dit Catherine en détachant la cordelière de soie noire qui faisait trois fois le tour de sa taille, et dont chaque bout, terminé par un gland, retombait jusqu'aux genoux, je me retire, mais je vous laisse ceci pour me représenter.

Et elle jeta la cordelière aux pieds des deux princes.

— Ah ! ah ! dit Charles, je comprends.

— Cette cordelière… fit d'Alençon en la ramassant.

— C'est la punition et le silence, dit Catherine victorieuse ; seulement, ajouta-t-elle, il n'y aurait pas de mal à mettre Henri dans tout cela.

Et elle sortit.

— Pardieu ! dit d'Alençon, rien de plus facile, et quand Henri saura que sa femme le trahit… Ainsi, ajouta-t-il en se tournant vers le roi, vous avez adopté l'avis de notre mère ?

— De point en point, dit Charles, ne se doutant point qu'il enfonçait mille poignards dans le cœur de d'Alençon. Cela contrariera Marguerite, mais cela réjouira Henriot.

Puis, appelant un officier de ses gardes, il ordonna que l'on fît descendre Henri ; mais se ravisant :

— Non, non, dit-il, je vais le trouver moi-même. Toi, d'Alençon, préviens d'Anjou et Guise.

Et sortant de son appartement, il prit le petit escalier tournant par lequel on montait au second, et qui aboutissait à la porte de Henri.

VIII

PROJETS DE VENGEANCE.

Henri avait profité du moment de répit que lui donnait l'interrogatoire si bien soutenu par lui pour courir chez madame de Sauve. Il y avait trouvé Orthon complètement revenu de son évanouissement ; mais Orthon n'avait pu rien lui dire, si ce n'était que des hommes avaient fait irruption chez lui, et que le chef de ces hommes l'avait frappé d'un coup de pommeau d'épée qui l'avait étourdi. Quant à Orthon, on ne s'en était pas inquiété. Catherine l'avait vu évanoui et l'avait cru mort.

Et comme il était revenu à lui dans l'intervalle du départ de la reine mère, à l'arrivée du capitaine des gardes chargé de déblayer la place, il s'était réfugié chez madame de Sauve.

Henri pria Charlotte de garder le jeune homme jusqu'à ce qu'il eût des nouvelles de de Mouy, qui, du lieu où il s'était retiré, ne pouvait manquer de lui écrire. Alors il enverrait Othon porter sa réponse à de Mouy, et, au lieu d'un homme dévoué, il pouvait alors compter sur deux.

Ce plan arrêté, il était revenu chez lui et philosophait en se promenant de long en large, lorsque tout à coup la porte s'ouvrit et le roi parut.

— Votre Majesté ! s'écria Henri en s'élançant au-devant du roi.

— Moi-même… En vérité, Henriot, tu es un excellent garçon, et je sens que je t'aime de plus en plus.

— Sire, dit Henri, Votre Majesté me comble.

— Tu n'as qu'un tort, Henriot.

— Lequel ? celui que Votre Majesté m'a déjà reproché plusieurs fois, dit Henri, de préférer la chasse à courre à la chasse au vol ?

— Non, non, je ne parle pas de celui-là, Henriot, je parle d'un autre.

— Que Votre Majesté s'explique, dit Henri, qui vit au sourire de Charles que le roi était de bonne humeur, et je tâcherai de me corriger.

— C'est, ayant de bons yeux comme tu les as, de ne pas voir plus clair que tu ne vois.

— Bah ! dit Henri, est-ce que, sans m'en douter, je serais myope, sire ?

— Pis que cela, Henriot, pis que cela, tu es aveugle.

— Ah ! vraiment, dit le Béarnais ; mais ne serait-ce pas quand je ferme les yeux que ce malheur-là m'arrive ?

— Oui-da ! dit Charles, tu en es bien capable. En tout cas, je vais te les ouvrir, moi.

— Dieu dit : Que la lumière soit, et la lumière fut. Votre Majesté est le représentant de Dieu en ce monde ; elle peut donc faire sur la terre ce que Dieu fait au ciel : j'écoute.

— Quand Guise a dit hier soir que ta femme venait de passer, escortée d'un dameret, tu n'as pas voulu le croire !

— Sire, dit Henri, comment croire que la sœur de Votre Majesté commette une pareille imprudence ?

— Quand il t'a dit que ta femme était allée rue Cloche-Percée, tu n'as pas voulu le croire non plus !

— Comment supposer, sire, qu'une fille de France risque publiquement sa réputation ?

— Quand nous avons assiégé la maison de la rue Cloche-Percée, et que j'ai reçu, moi, une aiguière d'argent sur l'épaule, d'Anjou une compote d'oranges sur la tête, et de Guise un jambon de sanglier par la figure, tu as vu deux femmes et deux hommes ?

— Je n'ai rien vu, sire. Votre Majesté doit se rappeler que j'interrogeais le concierge.

— Oui ; mais, corbœuf ! j'ai vu, moi !

— Ah ! si Votre Majesté a vu, c'est autre chose.

— C'est-à-dire j'ai vu deux hommes et deux femmes. Eh bien ! je sais maintenant, à n'en pas douter, qu'une de ces deux femmes était Margot, et qu'un de ces deux hommes était M. de La Mole.

— Eh mais ! dit Henri, si M. de La Mole était rue Cloche-Percée, il n'était pas ici.

— Non, dit Charles, non, il n'était pas ici. Mais il n'est plus question de la personne qui était ici, on la connaîtra quand cet imbécile de Maurevel pourra parler ou écrire. Il est question que Margot te trompe.

— Bah ! dit Henri, ne croyez donc pas des médisances.

— Quand je te disais que tu es plus que myope, que tu es aveugle, mort-diable ! veux-tu me croire une fois, entêté ! Je te dis que Margot te trompe, que nous étranglerons ce soir l'objet de ses affections.

Henri fit un bond de surprise et regarda son beau-frère d'un air stupéfait.

— Tu n'en es pas fâché, Henri, au fond, avoue cela. Margot va bien crier comme cent mille corneilles ; mais, ma foi, tant pis. Je ne veux pas qu'on te rende malheureux, moi. Que Condé soit trompé par le duc d'Anjou, je m'en bats l'œil, Condé est mon ennemi ; mais toi, tu es mon frère, tu es plus que mon frère, tu es mon ami.

— Mais, sire…

— Et je ne veux pas qu'on te molestre, je ne veux pas qu'on te berne ; il y a assez longtemps que tu sers de quintaine à tous ces godelureaux qui arrivent de province pour ramasser nos miettes et courtiser nos femmes ; qu'ils y viennent, ou plutôt qu'ils y reviennent, corbœuf ! On t'a trompé, Henriot, cela peut arriver à tout le monde ; mais tu auras, je te jure, une éclatante satisfaction, et l'on dira demain : Mille noms d'un diable ! il paraît que le roi Charles aime son frère Henriot, car cette nuit il a drôlement fait tirer la langue à M. de La Mole.

— Voyons, sire, dit Henri, est-ce véritablement une chose bien arrêtée ?

— Arrêtée, résolue, décidée ; le muguet n'aura pas à se plaindre. Nous faisons l'expédition entre moi, d'Anjou, d'Alençon et Guise : un roi, deux fils de France et un prince souverain sans te compter.

— Comment, sans me compter ?

— Oui, tu en seras, toi.

— Moi !

— Oui, toi ; dague-moi ce gaillard-là d'une façon royale, tandis que nous l'étranglerons.

— Sire, dit Henri, votre bonté me confond ; mais comment savez-vous ?

— Eh ! corne du diable ! il paraît que le drôle s'en est vanté. Il va tantôt chez elle au Louvre, tantôt rue Cloche-Percée. Ils font des vers ensemble ; je voudrais bien voir des vers de ce muguet-là ; des pastorales : ils causent de Bion et de Moschus, ils font alterner Daphnis et Corydon. Ah çà, prends-moi une bonne miséricorde, au moins !

— Sire, dit Henri, en y réfléchissant…

— Quoi ?

— Votre Majesté comprendra que je ne puis me trouver à une pareille expédition. Être là en personne serait inconvenant, ce me semble. Je suis trop intéressé à la chose pour que mon intervention ne soit pas traitée de férocité. Votre Majesté venge l'honneur de sa sœur sur un fat qui s'est vanté en calomniant ma femme, rien n'est plus simple, et Marguerite, que je maintiens innocente, sire, n'est pas déshonorée pour cela : mais si je suis de la partie, c'est autre chose ; ma coopération fait d'un acte de justice un acte de vengeance. Ce n'est plus une exécution, c'est un assassinat ; ma femme n'est plus calomniée, elle est coupable.

— Mordieu ! Henri, tu parles d'or, et je le disais tout à l'heure encore à ma mère, tu as de l'esprit comme un démon.

Et Charles regarda complaisamment son beau-frère, qui s'inclina pour répondre au compliment.

— Néanmoins, ajouta Charles, tu es content qu'on te débarrasse de ce muguet ?

— Tout ce que fait Votre Majesté est bien fait, répondit le roi de Navarre.

— C'est bien, c'est bien alors, laisse-moi donc faire ta besogne ; sois tranquille, elle n'en sera pas plus mal faite.

— Je m'en rapporte à vous, sire, dit Henri.

— Seulement à quelle heure va-t-il ordinairement chez ta femme ?

— Mais vers les neuf heures du soir.

— Et il en sort ?

— Avant que je n'y arrive, car je ne l'y trouve jamais.

— Vers…

— Vers les onze heures.

— Bon : descends ce soir à minuit, la chose sera faite.

Et Charles ayant cordialement serré la main à Henri, et lui ayant renouvelé ses promesses d'amitié, sortit en sifflant son air de chasse favori.

— Ventre-saint-gris ! dit le Béarnais en suivant Charles des yeux, je suis bien trompé si toute cette diablerie ne sort pas encore de chez la reine mère. En vérité elle ne sait qu'inventer pour nous brouiller, ma femme et moi ; un si joli ménage !

Et Henri se mit à rire comme il riait quand personne ne pouvait le voir ni l'entendre.

Vers les sept heures du soir de la même journée où tous ces événements s'étaient passés, un beau jeune homme, qui venait de prendre un bain, s'épilait et se promenait avec complaisance, fredonnant une petite chanson devant une glace dans une chambre du Louvre.

À côté de lui dormait ou plutôt se détirait sur un lit un autre jeune homme.

L'un était notre ami La Mole, dont on s'était si fort occupé dans la journée, et dont on s'occupait encore peut-être davantage sans qu'il le soupçonnât, et l'autre son compagnon Coconnas.

En effet, tout ce grand orage avait passé autour de lui sans qu'il eût entendu gronder la foudre, sans qu'il eût vu briller les éclairs. Rentré à trois heures du matin, il était resté couché jusqu'à trois heures du soir, moitié dormant, moitié rêvant, bâtissant des châteaux sur ce sable mouvant qu'on appelle l'avenir ; puis il s'était levé, avait été passer une heure chez les baigneurs à la mode, était allé dîner chez maître La Hurière, et, de retour au Louvre, il achevait sa toilette pour aller faire sa visite ordinaire à la reine.

— Et tu dis donc que tu as dîné, toi ? lui demanda Coconnas en bâillant.

— Ma foi, oui, et de grand appétit.

— Pourquoi ne m'as-tu pas emmené avec toi, égoïste ?

— Ma foi, tu dormais si fort que je n'ai pas voulu te réveiller. Mais, sais-tu ? tu souperas au lieu de dîner. Surtout n'oublie pas de demander à maître La Hurière de ce petit vin d'Anjou qui lui est arrivé ces jours-ci.

— Il est bon ?

— Demandes-en, je ne te dis que cela.

— Et toi, où vas-tu ?

— Moi, dit La Mole, étonné que son ami lui fît même cette question, où je vais ? faire ma cour à la reine.

— Tiens, au fait, dit Coconnas, si j'allais dîner à notre petite maison de la rue Cloche-

Percée, je dînerais des reliefs d'hier, et il y a un certain vin d'Alicante qui est restaurant.

— Cela serait imprudent, Annibal, mon ami, après ce qui s'est passé cette nuit. D'ailleurs ne nous a-t-on pas fait donner notre parole que nous n'y retournerions pas seuls ? Passe-moi donc mon manteau.

— C'est ma foi vrai, dit Coconnas ; je l'avais oublié. Mais où diable est-il donc ton manteau ?... Ah ! le voilà.

— Non, tu me passes le noir, et c'est le rouge que je te demande. La reine m'aime mieux avec celui-là.

— Ah ! ma foi, dit Coconnas après avoir regardé de tous côtés, cherche-le toi-même, je ne le trouve pas.

— Comment, dit La Mole, tu ne le trouves pas ? mais où donc est-il ?

— Tu l'auras vendu...

— Pourquoi faire ? il me reste encore six écus.

— Alors, mets le mien.

— Ah ! oui... un manteau jaune avec un pourpoint vert, j'aurais l'air d'un papegeai.

— Par ma foi, tu es trop difficile. Arrange-toi comme tu voudras, alors.

En ce moment, et comme après avoir tout mis sens dessus dessous La Mole commençait à se répandre en invectives contre les voleurs qui se glissaient jusque dans le Louvre, un page du duc d'Alençon parut avec le précieux manteau tant demandé.

— Ah ! s'écria La Mole, le voilà, enfin !

— Votre manteau, Monsieur ? dit le page... Oui ; Monseigneur l'avait fait prendre chez vous pour s'éclaircir à propos d'un pari qu'il avait fait sur la nuance.

— Oh ! dit La Mole, je ne le demandais que parce que je veux sortir, mais si Son Altesse désire le garder encore...

— Non, monsieur le comte, c'est fini.

Le page sortit ; La Mole agrafa son manteau.

— Eh bien ! continua La Mole, à quoi te décides-tu ?

— Je n'en sais rien.

— Te retrouverai-je ici ce soir ?

— Comment veux-tu que je te dise cela ?

— Tu ne sais pas ce que tu feras dans deux heures ?

— Je sais bien ce que je ferai, mais je ne sais pas ce qu'on me fera faire.

— La duchesse de Nevers ?

— Non, le duc d'Alençon.

— En effet, dit La Mole, je remarque que depuis quelque temps il te fait force amitiés.

— Mais oui, dit Coconnas.

— Alors ta fortune est faite, dit en riant La Mole.

— Peuh ! fit Coconnas, un cadet !

— Oh ! dit La Mole, il a si bonne envie de devenir l'aîné, que le ciel fera peut-être un miracle en sa faveur. Ainsi tu ne sais pas où tu seras ce soir ?

— Non.

— Au diable, alors... ou plutôt adieu !

— Ce La Mole est terrible, dit Coconnas, pour vouloir toujours qu'on lui dise où l'on sera ! est-ce qu'on le sait ? D'ailleurs, je crois que j'ai envie de dormir. Et il se recoucha.

Quant à La Mole, il prit son vol vers les appartements de la reine. Arrivé au corridor que nous connaissons, il rencontra le duc d'Alençon.

— Ah ! c'est vous, monsieur de La Mole ? lui dit le prince.

— Oui, Monseigneur, répondit La Mole en saluant avec respect.

— Sortez-vous donc du Louvre ?

— Non, Votre Altesse ; je vais présenter mes hommages à Sa Majesté la reine de Navarre.

— Vers quelle heure sortirez-vous de chez elle, monsieur de La Mole ?

— Monseigneur a-t-il quelques ordres à me donner ?

— Non, pas pour le moment, mais j'aurai à vous parler ce soir.

— Vers quelle heure ?

— Mais de neuf à dix.

— J'aurai l'honneur de me présenter à cette heure-là chez Votre Altesse.

— Bien, je compte sur vous.

La Mole salua et continua son chemin.

— Ce duc, dit-il, a des moments où il est pâle comme un cadavre ; c'est singulier.

Et il frappa à la porte de la reine : Gillonne, qui semblait guetter son arrivée, le conduisit près de Marguerite.

Celle-ci était occupée d'un travail qui paraissait la fatiguer beaucoup ; un papier chargé de ratures et un volume d'Isocrate étaient placés devant elle. Elle fit signe à La Mole de la laisser achever un paragraphe ; puis, ayant terminé, ce qui ne fut pas long, elle jeta sa plume, et invita le jeune homme à s'asseoir près d'elle.

La Mole rayonnait. Il n'avait jamais été si beau, jamais si gai.

— Du grec ! s'écria-t-il en jetant les yeux sur le livre : une harangue d'Isocrate ! Que voulez-vous faire de cela ? Oh ! oh ! sur ce papier du latin : *Ad Sarmatiæ legatos reginæ Margaritæ concio !* Vous allez donc haranguer ces barbares en latin ?

— Il le faut bien, dit Marguerite, puisqu'ils ne parlent pas français.

— Mais comment pouvez-vous faire la réponse avant d'avoir le discours ?

— Une plus coquette que moi vous ferait croire à une improvisation : mais pour vous, mon Hyacinthe, je n'ai point de ces sortes de tromperies ; on m'a communiqué d'avance le discours, et j'y réponds.

— Sont-ils donc près d'arriver, ces ambassadeurs ?

— Mieux que cela, ils sont arrivés ce matin.

— Mais personne ne le sait ?

— Ils sont arrivés incognito. Leur entrée solennelle est remise à après-demain, je crois. Au reste, vous verrez, dit Marguerite avec un petit air satisfait qui n'était point exempt de pédantisme, ce que j'ai fait ce soir est assez cicéronien ; mais laissons là ces futilités. Parlons de ce qui vous est arrivé.

— À moi ?

— Oui.

— Que m'est-il donc arrivé ?

— Ah ! vous avez beau faire le brave, je vous trouve un peu pâle.

— Alors, c'est d'avoir trop dormi ; je m'en accuse bien humblement.

— Allons, allons, ne faisons point le fanfaron, je sais tout.

— Ayez donc la bonté de me mettre au courant, ma perle, car moi je ne sais rien.

— Voyons, répondez-moi franchement. Que vous a demandé la reine mère ?

— La reine mère à moi ! avait-elle donc à me parler ?

— Comment ! vous ne l'avez pas vue ?

— Non.

— Et le roi Charles ?

— Non.

— Et le roi de Navarre ?

— Non.

— Mais le duc d'Alençon, vous l'avez vu ?

— Oui, tout à l'heure, je l'ai rencontré dans le corridor.

— Que vous a-t-il dit ?

— Qu'il avait à me donner quelques ordres entre neuf et dix heures du soir.

— Et pas autre chose ?

— Pas autre chose.

— C'est étrange.

— Mais, enfin, que trouvez-vous d'étrange, dites-moi ?

— Que vous n'ayez entendu parler de rien.

— Que s'est-il donc passé ?

— Il s'est passé que pendant toute cette journée, malheureux, vous avez été suspendu sur un abîme.

— Moi ?

— Oui, vous.

— À quel propos ?

— Écoutez. De Mouy, surpris cette nuit dans la chambre du roi de Navarre, que l'on voulait arrêter, a tué trois hommes, et s'est sauvé, sans que l'on reconnût de lui autre chose que le fameux manteau rouge.

— Eh bien ?

— Eh bien, ce manteau rouge qui m'avait trompée une fois en a trompé d'autres aussi : vous avez été soupçonné, accusé même de ce triple meurtre. Ce matin on voulait vous arrêter, vous juger, qui sait ? vous condamner peut-être ; car pour vous sauver vous n'eussiez pas voulu dire où vous étiez, n'est-ce pas ?

— Dire où j'étais ! s'écria La Mole, vous compromettre, vous, ma belle majesté ! Oh ! vous avez bien raison ; je fusse mort en chantant pour épargner une larme à vos beaux yeux.

— Hélas ! mon pauvre gentilhomme ! dit Marguerite, mes beaux yeux eussent bien pleuré.

— Mais comment s'est apaisé ce grand orage ?

— Devinez.

— Que sais-je, moi ?

— Il n'y avait qu'un moyen de prouver que vous n'étiez pas dans la chambre du roi de Navarre.

— Lequel ?

— C'était de dire où vous étiez.

— Eh bien ?

— Eh bien, je l'ai dit !

— El à qui ?

— À ma mère.

— Et la reine Catherine…

— La reine Catherine sait que vous êtes mon amant.

— Oh ! Madame, après avoir tant fait pour moi, vous pouvez tout exiger de votre serviteur. Oh ! vraiment, c'est beau et grand, Marguerite, ce que vous avez fait là ! Oh ! Marguerite, ma vie est bien à vous !

— Je l'espère, car je l'ai arrachée à ceux qui me la voulaient prendre ; mais à présent vous êtes sauvé.

— Et par vous ! s'écria le jeune homme, par ma reine adorée !

Au même moment un bruit éclatant les fit tressaillir. La Mole se rejeta en arrière plein d'un vague effroi ; Marguerite, poussant un cri, demeura les yeux fixés sur la vitre brisée d'une fenêtre.

Par cette vitre un caillou de la grosseur d'un œuf venait d'entrer ; il roulait encore sur le parquet.

La Mole vit à son tour le carreau cassé et reconnut la cause du bruit.

— Quel est l'insolent ? s'écria-t-il ; et il s'élança vers la fenêtre.

— Un moment, dit Marguerite : à cette pierre est attaché quelque chose, ce me semble.

— En effet, dit La Mole, on dirait un papier.

Marguerite se précipita sur l'étrange projectile, et arracha la mince feuille qui, pliée comme un étroit ruban, enveloppait le caillou par le milieu.

Ce papier était maintenu par une ficelle, laquelle sortait par l'ouverture de la vitre cassée.

Marguerite déplia la lettre et lut.

— Malheureux ! s'écria-t-elle.

Elle tendit le papier à La Mole pâle, debout et immobile comme la statue de l'Effroi.

La Mole, le cœur serré d'une douleur pressentimentale, lut ces mots :

« On attend M. de La Mole avec de longues épées dans le corridor qui conduit chez M. d'Alençon. Peut-être aimerait-il mieux sortir par cette fenêtre et aller rejoindre M. de Mouy à Mantes… »

— Eh ! demanda La Mole après avoir lu, ses épées sont-elles donc plus longues que la mienne ?

— Non, mais il y en a peut-être dix contre une.

— Et quel est l'ami qui nous envoie ce billet ? demanda La Mole.

Marguerite le reprit des mains du jeune homme et fixa sur lui un regard ardent.

— L'écriture du roi de Navarre ! s'écria-t-elle. S'il prévient, c'est que le danger est réel. Fuyez, La Mole, fuyez, c'est moi qui vous en prie.

— Et comment voulez-vous que je fuie ? dit La Mole.

— Mais cette fenêtre, ne parle-t-on pas de cette fenêtre ?

— Ordonnez, ma reine, et je sauterai de cette fenêtre pour vous obéir, dussé-je vingt fois me briser en tombant.

— Attendez donc, attendez donc, dit Marguerite. Il me semble que cette ficelle supporte un poids.

— Voyons, dit La Mole.

Et tous deux, attirant à eux l'objet suspendu après cette corde, virent avec une joie indicible apparaître l'extrémité d'une échelle de crin et de soie.

— Eh ! vous êtes sauvé, s'écria Marguerite.

— C'est un miracle du ciel !

— Non, c'est un bienfait du roi de Navarre.

— Et si c'était un piège, au contraire ? dit La Mole ; si cette échelle devait se briser sous mes pieds ! Madame, n'avez-vous point avoué aujourd'hui votre affection pour moi ?

Marguerite, à qui la joie avait rendu ses douleurs, redevint d'une pâleur mortelle.

— Vous avez raison, dit-elle, c'est possible.

Et elle s'élança vers la porte.

— Qu'allez-vous faire ? s'écria La Mole.

— M'assurer par moi-même s'il est vrai qu'on vous attende dans le corridor.

— Jamais, jamais ! Pour que leur colère tombe sur vous !

— Que voulez-vous qu'on fasse à une fille de France ? femme et princesse du sang, je suis deux fois inviolable.

La reine dit ces paroles avec une telle dignité qu'en effet La Mole comprit qu'elle ne risquait rien, et qu'il devait la laisser agir comme elle l'entendrait.

Marguerite mit La Mole sous la garde de Gillonne en laissant à sa sagacité, selon ce qui se passerait, de fuir, ou d'attendre son retour, et elle s'avança dans le corridor qui, par un embranchement, conduisait à la bibliothèque ainsi qu'à plusieurs salons de réception, et qui en le suivant dans toute sa longueur aboutissait aux appartements du roi, de la reine mère, et à ce petit escalier dérobé par lequel on montait chez le duc d'Alençon et chez Henri. Quoiqu'il fût à peine neuf heures du soir, toutes les lumières étaient éteintes, et le corridor, à part une légère lueur qui venait de l'embranchement, était dans la plus parfaite obscurité. La reine de Navarre s'avança d'un pas ferme ; mais lorsqu'elle fut au tiers du corridor à peine, elle entendit comme un chuchotement de voix basses auxquelles le soin qu'on prenait de les éteindre donnait un accent mystérieux et effrayant. Mais presque aussitôt le bruit cessa comme si un ordre supérieur l'eût éteint, et tout rentra dans l'obscurité ; car cette lueur, si faible qu'elle fût, parut diminuer encore.

Marguerite continua son chemin, marchant droit au danger qui, s'il existait, l'attendait là. Elle était calme en apparence, quoique ses mains crispées indiquassent une violente tension nerveuse. À mesure qu'elle s'approchait, ce silence sinistre redoublait, et une ombre pareille à celle d'une main obscurcissait la tremblante et incertaine lueur.

Tout à coup, arrivée à l'embranchement du corridor, un homme fit deux pas en avant, démasqua un bougeoir de vermeil dont il s'éclairait en s'écriant :

— Le voilà !

Marguerite se trouva face à face avec son frère Charles.

Derrière lui se tenait debout, un cordon de soie à la main, le duc d'Alençon. Au fond, dans l'obscurité, deux ombres apparaissaient debout, l'une à côté de l'autre, ne reflétant d'autre lumière que celle que renvoyait l'épée nue qu'ils tenaient à la main.

Marguerite embrassa tout le tableau d'un coup d'œil. Elle fit un effort suprême, et répondit en souriant à Charles :

— Vous voulez dire : *La voilà*, sire !

Charles recula d'un pas. Tous les autres demeurèrent immobiles.

— Toi, Margot ! dit-il ; et où vas-tu à cette heure ?

— À cette heure ! dit Marguerite ; est-il donc si tard ?

— Je te demande où tu vas.

— Chercher un livre des discours de Cicéron, que je pense avoir laissé chez notre mère.

— Ainsi, sans lumière ?

— Je croyais le corridor éclairé.

— Et tu viens de chez toi ?

— Oui.

— Que fais-tu donc ce soir ?

— Je prépare ma harangue aux envoyés polonais. N'y a-t-il pas conseil demain, et n'est-il pas convenu que chacun soumettra sa harangue à Votre Majesté ?

— Et n'as-tu pas quelqu'un qui t'aide dans ce travail ?

Marguerite rassembla toutes ses forces.

— Oui, mon frère, dit-elle, M. de La Mole ; il est très-savant.

— Si savant, dit le duc d'Alençon, que je l'avais prié, quand il aurait fini avec vous, ma sœur, de me venir trouver pour me donner des conseils, à moi qui ne suis pas de votre force.

— Et vous l'attendiez ? dit Marguerite du ton le plus naturel.

— Oui, dit d'Alençon avec impatience.

— En ce cas, fit Marguerite, je vais vous l'envoyer, mon frère, car nous avons fini.

— Et votre livre ? dit Charles.

— Je le ferai prendre par Gillonne.

Les deux frères échangèrent un signe.

— Allez, dit Charles ; et nous, continuons notre ronde.

— Votre ronde ! dit Marguerite ; que cherchez-vous donc ?

— Le petit homme rouge, dit Charles. Ne savez-vous pas qu'il y a un petit homme rouge qui revient au vieux Louvre ? Mon frère d'Alençon prétend l'avoir vu, et nous sommes en quête de lui.

— Bonne chasse, dit Marguerite.

Et elle se retira en jetant un regard derrière elle. Elle vit alors sur la muraille du corridor les quatre ombres réunies et qui semblaient conférer.

En une seconde elle fut à la porte de son appartement.

— Ouvre, Gillonne, dit-elle, ouvre.

Gillonne obéit.

Marguerite s'élança dans l'appartement, et trouva La Mole qui l'attendait, calme et résolu, mais l'épée à la main.

— Fuyez, dit-elle, fuyez sans perdre une seconde. Ils vous attendent dans le corridor pour vous assassiner.

— Vous l'ordonnez ? dit La Mole.

— Je le veux. Il faut nous séparer pour nous revoir.

Pendant l'excursion de Marguerite, La Mole avait assuré l'échelle à la barre de la fenêtre, il l'enjamba ; mais avant de poser le pied sur le premier échelon, il baisa tendrement la main de la reine.

— Si cette échelle est un piège et que je meure pour vous, Marguerite, souvenez-vous de votre promesse.

— Ce n'est pas une promesse, La Mole, c'est un serment. Ne craignez rien. Adieu.

Et La Mole enhardi se laissa glisser plutôt qu'il ne descendit par l'échelle.

Au même moment on frappa à la porte.

Marguerite suivit des yeux La Mole dans sa périlleuse opération, et ne se retourna qu'au moment où elle se fut bien assurée que ses pieds avaient touché la terre.

— Madame, disait Gillonne, Madame !

— Eh bien ? demanda Marguerite.

— Le roi frappe à la porte.

— Ouvrez.

Gillonne obéit.

Les quatre princes, sans doute impatientés d'attendre, étaient debout sur le seuil.

Charles entra.

Marguerite vint au-devant de son frère, le sourire sur les lèvres.

Le roi jeta un regard rapide autour de lui.

— Que cherchez-vous, mon frère ? demanda Marguerite.

— Mais, dit Charles, je cherche… je cherche… eh ! corne de bœuf ! je cherche M. de la Mole.

— M. de La Mole !

— Oui ; où est-il ?

Marguerite prit son frère par la main et le conduisit à la fenêtre.

En ce moment même deux hommes s'éloignaient au grand galop de leurs chevaux, gagnant la tour de bois ; l'un d'eux détacha son écharpe, et fit en signe d'adieu voltiger le blanc satin dans la nuit : ces deux hommes étaient La Mole et Orthon.

Marguerite montra du doigt les deux hommes à Charles.

— Eh bien ! demanda le roi, que veut dire cela ?

— Cela veut dire, répondit Marguerite, que M. le duc d'Alençon peut remettre son cordon dans sa poche et MM. d'Anjou et de Guise leur épée dans le fourreau, attendu que M. de La Mole ne repassera pas cette nuit par le corridor.

IX

LES ATRIDES.

Depuis son retour à Paris, Henri d'Anjou n'avait pas encore revu librement sa mère Catherine, dont, comme chacun sait, il était le fils bien-aimé.

C'était pour lui non pas la vaine satisfaction de l'étiquette, non plus un cérémonial pénible à remplir, mais l'accomplissement d'un devoir bien doux pour ce fils qui, s'il n'aimait pas sa mère, était sûr du moins d'être tendrement aimé par elle.

En effet, Catherine préférait réellement ce fils, soit pour sa bravoure, soit plutôt pour sa beauté, car il y avait, outre la mère, de la femme dans Catherine, soit enfin parce que, suivant quelques chroniques scandaleuses, Henri d'Anjou rappelait à la Florentine certaine heureuse époque de mystérieuses amours.

Catherine savait seule le retour du duc d'Anjou à Paris, retour que Charles IX eût ignoré si le hasard ne l'eût point conduit en face de l'hôtel de Condé au moment même où son frère en sortait. Charles ne l'attendait que le lendemain, et Henri d'Anjou espérait lui dérober les deux démarches qui avaient avancé son arrivée d'un jour, et qui étaient sa visite à la belle Marie de Clèves, princesse de Condé, et sa conférence avec les ambassadeurs polonais.

C'est cette dernière démarche, sur l'intention de laquelle Charles était incertain, que le duc d'Anjou avait à expliquer à sa mère ; et le lecteur, qui, comme Henri de Navarre, était certainement dans l'erreur à l'endroit de cette démarche, profitera de l'explication.

Aussi lorsque le duc d'Anjou, longtemps attendu, entra chez sa mère, Catherine, si froide, si compassée d'habitude, Catherine, qui n'avait depuis le départ de son fils bien-aimé embrassé avec effusion que Coligny qui devait être assassiné le lendemain, ouvrit ses bras à l'enfant de son amour et le serra sur sa poitrine avec un élan d'affection maternelle qu'on était étonné de trouver encore dans ce cœur desséché.

Puis elle s'éloignait de lui, le regardait et se reprenait encore à l'embrasser.

— Ah ! Madame, lui dit-il, puisque le ciel me donne cette satisfaction d'embrasser sans témoin ma mère, consolez l'homme le plus malheureux du monde.

— Eh ! mon Dieu ! mon cher enfant, s'écria Catherine, que vous est-il donc arrivé ?

— Rien que vous ne sachiez, ma mère. Je suis amoureux, je suis aimé ; mais c'est cet amour même qui fait mon malheur à moi.

— Expliquez-moi cela, mon fils, dit Catherine.

— Eh ! ma mère… ces ambassadeurs, ce départ…

— Oui, dit Catherine, ces ambassadeurs sont arrivés, ce départ presse.

— Il ne presse pas, ma mère, mais mon frère le pressera. Il me déteste, je lui fais ombrage, il veut se débarrasser de moi.

Catherine sourit.

— En vous donnant un trône, pauvre malheureux couronné !

— Oh ! n'importe, ma mère, reprit Henri avec angoisse, je ne veux pas partir. Moi, un fils de France, élevé dans le raffinement des mœurs polies, près de la meilleure mère, aimé d'une des plus charmantes femmes de la terre, j'irais là-bas dans ces neiges, au bout du monde, mourir lentement parmi ces gens grossiers qui s'enivrent du matin au soir et jugent les capacités de leur roi sur celles d'un tonneau, selon ce qu'il contient ! Non, ma mère, je ne veux point partir, j'en mourrais !

— Voyons, Henri, dit Catherine en pressant les deux mains de son fils, voyons, est-ce là la véritable raison ?

Henri baissa les yeux comme s'il n'osait, à sa mère elle-même, avouer ce qui se passait dans son cœur.

— N'en est-il pas une autre, demanda Catherine, moins romanesque, plus raisonnable, plus politique !

— Ma mère, ce n'est pas ma faute si cette idée m'est restée dans l'esprit, et peut-être y tient-elle plus de place qu'elle n'en devrait prendre ; mais ne m'avez-vous pas dit vous-même que l'horoscope tiré à la naissance de mon frère Charles le condamnait à mourir jeune ?

— Oui, dit Catherine : mais un horoscope peut mentir, mon fils. Moi-même, j'en suis à espérer en ce moment que tous ces horoscopes ne soient pas vrais.

— Mais enfin, son horoscope ne disait-il pas cela ?

— Son horoscope parlait d'un quart de siècle ; mais il ne disait pas si c'était pour sa vie ou pour son règne.

— Eh bien ! ma mère, faites que je reste. Mon frère a près de vingt-quatre ans : dans un an la question sera résolue.

Catherine réfléchit profondément.

— Oui, certes, dit-elle, cela serait mieux si cela se pouvait ainsi.

— Oh ! jugez donc, ma mère, s'écria Henri, quel désespoir pour moi si j'allais avoir troqué la couronne de France contre celle de Pologne ! Être tourmenté là-bas de cette idée que je pouvais régner au Louvre, au milieu de cette cour élégante et lettrée, près de la meilleure mère du monde, dont les conseils m'eussent épargné la moitié du travail et des fatigues, qui, habituée à porter avec mon père une partie du fardeau de l'État, eût bien voulu le porter encore avec moi ! Ah ! ma mère ! j'eusse été un grand roi !

— La, la, cher enfant, dit Catherine, dont cet avenir avait toujours été aussi la plus douce espérance ; la, ne vous désolez point. N'avez-vous pas songé de votre côté à quelque moyen d'arranger la chose ?

— Oh ! certes, oui, et c'est surtout pour cela que je suis revenu deux ou trois jours plus tôt qu'on ne m'attendait, tout en laissant croire à mon frère Charles que c'était pour madame de Condé ; puis j'ai été au-devant de Lasco, le plus important des envoyés, je me suis fait connaître de lui, faisant dans cette première entrevue tout ce qu'il était possible pour me rendre haïssable, et j'espère y être parvenu.

— Ah ! mon cher enfant, dit Catherine, c'est mal. Il faut mettre l'intérêt de la France avant vos petites répugnances.

— Ma mère, l'intérêt de la France veut-il, en cas de malheur arrivé à mon frère, que ce soit le duc d'Alençon ou le roi de Navarre qui règne ?

— Oh ! le roi de Navarre, jamais, jamais, murmura Catherine en laissant l'inquiétude couvrir son front de ce voile soucieux qui s'y étendait chaque fois que cette question se représentait.

— Ma foi, continua Henri, mon frère d'Alençon ne vaut guère mieux et ne vous aime pas davantage.

— Enfin, reprit Catherine, qu'a dit Lasco ?

— Lasco a hésité lui-même quand je l'ai pressé de demander audience. Oh ! s'il pouvait écrire en Pologne, casser cette élection ?

— Folie, mon fils, folie... ce qu'une diète a consacré est sacré.

— Mais enfin, ma mère, ne pourrait-on, à ces Polonais, leur faire accepter mon frère à ma place ?

— C'est, sinon impossible, du moins difficile, répondit Catherine.

— N'importe ! essayez, tentez, parlez au roi, ma mère ; rejetez tout sur mon amour pour madame de Condé ; dites que j'en suis fou, que j'en perds l'esprit. Justement il m'a vu sortir de l'hôtel du prince avec Guise, qui me rend là tous les services d'un bon ami.

— Oui, pour faire la Ligue. Vous ne voyez pas cela, vous, mais je le vois.

— Si fait, ma mère, si fait, mais en attendant j'use de lui. Eh ! ne sommes-nous pas heureux quand un homme nous sert en se servant ?

— Et qu'a dit le roi en vous rencontrant ?

— Il a paru croire ce que je lui ai affirmé, c'est-à-dire que l'amour seul m'avait ramené à Paris.

— Mais du reste de la nuit, ne vous en a-t-il pas demandé compte ?

— Si fait, ma mère ; mais j'ai été au souper chez Nantouillet, où j'ai fait un scandale affreux pour que le bruit de ce scandale se répande et que le roi ne doute point que j'y étais.

— Alors il ignore votre visite à Lasco ?

— Absolument.

— Bon, tant mieux. J'essayerai donc de lui parler pour vous, cher enfant ; mais, vous le savez, sur cette rude nature aucune influence n'est réelle.

— Oh ! ma mère, ma mère, quel bonheur si je restais ; comme je vous aimerais plus encore que je ne vous aime si c'était possible !

— Si vous restez, on vous enverra encore à la guerre.

— Oh ! peu m'importe, pourvu que je ne quitte pas la France.

— Vous vous ferez tuer.

— Ma mère, on ne meurt pas des coups... on meurt de douleur, d'ennui. Mais Charles ne me permettra point de rester ; il me déteste.

— Il est jaloux de vous, mon beau vainqueur, c'est une chose dite ; pourquoi aussi êtes-vous si brave et si heureux ? Pourquoi, à vingt ans à peine, avez-vous gagné des batailles comme

Alexandre et comme César ? Mais en attendant, ne vous découvrez à personne, feignez d'être résigné, faites votre cour au roi. Aujourd'hui même, on se réunit en conseil privé pour lire et pour discuter les discours qui seront prononcés à la cérémonie ; faites le roi de Pologne et laissez-moi le soin du reste. À propos, et votre expédition d'hier soir ?

— Elle a échoué, ma mère ; le galant était prévenu, et il a pris son vol par la fenêtre.

— Enfin, dit Catherine, je saurai un jour quel est le mauvais génie qui contrarie ainsi tous mes projets… En attendant, je m'en doute, et… malheur à lui !

— Ainsi, ma mère ?… dit le duc d'Anjou.

— Laissez-moi mener cette affaire.

Et elle baisa tendrement Henri sur les yeux en le poussant hors de son cabinet.

Bientôt arrivèrent chez la reine les princesses de sa maison. Charles était en belle humeur, car l'aplomb de sa sœur Margot l'avait plus réjoui qu'affecté ; il n'en voulait pas autrement à La Mole, et il l'avait attendu avec quelque ardeur dans le corridor parce que c'était une espèce de chasse à l'affût.

D'Alençon, tout au contraire, était très préoccupé. La répulsion qu'il avait toujours eue pour La Mole s'était changée en haine du moment où il avait su que La Mole était aimé de sa sœur.

Marguerite avait tout ensemble l'esprit rêveur et l'œil au guet. Elle avait à la fois à se souvenir et à veiller.

Les députés polonais avaient envoyé le texte des harangues qu'ils devaient prononcer.

Marguerite, à qui l'on n'avait pas plus parlé de la scène de la veille que si la scène n'avait point existé, lut les discours, et, hormis Charles, chacun discuta ce qu'il répondrait. Charles laissa Marguerite répondre comme elle l'entendrait. Il se montra très-difficile sur le choix des termes pour d'Alençon ; mais quant au discours de Henri d'Anjou, il y apporta plus que du mauvais vouloir : il fut acharné à corriger et à reprendre.

Cette séance, sans rien faire éclater encore, avait lourdement envenimé les esprits.

Henri d'Anjou, qui avait son discours à refaire presque entièrement, sortit pour se mettre à cette tâche. Marguerite, qui n'avait pas eu de nouvelles du roi de Navarre depuis celles qui lui avaient été données au détriment des vitres de sa fenêtre, retourna chez elle dans l'espérance de l'y voir venir.

D'Alençon, qui avait lu l'hésitation dans les yeux de son frère d'Anjou, et surpris entre lui et sa mère un regard d'intelligence, se retira pour rêver à ce qu'il regardait comme une cabale naissante. Enfin, Charles allait passer dans sa forge pour achever un épieu qu'il se fabriquait lui-même, lorsque Catherine l'arrêta.

Charles, qui se doutait qu'il allait rencontrer chez sa mère quelque opposition à sa volonté, s'arrêta et la regarda fixement :

— Eh bien ! dit-il, qu'avons-nous encore ?

— Un dernier mot à échanger, sire. Nous avons oublié ce mot, et cependant il est de quelque importance. Quel jour fixons-nous pour la séance publique ?

— Ah ! c'est vrai, dit le roi en se rasseyant ; causons-en, mère. Eh bien ! à quand vous plaît-il que nous fixions le jour ?

— Je croyais, répondit Catherine, que dans le silence même de Votre Majesté, dans son oubli apparent, il y avait quelque chose de profondément calculé.

— Non, dit Charles ; pourquoi cela, ma mère ?

— Parce que, ajouta Catherine très-doucement, il ne faudrait pas, ce me semble, mon fils, que les Polonais nous vissent courir avec tant d'âpreté après cette couronne.

— Au contraire, ma mère, dit Charles, ils se sont hâtés, eux, en venant à marches forcées de Varsovie ici… Honneur pour honneur, politesse pour politesse.

— Votre Majesté peut avoir raison dans un sens, comme dans l'autre je pourrais ne pas avoir tort. Ainsi, son avis est que la séance publique doit être hâtée ?

— Ma foi, oui, ma mère ; ne serait-ce point le vôtre par hasard ?

— Vous savez que je n'ai d'avis que ceux qui peuvent le plus concourir à votre gloire ; je vous dirai donc qu'en vous pressant ainsi je craindrais qu'on ne vous accusât de profiter bien vite de cette occasion qui se présente de soulager la maison de France des charges que votre frère lui impose, mais que, bien certainement, il lui rend en gloire et en dévouement.

— Ma mère, dit Charles, à son départ de France, je doterai mon frère si richement, que personne n'osera même penser ce que vous craignez que l'on dise.

— Allons, dit Catherine, je me rends, puisque vous avez une si bonne réponse à chacune de mes objections… Mais, pour recevoir ce peuple guerrier, qui juge de la puissance des États par les signes extérieurs, il vous faut un déploiement considérable de troupes, et je ne pense pas qu'il y en ait assez de convoquées dans l'Île-de-France.

— Pardonnez-moi, ma mère, car j'ai prévu l'événement, et je me suis préparé. J'ai rappelé deux bataillons de la Normandie, un de la Guyenne ; ma compagnie d'archers est arrivée hier de la Bretagne ; les chevau-légers, répandus dans la Touraine, seront à Paris dans le courant de la journée ; et tandis qu'on croit que je dispose à peine de quatre régiments, j'ai vingt mille hommes prêts à paraître.

—Ah ! ah ! dit Catherine surprise ; alors il ne vous manque plus qu'une chose, mais on se la procurera.

— Laquelle ?

— De l'argent. Je crois que vous n'en êtes pas fourni outre mesure.

— Au contraire, Madame, au contraire, dit Charles IX. J'ai quatorze cent mille écus à la Bastille ; mon épargne particulière m'a remis ces jours passés huit cent mille écus que j'ai enfouis dans mes caves du Louvre, et, en cas de pénurie, Nantouillet tient trois cent mille autres écus à ma disposition.

Catherine frémit ; car elle avait vu jusqu'alors Charles violent et emporté, mais jamais prévoyant.

— Allons, fit-elle. Votre Majesté pense à tout, c'est admirable, et pour peu que les tailleurs, les brodeuses et les joailliers se hâtent, Votre Majesté sera en état de donner séance avant six semaines.

— Six semaines ! s'écria Charles. Ma mère, les tailleurs, les brodeuses et les joailliers travaillent depuis le jour où l'on a appris la nomination de mon frère. À la rigueur, tout pourrait être prêt pour aujourd'hui ; mais, à coup sûr, tout sera prêt dans trois ou quatre jours.

— Oh ! murmura Catherine, vous êtes plus pressé encore que je ne le croyais, mon fils.

— Honneur pour honneur, je vous l'ai dit.

— Bien. C'est donc cet honneur fait à la maison de France qui vous flatte, n'est-ce pas ?

— Assurément.

— Et voir un fils de France sur le trône de Pologne est votre plus cher désir ?

— Vous dites vrai.

— Alors c'est le fait, c'est la chose et non l'homme qui vous préoccupe, et quel que soit celui qui règne là-bas…

— Non pas, non pas, ma mère, corbœuf ! demeurons-en où nous sommes ! Les Polonais ont bien choisi. Ils sont adroits et forts, ces gens-là ! Nation militaire, peuple de soldats, ils prennent un capitaine pour prince, c'est logique, peste ! d'Anjou fait leur affaire : le héros de Jarnac et de Montcontour leur va comme un gant… Qui voulez-vous que je leur envoie ? d'Alençon ? un lâche ! cela leur donnerait une belle idée des Valois !… D'Alençon ! il fuirait à la première balle qui lui sifflerait aux oreilles, tandis que Henri d'Anjou, un batailleur, bon ! toujours l'épée au poing, toujours marchant en avant, à pied ou à cheval !… Hardi ! pique, pousse, assomme, tue ! Ah ! c'est un homme que mon frère d'Anjou, un vaillant qui va les faire battre du matin au soir, depuis le premier jusqu'au dernier jour de l'année. Il boit mal, c'est vrai ; mais il les fera tuer de sang-froid, voilà tout. Il sera là dans sa sphère, ce cher Henri ! Sus ! sus ! au champ de bataille ! Bravo les trompettes et les tambours ! Vive le roi ! vive le vainqueur ! vive le général ! On le proclame *imperator* trois fois l'an ! Ce sera admirable pour la maison de France et l'honneur des Valois… Il sera peut-être tué ; mais, ventre-mahon ! ce sera une mort superbe !

Catherine frissonna et un éclair jaillit de ses yeux.

— Dites, s'écria-t-elle, que vous voulez éloigner Henri d'Anjou, dites que vous n'aimez pas votre frère !

— Ah ! ah ! ah ! fit Charles en éclatant d'un rire nerveux, vous avez deviné cela, vous, que je voulais l'éloigner ? Vous avez deviné cela, que je ne l'aimais pas ? Et quand cela serait, voyons ? Aimer mon frère ! Pourquoi donc l'aimerais-je ? Ah ! ah ! ah ! est-ce que vous voulez rire ?... Et à mesure qu'il parlait, ses joues pâles s'animaient d'une fébrile rougeur. Est-ce qu'il m'aime, lui ? Est-ce que vous m'aimez, vous ? Est-ce que, excepté mes chiens, Marie Touchet et ma nourrice, est-ce qu'il y a quelqu'un qui m'ait jamais aimé ? Non, non, je n'aime pas mon frère, je n'aime que moi, entendez-vous ! Et je n'empêche pas mon frère d'en faire autant que je fais.

— Sire, dit Catherine s'animant à son tour, puisque vous me découvrez votre cœur, il faut que je vous ouvre le mien. Vous agissez en roi faible, en monarque mal conseillé ; vous renvoyez votre second frère, le soutien naturel du trône, et qui est en tous points digne de vous succéder s'il vous advenait malheur, laissant dans ce cas votre couronne à l'abandon ; car, comme vous le disiez, d'Alençon est jeune, incapable, faible, plus que faible, lâche !... Et le Béarnais se dresse derrière, entendez-vous ?

— Eh ! mort de tous les diables ! s'écria Charles, qu'est-ce que me fait ce qui arrivera quand je n'y serai plus ? le Béarnais se dresse derrière mon frère, dites-vous ? Corbœuf ! tant mieux !... Je disais que je n'aimais personne... je me trompais, j'aime Henriot ; oui, je l'aime, ce bon Henriot : il a l'air franc, la main tiède, tandis que je ne vois autour de moi que des yeux faux et ne touche que des mains glacées. Il est incapable de trahison envers moi, j'en jurerais. D'ailleurs je lui dois un dédommagement : on lui a empoisonné sa mère, pauvre garçon ! des gens de ma famille, à ce que j'ai entendu dire. D'ailleurs je me porte bien. Mais, si je tombais malade, je l'appellerais, je ne voudrais pas qu'il me quittât, je ne prendrais rien que de sa main, et quand je mourrai je le ferai roi de France et de Navarre... Et, ventre du pape ! au lieu de rire à ma mort, comme feraient mes frères, il pleurerait ou du moins il ferait semblant de pleurer.

La foudre tombant aux pieds de Catherine l'eût moins épouvantée que ces paroles. Elle demeura atterrée, regardant Charles d'un œil hagard ; puis enfin, au bout de quelques secondes :

— Henri de Navarre ! s'écria-t-elle, Henri de Navarre ! roi de France au préjudice de mes enfants ! Ah ! sainte madone ! nous verrons ! C'est donc pour cela que vous voulez éloigner mon fils ?

— Votre fils... et que suis-je donc moi ? un fils de louve comme Romulus ! s'écria Charles tremblant de colère et l'œil scintillant comme s'il se fût allumé par places. Votre fils ! vous avez raison, le roi de France n'est pas votre fils lui, le roi de France n'a pas de frères, le roi de France n'a pas de mère, le roi de France n'a que des sujets. Le roi de France n'a pas besoin d'avoir des sentiments, il a des volontés. Il se passera qu'on l'aime, mais il veut qu'on lui obéisse.

— Sire, vous avez mal interprété mes paroles : j'ai appelé mon fils celui qui allait me quitter. Je l'aime mieux en ce moment parce que c'est lui qu'en ce moment je crains le plus de perdre. Est-ce un crime à une mère de désirer que son enfant ne la quitte pas ?

— Et moi, je vous dis qu'il vous quittera, je vous dis qu'il quittera la France, qu'il s'en ira en Pologne, et cela dans deux jours ; et si vous ajoutez une parole ce sera demain ; et si vous ne baissez pas le front, si vous n'éteignez pas la menace de vos yeux, je l'étrangle ce soir comme vous vouliez qu'on étranglât hier l'amant de votre fille. Seulement je ne le manquerai pas, moi, comme nous avons manqué La Mole.

Sous cette première menace, Catherine baissa le front ; mais presque aussitôt elle le releva.

— Ah ! pauvre enfant ! dit-elle, ton frère veut te tuer. Eh bien ! sois tranquille, ta mère te défendra.

— Ah ! l'on me brave ! s'écria Charles. Eh bien ! par le sang du Christ ! il mourra, non pas ce soir, non pas tout à l'heure, mais à l'instant même. Ah ! une arme ! une dague ! un couteau !... Ah !

Et Charles, après avoir porté inutilement les yeux autour de lui pour chercher ce qu'il demandait, aperçut le petit poignard que sa mère portait à sa ceinture, se jeta dessus l'arracha de sa gaine de chagrin incrustée d'argent, et bondit hors de la chambre pour aller frapper Henri d'Anjou partout où il le trouverait. Mais en arrivant dans le vestibule ses forces, surexcitées au delà de la puissance humaine, l'abandonnèrent tout à coup : il étendit le bras, laissa tomber l'arme aiguë, qui resta fichée dans le parquet, jeta un cri lamentable, s'affaissa sur lui-même et roula sur le plancher.

En même temps le sang jaillit en abondance de ses lèvres et de son nez.

— Jésus ! dit-il, on me tue : à moi ! à moi !

Catherine, qui l'avait suivi, le vit tomber ; elle regarda un instant impassible et sans bouger ; puis rappelée à elle, non par l'amour maternel, mais par la difficulté de la situation, elle ouvrit en criant :

— Le roi se trouve mal ! au secours ! au secours !

À ce cri un monde de serviteurs, d'officiers et de courtisans s'empressèrent autour du jeune roi. Mais avant tout le monde une femme s'était élancée, écartant les spectateurs et relevant Charles pâle comme un cadavre.

— On me tue, nourrice, on me tue, murmura le roi baigné de sueur et de sang.

— On te tue, mon Charles ! s'écria la bonne femme en parcourant tous les visages avec un regard qui fit reculer jusqu'à Catherine elle-même ; et qui donc cela qui te tue ?

Charles poussa un faible soupir et s'évanouit tout à fait.

— Ah ! dit le médecin Ambroise Paré, qu'on avait envoyé chercher à l'instant même, ah ! voilà le roi bien malade !

— Maintenant, de gré ou de force, se dit l'implacable Catherine, il faudra bien qu'il accorde un délai.

Et elle quitta le roi pour aller joindre son second fils, qui attendait avec anxiété dans l'oratoire le résultat de cet entretien si important pour lui.

X

L'HOROSCOPE.

En sortant de l'oratoire, où elle venait d'apprendre à Henri d'Anjou tout ce qui s'était passé, Catherine avait trouvé René dans sa chambre.

C'était la première fois que la reine et l'astrologue se revoyaient depuis la visite que la reine lui avait faite à sa boutique du pont Saint-Michel ; seulement, la veille, la reine lui avait écrit, et c'était la réponse à ce billet que René lui apportait en personne.

— Eh bien ! lui demanda la reine, l'avez-vous vu ?

— Oui.

— Comment va-t-il ?

— Plutôt mieux que plus mal.

— Et peut-il parler ?

— Non, l'épée a traversé le larynx.

— Je vous avais dit en ce cas de le faire écrire ?

— J'ai essayé, lui-même a réuni toutes ses forces ; mais sa main n'a pu tracer que deux lettres presque illisibles, puis il s'est évanoui : la veine jugulaire a été ouverte, et le sang qu'il a perdu lui a ôté toutes ses forces.

— Avez-vous vu ces lettres ?

— Les voici.

René tira un papier de sa poche et le présenta à Catherine, qui le déplia vivement.

— Un M et un O, dit-elle… Serait-ce décidément ce La Mole, et toute cette comédie de

Marguerite ne serait-elle qu'un moyen de détourner les soupçons ?

— Madame, dit René, si j'osais émettre mon opinion dans une affaire où Votre Majesté hésite à former la sienne, je lui dirais que je crois M. de La Mole trop amoureux pour s'occuper sérieusement de politique.

— Vous croyez ?

— Oui, surtout trop amoureux de la reine de Navarre pour servir avec dévouement le roi, car il n'y a pas de véritable amour sans jalousie.

— Et vous le croyez donc tout à fait amoureux ?

— J'en suis sûr.

— Aurait-il eu recours à vous ?

— Oui.

— Et il vous a demandé quelque breuvage, quelque philtre ?

— Non, nous nous en sommes tenus à la figure de cire.

— Piquée au cœur ?

— Piquée au cœur.

— Et cette figure existe toujours ?

— Oui.

— Elle est chez vous ?

— Elle est chez moi.

— Il serait curieux, dit Catherine, que ces préparations cabalistiques eussent réellement l'effet qu'on leur attribue.

— Votre Majesté est plus que moi à même d'en juger.

— La reine de Navarre aime-t-elle M. de La Mole ?

— Elle l'aime au point de se perdre pour lui. Hier elle l'a sauvé de la mort au risque de son honneur et de sa vie. Vous voyez, Madame, et cependant vous doutez toujours.

— De quoi ?

— De la science.

— C'est qu'aussi la science m'a trahie, dit Catherine en regardant fixement René, qui supporta admirablement bien ce regard.

— En quelle occasion ?

— Oh ! vous savez ce que je veux dire ; à moins toutefois que ce soit le savant et non la science.

— Je ne sais ce que vous voulez dire, Madame, répondit le Florentin.

— René, vos parfums ont-ils perdu leur odeur ?

— Non, Madame, quand ils sont employés par moi ; mais il est possible qu'en passant par la main des autres…

Catherine sourit et hocha la tête.

— Votre opiat a fait merveille, René, dit-elle, et madame de Sauve a les lèvres plus fraîches et plus vermeilles que jamais.

— Ce n'est pas mon opiat qu'il faut en féliciter, Madame, car la baronne de Sauve, usant du droit qu'a toute jolie femme d'être capricieuse, ne m'a plus reparlé de cet opiat, et moi de mon côté, après la recommandation que m'avait faite Votre Majesté, j'ai jugé à propos de ne lui en point envoyer. Les boîtes sont donc toutes encore à la maison telles que vous les y avez laissées, moins une qui a disparu sans que je sache quelle personne me l'a prise ni ce que cette personne a voulu en faire.

— C'est bien, René, dit Catherine ; peut-être plus tard reviendrons-nous là-dessus ; en attendant, parlons d'autre chose.

— J'écoute, Madame.

— Que faut-il pour apprécier la durée probable de la vie d'une personne ?

— Savoir d'abord le jour de sa naissance, l'âge qu'elle a, et sous quel signe elle a vu le jour.

— Puis ensuite ?

— Avoir de son sang et de ses cheveux.

— Et si je vous porte de son sang et de ses cheveux, si je vous dis sous quel signe il a vu le jour, si je vous dis l'âge qu'il a, le jour de sa naissance, vous me direz, vous, l'époque probable de sa mort ?

— Oui, à quelques jours près.

— C'est bien. J'ai de ses cheveux, je me procurerai de son sang.

— La personne est-elle née pendant le jour ou pendant la nuit ?

— À cinq heures vingt-trois minutes du soir.

— Soyez demain à cinq heures chez moi, l'expérience doit être faite à l'heure précise de la naissance.

— C'est bien, dit Catherine, *nous y serons*.

René salua et sortit sans paraître avoir remarqué le *nous y serons*, qui indiquait cependant que, contre son habitude, Catherine ne viendrait pas seule.

Le lendemain, au point du jour, Catherine passa chez son fils. À minuit elle avait fait demander de ses nouvelles, et on lui avait répondu que maître Ambroise Paré était près de lui, et s'apprêtait à le saigner si la même agitation nerveuse continuait.

Encore tressaillant dans son sommeil, encore pâle du sang qu'il avait perdu, Charles dormait sur l'épaule de sa fidèle nourrice, qui, appuyée contre son lit, n'avait point depuis trois heures changé de position, de peur de troubler le repos de son cher enfant.

Une légère écume venait poindre de temps en temps sur les lèvres du malade, et la nourrice l'essuyait avec une fine batiste brodée. Sur le chevet était un mouchoir tout maculé de larges taches de sang.

Catherine eut un instant l'idée de s'emparer de ce mouchoir, mais elle pensa que ce sang, mêlé comme il l'était à la salive qui l'avait détrempé, n'aurait peut-être pas la même efficacité ; elle demanda à la nourrice si le médecin n'avait pas saigné son fils comme il lui avait fait dire qu'il le devait faire. La nourrice répondit que si, et que la saignée avait été si abondante que Charles s'était évanoui deux fois.

La reine mère, qui avait quelque connaissance en médecine comme toutes les princesses de cette époque, demanda à voir le sang ; rien n'était plus facile, le médecin avait recommandé qu'on le conservât pour en étudier les phénomènes.

Il était dans une cuvette dans le cabinet à côté de la chambre. Catherine y passa pour l'examiner, remplit de la rouge liqueur un petit flacon qu'elle avait apporté dans cette intention ; puis rentra, cachant dans ses poches ses doigts, dont l'extrémité eût dénoncé la profanation qu'elle venait de commettre.

Au moment où elle reparaissait sur le seuil du cabinet, Charles rouvrit les yeux et fut frappé de la vue de sa mère. Alors rappelant, comme à la suite d'un rêve, toutes ses pensées empreintes de rancune :

— Ah ! c'est vous, Madame ? dit-il. Eh bien, annoncez à votre fils bien-aimé, à votre Henri d'Anjou, que ce sera pour demain.

— Mon cher Charles, dit Catherine, ce sera pour le jour que vous voudrez. Tranquillisez-vous et dormez.

Charles, comme s'il eût cédé à ce conseil, ferma effectivement les yeux ; et Catherine, qui l'avait donné comme on fait pour consoler un malade ou un enfant, sortit de sa chambre. Mais derrière elle, et lorsqu'il eût entendu se refermer la porte, Charles se redressa, et tout à coup, d'une voix étouffée par l'accès dont il souffrait encore :

— Mon chancelier ! cria-t-il, les sceaux, la cour !... qu'on me fasse venir tout cela.

La nourrice, avec une tendre violence, ramena la tête du roi sur son épaule, et pour le rendormir essaya de le bercer comme lorsqu'il était enfant.

— Non, non, nourrice, je ne dormirai plus. Appelle mes gens, je veux travailler ce matin.

Quand Charles parlait ainsi, il fallait obéir ; et la nourrice elle-même, malgré les privilèges que son royal nourrisson lui avait conservés, n'osait aller contre ses commandements. On fit venir ceux que le roi demandait, et la séance fut fixée, non pas au lendemain, c'était chose impossible, mais à cinq jours de là.

Cependant à l'heure convenue, c'est-à-dire à cinq heures, la reine mère et le duc d'Anjou se rendaient chez René, lequel, prévenu, comme on le sait, de cette visite, avait tout préparé pour la séance mystérieuse.

Dans la chambre à droite, c'est-à-dire dans la chambre aux sacrifices, rougissait, sur un réchaud ardent, une lame d'acier destinée à représenter, par ses capricieuses arabesques, les événements de la destinée sur laquelle on consultait l'oracle ; sur l'autel était préparé le livre des sorts, et pendant la nuit, qui avait été fort claire, René avait pu étudier la marche et l'attitude des constellations.

Henri d'Anjou entra le premier ; il avait de faux cheveux ; un masque couvrait sa figure et un grand manteau de nuit déguisait sa taille. Sa mère vint ensuite ; et si elle n'eût pas su d'avance que c'était son fils qui l'attendait là, elle-même n'eût pu le reconnaître. Catherine ôta son masque ; le duc d'Anjou, au contraire, garda le sien.

— As-tu fait cette nuit tes observations ? demanda Catherine.

— Oui, Madame, dit-il ; et la réponse des astres m'a déjà appris le passé. Celui pour qui vous m'interrogez a, comme toutes les personnes nées sous le signe de l'écrevisse, le cœur ardent et d'une fierté sans exemple. Il est puissant ; il a vécu près d'un quart de siècle : il a jusqu'à présent obtenu du ciel gloire et richesse. Est-ce cela, Madame ?

— Peut-être, dit Catherine.

— Avez-vous les cheveux et le sang ?

— Les voici.

Et Catherine remit au nécromancien une boucle de cheveux d'un blond fauve et une petite fiole de sang.

René prit la fiole, la secoua pour bien réunir la fibrine et la sérosité, et laissa tomber sur la lame rougie une large goutte de cette chair coulante, qui bouillonna à l'instant même et s'extravasa bientôt en dessins fantastiques.

— Oh ! Madame, s'écria René, je le vois se tordre en d'atroces douleurs. Entendez-vous comme il gémit, comme il crie à l'aide ! Voyez-vous comme tout devient sang autour de lui ? voyez-vous comme, enfin, autour de son lit de mort s'apprêtent de grands combats ? Tenez, voici les lances ; tenez, voici les épées.

— Sera-ce long ? demanda Catherine palpitante d'une émotion indicible et arrêtant la main de Henri d'Anjou, qui, dans son avide curiosité, se penchait au-dessus du brasier.

René s'approcha de l'autel et répéta une prière cabalistique, mettant à cette action un feu et une conviction qui gonflaient les veines de ses tempes et lui donnaient ces convulsions prophétiques et ces tressaillements nerveux qui prenaient les pythies antiques sur le trépied et les poursuivaient jusque sur leur lit de mort.

Enfin il se releva et annonça que tout était prêt, prit d'une main le flacon encore aux trois quarts plein, et de l'autre la boucle de cheveux ; puis commandant à Catherine d'ouvrir le livre au hasard et de laisser tomber sa vue sur le premier endroit venu, il versa sur la lame d'acier tout le sang, et jeta dans le brasier tous les cheveux, en prononçant une phrase cabalistique composée de mots hébreux auxquels il n'entendait rien lui-même.

Aussitôt le duc d'Anjou et Catherine virent s'étendre sur cette lame une figure blanche comme celle d'un cadavre enveloppé de son suaire.

Une autre figure, qui semblait celle d'une femme, était inclinée sur la première.

En même temps les cheveux s'enflammèrent en donnant un seul jet de feu, clair, rapide, dardé comme une langue rouge.

— Un an ! s'écria René, un an à peine, et cet homme sera mort, et une femme pleurera seule sur lui. Mais non, là-bas, au bout de la lame, une autre femme encore, qui tient comme un enfant dans ses bras.

Catherine regarda son fils, et, toute mère qu'elle était, sembla lui demander quelles étaient ces deux femmes.

Mais René achevait à peine, que la plaque d'acier redevint blanche ; tout s'y était graduellement effacé.

Alors Catherine ouvrit le livre au hasard, et lut, d'une voix dont, malgré toute sa force, elle ne pouvait cacher l'altération, le distique suivant :

Ains a péri cil que l'on redoutoit.
Plus tôt, trop tôt, si prudence n'étoit.

Un profond silence régna quelque temps autour du brasier.

— Et pour celui que tu sais, demanda Catherine, quels sont les signes de ce mois ?

— Florissant comme toujours, Madame. À moins de vaincre le destin par une lutte de dieu à dieu, l'avenir est bien certainement à cet homme. Cependant…

— Cependant, quoi ?

— Une des étoiles qui composent sa pléiade est restée pendant le temps de mes observations couverte d'un nuage noir.

— Ah ! s'écria Catherine, un nuage noir… il y aurait donc quelque espérance ?

— De qui parlez-vous, Madame ? demanda le duc d'Anjou.

Catherine emmena son fils loin de la lueur du brasier et lui parla à voix basse.

Pendant ce temps René s'agenouillait, et à la clarté de la flamme, versant dans sa main une dernière goutte de sang demeurée au fond de la fiole :

— Bizarre contradiction, disait-il, et qui prouve combien peu sont solides les témoignages de la science simple que pratiquent les hommes vulgaires ! Pour tout autre que moi, pour un médecin, pour un savant, pour maître Ambroise Paré lui-même, voilà un sang si pur, si fécond, si plein de mordant et de sucs animaux, qu'il promet de longues années au corps dont il est sorti ; et cependant toute cette vigueur doit disparaître bientôt, toute cette vie doit s'éteindre avant un an !

Catherine et Henri d'Anjou s'étaient retournés et écoutaient.

Les yeux du prince brillaient à travers son masque.

— Ah ! continua René, c'est qu'aux savants ordinaires le présent seul appartient ; tandis qu'à nous appartiennent le passé et l'avenir.

— Ainsi donc, continua Catherine, vous persistez à croire qu'il mourra avant une année ?

— Aussi certainement que nous sommes ici trois personnes vivantes qui un jour reposeront à leur tour dans le cercueil.

— Cependant vous disiez que le sang était pur et fécond, vous disiez que ce sang promettait une longue vie ?

— Oui, si les choses suivaient leur cours naturel. Mais n'est-il pas possible qu'un accident…

— Ah ! oui, vous entendez, dit Catherine à Henri, un accident…

— Hélas ! dit celui-ci, raison de plus pour demeurer.

— Oh ! quant à cela, n'y songez plus, c'est chose impossible.

Alors se retournant vers René :

— Merci, dit le jeune homme en déguisant le timbre de sa voix, merci ; prends cette bourse.

— Venez, *comte*, dit Catherine, donnant à dessein à son fils un titre qui devait dérouter les conjectures de René.

Et ils partirent.

— Oh ! ma mère, vous voyez, dit Henri, un accident !… et si cet accident-là arrive, je ne serai point là ; je serai à quatre cents lieues de vous…

— Quatre cents lieues se font en huit jours, mon fils.

— Oui ; mais sait-on si ces gens-là me laisseront revenir ? Que ne puis-je attendre, ma mère !…

— Qui sait ? dit Catherine ; cet accident dont parle René n'est-il pas celui qui, depuis hier, couche le roi sur un lit de douleur ? Écoutez, rentrez de votre côté, mon enfant ; moi, je vais passer par la petite porte du cloître des Augustines, ma suite m'attend dans ce couvent. Allez, Henri, allez, et gardez-vous d'irriter votre frère, si vous le voyez.

XI

LES CONFIDENCES.

La première chose qu'apprit le duc d'Anjou en arrivant au Louvre, c'est que l'entrée solennelle des ambassadeurs était fixée au cinquième jour. Les tailleurs et les joailliers attendaient le prince avec de magnifiques habits et de superbes parures que le roi avait commandés pour lui.

Pendant qu'il les essayait avec une colère qui mouillait ses yeux de larmes, Henri de Navarre s'égayait fort d'un magnifique collier d'émeraudes, d'une épée à poignée d'or et d'une bague précieuse que Charles lui avait envoyés le matin même.

D'Alençon venait de recevoir une lettre et s'était renfermé dans sa chambre pour la lire en toute liberté.

Quant à Coconnas, il demandait son ami à tous les échos du Louvre.

En effet, comme on le pense bien, Coconnas, assez peu surpris de ne pas voir rentrer La Mole de toute la nuit, avait commencé dans la matinée à concevoir quelque inquiétude ; il s'était en conséquence mis à la recherche de son ami, commençant son investigation par l'hôtel de la Belle-Étoile, passant de l'hôtel de la Belle-Étoile à la rue Cloche-Percée, de la rue Cloche-Percée à la rue Tizon, de la rue Tizon au pont Saint-Michel, enfin du pont Saint-Michel au Louvre.

Cette investigation avait été faite, vis-à-vis de ceux auxquels elle s'adressait, d'une façon tantôt si originale, tantôt si exigeante, ce qui est facile à concevoir quand on connaît le caractère excentrique de Coconnas, qu'elle avait suscité entre lui et trois seigneurs de la cour des explications qui avaient fini à la mode de l'époque, c'est-à-dire sur le terrain. Coconnas avait mis à ces rencontres la conscience qu'il mettait d'ordinaire à ces sortes de choses ; il avait tué le premier et blessé les deux autres, en disant :

— Ce pauvre La Mole, il savait si bien le latin !

C'était au point que le dernier, qui était le baron de Boissey, lui avait dit en tombant :

— Ah ! pour l'amour du ciel, Coconnas, varie un peu, et dis au moins qu'il savait le grec.

Enfin, le bruit de l'aventure du corridor avait transpiré : Coconnas s'en était gonflé de douleur, car un instant il avait cru que tous ces rois et tous ces princes lui avaient tué son ami, et l'avaient jeté dans quelque oubliette.

Il apprit que d'Alençon avait été de la partie, et passant par-dessus la majesté qui entourait le prince du sang, il l'alla trouver et lui demanda une explication comme il l'eût fait envers un simple gentilhomme.

D'Alençon eut d'abord bonne envie de mettre à la porte l'impertinent qui venait lui demander compte de ses actions ; mais Coconnas parlait d'un ton de voix si bref, ses yeux flamboyaient d'un tel éclat, l'aventure des trois duels en moins de vingt-quatre heures avait placé le Piémontais si haut, qu'il réfléchit, et qu'au lieu de se livrer à son premier mouvement, il répondit à son gentilhomme avec un charmant sourire :

— Mon cher Coconnas, il est vrai que le roi furieux d'avoir reçu sur l'épaule une aiguière d'argent, le duc d'Anjou mécontent d'avoir été coiffé avec une compote d'oranges, et le duc de Guise humilié d'avoir été souffleté avec un quartier de sanglier, ont fait la partie de tuer M. de La Mole ; mais un ami de votre ami a détourné le coup. La partie a donc manqué, je vous en donne ma parole de prince.

— Ah ! fit Coconnas respirant sur cette assurance comme un soufflet de forge, ah ! mordi, Monseigneur, voilà qui est bien, et je voudrais connaître cet ami, pour lui prouver ma reconnaissance.

M. d'Alençon ne répondit rien, mais sourit plus agréablement encore qu'il ne l'avait fait ; ce qui laissa croire à Coconnas que cet ami n'était autre que le prince lui-même.

— Eh bien, Monseigneur ! reprit-il, puisque vous avez tant fait que de me dire le commencement de l'histoire, mettez le comble à vos bontés en me racontant la fin. On voulait le tuer, mais on ne l'a pas tué, me dites-vous ; voyons ! qu'en a-t-on fait ? Je suis courageux, allez ! dites, et je sais supporter une mauvaise nouvelle. On l'a jeté dans quelque cul de basse-fosse, n'est-ce pas ? Tant mieux, cela le rendra circonspect. Il ne veut jamais écouter mes conseils. D'ailleurs on l'en tirera, mordi ! Les pierres ne sont pas dures pour tout le monde.

D'Alençon hocha la tête.

— Le pis de tout cela, dit-il, mon brave Coconnas, c'est que depuis cette aventure ton ami a disparu, sans qu'on sache où il est passé.

— Mordi ! s'écria le Piémontais en pâlissant de nouveau, fût-il passé en enfer, je saurai où il est.

— Écoute, dit d'Alençon qui avait, mais par des motifs bien différents, aussi bonne envie que Coconnas de savoir où était La Mole, je te donnerai un conseil d'ami.

— Donnez, Monseigneur, dit Coconnas, donnez.

— Va trouver la reine Marguerite, elle doit savoir ce qu'est devenu celui que tu pleures.

— S'il faut que je l'avoue à Votre Altesse, dit Coconnas, j'y avais déjà pensé, mais je n'avais point osé ; car, outre que madame Marguerite m'impose plus que je ne saurais dire, j'avais peur de la trouver dans les larmes. Mais, puisque Votre Altesse m'assure que La Mole n'est pas mort et que Sa Majesté doit savoir où il est, je vais faire provision de courage et aller la trouver.

— Va, mon ami, va, dit le duc François. Et quand tu auras des nouvelles, donne-m'en à moi-même ; car je suis en vérité aussi inquiet que toi. Seulement souviens-toi d'une chose, Coconnas…

— Laquelle ?

— Ne dis pas que tu viens de ma part, car en commettant cette imprudence tu pourrais bien ne rien apprendre.

— Monseigneur, dit Coconnas, du moment où Votre Altesse me recommande le secret sur ce point, je serai muet comme une tanche ou comme la reine mère.

— Bon prince, excellent prince, prince magnanime, murmura Coconnas en se rendant chez la reine de Navarre.

Marguerite attendait Coconnas, car le bruit de son désespoir était arrivé jusqu'à elle, et en apprenant par quels exploits ce désespoir s'était signalé, elle avait presque pardonné à Coconnas la façon quelque peu brutale dont il traitait son amie madame la duchesse de Nevers, à laquelle le Piémontais ne s'était point adressé à cause d'une grosse brouille existant déjà depuis deux ou trois jours entre eux. Il fut donc introduit chez la reine aussitôt qu'annoncé.

Coconnas entra, sans pouvoir surmonter ce certain embarras dont il avait parlé à d'Alençon qu'il éprouvait toujours en face de la reine, et qui lui était bien plus inspiré par la supériorité de l'esprit que par celle du rang ; mais Marguerite l'accueillit avec un sourire qui le rassura tout d'abord.

— Eh ! Madame, dit-il, rendez-moi mon ami, je vous en supplie, ou dites-moi tout au moins ce qu'il est devenu ; car sans lui je ne puis pas vivre. Supposez Euryale sans Nisus, Damon sans Pythias, ou Oreste sans Pylade, et ayez pitié de mon infortune en faveur d'un des héros que je viens de vous citer, et dont le cœur, je vous le jure, ne l'emportait pas en tendresse sur le mien.

Marguerite sourit, et après avoir fait promettre le secret à Coconnas, elle lui raconta la fuite par la fenêtre. Quant au lieu de son séjour, si instantes que fussent les prières du Piémontais, elle garda sur ce point le plus profond silence. Cela ne satisfaisait qu'à demi Coconnas ; aussi se laissa-t-il aller à des aperçus diplomatiques de la plus haute sphère Il en résulta que Marguerite vit clairement que le duc d'Alençon était de moitié dans le désir qu'avait son gentilhomme de connaître ce qu'était devenu La Mole.

— Eh bien, dit la reine, si vous voulez absolument savoir quelque chose de positif sur le compte de votre ami, demandez au roi Henri de Navarre, c'est le seul qui ait le droit de parler ; quant à moi, tout ce que je puis vous dire, c'est que celui que vous cherchez est vivant : croyez-en ma parole.

— J'en crois une chose plus certaine encore, Madame, répondit Coconnas : ce sont vos beaux yeux qui n'ont point pleuré.

Puis, croyant qu'il n'y avait rien à ajouter à une phrase qui avait le double avantage de rendre sa pensée et d'exprimer la haute opinion qu'il avait du mérite de La Mole, Coconnas se retira en ruminant un raccommodement avec madame de Nevers, non pas pour elle personnellement, mais pour savoir d'elle ce qu'il n'avait pu savoir de Marguerite.

Les grandes douleurs sont des situations anormales dont l'esprit secoue le joug aussi vite qu'il lui est possible. L'idée de quitter Marguerite avait d'abord brisé le cœur de La Mole ; et c'était bien plutôt pour sauver la réputation de la reine que pour préserver sa propre vie qu'il avait consenti à fuir.

Aussi dès le lendemain au soir était-il revenu à Paris pour revoir Marguerite à son balcon. Marguerite, de son côté, comme si une voix secrète lui eût appris le retour du jeune homme, avait passé toute la soirée à sa fenêtre ; il en résulta que tous deux s'étaient revus avec ce bonheur indicible qui accompagne les jouissances défendues. Il y a même plus ; l'esprit mélancolique et romanesque de La Mole trouvait un certain charme à ce contre-temps. Cependant, comme l'amant véritablement épris n'est heureux qu'un moment, celui pendant lequel il voit ou possède, et souffre pendant tout le temps de l'absence, La Mole, ardent de revoir Marguerite, s'occupa d'organiser au plus vite l'événement qui devait la lui rendre, c'est-à-dire la fuite du roi de Navarre.

Quant à Marguerite, elle se laissait, de son côté, aller au bonheur d'être aimée avec un dévouement si pur. Souvent elle s'en voulait de ce qu'elle regardait comme une faiblesse ; elle, cet esprit viril, méprisant les pauvretés de l'amour vulgaire, insensible aux minuties qui en font pour les âmes tendres le plus doux, le plus délicat, le plus désirable de tous les bonheurs, elle trouvait sa journée sinon heureusement remplie, du moins heureusement terminée, quand vers neuf heures, paraissant à son balcon vêtue d'un peignoir blanc, elle apercevait sur le quai, dans l'ombre, un cavalier dont la main se posait sur ses lèvres, sur son cœur : c'était alors une toux significative, qui rendait à l'amant le souvenir de la voix aimée. C'était quelquefois aussi un billet vigoureusement lancé par une petite main et qui enveloppait quelque bijou précieux, mais bien plus précieux encore pour avoir appartenu à celle qui l'envoyait que pour la matière qui lui donnait sa valeur, et qui allait résonner sur le pavé à quelques pas du jeune homme. Alors La Mole, pareil à un milan, fondait sur cette proie, la serrait dans son sein, répondait par la même voie, et Marguerite ne quittait son balcon qu'après avoir entendu se perdre dans la nuit les pas du cheval poussé à toute bride pour venir, et qui, pour s'éloigner, semblait d'une matière aussi inerte que le fameux colosse qui perdit Troie.

Voilà pourquoi la reine n'était pas inquiète du sort de La Mole, auquel, du reste, de peur que ses pas ne fussent épiés, elle refusait opiniâtrement tout autre rendez-vous que ces entrevues à l'espagnole, qui duraient depuis sa fuite et se renouvelaient dans la soirée de chacun des jours qui s'écoulaient dans l'attente de la réception des ambassadeurs, réception remise à quelques jours, comme on l'a vu par les ordres exprès d'Ambroise Paré.

La veille de cette réception, vers neuf heures du soir, comme tout le monde au Louvre était préoccupé des préparatifs du lendemain, Marguerite ouvrit sa fenêtre et s'avança sur le balcon ; mais à peine y fut-elle, que, sans attendre la lettre de Marguerite, La Mole, plus pressé que de coutume, envoya la sienne, qui vint, avec son adresse accoutumée, tomber aux pieds de sa royale maîtresse. Marguerite comprit que la missive devait renfermer quelque chose de particulier, elle rentra pour la lire.

Le billet, sur le *recto* de la première page, renfermait ces mots :

« Madame, il faut que je parle au roi de Navarre. L'affaire est urgente. J'attends. »

Et sur le second *recto* ces mots, que l'on pouvait isoler des premiers en séparant les deux feuilles :

« Madame et ma reine, faites que je puisse vous donner un de ces baisers que je vous envoie. J'attends. »

Marguerite achevait à peine cette seconde partie de la lettre, qu'elle entendit la voix de Henri de Navarre qui, avec sa réserve habituelle, frappait à la porte commune, et demandait à Giilonne s'il pouvait entrer.

La reine divisa aussitôt la lettre, mit une des pages dans son corset, l'autre dans sa poche, courut à la fenêtre qu'elle ferma, et s'élançant vers la porte :

— Entrez, sire, dit-elle.

Si doucement, si promptement, si habilement que Marguerite eût fermé cette fenêtre, la commotion en était arrivée jusqu'à Henri, dont les sens toujours tendus avaient, au milieu de cette société dont il se défiait si fort, presque acquis l'exquise délicatesse où ils sont portés chez l'homme vivant dans l'état sauvage. Mais le roi de Navarre n'était pas un de ces tyrans qui veulent empêcher leurs femmes de prendre l'air et de contempler les étoiles.

Henri était souriant et gracieux comme d'habitude.

— Madame, dit-il, tandis que nos gens de cour essayent leurs habits de cérémonie, je pense à venir échanger avec vous quelques mots de mes affaires, que vous continuez de regarder comme les vôtres, n'est-ce pas ?

— Certainement, Monsieur, répondit Marguerite, nos intérêts ne sont-ils pas toujours les mêmes ?

— Oui, Madame, et c'est pour cela que je voulais vous demander ce que vous pensez de l'affectation que M. le duc d'Alençon met depuis quelques jours à me fuir, à ce point que depuis avant-hier il s'est retiré à Saint-Germain. Ne serait-ce pas pour lui soit un moyen de partir seul, car il est peu surveillé, soit un moyen de ne point partir du tout ? Votre avis, s'il vous plaît, Madame ? il sera, je vous l'avoue, d'un grand poids pour affermir le mien.

— Votre Majesté a raison de s'inquiéter du silence de mon frère. J'y ai songé aujourd'hui toute la journée, et mon avis est que, les circonstances ayant changé, il a changé avec elles.

— C'est-à-dire, n'est-ce pas, que, voyant le roi Charles malade, le duc d'Anjou roi de Pologne, il ne serait pas fâché de demeurer à Paris pour garder à vue la couronne de France ?

— Justement.

— Soit. Je ne demande pas mieux, dit Henri, qu'il reste ; seulement cela change tout notre plan ; car il me faut, pour partir seul, trois fois les garanties que j'aurais demandées pour partir avec votre frère, dont le nom et la présence dans l'entreprise me sauvegardaient. Ce qui m'étonne seulement, c'est de ne pas entendre parler de M. de Mouy. Ce n'est point son habitude de demeurer ainsi sans bouger. N'en auriez-vous point eu des nouvelles, Madame ?…

— Moi, sire ! dit Marguerite étonnée ; et comment voulez-vous ?…

— Eh ! pardieu, ma mie, rien ne serait plus naturel ; vous avez bien voulu, pour me faire plaisir, sauver la vie au petit La Mole… Ce garçon a dû aller à Mantes… et quand on y va, on en peut bien revenir…

— Ah ! voilà qui me donne la clef d'une énigme dont je cherchais vainement le mot, répondit Marguerite. J'avais laissé la fenêtre ouverte, et j'ai trouvé, en rentrant, sur mon tapis, une espèce de billet.

— Voyez-vous cela ! dit Henri.

— Un billet auquel d'abord je n'ai rien compris, et auquel je n'ai attaché aucune importance, continua Marguerite ; peut-être avais-je tort et vient-il de ce côté-là.

— C'est possible, dit Henri ; j'oserai même dire que c'est probable. Peut-on voir ce billet ?

— Certainement, sire, répondit Marguerite en remettant au roi celle des deux feuilles de papier qu'elle avait introduite dans sa poche.

Le roi jeta les yeux dessus.

— N'est-ce point l'écriture de M. de La Mole ? dit-il.

— Je ne sais, répondit Marguerite ; le caractère m'en a paru contrefait.

— N'importe, lisons, dit Henri.

Et il lut :

« Madame, il faut que je parle au roi de Navarre. L'affaire est urgente. J'attends. »

— Ah ! oui-da ! continua Henri… Voyez-vous, il dit qu'il attend !

— Certainement je le vois, dit Marguerite… Mais que voulez-vous ?

— Eh ! ventre-saint-gris ! je veux qu'il vienne !

— Qu'il vienne ! s'écria Marguerite en fixant sur son mari ses beaux yeux étonnés ; comment pouvez-vous dire une chose pareille, sire ? Un homme que le roi a voulu tuer… qui est signalé, menacé… qu'il vienne ! dites-vous ; est-ce que c'est possible ?… Les portes sont-elles bien faites pour ceux qui ont été…

— Obligés de fuir par la fenêtre… vous voulez dire ?

— Justement, et vous achevez ma pensée.

— Eh bien ! mais, s'ils connaissent le chemin de la fenêtre, qu'ils reprennent ce chemin, puisqu'ils ne peuvent absolument pas entrer par la porte. C'est tout simple, cela.

— Vous croyez ? dit Marguerite rougissant de plaisir à l'idée de se rapprocher de La Mole.

— J'en suis sûr.

— Mais comment monter ? demanda la reine.

— N'avez-vous donc pas conservé l'échelle de corde que je vous avais envoyée ? Ah ! je ne reconnaîtrais point là votre prévoyance habituelle.

— Si fait, sire, dit Marguerite.

— Alors, c'est parfait, dit Henri.

— Qu'ordonne donc Votre Majesté ?

— Mais c'est tout simple, dit Henri, attachez-la à votre balcon et la laissez pendre. Si c'est de Mouy qui attend, et je serais tenté de le croire… si c'est de Mouy qui attend et qu'il veuille monter, il montera, ce digne ami.

Et sans perdre de son flegme, Henri prit la bougie pour éclairer Marguerite dans la recherche qu'elle s'apprêtait à faire de l'échelle ; la recherche ne fut pas longue, elle était enfermée dans une armoire du fameux cabinet.

— La, c'est cela, dit Henri ; maintenant, Madame, si ce n'est pas trop exiger de votre complaisance, attachez, je vous prie, cette échelle au balcon.

— Pourquoi moi et non pas vous, sire ? dit Marguerite.

— Parce que les meilleurs conspirateurs sont les plus prudents. La vue d'un homme effaroucherait peut-être notre ami, vous comprenez.

Marguerite sourit et attacha l'échelle.

— La, dit Henri en restant caché dans l'angle de l'appartement, montrez-vous bien ; maintenant faites voir l'échelle. À merveille ; je suis sûr que de Mouy va monter.

En effet, dix minutes après un homme ivre de joie enjamba le balcon, et, voyant que la reine ne venait pas au-devant de lui, demeura quelques secondes hésitant. Mais, à défaut de Marguerite, Henri s'avança :

— Tiens, dit-il gracieusement, ce n'est point de Mouy, c'est M. de La Mole. Bonsoir, monsieur de La Mole ; entrez donc, je vous prie.

La Mole demeura un instant stupéfait. Peut-être, s'il eût été encore suspendu à son échelle au lieu d'être posé le pied ferme sur le balcon, fût-il tombé en arrière.

— Vous avez désiré parler au roi de Navarre pour affaires urgentes, dit Marguerite ; je l'ai fait prévenir, et le voilà.

Henri alla fermer la fenêtre.

— Je t'aime, dit Marguerite en serrant vivement la main du jeune homme.

— Eh bien ! Monsieur, fit Henri en présentant une chaise à La Mole, que disons-nous ?

— Nous disons, sire, répondit celui-ci, que j'ai quitté M. de Mouy à la barrière. Il désire savoir si Maurevel a parlé et si sa présence dans la chambre de Votre Majesté est connue.

— Pas encore, mais cela ne peut tarder ; il faut donc nous hâter.

— Votre opinion est la sienne, sire, et si demain, pendant la soirée, M. d'Alençon est prêt à partir, il se trouvera à la porte Saint-Marcel avec cent cinquante hommes ; cinq cents vous attendront à Fontainebleau : alors vous gagnerez Blois, Angoulême et Bordeaux.

— Madame, dit Henri en se tournant vers sa femme, demain, pour mon compte, je serai prêt, le serez-vous ?

Les yeux de La Mole se fixèrent sur ceux de Marguerite avec une profonde anxiété.

— Vous avez ma parole, dit la reine : partout où vous irez, je vous suis ; mais vous le savez, il faut que M. d'Alençon parte en même temps que nous. Pas de milieu avec lui, il nous sert ou il nous trahit ; s'il hésite, ne bougeons pas.

— Sait-il quelque chose de ce projet, monsieur de La Mole ? demanda Henri.

— Il a dû, il y a quelques jours, recevoir une lettre de M. de Mouy.

— Ah ! ah ! dit Henri, et il ne m'a parlé de rien !

— Défiez-vous, Monsieur, dit Marguerite, défiez-vous.

— Soyez tranquille, je suis sur mes gardes. Comment faire tenir une réponse à de Mouy ?

— Ne vous inquiétez de rien, sire. À droite ou à gauche de Votre Majesté, visible ou invisible, demain, pendant la réception des ambassadeurs, il sera là : un mot dans le discours de la reine qui lui fasse comprendre si vous consentez ou non, s'il doit fuir ou vous attendre. Si le duc d'Alençon refuse, il ne demande que quinze jours pour tout réorganiser en votre nom.

— En vérité, dit Henri, de Mouy est un homme précieux. Pouvez-vous intercaler dans votre discours la phrase attendue, Madame ?

— Rien de plus facile, répondit Marguerite.

— Alors, dit Henri, je verrai demain M. d'Alençon ; que de Mouy soit à son poste et comprenne à demi mot.

— Il y sera, sire.

— Eh bien, monsieur de La Mole, dit Henri, allez lui porter ma réponse. Vous avez sans doute dans les environs un cheval, un serviteur ?

— Orthon est là qui m'attend sur le quai.

— Allez le rejoindre, monsieur le comte. Oh ! non point par la fenêtre ; c'est bon dans les occasions extrêmes. Vous pourriez être vu, et comme on ne saurait pas que c'est pour moi que vous vous exposez ainsi, vous compromettriez la reine.

— Mais par où, sire ?

— Si vous ne pouvez pas entrer seul au Louvre, vous en pouvez sortir avec moi, qui ai le mot d'ordre. Vous avez votre manteau, j'ai le mien ; nous nous envelopperons tous deux, et nous traverserons le guichet sans difficulté. D'ailleurs, je serai aise de donner quelques ordres particuliers à Orthon. Attendez ici, je vais voir s'il n'y a personne dans les corridors.

Henri, de l'air du monde le plus naturel, sortit pour aller explorer le chemin. La Mole resta seul avec la reine.

— Oh ! quand vous reverrai-je ? dit La Mole.

— Demain soir si nous fuyons : un de ces soirs, dans la maison de la rue Cloche-Percée, si nous ne fuyons pas.

— Monsieur de La Mole, dit Henri en rentrant, vous pouvez venir, il n'y a personne.

La Mole s'inclina respectueusement devant la reine.

— Donnez-lui votre main à baiser, Madame, dit Henri ; monsieur de La Mole n'est pas un serviteur ordinaire.

Marguerite obéit.

— À propos, dit Henri, serrez l'échelle de corde avec soin : c'est un meuble précieux pour des conspirateurs ; et, au moment où l'on s'y attend le moins, on peut avoir besoin de s'en servir. Venez, monsieur de La Mole, venez.

LES AMBASSADEURS.

Le lendemain toute la population de Paris s'était portée vers le faubourg Saint-Antoine, par lequel il avait été décidé que les ambassadeurs polonais feraient leur entrée. Une haie de Suisses contenait la foule, et des détachements de cavaliers protégeaient la circulation des seigneurs et des dames de la cour qui se portaient au-devant du cortège.

Bientôt parut, à la hauteur de l'abbaye Saint-Antoine, une troupe de cavaliers vêtus de rouge et de jaune, avec des bonnets et des manteaux fourrés, et tenant à la main des sabres larges et recourbés comme les cimeterres des Turcs.

Les officiers marchaient sur le flanc des lignes.

Derrière cette première troupe en venait une seconde équipée avec un luxe tout à fait oriental. Elle précédait les ambassadeurs, qui, au nombre de quatre, représentaient magnifiquement le plus mythologique des royaumes chevaleresques du seizième siècle.

L'un de ces ambassadeurs était l'évêque de Cracovie. Il portait un costume demi-pontifical, demi-guerrier, mais éblouissant d'or et de pierreries. Son cheval blanc à longs crins flottants et au pas relevé semblait souffler le feu par ses naseaux ; personne n'aurait pensé que depuis un mois le noble animal faisait quinze lieues chaque jour par des chemins que le mauvais temps avait rendus presque impraticables.

Près de l'évêque marchait le palatin Lasco, puissant seigneur si rapproché de la couronne qu'il avait la richesse d'un roi comme il en avait l'orgueil.

Après les deux ambassadeurs principaux, qu'accompagnaient deux autres palatins de haute naissance, venait une quantité de seigneurs polonais dont les chevaux, harnachés de soie, d'or et de pierreries, excitèrent la bruyante approbation du peuple. En effet, les cavaliers français, malgré la richesse de leurs équipages, étaient complètement éclipsés par ces nouveaux venus, qu'ils appelaient dédaigneusement des barbares.

Jusqu'au dernier moment, Catherine avait espéré que la réception serait remise encore et que la décision du roi céderait à sa faiblesse, qui continuait. Mais lorsque le jour fut venu, lorsqu'elle vit Charles, pâle comme un spectre, revêtir le splendide manteau royal, elle comprit qu'il fallait plier en apparence sous cette volonté de fer, et elle commença de croire que le plus sûr parti pour Henri d'Anjou était l'exil magnifique auquel il était condamné.

Charles, à part les quelques mots qu'il avait prononcés lorsqu'il avait rouvert les yeux, au moment où sa mère sortait du cabinet, n'avait point parlé à Catherine depuis la scène qui avait amené la crise à laquelle il avait failli succomber. Chacun, dans le Louvre, savait qu'il y avait eu une altercation terrible entre eux sans connaître la cause de cette altercation, et les plus hardis tremblaient devant cette froideur et ce silence, comme tremblent les oiseaux devant le calme menaçant qui précède l'orage.

Cependant tout s'était préparé au Louvre, non pas comme pour une fête, il est vrai, mais comme pour quelque lugubre cérémonie. L'obéissance de chacun avait été morne ou passive. On savait que Catherine avait presque tremblé, et tout le monde tremblait.

La grande salle de réception du palais avait été préparée, et comme ces sortes de séances étaient ordinairement publiques, les gardes et les sentinelles avaient reçu l'ordre de laisser entrer, avec les ambassadeurs, tout ce que les appartements et les cours pourraient contenir de populaire.

Quant à Paris, son aspect était toujours celui que présente la grande ville en pareille circonstance : c'est-à-dire empressement et curiosité. Seulement quiconque eût bien considéré ce jour-là la population de la capitale, eût reconnu parmi les groupes, composés de ces honnêtes figures de bourgeois naïvement béantes, bon nombre d'hommes enveloppés dans de grands manteaux, se répondant les uns aux autres par des coups d'œil, des signes de la main quand ils étaient à distance, et échangeaient à voix basse quelques mots rapides et significatifs toutes les fois qu'ils se rapprochaient. Ces hommes, au reste, paraissaient fort préoccupés du cortège, le suivaient des premiers, et paraissaient recevoir leurs ordres d'un vénérable vieillard dont les yeux noirs et vifs faisaient, malgré sa barbe blanche et ses sourcils grisonnants, ressortir la verte activité. En effet, ce vieillard, soit par ses propres moyens, soit qu'il fût aidé par les efforts de ses compagnons, parvint à se glisser des premiers dans le Louvre, et, grâce à la complaisance du chef des Suisses, digne huguenot fort peu catholique malgré sa conversion, trouva moyen de se placer derrière les ambassadeurs, juste en face de Marguerite et de Henri de Navarre.

Henri, prévenu par La Mole que de Mouy devait, sous un déguisement quelconque, assister à la séance, jetait les yeux de tous côtés. Enfin ses regards rencontrèrent ceux du vieillard et ne le quittèrent plus : un signe de de Mouy avait fixé tous les doutes du roi de Navarre. Car de Mouy était si bien déguisé que Henri lui-même avait douté que ce vieillard à barbe blanche pût être le même que cet intrépide chef des huguenots qui avait fait, cinq ou six jours auparavant, une si rude défense.

Un mot de Henri, prononcé à l'oreille de Marguerite, fixa les regards de la reine sur de Mouy. Puis alors ses beaux yeux s'égarèrent dans les profondeurs de la salle : elle cherchait La Mole, mais inutilement.

La Mole n'y était pas.

Les discours commencèrent. Le premier fut au roi. Lasco lui demandait, au nom de la diète, son assentiment à ce que la couronne de Pologne fût offerte à un prince de la maison de France.

Charles répondit par une adhésion courte et précise, présentant le duc d'Anjou, son frère, du courage duquel il fit un grand éloge aux envoyés polonais. Il parlait en français ; un interprète traduisait sa réponse après chaque période. Et pendant que l'interprète parlait à son tour, on pouvait voir le roi approcher de sa bouche un mouchoir qui, à chaque fois, s'en éloignait teint de sang.

Quand la réponse de Charles fut terminée, Lasco se tourna vers le duc d'Anjou, s'inclina et commença un discours latin dans lequel il lui offrait le trône au nom de la nation polonaise.

Le duc répondit dans la même langue, et d'une voix dont il cherchait en vain à contenir l'émotion, qu'il acceptait avec reconnaissance l'honneur qui lui était décerné. Pendant tout le temps qu'il parla, Charles resta debout, les lèvres serrées, l'œil fixé sur lui, immobile et menaçant comme l'œil d'un aigle.

Quand le duc d'Anjou eut fini, Lasco prit la couronne des Jagellons posée sur un coussin de velours rouge, et tandis que deux seigneurs polonais revêtaient le duc d'Anjou du manteau royal, il déposa la couronne entre les mains de Charles.

Charles fit un signe à son frère. Le duc d'Anjou vint s'agenouiller devant lui, et de ses propres mains, Charles lui posa la couronne sur la tête : alors les deux rois échangèrent un des plus haineux baisers que se soient jamais donnés deux frères.

Aussitôt un héraut cria :

« Alexandre-Édouard-Henri de France, duc d'Anjou, vient d'être couronné roi de Pologne. Vive le roi de Pologne ! »

Toute l'assemblée répéta d'un seul cri : Vive le roi de Pologne !

Alors Lasco se tourna vers Marguerite. Le discours de la belle reine avait été gardé pour le dernier. Or, comme c'était une galanterie qui lui avait été accordée pour faire briller son beau génie, comme on disait alors, chacun porta une grande attention à la réponse, qui devait être en latin. Nous avons vu que Marguerite l'avait composée elle-même.

Le discours de Lasco fut plutôt un éloge qu'un discours. Il avait cédé, tout Sarmate qu'il était, à l'admiration qu'inspirait à tous la belle reine de Navarre ; et empruntant la langue à Ovide, mais le style à Ronsard, il dit que, partis de Varsovie au milieu de la plus profonde nuit, il n'aurait su, lui et ses compagnons, comment retrouver leur chemin, si, comme les rois mages, ils n'avaient eu deux étoiles pour les guider ; étoiles qui devenaient de plus en plus brillantes à mesure qu'ils approchaient de la France, et qu'ils reconnaissaient maintenant n'être autre chose que les deux beaux yeux de la reine de Navarre. Enfin, passant de l'Évangile au Coran, de la Syrie à l'Arabie Pétrée, de Nazareth à la Mecque, il termina en disant qu'il était tout prêt à faire ce que faisaient les sectateurs ardents du Prophète, qui, une fois qu'ils avaient eu le bonheur de contempler son tombeau, se crevaient les yeux, jugeant qu'après avoir joui d'une si belle vue rien dans ce monde ne valait plus la peine d'être admiré.

Ce discours fut couvert d'applaudissements de la part de ceux qui parlaient latin, parce qu'ils partageaient l'opinion de l'orateur ; de la part de ceux qui ne l'entendaient point, parce qu'ils voulaient avoir l'air de l'entendre.

Marguerite fit d'abord une gracieuse révérence au galant Sarmate ; puis, tout en répondant à l'ambassadeur, fixant les yeux sur de Mouy, elle commença en ces termes :

« *Quod nunc hac in aulâ insperati adestis exultaremus ego et conjux, nisi ideo immineret calamitas, scilicet non solum fratris sed etiam amici orbitas*[1]. »

Ces paroles avaient deux sens, et, tout en s'adressant à de Mouy, pouvaient s'adresser à Henri d'Anjou. Aussi ce dernier salua-t-il en signe de reconnaissance.

Charles ne se rappela point avoir lu cette phrase dans le discours qui lui avait été communiqué quelques jours auparavant ; mais il n'attachait point grande importance aux paroles de Marguerite, qu'il savait être un discours de simple courtoisie. D'ailleurs, il comprenait fort mal le latin.

Marguerite continua :

« *Adeo dolemur a te dividi ut tecum proficisci maluissemus. Sed idem fatum quo nunc sine ullâ morâ Lutetiâ cedere juberis, hac in urbe detinet. Proficiscere ergo, frater ; proficiscere, amice ; proficiscere sine nobis ; proficiscentem sequuntur spes et desideria nostra*[2]. »

On devine aisément que de Mouy écoutait avec une attention profonde ces paroles, qui, adressées aux ambassadeurs, étaient prononcées pour lui seul. Henri avait bien déjà deux ou trois fois tourné la tête négativement sur les épaules, pour faire comprendre au jeune huguenot que d'Alençon avait refusé ; mais ce geste, qui pouvait être un effet du hasard, eût paru insuffisant à de Mouy, si les paroles de Marguerite ne fussent venues le confirmer. Or, tandis qu'il regardait Marguerite et l'écoutait de toute son âme, ses deux yeux noirs, si brillants sous leurs sourcils gris, frappèrent Catherine, qui tressaillit comme à une commotion électrique, et qui ne détourna plus son regard de ce côté de la salle.

— Voilà une figure étrange, murmura-t-elle tout en continuant de composer son visage selon les lois du cérémonial. Qui donc est cet homme qui regarde si attentivement Marguerite, et que de leur côté, Marguerite et Henri regardent si attentivement.

Cependant la reine de Navarre continuait son discours, qui, à partir de ce moment, répondait aux politesses de l'envoyé polonais, tandis que Catherine se creusait la tête, cherchant quel pouvait être le nom de ce beau vieillard, lorsque le maître des cérémonies, s'approchant d'elle par derrière, lui remit un sachet de satin parfumé contenant un papier plié en quatre. Elle ouvrit le sachet, tira le papier, et lut ces mots :

« Maurevel, à l'aide d'un cordial que je viens de lui donner, a enfin repris, quelque force, et est parvenu à écrire le nom de l'homme qui se trouvait dans la chambre du roi de Navarre. Cet homme, c'est M. de Mouy. »

— De Mouy ! pensa la reine ; eh bien, j'en avais le pressentiment. Mais ce vieillard… Eh ! *cospetto !*… ce vieillard, c'est…

Catherine demeura l'œil fixe, la bouche béante. Puis, se penchant à l'oreille du capitaine des gardes qui se tenait à son côté :

— Regardez, monsieur de Nancey, lui dit-elle, mais sans affectation ; regardez le seigneur Lasco, celui qui parle en ce moment. Derrière lui… c'est cela… voyez-vous un vieillard à barbe blanche, en habit de velours noir ?

— Oui, Madame, répondit le capitaine.

— Bon, ne le perdez pas de vue.

— Celui auquel le roi de Navarre fait un signe ?

— Justement. Placez-vous à la porte du Louvre avec dix hommes, et, quand il sortira, invitez-le de la part du roi à dîner. S'il vous suit, conduisez-le dans une chambre ou vous l'y retiendrez prisonnier. S'il vous résiste, emparez-vous-en mort ou vif. Allez, allez.

Heureusement Henri, fort peu occupé du discours de Marguerite, avait l'œil arrêté sur

Catherine, et n'avait point perdu une seule expression de son visage. En voyant les yeux de la reine mère fixés avec un si grand acharnement sur de Mouy, il s'inquiéta ; en lui voyant donner un ordre au capitaine des gardes, il comprit tout.

Ce fut en ce moment qu'il fit le geste qu'avait surpris M. de Nancey, et qui, dans la langue des signes, voulait dire :

« Vous êtes découvert, sauvez-vous à l'instant même. »

De Mouy comprit ce geste, qui couronnait si bien la portion du discours de Marguerite qui lui était adressée. Il ne se le fit pas dire à deux fois, il se perdit dans la foule, et disparut.

Mais Henri ne fut tranquille que lorsqu'il eut vu M. de Nancey revenir à Catherine, et qu'il eut compris à la contraction du visage de la reine mère que celui-ci lui annonçait qu'il était arrivé trop tard. L'audience était finie. Marguerite échangeait encore quelques paroles non officielles avec Lasco.

Le roi se leva chancelant, salua, et sortit appuyé sur l'épaule d'Ambroise Paré, qui ne le quittait pas depuis l'accident qui lui était arrivé.

Catherine, pâle de colère, et Henri, muet de douleur, le suivirent.

Quant au duc d'Alençon, il s'était complètement effacé pendant la cérémonie ; et pas une fois le regard de Charles, qui ne s'était pas écarté un instant du duc d'Anjou, ne s'était fixé sur lui.

Le nouveau roi de Pologne se sentait perdu. Loin de sa mère, enlevé par ces barbares du Nord, il était semblable à Antée, ce fils le la Terre, qui perdait ses forces soulevé dans les bras d'Hercule. Une fois hors de la frontière, le duc d'Anjou se regardait comme à tout jamais exclu du trône de France.

Aussi, au lieu de suivre le roi, ce fut chez sa mère qu'il se retira.

Il la trouva non moins sombre et non moins préoccupée que lui-même, car elle songeait à cette tête fine et moqueuse qu'elle n'avait point perdue de vue pendant la cérémonie, à ce Béarnais auquel la destinée semblait faire place en balayant autour de lui les rois, princes assassins, ses ennemis et ses obstacles.

En voyant son fils bien-aimé pâle sous sa couronne, brisé sous son manteau royal, joignant sans rien dire, en signe de supplication, ses belles mains, qu'il tenait d'elle, Catherine se leva, et alla à lui.

— Oh ! ma mère, s'écria le roi de Pologne, me voilà condamné à mourir dans l'exil !

— Mon fils, lui dit Catherine, oubliez-vous si vite la prédiction de René ? Soyez tranquille, vous n'y demeurerez pas longtemps.

— Ma mère, je vous en conjure, dit le duc d'Anjou, au premier bruit, au premier soupçon que la couronne de France peut être vacante, prévenez-moi…

— Soyez tranquille, mon fils, dit Catherine ; jusqu'au jour que nous attendons tous deux il y aura incessamment dans mon écurie un cheval sellé, et dans mon antichambre un courrier prêt à partir pour la Pologne.

↑ Votre présence inespérée dans cette cour nous comblerait de joie, moi et mon mari, si elle n'amenait un grand malheur, c'est-à-dire non seulement la perte d'un frère, mais encore celle d'un ami.

↑ Nous sommes désespérés d'être séparés de vous, quand nous eussions préféré partir avec vous. Mais le même destin qui veut que vous quittiez sans retard Paris, nous enchaîne, nous, dans cette ville. Partez donc, cher frère ; partez donc, cher ami ; partez sans nous. Notre espérance et nos désirs vous suivent.

XIII

ORESTE ET PYLADE.

Henri d'Anjou parti, on eût dit que la paix et le bonheur étaient revenus s'asseoir dans le Louvre au foyer de cette famille d'Atrides.

Charles, oubliant sa mélancolie, reprenait sa vigoureuse santé, chassant avec Henri et parlant de chasse avec lui les jours où il ne pouvait chasser ; ne lui reprochant qu'une chose, son apathie pour la chasse au vol, et disant qu'il serait un prince parfait s'il savait dresser les faucons, les gerfauts et les tiercelets comme il savait dresser braques et courants.

Catherine était redevenue bonne mère : douce à Charles et à d'Alençon, caressante à Henri et à Marguerite, gracieuse à madame de Nevers et à madame de Sauve ; et, sous prétexte que c'était en accomplissant un ordre d'elle qu'il avait été blessé, elle avait poussé la bonté d'âme jusqu'à aller voir deux fois Maurevel convalescent dans sa maison de la rue de la Cerisaie.

Marguerite continuait ses amours à l'espagnole.

Tous les soirs elle ouvrait sa fenêtre et correspondait avec La Mole par gestes et par écrit ; et dans chacune de ses lettres le jeune homme rappelait à sa belle reine qu'elle lui avait promis quelques instants, en récompense de son exil, rue Cloche-Percée.

Une seule personne au monde était seule et dépareillée dans le Louvre redevenu si calme et si paisible.

Cette personne, c'était notre ami le comte Annibal de Coconnas.

Certes, c'était quelque chose que de savoir La Mole vivant ; c'était beaucoup que d'être toujours le préféré de madame de Nevers, la plus rieuse et la plus fantasque de toutes les femmes. Mais tout le bonheur de ce tête-à-tête que la belle duchesse lui accordait, tout le repos d'esprit donné par Marguerite à Coconnas sur le sort de leur ami commun, ne valaient point aux yeux du Piémontais une heure passée avec La Mole chez l'ami La Hurière devant un pot de vin doux, ou bien une de ces courses dévergondées faites dans tous ces endroits de Paris où un honnête gentilhomme pouvait attraper des accrocs à sa peau, à sa bourse ou à son habit.

Madame de Nevers, il faut l'avouer à la honte de l'humanité, supportait impatiemment cette rivalité de La Mole. Ce n'est point qu'elle détestât le Provençal, au contraire : entraînée par cet instinct irrésistible qui porte toute femme à être coquette malgré elle avec l'amant d'une autre femme, surtout quand cette femme est son amie, elle n'avait point épargné à La Mole les éclairs de ses yeux d'émeraude, et Coconnas eût pu envier les franches poignées de main et les frais d'amabilité faits par la duchesse en faveur de son ami pendant ces jours de caprice, où l'astre du Piémontais semblait pâlir dans le ciel de sa belle maîtresse ; mais Coconnas, qui eût égorgé quinze personnes pour un seul clin d'œil de sa dame, était si peu jaloux de La Mole, qu'il lui avait souvent fait à l'oreille, à la suite de ces inconséquences de la duchesse, certaines offres qui avaient fait rougir le Provençal.

Il résulte de cet état de choses que Henriette, que l'absence de La Mole privait de tous les avantages que lui procurait la compagnie de Coconnas, c'est-à-dire de son intarissable gaieté et de ses insatiables caprices de plaisir, vint un jour trouver Marguerite pour la supplier de lui rendre ce tiers obligé, sans lequel l'esprit et le cœur de Coconnas allaient s'évaporant de jour en jour.

Marguerite, toujours compatissante et d'ailleurs pressée par les prières de La Mole et les désirs de son propre cœur, donna rendez-vous pour le lendemain à Henriette dans la maison aux deux portes, afin d'y traiter à fond ces matières dans une conversation que personne ne pourrait interrompre.

Coconnas reçut d'assez mauvaise grâce le billet d'Henriette qui le convoquait rue Tizon pour neuf heures et demie. Il ne s'en achemina pas moins vers le lieu du rendez-vous, où il trouva Henriette déjà courroucée d'être arrivée la première.

— Fi ! Monsieur, dit-elle, que c'est mal appris de faire attendre ainsi… je ne dirai pas une princesse, mais une femme !

— Oh ! attendre, dit Coconnas, voilà bien un mot à vous, par exemple ! je parie au contraire que nous sommes en avance.

— Moi, oui.

— Bah ! moi aussi ; il est tout au plus dix heures, je parie.

— Eh bien ! mon billet portait neuf heures et demie.

— Aussi étais-je parti du Louvre à neuf heures, car je suis de service près de M. le duc d'Alençon, soit dit en passant ; ce qui fait que je serai obligé de vous quitter dans une heure.

— Ce qui vous enchante ?

— Non, ma foi ! attendu que M. d'Alençon est un maître fort maussade et fort quinteux ; et que pour être querellé, j'aime mieux encore l'être par de jolies lèvres comme les vôtres que par une bouche de travers comme la sienne.

— Allons ! dit la duchesse, voilà qui est un peu mieux cependant… Vous disiez donc que vous étiez sorti à neuf heures du Louvre ?

— Oh ! mon Dieu, oui, dans l'intention de venir droit ici, quand, au coin de la rue de Grenelle, j'aperçois un homme qui ressemble à La Mole.

— Bon ! encore La Mole.

— Toujours, avec ou sans permission.

— Brutal !

— Bon ! dit Coconnas, nous allons recommencer nos galanteries.

— Non, mais finissez-en avec vos récits.

— Ce n'est pas moi qui demande à les faire, c'est vous qui me demandez pourquoi je suis en retard.

— Sans doute ; est-ce à moi d'arriver la première ?

— Eh ! vous n'avez personne à chercher, vous.

— Vous êtes assommant, mon cher ; mais continuez. Enfin, au coin de la rue de Grenelle, vous apercevez un homme qui ressemble à La Mole… Mais qu'avez-vous donc à votre pourpoint ? du sang !

— Bon ! en voilà encore un qui m'aura éclaboussé en tombant.

— Vous vous êtes battu ?

— Je le crois bien.

— Pour votre La Mole ?

— Pour qui voulez-vous que je me batte ? pour une femme ?

— Merci !

— Je le suis donc cet homme qui avait l'impudence d'emprunter des airs de mon ami. Je le rejoins à la rue Coquillière, je le devance, je le regarde sous le nez à la lueur d'une boutique. Ce n'était pas lui.

— Bon ! c'était bien fait.

— Oui, mais mal lui en a pris. Monsieur, lui ai-je dit, vous êtes un fat de vous permettre de ressembler de loin à mon ami M. de La Mole, lequel est un cavalier accompli ; tandis que de près on voit bien que vous n'êtes qu'un truand. Sur ce, il a mis l'épée à la main et moi aussi. À la troisième passe, voyez le mal appris ! il est tombé en m'éclaboussant.

— Et lui avez-vous porté secours, au moins ?

— J'allais le faire quand est passé un cavalier. Ah ! cette fois, duchesse, je suis sûr que c'était La Mole. Malheureusement le cheval courait au galop. Je me suis mis à courir après le cheval, et les gens qui s'étaient rassemblés pour me voir battre, à courir derrière moi. Or, comme on eût pu me prendre pour un voleur, suivi que j'étais de toute cette canaille qui hurlait après mes chausses, j'ai été obligé de me retourner pour la mettre en fuite, ce qui m'a fait perdre un certain temps. Pendant ce temps le cavalier avait disparu. Je me suis mis à sa poursuite, je me suis informé, j'ai demandé, donné la couleur du cheval ; mais, baste ! inutile : personne ne l'avait remarqué. Enfin, de guerre lasse, je suis venu ici.

— De guerre lasse ! dit la duchesse ; comme c'est obligeant !

— Écoutez, chère amie, dit Coconnas en se renversant nonchalamment dans un fauteuil, vous m'allez encore persécuter à l'endroit de ce pauvre La Mole ; eh bien ! vous aurez tort : car enfin, l'amitié, voyez-vous… Je voudrais avoir son esprit ou sa science, à ce pauvre ami ; je trouverais quelque comparaison qui vous ferait palper ma pensée… L'amitié, voyez-vous, c'est une étoile, tandis que l'amour… l'amour… eh bien, je la tiens, la comparaison… l'amour n'est qu'une bougie. Vous me direz qu'il y en a de plusieurs espèces…

— D'amours ?

— Non ! de bougies, et que dans ces espèces il y en a de préférables : la rose, par exemple… va pour la rose… c'est la meilleure ; mais, toute rose qu'elle est, la bougie s'use, tandis que l'étoile brille toujours. À cela vous me répondrez que quand la bougie est usée on en met une autre dans le flambeau.

— Monsieur de Coconnas, vous êtes un fat.

— La !

— Monsieur de Coconnas, vous êtes un impertinent.

— La ! la !

— Monsieur de Coconnas, vous êtes un drôle.

— Madame, je vous préviens que vous allez me faire regretter trois fois plus La Mole.

— Vous ne m'aimez plus.

— Au contraire, duchesse, vous ne vous y connaissez pas, je vous idolâtre. Mais je puis vous aimer, vous chérir, vous idolâtrer, et, dans mes moments perdus, faire l'éloge de mon ami.

— Vous appelez vos moments perdus ceux où vous êtes près de moi, alors ?

— Que voulez-vous ! ce pauvre La Mole, il est sans cesse présent à ma pensée.

— Vous me le préférez, c'est indigne ! Tenez, Annibal ! je vous déteste. Osez être franc, dites-moi que vous me le préférez. Annibal, je vous préviens que si vous me préférez quelque chose au monde…

— Henriette, la plus belle des duchesses ! pour votre propre tranquillité, croyez-moi, ne me faites point de questions indiscrètes. Je vous aime plus que toutes les femmes, mais j'aime La Mole plus que tous les hommes.

— Bien répondu, dit soudain une voix étrangère.

Et une tapisserie de damas soulevée devant un grand panneau, qui, en glissant dans l'épaisseur de la muraille, ouvrait une communication entre les deux appartements, laissa voir La Mole pris dans le cadre de cette porte, comme un beau portrait du Titien dans sa bordure dorée.

— La Mole ! cria Coconnas sans faire attention à Marguerite et sans se donner le temps de la remercier de la surprise qu'elle lui avait ménagée ; La Mole, mon ami, mon cher La Mole !

Et il s'élança dans les bras de son ami, renversant le fauteuil sur lequel il était assis et la table qui se trouvait sur son chemin.

La Mole lui rendit avec effusion ses accolades ; mais tout en les lui rendant :

— Pardonnez-moi, Madame, dit-il en s'adressant à la duchesse de Nevers, si mon nom prononcé entre vous a pu quelquefois troubler votre charmant ménage : certes, ajouta-t-il en jetant un regard d'indicible tendresse à Marguerite, il n'a pas tenu à moi que je vous revisse plus tôt.

— Tu vois, dit à son tour Marguerite, tu vois, Henriette, que j'ai tenu parole : le voici.

— Est-ce donc aux seules prières de madame la duchesse que je dois ce bonheur ? demanda La Mole.

— À ses seules prières, répondit Marguerite.

Puis se tournant vers La Mole :

— La Mole, continua-t-elle, je vous permets de ne pas croire un mot de ce que je dis.

Pendant ce temps Coconnas, qui avait dix fois serré son ami contre son cœur, qui avait tourné vingt fois autour de lui, qui avait approché un candélabre de son visage pour le regarder tout à son aise, alla s'agenouiller devant Marguerite et baisa le bas de sa robe.

— Ah ! c'est heureux, dit la duchesse de Nevers ; vous allez me trouver supportable à présent.

— Mordi ! s'écria Coconnas, je vais vous trouver comme toujours, adorable ; seulement je vous le dirai de meilleur cœur, et puissé-je avoir là une trentaine de Polonais, de Sarmates et autres barbares hyperboréens, pour leur faire confesser que vous êtes la reine des belles.

— Eh ! doucement, doucement, Coconnas, dit La Mole, et madame Marguerite donc !...

— Oh ! je ne m'en dédis pas, s'écria Coconnas avec cet accent demi-bouffon qui n'appartenait qu'à lui, madame Henriette est la reine des belles, et madame Marguerite est la belle des reines.

Mais, quoi qu'il pût dire ou faire, le Piémontais, tout entier au bonheur d'avoir retrouvé son cher La Mole, n'avait d'yeux que pour lui.

— Allons, allons, ma belle reine, dit madame de Nevers, venez, et laissons ces parfaits amis causer une heure ensemble ; ils ont mille choses à se dire qui viendraient se mettre en travers de notre conversation. C'est dur pour nous, mais c'est le seul remède qui puisse, je vous en préviens, rendre l'entière santé à M. Annibal. Faites donc cela pour moi, ma reine ! puisque j'ai la sottise d'aimer cette vilaine tête-là, comme dit son ami La Mole.

Marguerite glissa quelques mots à l'oreille de La Mole, qui, si désireux qu'il fût de revoir son ami, aurait bien voulu que la tendresse de Coconnas fût moins exigeante... Pendant ce temps Coconnas essayait, à force de protestations, de ramener un franc sourire et une douce parole sur les lèvres d'Henriette ; résultat auquel il arriva facilement.

Alors les deux femmes passèrent dans la chambre à côté, où les attendait le souper.

Les deux amis demeurèrent seuls.

Les premiers détails, on le comprend bien, que demanda Coconnas à son ami, furent ceux de la fatale soirée qui avait failli lui coûter la vie. À mesure que La Mole avançait dans sa narration, le Piémontais, qui sur ce point cependant, on le sait, n'était pas facile à émouvoir, frissonnait de tous ses membres.

— Et pourquoi, lui demanda-t-il, au lieu de courir les champs comme tu l'as fait, et de me donner les inquiétudes que tu m'as données, ne t'es-tu point réfugié près de notre maître ? Le duc, qui t'avait défendu, t'aurait caché. J'eusse vécu près de toi, et ma tristesse, quoique feinte, n'en eût pas moins abusé les niais de la cour.

— Notre maître ! dit La Mole à voix basse, le duc d'Alençon ?

— Oui. D'après ce qu'il m'a dit, j'ai dû croire que c'est à lui que tu dois la vie.

— Je dois la vie au roi de Navarre, répondit La Mole.

— Oh ! oh ! fit Coconnas, en es-tu sûr ?

— À n'en point douter.

— Oh ! le bon, l'excellent roi ! Mais le duc d'Alençon, que faisait-il, lui, dans tout cela ?

— Il tenait la corde pour m'étrangler.

— Mordi ! s'écria Coconnas, es-tu sûr de ce que tu dis, La Mole ? Comment ! ce prince pâle, ce roquet, ce piteux, étrangler mon ami ! Ah ! mordi, dès demain, je veux lui dire ce que je pense de cette action.

— Es-tu fou ?

— C'est vrai, il recommencerait... Mais qu'importe ? cela ne se passera point ainsi.

— Allons, allons, Coconnas, calme-toi, et tâche de ne pas oublier qu'onze heures et demi viennent de sonner et que tu es de service ce soir.

— Je m'en soucie bien de son service ! Ah ! bon, qu'il compte là-dessus ! Mon service ! Moi, servir un homme qui a tenu la corde !... Tu plaisantes !... Non !... C'est providentiel : il est dit que je devais te retrouver pour ne plus te quitter. Je reste ici.

— Mais, malheureux, réfléchis donc, tu n'es pas ivre.

— Heureusement ; car si je l'étais, je mettrais le feu au Louvre.

— Voyons, Annibal, reprit La Mole, sois raisonnable. Retourne là-bas. Le service est chose sacrée.

— Retournes-tu avec moi ?

— Impossible.

— Penserait-on encore à te tuer ?

— Je ne crois pas. Je suis trop peu important pour qu'il y ait contre moi un complot arrêté, une résolution suivie. Dans un moment de caprice, on a voulu me tuer, et c'est tout : les princes étaient en gaieté ce soir-là.

— Que fais-tu, alors ?

— Moi, rien : j'erre, je me promène.

— Eh bien ! je me promènerai comme toi, j'errerai avec toi. C'est un charmant état. Puis, si l'on t'attaque, nous serons deux, et nous leur donnerons du fil à retordre. Ah ! qu'il y vienne, ton insecte de duc ! je le cloue comme un papillon à la muraille !

— Mais demande-lui un congé, au moins !

— Oui, définitif.

— Préviens-le que tu le quittes, en ce cas.

— Rien de plus juste. J'y consens. Je vais lui écrire.

— Lui écrire, c'est bien leste, Coconnas, à un prince du sang !

— Oui, du sang ! du sang de mon ami. Prends garde, s'écria Coconnas en roulant ses gros yeux tragiques, prends garde que je m'amuse aux choses de l'étiquette !

— Au fait, se dit La Mole, dans quelques jours il n'aura plus besoin du prince, ni de personne ; car s'il veut venir avec nous, nous l'emmènerons.

Coconnas prit donc la plume sans plus longue opposition de son ami, et tout couramment composa le morceau d'éloquence que l'on va lire.

« Monseigneur, « Il n'est pas que Votre Altesse, versée dans les auteurs de l'antiquité comme elle l'est, ne connaisse l'histoire touchante d'Oreste et de Pylade, qui étaient deux héros fameux par leurs malheurs et par leur amitié. Mon ami La Mole n'est pas moins malheureux qu'Oreste, et moi je ne suis pas moins tendre que Pylade. Il a, dans ce moment-ci, de grandes occupations qui réclament mon aide. Il est donc impossible que je me sépare de lui. Ce qui fait que, sauf l'approbation de Votre Altesse, je prends un petit congé, déterminé que je suis de m'attacher à sa fortune, quelque part qu'elle me conduise : c'est dire à Votre Altesse combien est grande la violence qui m'arrache de son service, en raison de quoi je ne désespère pas d'obtenir mon pardon, et j'ose continuer de me dire avec respect,

« De Votre Altesse royale,

« Monseigneur, « Le très humble et très obéissant

« ANNIBAL comte de COCONNAS,

« ami inséparable de M. de La Mole. »

Ce chef-d'œuvre terminé, Coconnas le lut à haute voix à La Mole qui haussa les épaules.

— Eh bien, qu'en dis-tu ? demanda Coconnas, qui n'avait pas vu le mouvement, ou qui avait fait semblant de ne pas le voir.

— Je dis, répondit La Mole, que M. d'Alençon va se moquer de nous.

— De nous ?

— Conjointement.

— Cela vaut encore mieux, ce me semble, que de nous étrangler séparément.

— Bah ! dit La Mole en riant, l'un n'empêchera peut-être point l'autre.

— Eh bien ! tant pis ! arrive qu'arrive, j'envoie la lettre demain matin. Où allons-nous coucher en sortant d'ici ?

— Chez maître La Hurière. Tu sais, dans cette petite chambre où tu voulais me daguer quand nous n'étions pas encore Oreste et Pylade !

— Bien, je ferai porter ma lettre au Louvre par notre hôte.

En ce moment le panneau s'ouvrit.

— Eh bien ! demandèrent ensemble les deux princesses, où sont Oreste et Pylade ?

— Mordi ! Madame, répondit Coconnas, Pylade et Oreste meurent de faim et d'amour.

Ce fut effectivement maître La Hurière qui le lendemain, à neuf heures du matin, porta au Louvre la respectueuse missive de maître Annibal de Coconnas.

XIV

ORTHON.

Henri, même après le refus du duc d'Alençon, qui remettait tout en question, jusqu'à son existence, était devenu, s'il était possible, encore plus grand ami du prince qu'il ne l'était auparavant.

Catherine conclut de cette intimité que les deux princes non-seulement s'entendaient, mais encore conspiraient ensemble. Elle interrogea là-dessus Marguerite ; mais Marguerite était sa digne fille, et la reine de Navarre, dont le principal talent était d'éviter une explication scabreuse, se garda si bien des questions de sa mère, qu'après avoir répondu à toutes, elle la laissa plus embarrassée qu'auparavant.

La Florentine n'eut donc plus pour la conduire que cet instinct intrigant qu'elle avait apporté de la Toscane, le plus intrigant des petits États de cette époque, et ce sentiment de haine qu'elle avait puisé à la cour de France, qui était la cour la plus divisée d'intérêts et d'opinions de ce temps.

Elle comprit d'abord qu'une partie de la force du Béarnais lui venait de son alliance avec le duc d'Alençon, et elle résolut de l'isoler.

Du jour où elle eut pris cette résolution, elle entoura son fils avec la patience et le talent du pêcheur, qui, lorsqu'il a laissé tomber les plombs loin du poisson, les traîne insensiblement jusqu'à ce que de tous côtés ils aient enveloppé sa proie.

Le duc François s'aperçut de ce redoublement de caresses, et de son côté fit un pas vers sa mère. Quant à Henri, il feignit de ne rien voir, et surveilla son allié de plus près qu'il n'avait fait encore.

Chacun attendait un événement.

Or, tandis que chacun était dans l'attente de cet événement, certain pour les uns, probable pour les autres, un matin que le soleil s'était levé rose et distillant cette tiède chaleur et ce doux parfum qui annoncent un beau jour, un homme pâle, appuyé sur un bâton et marchant péniblement, sortit d'une petite maison sise derrière l'Arsenal et s'achemina par la rue du Petit-Musc.

Vers la porte Saint-Antoine, et après avoir longé cette promenade qui tournait comme une prairie marécageuse autour des fossés de la Bastille, il laissa le grand boulevard à sa gauche et entra dans le jardin de l'Arbalète, dont le concierge le reçut avec de grandes salutations.

Il n'y avait personne dans ce jardin, qui, comme l'indique son nom, appartenait à une société particulière : celle des arbalétriers. Mais, y eût-il eu des promeneurs, l'homme pâle eût été digne de tout leur intérêt, car sa longue moustache, son pas qui conservait une allure militaire, bien qu'il fût ralenti par la souffrance, indiquaient assez que c'était quelque officier blessé dans une occasion récente qui essayait ses forces par un exercice modéré et reprenait la vie au soleil.

Cependant, chose étrange ! lorsque le manteau dont, malgré la chaleur naissante, cet homme en apparence inoffensif était enveloppé s'ouvrait, il laissait voir deux longs pistolets pendant aux agrafes d'argent de sa ceinture, laquelle serrait en outre un large poignard et soutenait une longue épée qu'il semblait ne pouvoir tirer, tant elle était colossale, et qui, complétant cet arsenal vivant, battait de son fourreau deux jambes amaigries et tremblantes. En outre, et pour surcroît de précautions, le promeneur, tout solitaire qu'il était, lançait à chaque pas un regard scrutateur, comme pour interroger chaque détour d'allée, chaque buisson, chaque fossé.

Ce fut ainsi que cet homme pénétra dans le jardin, gagna paisiblement une espèce de petite tonnelle donnant sur les boulevards, dont il n'était séparé que par une haie épaisse et un petit fossé qui formait sa double clôture. Là, il s'étendit sur un banc de gazon à portée d'une table où le gardien de l'établissement, qui joignait à son titre de concierge l'industrie de gargotier, vint au bout d'un instant lui apporter une espèce de cordial.

Le malade était là depuis dix minutes et avait à plusieurs reprises porté à sa bouche la tasse de faïence dont il dégustait le contenu à petites gorgées, lorsque tout à coup son visage prit, malgré l'intéressante pâleur qui le couvrait, une expression effrayante. Il venait d'apercevoir, venant de la Croix-Faubin par un sentier qui est aujourd'hui la rue de Naples, un cavalier enveloppé d'un grand manteau, lequel s'arrêta proche du bastion et attendit.

Il y était depuis cinq minutes, et l'homme au visage pâle, que le lecteur a peut-être déjà reconnu pour Maurevel, avait à peine eu le temps de se remettre de l'émotion que lui avait causée sa présence, lorsqu'un jeune homme au justaucorps serré comme celui d'un page arriva par ce chemin qui fut depuis la rue des Fossés-Saint-Nicolas, et rejoignit le cavalier.

Perdu dans sa tonnelle de feuillage, Maurevel pouvait tout voir et même tout entendre sans peine, et quand on saura que le cavalier était de Mouy et le jeune homme au justaucorps serré Orthon, on jugera si les oreilles et les yeux étaient occupés.

L'un et l'autre regardèrent autour d'eux avec la plus minutieuse attention ; Maurevel retenait son souffle.

— Vous pouvez parler, Monsieur, dit le premier Orthon, qui, étant le plus jeune, était le plus confiant, personne ne nous voit ni ne nous écoute.

— C'est bien, dit de Mouy. Tu vas aller chez madame de Sauve ; tu remettras ce billet à elle-même, si tu la trouves chez elle ; si elle n'y est pas, tu le déposeras derrière le miroir où le roi avait l'habitude de mettre les siens ; puis tu attendras dans le Louvre. Si l'on te donne une réponse, tu l'apporteras où tu sais : si tu n'en as pas, tu viendras me chercher ce soir avec un poitrinal à l'endroit que je t'ai désigné et d'où je sors.

— Bien, dit Orthon ; je sais.

— Moi, je te quitte ; j'ai fort affaire pendant toute la journée. Ne te hâte pas, toi, ce serait inutile ; tu n'as pas besoin d'arriver au Louvre avant qu'il y soit, et je crois qu'il prend une leçon de chasse au vol ce matin. Va, et montre-toi hardiment. Tu es rétabli, tu viens remercier madame de Sauve des bontés qu'elle a eues pour toi pendant la convalescence. Va, enfant, va.

Maurevel écoutait, les yeux fixes, les cheveux hérissés, la sueur sur le front. Son premier mouvement avait été de détacher un pistolet de son agrafe et d'ajuster de Mouy ; mais un mouvement qui avait entr'ouvert son manteau lui avait montré sous ce manteau une cuirasse bien ferme et bien solide. Il était donc probable que la balle s'aplatirait sur cette cuirasse, ou qu'elle frapperait dans quelque endroit du corps où la blessure qu'elle ferait ne serait pas mortelle. D'ailleurs il pensa que de Mouy, vigoureux et bien armé, aurait bon marché de lui, blessé comme il l'était, et, avec un soupir, il retira à lui son pistolet déjà étendu vers le huguenot.

— Quel malheur, murmura-t-il, de ne pouvoir l'abattre ici sans autre témoin que ce brigandeau à qui mon second coup irait si bien !

Mais en ce moment Maurevel réfléchit que ce billet donné à Orthon, et qu'Orthon devait remettre à madame de Sauve, était peut-être plus important que la vie même du chef huguenot.

— Ah ! dit-il, tu m'échappes encore ce matin ; soit. Éloigne-toi sain et sauf ; mais j'aurai mon tour demain, dussé-je te suivre jusque dans l'enfer, dont tu es sorti pour me perdre si je ne te perds.

En ce moment de Mouy croisa son manteau sur son visage et s'éloigna rapidement dans la direction des marais du Temple. Orthon reprit les fossés qui le conduisaient au bord de la rivière.

Alors Maurevel, se soulevant avec plus de vigueur et d'agilité qu'il n'osait l'espérer, regagna la rue de la Cerisaie, rentra chez lui, fit seller un cheval, et, tout faible qu'il était, au risque de rouvrir ses blessures, prit au galop la rue Saint-Antoine, gagna les quais et s'enfonça dans le Louvre.

Cinq minutes après qu'il eut disparu sous le guichet, Catherine savait tout ce qui venait de se passer, et Maurevel recevait les mille écus d'or qui lui avaient été promis pour l'arrestation du roi de Navarre.

— Oh ! dit alors Catherine, ou je me trompe bien, ou ce de Mouy sera la tache noire que René a trouvée dans l'horoscope de ce Béarnais maudit.

Un quart d'heure après Maurevel, Orthon entrait au Louvre, se faisait voir comme le lui avait recommandé de Mouy, et gagnait l'appartement de madame de Sauve après avoir parlé à plusieurs commensaux du palais.

Dariole seule était chez sa maîtresse ; Catherine venait de faire demander cette dernière pour transcrire certaines lettres importantes, et depuis cinq minutes elle était chez la reine.

— C'est bien, dit Orthon, j'attendrai.

Et, profitant de sa familiarité dans la maison, le jeune homme passa dans la chambre à coucher de la baronne, et après s'être bien assuré qu'il était seul, il déposa le billet derrière le miroir.

Au moment même où il éloignait sa main de la glace, Catherine entra.

Orthon pâlit, car il semblait que le regard rapide et perçant de la reine mère s'était tout d'abord porté sur le miroir.

— Que fais-tu là, petit ? demanda Catherine ; ne cherches-tu point madame de Sauve ?

— Oui, Madame ; il y avait longtemps que je ne l'avais vue, et en tardant encore à la venir remercier je craignais de passer pour un ingrat.

— Tu l'aimes donc bien, cette chère Charlotte ?

— De toute mon âme, Madame.

— Et tu es fidèle, à ce qu'on dit ?

— Votre Majesté comprendra que c'est une chose bien naturelle quand elle saura que madame de Sauve a eu de moi des soins que je ne méritais pas, n'étant qu'un simple serviteur.

— Et dans quelle occasion a-t-elle eu de toi ces soins ? demanda Catherine, feignant d'ignorer l'événement arrivé au jeune garçon.

— Madame, lorsque je fus blessé.

— Ah ! pauvre enfant ! dit Catherine, tu as été blessé ?

— Oui, Madame.

— Et quand cela ?

— Le soir où l'on vint pour arrêter le roi de Navarre. J'eus si grand'peur en voyant des soldats, que je criai, j'appelai ; l'un d'eux me donna un coup sur la tête et je tombai évanoui.

— Pauvre garçon ! Et te voilà bien rétabli, maintenant ?

— Oui, Madame.

— De sorte que tu cherches le roi de Navarre pour rentrer chez lui ?

— Non, Madame. Le roi de Navarre, ayant appris que j'avais osé résister aux ordres de Votre Majesté, m'a chassé sans miséricorde.

— Vraiment ! dit Catherine avec une intonation peine d'intérêt. Eh bien ! je me charge ce cette affaire. Mais si tu attends madame de Sauve, tu l'attendras inutilement : elle est occupée au-dessous d'ici, chez moi, dans mon cabinet.

Et Catherine, pensant qu'Orthon n'avait peut-être pas eu le temps de cacher le billet derrière la glace, entra dans le cabinet de madame de Sauve pour laisser toute liberté au jeune homme.

Au même moment, et comme Orthon, inquiet de cette arrivée inattendue de la reine mère, se demandait si cette arrivée ne cachait pas quelque complot contre son maître, il entendit frapper trois petits coups au plafond ; c'était le signal qu'il devait lui-même donner à son maître dans le cas de danger, quand son maître était chez madame de Sauve et qu'il veillait sur lui.

Ces trois coups le firent tressaillir ; une révélation mystérieuse l'éclaira, et il pensa que cette fois l'avis était donné à lui-même ; il courut donc au miroir, et en retira le billet qu'il y avait déjà posé.

Catherine suivait, à travers une ouverture de la tapisserie, tous les mouvements de l'enfant ; elle le vit s'élancer vers le miroir, mais elle ne sut si c'était pour y cacher le billet ou pour l'en retirer.

— Eh bien ! murmura l'impatiente Florentine, pourquoi tarde-t-il donc maintenant à partir ?

Et elle rentra aussitôt dans la chambre le visage souriant.

— Encore ici, petit garçon ? dit-elle. Eh bien ! mais qu'attends-tu donc ? Ne t'ai-je pas dit que je prenais en main le soin de ta petite fortune ? Quand je te dis une chose, en doutes-tu ?

— Oh ! Madame, Dieu m'en garde ! répondit Orthon.

Et l'enfant, s'approchant de la reine, mit un genou en terre, baisa le bas de sa robe et sortit rapidement.

En sortant il vit dans l'antichambre le capitaine des gardes qui attendait Catherine. Cette vue n'était pas faite pour éloigner ses soupçons ; aussi ne fit-elle que les redoubler.

De son côté Catherine n'eut pas plutôt vu la tapisserie de la portière retomber derrière Orthon, qu'elle s'élança vers le miroir. Mais ce fut inutilement qu'elle plongea derrière lui sa main tremblante d'impatience, elle ne trouva aucun billet.

Et cependant elle était sûre d'avoir vu l'enfant s'approcher du miroir. C'était donc pour reprendre et non pour déposer. La fatalité donnait une force égale à ses adversaires. Un enfant devenait un homme du moment où il luttait contre elle.

Elle remua, regarda, sonda : rien !…

— Oh ! le malheureux ! s'écria-t-elle. Je ne lui voulais cependant pas de mal, et voilà qu'en retirant le billet il va au-devant de sa destinée. Holà, monsieur de Nancey, holà !

La voix vibrante de la reine mère traversa le salon et pénétra jusque dans l'antichambre où se tenait, comme nous l'avons dit, le capitaine des gardes.

M. de Nancey accourut.

— Me voilà, dit-il, Madame. Que désire Votre Majesté ?

— Vous êtes dans l'antichambre ?

— Oui, Madame.

— Vous avez vu sortir un jeune homme, un enfant ?

— À l'instant même.

— Il ne peut être loin encore ?

— À moitié de l'escalier à peine.

— Rappelez-le.

— Comment se nomme-t-il ?

— Orthon. S'il refuse de revenir, ramenez-le de force. Cependant ne l'effrayez point s'il ne fait aucune résistance. Il faut que je lui parle à l'instant même.

Le capitaine des gardes s'élança.

Comme il l'avait prévu, Orthon était à peine à moitié de l'escalier, car il descendait lentement dans l'espérance de rencontrer dans l'escalier ou d'apercevoir dans quelque corridor le roi de Navarre ou madame de Sauve.

Il s'entendit rappeler et tressaillit.

Son premier mouvement fut de fuir ; mais avec une puissance de réflexion au-dessus de son âge, il comprit que s'il fuyait il perdait tout.

Il s'arrêta donc.

— Qui m'appelle ?

— Moi, M. de Nancey, répondit le capitaine des gardes en se précipitant par les montées.

— Mais je suis bien pressé, dit Orthon.

— De la part de Sa Majesté la reine mère, reprit M. de Nancey en arrivant près de lui.

L'enfant essuya la sueur qui coulait sur son front et remonta.

Le capitaine le suivit par derrière.

Le premier plan qu'avait formé Catherine était d'arrêter le jeune homme, de le faire fouiller et de s'emparer du billet dont elle le savait porteur ; en conséquence, elle avait songé à l'accuser de vol, et déjà avait détaché de la toilette une agrafe de diamants dont elle voulait faire peser la soustraction sur l'enfant ; mais elle réfléchit que le moyen était dangereux, en ceci qu'il éveillait les soupçons du jeune homme, lequel prévenait son maître, qui alors se défiait, et dans sa défiance ne donnait point prise sur lui.

Sans doute elle pouvait faire conduire le jeune homme dans quelque cachot ; mais le bruit de l'arrestation, si secrètement qu'elle se fît, se répandait dans le Louvre, et un seul mot de cette arrestation mettrait Henri sur ses gardes.

Il fallait cependant à Catherine ce billet, car un billet de M. de Mouy au roi de Navarre, un billet recommandé avec tant de soin devait renfermer tout une conspiration.

Elle replaça donc l'agrafe où elle l'avait prise.

— Non, non, dit-elle, idée de sbire ; mauvaise idée. Mais pour un billet… qui peut-être n'en vaut pas la peine, continua-t-elle en fronçant les sourcils, et en parlant si bas qu'elle-même pouvait à peine entendre le bruit de ses paroles. Eh ! ma foi, ce n'est point ma faute ; c'est la sienne. Pourquoi le petit brigand n'a-t-il point mis le billet où il devait le mettre ? Ce billet, il me le faut.

En ce moment Orthon rentra.

Sans doute le visage de Catherine avait une expression terrible, car le jeune homme s'arrêta pâlissant sur le seuil. Il était encore trop jeune peur être parfaitement maître de lui-même.

— Madame, dit-il, vous m'avez fait l'honneur de me rappeler ; en quelle chose puis-je être bon à Votre Majesté ?

Le visage de Catherine s'éclaira, comme si un rayon de soleil fût venu le mettre en lumière.

— Je t'ai fait appeler, enfant, dit-elle, parce que ton visage me plaît, et que t'ayant fait une promesse, celle de m'occuper de ta fortune, je veux tenir cette promesse sans retard. On nous accuse, nous autres reines, d'être oublieuses. Ce n'est point notre cœur qui l'est, c'est notre esprit, emporté par les événements. Or, je me suis rappelé que les rois tiennent dans leurs mains la fortune des hommes, et je t'ai rappelé. Viens, mon enfant, suis-moi.

M. de Nancey, qui prenait la scène au sérieux, regardait cet attendrissement de Catherine avec un grand étonnement.

— Sais-tu monter à cheval, petit ? demanda Catherine.

— Oui, Madame.

— En ce cas, viens dans mon cabinet. Je vais te remettre un message que tu porteras à Saint-Germain.

— Je suis aux ordres de Votre Majesté.

— Faites-lui préparer un cheval, Nancey.

M. de Nancey disparut.

— Allons, enfant, dit Catherine.

Et elle marcha la première.

Orthon la suivit.

La reine mère descendit un étage, puis elle s'engagea dans le corridor où étaient les appartements du roi et du duc d'Alençon, gagna l'escalier tournant, descendit encore un étage, ouvrit une porte qui aboutissait à une galerie circulaire dont nul, excepté le roi et elle, n'avait la clef, fit entrer Orthon, entra ensuite, et tira derrière elle la porte. Cette galerie entourait comme un rempart certaines portions des appartements du roi et de la reine mère. C'était, comme la galerie du château Saint-Ange à Rome et celle du palais Pitti à Florence, une retraite ménagée en cas de danger.

La porte tirée, Catherine se trouva enfermée avec le jeune homme dans ce corridor obscur. Tous deux firent une vingtaine de pas, Catherine marchant devant, Orthon suivant Catherine.

Tout à coup Catherine se retourna, et Orthon retrouva sur son visage la même expression sombre qu'il y avait vue dix minutes auparavant. Ses yeux, ronds comme ceux d'une chatte ou d'une panthère, semblaient jeter du feu dans l'obscurité.

— Arrête ! dit-elle.

Orthon sentit un frisson courir dans ses épaules : un froid mortel, pareil à un manteau de glace, tombait de cette voûte ; le parquet semblait morne, comme le couvercle d'une tombe ; le regard de Catherine était aigu, si cela peut se dire, et pénétrait dans la poitrine du jeune homme.

Il se recula en se rangeant tout tremblant contre la muraille.

— Où est le billet que tu étais chargé de remettre au roi de Navarre ?

— Le billet ? balbutia Orthon.

— Oui, ou de déposer en son absence derrière le miroir !

— Moi, Madame ? dit Orthon. Je ne sais ce que vous voulez dire.

— Le billet que de Mouy t'a remis, il y a une heure, derrière le jardin de l'Arbalète.

— Je n'ai point de billet, dit Orthon ; Votre Majesté se trompe bien certainement.

— Tu mens, dit Catherine. Donne le billet, et je tiens la promesse que je t'ai faite.

— Laquelle, Madame ?

— Je t'enrichis.

— Je n'ai point de billet, Madame, reprit l'enfant.

Catherine commença un grincement de dents qui s'acheva par un sourire.

— Veux-tu me le donner, dit-elle, et tu auras mille écus d'or ?

— Je n'ai pas de billet, Madame.

— Deux mille écus.

— Impossible. Puisque je n'en ai pas, je ne puis vous le donner.

— Dix mille écus, Orthon.

Orthon, qui voyait la colère monter comme une marée du cœur au front de la reine, pensa qu'il n'avait qu'un moyen de sauver son maître, c'était d'avaler le billet. Il porta la main à sa poche. Catherine devina son intention et arrêta sa main.

— Allons ! enfant ! dit-elle en riant. Bien, tu es fidèle. Quand les rois veulent s'attacher un serviteur, il n'y a point de mal qu'ils s'assurent si c'est un cœur dévoué. Je sais à quoi m'en tenir sur toi maintenant. Tiens, voici ma bourse comme première récompense. Va porter ce billet à ton maître, et annonce-lui qu'à partir d'aujourd'hui tu es à mon service. Va, tu peux sortir sans moi par la porte qui nous a donné passage : elle s'ouvre en dedans.

Et Catherine, déposant la bourse dans la main du jeune homme stupéfait, fit quelques pas en avant et posa sa main sur le mur.

Cependant le jeune homme demeurait debout et hésitant. Il ne pouvait croire que le danger qu'il avait senti s'abattre sur sa tête se fût éloigné.

— Allons, ne tremble donc pas ainsi, dit Catherine ; ne t'ai-je pas dit que tu étais libre de t'en aller, et que si tu voulais revenir ta fortune serait faite ?

— Merci, Madame, dit Orthon. Ainsi, vous me faites grâce ?

— Il y a plus, je te récompense ; tu es un bon porteur de billet doux, un gentil messager d'amour ; seulement tu oublies que ton maître t'attend.

— Ah ! c'est vrai, dit le jeune homme en s'élançant vers la porte.

Mais à peine eut-il fait trois pas que le parquet manqua sous ses pieds. Il trébucha, étendit les deux mains, poussa un horrible cri, disparut abîmé dans l'oubliette du Louvre, dont Catherine venait de pousser le ressort.

— Allons, murmura Catherine, maintenant, grâce à la ténacité de ce drôle, il me va falloir descendre cent cinquante marches.

Catherine rentra chez elle, alluma une lanterne sourde, revint dans le corridor, replaça le ressort, ouvrit la porte d'un escalier à vis qui semblait s'enfoncer dans les entrailles de la terre, et, pressée par la soif insatiable d'une curiosité qui n'était que le ministre de sa haine, elle parvint à une porte de fer qui s'ouvrait en retour et donnait sur le fond de l'oubliette.

C'est là que, sanglant, broyé, écrasé par une chute de cent pieds, mais cependant palpitant encore, gisait le pauvre Orthon.

Derrière l'épaisseur du mur on entendait rouler l'eau de la Seine, qu'une infiltration souterraine amenait jusqu'au fond de l'escalier.

Catherine entra dans la fosse humide et nauséabonde qui, depuis qu'elle existait, avait dû être témoin de bien des chutes pareilles à celle qu'elle venait de voir, fouilla le corps, saisit la lettre, s'assura que c'était bien celle qu'elle désirait avoir, repoussa du pied le cadavre, appuya le pouce sur un ressort : le fond bascula, et le cadavre glissant, emporté par son propre poids, disparut dans la direction de la rivière.

Puis refermant la porte, elle remonta, s'enferma dans son cabinet, et lut le billet qui était conçu en ces termes :

« Ce soir, à dix heures, rue de l'Arbre-Sec, hôtel de la Belle-Étoile. Si vous venez, ne répondez rien ; si vous ne venez pas, dites non au porteur.

« DE MOUY DE SAINT-PHALE. »

En lisant ce billet, il n'y avait qu'un sourire sur les lèvres de Catherine ; elle songeait seulement à la victoire qu'elle allait remporter, oubliant complètement à quel prix elle achetait cette victoire.

Mais aussi, qu'était-ce qu'Orthon ? Un cœur fidèle, une âme dévouée, un enfant jeune et beau ; voilà tout.

Cela, on le pense bien, ne pouvait pas faire pencher un instant le plateau de cette froide balance où se pèsent les destinées des empires.

Le billet lu, Catherine remonta immédiatement chez madame de Sauve, et le plaça derrière le miroir.

En descendant elle retrouva à l'entrée du corridor le capitaine des gardes.

— Madame, dit M. de Nancey, selon les ordres qu'a donnés Votre Majesté, le cheval est prêt.

— Mon cher baron, dit Catherine, le cheval est inutile, j'ai fait causer ce garçon, et il est véritablement trop sot pour le charger de l'emploi que je lui voulais confier. Je le prenais pour un laquais, et c'était tout au plus un palefrenier ; je lui ai donné quelque argent, et l'ai renvoyé par le petit guichet.

— Mais, dit M. de Nancey, cette commission ?

— Cette commission ? répéta Catherine.

— Oui, qu'il devait faire à Saint-Germain, Votre Majesté veut-elle que je la fasse, ou que je la fasse faire par quelqu'un de mes hommes ?

— Non, non, dit Catherine, vous et vos hommes aurez ce soir autre chose à faire.

Et Catherine rentra chez elle, espérant bien ce soir-là tenir entre ses mains le sort de ce damné roi de Navarre.

XV

L'HÔTELLERIE DE LA BELLE-ÉTOILE.

Deux heures après l'événement que nous avons raconté, et dont nulle trace n'était restée même sur la figure de Catherine, madame de Sauve, ayant fini son travail chez la reine, remonta dans son appartement. Derrière elle Henri rentra ; et, ayant su de Dariole qu'Orthon était venu, il alla droit à la glace, et prit le billet.

Il était, comme nous l'avons dit, conçu en ces termes :

« Ce soir, à dix heures, rue de l'Arbre-Sec, hôtel de la Belle-Étoile. Si vous venez, ne répondez rien ; si vous ne venez pas, répondez non au porteur. »

De suscription, il n'y en avait point.

— Henri ne manquera pas d'aller au rendez-vous, dit Catherine, car, eût-il envie de n'y point aller, il ne trouvera plus maintenant le porteur pour lui dire non.

Sur ce point, Catherine ne s'était point trompée. Henri s'informa d'Orthon, Dariole lui dit qu'il était sorti avec la reine mère ; mais, comme il trouva le billet à sa place et qu'il savait le pauvre enfant incapable de trahison, il ne conçut aucune inquiétude.

Il dîna comme de coutume à la table du roi, qui railla fort Henri sur les maladresses qu'il avait faites dans la matinée à la chasse au vol.

Henri s'excusa sur ce qu'il était homme de montagne et non homme de la plaine, mais il promit à Charles d'étudier la volerie.

Catherine fut charmante, et, en se levant de table, pria Marguerite de lui tenir compagnie toute la soirée.

À huit heures, Henri prit deux gentilshommes, sortit avec eux par la porte Saint-Honoré, fit un long détour, rentra par la tour de Bois, passa la Seine au bac de Nesle, remonta jusqu'à la rue Saint-Jacques, et là il les congédia, comme s'il eût été en aventure amoureuse. Au coin de la rue des Mathurins, il trouva un homme à cheval enveloppé d'un manteau ; il s'approcha de lui.

— Mantes, dit l'homme.

— Pau, répondit le roi.

L'homme mit aussitôt pied à terre. Henri s'enveloppa du manteau qui était tout crotté, monta sur le cheval qui était tout fumant, revint par la rue de La Harpe, traversa le pont Saint-Michel, enfila la rue Barthélémy, passa de nouveau la rivière sur le Pont-aux-Meuniers, descendit les quais, prit la rue de l'Arbre-Sec, et s'en vint heurter à la porte de maître La Hurière.

La Mole était dans la salle que nous connaissons, et écrivait une longue lettre d'amour à qui vous savez.

Coconnas était dans la cuisine avec La Hurière, regardant tourner six perdreaux, et discutant avec son ami l'hôtelier sur le degré de cuisson auquel il était convenable de tirer les perdreaux de la broche.

Ce fut en ce moment que Henri frappa. Grégoire alla ouvrir, et conduisit le cheval à l'écurie, tandis que le voyageur entrait en faisant résonner ses bottes sur le plancher, comme pour réchauffer ses pieds engourdis.

— Eh ! maître La Hurière, dit La Mole tout en écrivant, voici un gentilhomme qui vous demande.

La Hurière s'avança, toisa Henri des pieds à la tête, et comme son manteau de gros drap ne lui inspirait pas une grande vénération :

— Qui êtes-vous ? demanda-t-il au roi.

— Eh ! sang-dieu ! dit Henri montrant La Mole, monsieur vient de vous le dire, je suis un gentilhomme de Gascogne qui vient à Paris pour se produire à la cour.

— Que voulez-vous ?

— Une chambre et un souper.

— Hum ! fit La Hurière, avez-vous un laquais ?

C'était, on le sait, la question habituelle.

— Non, répondit Henri ; mais je compte bien en prendre un dès que j'aurai fait fortune.

— Je ne loue pas de chambre de maître sans chambre de laquais, dit La Hurière.

— Même si je vous offre de vous payer votre souper un noble à la rose, quitte à faire notre prix demain ?

— Oh ! oh ! vous êtes bien généreux, mon gentilhomme ! dit La Hurière en regardant Henri avec défiance.

— Non, mais dans la croyance que je passerais la soirée et la nuit dans votre hôtel, que m'avait fort recommandé un seigneur de mon pays, qui l'habite, j'ai invité un ami à venir souper avec moi. Avez-vous du bon vin d'Arbois ?

— J'en ai que le Béarnais n'en boit pas de meilleur.

— Bon ! je le paye à part. Ah ! justement, voici mon convive.

Effectivement la porte venait de s'ouvrir, et avait donné passage à un second gentilhomme de quelques années plus âgé que le premier, traînant à son côté une immense rapière.

— Ah ! ah ! dit-il, vous êtes exact, mon jeune ami. Pour un homme qui vient de faire deux cents lieues, c'est beau d'arriver à la minute.

— Est-ce votre convive ? demanda La Hurière.

— Oui, dit le premier venu en allant au jeune homme à la rapière et en lui serrant la main ; servez-nous à souper.

— Ici, ou dans votre chambre ?

— Où vous voudrez.

— Maître, fit La Mole en appelant La Hurière, débarrassez-nous de ces figures de huguenots ; nous ne pourrions pas, devant eux, Coconnas et moi, dire un mot de nos affaires.

— Dressez le souper dans la chambre numéro 2, au troisième, dit La Hurière. Montez, Messieurs, montez.

Les deux voyageurs suivirent Grégoire, qui marcha devant eux en les éclairant.

La Mole les suivit des yeux jusqu'à ce qu'ils eussent disparu ; et, se retournant alors, il vit Coconnas, dont la tête sortait de la cuisine. Deux gros yeux fixes et une bouche ouverte donnaient à cette tête un air d'étonnement remarquable.

La Mole s'approcha de lui.

— Mordi ! lui dit Coconnas, as-tu vu ?

— Quoi ?

— Ces deux gentilshommes ?

— Eh bien ?

— Je jurerais que c'est…

— Qui ?

— Mais… le roi de Navarre et l'homme au manteau rouge.

— Jure si tu veux, mais pas trop haut !

— Tu as donc reconnu aussi ?

— Certainement.

— Que viennent-ils faire ici ?

— Quelque affaire d'amourettes.

— Tu crois ?

— J'en suis sûr.

— La Mole, j'aime mieux des coups d'épée que ces amourettes-là. Je voulais jurer tout à l'heure, je parie maintenant.

— Que paries-tu ?

— Qu'il s'agit de quelque conspiration.

— Ah ! tu es fou.

— Et moi, je te dis…

— Je te dis que s'ils conspirent cela les regarde.

— Ah ! c'est vrai. Au fait, dit Coconnas, je ne suis plus à M. d'Alençon ; qu'ils s'arrangent comme bon leur semblera.

Et comme les perdreaux paraissaient arrivés au degré de cuisson où les aimait Cocormas, le Piémontais, qui en comptait faire la meilleure portion de son dîner, appela maître La Hurière pour qu'il les tirât de la broche.

Pendant ce temps, Henri et de Mouy s'installaient dans leur chambre.

— Eh bien, sire, dit de Mouy quand Grégoire eut dressé la table, vous avez vu Orthon ?

— Non ; mais j'ai eu le billet qu'il a déposé au miroir. L'enfant aura pris peur, à ce que je présume ; car la reine Catherine est venue tandis qu'il était là, si bien qu'il s'en est allé sans m'attendre. J'ai eu un instant quelque inquiétude, car Dariole m'a dit que la reine mère l'a fait longuement causer.

— Oh ! il n'y a pas de danger, le drôle est adroit ; et quoique la reine mère sache son métier, il lui donnera du fil à retordre, j'en suis sûr.

— Et vous, de Mouy, l'avez-vous revu ? demanda Henri.

— Non, mais je le reverrai ce soir ; à minuit il doit me revenir prendre ici avec un bon poitrinal ; il me contera cela en nous en allant.

— Et l'homme qui était au coin de la rue des Mathurins ?

— Quel homme ?

— L'homme dont j'ai le cheval et le manteau, en êtes-vous sûr ?

— C'est un de nos plus dévoués. D'ailleurs, il ne connaît pas Votre Majesté, et il ignore à qui il a eu affaire.

— Nous pouvons alors causer de nos affaires en toute tranquillité ?

— Sans aucun doute. D'ailleurs La Mole fait le guet.

— À merveille.

— Eh bien, sire, que dit M. d'Alençon ?

— M. d'Alençon ne veut plus partir, de Mouy ; il s'est expliqué nettement à ce sujet. L'élection du duc d'Anjou au trône de Pologne et l'indisposition du roi ont changé tous ses desseins.

— Ainsi, c'est lui qui a fait manquer tout notre plan ?

— Oui.

— Il nous trahit, alors ?

— Pas encore ; mais il nous trahira à la première occasion qu'il trouvera.

— Cœur lâche ! esprit perfide ! pourquoi n'a-t-il pas répondu aux lettres que je lui ai écrites ?

— Pour avoir des preuves et n'en pas donner. En attendant tout est perdu, n'est-ce pas, de Mouy ?

— Au contraire, sire, tout est gagné. Vous savez bien que le parti tout entier, moins la fraction du prince de Condé, était pour vous, et ne se servait du duc, avec lequel il avait eu l'air de se mettre en relation, que comme d'une sauvegarde. Eh bien ! depuis le jour de la cérémonie, j'ai tout relié, tout rattaché à vous. Cent hommes vous suffisaient pour fuir avec le duc d'Alençon, j'en ai levé quinze cents ; dans huit jours ils seront prêts, échelonnés sur la route de Pau. Ce ne sera plus une fuite, ce sera une retraite. Quinze cents hommes vous suffiront-ils, sire, et vous croirez-vous en sûreté avec une armée ?

Henri sourit, et lui frappant sur l'épaule :

— Tu sais, de Mouy, lui dit-il, et tu es seul à le savoir, que le roi de Navarre n'est pas de son naturel aussi effrayé qu'on le croit.

— En ! mon Dieu ! je le sais, sire, et j'espère qu'avant qu'il soit longtemps la France tout entière le saura comme moi.

— Mais quand on conspire, il faut réussir. La première condition de la réussite est la décision ; et pour que la décision soit rapide, franche, incisive, il faut être convaincu qu'on réussira.

— Eh bien ! sire, quels sont les jours où il y a chasse ?

— Tous les huit ou dix jours, soit à courre, soit au vol.

— Quand a-t-on chassé ?

— Aujourd'hui même.

— D'aujourd'hui en huit ou dix jours, on chassera donc encore ?

— Sans aucun doute, peut-être même avant.

— Écoutez ; tout me semble parfaitement calme : le duc d'Anjou est parti ; on ne pense plus à lui. Le roi se remet de jour en jour de son indisposition. Les persécutions contre nous ont à peu près cessé. Faites les doux yeux à la reine mère, faites les doux yeux à M. d'Alençon : dites-lui toujours que vous ne pouvez partir sans lui : tâchez qu'il le croie, ce qui est plus difficile.

— Sois tranquille, il le croira.

— Croyez-vous qu'il ait si grande confiance en vous ?

— Non pas. Dieu m'en garde ! mais il croit tout ce que lui dit la reine.

— Et la reine nous sert franchement, elle ?

— Oh ! j'en ai la preuve. D'ailleurs elle est ambitieuse, et cette couronne de Navarre absente lui brûle le front.

— Eh bien ! trois jours avant cette chasse, faites-moi dire où elle aura lieu : si c'est à Bondy, à Saint-Germain ou à Rambouillet ; ajoutez que vous êtes prêt, et quand vous verrez M. de La Mole piquer devant vous, suivez-le, et piquez ferme. Une fois hors de la forêt, si la reine mère veut vous avoir, il faudra qu'elle coure après vous ; or, ses chevaux normands ne verront pas même, je l'espère, les fers de nos chevaux barbes et de nos genêts d'Espagne.

— C'est dit, de Mouy.

— Avez-vous de l'argent, sire ?

Henri fit la grimace que toute sa vie il fit à cette question.

— Pas trop, dit-il ; mais je crois que Margot en a.

— Eh bien ! soit à vous, soit à elle, emportez-en le plus que vous pourrez.

— Et toi, en attendant, que vas-tu faire ?

— Après m'être occupé des affaires de Votre Majesté assez activement, comme elle voit, Votre Majesté me permettra-t-elle de m'occuper un peu des miennes ?

— Fais, de Mouy, fais ; mais quelles sont tes affaires ?

— Écoutez, sire. Orthon m'a dit (c'est un garçon fort intelligent que je recommande à Votre Majesté) ; Orthon m'a dit hier avoir rencontré près de l'Arsenal ce brigand de Maurevel, qui est rétabli grâce aux soins de René, et qui se réchauffe au soleil comme un serpent qu'il est.

— Ah ! oui, je comprends, dit Henri.

— Ah ! vous comprenez, bon... Vous serez roi un jour, vous, sire, et si vous avez quelque vengeance du genre de la mienne à accomplir, vous l'accomplirez en roi. Je suis un soldat, et je dois me venger en soldat. Donc quand toutes nos petites affaires seront arrangées, ce qui donnera à ce brigand-là cinq ou six journées encore pour se remettre, j'irai, moi aussi, faire un tour du côté de l'Arsenal, et je le clouerai au gazon de quatre bons coups de rapière, après quoi je quitterai Paris le cœur moins gros.

— Fais tes affaires, mon ami, fais tes affaires, dit le Béarnais. À propos, tu es content de La Mole, n'est-ce pas ?

— Ah ! charmant garçon qui vous est dévoué corps et âme, sire, et sur lequel vous pouvez compter comme sur moi... brave...

— Et surtout discret ; aussi nous suivra-t-il en Navarre, de Mouy ; une fois arrivés là, nous cherchons ce que nous devons faire pour le récompenser.

Comme Henri achevait ces mots avec son sourire narquois, la porte s'ouvrit ou plutôt s'enfonça, et celui dont on faisait l'éloge au moment même parut, pâle et agité.

— Alerte, sire, s'écria-t-il, alerte ! la maison est cernée.

— Cernée ! s'écria Henri en se levant : par qui ?

— Par les gardes du roi.

— Oh ! oh ! dit de Mouy en tirant ses pistolets de sa ceinture, bataille, à ce qu'il paraît.

— Ah ! oui, dit La Mole, il s'agit bien de pistolets et de bataille ! que voulez-vous faire contre cinquante hommes ?

— Il a raison, dit le roi, et s'il y avait quelque moyen de retraite...

— Il y en a un qui m'a déjà servi à moi, et si Votre Majesté veut me suivre...

— Et de Mouy ?

— M. de Mouy peut nous suivre aussi, s'il veut ; mais il faut que vous vous pressiez tous deux.

On entendit des pas dans l'escalier.

— Il est trop tard, dit Henri.

— Ah ! si l'on pouvait seulement les occuper pendant cinq minutes, s'écria La Mole, je répondrais du roi.

— Alors, répondez-en, Monsieur, dit de Mouy ; je me charge de les occuper, moi. Allez, sire, allez.

— Mais que feras-tu ?

— Ne vous inquiétez pas, sire ; allez toujours.

Et de Mouy commença par faire disparaître l'assiette, la serviette et le verre du roi, de façon qu'on pût croire qu'il était seul à table.

— Venez, sire, venez, s'écria La Mole en prenant le roi par le bras et l'entraînant dans l'escalier.

— De Mouy ! mon brave de Mouy ! s'écria Henri en tendant la main au jeune homme.

De Mouy baisa cette main, poussa Henri hors de la chambre, et en referma derrière lui la porte au verrou.

— Oui, oui, je comprends, dit Henri ; il va se faire prendre, lui, tandis que nous nous sauverons, nous ; mais qui diable peut nous avoir trahis ?

— Venez, sire, venez ; ils montent, ils montent.

En effet, la lueur des flambeaux commençait à ramper le long de l'étroit escalier, tandis qu'on entendait au bas comme une espèce de cliquetis d'épée.

— Alerte ! sire, alerte ! dit La Mole.

Et, guidant le roi dans l'obscurité, il lui fit monter deux étages, poussa la porte d'une chambre, qu'il referma au verrou, et allant ouvrir la fenêtre d'un cabinet :

— Sire, dit-il, Votre Majesté craint-elle beaucoup les excursions sur les toits ?

— Moi ? dit Henri ; allons donc, un chasseur d'isards !

— Eh bien ! que Votre Majesté me suive ; je connais le chemin et vais lui servir de guide.

— Allez, allez, dit Henri : je vous suis.

Et La Mole enjamba le premier, suivit un large rebord faisant gouttière, au bout duquel il trouva une vallée formée par deux toits ; sur cette vallée s'ouvrait une mansarde sans fenêtre et donnant dans un grenier inhabité.

— Sire, dit La Mole, vous voici au port.

— Ah ! ah ! dit Henri, tant mieux.

Et il essuya son front pâle où perlait la sueur.

— Maintenant, dit La Mole, les choses vont aller toutes seules ; le grenier donne sur l'escalier, l'escalier aboutit à une allée et cette allée conduit à la rue. J'ai fait le même chemin, sire, par une nuit bien autrement terrible que celle-ci.

— Allons, allons, dit Henri, en avant !

La Mole se glissa le premier par la fenêtre béante, gagna la porte mal fermée, l'ouvrit, se trouva en haut d'un escalier tournant, et mettant dans la main du roi la corde qui servait de rampe :

— Venez, sire, dit-il.

Au milieu de l'escalier Henri s'arrêta ; il était arrivé devant une fenêtre ; cette fenêtre donnait sur la cour de l'hôtellerie de la Belle-Étoile. On voyait dans l'escalier en face courir des soldats, les uns portant à la main des épées et les autres des flambeaux.

Tout à coup, au milieu d'un groupe, le roi de Navarre aperçut de Mouy. Il avait rendu son épée et descendait tranquillement.

— Pauvre garçon, dit Henri ; cœur brave et dévoué !

— Ma foi, sire, dit La Mole, Votre Majesté remarquera qu'il a l'air fort calme ; et, tenez, même il rit ! Il faut qu'il médite quelque bon tour, car, vous le savez, il rit rarement.

— Et ce jeune homme qui était avec vous ?

— M. de Coconnas ? demanda La Mole.

— Oui, M. de Coconnas, qu'est-il devenu ?

— Oh ! sire, je ne suis point inquiet de lui. En apercevant les soldats, il ne m'a dit qu'un mot :

« — Risquons-nous quelque chose ?

— La tête, lui ai-je répondu.

— Et te sauveras-tu, toi ?

— Je l'espère.

— Eh bien, moi aussi, » a-t-il répondu. Et je vous jure qu'il se sauvera, sire. Quand on prendra Coconnas, je vous en réponds, c'est qu'il lui conviendra de se laisser prendre.

— Alors, dit Henri, tout va bien, tout va bien ; tâchons de regagner le Louvre.

— Ah ! mon Dieu, fit La Mole, rien de plus facile, sire ; enveloppons-nous de nos manteaux et sortons. La rue est pleine de gens accourus au bruit, on nous prendra pour des curieux.

En effet, Henri et La Mole trouvèrent la porte ouverte, et n'éprouvèrent d'autre difficulté pour sortir que le flot de populaire qui encombrait la rue.

Cependant tous deux parvinrent à se glisser par la rue d'Averou ; mais en arrivant rue des Poulies, ils virent, traversant la place Saint-Germain-l'Auxerrois, de Mouy et son escorte conduits par le capitaine des gardes, M. de Nancey.

— Ah ! ah ! dit Henri, on le conduit au Louvre, à ce qu'il paraît. Diable ! les guichets vont être fermés… On prendra les noms de tous ceux qui rentreront ; et si l'on me voit rentrer après lui, ce sera une probabilité que j'étais avec lui.

— En bien ! mais, sire, dit La Mole, rentrez au Louvre autrement que par le guichet.

— Comment diable veux-tu que j'y rentre ?

— Votre Majesté n'a-t-elle point la fenêtre de la reine de Navarre ?

— Ventre-saint-gris ! monsieur de La Mole, dit Henri, vous avez raison. Et moi qui n'y pensais pas !… Mais comment prévenir la reine ?

— Oh ! dit La Mole en s'inclinant avec une respectueuse reconnaissance, Votre Majesté lance si bien les pierres !

XVI

DE MOUY DE SAINT-PHALE.

Cette fois, Catherine avait si bien pris ses précautions qu'elle croyait être sûre de son fait.

En conséquence, vers dix heures, elle avait renvoyé Marguerite, bien convaincue, c'était d'ailleurs la vérité, que la reine de Navarre ignorait ce qui se tramait contre son mari, et elle était passée chez le roi, le priant de retarder son coucher.

Intrigué par l'air de triomphe qui, malgré sa dissimulation habituelle, épanouissait le visage de sa mère, Charles questionna Catherine, qui lui répondit seulement ces mots :

— Je ne puis dire qu'une chose à Votre Majesté, c'est que ce soir elle sera délivrée de ses deux plus cruels ennemis.

Charles fit ce mouvement de sourcil d'un homme qui dit en lui-même : C'est bien, nous allons voir. Et sifflant son grand lévrier, qui vint à lui se traînant sur le ventre comme un serpent et posa sa tête fine et intelligente sur le genou de son maître, il attendit.

Au bout de quelques minutes, que Catherine passa les yeux fixes et l'oreille tendue, on entendit un coup de pistolet dans la cour du Louvre.

— Qu'est-ce que ce bruit ? demanda Charles en fronçant le sourcil, tandis que le lévrier se relevait par un mouvement brusque en redressant les oreilles.

— Rien, dit Catherine ; un signal, voilà tout.

— Et que signifie ce signal ?

— Il signifie qu'à partir de ce moment, sire, votre unique, votre véritable ennemi, est hors de vous nuire.

— Vient-on de tuer un homme ? demanda Charles en regardant sa mère avec cet œil de maître qui signifie que l'assassinat et la grâce sont deux attributs inhérents à la puissance royale.

— Non, sire ; on vient seulement d'en arrêter deux.

— Oh ! murmura Charles, toujours des trames cachées, toujours des complots dont le roi n'est pas. Mort-diable ! ma mère, je suis grand garçon cependant, assez grand garçon pour veiller sur moi-même, et n'ai besoin ni de lisière ni de bourrelet. Allez-vous-en en Pologne avec votre fils Henri, si vous voulez régner ; mais ici vous avez tort, je vous le dis, de jouer ce jeu-là.

— Mon fils, dit Catherine, c'est la dernière fois que je me mêle de vos affaires. Mais c'était une entreprise commencée depuis longtemps, dans laquelle vous m'avez toujours donné tort, et je tenais à cœur de prouver à Votre Majesté que j'avais raison.

En ce moment plusieurs hommes s'arrêtèrent dans le vestibule, et l'on entendit se poser sur la dalle la crosse des mousquets d'une petite troupe.

Presque aussitôt M. de Nancey fit demander la permission d'entrer chez le roi.

— Qu'il entre, dit vivement Charles.

M. de Nancey entra, salua le roi, et se tournant vers Catherine :

— Madame, dit-il, les ordres de Votre Majesté sont exécutés : il est pris.

— Comment, *il* ? s'écria Catherine fort troublée ; n'en avez-vous pris qu'un ?

— Il était seul, Madame.

— Et s'est-il défendu ?

— Non, il soupait tranquillement dans une chambre, et a remis son épée à la première sommation.

— Qui cela ? demanda le roi.

— Vous allez voir, dit Catherine. Faites entrer le prisonnier, monsieur de Nancey.

Cinq minutes après, de Mouy fut introduit.

— De Mouy ! s'écria le roi ; et qu'y a-t-il donc, Monsieur ?

— Eh ! sire, dit de Mouy avec une tranquillité parfaite, si Votre Majesté m'en accorde la permission, je lui ferai la même demande.

— Au lieu de faire cette demande au roi, dit Catherine, ayez la bonté, monsieur de Mouy, d'apprendre à mon fils quel est l'homme qui se trouvait dans la chambre du roi de Navarre certaine nuit, et qui, cette nuit-là, en résistant aux ordres de Sa Majesté comme un rebelle qu'il est, a tué deux gardes et blessé M. de Maurevel ?

— En effet, dit Charles en fronçant le sourcil ; sauriez-vous le nom de cet homme, monsieur de Mouy ?

— Oui, sire ; Votre Majesté désire-t-elle le connaître ?

— Cela me ferait plaisir, je l'avoue.

— Eh bien ! sire, il s'appelait de Mouy de Saint-Phale.

— C'était vous ?

— Moi-même !

Catherine, étonnée de cette audace, recula d'un pas vers le jeune homme.

— Et comment, dit Charles IX, osâtes-vous résister aux ordres du roi ?

— D'abord, sire, j'ignorais qu'il y eût un ordre de Votre Majesté ; puis je n'ai vu qu'une chose, ou plutôt qu'un homme, M. de Maurevel, l'assassin de mon père et de M. l'amiral. Je me suis rappelé alors qu'il y avait un an et demi, dans cette même chambre où nous sommes, pendant la soirée du 24 août, Votre Majesté m'avait promis, parlant à moi-même, de nous faire justice du meurtrier ; or, comme il s'était depuis ce temps passé de graves événements, j'ai pensé que le roi avait été malgré lui détourné de ses désirs. Et voyant Maurevel à ma portée, j'ai cru que c'était le ciel qui me l'envoyait. Votre Majesté sait le reste, sire ; j'ai frappé sur lui comme sur un assassin et tiré sur ces hommes comme sur des bandits.

Charles ne répondit rien ; son amitié pour Henri lui avait fait voir depuis quelque temps bien des choses sous un autre point de vue que celui où il les avait envisagées d'abord, et plus d'une fois avec terreur.

La reine mère, à propos de la Saint-Barthélémy, avait enregistré dans sa mémoire des propos sortis de la bouche de son fils, et qui ressemblaient à des remords.

— Mais, dit Catherine, que veniez-vous faire à une pareille heure chez le roi de Navarre ?

— Oh ! répondit de Mouy, c'est toute une histoire bien longue à raconter ; mais si cependant Sa Majesté a la patience de l'entendre…

— Oui, dit Charles, parlez donc, je le veux.

— J'obéirai, sire, dit de Mouy en s'inclinant.

Catherine s'assit en fixant sur le jeune chef un regard inquiet.

— Nous écoutons, dit Charles. Ici, Actéon.

Le chien reprit la place qu'il occupait avant que le prisonnier n'eût été introduit.

— Sire, dit de Mouy, j'étais venu chez Sa Majesté le roi de Navarre comme député de nos frères, vos fidèles sujets de la religion.

Catherine fit un signe à Charles IX.

— Soyez tranquille, ma mère, dit celui-ci, je ne perds pas un mot. Continuez, monsieur de Mouy, continuez : pourquoi étiez-vous venu ?

— Pour prévenir le roi de Navarre, continua M. de Mouy, que son abjuration lui avait fait perdre la confiance du parti huguenot ; mais que cependant, en souvenir de son père, Antoine de Bourbon, et surtout en mémoire de sa mère, la courageuse Jeanne d'Albret, dont le nom est cher parmi nous, ceux de la religion lui devaient cette marque de déférence de le prier de se désister de ses droits à la couronne de Navarre.

— Que dit-il ? s'écria Catherine, ne pouvant, malgré sa puissance sur elle-même, recevoir sans crier un peu le coup inattendu qui la frappait.

— Ah ! ah ! fit Charles ; mais cette couronne de Navarre, qu'on fait ainsi sans ma permission voltiger sur toutes les têtes, il me semble cependant qu'elle m'appartient un peu.

— Les huguenots, sire, reconnaissent mieux que personne ce principe de suzeraineté que le roi vient d'émettre. Aussi espéraient-ils engager Votre Majesté à la fixer sur une tête qui lui est chère.

— À moi ! dit Charles, sur une tête qui m'est chère ! Mort-diable ! de quelle tête voulez-vous donc parler, Monsieur ? Je ne vous comprends pas.

— De la tête de M. le duc d'Alençon.

Catherine devint pâle comme la mort, et dévora de Mouy d'un regard flamboyant.

— Et mon frère d'Alençon le savait ?

— Oui, sire.

— Et il acceptait cette couronne ?

— Sauf l'agrément de Votre Majesté, à laquelle il nous renvoyait.

— Oh ! oh ! dit Charles, en effet, c'est une couronne qui ira à merveille à notre frère d'Alençon. Et moi qui n'y avais pas songé ! Merci, de Mouy, merci ! Quand vous aurez des idées semblables, vous serez le bienvenu au Louvre.

— Sire, vous seriez instruit depuis longtemps de tout ce projet sans cette malheureuse affaire de Maurevel qui m'a fait craindre d'être tombé dans la disgrâce de Votre Majesté.

— Oui, mais, fit Catherine, que disait Henri de ce projet ?

— Le roi de Navarre, Madame, se soumettait au désir de ses frères, et sa renonciation était prête.

— En ce cas, s'écria Catherine, cette renonciation, vous devez l'avoir ?

— En effet, Madame, dit de Mouy, par hasard je l'ai sur moi, signée de lui et datée.

— D'une date antérieure à la scène du Louvre ? dit Catherine ?

— Oui, de la veille, je crois.

Et M. de Mouy tira de sa poche une renonciation en faveur du duc d'Alençon, écrite, signée de la main de Henri, et portant la date indiquée.

— Ma foi, oui, dit Charles, et tout est bien en règle.

— Et que demandait Henri en échange de cette renonciation ?

— Rien, Madame ; l'amitié du roi Charles, nous a-t-il dit, le dédommagerait amplement de la perte d'une couronne.

Catherine mordit ses lèvres de colère et tordit ses belles mains.

— Tout cela est parfaitement exact, de Mouy, ajouta le roi.

— Alors, reprit la reine mère, si tout était arrêté entre vous et le roi de Navarre, à quelle fin l'entrevue que vous avez eue ce soir avec lui ?

— Moi, Madame, avec le roi de Navarre ? dit de Mouy. M. de Nancey, qui m'a arrêté, fera foi que j'étais seul. Votre Majesté peut l'appeler.

— Monsieur de Nancey ! dit le roi.

Le capitaine des gardes reparut.

— Monsieur de Nancey, dit vivement Catherine, M. de Mouy était-il tout à fait seul à l'auberge de la Belle-Étoile ?

— Dans la chambre, oui, Madame ; mais dans l'auberge non.

— Ah ! dit Catherine ; quel était son compagnon ?

— Je ne sais si c'était le compagnon de M. de Mouy, Madame ; mais je sais qu'il s'est échappé par une porte de derrière, après avoir couché sur le carreau deux de mes gardes.

— Et vous avez reconnu ce gentilhomme, sans doute ?

— Non, pas moi, mais mes gardes.

— Et quel était-il ? demanda Charles IX.

— M. le comte Annibal de Coconnas.

— Annibal de Coconnas ! répéta le roi assombri et rêveur, celui qui a fait un si terrible massacre des huguenots pendant la Saint-Barthélémy ?

— M. de Coconnas, gentilhomme de M. d'Alençon, dit M. de Nancey.

— C'est bien, c'est bien, dit Charles IX ; retirez-vous, monsieur de Nancey, et une autre fois, souvenez-vous d'une chose…

— De laquelle, sire ?

— C'est que vous êtes à mon service, et que vous ne devez obéir qu'à moi.

M. de Nancey se retira à reculons en saluant respectueusement.

De Mouy envoya un sourire ironique à Catherine.

Il se fit un silence d'un instant.

La reine tordait les ganses de sa cordelière. Charles caressait son chien.

— Mais quel était votre but, Monsieur ? continua Charles. Agissiez-vous violemment ?

— Contre qui, sire ?

— Mais contre Henri, contre François ou contre moi.

— Sire, nous avions la renonciation de votre beau-frère, l'agrément de votre frère ; et, comme j'ai eu l'honneur de vous le dire, nous étions sur le point de solliciter l'autorisation de Votre Majesté, lorsqu'est arrivée cette fatale affaire du Louvre.

— Eh bien ! ma mère, dit Charles, je ne vois aucun mal à tout cela. Vous étiez dans votre droit, monsieur de Mouy, en demandant un roi. Oui, la Navarre peut être et doit être un royaume séparé. Il y a plus, ce royaume semble fait exprès pour doter mon frère d'Alençon, qui a toujours eu si grande envie d'une couronne, que lorsque nous portons la nôtre il ne peut détourner les yeux de dessus elle. La seule chose qui s'opposait à cette intronisation, c'était le droit de Henriot ; mais puisque Henriot y renonce volontairement…

— Volontairement, sire.

— Il paraît que c'est la volonté de Dieu ! Monsieur de Mouy, vous êtes libre de retourner vers vos frères, que j'ai châtiés… un peu durement, peut-être ; mais ceci est une affaire entre moi et Dieu : et dites-leur que, puisqu'ils désirent pour roi de Navarre mon frère d'Alençon, le roi de France se rend à leurs désirs. À partir de ce moment, la Navarre est un royaume, et son souverain s'appelle François. Je ne demande que huit jours pour que mon frère quitte Paris avec l'éclat et la pompe qui conviennent à un roi. Allez, monsieur de Mouy, allez !… Monsieur de Nancey, laissez passer M. de Mouy, il est libre.

— Sire, dit de Mouy en faisant un pas en avant. Votre Majesté permet-elle ?

— Oui, dit le roi.

Et il tendit la main au jeune huguenot.

De Mouy mit un genou en terre et baisa la main du roi.

— À propos, dit Charles en le retenant au moment où il allait se relever, ne m'aviez-vous pas demandé justice de ce brigand de Maurevel ?

— Oui, sire.

— Je ne sais où il est pour vous la faire, car il se cache ; mais si vous le rencontrez, faites-vous justice vous-même, je vous y autorise, et de grand cœur.

— Ah ! sire, s'écria de Mouy, voilà qui me comble véritablement ; que Votre Majesté s'en rapporte à moi ; je ne sais non plus où il est, mais je le trouverai, soyez tranquille.

Et de Mouy, après avoir respectueusement salué le roi Charles et la reine Catherine, se retira sans que les gardes qui l'avaient amené missent aucun empêchement à sa sortie. Il traversa les corridors, gagna rapidement le guichet, et une fois dehors ne fit qu'un bond de la place Saint-Germain-l'Auxerrois à l'auberge de la Belle-Étoile, où il retrouva son cheval, grâce auquel, trois heures après la scène que nous venons de raconter, le jeune homme respirait en sûreté derrière les murailles de Mantes.

Catherine, dévorant sa colère, regagna son appartement, d'où elle passa dans celui de Marguerite.

Elle y trouva Henri en robe de chambre et qui paraissait prêt à se mettre au lit.

— Satan, murmura-t-elle, aide une pauvre reine pour qui Dieu ne veut plus rien faire !

XVII

DEUX TÊTES POUR UNE COURONNE.

— Qu'on prie M. d'Alençon de me venir voir, avait dit Charles en congédiant sa mère.

M. de Nancey, disposé d'après l'invitation du roi de n'obéir désormais qu'à lui-même, ne fit qu'un bond de chez Charles chez son frère, lui transmettant sans adoucissement aucun l'ordre qu'il venait de recevoir.

Le duc d'Alençon tressaillit : en tout temps il avait tremblé devant Charles, et à bien plus forte raison encore depuis qu'il s'était fait, en conspirant, des motifs de le craindre.

Il ne s'en rendit pas moins près de son frère avec un empressement calculé.

Charles était debout et sifflait entre ses dents un hallali sur pied.

En entrant, le duc d'Alençon surprit dans l'œil vitreux de Charles un de ces regards envenimés de haine qu'il connaissait si bien.

— Votre Majesté m'a fait demander, me voici, sire, dit-il. Que désire de moi Votre Majesté ?

— Je désire vous dire, mon bon frère, que, pour récompenser cette grande amitié que vous me portez, je suis décidé à faire aujourd'hui pour vous la chose que vous désirez le plus.

— Pour moi ?

— Oui, pour vous. Cherchez dans votre esprit quelle chose vous rêvez depuis quelque temps sans oser me la demander, et cette chose, je vous la donne.

— Sire, dit François, j'en jure à mon frère, je ne désire rien que la continuation de la bonne santé du roi.

— Alors vous devez être satisfait, d'Alençon ; l'indisposition que j'ai éprouvée à l'époque de l'arrivée des Polonais est passée. J'ai échappé, grâce à Henriot, à un sanglier furieux qui voulait me découdre, et je me porte de façon à n'avoir rien à envier au mieux portant de mon royaume ; vous pouviez donc sans être mauvais frère désirer autre chose que la continuation de ma santé, qui est excellente.

— Je ne désirais rien, sire.

— Si fait, si fait, François, reprit Charles s'impatientant ; vous désirez la couronne de

Navarre, puisque vous vous êtes entendu avec Henriot et de Mouy : avec le premier pour qu'il y renonçât, avec le second pour qu'il vous la fît avoir. Eh bien ! Henriot y renonce ! de Mouy m'a transmis votre demande, et cette couronne que vous ambitionnez…

— Eh bien ? demanda d'Alençon d'une voix tremblante.

— Eh bien ! mort-diable ! elle est à vous.

D'Alençon pâlit affreusement ; puis tout à coup le sang appelé à son cœur, qu'il faillit briser, reflua vers les extrémités, et une rougeur ardente lui brûla les joues ; la faveur que lui faisait le roi le désespérait en un pareil moment.

— Mais, sire, reprit-il tout en palpitant d'émotion et cherchant vainement à se remettre, je n'ai rien désiré et surtout rien demandé de pareil.

— C'est possible, dit le roi, car vous êtes fort discret, mon frère ; mais on a désiré pour vous, mon frère.

— Sire, je vous jure que jamais…

— Ne jurez pas Dieu.

— Mais, sire, vous m'exilez donc ?

— Vous appelez ça un exil, François ? Peste ! vous êtes difficile… Qu'espériez-vous donc de mieux ?

D'Alençon se mordit les lèvres de désespoir.

— Ma foi ! continua Charles en affectant la bonhomie, je vous croyais moins populaire, François, et surtout près des huguenots ; mais ils vous demandent, il faut bien que je m'avoue à moi-même que je me trompais. D'ailleurs je ne pouvais rien désirer de mieux que d'avoir un homme à moi, mon frère qui m'aime et qui est incapable de me trahir, à la tête d'un parti qui depuis trente ans nous fait la guerre. Cela va tout calmer comme par enchantement, sans compter que nous serons tous rois dans la famille. Il n'y aura que le pauvre Henriot qui ne sera rien que mon ami. Mais il n'est point ambitieux, et ce titre, que personne ne réclame, il le prendra, lui.

— Oh ! sire, vous vous trompez, ce titre, je le réclame… ce titre, qui donc y a plus de droit que moi ? Henri n'est que votre beau-frère par alliance ; moi, je suis votre frère par le sang et surtout par le cœur… Sire, je vous en supplie gardez-moi près de vous.

— Non pas, non pas, François, répondit Charles ; ce serait faire votre malheur.

— Comment cela ?

— Pour mille raisons.

— Mais voyez donc un peu, sire, si vous trouverez jamais un compagnon si fidèle que je le suis. Depuis mon enfance je n'ai jamais quitté Votre Majesté.

— Je le sais bien, je le sais bien, et quelquefois même je vous aurais voulu plus loin.

— Que veut dire le roi ?

— Rien, rien… je m'entends… Oh ! que vous aurez de belles chasses là-bas ! François, que je vous porte envie ! Savez-vous qu'on chasse l'ours dans ces diables de montagnes comme on chasse ici le sanglier ? Vous allez nous entretenir tous de peaux magnifiques. Cela se chasse au poignard, vous savez ; on attend l'animal, on l'excite, on l'irrite ; il marche au chasseur, et, à quatre pas de lui, il se dresse sur ses pattes de derrière. C'est à ce moment-là qu'on lui enfonce l'acier dans le cœur, comme Henri a fait pour le sanglier à la dernière chasse. C'est dangereux ; mais vous êtes brave, François, et ce danger sera pour vous un vrai plaisir.

— Ah ! Votre Majesté redouble mes chagrins, car je ne chasserai plus avec elle.

— Corbœuf ! tant mieux ! dit le roi, cela ne nous réussit ni à l'un ni à l'autre de chasser ensemble.

— Que veut dire Votre Majesté ?

— Que chasser avec moi vous cause un tel plaisir et vous donne une telle émotion, que vous, qui êtes l'adresse en personne, que vous qui, avec la première arquebuse venue, abattez une pie à cent pas, vous avez, la dernière fois que nous avons chassé de compagnie, avec votre arme, une arme qui vous est familière, manqué à vingt pas un gros sanglier, et cassé par contre la jambe de mon meilleur cheval ! Mort-diable ! François, cela donne à songer, savez-vous !

— Oh ! sire, pardonnez à l'émotion, dit d'Alençon devenu livide.

— Eh ! oui, reprit Charles, l'émotion, je le sais bien ; et c'est à cause de cette émotion, que j'apprécie à sa juste valeur, que je vous dis : Croyez-moi, François, mieux vaut chasser loin l'un de l'autre, surtout quand on a des émotions pareilles. Réfléchissez à cela, mon frère, non pas en ma présence, ma présence vous trouble, je le vois, mais quand vous serez seul, et vous conviendrez que j'ai tout lieu de craindre qu'à une nouvelle chasse une autre émotion vienne à vous prendre ; car alors il n'y a rien qui fasse relever la main comme l'émotion, car alors vous tueriez le cavalier au lieu du cheval, le roi au lieu de la bête. Peste ! une balle placée trop haut ou trop bas, cela change fort la face d'un gouvernement, et nous en avons un exemple dans notre famille. Quand Montgomery a tué notre père Henri II par accident, par émotion peut-être, le coup a porté notre frère François II sur le trône et notre père Henri à Saint-Denis. Il faut si peu de chose à Dieu pour faire beaucoup !

le duc sentit la sueur ruisseler sur son front pendant ce choc aussi redoutable qu'imprévu.

Il était impossible que le roi dît plus clairement à son frère qu'il avait tout deviné. Charles, voilant sa colère sous une ombre de plaisanterie, était peut-être plus terrible encore que s'il eût laissé la lave haineuse qui lui dévorait le cœur se répandre bouillante au dehors ; sa vengeance paraissait proportionnée à sa rancune. À mesure que l'une s'aigrissait, l'autre grandissait, et pour la première fois d'Alençon connut le remords, ou plutôt le regret d'avoir conçu un crime qui n'avait pas réussi.

Il avait soutenu la lutte tant qu'il avait pu, mais sous ce dernier coup il plia la tête, et Charles vit poindre dans ses yeux cette flamme dévorante qui, chez les êtres d'une nature tendre, creuse le sillon par où jaillissent les larmes.

Mais d'Alençon était de ceux-là qui ne pleurent que de rage.

Charles tenait fixé sur lui son œil de vautour, aspirant pour ainsi dire chacune des sensations qui se succédaient dans le cœur du jeune homme. Et toutes ces sensations lui apparaissaient aussi précises, grâce à cette étude approfondie qu'il avait faite de sa famille, que si le cœur du duc eût été un livre ouvert.

Il le laissa ainsi un instant écrasé, immobile et muet ; puis d'une voix empreinte de haineuse fermeté :

— Mon frère, dit-il, nous vous avons dit notre résolution, et notre résolution est immuable : vous partirez.

D'Alençon fit un mouvement. Charles ne parut pas le remarquer et continua :

— Je veux que la Navarre soit fière d'avoir pour prince un frère du roi de France. Or, pouvoir, honneurs, vous aurez tout ce qui convient à votre naissance, comme votre frère Henri l'a eu, et comme lui, ajouta-t-il en souriant, vous me bénirez de loin. Mais n'importe, les bénédictions ne connaissent pas la distance.

— Sire…

— Acceptez, ou plutôt résignez-vous. Une fois roi, on vous trouvera une femme digne d'un fils de France. Qui sait ! qui vous apportera un autre trône peut-être.

— Mais, dit le duc d'Alençon, Votre Majesté oublie son bon ami Henri.

— Henri ! mais puisque je vous ai dit qu'il n'en voulait pas, du trône de Navarre ! Puisque je vous ai déjà dit qu'il vous l'abandonnait ! Henri est un joyeux garçon et non pas une face pâle comme vous. Il veut rire et s'amuser à son aise, et non sécher, comme nous sommes condamnés à le faire, nous, sous des couronnes.

D'Alençon poussa un soupir.

— Mais, dit-il. Votre Majesté m'ordonne donc de m'occuper…

— Non pas, non pas. Ne vous inquiétez de rien, François, je réglerai tout moi-même ; reposez-vous sur moi comme sur un bon frère. Et maintenant que tout est convenu, allez ; dites ou ne dites pas notre entretien à vos amis : je veux prendre des mesures pour que la chose devienne bientôt publique. Allez, François.

Il n'y avait rien à répondre ; le duc salua et partit la rage dans le cœur.

Il brûlait de trouver Henri pour causer avec lui de tout ce qui venait de se passer ; mais il ne trouva que Catherine : en effet, Henri fuyait l'entretien et la reine mère le recherchait.

Le duc, en voyant Catherine, étouffa aussitôt ses douleurs et essaya de sourire. Moins heureux que Henri d'Anjou, ce n'était pas une mère qu'il cherchait dans Catherine, mais simplement une alliée. Il commençait donc par dissimuler avec elle, car, pour faire de bonnes alliances, il faut bien se tromper un peu mutuellement.

Il aborda donc Catherine avec un visage où ne restait plus qu'une légère trace d'inquiétude.

— Eh bien, Madame, dit-il, voilà de grandes nouvelles ; les savez-vous ?

— Je sais qu'il s'agit de faire un roi de vous, Monsieur.

— C'est une grande bonté de la part de mon frère, Madame.

— N'est-ce pas ?

— Et je suis presque tenté de croire que je dois reporter sur vous une partie de ma reconnaissance ; car enfin, si c'était vous qui lui eussiez donné le conseil de me faire don d'un trône, c'est à vous que je le devrais ; quoique j'avoue au fond qu'il m'a fait peine de dépouiller ainsi le roi de Navarre.

— Vous aimez fort Henriot, mon fils ? à ce qu'il paraît.

— Mais oui ; depuis quelque temps nous nous sommes intimement liés.

— Croyez-vous qu'il vous aime autant que vous l'aimez vous-même ?

— Je l'espère, Madame.

— C'est édifiant une pareille amitié, savez-vous ? surtout entre princes. Les amitiés de cour passent pour peu solides, mon cher François.

— Ma mère, songez que nous sommes non-seulement amis, mais encore presque frères.

Catherine sourit d'un étrange sourire.

— Bon ! dit-elle, est-ce qu'il y a des frères entre rois ?

— Oh ! quant à cela, nous n'étions rois ni l'un ni l'autre, ma mère, quand nous nous sommes liés ainsi ; nous ne devions même jamais l'être ; voilà pourquoi nous nous aimions.

— Oui, mais les choses sont bien changées à cette heure.

— Comment, bien changées ?

— Oui, sans doute ; qui vous dit maintenant que vous ne serez pas tous deux rois ?

Au tressaillement nerveux du duc, à la rougeur qui envahit son front, Catherine vit que le coup lancé par elle avait porté en plein cœur.

— Lui ? dit-il, Henriot roi ? et de quel royaume, ma mère ?

— D'un des plus magnifiques de la chrétienté, mon fils.

— Ah ! ma mère, dit d'Alençon en pâlissant, que dites-vous donc là ?

— Ce qu'une bonne mère doit dire à son fils, ce à quoi vous avez plus d'une fois songé, François.

— Moi ? dit le duc, je n'ai songé à rien, Madame, je vous jure.

— Je veux bien vous croire ; car votre ami, car votre frère Henri, comme vous l'appelez, est, sous sa franchise apparente, un seigneur fort habile et fort rusé qui garde ses secrets mieux que vous ne gardez les vôtres, François. Par exemple, vous a-t-il jamais dit que de Mouy fût son homme d'affaires ?

Et, en disant ces mots, Catherine plongea son regard comme un stylet dans l'âme de François.

Mais celui-ci n'avait qu'une vertu, ou plutôt qu'un vice, la dissimulation ; il supporta donc parfaitement ce regard.

— De Mouy ! dit-il avec surprise, et comme si ce nom était prononcé pour la première fois devant lui en pareille circonstance.

— Oui, le huguenot de Mouy de Saint-Phale, celui-là même qui a failli tuer M. de Maurevel, et qui, clandestinement et en courant la France et la capitale sous des habits différents, intrigue et lève une armée pour soutenir votre frère Henri contre votre famille.

Catherine, qui ignorait que sous ce rapport son fils François en sût autant et même plus qu'elle, se leva sur ces mots, s'apprêtant à faire une majestueuse sortie.

François la retint.

— Ma mère, dit-il, encore un mot, s'il vous plaît. Puisque vous daignez m'initier à votre politique, dites-moi comment, avec de si faibles ressources et si peu connu qu'il est, Henri parviendrait-il à faire une guerre assez sérieuse pour inquiéter ma famille ?

— Enfant, dit la reine en souriant, sachez donc qu'il est soutenu par plus de trente mille hommes peut-être ; que le jour où il dira un mot, ces trente mille hommes apparaîtront tout à coup comme s'ils sortaient de terre ; et ces trente mille hommes, ce sont des huguenots, songez-y, c'est-à-dire les plus braves soldats du monde. Et puis, et puis, il a une protection que vous n'avez pas su ou pas voulu vous concilier, vous.

— Laquelle ?

— Il a le roi, le roi qui l'aime, qui le pousse ; le roi qui, par jalousie contre votre frère de Pologne et par dépit contre vous, cherche autour de lui des successeurs. Seulement, aveugle que vous êtes si vous ne le voyez pas, il les cherche autre part que dans sa famille.

— Le roi !... vous croyez, ma mère ?

— Ne vous êtes-vous donc pas aperçu qu'il chérit Henriot, son Henriot ?

— Si fait, ma mère, si fait.

— Et qu'il en est payé de retour ? car ce même Henriot, oubliant que son beau-frère le voulait arquebuser le jour de la Saint-Barthélémy, se couche à plat ventre comme un chien qui lèche la main dont il a été battu.

— Oui, oui, murmura François, je l'ai déjà remarqué, Henri est bien humble avec mon frère Charles.

— Ingéniosité à lui complaire en toute chose.

— Au point que, dépité d'être toujours raillé par le roi sur son ignorance de la chasse au faucon, il veut se mettre à... Si bien qu'hier il m'a demandé, oui, pas plus tard qu'hier, si je n'avais point quelques bons livres qui traitent de cet art.

— Attendez donc, dit Catherine, dont les yeux étincelèrent comme si une idée subite lui traversait l'esprit ; attendez donc... et que lui avez-vous répondu ?

— Que je chercherais dans ma bibliothèque.

— Bien, dit Catherine, bien, il faut qu'il l'ait, ce livre.

— Mais j'ai cherché, Madame, et n'ai rien trouvé.

— Je trouverai, moi, je trouverai... et vous lui donnerez le livre comme s'il venait de vous.

— Et qu'en résultera-t-il ?

— Avez-vous confiance en moi, d'Alençon ?

— Oui, ma mère.

— Voulez-vous m'obéir aveuglément à l'égard de Henri, que vous n'aimez pas, quoi que vous en disiez ?

D'Alençon sourit.

— Et que je déteste, moi, continua Catherine.

— Oui, j'obéirai.

— Après-demain, venez chercher le livre ici, je vous le donnerai, vous le porterez à Henri... et...

— Et... ?

— Laissez Dieu, la Providence ou le hasard fait le reste.

François connaissait assez sa mère pour savoir qu'elle ne s'en rapportait point d'habitude à Dieu, à la Providence ou au hasard du soin de servir ses amitiés ou ses haines ; mais il se garda d'ajouter un seul mot, et saluant en homme qui accepte la commission dont on le charge, il se retira chez lui.

— Que veut-elle dire ? pensa le jeune homme en montant l'escalier, je n'en sais rien. Mais ce qu'il y a de clair pour moi dans tout ceci, c'est qu'elle agit contre un ennemi commun. Laissons-la faire.

Pendant ce temps, Marguerite, par l'intermédiaire de La Mole, recevait une lettre de de Mouy. Comme en politique les deux illustres conjoints n'avaient point de secret, elle décacheta cette lettre et la lut.

Sans doute cette lettre lui parut intéressante, car à l'instant même, Marguerite, profitant de l'obscurité qui commençait à descendre le long des murailles du Louvre, se glissa dans le passage secret, monta l'escalier tournant, et, après avoir regardé de tous côtés avec attention, s'élança rapide comme une ombre, et disparut dans l'antichambre du roi de Navarre.

Cette antichambre n'était plus gardée par personne depuis la disparition d'Orthon.

Cette disparition, dont nous n'avons pas parlé depuis le moment où le lecteur l'a vue s'opérer d'une façon si tragique pour le pauvre Orthon, avait fort inquiété Henri. Il s'en était ouvert à madame de Sauve et à sa femme, mais ni l'une ni l'autre n'était plus instruite que lui ; seulement, madame de Sauve lui avait donné quelques renseignements, à la suite desquels il était demeuré parfaitement clair à l'esprit de Henri que le pauvre enfant avait été victime de quelque machination de la reine mère, et que c'était à la suite de cette machination qu'il avait failli, lui, être arrêté avec de Mouy dans l'auberge de la Belle-Étoile.

Un autre que Henri eût gardé le silence, car il n'eût rien osé dire ; mais Henri calculait tout : il comprit que son silence le trahirait ; d'ordinaire, on ne perd pas ainsi un de ses serviteurs, un de ses confidents, sans s'informer de lui, sans faire des recherches. Henri s'informa donc, rechercha donc, en présence du roi et de la reine mère elle-même ; il demanda Orthon à tout le monde, depuis la sentinelle qui se promenait devant le guichet du Louvre, jusqu'au capitaine des gardes qui veillait dans l'antichambre du roi ; mais toute demande et toute démarche furent inutiles ; et Henri parut si ostensiblement affecté de cet événement et si attaché au pauvre serviteur absent, qu'il déclara qu'il ne le remplacerait que lorsqu'il aurait acquis la certitude qu'il aurait disparu pour toujours.

L'antichambre, comme nous l'avons dit, était donc vide lorsque Marguerite se présenta chez Henri.

Si légers que fussent les pas de la reine, Henri les entendit et se retourna.

— Vous, Madame ! s'écria-t-il.

— Oui, répondit Marguerite. Lisez vite.

Et elle lui présenta le papier tout ouvert.

Il contenait ces quelques lignes :

« Sire, le moment est venu de mettre notre projet de fuite à exécution. Après-demain il y a chasse au vol le long de la Seine, depuis Saint-Germain jusqu'à Maisons, c'est-à-dire dans toute la longueur de la forêt.

« Allez à cette chasse, quoique ce soit une chasse au vol ; prenez sous votre habit une bonne chemise de mailles ; ceignez votre meilleure épée ; montez le plus fin cheval de votre écurie.

« Vers midi, c'est-à-dire au plus fort de la chasse et quand le roi sera lancé à la suite du faucon, dérobez-vous seul si vous venez seul, avec la reine de Navarre si la reine vous suit.

« Cinquante des nôtres seront cachés au pavillon de François Ier, dont nous avons la clef ; tout le monde ignorera qu'ils y sont, car ils y seront venus de nuit et les jalousies en seront fermées.

« Vous passerez par l'allée des Violettes, au bout de laquelle je veillerai ; à droite de cette allée, dans une petite clairière, seront MM. de La Mole et Coconnas avec deux chevaux de main. Ces chevaux frais seront destinés à remplacer le vôtre et celui de Sa Majesté la reine de Navarre, si par hasard ils étaient fatigués.

« Adieu, sire ; soyez prêt, nous le serons. »

— Vous le serez, dit Marguerite, prononçant après seize cents ans les mêmes paroles que César avait prononcées sur les bords du Rubicon.

— Soit, Madame, répondit Henri, ce n'est pas moi qui vous démentirai.

— Allons, sire, devenez un héros ; ce n'est pas difficile ; vous n'avez qu'à suivre votre route ; et faites-moi un beau trône, dit la fille de Henri II.

Un imperceptible sourire effleura la lèvre fine du Béarnais. Il baisa la main de Marguerite et sortit le premier, pour explorer le passage, tout en fredonnant le refrain d'une vieille chanson :

Cil qui mieux battit la muraille
N'entra point dedans le chasteau.

La précaution n'était pas mauvaise : au moment où il ouvrait la porte de sa chambre à coucher, le duc d'Alençon ouvrait celle de son antichambre ; il fit de la main un signe à Marguerite, puis tout haut :

— Ah ! c'est vous, mon frère, dit-il, soyez le bienvenu.

Au signe de son mari, la reine avait tout compris et s'était jetée dans un cabinet de toilette, devant la porte duquel pendait une énorme tapisserie.

Le duc d'Alençon entra d'un pas craintif en regardant tout autour de lui.

— Sommes-nous seuls, mon frère ? demanda-t-il à demi voix.

— Parfaitement seuls. Qu'y a-t-il donc ? vous paraissez tout bouleversé.

— Il y a que nous sommes découverts, Henri.

— Comment découverts ?

— Oui, de Mouy a été arrêté.

— Je le sais.

— Eh bien ! de Mouy a tout dit au roi.

— Qu'a-t-il dit ?

— Il a dit que je désirais le trône de Navarre, et que je conspirais pour l'obtenir.

— Ah ! pécaire ! dit Henri, de sorte que vous voilà compromis, mon pauvre frère ! Comment alors n'êtes-vous pas encore arrêté ?

— Je n'en sais rien moi-même ; le roi m'a raillé en faisant semblant de m'offrir le trône de Navarre. Il espérait sans doute me tirer un aveu du cœur ; mais je n'ai rien dit.

— Et vous avez bien fait, ventre-saint-gris, dit le Béarnais ; tenons ferme, notre vie à tous deux en dépend.

— Oui, reprit François, le cas est épineux ; voici pourquoi je suis venu demander votre avis, mon frère ; que croyez-vous que je doive faire : fuir ou rester ?

— Vous avez vu le roi, puisque c'est à vous qu'il a parlé ?

— Oui, sans doute.

— Eh bien ! vous avez dû lire dans sa pensée ! Suivez votre inspiration.

— J'aimerais mieux rester, répondit François.

Si maître qu'il fût de lui-même, Henri laissa échapper un mouvement de joie : si imperceptible que fût ce mouvement, François le surprit au passage.

— Restez alors, dit Henri.

— Mais vous ?

— Dame ! répondit Henri, si vous restez, je n'ai aucun motif pour m'en aller, moi. Je ne partais que pour vous suivre, par dévouement, pour ne pas quitter un frère que j'aime.

— Ainsi, dit d'Alençon, c'en est fait de tous nos plans ; vous vous abandonnez sans lutte au premier entraînement de la mauvaise fortune ?

— Moi, dit Henri, je ne regarde pas comme une mauvaise fortune de demeurer ici ; grâce à mon caractère insoucieux, je me trouve bien partout.

— Eh bien, soit ! dit d'Alençon, n'en parlons plus ; seulement, si vous prenez quelque résolution nouvelle, faites-la-moi savoir.

— Corbleu ! je n'y manquerai pas, croyez-le bien, répondit Henri. N'est-il pas convenu que nous n'avons pas de secrets l'un pour l'autre ?

D'Alençon n'insista pas davantage et se retira tout pensif, car, à un certain moment, il avait cru voir trembler la tapisserie du cabinet de toilette.

En effet, à peine d'Alençon était-il sorti, que cette tapisserie se souleva et que Marguerite reparut.

— Que pensez-vous de cette visite ? demanda Henri.

— Qu'il y a quelque chose de nouveau et d'important.

— Et que croyez-vous qu'il y ait ?

— Je n'en sais rien encore ; mais je le saurai.

— En attendant ?

— En attendant, ne manquez pas de venir chez moi demain soir.

— Je n'aurai garde d'y manquer, Madame ! dit Henri en baisant galamment la main de sa femme.

Et avec les mêmes précautions qu'elle en était sortie, Marguerite rentra chez elle.

XVIII

LE LIVRE DE VÉNERIE.

Trente-six heures s'étaient écoulées depuis les événements que nous venons de raconter. Le jour commençait à paraître, mais tout était déjà éveillé au Louvre, comme c'était l'habitude les jours de chasse, lorsque le duc d'Alençon se rendit chez la reine mère, selon l'invitation qu'il en avait reçue.

La reine mère n'était point dans sa chambre à coucher ; mais elle avait ordonné qu'on le fît attendre s'il venait.

Au bout de quelques instants elle sortit d'un cabinet secret où personne n'entrait qu'elle, et où elle se retirait pour faire ses opérations chimiques.

Soit par la porte entr'ouverte, soit attachée à ses vêtements, entra en même temps que la reine mère l'odeur pénétrante d'un âcre parfum, et, par l'ouverture de la porte, d'Alençon remarqua une vapeur épaisse, comme celle d'un aromate brûlé, qui flottait en blanc nuage dans ce laboratoire que quittait la reine.

Le duc ne put réprimer un regard de curiosité.

— Oui, dit Catherine de Médicis, oui, j'ai brûlé quelques vieux parchemins, et ces parchemins exhalaient une si puante odeur, que j'ai jeté du genièvre sur le brasier : de là cette odeur.

D'Alençon s'inclina.

— Eh bien ! dit Catherine en cachant dans les larges manches de sa robe de chambre ses mains, que de légères taches d'un jaune rougeâtre diapraient çà et là, qu'avez-vous de nouveau depuis hier ?

— Rien, ma mère.

— Avez-vous vu Henri ?

— Oui.

— Il refuse toujours de partir ?

— Absolument.

— Le fourbe !

— Que dites-vous, Madame ?

— Je dis qu'il part.

— Vous croyez ?

— J'en suis sûre.

— Alors, il nous échappe ?

— Oui, dit Catherine.

— Et vous le laissez partir ?

— Non seulement je le laisse partir ; mais, je vous dis plus, il faut qu'il parte.

— Je ne vous comprends pas, ma mère.

— Écoutez bien ce que je vais vous dire, François. Un médecin très habile, le même qui m'a remis le livre de chasse que vous allez lui porter, m'a affirmé que le roi de Navarre était sur le point d'être atteint d'une maladie de consomption, d'une de ces maladies qui ne pardonnent pas et auxquelles la science ne peut apporter aucun remède. Or, vous comprenez que s'il doit mourir d'un mal si cruel, il vaut mieux qu'il meure loin de nous que sous nos yeux, à la cour.

— En effet, dit le duc, cela nous ferait trop de peine.

— Et surtout à votre frère Charles, dit Catherine ; tandis que lorsque Henri mourra après lui avoir désobéi, le roi regardera cette mort comme une punition du ciel.

— Vous avez raison, ma mère, dit François avec admiration, il faut qu'il parte. Mais êtes-vous bien sûre qu'il partira ?

— Toutes ses mesures sont prises. Le rendez-vous est dans la forêt de Saint-Germain. Cinquante huguenots doivent lui servir d'escorte jusqu'à Fontainebleau, où cinq cents autres l'attendent.

— Et, dit d'Alençon avec une légère hésitation et une pâleur visible, ma sœur Margot part avec lui ?

— Oui, répondit Catherine, c'est convenu. Mais, Henri mort, Margot revient à la cour, veuve et libre.

— Et Henri mourra, Madame ! vous en êtes certaine ?

— Le médecin qui m'a remis le livre en question me l'a assuré du moins.

— Et ce livre, où est-il, Madame ?

Catherine retourna à pas lents vers le cabinet mystérieux, ouvrit la porte, s'y enfonça, et reparut un instant après, le livre à la main.

— Le voici, dit-elle.

D'Alençon regarda le livre que lui présentait sa mère avec une certaine terreur.

— Qu'est-ce que ce livre, Madame ? demanda en frissonnant le duc.

— Je vous l'ai déjà dit, mon fils, c'est un travail sur l'art d'élever et de dresser faucons, tiercelets et gerfauts, fait par un fort savant homme, par le seigneur Castruccio Castracani, tyran de Lucques.

— Et que dois-je en faire ?

— Mais le porter chez votre bon ami Henriot, qui vous l'a demandé, à ce que vous m'avez dit, lui ou quelque autre pareil, pour s'instruire dans la science de la volerie. Comme il chasse au vol aujourd'hui avec le roi, il ne manquera pas d'en lire quelques pages, afin de prouver au roi qu'il suit ses conseils en prenant des leçons. Le tout est de le remettre à lui-même.

— Oh ! je n'oserai pas, dit d'Alençon en frissonnant.

— Pourquoi ? dit Catherine, c'est un livre comme un autre, excepté qu'il a été si longtemps renfermé que les pages sont collées les unes aux autres. N'essayez donc pas de les lire, vous, François, car on ne peut les lire qu'en mouillant son doigt et en poussant les pages feuille à feuille, ce qui prend beaucoup de temps et donne beaucoup de peine.

— Si bien qu'il n'y a qu'un homme qui a le grand désir de s'instruire qui puisse perdre ce temps et prendre cette peine ? dit d'Alençon.

— Justement, mon fils, vous comprenez.

— Oh ! dit d'Alecçon, voici déjà Henriot dans la cour ; donnez, Madame, donnez. Je vais profiter de son absence pour porter ce livre chez lui : à son retour il le trouvera.

— J'aimerais mieux que vous le lui donnassiez à lui-même, François, ce serait plus sûr.

— Je vous ai déjà dit que je n'oserais point, Madame, reprit le duc.

— Allez donc ; mais au moins posez-le dans un endroit bien apparent.

— Ouvert ?... Y a-t-il inconvénient à ce qu'il soit ouvert ?

— Non.

— Donnez alors.

D'Alençon prit d'une main tremblante le livre que, d'une main ferme, Catherine étendait vers lui.

— Prenez, prenez, dit Catherine, il n'y a pas de danger, puisque j'y touche ; d'ailleurs vous avez des gants.

Cette précaution ne suffit pas pour d'Alençon, qui enveloppa le livre dans son manteau.

— Hâtez-vous, dit Catherine, hâtez-vous, d'un moment à l'autre Henri peut remonter.

— Vous avez raison, Madame, j'y vais.

Et le duc sortit tout chancelant d'émotion.

Nous avons introduit plusieurs fois déjà le lecteur dans l'appartement du roi de Navarre, et nous l'avons fait assister aux séances qui s'y sont passées, joyeuses ou terribles, selon que souriait ou menaçait le génie protecteur du futur roi de France.

Mais jamais peut-être les murs souillés de sang par le meurtre, arrosés de vin par l'orgie, embaumés de parfums par l'amour, jamais ce coin du Louvre enfin n'avait vu apparaître un visage plus pâle que celui du duc d'Alençon ouvrant, son livre à la main, la porte de la chambre à coucher du roi de Navarre.

Et cependant, comme s'y attendait le duc, personne n'était dans cette chambre pour interroger d'un œil curieux ou inquiet l'action qu'il allait commettre. Les premiers rayons du jour éclairaient l'appartement parfaitement vide.

À la muraille pendait toute prête cette épée que M. de Mouy avait conseillé à Henri d'emporter. Quelques chaînons d'une ceinture de mailles étaient épars sur le parquet. Une bourse honnêtement arrondie et un petit poignard étaient posés sur un meuble, et des cendres, légères et flottantes encore, dans la cheminée, jointes à ces autres indices, disaient clairement à d'Alençon que le roi de Navarre avait endossé une chemise de mailles, demandé de l'argent à son trésorier et brûlé des papiers compromettants.

— Ma mère ne s'était pas trompée, dit d'Alençon, le fourbe me trahissait.

Sans doute cette conviction donna une nouvelle force au jeune homme, car après avoir sondé du regard tous les coins de la chambre, après avoir soulevé les tapisseries des portières, après qu'un grand bruit retentissait dans les cours et qu'un grand silence qui régnait dans l'appartement lui eut prouvé que personne ne songeait à l'espionner, il tira le livre de dessous son manteau, le posa rapidement sur la table où était la bourse, l'adossant à un pupitre de chêne sculpté ; puis, s'écartant aussitôt, il allongea le bras, et, avec une hésitation qui trahissait ses craintes, de sa main gantée il ouvrit le livre à l'endroit d'une gravure de chasse.

Le livre ouvert, d'Alençon fit aussitôt trois pas en arrière ; et retirant son gant, il le jeta dans le brasier encore ardent qui venait de dévorer les lettres. La peau souple cria sur les charbons, se tordit, et s'étala comme le cadavre d'un large reptile, puis ne laissa bientôt plus qu'un résidu noir et crispé.

D'Alençon demeura jusqu'à ce que la flamme eût entièrement dévoré le gant, puis il roula le manteau qui avait enveloppé le livre, le jeta sous son bras, et regagna vivement sa chambre. Comme il y entrait, le cœur tout palpitant, il entendit des pas dans l'escalier tournant, et, ne doutant plus que ce fût Henri qui rentrait, il referma vivement sa porte.

Puis il s'élança vers la fenêtre ; mais de la fenêtre on n'apercevait qu'une portion de la cour du Louvre. Henri n'était point dans cette portion de la cour, et sa conviction s'en affermit que c'était lui qui venait de rentrer.

Le duc s'assit, ouvrit un livre, et essaya de lire. C'était une histoire de France depuis Pharamond jusqu'à Henri II, et pour laquelle, quelques jours après son avènement au trône, il avait donné privilège.

Mais l'esprit du duc n'était point là : la fièvre de l'attente brûlait ses artères. Les battements de ses tempes retentissaient jusqu'au fond de son cerveau ; comme on voit dans un rêve ou dans une extase magnétique, il semblait à François qu'il voyait à travers les murailles ; son regard plongeait dans la chambre de Henri, malgré le triple obstacle qui le séparait de lui.

Pour écarter l'objet terrible qu'il croyait voir avec les yeux de la pensée, le duc essaya de fixer la sienne sur autre chose que sur le livre terrible ouvert sur le pupitre de bois de chêne à l'endroit de l'image ; mais ce fut inutilement qu'il prit l'une après l'autre ses armes, l'un après l'autre ses joyaux, qu'il arpenta cent fois le même sillon du parquet, chaque détail de cette image, que le duc n'avait qu'entrevue cependant, lui était resté dans l'esprit. C'était un seigneur à cheval qui, remplissant lui-même l'office d'un valet de fauconnerie, lançait le leurre en rappelant le faucon et en courant au grand galop de son cheval dans les herbes d'un marécage. Si violente que fût la volonté du duc, le souvenir triomphait de sa volonté.

Puis, ce n'était pas seulement le livre qu'il voyait, c'était le roi de Navarre s'approchant de ce livre, regardant cette image, essayant de tourner les pages, et, empêché par l'obstacle qu'elles opposaient, triomphait de l'obstacle en mouillant son pouce et en forçant les feuillets à glisser.

Et à cette vue, toute fictive et toute fantastique qu'elle était, d'Alençon chancelant était forcé de s'appuyer d'une main à un meuble, tandis que de l'autre il couvrait ses yeux, comme si, les yeux couverts, il ne voyait pas encore mieux le spectacle qu'il voulait fuir.

Ce spectacle était sa propre pensée.

Tout à coup d'Alençon vit Henri qui traversait la cour ; celui-ci s'arrêta quelques instants devant des hommes qui entassaient sur deux mules des provisions de chasse qui n'étaient autres que de l'argent et des effets de voyage, puis, ses ordres donnés, il coupa diagonalement la cour, et s'achemina visiblement vers la porte d'entrée.

D'Alençon était immobile à sa place. Ce n'était donc pas Henri qui était monté par l'escalier secret. Toutes ces angoisses qu'il éprouvait depuis un quart d'heure, il les avait donc éprouvées inutilement. Ce qu'il croyait fini ou près de finir était donc à recommencer.

D'Alençon ouvrit la porte de sa chambre, puis, tout en la tenant fermée, il alla écouter à celle du corridor. Cette fois, il n'y avait pas à se tromper, c'était bien Henri. D'Alençon reconnut son pas et jusqu'au bruit particulier de la mollette de ses éperons.

La porte de l'appartement de Henri s'ouvrit et se referma, D'Alençon rentra chez lui et tomba dans un fauteuil.

— Bon ! se dit-il, voici ce qui se passe à cette heure : il a traversé l'antichambre, la première pièce, puis il est parvenu jusqu'à la chambre à coucher ; arrivé là, il aura cherché des yeux son épée, puis sa bourse, puis son poignard, puis enfin il aura trouvé le livre tout ouvert sur son dressoir.

— Quel est ce livre ? se sera-t-il demandé ; qui m'a apporté ce livre ?

Puis il se sera rapproché, aura vu cette gravure représentant un cavalier rappelant son faucon, puis il aura voulu lire, puis il aura essayé de tourner les feuillets.

Une sueur froide passa sur le front de François.

— Va-t-il appeler ? dit-il. Est-ce un poison d'un effet soudain ? Non, non, sans doute, puisque ma mère m'a dit qu'il devait mourir lentement de consomption.

Cette pensée le rassura un peu.

Dix minutes se passèrent ainsi, siècle d'agonie usé seconde par seconde, et chacune de ces secondes fournissant tout ce que l'imagination invente de terreurs insensées, un monde de visions.

D'Alençon n'y put tenir davantage, il se leva, traversa son antichambre, qui commençait a se remplir de gentilshommes.

— Salut, Messieurs, dit-il, je descends chez le roi.

Et pour tromper sa dévorante inquiétude, pour préparer un alibi peut-être, d'Alençon descendit effectivement chez son frère. Pourquoi descendait-il ? Il l'ignorait… Qu'avait-il à lui dire ?… Rien ! Ce n'était point Charles qu'il cherchait, c'était Henri qu'il fuyait.

Il prit le petit escalier tournant et trouva la porte du roi entr'ouverte.

Les gardes laissèrent entrer le duc sans mettre aucun empêchement à son passage : les jours de chasse il n'y avait ni étiquette ni consigne.

François traversa successivement l'antichambre, le salon et la chambre à coucher sans rencontrer personne ; enfin il songeait que Charles était sans doute dans son cabinet des Armes, et poussa la porte qui donnait de la chambre à coucher dans le cabinet.

Charles était assis devant une table, dans un grand fauteuil sculpté à dossier aigu ; il tournait le dos à la porte par laquelle était entré François.

Il paraissait plongé dans une occupation qui le dominait.

Le duc s'approcha sur la pointe du pied ; Charles lisait.

— Pardieu ! s'écria-t-il tout à coup, voilà un livre admirable. J'en avais bien entendu parler, mais je n'avais pas cru qu'il existât en France.

D'Alençon tendit l'oreille, et fit un pas encore.

— Maudites feuilles, dit le roi en portant son pouce à ses lèvres et en pesant sur le livre pour séparer la page qu'il avait lue de celle qu'il voulait lire ; on dirait qu'on en a collé les feuillets pour dérober aux regards des hommes les merveilles qu'il renferme.

D'Alençon fit un bond en avant.

Ce livre, sur lequel Charles était courbé, était celui qu'il avait déposé chez Henri !

Un cri sourd lui échappa.

— Ah ! c'est vous, d'Alençon ? dit Charles, soyez le bienvenu, et venez voir le plus beau livre de vénerie qui soit jamais sorti de la plume d'un homme.

Le premier mouvement de d'Alençon fut d'arracher le livre des mains de son frère ; mais une pensée infernale le cloua à sa place, un sourire effrayant passa sur ses lèvres blêmies, il passa la main sur ses yeux comme un homme ébloui.

Puis revenant peu à peu à lui, mais sans faire un pas en avant ni en arrière :

— Sire, demanda d'Alençon, comment donc ce livre se trouve-t-il entre les mains de Votre Majesté ?

— Rien de plus simple. Ce matin, je suis monté chez Henriot pour voir s'il était prêt ; il n'était déjà plus chez lui ; sans doute il courait les chenils et les écuries ; mais, à sa place, j'ai trouvé ce trésor que j'ai descendu ici pour le lire tout à mon aise.

Et le roi porta encore une fois son pouce à ses lèvres, et une fois encore fit tourner la page rebelle.

— Sire, balbutia d'Alençon dont les cheveux se hérissèrent et qui se sentit saisir par tout le corps d'une angoisse terrible, sire, je venais pour vous dire…

— Laissez-moi achever ce chapitre, François, dit Charles, et ensuite vous me direz tout ce que vous voudrez. Voilà cinquante pages que je lis, c'est-à-dire que je dévore.

— Il a goûté vingt-cinq fois le poison, pensa François. Mon frère est mort !

Alors il pensa qu'il y avait un Dieu au ciel qui n'était peut-être point le hasard.

François essuya de sa main tremblante la froide rosée qui dégouttait sur son front, et attendit silencieux, comme le lui avait ordonné son frère, que le chapitre fût achevé.

XIX

LA CHASSE AU VOL.

Charles lisait toujours. Dans sa curiosité, il dévorait les pages ; et chaque page, nous l'avons dit, soit à cause de l'humidité à laquelle elles avaient été longtemps exposées, soit pour tout autre motif, adhérait à la page suivante.

D'Alençon considérait d'un œil hagard ce terrible spectacle dont il entrevoyait seul le dénouement.

— Oh ! murmura-t-il, que va-t-il donc se passer ici ? Comment ! je partirais, je m'exilerais, j'irais chercher un trône imaginaire, tandis que Henri, à la première nouvelle de la maladie de Charles, reviendrait dans quelque ville forte à vingt lieues de la capitale, guettant cette proie que le hasard nous livre, et pourrait d'une seule enjambée être dans la capitale ; de sorte qu'avant que le roi de Pologne eût seulement appris la nouvelle de la mort de mon frère, la dynastie serait déjà changée : c'est impossible !

C'étaient ces pensées qui avaient dominé le premier sentiment d'horreur involontaire qui poussait François à arrêter Charles. C'était cette fatalité persévérante qui semblait garder Henri et poursuivre les Valois, contre laquelle le duc allait encore essayer une fois de réagir.

En un instant tout son plan venait de changer à l'égard de Henri. C'était Charles et non Henri qui avait lu le livre empoisonné ; Henri devait partir, mais partir condamné. Du moment où la fatalité venait de le sauver encore une fois, il fallait que Henri restât ; car Henri était moins à craindre prisonnier à Vincennes ou à la Bastille, que le roi de Navarre à la tête de trente mille hommes.

Le duc d'Alençon laissa donc Charles achever son chapitre ; et lorsque le roi releva la tête :

— Mon frère, lui dit il, j'ai attendu parce que Votre Majesté l'a ordonné, mais c'était à mon grand regret, parce que j'avais des choses de la plus haute importance à vous dire.

— Ah ! au diable ! dit Charles, dont les joues pâles s'empourpraient peu à peu, soit qu'il eût mis une trop grande ardeur à sa lecture, soit que le poison commençât à agir ; au diable ! si tu viens encore me parler de la même chose, tu partiras comme est parti le roi de Pologne. Je me suis débarrassé de lui, je me débarrasserai de toi, et plus un mot là-dessus.

— Aussi, mon frère, dit François, ce n'est point de mon départ que je veux vous entretenir, mais de celui d'un autre. Votre Majesté m'a atteint dans mon sentiment le plus profond et le plus délicat, qui est mon dévouement pour elle comme frère, ma fidélité comme sujet, et je tiens à lui prouver que je ne suis pas un traître, moi.

— Allons, dit Charles en s'accoudant sur le livre, en croisant ses jambes l'une sur l'autre, et en regardant d'Alençon en homme qui fait contre ses habitudes provision de patience ; allons, quelque bruit nouveau, quelque accusation matinale ?

— Non, sire. Une certitude, un complot que ma ridicule délicatesse m'avait seule empêché de vous révéler.

— Un complot ? dit Charles, voyons le complot.

— Sire, dit François, tandis que Votre Majesté chassera au vol près de la rivière et dans la plaine du Vesinet, le roi de Navarre gagnera la forêt de Saint-Germain, une troupe d'amis l'attend dans cette forêt et il doit fuir avec eux.

— Ah ! je le savais bien, dit Charles. Encore une bonne calomnie contre mon pauvre Henriot ! Ah çà ! en finirez-vous avec lui ?

— Votre Majesté n'aura pas besoin d'attendre longtemps au moins pour s'assurer si ce que j'ai l'honneur de lui dire est ou non une calomnie.

— Et comment cela ?

— Parce que ce soir notre beau-frère sera parti.

Charles se leva.

— Écoutez, dit-il, je veux bien une dernière fois encore avoir l'air de croire à vos intentions ; mais je vous en avertis, toi et ta mère, cette fois c'est la dernière.

Puis haussant la voix :

— Qu'on appelle le roi de Navarre ! ajouta-t-il.

Un garde fit un mouvement pour obéir ; mais François l'arrêta d'un signe.

— Mauvais moyen, mon frère, dit-il ; de cette façon vous n'apprendrez rien. Henri niera, donnera un signal, ses complices seront avertis et disparaîtront ; puis ma mère et moi nous serons accusés non seulement d'être des visionnaires, mais encore des calomniateurs.

— Que demandez-vous donc alors ?

— Qu'au nom de notre fraternité, Votre Majesté m'écoute, qu'au nom de mon dévouement qu'elle va reconnaître, elle ne brusque rien. Faites en sorte, sire, que le véritable coupable, que celui qui depuis deux ans trahit d'intention Votre Majesté, en attendant qu'il la trahisse de fait, soit enfin reconnu coupable par une preuve infaillible et puni comme il le mérite.

Charles ne répondit point ; il alla à une fenêtre et l'ouvrit : le sang envahissait son cerveau.

Enfin se retournant vivement :

— Eh bien ! dit-il, que feriez-vous ? Parlez, François.

— Sire, dit d'Alençon, je ferais cerner la forêt de Saint-Germain par trois détachements de chevau-légers, qui, à une heure convenue, à onze heures par exemple, se mettraient en marche et rabattraient tout ce qui se trouve dans la forêt sur le pavillon de François Ier, que j'aurais, comme par hasard, désigné pour l'endroit du rendez-vous, du dîner. Puis quand, tout en ayant l'air de suivre mon faucon, je verrais Henri s'éloigner, je piquerais au rendez-vous, où il se trouvera pris avec ses complices.

— L'idée est bonne, dit le roi ; qu'on fasse venir mon capitaine des gardes.

D'Alençon tira de son pourpoint un sifflet d'argent pendu à une chaîne d'or et siffla.

Charles alla à lui et lui donna ses ordres à voix basse.

Pendant ce temps, son grand lévrier Actéon avait saisi une proie qu'il roulait par la chambre et qu'il déchirait à belles dents avec mille bonds folâtres.

Charles se retourna et poussa un juron terrible. Cette proie, que s'était faite Actéon, c'était ce précieux livre de vénerie, dont il n'existait, comme nous l'avons dit, que trois exemplaires au monde.

Le châtiment fut égal au crime.

Charles saisit un fouet, la lanière sifflante enveloppa l'animal d'un triple nœud. Actéon jeta un cri et disparut sous une table couverte d'un immense tapis qui lui servait de retraite.

Charles ramassa le livre et vit avec joie qu'il n'y manquait qu'un feuillet ; et encore n'était-il pas une page de texte, mais une gravure.

Il le plaça avec soin sur un rayon où Actéon ne pouvait atteindre. D'Alençon le regardait faire avec inquiétude. Il eût voulu fort que ce livre, maintenant qu'il avait fait sa terrible mission, sortît des mains de Charles.

Six heures sonnèrent.

C'était l'heure à laquelle le roi devait descendre dans la cour encombrée de chevaux richement caparaçonnés, d'hommes et de femmes richement vêtus. Les veneurs tenaient sur leurs poings leurs faucons chaperonnés ; quelques piqueurs avaient les cors en écharpe au cas où le roi, fatigué de la chasse au vol, comme cela lui arrivait quelquefois, voudrait courre un daim ou un chevreuil.

Le roi descendit, et, en descendant, ferma la porte de son cabinet des Armes.

D'Alençon suivait chacun de ses mouvements d'un ardent regard et lui vit mettre la clef dans sa poche.

En descendant l'escalier, il s'arrêta, porta la main à son front.

Les jambes du duc d'Alençon tremblaient non moins que celles du roi.

— En effet, balbutia-t-il, il me semble que le temps est à l'orage.

— À l'orage au mois de janvier ? dit Charles, vous êtes fou ! Non, j'ai des vertiges, ma peau est sèche, je suis faible, voilà tout.

Puis à demi voix :

— Ils me tueront, continua-t-il, avec leur haine et leurs complots.

Mais en mettant le pied dans la cour, l'air frais du matin, les cris des chasseurs, les saluts bruyants de cent personnes rassemblées, produisirent sur Charles leur effet ordinaire.

Il respira libre et joyeux.

Son premier regard avait été pour chercher Henri. Henri était près de Marguerite.

Ces deux excellents époux semblaient ne se pouvoir quitter tant ils s'aimaient.

En apercevant Charles, Henri fit bondir son cheval, et en trois courbettes de l'animal fut près de son beau-frère.

— Ah ! ah ! dit Charles, vous êtes monté en coureur de daim, Henriot. Vous savez cependant que c'est une chasse au vol que nous faisons aujourd'hui.

Puis sans attendre la réponse :

— Partons, Messieurs, partons. Il faut que nous soyons en chasse à neuf heures ! dit le roi le sourcil froncé et avec une intonation de voix presque menaçante.

Catherine regardait tout cela par une fenêtre du Louvre. Un rideau soulevé donnait passage à sa tête pâle et voilée, tout le corps vêtu de noir disparaissait dans la pénombre.

Sur l'ordre de Charles, toute cette foule dorée, brodée, parfumée, le roi en tête, s'allongea pour passer à travers les guichets du Louvre et roula comme une avalanche sur la route de Saint-Germain, au milieu des cris du peuple qui saluait le jeune roi, soucieux et pensif, sur son cheval plus blanc que la neige.

— Que vous a-t-il dit ? demanda Marguerite à Henri.

— Il m'a félicité sur la finesse de mon cheval.

— Voilà tout ?

— Voilà tout.

— Il sait quelque chose alors.

— J'en ai peur.

— Soyons prudents.

Henri éclaira son visage d'un de ces fins sourires qui lui étaient habituels, et qui voulaient dire, pour Marguerite surtout : soyez tranquille, ma mie.

Quant à Catherine, à peine tout ce cortège avait-il quitté la cour du Louvre qu'elle avait laissé retomber son rideau.

Mais elle n'avait point laissé échapper une chose : c'était la pâleur de Henri, c'étaient ses tressaillements nerveux, c'étaient ses conférences à voix basse avec Marguerite.

Henri était pâle parce que, n'ayant pas le courage sanguin, son sang, dans toutes les circonstances où sa vie était mise en jeu, au lieu de lui monter au cerveau, comme il arrive ordinairement, lui refluait au cœur.

Il éprouvait des tressaillements nerveux parce que la façon dont l'avait reçu Charles, si différente de l'accueil habituel qu'il lui faisait, l'avait vivement impressionné.

Enfin, il avait conféré avec Marguerite, parce que, ainsi que nous le savons, le mari et la femme avaient fait, sous le rapport de la politique, une alliance offensive et défensive.

Mais Catherine avait interprété les choses tout autrement.

— Cette fois, murmura-t-elle avec son sourire florentin, je crois qu'il en tient, ce cher Henriot.

Puis, pour s'assurer du fait, après avoir attendu un quart d'heure pour donner le temps à toute la chasse de quitter Paris, elle sortit de son appartement, suivit le corridor, monta le petit escalier tournant, et à l'aide de sa double clef ouvrit l'appartement du roi de Navarre.

Mais ce fut inutilement que par tout cet appartement elle chercha le livre. Ce fut inutilement que partout son regard ardent passa des tables aux dressoirs, des dressoirs aux rayons, des rayons aux armoires ; nulle part elle n'aperçut le livre qu'elle cherchait.

— D'Alençon l'aura déjà enlevé, dit-elle ; c'est prudent.

Et elle descendit chez elle, presque certaine, cette fois, que son projet avait réussi.

Cependant le roi poursuivait sa route vers Saint-Germain, où il arriva après une heure et demie de course rapide ; on ne monta même pas au vieux château, qui s'élevait sombre et majestueux au milieu des maisons éparses sur la montagne. On traversa le pont de bois situé à cette époque en face de l'arbre qu'aujourd'hui encore on appelle le chêne de Sully. Puis on fit signe aux barques pavoisées qui suivaient la chasse, pour donner la facilité au roi et aux gens de sa suite de traverser la rivière et de se mettre en mouvement.

À l'instant même toute cette joyeuse jeunesse, animée d'intérêts si divers, se mit en marche, le roi en tête, sur cette magnifique prairie qui pend du sommet boisé de Saint-Germain, et qui prit soudain l'aspect d'une grande tapisserie à personnages diaprés de mille couleurs et dont la rivière écumante sur sa rive simulait la frange argentée.

En avant du roi, toujours sur son cheval blanc et tenant son faucon favori au poing, marchaient les valets de vénerie vêtus de justaucorps verts et chaussés de grosses bottes, qui, maintenant de la voix une demi-douzaine de chiens griffons, battaient les roseaux qui garnissaient la rivière.

En ce moment le soleil, caché jusque-là derrière les nuages, sortit tout à coup du sombre océan où il s'était plongé. Un rayon de soleil éclaira de sa lumière tout cet or, tous ces joyaux, tous ces yeux ardents, et de toute cette lumière il faisait un torrent de feu.

Alors, et comme s'il n'eût attendu que ce moment pour qu'un beau soleil éclairât sa défaite, un héron s'éleva du sein des roseaux en poussant un cri prolongé et plaintif.

— Haw ! haw ! cria Charles en déchaperonnant son faucon et en le lançant après le fugitif.

— Haw ! haw ! crièrent toutes les voix pour encourager l'oiseau.

Le faucon, un instant ébloui par la lumière, tourna sur lui-même, décrivant un cercle sans avancer ni reculer ; puis tout à coup il aperçut le héron, et prit son vol sur lui à tire-d'aile.

Cependant le héron qui s'était, en oiseau prudent, levé à plus de cent pas des valets de vénerie, avait, pendant que le roi déchaperonnait son faucon et que celui-ci s'était habitué à la lumière, gagné de l'espace, ou plutôt de la hauteur. Il en résulta que lorsque son ennemi l'aperçut, il était déjà à plus de cinq cents pieds de hauteur, et qu'ayant trouvé dans les zones élevées l'air nécessaire à ses puissantes ailes, il montait rapidement.

— Haw ! haw ! Bec-de-Fer, cria Charles, encourageant son faucon, prouve-nous que tu es de race. Haw ! haw !

Comme s'il eût entendu cet encouragement, le noble animal partit, semblable à une flèche, parcourant une ligne diagonale qui devait aboutir à la ligne verticale qu'adoptait le héron, lequel montait toujours comme s'il eût voulu disparaître dans l'éther.

— Ah ! double couard, cria Charles, comme si le fugitif eût pu l'entendre, en mettant son cheval au galop et en suivant la chasse autant qu'il était en lui, la tête renversée en arrière pour ne pas perdre un instant de vue les deux oiseaux. Ah ! double couard, tu fuis. Mons Bec-de-Fer est de race ; attends ! attends ! Haw ! Bec-de-Fer ; haw !

En effet, la lutte fut curieuse, les deux oiseaux se rapprochaient l'un de l'autre, ou plutôt le faucon se rapprochait du héron.

La seule question était de savoir lequel dans cette première attaque conserverait le dessus.

La peur eut de meilleures ailes que le courage.

Le faucon, emporté par son vol, passa sous le ventre du héron qu'il eût dû dominer. Le héron profita de sa supériorité et lui allongea un coup de son long bec.

Le faucon, frappé comme d'un coup de poignard, fit trois tours sur lui-même, comme étourdi, et un instant on dut croire qu'il allait redescendre. Mais, comme un guerrier blessé qui se relève plus terrible, il jeta une espèce de cri aigu et menaçant et reprit son vol sur le héron.

Le héron avait profité de son avantage, et, changeant la direction de son vol, il avait fait un coude vers la forêt, essayant cette fois de gagner de l'espace et d'échapper par la distance au lieu d'échapper par la hauteur.

Mais le faucon était un animal de noble race, qui avait un coup d'œil de gerfaut.

Il répéta la même manœuvre, piqua diagonalement sur le héron, qui jeta deux ou trois cris de détresse et essaya de monter perpendiculairement comme il l'avait fait une première fois.

Au bout de quelques secondes de cette noble lutte, les deux oiseaux semblèrent sur le point de disparaître dans les nuages. Le héron n'était pas plus gros qu'une alouette, et le faucon semblait un point noir qui, à chaque instant, devenait plus imperceptible.

Charles ni la cour ne suivaient plus les deux oiseaux. Chacun était demeuré à sa place, les yeux fixés sur le fugitif et sur le poursuivant.

— Bravo ! bravo ! Bec-de-Fer ! cria tout à coup Charles. Voyez, voyez, Messieurs, il a le dessus ! Haw ! haw !

— Ma foi, j'avoue que je ne vois plus ni l'un ni l'autre, dit Henri.

— Ni moi non plus, dit Marguerite.

— Oui, mais si tu ne les vois plus, Henriot, tu peux les entendre encore, dit Charles ; le héron du moins. Entends-tu, entends-tu ? il demande grâce !

En effet, deux ou trois cris plaintifs, et qu'une oreille exercée pouvait seule saisir, descendirent du ciel sur la terre.

— Écoute, écoute, cria Charles, et tu iras les voir descendre plus vite qu'ils ne sont montés.

En effet, comme le roi prononçait ces mots, les deux oiseaux commencèrent à reparaître.

C'étaient deux points noirs seulement, mais à la différence de grosseur de ces deux points, il était facile de voir cependant que le faucon avait le dessus.

— Voyez ! voyez ! cria Charles… Bec-de-Fer le tient.

En effet, le héron, dominé par l'oiseau de proie, n'essayait même plus de se défendre. Il descendait rapidement, incessamment frappé par le faucon et ne répondant que par ses cris : tout à coup il replia ses ailes et se laissa tomber comme une pierre ; mais son adversaire en fit autant, et lorsque le fugitif voulut reprendre son vol, un dernier coup de bec l'étendit ; il continua sa chute en tournoyant sur lui-même, et, au moment où il touchait la terre, le faucon s'abattit sur lui, poussant un cri de victoire qui couvrit le cri de défaite du vaincu.

— Au faucon ! au faucon ! cria Charles, et il lança son cheval au galop dans la direction de l'endroit où les deux oiseaux s'étaient abattus.

Mais tout à coup il arrêta court sa monture, jeta un cri lui-même, lâcha la bride et s'accrocha d'une main à la crinière de son cheval, tandis que de son autre main il saisit son estomac comme s'il eût voulu déchirer ses entrailles.

À ce cri tous les courtisans accoururent.

— Ce n'est rien, ce n'est rien, dit Charles le visage enflammé et l'œil hagard ; mais il vient de me sembler qu'on me passait un fer rouge à travers l'estomac. Allons, allons, ce n'est rien.

Et Charges remit son cheval au galop.

D'Alençon pâlit.

— Qu'y a-t-il donc encore de nouveau ? demanda Henri à Marguerite.

— Je n'en sais rien, répondit celle-ci ; mais avez-vous vu ? mon frère était pourpre.

— Ce n'est pas cependant son habitude, dit Henri.

Les courtisans s'entre-regardèrent étonnés et suivirent le roi.

On arriva à l'endroit où les deux oiseaux s'étaient abattus. Le faucon rongeait déjà la cervelle du héron.

En arrivant, Charles sauta à bas de son cheval pour voir le combat de plus près.

Mais en touchant la terre il fut obligé de se tenir à la selle, la terre tournait sous lui. Il éprouva une violente envie de dormir.

— Mon frère ! mon frère ! s'écria Marguerite, qu'avez-vous ?

— J'ai, dit Charles, j'ai ce que dut avoir Porcie quand elle eut avalé ses charbons ardents ; j'ai que je brûle, et qu'il me semble que mon haleine est de flamme.

En même temps Charles poussa son souffle au dehors, et parut étonné de ne pas voir sortir du feu de ses lèvres.

Cependant, on avait repris et rechaperonné le faucon, et tout le monde s'était rassemblé autour de Charles.

— Eh bien ! eh bien ! que veut dire cela ? Corps du Christ ! ce n'est rien, ou si c'est quelque chose, c'est le soleil qui me casse la tête et me crève les yeux. Allons, allons, en chasse, Messieurs ! Voici toute une compagnie de hallebrands. Lâchez tout, lâchez tout. Corbœuf ! nous allons nous amuser !

On déchaperonna en effet et on lâcha à l'instant même cinq ou six faucons, qui s'élancèrent dans la direction du gibier, tandis que toute la chasse, le roi en tête, regagnait les bords de la rivière.

— Eh bien ! que dites-vous, Madame ? demanda Henri à Marguerite.

— Que le moment est bon, dit Marguerite, et que si le roi ne se retourne pas, nous pouvons d'ici gagner la forêt facilement.

Henri appela le valet de vénerie qui portait le héron ; et tandis que l'avalanche bruyante et dorée roulait le long du talus qui fait aujourd'hui la terrasse, il resta seul en arrière comme s'il examinait le cadavre du vaincu.

XX

LE PAVILLON DE FRANÇOIS Ier.

C'était une belle chose que la chasse à l'oiseau faite par des rois, quand les rois étaient presque des demi-dieux et que la chasse était non-seulement un loisir, mais un art.

Néanmoins nous devons quitter ce spectacle royal pour pénétrer dans un endroit de la forêt où tous les acteurs de la scène que nous venons de raconter vont nous rejoindre bientôt.

À droite de l'allée des Violettes, longue arcade de feuillage, retraite moussue où, parmi les lavandes et les bruyères, un lièvre inquiet dresse de temps en temps les oreilles, tandis que le daim errant lève sa tête chargée de bois, ouvre les naseaux et écoute, est une clairière assez éloignée pour que de la route on ne la voie pas ; mais pas assez pour que de cette clairière on ne voie pas la route.

Au milieu de cette clairière, deux hommes couchés sur l'herbe, ayant sous eux un manteau de voyage, à leur côté une longue épée, et auprès d'eux chacun un mousqueton à gueule évasée, qu'on appelait alors un poitrinal, ressemblaient de loin, par l'élégance de leur costume, à ces joyeux deviseurs du Décaméron ; de près, par la menace de leurs armes, à ces bandits de bois que cent ans plus tard Salvator Rosa peignit d'après nature dans ses paysages.

L'un d'eux était appuyé sur un genou et sur une main, et écoutait comme un de ces lièvres ou de ces daims dont nous avons parlé tout à l'heure.

— Il me semble, dit celui-ci, que la chasse s'était singulièrement rapprochée de nous tout à l'heure. J'ai entendu jusqu'aux cris des veneurs encourageant le faucon.

— Et maintenant, dit l'autre, qui paraissait attendre les événements avec beaucoup plus de philosophie que son camarade, maintenant, je n'entends plus rien : il faut qu'il se soient éloignés... Je t'avais bien dit que c'était un mauvais endroit pour l'observation. On n'est pas vu, c'est vrai, mais on ne voit pas.

— Que diable ! mon cher Annibal, dit le premier des interlocuteurs, il fallait bien mettre quelque part nos deux chevaux à nous, puis nos deux chevaux de main, puis ces deux mules si chargées que je ne sais pas comment elles feront pour nous suivre. Or, je ne connais que ces vieux hêtres et ces chênes séculaires qui puissent se charger convenablement de cette difficile besogne. J'oserais donc dire que, loin de blâmer comme toi M. de Mouy, je reconnais, dans tous les préparatifs de cette entreprise qu'il a dirigée, le sens profond d'un véritable conspirateur.

— Bon ! dit le second gentilhomme dans lequel notre lecteur a déjà bien certainement reconnu Coconnas, bon ! voilà le mot lâché, je l'attendais. Je t'y prends. Nous conspirons donc ? ...

— Nous ne conspirons pas, nous servons le roi et la reine.

— Qui conspirent, ce qui revient exactement au même pour nous.

— Coconnas, je te l'ai dit, reprit La Mole, je ne te force pas le moins du monde à me suivre dans cette aventure qu'un sentiment particulier que tu ne partages pas, que tu ne peux partager, me fait seul entreprendre.

— Eh ! mordi ! qui est-ce donc qui dit que tu me forces ? D'abord, je ne sache pas un homme qui pourrait forcer Coconnas à faire ce qu'il ne veut pas faire ; mais crois-tu que je te laisserai aller sans te suivre, surtout quand je vois que tu vas au diable ?

— Annibal ! Annibal ! dit La Mole, je crois que j'aperçois là-bas sa blanche haquenée. Oh ! c'est étrange comme, rien que de penser qu'elle vient, mon cœur bat.

— Eh bien ! c'est drôle, dit Coconnas en bâillant, le cœur ne me bat pas du tout, à moi.

— Ce n'était pas elle, dit La Mole. Qu'est-il donc arrivé ? c'était pour midi, ce me semble.

— Il est arrivé qu'il n'est point midi, dit Coconnas, voilà tout, et que nous avons encore le temps de faire un somme, à ce qu'il paraît.

Et sur cette conviction, Coconnas s'étendit sur son manteau en homme qui va joindre le précepte aux paroles ; mais comme son oreille touchait la terre, il demeura le doigt levé et faisant signe à La Mole de se taire.

— Qu'y a-t-il donc ? demanda celui-ci.

— Silence ! cette fois j'entends quelque chose et je ne me trompe pas.

— C'est singulier, j'ai beau écouter, je n'entends rien, moi.

— Tu n'entends rien ?

— Non.

— Eh bien ! dit Coconnas en se soulevant et en posant la main sur le bras de La Mole, regarde ce daim.

— Où ?

— Là-bas.

Et Coconnas montra du doigt l'animal à La Mole.

— Eh bien ?

— Eh bien, tu vas voir.

La Mole regarda l'animal. La tête inclinée comme s'il s'apprêtait à brouter, il écoutait immobile. Bientôt il releva son front chargé de bois superbes, et tendit l'oreille du côté d'où sans doute venait le bruit ; puis tout à coup, sans cause apparente, il partit rapide comme l'éclair.

— Oh ! oh ! dit La Mole, je crois que tu as raison, car voilà le daim qui s'enfuit.

— Donc, puisqu'il s'enfuit, dit Coconnas, c'est qu'il entend ce que tu n'entends pas.

En effet, un bruit sourd et à peine perceptible frémissait vaguement dans l'herbe ; pour des oreilles moins exercées, c'eût été le vent ; pour des cavaliers, c'était un galop lointain de chevaux.

La Mole fut sur pieds en un moment.

— Les voici, dit-il, alerte !

Coconnas se leva, mais plus tranquillement ; la vivacité du Piémontais semblait être passée dans le cœur de La Mole, tandis qu'au contraire l'insouciance de celui-ci semblait à son tour s'être emparée de son ami. C'est que l'un, dans cette circonstance, agissait d'enthousiasme, et l'autre à contre-cœur.

Bientôt un bruit égal et cadencé frappa l'oreille des deux amis : le hennissement d'un cheval fit dresser l'oreille aux chevaux qu'ils tenaient prêts à dix pas d'eux, et dans l'allée passa, comme une ombre blanche, une femme qui, se tournant de leur côté, fit un signe étrange et disparut.

— La reine ! s'écrièrent-ils ensemble.

— Qu'est-ce que cela signifie ? dit Coconnas.

— Elle a fait ainsi, dit La Mole, ce qui signifie : Tout à l'heure…

— Elle a fait ainsi dit Coconnas, ce qui signifie : Partez…

— Ce signe répond à : *Attendez-moi.*

— Ce signe répond à : *Sauvez-vous.*

— Eh bien ! dit La Mole, agissons chacun selon notre conviction. Pars, je resterai.

Coconnas haussa les épaules et se recoucha.

Au même instant, en sens inverse du chemin qu'avait suivi la reine, mais par la même allée, passa, bride abattue, une troupe de cavaliers que les deux amis reconnurent pour des protestants ardents, presque furieux. Leurs chevaux bondissaient comme ces sauterelles dont parle Job ; ils parurent et disparurent.

— Peste ! cela devient grave, dit Coconnas en se relevant. Allons au pavillon de François Ier.

— Au contraire, n'y allons pas ! dit La Mole. Si nous sommes découverts, c'est sur ce pavillon que se portera d'abord l'attention du roi ! puisque c'était là le rendez-vous général.

— Cette fois, tu peux bien avoir raison, grommela Coconnas.

Coconnas n'avait pas prononcé ces paroles, qu'un cavalier passa comme l'éclair au milieu des arbres, et, franchissant fossés, buissons, barrières, arriva près des deux gentilshommes.

Il tenait un pistolet de chaque main et guidait des genoux seulement son cheval dans cette course furieuse.

— M. de Mouy ! s'écria Coconnas inquiet et devenu plus alerte maintenant que La Mole, M. de Mouy fuyant ! On se sauve donc ?

— Eh ! vite ! vite ! cria le huguenot, détalez, tout est perdu ! J'ai fait un détour pour vous le dire. En route !

Et comme il n'avait pas cessé de courir en prononçant ces paroles, il était déjà loin quand elles furent achevées, et par conséquent lorsque La Mole et Coconnas en saisirent complètement le sens.

— Et la reine ? cria La Mole.

Mais la voix du jeune homme se perdit dans l'espace ; de Mouy était déjà à une trop grande distance pour l'entendre, et surtout pour lui répondre.

Coconnas eut bientôt pris son parti. Tandis que La Mole restait immobile et suivait des yeux de Mouy qui disparaissait entre les branches qui s'ouvraient devant lui et se refermaient sur lui, il courut aux chevaux, les amena, sauta sur le sien, jeta la bride de l'autre aux mains de La Mole, et s'apprêta à piquer.

— Allons, allons ! dit-il, je répéterai ce qu'a dit de Mouy : En route ! Et de Mouy est un monsieur qui parle bien. En route, en route, La Mole !

— Un instant, dit La Mole ; nous sommes venus ici pour quelque chose.

— À moins que ce ne soit pour nous faire pendre, répondit Coconnas, je te conseille de ne pas perdre de temps. Je devine ; tu vas faire de la rhétorique, paraphraser le mot fuir ; parler d'Horace qui jeta son bouclier, et d'Épaminondas qu'on rapporta sur le sien ; moi, je dirai un seul mot : Où fuit M. de Mouy de Saint-Phale, tout le monde peut fuir.

— M. de Mouy de Saint-Phale, dit La Mole, n'est pas chargé d'enlever la reine Marguerite, M. de Mouy de Saint-Phale n'aime pas la reine Marguerite.

— Mordi ! et il fait bien, si cet amour devait lui faire faire des sottises pareilles à celle que je te vois méditer. Que cinq cent mille diables d'enfer enlèvent l'amour qui peut coûter la tête à deux braves gentilshommes ! Corne de bœuf ! comme dit le roi Charles, nous conspirons, mon cher ; et quand on conspire mal, il faut se bien sauver. En selle, en selle, La Mole !

— Sauve-toi, mon cher, je ne t'en empêche pas, et même je t'y invite. Ta vie est plus précieuse que la mienne. Défends donc ta vie.

— Il faut me dire : Coconnas, faisons-nous pendre ensemble ; et non me dire : Coconnas sauve-toi tout seul.

— Bah ! mon ami, répondit La Mole, la corde est faite pour les manants, et non pour des gentilshommes comme nous.

— Je commence à croire, dit Coconnas avec un soupir que la précaution que j'ai prise n'est pas mauvaise.

— Laquelle ?

— De me faire un ami du bourreau.

— Tu es sinistre, mon cher Coconnas.

— Mais enfin que faisons-nous ? s'écria celui-ci impatienté.

— Nous allons retrouver la reine.

— Où cela ?

— Je n'en sais rien… Retrouver le roi !

— Où cela ?

— Je n'en sais rien… mais nous le retrouverons, et nous ferons à nous deux ce que cinquante personnes n'ont pu ou n'ont osé faire.

— Tu me prends par l'amour-propre, Hyacinthe ; c'est mauvais signe.

— Eh bien ! voyons, à cheval et partons.

— C'est bien heureux !

La Mole se retourna pour prendre le pommeau de la selle ; mais au moment où il mettait le pied à l'étrier, une voix impérieuse se fit entendre.

— Halte-là ! rendez-vous, dit la voix.

En même temps une figure d'homme parut derrière un chêne, puis une autre ; puis trente ; c'étaient les chevau-légers, qui, devenus fantassins, s'étaient glissés à plat-ventre dans les bruyères et fouillaient dans le bois.

— Qu'est-ce que je t'ai dit ? murmura Coconnas.

Une espèce de rugissement sourd fut la réponse de La Mole.

Les chevau-légers étaient encore à trente pas des deux amis.

— Voyons ! continua le Piémontais parlant tout haut au lieutenant des chevau-légers et tout bas à La Mole ; Messieurs, qu'y a-t-il ?

Le lieutenant ordonna de coucher en joue les deux amis.

Coconnas continua tout bas :

— En selle ! La Mole, il en est temps encore : saute à cheval, comme je t'ai vu cent fois, et partons.

Puis se retournant vers les chevau-légers :

— Eh ! que diable, Messieurs, ne tirez pas, vous pourriez tuer des amis.

Puis à La Mole :

— À travers les arbres, on tire mal ; ils tireront et nous manqueront.

— Impossible, dit La Mole ; nous ne pouvons emmener avec nous le cheval de Marguerite et les deux mules ; ce cheval et ces deux mules la compromettraient, tandis que par mes réponses j'éloignerai tout soupçon. Pars ! mon ami, pars !

— Messieurs, dit Coconnas en tirant son épée et en l'élevant en l'air, Messieurs, nous sommes tout rendus.

Les chevau-légers relevèrent leurs mousquetons.

— Mais d'abord pourquoi faut-il que nous nous rendions ?

— Vous le demanderez au roi de Navarre.

— Quel crime avons-nous commis ?

— M. d'Alençon vous le dira.

Coconnas et La Mole se regardèrent : le nom de leur ennemi en un pareil moment était peu fait pour les rassurer.

Cependant ni l'un ni l'autre ne fit résistance. Coconnas fut invité à descendre de cheval, manœuvre qu'il exécuta sans observation. Puis tous deux furent placés au centre des chevau-légers, et l'on prit la route du pavillon de François Ier.

— Tu voulais voir le pavillon de François Ier ? dit Coconnas à La Mole, en apercevant, à travers les arbres, les murs d'une charmante fabrique gothique ; eh bien, il paraît que tu le verras.

La Mole ne répondit rien, et tendit seulement la main à Coconnas.

À côté de ce charmant pavillon, bâti du temps de Louis XII, et qu'on appelait le pavillon de François Ier, parce que celui-ci le choisissait toujours pour ses rendez-vous de chasse, était une espèce de hutte élevée pour les piqueurs, et qui disparaissait en quelque sorte sous les mousquets et sous les hallebardes et les épées reluisantes, comme une taupinière sous une moisson blanchissante.

C'était dans cette hutte qu'avaient été conduits les prisonniers.

Maintenant éclairons la situation fort nuageuse, pour les deux amis surtout, en racontant ce qui s'était passé.

Les gentilshommes protestants s'étaient réunis, comme la chose avait été convenue, dans le pavillon de François Ier, dont, on le sait, de Mouy s'était procuré la clef.

Maîtres de la forêt, à ce qu'ils croyaient du moins, ils avaient posé par-ci par-là quelques sentinelles, que les chevau-légers, moyennant un changement d'écharpes blanches en écharpes rouges, précaution due au zèle ingénieux de M. de Nancey, avaient enlevées sans coup férir par une surprise vigoureuse.

Les chevau-légers avaient continué leur battue, cernant le pavillon ; mais de Mouy, qui, ainsi que nous l'avons dit, attendait le roi au bout de l'allée des Violettes, avait vu ces écharpes rouges marchant à pas de loup, et dès ce moment les écharpes rouges lui avaient paru suspectes. Il s'était donc jeté de côté pour n'être point vu, et avait remarqué que le vaste cercle se rétrécissait de manière à battre la forêt et à envelopper le lieu du rendez-vous.

Puis en même temps, au fond de l'allée principale, il avait vu poindre les aigrettes blanches et briller les arquebuses de la garde du roi.

Enfin il avait reconnu le roi lui-même, tandis que du côté opposé il avait aperçu le roi de Navarre.

Alors il avait coupé l'air en croix avec son chapeau, ce qui était le signal convenu pour dire que tout était perdu.

À ce signal le roi avait rebroussé chemin et avait disparu.

Aussitôt de Mouy, enfonçant les deux larges molettes de ses éperons dans le ventre de son cheval, avait pris la fuite, et tout en fuyant avait jeté les paroles d'avertissement que nous avons dites, à La Mole et à Coconnas.

Or le roi, qui s'était aperçu de la disparition de Henri et de Marguerite, arrivait escorté de M. d'Alençon, pour les voir sortir tous deux de la hutte où il avait dit de renfermer tout ce qui se trouverait non seulement dans le pavillon, mais encore dans la forêt.

D'Alençon, plein de confiance, galopait près du roi, dont les douleurs aiguës augmentaient la mauvaise humeur. Deux ou trois fois il avait failli s'évanouir, et une fois il avait vomi jusqu'au sang.

—Allons ! allons ! dit le roi en arrivant, dépêchons-nous, j'ai hâte de rentrer au Louvre : tirez-moi tous ces parpaillots du terrier, c'est aujourd'hui saint Blaise, cousin de saint Barthélémy.

À ces paroles du roi, toute cette fourmilière de piques et d'arquebuses se mit en mouvement, et l'on força les huguenots, arrêtés soit dans la forêt, soit dans le pavillon, à sortir l'un après l'autre de la cabane.

Mais de roi de Navarre, de Marguerite et de de Mouy, point.

—Eh bien ! dit le roi, où est Henri, où est Margot ? Vous me les avez promis, d'Alençon, et, corbœuf ! il faut qu'on me les trouve.

—Le roi et la reine de Navarre, dit M. de Nancey, nous ne les avons pas même aperçus, sire.

—Mais les voilà, dit madame de Nevers.

En effet, à ce moment même, à l'extrémité d'une allée qui donnait sur la rivière, parurent Henri et Margot, tous deux calmes comme s'il ne se fût agi de rien ; tous deux le faucon au poing et amoureusement serrés avec tant d'art que leurs chevaux tout en galopant, non moins unis qu'eux, semblaient se caresser l'un l'autre des naseaux.

Ce fut alors que d'Alençon furieux fit fouiller les environs, et que l'on trouva La Mole et Coconnas sous leur berceau de lierre.

Eux aussi firent leur entrée dans le cercle que formaient les gardes avec un fraternel enlacement. Seulement, comme ils n'étaient point rois, ils n'avaient pu se donner si bonne contenance que Henri et Marguerite ; La Mole était trop pâle, Coconnas était trop rouge.

XXI

LES INVESTIGATIONS.

Le spectacle qui frappa les deux jeunes gens en entrant dans le cercle fut de ceux qu'on n'oublie jamais, ne les eût-on vus qu'une seule fois et un seul instant.

Charles IX avait, comme nous l'avons dit, regardé défiler tous les gentilshommes enfermés dans la hutte des piqueurs et extraits l'un après l'autre par ses gardes.

Lui et d'Alençon suivaient chaque mouvement d'un œil avide, s'attendant à voir sortir le roi de Navarre à son tour.

Leur attente avait été trompée.

Mais ce n'était point assez, ils fallait savoir ce qu'ils étaient devenus.

Aussi, quand au bout de l'allée on vit apparaître les deux jeunes époux, d'Alençon pâlit, Charles sentit son cœur se dilater ; car instinctivement il désirait que tout ce que son frère l'avait forcé de faire retombât sur lui.

— Il échappera encore, murmura François en pâlissant.

En ce moment le roi fut saisi de douleurs d'entrailles si violentes qu'il lâcha la bride, saisit ses flancs des deux mains, et poussa des cris comme un homme en délire.

Henri s'approcha avec empressement ; mais pendant le temps qu'il avait mis à parcourir les deux cents pas qui le séparaient de son frère, Charles était déjà remis.

— D'où venez-vous, Monsieur ? dit le roi avec une dureté de voix qui émut Marguerite.

— Mais... de la chasse, mon frère, reprit-elle.

— La chasse était au bord de la rivière et non dans la forêt.

— Mon faucon s'est emporté sur un faisan, sire, au moment où nous étions restés en arrière pour voir le héron.

— Et où est le faisan ?

— Le voici ; un beau coq, n'est-ce pas ?

Et Henri, de son air le plus innocent, présenta à Charles son oiseau de pourpre, d'azur et d'or.

— Ah ! ah ! dit Charles ; et ce faisan pris, pourquoi ne m'avez-vous pas rejoint ?

— Parce qu'il avait dirigé son vol vers le parc, sire ; de sorte que, lorsque nous sommes descendus sur le bord de la rivière, nous vous avons vu une demi-lieue en avant de nous, remontant déjà vers la forêt : alors nous nous sommes mis à galoper sur vos traces, car étant de la chasse de Votre Majesté nous n'avons pas voulu la perdre.

— Et tous ces gentilshommes, reprit Charles, étaient-ils invités aussi ?

— Quels gentilshommes ? répondit Henri en jetant un regard circulaire et interrogatif autour de lui.

— Eh ! vos huguenots, pardieu ! dit Charles ; dans tous les cas, si quelqu'un les a invités ce n'est pas moi.

— Non, sire, répondit Henri, mais c'est peut-être M. d'Alençon.

— M. d'Alençon ! comment cela ?

— Moi ! fit le duc.

— Eh ! oui, mon frère, reprit Charles, n'avez-vous pas annoncé hier que vous étiez roi de Navarre ? Eh bien, les huguenots qui vous ont demandé pour roi viennent vous remercier, tous, d'avoir accepté la couronne, et le roi de l'avoir donnée. N'est-ce pas, Messieurs ?

— Oui ! oui ! crièrent vingt voix : vive le duc d'Alençon ! vive le roi Charles !

— Je ne suis pas le roi des huguenots, dit François pâlissant de colère ; puis, jetant à la dérobée un regard sur Charles : Et j'espère bien, ajouta-t-il, ne l'être jamais.

— N'importe ! dit Charles, vous saurez, Henri, que je trouve tout cela étrange.

— Sire, dit le roi de Navarre avec fermeté, on dirait, Dieu me pardonne, que je subis un interrogatoire ?

— Et si je vous disais que je vous interroge, que répondriez-vous ?

— Que je suis roi comme vous, sire, dit fièrement Henri, car ce n'est pas la couronne, mais la naissance, qui fait la royauté, et que je répondrai à mon frère et à mon ami, mais jamais à mon juge.

— Je voudrais bien savoir, cependant, murmura Charles, à quoi m'en tenir une fois dans ma vie.

— Qu'on amène M. de Mouy, dit d'Alençon, vous le saurez. M. de Mouy doit être pris.

— M. de Mouy est-il parmi les prisonniers ? demanda le roi.

Henri eut un moment d'inquiétude, et échangea un regard avec Marguerite ; mais ce moment fut de courte durée.

Aucune voix ne répondit.

— M. de Mouy n'est point parmi les prisonniers, dit M. de Nancey ; quelques-uns de nos hommes croient l'avoir vu, mais aucun n'en est sûr.

D'Alençon murmura un blasphème.

— Eh ! dit Marguerite en montrant La Mole et Coconnas, qui avaient entendu tout le dialogue, et sur l'intelligence desquels elle croyait pouvoir compter, sire, voici deux gentilshommes de M. d'Alençon, interrogez-les, ils répondront.

Le duc sentit le coup.

— Je les ai fait arrêter justement pour prouver qu'ils ne sont point à moi, dit le duc.

Le roi regarda les deux amis, et tressaillit en revoyant La Mole.

— Oh ! oh ! encore ce Provençal, dit-il.

Coconnas salua gracieusement.

— Que faisiez-vous quand on vous a arrêtés ? dit le roi.

— Sire, nous devisions de faits de guerre et d'amour.

— À cheval ! armés jusqu'aux dents ! prêts à fuir !

— Non pas, sire, dit Coconnas, et Votre Majesté est mal renseignée. Nous étions couchés sous l'ombre d'un hêtre… *sub tegmine fagi.*

— Ah ! vous étiez couchés sous l'ombre d'un hêtre ?

— Et nous eussions même pu fuir, si nous avions cru avoir en quelque façon encouru la colère de Votre Majesté. Voyons, Messieurs, sur votre parole de soldats, dit Coconnas en se retournant vers les chevau-légers, croyez-vous que si nous l'eussions voulu, nous pouvions nous échapper ?

— Le fait est, dit le lieutenant, que ces Messieurs n'ont pas fait un mouvement pour fuir.

— Parce que leurs chevaux étaient loin, dit le duc d'Alençon.

— J'en demande humblement pardon à Monseigneur, dit Coconnas, mais j'avais le mien entre les jambes, et mon ami le comte Lerac de La Mole tenait le sien par la bride.

— Est-ce vrai, Messieurs ? dit le roi.

— C'est vrai, sire, répondit le lieutenant ; M. de Coconnas en nous apercevant est même descendu du sien.

Coconnas grimaça un sourire qui signifiait : Vous voyez bien, sire !

— Mais ces chevaux de main, mais ces mules, mais ces coffres dont elles sont chargées ? demanda François.

— Eh bien, dit Coconnas, est-ce que nous sommes des valets d'écurie ? faites chercher le palefrenier qui les gardait.

— Il n'y est pas, dit le duc furieux.

— Alors, c'est qu'il aura pris peur et se sera sauvé, reprit Coconnas ; on ne peut pas demander à un manant d'avoir le calme d'un gentilhomme.

— Toujours le même système, dit d'Alençon en grinçant des dents. Heureusement, sire, je vous ai prévenu que ces Messieurs depuis quelques jours n'étaient plus à mon service.

— Moi ! dit Coconnas, j'aurais le malheur de ne plus appartenir à Votre Altesse ?…

— Eh ! morbleu ! Monsieur, vous le savez mieux que personne, puisque vous m'avez donné votre démission dans une lettre assez impertinente que j'ai conservée, Dieu merci, et que par bonheur j'ai sur moi.

— Oh ! dit Coconnas, j'espérais que Votre Altesse m'avait pardonné une lettre écrite dans un premier mouvement de mauvaise humeur. J'avais appris que Votre Altesse avait voulu, dans un corridor du Louvre, étrangler mon ami La Mole.

— Eh bien, interrompit le roi, que dit-il donc ?

— J'avais cru que Votre Altesse était seule, continua ingénument La Mole. Mais depuis que j'ai su que trois autres personnes…

— Silence ! dit Charles, nous sommes suffisamment renseigné. Henri, dit-il au roi de

Navarre, votre parole de ne pas fuir ?

— Je la donne à Votre Majesté, sire.

— Retournez à Paris avec M. de Nancey et prenez les arrêts dans votre chambre. Vous, Messieurs, continua-t-il en s'adressant aux deux gentilshommes, rendez vos épées.

La Mole regarda Marguerite. Elle sourit.

Aussitôt La Mole remit son épée au capitaine qui était le plus proche de lui.

Coconnas en fit autant.

— Et M. de Mouy, l'a-t-on retrouvé ? demanda le roi.

— Non, sire, dit M. de Nancey ; ou il n'était pas dans la forêt, ou il s'est sauvé.

— Tant pis, dit le roi. Retournons. J'ai froid, je suis ébloui.

— Sire, c'est la colère sans doute, dit François.

— Oui, peut-être. Mes yeux vacillent. Où sont donc les prisonniers ? Je n'y vois plus. Est-ce donc déjà la nuit ? Oh ! miséricorde ! je brûle !... À moi ! à moi !

Et le malheureux roi lâchant la bride de son cheval, étendant les bras, tomba en arrière, soutenu par les courtisans épouvantés de cette seconde attaque.

François, à l'écart, essuyait la sueur de son front, car lui seul connaissait la cause du mal qui torturait son frère.

De l'autre côté, le roi de Navarre, déjà sous la garde de M. de Nancey, considérait toute cette scène avec un étonnement croissant.

— Eh ! eh ! murmura-t-il avec cette prodigieuse intuition qui par moments faisait de lui un homme illuminé pour ainsi dire, si j'allais me trouver heureux d'avoir été arrêté dans ma fuite ?

Il regarda Margot, dont les grands yeux, dilatés par la surprise, se reportaient de lui au roi et du roi à lui.

Cette fois le roi était sans connaissance. On fit approcher une civière sur laquelle on l'étendit. On le recouvrit d'un manteau, qu'un des cavaliers détacha de ses épaules, et le cortège reprit tranquillement la route de Paris, d'où l'on avait vu partir le matin des conspirateurs allègres et un roi joyeux, et où l'on voyait rentrer un roi moribond entouré de rebelles prisonniers.

Marguerite, qui dans tout cela n'avait perdu ni sa liberté de corps, ni sa liberté d'esprit, fit un dernier signe d'intelligence à son mari, puis elle passa si près de La Mole que celui-ci put recueillir ces deux mots grecs qu'elle laissa tomber :

— *Mê déidé.*

C'est-à-dire :

— Ne crains rien.

— Que t'a-t-elle dit ? demanda Coconnas.

— Elle m'a dit de ne rien craindre, répondit La Mole.

— Tant pis, murmura le Piémontais, tant pis, cela veut dire qu'il ne fait pas bon ici pour nous. Toutes les fois que ce mot-là m'a été adressé en manière d'encouragement, j'ai reçu à l'instant même soit une balle quelque part, soit un coup d'épée dans le corps, soit un pot de fleurs sur la tête. Ne crains rien, soit en hébreu, soit en grec, soit en latin, soit en français, a toujours signifié pour moi : *Gare là-dessous !*

— En route, Messieurs ! dit le lieutenant des chevau-légers.

— Eh ! sans indiscrétion, Monsieur, demanda Coconnas, où nous mène-t-on ?

— À Vincennes, je crois, dit le lieutenant.

— J'aimerais mieux aller ailleurs, dit Coconnas ; mais enfin on ne va pas toujours où l'on veut.

Pendant la route le roi était revenu de son évanouissement et avait repris quelque force.

À Nanterre il avait même voulu monter à cheval, mais on l'en avait empêché.

— Faites prévenir maître Ambroise Paré, dit Charles en arrivant au Louvre.

Il descendit de sa litière, monta l'escalier appuyé au bras de Tavannes, et il gagna son appartement, où il défendit que personne le suivît.

Tout le monde remarqua qu'il semblait fort grave ; pendant toute la route il avait profondément réfléchi, n'adressant la parole à personne, et ne s'occupant plus ni de la conspiration ni des conspirateurs. Il était évident que ce qui le préoccupait c'était sa maladie.

Maladie si subite, si étrange, si aiguë, et dont quelques symptômes étaient les mêmes que les symptômes qu'on avait remarqués chez son frère François II quelque temps avant sa mort.

Aussi la défense faite à qui que ce fût, excepté maître Paré, d'entrer chez le roi, n'étonna-t-elle personne. La misanthropie, on le savait, était le fond du caractère du prince.

Charles entra dans sa chambre à coucher, s'assit sur une espèce de chaise longue, appuya sa tête sur des coussins, et, réfléchissant que maître Ambroise Paré pourrait n'être pas chez lui et tarder à venir, il voulut utiliser le temps de l'attente.

En conséquence, il frappa dans ses mains ; un garde parut.

— Prévenez le roi de Navarre que je veux lui parler, dit Charles.

Le garde s'inclina et obéit.

Charles renversa sa tête en arrière, une lourdeur effroyable de cerveau lui laissait à peine la faculté de lier ses idées les unes aux autres, une espèce de nuage sanglant flottait devant ses yeux ; sa bouche était aride, et il avait déjà, sans étancher sa soif, vidé toute une carafe d'eau.

Au milieu de cette somnolence, la porte se rouvrit et Henri parut ; M. de Nancey le suivait par derrière, mais il s'arrêta dans l'antichambre.

Le roi de Navarre attendit que la porte fût refermée derrière lui.

Alors il s'avança.

— Sire, dit-il, vous m'avez fait demander, me voici.

Le roi tressaillit à cette voix, et fit le mouvement machinal d'étendre la main.

— Sire, dit Henri en laissant ses deux mains pendre à ses côtés, Votre Majesté oublie que je ne suis plus son frère, mais son prisonnier.

— Ah ! ah ! c'est vrai, dit Charles ; merci de me l'avoir rappelé. Il y a plus, il me souvient que vous m'avez promis, lorsque nous serions en tête-à-tête, de me répondre franchement.

— Je suis prêt à tenir cette promesse. Interrogez, sire.

Le roi versa de l'eau froide dans sa main, et posa sa main sur son front.

— Qu'y a-t-il de vrai dans l'accusation du duc d'Alençon ? Voyons, répondez, Henri.

— La moitié seulement : c'était M. d'Alençon qui devait fuir, et moi qui devais l'accompagner.

— Et pourquoi deviez-vous l'accompagner ? demanda Charles : êtes-vous donc mécontent de moi, Henri ?

— Non, sire, au contraire ; je n'ai qu'à me louer de Votre Majesté ; et Dieu, qui lit dans les cœurs, voit dans le mien quelle profonde affection je porte à mon frère et à mon roi.

— Il me semble, dit Charles, qu'il n'est point dans la nature de fuir les gens que l'on aime et qui nous aiment !

— Aussi, dit Henri, je ne fuyais pas ceux qui m'aiment, je fuyais ceux qui me détestent. Votre Majesté me permet-elle de lui parler à cœur ouvert ?

— Parlez, Monsieur.

— Ceux qui me détestent ici, sire, c'est M. d'Alençon et la reine mère.

— M. d'Alençon, je ne dis pas, reprit Charles, mais la reine mère vous comble d'attentions.

— C'est justement pour cela que je me défie d'elle, sire. Et bien m'en a pris de m'en défier !

— D'elle ?

— D'elle ou de ceux qui l'entourent. Vous savez que le malheur des rois, sire, n'est pas toujours d'être trop mal, mais trop bien servis.

— Expliquez-vous : c'est un engagement pris de votre part de tout me dire.

— Et Votre Majesté voit que je l'accomplis.

— Continuez.

— Votre Majesté m'aime, m'a-t-elle dit ?

— C'est-à-dire que je vous aimais avant votre trahison, Henriot.

— Supposez que vous m'aimez toujours, sire.

— Soit !

— Si vous m'aimez, vous devez désirer que je vive, n est-ce pas ?

— J'aurais été désespéré qu'il t'arrivât malheur.

— Eh bien, sire, deux fois Votre Majesté a bien manqué de tomber dans le désespoir.

— Comment cela ?

— Oui, car deux fois la Providence seule m'a sauvé la vie. Il est vrai que la seconde fois la Providence avait pris les traits de Votre Majesté.

— Et la première fois quelle marque avait-elle prise ?

— Celle d'un homme qui serait bien étonné de se voir confondu avec elle, de René. Oui, vous, sire, vous m'avez sauvé du fer.

Charles fronça le sourcil, car il se rappelait la nuit où il avait emmené Henriot rue des Barres.

— Et René ? dit-il.

— René m'a sauvé du poison.

— Peste ! tu as de la chance, Henriot, dit le roi en essayant un sourire dont une vive douleur fit une contraction nerveuse. Ce n'est pas là son état.

— Deux miracles m'ont donc sauvé, sire. Un miracle de repentir de la part du Florentin, un miracle de bonté de votre part. Eh bien ! je l'avoue à Votre Majesté, j'ai peur que le ciel ne se lasse de faire des miracles, et j'ai voulu fuir en raison de cet axiome : Aide-toi, le ciel t'aidera.

— Pourquoi ne m'as-tu pas dit cela plus tôt, Henri ?

— En vous disant ces mêmes paroles hier, j'étais un dénonciateur.

— Et en me les disant aujourd'hui ?

— Aujourd'hui, c'est autre chose ; je suis accusé et je me défends.

— Es-tu sûr de cette première tentative, Henriot ?

— Aussi sûr que de la seconde.

— Et l'on a tenté de t'empoisonner ?

— On l'a tenté.

— Avec quoi ?

— Avec de l'opiat.

— Et comment empoisonne-t-on avec de l'opiat ?

— Dame ! sire, demandez à René ; on empoisonne bien avec des gants…

Charles fronça le sourcil ; puis peu à peu sa figure se dérida.

— Oui, oui, dit-il, comme s'il se parlait à lui-même ; c'est dans la nature des êtres créés de fuir la mort. Pourquoi donc l'intelligence ne ferait-elle pas ce que fait l'instinct ?

— Eh bien ! sire, demanda Henri, Votre Majesté est-elle contente de ma franchise, et croit-elle que je lui aie tout dit ?

— Oui, Henriot, oui, et tu es un brave garçon. Et tu crois alors que ceux qui t'en voulaient ne se sont point lassés, que de nouvelles tentatives auraient été faites.

— Sire, tous les soirs, je m'étonne de me trouver encore vivant.

— C'est parce qu'on sait que je t'aime, vois-tu, Henriot, qu'ils veulent te tuer. Mais, sois tranquille ; ils seront punis de leur mauvais vouloir. En attendant, tu es libre.

— Libre de quitter Paris, sire ? demanda Henri.

— Non pas ; tu sais bien qu'il m'est impossible de me passer de toi. Eh ! mille noms d'un diable, il faut bien que j'aie quelqu'un qui m'aime.

— Alors, sire, si Votre Majesté me garde près d'elle, qu'elle veuille bien m'accorder une grâce…

— Laquelle ?

— C'est de ne point me garder à titre d'ami, mais à titre de prisonnier.

— Comment, de prisonnier ?

— Eh ! oui. Votre Majesté ne voit-elle pas que c'est son amitié qui me perd ?

— Et tu aimes mieux ma haine ?

— Une haine apparente, sire. Cette haine me sauvera : tant qu'on me croira en disgrâce, on aura moins hâte de me voir mort.

— Henriot, dit Charles, je ne sais pas ce que tu désires, je ne sais pas quel est ton but ; mais si tes désirs ne s'accomplissent point, si tu manques le but que tu te proposes, je serai bien étonné.

— Je puis donc compter sur la sévérité du roi ?

— Oui.

— Alors, je suis plus tranquille… Maintenant qu'ordonne Votre Majesté ?

— Rentre chez toi, Henriot. Moi, je suis souffrant, je vais voir mes chiens et me mettre au lit.

— Sire, dit Henri, Votre Majesté aurait dû faire venir un médecin ; son indisposition d'aujourd'hui est peut-être plus grave qu'elle ne pense.

— J'ai fait prévenir maître Ambroise Paré, Henriot.

— Alors je m'éloigne plus tranquille.

— Sur mon âme, dit le roi, je crois que de toute ma famille tu es le seul qui m'aime véritablement.

— Est-ce bien votre opinion, sire ?

— Foi de gentilhomme ?

— Eh bien ! recommandez-moi à M. de Nancey comme un homme à qui votre colère ne donne pas un mois à vivre : c'est le moyen que je vous aime longtemps.

— Monsieur de Nancey ! cria Charles.

Le capitaine des gardes entra.

— Je remets le plus grand coupable du royaume entre vos mains, continua le roi, vous m'en répondez sur votre tête.

Et Henri, la mine consternée, sortit derrière M. de Nancey.

XXII

ACTÉON.

Charles, resté seul, s'étonna de n'avoir pas vu paraître l'un ou l'autre de ses deux fidèles ; ses deux fidèles étaient sa nourrice Madeleine et son lévrier Actéon.

— La nourrice sera allée chanter ses psaumes chez quelque huguenot de sa connaissance, se dit-il, et Actéon me boude encore du coup de fouet que je lui ai donné ce matin.

En effet, Charles prit une bougie et passa chez la bonne femme. La bonne femme n'était pas chez elle. Une porte de l'appartement de Madeleine donnait, on se le rappelle, dans le cabinet des Armes. Il s'approcha de cette porte.

Mais, dans le trajet, une de ces crises qu'il avait déjà éprouvées, et qui semblait s'abattre sur lui tout à coup, le reprit. Le roi souffrait comme si l'on eût fouillé ses entrailles avec un fer rouge. Une soif inextinguible le dévorait ; il vit une tasse de lait sur une table, l'avala d'un trait, et se sentit un peu calmé.

Alors il reprit la bougie qu'il avait posée sur un meuble, et entra dans le cabinet.

À son grand étonnement, Actéon ne vint pas au-devant de lui. L'avait-on enfermé ? En ce cas, il sentirait que son maître est revenu de la chasse, et hurlerait.

Charles appela, siffla ; rien ne parut.

Il fit quatre pas en avant ; et, comme la lumière de la bougie parvenait jusqu'à l'angle du cabinet, il aperçut dans cet angle une masse inerte étendue sur le carreau.

— Holà ! Actéon ; holà ! dit Charles.

Et il siffla de nouveau.

Le chien ne bougea point.

Charles courut à lui et le toucha, le pauvre animal était raide et froid. De sa gueule, contractée par la douleur, quelques gouttes de fiel étaient tombées, mêlées à une bave écumeuse et sanglante. Le chien avait trouvé dans le cabinet une barrette de son maître, et il avait voulu mourir en appuyant sa tête sur cet objet qui lui représentait un ami.

À ce spectacle, qui lui fit oublier ses propres douleurs et lui rendit toute son énergie, la colère bouillonna dans les veines de Charles, il voulut crier ; mais enchaînés qu'ils sont dans leurs grandeurs, les rois ne sont pas libres de ce premier mouvement que tout homme fait tourner au profit de sa passion ou de sa défense. Charles réfléchit qu'il y avait là quelque trahison, et se tut.

Alors il s'agenouilla devant son chien et examina le cadavre d'un œil expert. L'œil était vitreux, la langue rouge et criblée de pustules. C'était une étrange maladie, et qui fit frissonner Charles.

Le roi remit ses gants, qu'il avait ôtés et passés à sa ceinture, souleva la lèvre livide du chien pour examiner les dents, et aperçut dans les interstices quelques fragments blanchâtres accrochés aux pointes des crocs aigus.

Il détacha ces fragments, et reconnut que c'était du papier.

Près de ce papier l'enflure était plus violente, les gencives étaient tuméfiées, et la peau était rongée comme par du vitriol.

Charles regarda attentivement autour de lui. Sur le tapis gisaient deux ou trois parcelles de papier semblable à celui qu'il avait déjà reconnu dans la bouche du chien. L'une de ces parcelles, plus large que les autres, offrait des traces d'un dessin sur bois.

Les cheveux de Charles se hérissèrent sur sa tête, il reconnut un fragment de cette image représentant un seigneur chassant au vol, et qu'Actéon avait arrachée de son livre de chasse.

— Ah ! dit-il en pâlissant, le livre était empoisonné.

Puis tout à coup rappelant ses souvenirs :

Mille démons ! s'écria-t-il, j'ai touché chaque page de mon doigt, et à chaque page j'ai porté mon doigt à ma bouche pour le mouiller. Ces évanouissements, ces douleurs, ces vomissements !.. Je suis mort !

Charles demeura un instant immobile sous le poids de cette effroyable idée. Puis, se relevant avec un rugissement sourd, il s'élança vers la porte de son cabinet.

— Maître René ! cria-t-il, maître René le Florentin ! qu'on coure au pont Saint-Michel, et qu'on me l'amène ; dans dix minutes il faut qu'il soit ici. Que l'un de vous monte à cheval et prenne un cheval de main pour être plus tôt de retour. Quant à maître Ambroise Paré, s'il vient, vous le ferez attendre.

Un garde partit tout courant pour obéir à l'ordre donné.

— Oh ! murmura Charles, quand je devrais faire donner la torture à tout le monde, je saurai qui a donné ce livre à Henriot.

Et, la sueur au front, les mains crispées, la poitrine haletante, Charles demeura les yeux fixés sur le cadavre de son chien.

Dix minutes après, le Florentin heurta timidement, et non sans inquiétude, à la porte du roi. Il est de certaines consciences pour lesquelles le ciel n'est jamais pur.

— Entrez ! dit Charles.

Le parfumeur parut. Charles marcha à lui l'air impérieux et la lèvre crispée.

— Votre Majesté m'a fait demander, dit René tout tremblant.

— Vous êtes habile chimiste, n'est-ce pas ?

— Sire…

— Et vous savez tout ce que savent les plus habiles médecins ?

— Votre Majesté exagère.

— Non, ma mère me l'a dit. D'ailleurs, j'ai confiance en vous, et j'ai mieux aimé vous consulter, vous que tout autre. Tenez, continua-t-il en démasquant le cadavre du chien, regardez, je vous prie, ce que cet animal a entre les dents, et dites-moi de quoi il est mort.

Pendant que René, la bougie à la main, se baissait jusqu'à terre, autant pour dissimuler son émotion que pour obéir au roi, Charles, debout, les yeux fixés sur cet homme, attendait avec une impatience facile à comprendre la parole qui devait être sa sentence de mort ou son gage de salut.

René tira une espèce de scalpel de sa poche, l'ouvrit, et, du bout de la pointe, détacha de la gueule du lévrier les parcelles de papier adhérentes à ses gencives, et regarda longtemps et avec attention le fiel et le sang que distillait chaque plaie.

— Sire, dit-il en tremblant, voilà de bien tristes symptômes.

Charles sentit un frisson glacé courir dans ses veines et pénétrer jusqu'à son cœur.

— Oui, dit-il, ce chien a été empoisonné, n'est-ce pas ?

— J'en ai peur, sire.

— Et avec quel genre de poison ?

— Avec un poison minéral, à ce que je suppose.

— Pourriez-vous acquérir la certitude qu'il a été empoisonné ?

— Oui, sans doute, en l'ouvrant et en examinant l'estomac.

— Ouvrez-le ; je veux ne conserver aucun doute.

— Il faudrait appeler quelqu'un pour m'aider.

— Je vous aiderai, moi, dit Charles.

— Vous, sire !

— Oui, moi. Et, s'il est empoisonné, quels symptômes trouverons-nous ?

— Des rougeurs et des herborisations dans l'estomac.

— Allons, dit Charles, à l'œuvre.

René, d'un coup de scalpel, ouvrit la poitrine du lévrier et l'écarta avec force de ses deux mains, tandis que Charles, un genou en terre, éclairait d'une main crispée et tremblante.

— Voyez, sire, dit René, voyez, voici des traces évidentes. Ces rougeurs sont celles que je vous ai prédites ; quant à ces veines sanguinolentes, qui semblent les racines d'une plante, c'est ce que je désignais sous le nom d'herborisations. Je trouve ici tout ce que je cherchais.

— Ainsi le chien est empoisonné ?

— Oui, sire.

— Avec un poison minéral ?

— Selon toute probabilité.

— Et qu'éprouverait un homme qui, par mégarde, aurais avalé de ce même poison ?

— Une grande douleur de tête, des brûlures intérieures, comme s'il eût avalé des charbons ardents ; des douleurs d'entrailles, des vomissements.

— Et aurait-il soif ? demanda Charles.

— Une soif inextinguible.

— C'est bien cela, c'est bien cela, murmura le roi.

— Sire, je cherche en vain le but de toutes ces demandes.

— À quoi bon le chercher ? Vous n'avez pas besoin de le savoir. Répondez à nos questions, voilà tout.

— Que Votre Majesté m'interroge.

— Quel est le contre-poison à administrer à un homme qui aurait avalé la même substance que mon chien ?

René réfléchit un instant.

— Il y a plusieurs poisons minéraux, dit-il : je voudrais bien, avant de répondre, savoir duquel il s'agit. Votre Majesté a-t-elle quelque idée de la façon dont son chien a été empoisonné ?

— Oui, dit Charles : il a mangé une feuille d'un livre.

— Une feuille d'un livre ?

— Oui.

— Et Votre Majesté a-t-elle ce livre ?

— Le voilà, dit Charles en prenant le manuscrit de chasse sur le rayon où il l'avait placé et en le montrant à René.

René fit un mouvement de surprise qui n'échappa point au roi.

— Il a mangé une feuille de ce livre ? balbutia René.

— Celle-ci.

Et Charles montra la feuille déchirée.

— Permettez-vous que j'en déchire une autre, sire ?

— Faites !

René déchira une feuille, l'approcha de la bougie. Le papier prit feu, et une forte odeur alliacée se répandit dans le cabinet.

— Il a été empoisonné avec une mixture d'arsenic, dit-il.

— Vous en êtes sûr ?

— Comme si je l'avais préparée moi-même.

— Et le contre-poison ?…

René secoua la tête.

— Comment, dit Charles d'une voix rauque, vous ne connaissez pas de remède ?

— Le meilleur et le plus efficace est des blancs d'œufs battus dans du lait ; mais…

— Mais… quoi ?

— Mais il faudrait qu'il fût administré aussitôt, sans cela…

— Sans cela ?

— Sire, c'est un poison terrible, reprit encore une fois René.

— Il ne tue pas tout de suite cependant, dit Charles.

— Non, mais il tue sûrement, peu importe le temps qu'on mette à mourir, et quelquefois même c'est un calcul.

Charles s'appuya sur la table de marbre.

— Maintenant, dit-il en posant la main sur l'épaule de René, vous connaissez ce livre ?

— Moi, sire ! dit René en pâlissant.

— Oui, vous ; en l'apercevant vous vous êtes trahi.

— Sire, je vous jure…

— René, dit Charles, écoutez bien ceci : Vous avez empoisonné la reine de Navarre avec des gants ; vous avez empoisonné le prince de Porcian avec la fumée d'une lampe ; vous avez essayé d'empoisonner M. de Condé avec une pomme de senteur. René, je vous ferai enlever la chair lambeau par lambeau avec une tenaille rougie, si vous ne me dites pas à qui appartient ce livre.

Le Florentin vit qu'il n'y avait pas à plaisanter avec la colère de Charles IX, et résolut de payer d'audace.

— Et si je dis la vérité, sire, qui me garantira que je ne serai pas puni plus cruellement encore que si je me tais.

— Moi.

— Me donnerez-vous votre parole royale ?

— Foi de gentilhomme, vous aurez la vie sauve, dit le roi.

— En ce cas, ce livre m'appartient, dit-il.

— À vous ! fit Charles en se reculant et en regardant l'empoisonneur d'un œil égaré.

— Oui, à moi.

— Et comment est-il sorti de vos mains ?

— C'est Sa Majesté la reine mère qui l'a pris chez moi.

— La reine mère ! s'écria Charles.

— Oui.

— Mais dans quel but ?

— Dans le but, je crois, de le faire porter au roi de Navarre, qui avait demandé au duc d'Alençon un livre de ce genre pour étudier la chasse au vol.

— Oh ! s'écria Charles, c'est cela : je tiens tout. Ce livre, en effet, était chez Henriot. Il y a une destinée, et je la subis.

En ce moment Charles fut pris d'une toux sèche et violente, à laquelle succéda une nouvelle douleur d'entrailles.

Il poussa deux ou trois cris étouffés, et se renversa sur sa chaise.

— Qu'avez-vous, sire ? demanda René d'une voix épouvantée.

— Rien, dit Charles ; seulement j'ai soif, donnez-moi à boire.

René emplit un verre d'eau et le présenta d'une main tremblante à Charles, qui l'avala d'un seul trait.

— Maintenant, dit Charles prenant une plume et la trempant dans l'encre, écrivez sur ce livre.

— Que faut-il que j'écrive ?

— Ce que je vais vous dicter :

« Ce manuel de chasse au vol a été donné par moi à la reine mère Catherine de Médicis. »

René prit la plume et écrivit.

— Et maintenant signez.

Le Florentin signa.

— Vous m'avez promis la vie sauve, dit le parfumeur.

— Et, de mon côté, je vous tiendrai parole.

— Mais, dit René, du côté de la reine mère ?

— Oh ! de ce côté, dit Charles, cela ne me regarde plus ; si l'on vous attaque, défendez-vous.

— Sire, puis-je quitter la France quand je croirai ma vie menacée ?

— Je vous répondrai à cela dans quinze jours.

— Mais en attendant…

Charles posa, en fronçant le sourcil, son doigt sur ses lèvres livides.

— Oh ! soyez tranquille, sire.

Et, trop heureux d'en être quitte à si bon marché, le Florentin s'inclina et sortit.

Derrière lui, la nourrice apparut à la porte de sa chambre.

— Qu'y a-t-il donc, mon Charlot ? dit-elle.

— Nourrice, il y a que j'ai marché dans la rosée, et que cela m'a fait mal.

— En effet, tu es bien pâle, mon Charlot.

— C'est que je suis bien faible. Donne-moi le bras, nourrice, pour aller jusqu'à mon lit.

La nourrice s'avança vivement. Charles s'appuya sur elle et gagna sa chambre.

— Maintenant, dit Charles, je me mettrai au lit tout seul.

— Et si maître Ambroise Paré vient ?

— Tu lui diras que je vais mieux et que je n'ai plus besoin de lui.

— Mais, en attendant, que prendras-tu ?

— Oh ! une médecine bien simple, dit Charles, des blancs d'œufs battus dans du lait. À propos, nourrice, continua-t-il, ce pauvre Actéon est mort. Il faudra, demain matin, le faire enterrer dans un coin du jardin du Louvre. C'était un de mes meilleurs amis… Je lui ferai faire un tombeau… si j'en ai le temps.

XXIII

LE BOIS DE VINCENNES.

Ainsi que l'ordre en avait été donné par Charles IX, Henri fut conduit le même soir au bois de Vincennes. C'est ainsi qu'on appelait à cette époque le fameux château dont il ne reste plus, aujourd'hui qu'un débris, fragment colossal qui suffit à donner une idée de sa grandeur passée.

Le voyage se fit en litière. Quatre gardes marchaient de chaque côté. M. de Nancey, porteur de l'ordre qui devait ouvrir à Henri les portes de la prison protectrice, marchait le premier.

À la poterne du donjon, on s'arrêta. M. de Nancey descendit de cheval, ouvrit la portière fermée à cadenas, et invita respectueusement le roi à descendre.

Henri obéit sans faire la moindre observation. Toute demeure lui semblait plus sûre que le Louvre, et dix portes se fermant sur lui se fermaient en même temps entre lui et Catherine de Médicis.

Le prisonnier royal traversa le pont-levis entre deux soldats, franchit les trois portes du bas du donjon et les trois portes du bas de l'escalier ; puis, toujours précédé de M. de Nancey, il monta un étage. Arrivé là, le capitaine des gardes, voyant qu'il s'apprêtait encore à monter, lui dit :

— Monseigneur, arrêtez-vous là.

— Ah ! ah ! ah ! dit Henri en s'arrêtant, il paraît qu'on me fait les honneurs du premier étage.

— Sire, répondit M. de Nancey, on vous traite en tête couronnée.

— Diable ! diable ! se dit Henri, deux ou trois étages de plus ne m'auraient aucunement humilié. Je serai trop bien ici : on se doutera de quelque chose.

— Votre Majesté veut-elle me suivre ? dit M. de Nancey.

— Ventre-saint-gris ! dit le roi de Navarre, vous savez bien, Monsieur, qu'il ne s'agit point ici de ce que je veux ou de ce que je ne veux pas, mais de ce qu'ordonne mon frère Charles. Ordonne-t-il que je vous suive ?

— Oui, sire.

— En ce cas, je vous suis, Monsieur.

On s'engagea dans une espèce de corridor à l'extrémité duquel on se trouva dans une salle assez vaste, aux murs sombres et d'un aspect parfaitement lugubre.

Henri regarda autour de lui avec un regard qui n'était pas exempt d'inquiétude.

— Où sommes-nous ? dit-il.

— Nous traversons la salle de la question, Monseigneur.

— Ah ! ah ! fit le roi.

Et il regarda plus attentivement.

Il y avait un peu de tout dans cette chambre : des brocs et des chevalets pour la question de l'eau, des coins et des maillets pour la question des brodequins ; en outre, des sièges de pierre destinés aux malheureux qui attendaient la torture faisaient à peu près le tour de la salle, et au-dessus de ces sièges, à ces sièges eux-mêmes, au pied de ces sièges, étaient des anneaux de fer scellés dans le mur, sans autre symétrie que celle de l'art tortionnaire. Mais leur proximité des sièges indiquait assez qu'ils étaient là pour attendre les membres de ceux qui seraient assis.

Henri continua son chemin sans dire une parole, mais ne perdant pas un détail de tout cet appareil hideux qui écrivait, pour ainsi dire, l'histoire de la douleur sur les murailles.

Cette attention à regarder autour de lui fit qu'Henri ne regarda point à ses pieds et trébucha.

— Eh ! dit-il, qu'est-ce donc que cela ?

Et il montrait une espèce de sillon creusé sur la dalle humide qui faisait le plancher.

— C'est la gouttière, sire.

— Il pleut donc ici ?

— Oui, sire, du sang.

— Ah ! ah ! dit Henri, fort bien. Est-ce que nous n'arriverons pas bientôt à ma chambre ?

— Si fait, Monseigneur, nous y sommes, dit une ombre qui se dessinait dans l'obscurité et qui devenait, à mesure qu'on s'approchait d'elle, plus visible et plus palpable.

Henri, qui croyait avoir reconnu la voix, fit quelques pas et reconnut la figure.

— Tiens ! c'est vous, Beaulieu, dit-il, et que diable faites-vous ici ?

— Sire, je viens de recevoir ma nomination au gouvernement de la forteresse de Vincennes.

— Eh bien, mon cher ami, votre début vous fait honneur ; un roi pour prisonnier, ce n'est point mal.

— Pardon, sire, reprit Beaulieu, mais avant vous j'ai déjà reçu deux gentilshommes.

— Lesquels ? Ah ! pardon, je commets peut-être une indiscrétion. Dans ce cas, prenons que je n'ai rien dit.

— Monseigneur, on ne m'a pas recommandé le secret. Ce sont MM. de La Mole et de Coconnas.

— Ah ! c'est vrai, je les ai vu arrêter, ces pauvres gentilshommes ; et comment supportent-ils ce malheur ?

— D'une façon tout opposée, l'un est gai, l'autre est triste ; l'un chante, l'autre gémit.

— Et lequel gémit ?

— M. de La Mole, sire.

— Ma foi, dit Henri, je comprends plutôt celui qui gémit que celui qui chante. D'après ce que j'en vois, la prison n'est pas une chose bien gaie. Et à quel étage sont-ils logés ?

— Tout en haut, au quatrième.

Henri poussa un soupir. C'est là qu'il eût voulu être.

— Allons, monsieur de Beaulieu, dit Henri, ayez la bonté de m'indiquer ma chambre, j'ai hâte de m'y voir, étant très-fatigué de la journée que je viens de passer.

— Voici, Monseigneur, dit Beaulieu montrant à Henri une porte tout ouverte.

— Numéro 2, dit Henri ; et pourquoi pas le numéro 1 ?

— Parce qu'il est retenu, Monseigneur.

— Ah ! ah ! il paraît alors que vous attendez un prisonnier de meilleure noblesse que moi ?

— Je n'ai pas dit, Monseigneur, que ce fût un prisonnier.

— Et qui est-ce donc ?

— Que Monseigneur n'insiste point, car je serais forcé de manquer, en gardant le silence, à l'obéissance que je lui dois.

— Ah ! c'est autre chose, dit Henri.

Et il devint plus pensif encore qu'il n'était ; ce numéro 1 l'intriguait visiblement.

Au reste, le gouverneur ne démentit pas sa politesse première. Avec mille précautions oratoires il installa Henri dans sa chambre, lui fit toutes ses excuses des commodités qui pouvaient lui manquer, plaça deux soldats à sa porte et sortit.

— Maintenant, dit le gouverneur s'adressant au guichetier, passons aux autres.

Le guichetier marcha devant. On reprit le même chemin qu'on venait de faire, on traversa la salle de la question, on franchit le corridor, on arriva à l'escalier ; et toujours suivant son guide, M. de Beaulieu monta trois étages.

En arrivant au haut de ces trois étages, qui, y compris le premier, en faisaient quatre, le guichetier ouvrit successivement trois portes ornées chacune de deux serrures et de trois énormes verrous.

Il touchait à peine à la troisième porte que l'on entend une voix joyeuse qui s'écriait :

— Eh ! mordi ! ouvrez donc, quand ce ne serait que pour donner de l'air. Votre poêle est tellement chaud qu'on étouffe ici.

Et Coconnas, qu'à son juron favori le lecteur a déjà reconnu sans doute, ne fit qu'un bond de l'endroit où il était jusqu'à la porte.

— Un instant, mon gentilhomme, dit le guichetier, je ne viens pas pour vous faire sortir, je viens pour entrer et monsieur le gouverneur me suit.

— Monsieur le gouverneur ! dit Coconnas, et que vient-il faire ?

— Vous visiter.

— C'est beaucoup d'honneur qu'il me fait, répondit Coconnas ; que monsieur le gouverneur soit le bienvenu.

M. de Beaulieu entra effectivement et comprima aussitôt le sourire cordial de Coconnas par une de ces politesses glaciales qui sont propres aux gouverneurs de forteresses, aux geôliers et aux bourreaux.

— Avez-vous de l'argent, Monsieur ? demanda-t-il au prisonnier.

— Moi, dit Coconnas, pas un écu !

— Des bijoux ?

— J'ai une bague.

— Voulez-vous permettre que je vous fouille ?

— Mordi ! s'écria Coconnas rougissant de colère, bien vous prend d'être en prison et moi aussi.

— Il faut tout souffrir pour le service du roi.

— Mais, dit le Piémontais, les honnêtes gens qui dévalisent sur le Pont-Neuf sont donc, comme vous, au service du roi ? Mordi ! j'étais bien injuste, Monsieur, car jusqu'à présent je les avais pris pour des voleurs.

— Monsieur, je vous salue, dit Beaulieu. Geôlier, enfermez Monsieur.

Le gouverneur s'en alla emportant la bague de Coconnas, laquelle était une fort belle émeraude que madame de Nevers lui avait donnée pour lui rappeler la couleur de ses yeux.

— À l'autre, dit-il en sortant.

On traversa une chambre vide, et le jeu des trois portes, des six serrures et des neuf verrous recommença.

La dernière porte s'ouvrit, et un soupir fut le premier bruit qui frappa les visiteurs.

La chambre était plus lugubre encore d'aspect que celle d'où M. de Beaulieu venait de sortir. Quatre meurtrières longues et étroites qui allaient en diminuant de l'intérieur à l'extérieur éclairaient faiblement ce triste séjour. De plus, des barreaux de fer croisés avec assez d'art pour que la vue fût sans cesse arrêtée par une ligne opaque, empêchaient que par les meurtrières le prisonnier pût même voir le ciel.

Des filets ogiviques partaient de chaque angle de la salle et allaient se réunir au milieu du plafond, où ils s'épanouissaient en rosace.

La Mole était assis dans un coin, et malgré la visite et les visiteurs, il resta comme s'il n'eût rien entendu.

Le gouverneur s'arrêta sur le seuil et regarda un instant le prisonnier, qui demeurait immobile, la tête dans ses mains.

— Bonsoir, monsieur de La Mole, dit Beaulieu.

Le jeune homme leva lentement la tête.

— Bonsoir, Monsieur, dit-il.

— Monsieur, continua le gouverneur, je viens vous fouiller.

— C'est inutile, dit La Mole, je vais vous remettre tout ce que j'ai.

— Qu'avez-vous ?

— Trois cents écus environ, ces bijoux, ces bagues.

— Donnez, Monsieur, dit le gouverneur.

— Voici.

La Mole retourna ses poches, dégarnit ses doigts, et arracha l'agrafe de son chapeau.

— N'avez-vous rien de plus ?

— Non pas que je sache.

— Et ce cordon de soie serré à votre cou, que porte-t-il ? demanda le gouverneur.

— Monsieur, ce n'est pas un joyau, c'est une relique.

— Donnez.

— Comment ! vous exigez ?…

— J'ai ordre de ne vous laisser que vos vêtements, et une relique n'est point un vêtement.

La Mole fit un mouvement de colère, qui, au milieu du calme douloureux et digne qui le distinguait, parut plus effrayant encore à ces gens habitués aux rudes émotions.

Mais il se remit presque aussitôt.

— C'est bien, Monsieur, dit-il, et vous allez voir ce que vous demandez.

Alors se détournant comme pour s'approcher de la lumière, il détacha la prétendue relique, laquelle n'était autre qu'un médaillon contenant un portrait qu'il tira du médaillon et qu'il porta à ses lèvres. Mais après l'avoir baisé à plusieurs reprises, il feignit de le laisser tomber ; et appuyant violemment dessus le talon de sa botte, il l'écrasa en mille morceaux.

— Monsieur !… dit le gouverneur.

Et il se baissa pour voir s'il ne pourrait pas sauver de la destruction l'objet inconnu que La Mole voulait lui dérober ; mais la miniature était littéralement en poussière.

— Le roi voulait avoir ce joyau, dit La Mole, mais il n'avait aucun droit sur le portrait qu'il renfermait. Maintenant voici le médaillon, vous le pouvez prendre.

— Monsieur, dit Beaulieu, je me plaindrai au roi.

Et sans prendre congé du prisonnier par une seule parole, il se retira si courroucé, qu'il laissa au guichetier le soin de fermer les portes sans présider à leur fermeture.

Le geôlier fit quelques pas pour sortir, et voyant que M. de Beaulieu descendait déjà les premières marches de l'escalier :

— Ma foi ! Monsieur, dit-il en se retournant, bien m'en a pris de vous inviter à me donner tout de suite les cent écus moyennant lesquels je consens à vous laisser parler à votre compagnon ; car si vous ne les aviez pas donnés, le gouvernement vous les eût pris avec les trois cents autres, et ma conscience ne me permettrait plus de rien faire pour vous ; mais j'ai été payé d'avance, je vous ai promis que vous verriez votre camarade… venez… un honnête homme n'a que sa parole… Seulement si cela est possible, autant pour vous que pour moi, ne causez pas politique.

La Mole sortit de sa chambre et se trouva en face de Coconnas qui arpentait les dalles de la chambre du milieu.

Les deux amis se jetèrent dans les bras l'un de l'autre.

Le guichetier fit semblant de s'essuyer le coin de l'œil, et sortit pour veiller à ce qu'on ne surprît pas les prisonniers, ou plutôt à ce qu'on ne le surprît pas lui-même.

— Ah ! te voilà, dit Coconnas ; eh bien, cet affreux gouverneur t'a fait sa visite ?

— Comme à toi, je présume.

— Et il t'a tout pris ?

— Comme à toi aussi.

— Oh ! moi, je n'avais pas grand-chose, une bague d'Henriette, voilà tout.

— Et de l'argent comptant ?

— J'avais donné tout ce que je possédais à ce brave homme de guichetier pour qu'il nous procurât cette entrevue.

— Ah ! ah ! dit La Mole, il paraît qu'il reçoit des deux mains.

— Tu l'as donc payé aussi, toi ?

— Je lui ai donné cent écus.

— Tant mieux que notre guichetier soit un misérable !

— Sans doute, on en fera tout ce qu'on voudra avec de l'argent, et, il faut l'espérer, l'argent ne nous manquera point.

— Maintenant, comprends-tu ce qui nous arrive ?

— Parfaitement… Nous avons été trahis.

— Par cet exécrable duc d'Alençon. J'avais bien raison de vouloir lui tordre le cou, moi.

— Et crois-tu que notre affaire est grave ?

— J'en ai peur.

— Ainsi, il y a à craindre… la question.

— Je ne te cache pas que j'y ai déjà songé.

— Que diras-tu, si on en vient là ?

— Et toi ?

— Moi, je garderai le silence, répondit La Mole avec une rougeur fébrile.

— Tu te tairas ? s'écria Coconnas.

— Oui, si j'en ai la force.

— Eh bien, moi, dit Coconnas, si on me fait cette infamie, je te garantis que je dirai bien des choses.

— Mais quelles choses ? demanda vivement La Mole.

— Oh ! sois tranquille, de ces choses qui empêcheront pendant quelque temps M. d'Alençon de dormir.

La Mole allait répliquer, lorsque le geôlier, qui sans doute avait entendu quelque bruit, accourut, poussa chacun des deux amis dans sa chambre et referma la porte sur lui.

XXIV

LA FIGURE DE CIRE.

Depuis huit jours, Charles était cloué dans son lit par une fièvre de langueur entrecoupée par des accès violents qui ressemblaient à des attaques d'épilepsie. Pendant ces accès, il poussait parfois des hurlements qu'écoutaient avec effroi les gardes qui veillaient dans son antichambre, et que répétaient dans leurs profondeurs les échos du vieux Louvre, éveillés depuis quelque temps par tant de bruits sinistres. Puis, ces accès passés, écrasé de fatigue, l'œil éteint, il se laissait aller aux bras de sa nourrice avec des silences qui tenaient à la fois du mépris et de la terreur.

Dire ce que, chacun de son côté, sans se communiquer leurs sensations, car la mère et son fils se fuyaient plutôt qu'ils ne se cherchaient ; dire ce que Catherine de Médicis et le duc d'Alençon remuaient de pensées sinistres au fond de leur cœur, ce serait vouloir peindre ce fourmillement hideux qu'on voit grouiller au fond d'un nid de vipères.

Henri avait été enfermé dans sa chambre ; et, sur sa propre recommandation à Charles, personne n'avait obtenu la permission de le voir, pas même Marguerite. C'était aux yeux de tous une disgrâce complète. Catherine et d'Alençon respiraient, le croyant perdu, et Henri buvait et mangeait plus tranquillement, s'espérant oublié.

À la cour nul ne soupçonnait la cause de la maladie du roi. Maître Ambroise Paré et Mazille, son collègue, avaient reconnu une inflammation d'estomac, se trompant de la cause au résultat, voilà tout. Ils avaient, en conséquence, prescrit un régime adoucissant qui ne pouvait qu'aider au breuvage particulier indiqué par René, que Charles recevait trois fois par jour de la main de sa nourrice, et qui faisait sa principale nourriture.

La Molle et Coconnas étaient à Vincennes, au secret le plus rigoureux. Marguerite et madame de Nevers avaient fait dix tentatives pour arriver jusqu'à eux, ou tout au moins pour leur faire passer un billet, et n'y étaient point parvenues.

Un matin, au milieu des éternelles alternatives de bien et de mal qu'il éprouvait, Charles se sentit un peu mieux, et voulut qu'on laissât entrer toute la cour qui, comme d'habitude, quoique le lever n'eût plus lieu, se présentait tous les matins pour le lever. Les portes furent donc ouvertes, et l'on put reconnaître, à la pâleur de ses joues, au jaunissement de son front d'ivoire, à la flamme fébrile qui jaillissait de ses yeux caves et entourés d'un cercle de bistre, quels effroyables ravages avait faits sur le jeune monarque la maladie inconnue dont il était atteint.

La chambre royale fut bientôt pleine de courtisans curieux et intéressés.

Catherine, d'Alençon et Marguerite furent avertis que le roi recevait.

Tous trois entrèrent à peu d'intervalle l'un de l'autre, Catherine calme, d'Alençon souriant, Marguerite abattue.

Catherine s'assit au chevet du lit de son fils, sans remarquer le regard avec lequel celui-ci l'avait vue s'approcher.

M. d'Alençon se plaça au pied, et se tint debout.

Marguerite s'appuya à un meuble, et, voyant le front pâle, le visage amaigri et l'œil enfoncé de son frère, elle ne put retenir un soupir et une larme.

Charles, auquel rien n'échappait, vit cette larme, entendit ce soupir, et de la tête fit un signe imperceptible à Marguerite.

Ce signe, si imperceptible qu'il fût, éclaira le visage de la pauvre reine de Navarre, à qui Henri n'avait eu le temps de rien dire, ou peut-être même n'avait voulu rien dire.

Elle craignait pour son mari, elle tremblait pour son amant.

Pour elle-même elle ne redoutait rien, elle connaissait trop bien La Mole, et savait qu'elle pouvait compter sur lui.

— Eh bien ! mon cher fils, dit Catherine, comment vous trouvez-vous ?

— Mieux, ma mère, mieux.

— Et que disent vos médecins ?

— Mes médecins ? ah ! ce sont de grands docteurs, ma mère dit Charles en éclatant de rire, et j'ai un suprême plaisir, je l'avoue, à les entendre discuter sur ma maladie. Nourrice, donne-moi à boire.

La nourrice apporta à Charles une tasse de sa potion ordinaire.

— Et que vous font-ils prendre, mon fils ?

— Oh ! Madame, qui connaît quelque chose à leurs préparations ? répondit le roi en avalant vivement le breuvage.

— Ce qu'il faudrait à mon frère, dit François, ce serait de pouvoir se lever et prendre le beau soleil ; la chasse, qu'il aime tant, lui ferait grand bien.

— Oui, dit Charles avec un sourire dont il fut impossible au duc de deviner l'expression, cependant la dernière m'a fait grand mal.

Charles avait dit ces mots d'une façon si étrange que la conversation à laquelle les assistants ne s'étaient pas un instant mêlés, en resta là. Puis il fit un petit signe de tête. Les courtisans comprirent que la réception était achevée, et se retirèrent les uns après les autres.

D'Alençon fit un mouvement pour s'approcher de son frère, mais un sentiment intérieur l'arrêta. Il salua, et sortit.

Marguerite se jeta sur la main décharnée que son frère lui tendait, la serra et la baisa, et sortit à son tour.

— Bonne Margot ! murmura Charles.

Catherine seule resta, conservant sa place au chevet du lit. Charles, en se trouvant en tête-à-tête avec elle, se recula vers la ruelle avec le même sentiment de terreur qui fait qu'on recule devant un serpent.

C'est que Charles, instruit par les aveux de René, puis peut-être mieux encore par le silence et la méditation, n'avait plus même le bonheur de douter.

Il savait parfaitement à qui et à quoi attribuer sa mort.

Aussi, lorsque Catherine se rapprocha du lit et allongea vers son fils une main froide comme son regard, celui-ci frissonna et eut peur.

— Vous demeurez, Madame ? lui dit-il.

— Oui, mon fils, répondit Catherine, j'ai à vous entretenir de choses importantes.

— Parlez, Madame, dit Charles en se reculant encore.

— Sire, dit la reine, je vous ai entendu affirmer tout à l'heure que vos médecins étaient de grands docteurs…

— Et je l'affirme encore, Madame.

— Cependant qu'ont-ils fait depuis que vous êtes malade ?

— Rien, c'est vrai… mais si vous aviez entendu ce qu'ils ont dit… en vérité, Madame, on voudrait être malade rien que pour entendre de si savantes dissertations.

— Eh bien ! moi, mon fils, voulez-vous que je vous dise une chose ?

— Comment donc ? dites, ma mère.

— Eh bien, je soupçonne que tous ces grands docteurs ne connaissent rien à votre maladie !

— Vraiment, Madame !

— Qu'ils voient peut-être un résultat, mais que la cause leur échappe.

— C'est possible, dit Charles ne comprenant pas où sa mère en voulait venir.

— De sorte qu'ils traitent le symptôme au lieu de traiter le mal.

— Sur mon âme ! reprit Charles étonné, je crois que vous avez raison, ma mère.

— Eh bien, moi, mon fils, dit Catherine, comme il ne convient ni à mon cœur ni au bien de l'État que vous soyez malade si longtemps, attendu que le moral pourrait finir par s'affecter chez vous, j'ai rassemblé les plus savants docteurs.

— En art médical, Madame ?

— Non, dans un art plus profond, dans l'art qui permet non seulement de lire dans les corps, mais encore dans les cœurs.

— Ah ! le bel art, Madame, fit Charles, et qu'on a raison de ne pas l'enseigner aux rois ! Et vos recherches ont eu un résultat ? continua-t-il.

— Oui.

— Lequel ?

— Celui que j'espérais ; et j'apporte à Votre Majesté le remède qui doit guérir son corps et son esprit.

Charles frissonna. Il crut que sa mère, trouvant qu'il vivait trop longtemps encore, avait résolu d'achever sciemment ce qu'elle avait commencé sans le savoir.

— Et où est-il, ce remède ? dit Charles en se soulevant sur un coude et en regardant sa mère.

— Il est dans le mal même, répondit Catherine.

— Alors où est le mal ?

— Écoutez-moi, mon fils, dit Catherine. Avez-vous entendu dire parfois qu'il est des ennemis secrets dont la vengeance à distance assassine la victime ?

— Par le fer ou par le poison ? demanda Charles sans perdre un instant de vue la physionomie impassible de sa mère.

— Non ; par des moyens bien autrement sûrs, bien autrement terribles, dit Catherine.

— Expliquez-vous.

— Mon fils, demanda la Florentine, avez-vous foi aux pratiques de la cabale et de la magie ?

Charles comprima un sourire de mépris et d'incrédulité.

— Beaucoup, dit-il.

— Eh bien, dit vivement Catherine, de là viennent vos souffrances. Un ennemi de Votre Majesté, qui n'eût point osé vous attaquer en face, a conspiré dans l'ombre. Il a dirigé contre la personne de Votre Majesté une conspiration d'autant plus terrible qu'il n'avait pas de complices, et que les fils mystérieux de cette conspiration étaient insaisissables.

— Ma foi, non ! dit Charles révolté par tant d'astuce.

— Cherchez bien, mon fils, dit Catherine, rappelez-vous certains projets d'évasion qui devaient assurer l'impunité au meurtrier.

— Au meurtrier ! s'écria Charles, au meurtrier, dites-vous ? on a donc essayé de me tuer, ma mère ?

L'œil chatoyant de Catherine roula hypocritement sous sa paupière plissée.

— Oui, mon fils : vous en doutez peut-être, vous ; mais moi, j'en ai acquis la certitude.

— Je ne doute jamais de ce que vous me dites, répondit amèrement le roi. Et comment a-t-on essayé de me tuer ? je suis curieux de le savoir.

— Par la magie, mon fils.

— Expliquez-vous, Madame, dit Charles ramené par le dégoût à son rôle d'observateur.

— Si ce conspirateur que je veux désigner… et que Votre Majesté a déjà désigné du fond du cœur… ayant tout disposé pour ses batteries, étant sûr du succès, eût réussi à s'esquiver, nul peut-être n'eût pénétré la cause des souffrances de Votre Majesté ; mais heureusement, sire, votre frère veillait sur vous.

— Quel frère ? demanda Charles.

— Votre frère d'Alençon.

— Ah ! oui, c'est vrai ; j'oublie toujours que j'ai un frère, murmura Charles en riant avec amertume. Et vous dites donc, Madame…

— Qu'il a heureusement révélé le côté matériel de la conspiration à Votre Majesté. Mais tandis qu'il ne cherchait, lui, enfant inexpérimenté, que les traces d'un complot ordinaire, que les preuves d'une escapade de jeune homme, je cherchais, moi, des preuves d'une action bien plus importante ; car je connais la portée de l'esprit du coupable.

— Ah ça ! mais, ma mère, on dirait que vous parlez du roi de Navarre ? dit Charles voulant voir jusqu'où irait cette dissimulation florentine.

Catherine baissa hypocritement les yeux.

— Je l'ai fait arrêter, ce me semble, et conduire à Vincennes pour l'escapade en question, continua le roi ; serait-il donc encore plus coupable que je ne le soupçonne ?

— Sentez-vous la fièvre qui vous dévore ? demanda Catherine.

— Oui, certes, Madame, dit Charles en fronçant le sourcil.

— Sentez-vous la chaleur brûlante qui ronge votre cœur et vos entrailles ?

— Oui, Madame, répondit Charles en s'assombrissant de plus en plus.

— Et des douleurs aiguës de tête qui passent par vos yeux pour arriver à votre cerveau, comme autant de coups de flèches ?

— Oui, oui, Madame ; oh ! je sens bien tout cela ! Oh ! vous savez bien décrire mon mal !

— Eh bien ! cela est tout simple, dit la Florentine ; regardez…

Et elle tira de dessous son manteau un objet qu'elle présenta au roi.

C'était une figurine de cire jaunâtre, haute de six pouces à peu près. Cette figurine était vêtue d'abord d'une robe étoilée d'or, en cire, comme la figurine ; puis d'un manteau royal de même matière.

— Eh bien ! demanda Charles, qu'est-ce que cette petite statue ?

— Voyez ce qu'elle a sur la tête, dit Catherine.

— Une couronne, répondit Charles.

— Et au cœur ?

— Une aiguille.

— Eh bien, sire, vous reconnaissez-vous ?

— Moi ?

— Oui, vous, avec votre couronne, avec votre manteau ?

— Et qui donc a fait cette figure ? dit Charles, que cette comédie fatiguait ; le roi de Navarre, sans doute ?

— Non pas, sire.

— Non pas !… alors je ne vous comprends plus.

— Je dis non, reprit Catherine, parce que Votre Majesté pourrait tenir au fait exact. J'aurais dis oui si Votre Majesté m'eût posé la question d'une autre façon,

Charles ne répondit pas. Il essayait de pénétrer toutes les pensées de cette âme ténébreuse, qui se refermait sans cesse devant lui au moment où il se croyait tout prêt à y lire.

— Sire, continua Catherine, cette statue a été trouvée, par les soins de votre procureur général Laguesle, au logis de l'homme qui, le jour de la chasse au vol, tenait un cheval de main tout prêt pour le roi de Navarre.

— Chez M. de La Mole ? dit Charles.

— Chez lui-même ; et, s'il vous plaît, regardez encore cette aiguille d'acier qui perce le cœur, et voyez quelle lettre est écrite sur l'étiquette qu'elle porte.

— Je vois un M, dit Charles.

— C'est-à-dire mort ; c'est la formule magique, sire. L'inventeur écrit ainsi son vœu sur la plaie même qu'il creuse. S'il eût voulu frapper de folie, comme le duc de Bretagne fit pour le roi Charles VI, il eût enfoncé l'épingle dans la tête, et eût mis un F au lieu d'un M.

— Ainsi, dit Charles IX, à votre avis, Madame, celui qui en veut à mes jours, c'est M. de La

Mole ?

— Oui, comme le poignard en veut au cœur ; oui, mais derrière le poignard il y a le bras qui le pousse.

— Et voilà toute la cause du mal dont je suis atteint ? le jour où le charme sera détruit, le mal cessera ? Mais comment s'y prendre ? demanda Charles ; vous le savez, vous, ma bonne mère ; mais moi, tout au contraire de vous, qui vous en êtes occupée toute votre vie, je suis fort ignorant en cabale et en magie.

— La mort de l'inventeur rompt le charme, voilà tout. Le jour où le charme sera détruit, le mal cessera, dit Catherine.

— Vraiment ! dit Charles d'un air étonné.

— Comment ! vous ne savez pas cela ?

— Dame ! je ne suis pas sorcier, dit le roi.

— Eh bien ! maintenant, dit Catherine, Votre Majesté est convaincue, n'est-ce pas ?

— Certainement.

— La conviction va chasser l'inquiétude ?

— Complètement.

— Ce n'est point par complaisance que vous le dites ?

— Non, ma mère ; c'est du fond de mon cœur.

Le visage de Catherine se dérida.

— Dieu soit loué ! s'écria-t-elle, comme si elle eût cru en Dieu.

— Oui, Dieu soit loué ! reprit ironiquement Charles. Je sais maintenant comme vous à qui attribuer l'état où je me trouve, et par conséquent qui punir.

— Et nous punirons…

— M. de La Mole : n'avez-vous pas dit qu'il était le coupable ?

— J'ai dit qu'il était l'instrument.

— Eh bien, dit Charles, M. de La Mole d'abord ; c'est le plus important. Toutes ces crises dont je suis atteint peuvent faire naître autour de nous de dangereux soupçons. Il est urgent que la lumière se fasse, et qu'à l'éclat que jettera cette lumière la vérité se découvre.

— Ainsi, M. de La Mole… ?

— Me va admirablement comme coupable : je l'accepte donc. Commençons par lui d'abord ; et s'il a un complice, il parlera.

— Oui, murmura Catherine ; s'il ne parle pas, on le fera parler. Nous avons des moyens infaillibles pour cela.

Puis tout haut en se levant :

— Vous permettez donc, sire, que l'instruction commence ?

— Je le désire, Madame, répondit Charles, et le plus tôt sera le mieux.

Catherine serra la main de son fils sans comprendre le tressaillement nerveux qui agita cette main en serrant la sienne, et sortit sans entendre le rire sardonique du roi et la sourde et terrible imprécation qui suivit ce rire.

Le roi se demandait s'il n'y avait pas danger à laisser aller ainsi cette femme, qui, en quelques heures, ferait peut-être tant de besogne qu'il n'y aurait plus moyen d'y remédier.

En ce moment, comme il regardait la portière retombant derrière Catherine, il entendit un léger froissement derrière lui, et se retournant il aperçut Marguerite qui soulevait la tapisserie retombant devant le corridor qui conduisait chez sa nourrice.

Marguerite dont la pâleur, les yeux hagards et la poitrine oppressée décelaient la plus violente émotion.

— Oh ! sire, sire ! s'écria Marguerite en se précipitant vers le lit de son frère, vous savez bien qu'elle ment !

— Qui, elle ? demanda Charles.

— Écoutez, Charles : certes, c'est terrible d'accuser sa mère ; mais je me suis doutée qu'elle resterait près de vous pour les poursuivre encore. Mais, sur ma vie, sur la vôtre, sur notre âme à tous les deux, je vous dis qu'elle ment !

— Les poursuivre !... qui poursuit-elle ?...

Tous les deux parlaient bas par instinct : on eût dit qu'ils avaient peur de s'entendre eux-mêmes.

— Henri d'abord, votre Henriot, qui vous aime, qui vous est dévoué plus que personne au monde.

— Tu le crois, Margot ? dit Charles.

— Oh ! sire, j'en suis sûre.

— Eh bien, moi aussi, dit Charles.

— Alors, si vous en êtes sûr, mon frère, dit Marguerite étonnée, pourquoi l'avez-vous fait arrêter et conduire à Vincennes ?

— Parce qu'il me l'a demandé lui-même.

— Il vous l'a demandé, sire ?...

— Oui, il a de singulières idées, Henriot. Peut-être se trompe-t-il, peut-être a-t-il raison ; mais enfin, une de ses idées, c'est qu'il est plus en sûreté dans ma disgrâce que dans ma faveur, loin de moi que près de moi, à Vincennes qu'au Louvre.

— Ah ! je comprends, dit Marguerite, et il est en sûreté alors ?

— Dame ! aussi en sûreté que peut l'être un homme dont Beaulieu me répond sur sa tête.

— Oh ! merci, mon frère, voilà pour Henri. Mais...

— Mais quoi ? demanda Charles.

— Mais il y a une autre personne, sire, à laquelle j'ai tort de m'intéresser peut-être, mais à laquelle je m'intéresse enfin.

— Et quelle est cette personne ?

— Sire, épargnez-moi, j'oserais à peine le nommer à mon frère, et n'ose le nommer à mon roi.

— M. de La Mole, n'est-ce pas ? dit Charles.

— Hélas ! dit Marguerite, vous avez voulu le tuer une fois, sire, et il n'a échappé que par miracle à votre vengeance royale.

— Et cela, Marguerite, quand il était coupable d'un seul crime ; mais maintenant qu'il en a commis deux...

— Sire, il n'est pas coupable du second.

— Mais, dit Charles, n'as-tu pas entendu ce qu'a dit notre bonne mère, pauvre Margot ?

— Oh ! je vous ai déjà dit, Charles, reprit Marguerite en baissant la voix, je vous ai déjà dit qu'elle montait.

— Vous ne savez peut-être pas qu'il existe une figure de cire qui a été saisie chez M. de La Mole ?

— Si fait, mon frère, je le sais.

— Que cette figure est percée au cœur par une aiguille, et que l'aiguille qui la blesse ainsi porte une petite bannière avec un M ?

— Je le sais encore.

— Que cette figure a un manteau royal sur les épaules et une couronne royale sur la tête ?

— Je sais tout cela.

— Eh bien ! qu'avez-vous à dire ?

— J'ai à dire que cette petite figure qui porte un manteau royal sur les épaules et une couronne royale sur la tête est la représentation d'une femme et non d'un homme.

— Bah ! dit Charles ; et cette aiguille qui lui perce le cœur ?

— C'était un charme pour se faire aimer de cette femme, et non un maléfice pour faire mourir un homme.

— Mais cette lettre M ?

— Elle ne veut pas dire : mort, comme l'a dit la reine mère.

— Que veut-elle donc dire, alors ? demanda Charles.

— Elle veut dire… elle veut dire le nom de la femme que M. de La Mole aimait.

— Et cette femme se nomme ?

— Cette femme se nomme Marguerite, mon frère, dit la reine de Navarre en tombant à genoux devant le lit du roi, en prenant sa main dans les deux siennes, et en appuyant son visage baigné de larmes sur cette main.

— Ma sœur, silence ! dit Charles en promenant autour de lui un regard étincelant sous un sourcil froncé ; car, de même que vous avez entendu, vous, on pourrait vous entendre à votre tour.

— Oh ! que m'importe ! dit Marguerite en relevant la tête, et que le monde entier n'est-il là pour m'écouter ! devant le monde entier, je déclarerais qu'il est infâme d'abuser de l'amour d'un gentilhomme pour souiller sa réputation d'un soupçon d'assassinat.

— Margot, si je te disais que je sais aussi bien que toi ce qui est et ce qui n'est pas ?

— Mon frère !

— Si je te disais que M. de La Mole est innocent ?

— Vous le savez ?

— Si je te disais que je connais le vrai coupable ?

— Le vrai coupable ! s'écria Marguerite ; mais il y a donc un crime commis ?

— Oui. Volontaire ou involontaire, il y a eu un crime commis.

— Sur vous ?

— Sur moi.

— Impossible.

— Impossible ?… Regarde-moi, Margot.

La jeune femme regarda son frère et frissonna en le voyant si pâle.

— Margot, je n'ai pas trois mois à vivre, dit Charles.

— Vous, mon frère ! Toi, mon Charles ! s'écria-t-elle.

— Margot, je suis empoisonné.

Marguerite jeta un cri.

— Tais-toi donc, dit Charles ; il faut qu'on croie que je meurs par magie.

— Et vous connaissez le coupable ?

— Je le connais.

— Vous avez dit que ce n'est pas La Mole ?

— Non, ce n'est pas lui.

— Ce n'est pas Henri non plus, certainement… Grand Dieu ! serait-ce… ?

— Qui ?

— Mon frère… d'Alençon ?… murmura Marguerite.

— Peut-être.

— Ou bien, ou bien… Marguerite baissa la voix comme épouvantée elle-même de ce qu'elle allait dire, ou bien… notre mère ?

Charles se tut.

Marguerite le regarda, lut dans son regard tout ce qu'elle y cherchait, et tomba toujours à genoux et demi-renversée sur un fauteuil.

— Oh ! mon Dieu ! mon Dieu ! murmura-t-elle, c'est impossible !

— Impossible ! dit Charles avec un rire strident, il est fâcheux que René ne soit pas ici, il te raconterait mon histoire.

— Lui, René ?

— Oui. Il te raconterait, par exemple, qu'une femme à laquelle il n'ose rien refuser a été lui demander un livre de chasse enfoui dans sa bibliothèque ; qu'un poison subtil a été versé sur chaque page de ce livre ; que le poison, destiné à quelqu'un, je ne sais à qui, est tombé par un caprice du hasard, ou par un châtiment du ciel, sur une autre personne que celle à qui il était destiné. Mais en l'absence de René, si tu veux voir le livre, il est là, dans mon cabinet, et, écrit de la main du Florentin, tu verras que ce livre, qui contient dans ses feuilles la mort de vingt personnes encore, a été donné de sa main à sa compatriote.

— Silence, Charles, à ton tour, silence, dit Marguerite.

— Tu vois bien maintenant qu'il faut qu'on croie que je meurs par magie.

— Mais c'est inique, mais c'est affreux ! grâce ! grâce ! vous savez bien qu'il est innocent.

— Oui, je le sais, mais il faut qu'on le croie coupable. Souffre donc la mort de ton amant ; c'est peu pour sauver l'honneur de la maison de France. Je souffre bien la mort pour que le secret meure avec moi.

Marguerite courba la tête, comprenant qu'il n'y avait rien à faire pour sauver La Mole du côté du roi, et se retira toute pleurante et n'ayant plus d'espoir qu'en ses propres ressources.

Pendant ce temps, comme l'avait prévu Charles, Catherine ne perdait pas une minute, et elle écrivait au procureur général Laguesle une lettre dont l'histoire a conservé jusqu'au dernier mot, et qui jette sur toute cette affaire de sanglantes lueurs :

« Monsieur le procureur, ce soir on me dit pour certain que La Mole a fait le sacrilège. En son logis à Paris, on a trouvé beaucoup de méchantes choses, comme des livres et des papiers. Je vous prie d'appeler le premier président et d'instruire au plus vite l'affaire de la figure de cire à laquelle ils ont donné un coup au cœur, et ce, contre le roi[1].

CATHERINE. »

↑ Textuelle.

XXV

LES BOUCLIERS INVISIBLES.

Le lendemain du jour où Catherine avait écrit la lettre qu'on vient de lire, le gouverneur entra chez Coconnas avec un appareil des plus imposants : il se composait de deux hallebardiers et de quatre robes noires.

Coconnas était invité à descendre dans une salle où le procureur Laguesle et deux juges l'attendaient pour l'interroger selon les instructions de Catherine.

Pendant les huit jours qu'il avait passés en prison, Coconnas avait beaucoup réfléchi ; sans compter que chaque jour La Mole et lui, réunis un instant par les soins de leur geôlier qui, sans leur rien dire, leur avait fait cette surprise que selon toute probabilité ils ne devaient pas à sa seule philanthropie ; sans compter, disons-nous, que La Mole et lui s'étaient recordés sur la conduite qu'ils avaient à tenir et qui était une négation absolue, il était donc persuadé qu'avec un peu d'adresse son affaire prendrait la meilleure tournure ; les charges n'étaient pas plus fortes pour eux que pour les autres. Henri et Marguerite n'avaient fait aucune tentative de fuite, ils ne pouvaient donc être compromis dans une affaire où les principaux coupables étaient libres. Coconnas ignorait que Henri habitât le même château que lui, et la complaisance de son geôlier lui apprenait qu'au-dessus de sa tête planaient des protections qu'il appelait ses *boucliers invisibles.*

Jusque-là, les interrogatoires avaient porté sur les desseins du roi de Navarre, sur les projets de fuite et sur la part que les deux amis devaient prendre à cette fuite. À tous ces interrogatoires, Coconnas avait constamment répondu d'une façon plus que vague et beaucoup plus qu'adroite ; il s'apprêtait encore à répondre de la même façon, et d'avance il avait préparé toutes ses petites reparties, lorsqu'il s'aperçut tout à coup que l'interrogatoire avait changé d'objet.

Il s'agissait d'une ou de plusieurs visites faites à René, d'une ou de plusieurs figures de cire faites à l'instigation de La Mole.

Coconnas, tout préparé qu'il était, crut remarquer que l'accusation perdait beaucoup de son intensité, puisqu'il ne s'agissait plus, au lieu d'avoir trahi un roi, que d'avoir fait une statue de reine ; encore cette statue était-elle haute de huit à dix pouces tout au plus.

Il répondit donc fort gaiement que ni lui ni son ami ne jouaient plus depuis longtemps à la poupée, et remarqua avec plaisir que plusieurs fois ses réponses avaient eu le privilège de faire sourire ses juges.

On n'avait pas encore dit en vers : *j'ai ri, me voilà désarmé* ; mais cela s'était déjà beaucoup dit en prose. Et Coconnas crut avoir à moitié désarmé ses juges parce qu'ils avaient souri.

Son interrogatoire terminé, il remonta donc dans sa chambre si chantant, si bruyant, que La Mole, pour qui il faisait tout ce tapage, dut en tirer les plus heureuses conséquences.

On le fit descendre à son tour. La Mole, comme Coconnas, vit avec étonnement l'accusation abandonner sa première voie et entrer dans une voie nouvelle. On l'interrogea sur ses visites à René. Il répondit qu'il avait été chez le Florentin une fois seulement. On lui demanda si cette fois il ne lui avait pas commandé une figure de cire. Il répondit que René lui avait montré cette figure toute faite. On lui demanda si cette figure ne représentait pas un homme. Il répondit qu'elle représentait une femme. On lui demanda si le charme n'avait point pour but de faire mourir cet homme. Il répondit que le but de ce charme était de se faire aimer de cette femme.

Ces questions furent faites, tournées et retournées de cent façons différentes ; mais à toutes ces questions, sous quelque face qu'elles lui fussent présentées, La Mole fit constamment les mêmes réponses.

Les juges se regardèrent avec une sorte d'indécision, ne sachant que trop dire ni que faire devant une pareille simplicité, lorsqu'un billet apporté au procureur général trancha la difficulté.

Il était conçu en ces termes :

« Si l'accusé nie, recourez à la question.

« C. »

Le procureur mit le billet dans sa poche, sourit à La Mole, et le congédia poliment. La Mole rentra dans son cachot presque aussi rassuré sinon presque aussi joyeux que Coconnas.

— Je crois que tout va bien, dit-il.

Une heure après il entendit des pas et vit un billet qui se glissait sous la porte, sans voir quelle main lui donnait le mouvement. Il le prit, tout en pensant que la dépêche venait, selon toute probabilité, du guichetier.

En voyant ce billet, un espoir presque aussi douloureux qu'une déception lui était venu au cœur ; il espérait que ce billet était de Marguerite, dont il n'avait eu aucune nouvelle depuis qu'il était prisonnier. Il s'en saisit tout tremblant. L'écriture faillit le faire mourir de joie.

« Courage, disait le billet, je veille. »

— Ah ! si elle veille, s'écria La Mole en couvrant de baisers ce papier qu'avait touché une main si chère, si elle veille, je suis sauvé !...

Il faut, pour que La Mole comprenne ce billet et pour qu'il ait foi avec Coconnas dans ce que le Piémontais appelait *ses boucliers invisibles*, que nous ramenions le lecteur à cette petite maison, à cette chambre où tant de scènes d'un bonheur enivrant, où tant de parfums à peine évaporés, où tant de doux souvenirs, devenus depuis des angoisses, brisaient le cœur d'une femme à demi renversée sur des coussins de velours.

— Être reine, être forte, être jeune, être riche, être belle, et souffrir ce que je souffre ! s'écriait cette femme ; oh ! c'est impossible !

Puis, dans son agitation, elle se levait, marchait, s'arrêtait tout à coup, appuyait son front brûlant contre quelque marbre glacé, se relevait pâle et le visage couvert de larmes, se tordait les bras avec des cris, et retombait brisée sur quelque fauteuil.

Tout à coup la tapisserie qui séparait l'appartement de la rue Cloche-Percée de l'appartement de la rue Tizon se souleva ; un frémissement soyeux effleura la boiserie, et la duchesse de Nevers apparut.

— Oh ! s'écria Marguerite, c'est toi ! Avec quelle impatience je t'attendais ! Eh bien ! quelles nouvelles ?

— Mauvaises, mauvaises, ma pauvre amie. Catherine pousse elle-même l'instruction, et en ce moment encore elle est à Vincennes.

— Et René ?

— Il est arrêté.

— Avant que tu aies pu lui parler ?

— Oui.

— Et nos prisonniers ?

— J'ai de leurs nouvelles.

— Par le guichetier ?

— Toujours.

— Eh bien ?

— Eh bien ! ils communiquent chaque jour ensemble. Avant-hier on les a fouillés. La Mole a brisé ton portrait plutôt que de le livrer.

— Ce cher La Mole !

— Annibal a ri au nez des inquisiteurs.

— Bon Annibal ! Mais après ?

— On les a interrogés ce matin sur la fuite du roi, sur ses projets de rébellion en Navarre, et ils n'ont rien dit.

— Oh ! je savais bien qu'ils garderaient le silence ; mais ce silence les tue aussi bien que s'ils parlaient.

— Oui, mais nous les sauvons, nous.

— Tu as donc pensé à notre entreprise ?

— Je ne me suis occupée que de cela depuis hier.

— Eh bien ?

— Je viens de conclure avec Beaulieu. Ah ! ma chère reine, quel homme difficile et cupide ! Cela coûtera la vie d'un homme et trois cent mille écus.

— Tu dis qu'il est difficile et cupide et cependant il ne demande que la vie d'un homme et trois cent mille écus… Mais c'est pour rien !

— Pour rien… trois cent mille écus !… Mais tous tes joyaux et tous les miens n'y suffiraient pas.

— Oh ! qu'à cela ne tienne. Le roi de Navarre payera, le duc d'Alençon payera, mon frère Charles payera, ou sinon…

— Allons ! tu raisonnes comme une folle. Je les ai, les trois cent mille écus.

— Toi ?

— Oui, moi.

— Et comment te les es-tu procurés ?

— Ah ! voilà !

— C'est un secret ?

— Pour tout le monde, excepté pour toi.

— Oh ! mon Dieu ! dit Marguerite souriant au milieu de ses larmes, les aurais-tu volés ?

— Tu en jugeras.

— Voyons.

— Tu te rappelles cet horrible Nantouillet ?

— Le richard, l'usurier ?

— Si tu veux.

— Eh bien ?

— Eh bien ! tant il y a qu'un jour en voyant passer certaine femme blonde, aux yeux verts, coiffée de trois rubis posés l'un au front, les deux autres aux tempes, coiffure qui lui va si bien, et ignorant que cette femme était une duchesse, ce richard, cet usurier s'écria :

« Pour trois baisers à la place de ces trois rubis, je ferais naître trois diamants de cent mille écus chacun ! »

— Eh bien, Henriette ?

— Eh bien, ma chère, les diamants sont éclos et vendus.

— Oh ! Henriette ! Henriette ! murmura Marguerite.

— Tiens ! s'écria la duchesse avec un accent d'impudeur naïf et sublime à la fois, qui résume et le siècle et la femme, tiens ! j'aime Annibal, moi !

— C'est vrai, dit Marguerite en souriant et en rougissant tout à la fois, tu l'aimes beaucoup, tu l'aimes trop, même.

Et cependant elle lui serra la main.

— Donc, continua Henriette, grâce à nos trois diamants, les trois cent mille écus et l'homme sont prêts.

— L'homme ? quel homme ?

— L'homme à tuer : tu oublies qu'il faut tuer un homme.

— El tu as trouvé l'homme qu'il te fallait ?

— Parfaitement.

— Au même prix ? demanda en souriant Marguerite.

— Au même prix ! j'en eusse trouvé mille, répondit Henriette. Non, non ; moyennant cinq cents écus, tout bonnement.

— Pour cinq cents écus tu as trouvé un homme qui a consenti à se faire tuer ?

— Que veux-tu ! il faut bien vivre.

— Ma chère amie Je ne te comprends plus. Voyons, parle clairement ; les énigmes prennent trop de temps à deviner dans la situation où nous nous trouvons.

— Eh bien, écoute : le geôlier auquel est confiée la garde de La Mole et de Coconnas est un ancien soldat qui sait ce que c'est qu'une blessure ; il veut bien aider à sauver nos amis, mais il ne veut pas perdre sa place. Un coup de poignard adroitement placé fera l'affaire ; nous lui donnerons une récompense, et l'État un dédommagement. De cette façon, le brave homme recevra des deux mains, et aura renouvelé la fable du pélican.

— Mais, dit Marguerite, un coup de poignard…

— Sois tranquille, c'est Annibal qui le donnera.

— Au fait, dit en riant Marguerite, il a donné trois coups tant d'épée que de poignard à La Mole, et La Mole n'en est pas mort ; il y a donc tout lieu d'espérer.

— Méchante ! tu mériterais que j'en restasse là.

— Oh ! non, non, au contraire ; dis-moi le reste, je t'en supplie. Comment les sauverons-nous, voyons ?

— Eh bien, voici l'affaire : la chapelle est le seul lieu du château où puissent pénétrer les femmes qui ne sont point prisonnières. On nous fait cacher derrière l'autel : sous la nappe de l'autel, ils trouvent deux poignards. La porte de la sacristie est ouverte d'avance ; Coconnas frappe son geôlier qui tombe et fait semblant d'être mort ; nous apparaissons, nous jetons chacune un manteau sur les épaules de nos amis ; nous fuyons avec eux par la petite porte de la sacristie, et comme nous avons le mot d'ordre, nous sortons sans empêchement.

— Et une fois sortis ?

— Deux chevaux les attendent à la porte ; ils sautent dessus, quittent l'Île-de-France et gagnent la Lorraine, d'où de temps en temps ils reviennent incognito.

— Oh ! tu me rends la vie, dit Marguerite. Ainsi nous les sauverons ?

— J'en répondrais presque.

— Et cela bientôt ?

— Dame ! dans trois ou quatre jours ; Beaulieu nous préviendra.

— Mais si l'on te reconnaît dans les environs de Vincennes, cela peut faire du tort à notre projet.

— Comment veux-tu que l'on me reconnaisse ? Je sors en religieuse avec une coiffe, grâce à laquelle on ne me voit pas même le bout du nez.

    — C'est que nous ne pouvons prendre trop de précautions.

    — Je le sais bien, mordi ! comme dirait le pauvre Annibal.

    — Et le roi de Navarre, t'en es-tu informée ?

    — Je n'ai eu garde d'y manquer.

    — Eh bien ?

    — Eh bien, il n'a jamais été si joyeux, à ce qu'il paraît ; il rit, il chante, il fait bonne chère, et ne demande qu'une chose, c'est d'être bien gardé.

    — Il a raison. Et ma mère ?

    — Je te l'ai dit, elle pousse tant qu'elle peut le procès.

    — Oui, mais elle ne se doute de rien relativement à nous ?

    — Comment voudrais-tu qu'elle se doutât de quelque chose ? Tous ceux qui sont du secret ont intérêt à le garder. Ah ! j'ai su qu'elle avait fait dire aux juges de Paris de se tenir prêts.

    — Agissons vite, Henriette. Si nos pauvres captifs changeaient de prison, tout serait à recommencer.

    — Sois tranquille, je désire autant que toi de les voir dehors.

    — Oh ! oui, je le sais bien, et merci, merci cent fois de ce que tu fais pour en arriver là.

    — Adieu, Marguerite, adieu ! Je me remets en campagne.

    — Et tu es sûre de Beaulieu ?

    — Je l'espère.

    — Du guichetier ?

    — Il a promis.

    — Des chevaux ?

    — Ils seront les meilleurs de l'écurie du duc de Nevers.

    — Je t'adore, Henriette. Et Marguerite se jeta au cou de son amie, après quoi les deux femmes se séparèrent, se promettant de se revoir le lendemain et tous les jours au même lieu et à la même heure.

    C'étaient ces deux créatures charmantes et dévouées que Coconnas appelait avec une si saine raison ses boucliers invisibles.

XXVI

LES JUGES.

    — Eh bien ! mon brave ami, dit Coconnas à La Mole, lorsque les deux compagnons se retrouvèrent ensemble à la suite de l'interrogatoire où, pour la première fois, il avait été question de la figure de cire, il me semble que tout marche à ravir et que nous ne tarderons pas à être abandonnés des juges, ce qui est un diagnostic tout opposé à celui de l'abandon des médecins ; car lorsque le médecin abandonne le malade, c'est qu'il ne peut plus le sauver ; mais, tout au contraire, quand le juge abandonne l'accusé, c'est qu'il perd l'espoir de lui faire couper la tête.

    — Oui, dit La Mole ; il me semble même qu'à cette politesse, à cette facilité des geôliers, à l'élasticité des portes, je reconnais nos nobles amies ; mais je ne reconnais pas M. de Beaulieu, à ce qu'on m'avait dit, du moins.

    — Je le reconnais bien, moi, dit Coconnas ; seulement cela coûtera cher ; mais, baste ! l'une est princesse, l'autre est reine ; elles sont riches toutes deux, et jamais elles n'auront occasion de faire un si bon emploi de leur argent. Maintenant, récapitulons bien notre leçon : on nous mène à la chapelle ; on nous laisse là sous la garde de notre guichetier ; nous trouvons à l'endroit indiqué chacun un poignard ; je pratique un trou dans le ventre de notre guide…

— Oh ! non pas dans le ventre, tu lui volerais ses cinq cents écus ; dans le bras.

— Ah ! oui, dans le bras ce serait le perdre, pauvre cher homme ! on verrait bien qu'il y a mis de la complaisance, et moi aussi. Non, non, dans le côté droit, en glissant adroitement le long des côtes : c'est un coup vraisemblable et innocent.

— Allons, va pour celui-là ; ensuite…

— Ensuite tu barricades la grande porte avec des bancs tandis que nos deux princesses s'élancent de l'autel où elles sont cachées et qu'Henriette pousse la petite porte. Ah ! ma foi ! je l'aime aujourd'hui Henriette, il faut qu'elle m'ait fait quelque infidélité pour que cela me reprenne ainsi.

— Et puis, dit La Mole avec cette voix frémissante qui passe comme une musique à travers les lèvres, et puis nous gagnons les bois. Un bon baiser donné à chacun de nous nous fait joyeux et forts. Nous vois-tu, Annibal, penchés sur nos chevaux rapides et le cœur doucement oppressé ? Oh ! la bonne chose que la peur ! La peur en plein air, lorsqu'on a sa bonne épée nue au flanc, lorsqu'on crie hourra au coursier qu'on aiguillonne de l'éperon, et qui à chaque hourra bondit et vole.

— Oui, dit Coconnas, mais la peur entre quatre murs, qu'en dis-tu, La Mole ? Moi, je puis en parler, car j'ai éprouvé quelque chose comme cela. Quand ce visage blême de Beaulieu est entré pour la première fois dans ma chambre, derrière lui dans l'ombre brillaient des pertuisanes et retentissait un sinistre bruit de fer heurté contre du fer. Je te jure que j'ai pensé tout aussitôt au duc d'Alençon, et que je m'attendais à voir apparaître sa vilaine face entre deux vilaines têtes de hallebardiers. J'ai été trompé et ce fut ma seule consolation ; mais je n'ai pas tout perdu : la nuit venue, j'en ai rêvé.

— Ainsi, dit La Mole, qui suivait sa pensée souriante sans accompagner son ami dans les excursions que faisait la sienne aux champs du fantastique, ainsi elles ont tout prévu, même le lieu de notre retraite. Nous allons en Lorraine, cher ami. En vérité, j'eusse mieux aimé aller en Navarre ; en Navarre, j'étais chez elle, mais la Navarre est trop loin, Nancy vaut mieux ; d'ailleurs, là, nous ne serons qu'à quatre-vingts lieues de Paris. Sais-tu un regret que j'emporte, Annibal, en sortant d'ici ?

— Ah ! ma foi, non… par exemple. Quant à moi, j'avoue que j'y laisse tous les miens.

— Eh bien ! c'est de ne pouvoir emmener avec nous le digne geôlier au lieu de…

— Mais il ne voudrait pas, dit Coconnas, il y perdrait trop : songe donc, cinq cents écus de nous, une récompense du gouvernement, de l'avancement peut-être ; comme il vivra heureux ce gaillard-la, quand je l'aurai tué !… Mais qu'as-tu donc ?

— Rien ! Une idée qui me passe par l'esprit.

— Elle n'est pas drôle, à ce qu'il paraît, car tu pâlis affreusement.

— C'est que je me demande pourquoi on nous mènerait à la chapelle.

— Tiens ! dit Coconnas, pour faire nos pâques. Voilà le moment, ce me semble.

— Mais, dit La Mole, on ne conduit à la chapelle que les condamnés à mort ou les torturés.

— Oh ! oh ! fit Coconnas en pâlissant légèrement à son tour, ceci mérite attention. Interrogeons sur ce point le brave homme que je dois éventrer incessamment. Eh ! porte-clefs, mon ami !

— Monsieur m'appelle ? dit le geôlier qui faisait le guet sur les premières marches de l'escalier.

— Oui, viens çà.

— Me voici.

— Il est convenu que c'est de la chapelle que nous nous sauverons, n'est-ce pas ?

— Chut ! dit le porte-clefs en regardant avec effroi autour de lui.

— Sois tranquille, personne ne nous écoute.

— Oui, Monsieur, c'est de la chapelle.

— On nous y conduira donc à la chapelle !

— Sans doute, c'est l'usage.

— C'est l'usage ?

— Oui, après toute condamnation à mort, c'est l'usage de permettre que le condamné passe la nuit dans la chapelle.

Coconnas et La Mole tressaillirent et se regardèrent en même temps.

— Vous croyez donc que nous serons condamnés à mort ?

— Sans doute… mais vous aussi, vous le croyiez.

— Comment ! nous aussi, dit La Mole.

— Certainement… si vous ne le croyiez pas, vous n'auriez pas tout préparé pour votre fuite.

— Sais-tu que c'est plein de sens ce qu'il dit là ! fit Coconnas à La Mole.

— Oui… ce que je sais aussi, maintenant du moins, c'est que nous jouons gros jeu, à ce qu'il paraît.

— Et moi donc ! dit le guichetier, croyez-vous que je ne risque rien ?.. Si dans un moment d'émotion Monsieur allait se tromper de côté !…

— Eh ! mordi ! je voudrais être à ta place, dit lentement Coconnas, et ne pas avoir affaire à d'autres mains qu'à cette main, à d'autre fer que celui qui te touchera.

— Condamnés à mort ! murmura La Mole, mais c'est impossible !

— Impossible ! dit naïvement le guichetier, et pourquoi ?

— Chut ! dit Coconnas, je crois que l'on ouvre la porte d'en bas.

— En effet, reprit vivement le geôlier ; rentrez, Messieurs ! rentrez !

— Et quand croyez-vous que le jugement ait lieu ? demanda La Mole.

— Demain au plus tard. Mais soyez tranquilles, les personnes qui doivent être prévenues le seront.

— Alors embrassons-nous et faisons nos adieux à ces murs.

Les deux amis se jetèrent dans les bras l'un de l'autre, et rentrèrent chacun dans sa chambre, La Mole soupirant, Coconnas chantonnant.

Il ne se passa rien de nouveau jusqu'à sept heures du soir. La nuit descendit sombre et pluvieuse sur le donjon de Vincennes, une vraie nuit d'évasion. On apporta le repas du soir de Coconnas, lequel soupa avec son appétit ordinaire, tout en songeant au plaisir qu'il aurait à être mouillé par cette pluie qui fouettait les murailles, et déjà il se préparait à s'endormir au murmure sourd et monotone du vent, quand il lui sembla que ce vent, qu'il écoutait parfois avec un sentiment de mélancolie qu'il n'avait jamais éprouvé avant qu'il fût en prison, sifflait plus étrangement que d'habitude sous toutes les portes, et que le poêle ronflait avec plus de rage qu'à l'ordinaire. Ce phénomène avait lieu chaque fois qu'on ouvrait un des cachots de l'étage supérieur et surtout celui d'en face. C'est à ce bruit qu'Annibal reconnaissait toujours que le geôlier allait venir, attendu que ce bruit indiquait qu'il sortait de chez La Mole.

Cependant, cette fois, Coconnas demeura inutilement le cou tendu et l'oreille au guet.

Le temps s'écoula, personne ne vint.

— C'est étrange, dit Coconnas, on a ouvert chez La Mole et l'on n'ouvre pas chez moi. La Mole aurait-il appelé ? serait-il malade ? que veut dire cela ?

Tout est soupçon et inquiétude comme tout est joie et espoir pour un prisonnier.

Une demi-heure s'écoula, puis une heure, puis une heure et demie.

Coconnas commençait à s'endormir de dépit, quand le bruit de la serrure le fit bondir.

— Oh ! oh ! dit-il, est-ce déjà l'heure du départ et va-t-on nous conduire à la chapelle sans être condamnés ? Mordi ! ce serait un plaisir de fuir par une nuit pareille, il fait noir comme dans un four ; pourvu que les chevaux ne soient point aveuglés !

Il se préparait à questionner gaiement le porte-clefs, quand il vit celui-ci appliquer son doigt sur ses lèvres en roulant des yeux très éloquents.

En effet, derrière le geôlier on entendait du bruit et l'on apercevait des ombres.

Tout à coup, au milieu de l'obscurité, il distingua deux casques sur chacun desquels la chandelle fumeuse envoya une paillette d'or.

— Oh ! oh ! demanda-t-il à demi voix, qu'est-ce que c'est que cet appareil sinistre ? où allons-nous donc ?

Le geôlier ne répondit que par un soupir qui ressemblait fort à un gémissement.

— Mordi ! murmura Coconnas, quelle peste d'existence ! toujours des extrêmes, jamais de terre ferme : on barbote dans cent pieds d'eau, ou l'on plane au-dessus des nuages, pas de milieu. Voyons, où allons-nous ?

— Suivez les hallebardiers, Monsieur, dit une voix grasseyante qui fit connaître à Coconnas que les soldats qu'il avait entrevus étaient accompagnés d'un huissier quelconque.

— Et M. de La Mole, demanda le Piémontais, où est-il ? que devient-il ?

— Suivez les hallebardiers, répéta la même voix grasseyante sur le même ton.

Il fallait obéir. Coconnas sortit de sa chambre, et aperçut l'homme noir dont la voix lui avait été si désagréable. C'était un petit greffier bossu, et qui sans doute s'était fait homme de robe pour qu'on ne s'aperçût point qu'il était bancal en même temps.

Il descendit lentement l'escalier en spirale. Au premier étage, les gardes s'arrêtèrent.

— C'est beaucoup descendre, murmura Coconnas, mais pas encore assez.

La porte s'ouvrit. Coconnas avait un regard de lynx et un flair de limier ; il flaira les juges, et vit dans l'ombre une silhouette d'homme aux bras nus qui lui fit monter la sueur au front. Il n'en prit pas moins la mine la plus souriante, pencha la tête à gauche, selon le code des grands airs à la mode à cette époque, et, le poing sur la hanche, entra dans la salle.

On leva une tapisserie, et Coconnas aperçut effectivement des juges et des greffiers.

À quelques pas de ces juges et de ces greffiers, La Mole était assis sur un banc.

Coconnas fut conduit devant un tribunal. Arrivé en face des juges, Coconnas s'arrêta, salua La Mole d'un signe de tête et d'un sourire, puis il attendit.

— Comment vous nommez-vous, Monsieur ? lui demanda le président.

— Marc-Annibal de Coconnas, répondit le gentilhomme avec une grâce parfaite, comte de Montpantier, Chenaux et autres lieux ; mais on connaît nos qualités, je présume.

— Où êtes-vous né ?

— À Saint-Colomban, près de Suze.

— Quel âge avez-vous ?

— Vingt-sept ans et trois mois.

— Bien, dit le président.

— Il paraît que cela lui fait plaisir, murmura Coconnas.

— Maintenant, dit le président après un moment de silence qui donna au greffier le temps d'écrire les réponses de l'accusé, quel était votre but en quittant la maison de M. d'Alençon ?

— De me réunir à M. de La Mole, mon ami, que voilà, et qui, lorsque je la quittai, moi, l'avait déjà quittée depuis quelques jours.

— Que faisiez-vous à la chasse où vous fûtes arrêté ?

— Mais, répondit Coconnas… je chassais.

— Le roi était aussi à cette chasse, et il y ressentit les premières atteintes du mal dont il souffre en ce moment.

— Quant à ceci, je n'étais pas près du roi, et je ne puis rien dire. J'ignorais même qu'il fût atteint d'un mal quelconque.

Les juges se regardèrent avec un sourire d'incrédulité.

—Ah ! vous l'ignoriez ? dit le président.

— Oui, Monsieur, et j'en suis fâché. Quoique le roi de France ne soit pas mon roi, j'ai beaucoup de sympathie pour lui.

— Vraiment ?

— Parole d'honneur ! Ce n'est pas comme pour son frère le duc d'Alençon. Celui-là, je l'avoue…

— Il ne s'agit point ici du duc d'Alençon, Monsieur, mais de Sa Majesté.

— Eh bien, je vous ai déjà dit que j'étais son très humble serviteur, répondit Coconnas en se dandinant avec une adorable insolence.

— Si vous êtes en effet son serviteur, comme vous le prétendez, Monsieur, voulez-vous nous dire ce que vous savez d'une certaine statue magique ?

— Ah ! bon ! nous revenons à l'histoire de la statue, à ce qu'il paraît ?

— Oui, Monsieur, cela vous déplaît-il ?

— Non point, au contraire ; j'aime mieux cela. Allez.

— Pourquoi cette statue se trouvait-elle chez M. de La Mole ?

— Chez M. de La Mole, cette statue ? Chez René, vous voulez dire.

— Vous reconnaissez donc qu'elle existe ?

— Dame ! si on me la montre.

— La voici. Est-ce celle que vous connaissez ?

— Très bien.

— Greffier, dit le président, écrivez que l'accusé reconnaît la statue pour l'avoir vue chez M. de La Mole.

— Non pas, non pas, dit Coconnas, ne confondons point : pour l'avoir vue chez René.

— Chez René, soit ! Quel jour ?

— Le seul jour où nous y avons été, M. de La Mole et moi.

— Vous avouez donc que vous avez été chez René avec M. de La Mole ?

— Ah çà ! est-ce que je m'en suis jamais caché ?

— Greffier, écrivez que l'accusé avoue avoir été chez René pour faire des conjurations.

— Holà, hé ! tout beau, tout beau, monsieur le président. Modérez votre enthousiasme, je vous prie : je n'ai pas dit un mot de tout cela.

— Vous niez que vous avez été chez René pour faire des conjurations ?

— Je le nie. La conjuration s'est faite par accident, mais sans préméditation.

— Mais elle a eu lieu ?

— Je ne puis nier qu'il se soit fait quelque chose qui ressemblait à un charme.

— Greffier, écrivez que l'accusé avoue qu'il s'est fait chez René un charme contre la vie du roi.

— Comment ! contre la vie du roi ! C'est un infâme mensonge. Il ne s'est jamais fait de charme contre la vie du roi.

— Vous le voyez, Messieurs, dit La Mole.

— Silence ! fit le président ; puis se retournant vers le greffier : Contre la vie du roi, continua-t-il. Y êtes-vous ?

— Mais non, mais non, dit Coconnas. D'ailleurs, la statue n'est pas une statue d'homme, mais de femme.

— Eh bien ! Messieurs, que vous avais-je dit ? reprit La Mole.

— Monsieur de La Mole, dit le président, vous répondrez quand nous vous interrogerons ; mais n'interrompez pas l'interrogatoire des autres.

— Ainsi, vous dites que c'est une femme ?

— Sans doute, je le dis.

— Pourquoi alors a-t-elle une couronne et un manteau royal ?

— Pardieu ! dit Coconnas, c'est bien simple ; parce que c'était...

La Mole se leva et mit un doigt sur sa bouche.

— C'est juste, dit Coconnas ; qu'allais-je donc raconter, moi, comme si cela regardait ces Messieurs !

— Vous persistez à dire que cette statue est une statue de femme ?

— Oui, certainement, je persiste.

— Et vous refusez de dire quelle est cette femme ?

— Une femme de mon pays, dit La Mole, que j'aimais et dont je voulais être aimé.

— Ce n'est pas vous qu'on interroge, monsieur de La Mole, s'écria le président ; taisez-vous donc, ou l'on vous bâillonnera.

— ... Bâillonnera ! dit Coconnas ; comment dites-vous cela, monsieur de la robe noire ?

On bâillonnera mon ami !… un gentilhomme ! Allons donc !

— Faites entrer René, dit le procureur général Laguesle.

— Oui, faites entrer René, dit Coconnas, faites ; nous allons voir un peu qui a raison, ici, de vous trois ou de nous deux.

René entra pâle, vieilli, presque méconnaissable pour les deux amis, courbé sous le poids du crime qu'il allait commettre, bien plus que de ceux qu'il avait commis.

— Maître René, dit le juge, reconnaissez-vous les deux accusés ici présents ?

— Oui, Monsieur, répondit René d'une voix qui trahissait son émotion.

— Pour les avoir vus où ?

— En plusieurs lieux, et notamment chez moi.

— Combien de fois ont-ils été chez vous ?

— Une seule.

À mesure que René parlait, la figure de Coconnas s'épanouissait. Le visage de La Mole, au contraire, demeurait grave comme s'il avait eu un pressentiment.

— Et à quelle occasion ont-ils été chez vous ?

René sembla hésiter un moment.

— Pour me commander une figure de cire, dit-il.

— Pardon, pardon, maître René, dit Coconnas, vous faites une petite erreur.

— Silence ! dit le président ; puis se retournant vers René : Cette figurine, continua-t-il, est-elle une figure d'homme ou de femme ?

— D'homme, répondit René.

Coconnas bondit comme s'il eût reçu une commotion électrique.

— D'homme ! dit-il.

— D'homme, répéta René, mais d'une voix si faible qu'à peine le président l'entendit.

— Et pourquoi cette statue d'homme a-t-elle un manteau sur les épaules et une couronne sur la tête ?

— Parce que cette statue représente un roi.

— Infâme menteur ! cria Coconnas exaspéré.

— Tais-toi, Coconnas, tais-toi, interrompit La Mole, laisse dire cet homme, chacun est maître de perdre son âme.

— Mais non pas le corps des autres, mordi !

— Et que voulait dire cette aiguille d'acier que la statue avait dans le cœur, avec la lettre M écrite sur une petite bannière ?

— L'aiguille simulait l'épée ou le poignard, la lettre M veut dire MORT.

Coconnas fit un mouvement pour étrangler René, quatre gardes le retinrent.

— C'est bien, dit le procureur Laguesle, le tribunal est suffisamment renseigné. Reconduisez les prisonniers dans les chambres d'attente.

— Mais, s'écriait Coconnas, il est impossible de s'entendre accuser de pareilles choses sans protester.

— Protestez, Monsieur, on ne vous en empêche pas. Gardes, vous avez entendu ?

Les gardes s'emparèrent des deux accusés et les firent sortir, La Mole par une porte, Coconnas par l'autre.

Puis le procureur fit signe à cet homme que Coconnas avait aperçu dans l'ombre et lui dit :

— Ne vous éloignez pas, maître, vous aurez de la besogne cette nuit.

— Par lequel commencerai-je, Monsieur ? demanda l'homme en mettant respectueusement le bonnet à la main.

— Par celui-ci, dit le président en montrant La Mole qu'on apercevait encore comme une ombre entre les deux gardes ; puis s'approchant de René, qui était resté debout et tremblant en attendant à son tour qu'on le reconduisît au Châtelet où il était enfermé :

— Bien, Monsieur, lui dit-il, soyez tranquille, la reine et le roi sauront que c'est à vous qu'ils auront dû de connaître la vérité.

Mais au lieu de lui rendre de la force, cette promesse parut atterrer René, et il ne répondit qu'en poussant un profond soupir.

XXVII

LA TORTURE DU BRODEQUIN.

Ce fut seulement lorsqu'on l'eut reconduit dans son nouveau cachot et qu'on eut refermé la porte derrière lui, que Coconnas, abandonné à lui-même et cessant d'être soutenu par la lutte avec les juges et par sa colère contre René, commença la série de ses tristes réflexions.

— Il me semble, se dit-il à lui-même, que cela tourne au plus mal, et qu'il serait temps d'aller un peu à la chapelle. Je me défie des condamnations à mort ; car incontestablement on s'occupe de nous condamner à mort à cette heure. Je me défie surtout des condamnations à mort qui se prononcent dans le huis-clos d'un château fort devant des figures aussi laides que toutes ces figures qui m'entouraient. On veut sérieusement nous couper la tête, hum ! hum !... Je reviens donc à ce que je disais, il serait temps d'aller à la chapelle.

Ces mots prononcés à demi voix furent suivis d'un silence, et ce silence fut interrompu par un cri sourd, étouffé, lugubre, et qui n'avait rien d'humain ; ce cri sembla percer la muraille épaisse et vint vibrer sur le fer de ses barreaux.

Coconnas frissonna malgré lui : et cependant c'était un homme si brave que chez lui la valeur ressemblait à l'instinct des bêtes féroces ; Coconnas demeura immobile à l'endroit où il avait entendu la plainte, doutant qu'une pareille plainte pût être prononcée par un être humain, et la prenant pour le gémissement du vent dans les arbres, ou pour un de ces mille bruits de la nuit qui semblent descendre ou monter des deux mondes inconnus entre lesquels tourne notre monde ; alors une seconde plainte plus douloureuse, plus profonde, plus poignante encore que la première, parvint à Coconnas, et cette fois, non seulement il distingua bien positivement l'expression de la douleur dans la voix humaine, mais encore il crut reconnaître dans cette voix celle de La Mole.

À cette voix, le Piémontais oublia qu'il était retenu par deux portes, par trois grilles et par une muraille épaisse de douze pieds ; il s'élança de tout son poids contre cette muraille comme pour la renverser et voler au secours de la victime en s'écriant :

— On égorge donc quelqu'un ici ? Mais il rencontra sur son chemin le mur auquel il n'avait pas pensé, et il tomba froissé du choc contre un banc de pierre sur lequel il s'affaissa.

Ce fut tout.

— Oh ! ils l'ont tué ! murmura-t-il ; c'est abominable ! Mais c'est qu'on ne peut se défendre ici... rien, pas d'armes.

Il étendit les mains autour de lui.

— Ah ! cet anneau de fer, s'écria-t-il, je l'arracherai, et malheur à qui m'approchera !

Coconnas se releva, saisit l'anneau de fer, et d'une première secousse l'ébranla si violemment, qu'il était évident qu'avec deux secousses pareilles il le descellerait.

Mais soudain la porte s'ouvrit et une lumière produite par deux torches envahit le cachot.

— Venez, Monsieur, dit la même voix grasseyante qui lui avait été déjà si particulièrement désagréable, et qui, pour se faire entendre cette fois trois étages au-dessous, ne lui parut pas avoir acquis le charme qui lui manquait ; venez, Monsieur, la cour vous attend.

— Bon, dit Coconnas lâchant son anneau, c'est mon arrêt que je vais entendre, n'est-ce pas ?

— Oui, Monsieur.

— Oh ! je respire ; marchons, dit-il.

Et il suivit l'huissier, qui marchait devant lui de son pas compassé et tenant sa baguette noire.

Malgré la satisfaction qu'il avait témoignée dans un premier mouvement, Coconnas jetait, tout en marchant, un regard inquiet à droite et à gauche, devant et derrière.

— Oh ! oh ! murmura-t-il, je n'aperçois pas mon digne geôlier : j'avoue que sa présence me manque.

On entra dans la salle que venaient de quitter les juges, et où demeurait seul debout un homme que Coconnas reconnut pour le procureur général, qui avait plusieurs fois, dans le cours de l'interrogatoire, porté la parole, et toujours avec une animosité facile à reconnaître.

En effet, c'était celui à qui Catherine, tantôt par lettre, tantôt de vive voix, avait particulièrement recommandé le procès.

Un rideau levé laissait voir le fond de cette chambre, et cette chambre, dont les profondeurs se perdaient dans l'obscurité, avait dans ses parties éclairées un aspect si terrible que Coconnas sentit que les jambes lui manquaient et s'écria :

— Oh ! mon Dieu !

Ce n'était pas sans cause que Coconnas avait poussé ce cri de terreur.

Le spectacle était en effet des plus lugubres. La salle, cachée pendant l'interrogatoire par ce rideau, qui était levé maintenant, apparaissait comme le vestibule de l'enfer.

Au premier plan on voyait un chevalet de bois garni de cordes, de poulies et d'autres accessoires tortionnaires. Plus loin flambait un brasier qui reflétait ses lueurs rougeâtres sur tous les objets environnants, et qui assombrissait encore la silhouette de ceux qui se trouvaient entre Coconnas et lui. Contre une des colonnes qui soutenaient la voûte, un homme immobile comme une statue se tenait debout une corde à la main.

On eût dit qu'il était de la même pierre que la colonne à laquelle il adhérait. Sur les murs, au-dessus des bancs de grès, entre des anneaux de fer, pendaient des chaînes et reluisaient des lames.

— Oh ! murmura Coconnas, la salle de la torture toute préparée et qui semble ne plus attendre que le patient ! Qu'est-ce que cela signifie ?

— À genoux, Marc-Annibal Coconnas, dit une voix qui fit relever la tête du gentilhomme, à genoux pour entendre l'arrêt qui vient d'être rendu contre vous !

C'était une de ces invitations contre lesquelles toute la personne d'Annibal réagissait instinctivement.

Mais comme elle était en train de réagir, deux hommes appuyèrent leurs mains sur son épaule d'une façon si inattendue et surtout si pesante, qu'il tomba les deux genoux sur la dalle.

La voix continua :

« Arrêt rendu par la cour séant au donjon de Vincennes contre Marc-Annibal de Coconnas, atteint et convaincu du crime de lèse-majesté, de tentative d'empoisonnement, de sortilège et de magie contre la personne du roi, du crime de conspiration contre la sûreté de l'État, comme aussi pour avoir entraîné, par ses pernicieux conseils, un prince du sang à la rébellion… »

À chacune de ces imputations, Coconnas avait hoché la tête en battant la mesure comme font les écoliers indociles.

Le juge continua :

« En conséquence de quoi, sera ledit Marc-Annibal de Coconnas conduit de la prison à la place Saint-Jean en Grève, pour y être décapité ; ses biens seront confisqués, ses hautes futaies coupées à la hauteur de six pieds, ses châteaux ruinés, et en l'air un poteau planté avec une plaque de cuivre qui constatera le crime et le châtiment… »

— Pour ma tête, dit Coconnas, je crois bien qu'on la tranchera, car elle est en France et fort aventurée même. Quant à mes bois de haute futaie, et quant à mes châteaux, je défie toutes les scies et toutes les pioches du royaume très chrétien de mordre dedans.

— Silence ! fit le juge, et il continua :

« De plus sera ledit Coconnas… »

— Comment ? interrompit Coconnas, il me sera fait quelque chose encore après la décapitation ? Oh ! oh ! cela me paraît bien sévère.

— Non, Monsieur, dit le juge : avant…

Et il reprit :

« Et sera de plus ledit Coconnas, avant l'exécution du jugement, appliqué à la question extraordinaire qui est des dix coins. »

Coconnas bondit, foudroyant le juge d'un regard étincelant.

— Et pourquoi faire ? s'écria-t-il, ne trouvant pas d'autres mots que cette naïveté pour exprimer la foule de pensées qui venaient de surgir dans son esprit.

En effet, cette torture était pour Coconnas le renversement complet de ses espérances ; il ne serait conduit à la chapelle qu'après la torture, et de cette torture on mourait souvent ; on en mourait d'autant mieux qu'on était plus brave et plus fort, car alors on regardait comme une lâcheté d'avouer ; et tant qu'on n'avouait pas, la torture continuait, et non seulement continuait, mais redoublait de force.

Le juge se dispensa de répondre à Coconnas, la suite de l'arrêt répondant pour lui ; seulement il continua :

« Afin de le forcer d'avouer ses complices, complots et machinations dans le détail. »

— Mordi ! s'écria Coconnas, voilà ce que j'appelle une infamie ; voilà ce que j'appelle bien plus qu'une infamie, voilà ce que j'appelle une lâcheté.

Accoutumé aux colères des victimes, colères que la souffrance calme en les changeant en larmes, le juge impassible ne fit qu'un seul geste.

Coconnas, saisi par les pieds et par les épaules, fut renversé, emporté, couché et attaché sur le lit de la question avant d'avoir pu regarder même ceux qui lui faisaient cette violence.

— Misérables ! hurlait Coconnas, secouant dans un paroxysme de fureur le lit et les tréteaux de manière à faire reculer les tourmenteurs eux-mêmes ; misérables ! torturez-moi, brisez-moi, mettez-moi en morceaux, vous ne saurez rien, je vous le jure ! Ah ! vous croyez que c'est avec des morceaux de bois et avec des morceaux de fer qu'on fait parler un gentilhomme de mon nom ! Allez, allez, je vous en défie.

— Préparez-vous à écrire, greffier, dit le juge.

— Oui, prépare-toi ! hurla Coconnas, et si tu écris tout ce que je vais vous dire à tous, infâmes bourreaux, tu auras de l'ouvrage. Écris, écris.

— Voulez-vous faire des révélations ? dit le juge de sa même voix calme.

— Rien, pas un mot ; allez au diable.

— Vous réfléchirez, Monsieur, pendant les préparatifs. Allons, maître, ajustez les bottines à Monsieur.

À ces mots, l'homme qui était resté debout et immobile jusque-là, les cordes à la main, se détacha de la colonne, et d'un pas lent s'approcha de Coconnas, qui se retourna de son côté pour lui faire la grimace.

C'était maître Caboche, le bourreau de la prévôté de Paris.

Un douloureux étonnement se peignit sur les traits de Coconnas, qui, au lieu de crier et de s'agiter, demeura immobile et ne pouvant détacher ses yeux du visage de cet ami oublié qui reparaissait en un pareil moment.

Caboche, sans qu'un seul muscle de son visage fût agité, sans qu'il parût avoir jamais vu Coconnas autre part que sur le chevalet, lui introduisit deux planches entre les jambes, lui plaça deux autres planches pareilles en dehors des jambes, et ficela le tout avec la corde qu'il tenait à la main.

C'était cet appareil qu'on appelait les brodequins.

Pour la question ordinaire, on enfonçait six coins entre les deux planches, qui en s'écartant broyaient les chairs.

Pour la question extraordinaire, on enfonçait dix coins, et alors les planches, non seulement broyaient les chairs, mais faisaient éclater les os.

L'opération préliminaire terminée, maître Caboche introduisit l'extrémité du coin entre les deux planches ; puis, son maillet à la main, agenouillé sur un seul genou, il regarda le juge.

— Voulez-vous parler ? demanda celui-ci.

— Non, répondit résolument Coconnas, quoiqu'il sentît la sueur perler sur son front et ses cheveux se dresser sur sa tête.

— En ce cas, allez, dit le juge, premier coin de l'ordinaire.

Caboche leva son bras armé d'un lourd maillet et asséna un coup terrible sur le coin, qui rendit un son mat.

Le chevalet trembla.

Coconnas ne laissa point échapper une plainte à ce premier coin, qui, d'ordinaire, faisait gémir les plus résolus.

Il y eut même plus : la seule expression qui se peignit sur son visage fut celle d'un indicible étonnement. Il regarda avec des yeux stupéfaits Caboche, qui, le bras levé, à demi retourné vers le juge, s'apprêtait à redoubler.

— Quelle était votre intention en vous cachant dans la forêt ? demanda le juge.

— De nous asseoir à l'ombre, répondit Coconnas.

— Allez, dit le juge.

Caboche appliqua un second coup, qui résonna comme le premier.

Mais pas plus qu'au premier coup Coconnas ne sourcilla, et son œil continua de regarder le bourreau avec la même expression.

Le juge fronça le sourcil.

— Voilà un chrétien bien dur, murmura-t-il ; le coin est-il entré jusqu'au bout, maître ?

Caboche se baissa comme pour examiner ; mais en se baissant il dit tout bas à Coconnas :

— Mais criez donc, malheureux !

Puis se relevant :

— Jusqu'au bout, Monsieur, dit-il.

— Second coin de l'ordinaire, reprit froidement le juge.

Les quatre mots de Caboche expliquaient tout à Coconnas. Le digne bourreau venait de rendre *à son ami* le plus grand service qui se puisse rendre de bourreau à gentilhomme.

Il lui épargnait plus que la douleur, il lui épargnait la honte des aveux, en lui enfonçant entre les jambes des coins de cuir élastiques, dont la partie supérieure était seulement garnie de bois, au lieu de lui enfoncer des coins de chêne. De plus, il lui laissait toute sa force pour faire face à l'échafaud.

— Ah ! brave, brave Caboche, murmura Coconnas, sois tranquille, va, je vais crier, puisque tu me le demandes, et si tu n'es pas content, tu seras difficile.

Pendant ce temps, Caboche avait introduit entre les planches l'extrémité d'un coin plus gros encore que le premier.

— Allez, dit le juge.

À ce mot, Caboche frappa comme s'il se fût agi de démolir d'un seul coup le donjon de Vincennes.

— Ah ! ah ! hou ! hou ! cria Coconnas sur les intonations les plus variées. Mille tonnerres, vous me brisez les os, prenez donc garde !

— Ah ! dit le juge en souriant, le second fait son effet ; cela m'étonnait aussi.

Coconnas respira comme un soufflet de forge.

— Que faisiez-vous donc dans la forêt ? répéta le juge.

— Eh ! mordieu ! je vous l'ai déjà dit, je prenais le frais.

— Allez, dit le juge.

— Avouez, lui glissa Caboche à l'oreille.

— Quoi ?

— Tout ce que vous voudrez, mais avouez quelque chose.

El il donna le second coup non moins bien appliqué que le premier.

Coconnas pensa s'étrangler à force de crier.

— Oh ! la, la, dit-il. Que désirez-vous savoir, Monsieur ? par ordre de qui j'étais dans le bois ?

— Oui, Monsieur.

— J'y étais par ordre de M. d'Alençon.

— Écrivez, dit le juge.

— Si j'ai commis un crime en tendant un piège au roi de Navarre, continua Coconnas, je n'étais qu'un instrument, Monsieur, et j'obéissais à mon maître.

Le greffier se mit à écrire.

— Oh ! tu m'as dénoncé, face blême, murmura le patient, attends, attends.

Et il raconta la visite de François au roi de Navarre, les entrevues entre de Mouy et M. d'Alençon, l'histoire du manteau rouge, le tout en hurlant par réminiscence et en se faisant ajouter de temps en temps un coup de marteau.

Enfin il donna tant de renseignements précis, véridiques, incontestables, terribles contre M. le duc d'Alençon ; il fit si bien paraître ne les accorder qu'à la violence des douleurs ; il grimaça, rugit, se plaignit si naturellement, et sur tant d'intonations différentes, que le juge lui-même finit par s'effaroucher d'avoir à enregistrer des détails si compromettants pour un fils de France.

— Eh bien, à la bonne heure ! disait Caboche, voici un gentilhomme à qui il n'est pas besoin de dire les choses à deux fois et qui fait bonne mesure au greffier. Jésus-Dieu ! que serait-ce donc, si, au lieu d'être de cuir, les coins étaient de bois !

Aussi fit-on grâce à Coconnas du dernier coin de l'extraordinaire ; mais, sans compter celui-là, il avait eu affaire à neuf autres, ce qui suffisait parfaitement à lui mettre les jambes en bouillie.

Le juge fit valoir à Coconnas la douceur qu'il lui accordait en faveur de ses aveux et se retira.

Le patient resta seul avec Caboche.

— Eh bien ! lui demanda celui-ci, comment allons-nous, mon gentilhomme ?

— Ah ! mon ami ! mon brave ami, mon cher Caboche ! dit Coconnas, sois certain que je serai reconnaissant toute ma vie de ce que tu viens de faire pour moi.

— Peste ! vous avez raison, Monsieur, car si on savait ce que j'ai fait pour vous, c'est moi qui prendrais votre place sur ce chevalet, et on ne me ménagerait point, moi, comme je vous ai ménagé.

— Mais comment as-tu eu l'ingénieuse idée…

— Voilà, dit Caboche tout en entortillant les jambes de Coconnas dans des linges ensanglantés : j'ai su que vous étiez arrêté, j'ai su qu'on faisait votre procès, j'ai su que la reine Catherine voulait votre mort ; j'ai deviné qu'on vous donnerait la question, et j'ai pris mes précautions en conséquence.

— Au risque de ce qui pouvait arriver ?

— Monsieur, dit Caboche, vous êtes le seul gentilhomme qui m'ait donné la main, et l'on a de la mémoire et un cœur, tout bourreau qu'on est, et peut-être même parce qu'on est bourreau. Vous verrez demain comme je ferai proprement ma besogne.

— Demain ? dit Coconnas.

— Sans doute, demain.

— Quelle besogne ?

Caboche regarda Coconnas avec stupéfaction.

— Comment, quelle besogne ? avez-vous donc oublié l'arrêt ?

— Ah ! oui, en effet, l'arrêt, dit Coconnas, je l'avais oublié.

Le fait est que Coconnas ne l'avait point oublié, mais qu'il n'y pensait pas.

Ce à quoi il pensait, c'était à la chapelle, au couteau caché sous la nappe sacrée, à Henriette et à la reine, à la porte de la sacristie et aux deux chevaux attendant à la lisière de la forêt ; ce à quoi il pensait, c'était à la liberté, c'était à la course en plein air, c'était à la sécurité au delà des frontières de France.

— Maintenant, dit Caboche, il s'agit de vous faire passer adroitement du chevalet sur la litière. N'oubliez pas que pour tout le monde, et même pour mes valets, vous avez les jambes brisées, et qu'à chaque mouvement vous devez pousser un cri.

— Aïe ! fit Coconnas rien qu'en voyant les deux valets approcher de lui la litière ?

— Allons ! allons ! un peu de courage, dit Caboche ; si vous criez déjà, que direz-vous donc tout à l'heure ?

— Mon cher Caboche, dit Coconnas, ne me laissez pas toucher, je vous en supplie, par vos estimables acolytes ; peut-être n'auraient-ils pas la main aussi légère que vous.

— Posez la litière près du chevalet, dit maître Caboche.

Les deux valets obéirent. Maître Caboche prit Coconnas dans ses bras comme il aurait fait d'un enfant, et le déposa couché sur le brancard ; mais malgré toutes ces précautions Coconnas poussa des cris féroces.

Le brave guichetier apparut alors avec une lanterne.

— À la chapelle, dit-il.

Et les porteurs de Coconnas se mirent en route après que Coconnas eut donné à Caboche une seconde poignée de main.

La première avait trop bien réussi au Piémontais pour qu'il fît désormais le difficile.

XXVIII

LA CHAPELLE.

Le lugubre cortège traversa dans le plus profond silence les deux ponts-levis du donjon et la grande cour du château qui mène à la chapelle, et aux vitraux de laquelle une pâle lumière colorait les figures livides des apôtres en robes rouges.

Coconnas aspirait avidement l'air de la nuit, quoique cet air fût tout chargé de pluie. Il regardait l'obscurité profonde et s'applaudissait de ce que toutes ces circonstances étaient propices à sa fuite et à celle de son compagnon.

Il lui fallut toute sa volonté, toute sa prudence, toute sa puissance sur lui-même pour ne pas sauter en bas de la litière dès que, porté dans la chapelle, il aperçut dans le chœur, et à trois pas de l'autel, une masse gisante dans un grand manteau blanc.

C'était La Mole.

Les deux soldats qui accompagnaient la litière s'étaient arrêtés en dehors de la porte.

— Puisqu'on nous fait cette suprême grâce de nous réunir encore une fois, dit Coconnas alanguissant sa voix, portez-moi près de mon ami.

Les porteurs n'avaient aucun ordre contraire, ils ne firent donc aucune difficulté d'accorder la demande de Coconnas.

La Mole était sombre et pâle, sa tête était appuyée au marbre de la muraille ; ses cheveux noirs, baignés d'une sueur abondante, qui donnait à son visage la mate pâleur de l'ivoire, semblaient avoir conservé leur raideur après s'être hérissés sur sa tête.

Sur un signe du porte-clefs les deux valets s'éloignèrent pour aller chercher le prêtre que demanda Coconnas.

C'était le signal convenu.

Coconnas les suivait des yeux avec anxiété ; mais il n'était pas le seul dont le regard ardent était fixé sur eux. À peine eurent-ils disparu, que deux femmes s'élancèrent de derrière l'autel et firent irruption dans le chœur avec des frémissements de joie qui les précédaient, agitant l'air comme un souffle chaud et bruyant précède l'orage.

Marguerite se précipita vers La Mole et le saisit dans ses bras.

La Mole poussa un cri terrible, un de ces cris comme en avait entendu Coconnas dans son cachot et qui avaient failli le rendre fou.

— Mon Dieu ! qu'y a-t-il donc, La Mole ? dit Marguerite se reculant d'effroi.

La Mole poussa un gémissement profond et porta ses mains à ses yeux comme pour ne pas voir Marguerite.

Marguerite fut épouvantée plus encore de ce silence et de ce geste que du cri de douleur qu'avait poussé La Mole.

— Oh ! s'écria-t-elle, qu'as-tu donc ? tu es tout en sang.

Coconnas, qui s'était élancé vers l'autel, qui avait pris le poignard, qui tenait déjà Henriette enlacée, se retourna.

— Lève-toi donc, disait Marguerite, lève-toi donc, je t'en supplie ! tu vois bien que le moment est venu.

Un sourire effrayant de tristesse passa sur les lèvres blêmes de La Mole, qui semblait ne plus devoir sourire.

— Chère reine ! dit le jeune homme, vous aviez compté sans Catherine, et par conséquent sans un crime. J'ai subi la question, mes os sont rompus, tout mon corps n'est qu'une plaie, et le mouvement que je fais en ce moment pour appuyer mes lèvres sur votre front me cause des douleurs pires que la mort.

Et en effet, avec effort et tout pâlissant, La Mole appuya ses lèvres sur le front de la reine.

— La question ! s'écria Coconnas ; mais moi aussi je l'ai subie ; mais le bourreau n'a-t-il donc pas fait pour toi ce qu'il a fait pour moi ?

Et Coconnas raconta tout.

— Ah ! dit La Mole, cela se comprend : tu lui as donné la main le jour de notre visite ; moi j'ai oublié que tous les hommes sont frères, j'ai fait le dédaigneux. Dieu me punit de mon orgueil, merci à Dieu !

La Mole joignit les mains.

Coconnas et les deux femmes échangèrent un regard d'indicible terreur.

— Allons, allons, dit le geôlier, qui avait été jusqu'à la porte pour écouter et qui était revenu, allons, ne perdez pas de temps, cher monsieur de Coconnas ; mon coup de dague, et arrangez-moi cela en digne gentilhomme, car ils vont venir.

Marguerite s'était agenouillée près de La Mole, pareille à ces figures de marbre courbées sur un tombeau, près du simulacre de celui qu'il renferme.

— Allons, ami, dit Coconnas, du courage ! je suis fort, je t'emporterai, je te placerai sur ton cheval, je te tiendrai même devant moi si tu ne peux te soutenir sur la selle ; mais partons, partons ; tu entends bien ce que nous dit ce brave homme, il s'agit de la vie.

La Mole fit un effort surhumain, un effort sublime.

— C'est vrai, il s'agit de ta vie, dit-il.

El il essaya de se soulever.

Annibal le prit sous les bras et le dressa debout. La Mole, pendant ce temps n'avait fait entendre qu'une espèce de gémissement sourd ; mais au moment où Coconnas le lâchait pour aller au guichetier, et lorsque le patient ne fut plus soutenu que par le bras des deux femmes, ses jambes plièrent, et, malgré les efforts de Marguerite en larmes, il tomba comme une masse, et le cri déchirant qu'il ne put retenir fit retentir la chapelle d'un écho lugubre qui vibra longtemps sous ses voûtes.

— Vous voyez, dit La Mole avec un accent de détresse, vous voyez, ma reine, laissez-moi donc, abandonnez-moi donc avec un dernier adieu de vous. Je n'ai point parlé, Marguerite, votre secret est donc demeuré enveloppé dans mon amour, et mourra tout entier avec moi. Adieu, ma reine, adieu…

Marguerite, presque inanimée elle-même, entoura de ses bras cette tête charmante, et y imprima un baiser presque religieux.

— Toi, Annibal, dit La Mole, toi que les douleurs ont épargné, toi qui es jeune encore et qui peux vivre, fuis, fuis, mon ami, donne-moi cette consolation suprême de te savoir en liberté.

— L'heure passe, cria le geôlier, allons, hâtez-vous.

Henriette essayait d'entraîner doucement Annibal, tandis que Marguerite à genoux devant La Mole, les cheveux épars et les yeux ruisselants, semblait une Madeleine.

— Fuis, Annibal, reprit La Mole, fuis, ne donne pas à nos ennemis le joyeux spectacle de la mort de deux innocents.

Coconnas repoussa doucement Henriette qui l'attirait vers la porte, et d'un geste si solennel qu'il en était devenu majestueux :

— Madame, dit-il, donnez d'abord les cinq cents écus que nous avons promis à cet homme.

— Les voici, dit Henriette.

Alors se retournant vers La Mole et secouant tristement la tête :

— Quant à toi, bon La Mole, dit-il, tu me fais injure en pensant un instant que je puisse te quitter. N'ai-je pas juré de vivre et de mourir avec toi ? Mais tu souffres tant, pauvre ami, que je te pardonne.

Et il se recoucha résolument près de son ami, vers lequel il pencha la tête et dont il effleura le front avec ses lèvres.

Puis il attira doucement, doucement, comme une mère ferait pour son enfant, la tête de son ami, qui glissa contre la muraille et vint se reposer sur sa poitrine.

Marguerite était sombre. Elle avait ramassé le poignard que venait de laisser tomber Coconnas.

— Ma reine, dit, en étendant les bras vers elle, La Mole, qui comprenait sa pensée, ô ma reine, n'oubliez pas que je meurs pour éteindre jusqu'au moindre soupçon de notre amour !

— Mais que puis-je donc faire pour toi, s'écria Marguerite désespérée, si je ne puis pas même mourir avec toi ?

— Tu peux faire, dit La Mole, tu peux faire que la mort me sera douce, et viendra en quelque sorte à moi avec un visage souriant.

Marguerite se rapprocha de lui en joignant les mains comme pour lui dire de parler.

— Te rappelles-tu ce soir, Marguerite, où, en échange de ma vie que je t'offrais alors et que je te donne aujourd'hui, tu me fis une promesse sacrée ?…

Marguerite tressaillit.

— Ah ! tu te la rappelles, dit La Mole, car tu frissonnes.

— Oui, oui, je me la rappelle, dit Marguerite, et sur mon âme, Hyacinthe, cette promesse, je la tiendrai.

Marguerite étendit de sa place la main vers l'autel, comme pour prendre une seconde fois Dieu à témoin de son serment.

Le visage de La Mole s'éclaira comme si la voûte de la chapelle se fût ouverte, et qu'un rayon céleste eût descendu jusqu'à lui.

— On vient, on vient, dit le geôlier.

Marguerite poussa un cri, et se précipita vers La Mole, mais la crainte de redoubler ses douleurs l'arrêta tremblante devant lui.

Henriette posa ses lèvres sur le front de Coconnas et lui dit :

— Je te comprends, mon Annibal, et je suis fière de toi. Je sais bien que ton héroïsme te fait mourir, mais je t'aime pour ton héroïsme. Devant Dieu je t'aimerai toujours avant et plus que toutes choses, et ce que Marguerite a juré de faire pour La Mole, sans savoir quelle chose cela est, je te jure que pour toi aussi je le ferai.

Et elle tendit sa main à Marguerite.

— C'est bien parler cela ; merci, dit Coconnas.

— Avant de me quitter, ma reine, dit La Mole, une dernière grâce : donnez-moi un souvenir quelconque de vous, que je puisse baiser en montant à l'échafaud.

— Oh oui ! s'écria Marguerite, tiens !…

Et elle détacha de son cou un petit reliquaire d'or soutenu par une chaîne du même métal.

— Tiens, dit-elle, voici une relique sainte que je porte depuis mon enfance ; ma mère me la passa au cou quand j'étais toute petite et qu'elle m'aimait encore ; elle vient de notre oncle le pape

Clément ; je ne l'ai jamais quittée. Tiens, prends-la.

La Mole la prit et la baisa avidement.

— On ouvre la porte, dit le geôlier ; fuyez, Mesdames ! fuyez !

Les deux femmes s'élancèrent derrière l'autel, où elles disparurent.

Au même moment le prêtre entrait.

XXIX

LA PLACE SAINT-JEAN-EN-GRÈVE.

Il est sept heures du matin ; la foule attendait bruyante sur les places, dans les rues et sur les quais.

À dix heures du matin, un tombereau, le même dans lequel les deux amis, après leur duel, avaient été ramenés évanouis au Louvre, était parti de Vincennes, traversait lentement la rue Saint-Antoine, et sur son passage les spectateurs, si pressés qu'ils s'écrasaient les uns les autres, semblaient des statues aux yeux fixes et à la bouche glacée.

C'est qu'en effet il y avait ce jour-là un spectacle déchirant, offert par la reine mère à tout le peuple de Paris.

Dans ce tombereau, dont nous avons parlé, et qui s'acheminait à travers les rues, couchés sur quelques brins de paille, deux jeunes gens, la tête nue et complètement vêtus de noir, s'appuyaient l'un contre l'autre. Coconnas portait sur ses genoux La Mole, dont la tête dépassait les traverses du tombereau et dont les yeux vagues erraient çà et là.

Et cependant la foule, pour plonger son regard avide jusqu'au fond de la voiture, se pressait, se levait, se haussait, montant sur les bornes, s'accrochant aux anfractuosités des murailles, et paraissait satisfaite lorsqu'elle était parvenue à ne pas laisser vierge de son regard un seul point des deux corps qui sortaient de la souffrance pour aller à la destruction.

Il avait été dit que La Mole mourait sans avoir avoué un seul des faits qui lui étaient imputés, tandis qu'au contraire, assurait-on, Coconnas n'avait pu supporter la douleur et avait tout révélé.

Aussi criait-on de tous côtés :

— Voyez, voyez le rouge ! c'est lui qui a parlé, c'est lui qui a tout dit ; c'est un lâche qui est cause de la mort de l'autre. L'autre, au contraire, est un brave et n'a rien avoué.

Les deux jeunes gens entendaient bien, l'un les louanges, l'autre les injures, qui accompagnaient leur marche funèbre ; et tandis que La Mole serrait les mains de son ami, un sublime dédain éclatait sur la figure du Piémontais, qui, du haut du tombereau immonde, regardait la foule stupide comme il l'eût regardée d'un char triomphal.

L'infortune avait fait son œuvre céleste, elle avait ennobli la figure de Coconnas, comme la mort allait diviniser son âme.

— Sommes-nous bientôt arrivés ? demanda La Mole ; je n'en puis plus, ami, et je crois que je vais m'évanouir.

— Attends, attends, La Mole, nous allons passer devant la rue Tizon et devant la rue Cloche-Percée, regarde, regarde un peu.

— Oh ! soulève-moi, soulève-moi, que je voie encore une fois cette bienheureuse maison.

Coconnas étendit la main et toucha l'épaule du bourreau ; il était assis sur le devant du tombereau, et conduisait le cheval.

— Maître, lui dit-il, rends-nous ce service de t'arrêter un instant en face de la rue Tizon.

Caboche fit de la tête un mouvement d'adhésion, et, arrivé en face de la rue Tizon, il s'arrêta.

La Mole se souleva avec effort, aidé par Coconnas ; regarda, l'œil voilé par une larme, cette petite maison silencieuse, muette et close comme un tombeau ; un soupir gonfla sa poitrine, et à voix basse :

— Adieu, murmura-t-il ; adieu, la jeunesse, l'amour, la vie !

Et il laissa retomber sa tête sur sa poitrine.

— Courage ! dit Coconnas, nous retrouverons peut-être tout cela là-haut.

— Crois-tu ? murmura La Mole.

— Je le crois parce que le prêtre me l'a dit, et surtout parce que je l'espère. Mais ne t'évanouis pas, mon ami ! ces misérables qui nous regardent riraient de nous.

Caboche entendit ces derniers mots ; et fouettant son cheval d'une main, il tendit de l'autre à Coconnas, et sans que personne le pût voir, une petite éponge imprégnée d'un révulsif si violent que La Mole, après l'avoir respiré et s'en être frotté les tempes, s'en trouva rafraîchi et ranimé.

— Ah ! dit La Mole, je renais.

Et il baisa le reliquaire suspendu à son cou par la chaîne d'or.

En arrivant à l'angle du quai et eu tournant le charmant petit édifice bâti par Henri II, on aperçut l'échafaud se dressant comme une plate-forme nue et sanglante : cette plate-forme dominait toutes les têtes.

— Ami, dit La Mole, je voudrais bien mourir le premier.

Coconnas toucha une seconde fois de sa main l'épaule du bourreau.

— Qu'y a-t-il, mon gentilhomme ? demanda celui-ci en se retournant.

— Brave homme, dit Coconnas, tu tiens à me faire plaisir, n'est-ce pas ? tu me l'as dit, du moins.

— Oui, et je vous le répète.

— Voilà mon ami qui a plus souffert que moi, et qui, par conséquent, a moins de force…

— Eh bien ?

— Eh bien, il me dit qu'il souffrirait trop de me voir mourir le premier. D'ailleurs, si je mourais le premier, il n'aurait personne pour le porter sur l'échafaud.

— C'est bien, c'est bien, dit Caboche en essuyant une larme avec le dos de sa main ; soyez tranquille, on fera ce que vous désirez.

— Et d'un seul coup, n'est-ce pas ? dit à voix basse le Piémontais.

— D'un seul.

— C'est bien… si vous avez à vous reprendre, reprenez-vous sur moi.

Le tombereau s'arrêta, on était arrivé. Coconnas mit son chapeau sur sa tête.

Une rumeur semblable à celle des flots de la mer bruit aux oreilles de La Mole. Il voulut se lever, mais les forces lui manquèrent ; et il fallut que Caboche et Coconnas le soutinssent sous les bras.

La place était pavée de têtes, les marches de l'hôtel de ville semblaient un amphithéâtre peuplé de spectateurs. Chaque fenêtre donnait passage à des visages animés dont les regards semblaient flamboyer.

Quand on vit le beau jeune homme qui ne pouvait plus se soutenir sur ses jambes brisées faire un effort suprême pour aller de lui-même à l'échafaud, une clameur immense s'éleva comme un cri de désolation universelle. Les hommes rugissaient, les femmes poussaient des gémissements plaintifs.

— C'était un des premiers raffinés de la cour, disaient les hommes, et ce n'était pas à Saint-Jean-en-Grève qu'il devait mourir, c'était au Pré-aux-Clercs.

— Qu'il est beau ! qu'il est pâle ! disaient les femmes : c'est celui qui n'a point parlé.

— Ami, dit La Mole, je ne puis me soutenir ! Porte-moi !

— Attends, dit Coconnas.

Il fit un signe au bourreau, qui s'écarta ; puis, se baissant, il prit La Mole dans ses bras comme il eût fait d'un enfant, et monta sans chanceler, chargé de son fardeau, l'escalier de la plate-forme, où il déposa La Mole, au milieu des cris frénétiques et des applaudissements de la foule.

Coconnas leva son chapeau de dessus sa tête, et salua.

Puis il jeta son chapeau près de lui sur l'échafaud.

— Regarde autour de nous, dit La Mole, ne les aperçois-tu pas quelque part ?

Coconnas jeta lentement un regard circulaire tout autour de la place, et, arrivé sur un point, il s'arrêta, étendant, sans détourner les yeux, sa main, qui toucha l'épaule de son ami.

— Regarde, dit-il, regarde la fenêtre de cette petite tourelle.

Et de son autre main il montrait à La Mole le petit monument qui existe encore aujourd'hui entre la rue de la Vannerie et la rue du Mouton, un des débris des siècles passés.

Deux femmes vêtues de noir se tenaient appuyées l'une à l'autre, non pas à la fenêtre, mais un peu en arrière.

— Ah ! fit La Mole, je ne craignais qu'une chose, c'était de mourir sans la revoir. Je l'ai revue, je puis mourir.

Et, les yeux avidement fixés sur la petite fenêtre, il porta le reliquaire à sa bouche et le couvrit de baisers.

Coconnas saluait les deux femmes avec toutes les grâces qu'il se fût données dans un salon.

En réponse à ce signe elles agitèrent leurs mouchoirs tout trempés de larmes.

Caboche, à son tour, toucha du doigt l'épaule de Coconnas, et lui fit des yeux un signe significatif.

— Oui, oui, dit le Piémontais.

Alors se retournant vers La Mole :

— Embrasse-moi, lui dit-il, et meurs bien. Cela ne sera point difficile, ami, tu es si brave !

— Ah ! dit La Mole, il n'y aura pas de mérite à moi de mourir bien, je souffre tant !

Le prêtre s'approcha, et tendit un crucifix à La Mole, qui lui montra en souriant le reliquaire qu'il tenait à la main.

— N'importe, dit le prêtre, demandez toujours la force à celui qui a souffert ce que vous allez souffrir.

Le Mole baisa les pieds du Christ.

— Recommandez-moi, dit-il, aux prières des Dames de la benoîte Sainte-Vierge.

— Hâte-toi, hâte-toi, La Mole, dit Coconnas, tu me fais tant de mal que je sens que je faiblis.

— Je suis prêt, dit La Mole.

— Pourrez-vous tenir votre tête bien droite ? dit Caboche apprêtant son épée derrière La Mole agenouillé.

— Je l'espère, dit celui-ci.

— Alors tout ira bien.

— Mais vous, dit La Mole, vous n'oublierez pas ce que je vous ai demandé ; ce reliquaire vous ouvrira les portes.

— Soyez tranquille. Mais essayez un peu de tenir la tête droite.

La Mole redressa le cou, et tournant les yeux vers la petite tourelle :

— Adieu, Marguerite, dit-il, sois bé…

Il n'acheva pas. D'un revers de son glaive rapide et flamboyant comme un éclair, Caboche fit tomber d'un seul coup la tête, qui alla rouler aux pieds de Coconnas.

Le corps s'étendit doucement comme s'il se couchait.

Un cri immense retentit formé de mille cris, et dans toutes ces voix de femmes il sembla à Coconnas qu'il avait entendu un accent plus douloureux que tous les autres.

— Merci, mon digne ami, merci, dit Coconnas, qui tendit une troisième fois la main au bourreau.

— Mon fils, dit le prêtre à Coconnas, n'avez-vous rien à confier à Dieu ?

— Ma foi, non, mon père, dit le Piémontais : tout ce que j'aurais à lui dire, je vous l'ai dit à vous-même hier.

Puis se retournant vers Caboche :

— Allons, bourreau, mon dernier ami, dit-il, encore un service. Et avant de s'agenouiller il promena sur la foule un regard si calme et si serein qu'un murmure d'admiration vint caresser son oreille et faire sourire son orgueil. Alors pressant la tête de son ami et déposant un baiser sur ses lèvres violettes, il jeta un dernier regard sur la tourelle ; et s'agenouillant, tout en conservant cette tête bien-aimée entre ses mains :

— À moi, dit-il.

Il n'avait pas achevé ces mots que Caboche avait fait voler sa tête.

Ce coup fait, un tremblement convulsif s'empara du digne homme.

— Il était temps que cela finît, murmura-t-il ; pauvre enfant !

Et il tira avec peine des mains crispées de La Mole le reliquaire d'or ; il jeta son manteau sur les tristes dépouilles que le tombereau devait ramener chez lui.

Le spectacle étant fini, la foule s'écoula.

XXX

LA TOUR DU PILORI.

La nuit venait de descendre sur la ville frémissante encore du bruit de ce supplice, dont les détails couraient de bouche en bouche assombrir dans chaque maison l'heure joyeuse du souper de famille.

Cependant, tout au contraire de la ville, qui était silencieuse et lugubre, le Louvre était bruyant, joyeux et illuminé. C'est qu'il y avait grande fête au palais. Une fête commandée par Charles IX, une fête qu'il avait indiquée pour le soir, en même temps qu'il indiquait le supplice pour le matin.

La reine de Navarre avait reçu, dès la veille au soir, l'ordre de s'y trouver, et, dans l'espérance que La Mole et Coconnas seraient sauvés dans la nuit, dans la conviction que toutes les mesures étaient bien prises pour leur salut, elle avait répondu à son frère qu'elle ferait selon ses désirs.

Mais depuis qu'elle avait perdu tout espoir, par la scène de la chapelle ; depuis qu'elle avait, dans un dernier mouvement de pitié pour cet amour, le plus grand et le plus profond qu'elle avait éprouvé de sa vie, assisté à l'exécution, elle s'était bien promis que ni prières ni menaces ne la feraient assister à une fête joyeuse au Louvre le même jour où elle avait vu une fête si lugubre en Grève.

Le roi Charles IX avait donné ce jour-là une nouvelle preuve de cette puissance de volonté que personne peut-être ne poussa au même degré que lui : alité depuis quinze jours, frêle comme un moribond, livide comme un cadavre, il se leva vers cinq heures, et revêtit ses plus beaux habits. Il est vrai que pendant la toilette il s'évanouit trois fois.

Vers huit heures, il s'informa de ce qu'était devenue sa sœur, et demanda si on l'avait vue et si l'on savait ce qu'elle faisait. Personne ne lui répondit ; car la reine était rentrée chez elle vers les onze heures, et s'y était renfermée en défendant absolument sa porte.

Mais il n'y avait pas de porte fermée pour Charles. Appuyé sur le bras de M. de Nancey, il s'achemina vers l'appartement de la reine de Navarre, et entra tout à coup par la porte du corridor secret.

Quoiqu'il s'attendît à un triste spectacle, et qu'il y eût d'avance préparé son cœur, celui qu'il vit était plus déplorable encore que celui qu'il avait rêvé.

Marguerite, à demi morte, couchée sur une chaise longue, la tête ensevelie dans des coussins, ne pleurait pas, ne priait pas ; mais, depuis son retour, elle râlait comme une agonisante.

À l'autre coin de la chambre, Henriette de Nevers, cette femme intrépide, gisait, sans connaissance, étendue sur le tapis. En revenant de la Grève, comme à Marguerite, les forces lui avaient manqué, et la pauvre Gillonne allait de l'une à l'autre, n'osant pas essayer de leur adresser une parole de consolation.

Dans les crises qui suivent ces grandes catastrophes, on est avare de sa douleur comme d'un trésor, et l'on tient pour ennemi quiconque tente de nous en distraire la moindre partie.

Charles IX poussa donc la porte, et laissant Nancey dans le corridor, il entra pâle et tremblant.

Ni l'une ni l'autre des deux femmes ne l'avait vu. Gillonne seule, qui dans ce moment portait secours à Henriette, se releva sur un genou et tout effrayée regarda le roi.

Le roi fit un geste de la main, elle se releva, fit la révérence, et sortit.

Alors Charles se dirigea vers Marguerite, la regarda un instant en silence ; puis avec une intonation dont on eût cru cette voix rude incapable :

— Margot ! dit-il, ma sœur !

La jeune femme tressaillit et se redressa.

— Votre Majesté ! dit-elle.

— Allons, ma sœur, du courage !

Marguerite leva les yeux au ciel.

— Oui, dit Charles, je sais bien, mais écoute-moi.

La reine de Navarre fit signe qu'elle écoutait.

— Tu m'as promis de venir au bal, dit Charles.

— Moi ! s'écria Marguerite.

— Oui, et d'après ta promesse on t'attend ; de sorte que si tu ne venais pas on serait étonné de ne pas t'y voir.

— Excusez-moi, mon frère, dit Marguerite ; vous le voyez, je suis bien souffrante.

— Faites un effort sur vous-même.

Marguerite parut un instant tentée de rappeler son courage, puis tout à coup s'abandonnant et laissant retomber sa tête sur ses coussins :

— Non, non, je n'irai pas, dit-elle.

Charles lui prit la main, s'assit sur sa chaise longue, et lui dit :

— Tu viens de perdre un ami, je le sais, Margot ; mais regarde-moi, n'ai-je pas perdu tous mes amis, moi ! et de plus, ma mère ! Toi, tu as toujours pu pleurer à l'aise comme tu pleures en ce moment ; moi, à l'heure de mes plus fortes douleurs, j'ai toujours été forcé de sourire. Tu souffres, regarde-moi ! moi, je meurs. Eh bien, Margot, voyons, du courage ! Je te le demande, ma sœur, au nom de notre gloire ! Nous portons comme une croix d'angoisses la renommée de notre maison, portons-la comme le Seigneur jusqu'au Calvaire ; et si sur la route, comme lui, nous trébuchons, relevons-nous courageux et résignés comme lui.

— Oh ! mon Dieu, mon Dieu ! s'écria Marguerite.

— Oui, dit Charles répondant à sa pensée ; oui, le sacrifice est rude, ma sœur ; mais chacun fait le sien, les uns de leur honneur, les autres de leur vie. Crois-tu qu'avec mes vingt-cinq ans et le plus beau trône du monde, je ne regrette pas de mourir ? Eh bien, regarde-moi… mes yeux, mon teint, mes lèvres sont d'un mourant, c'est vrai ; mais mon sourire… est-ce que mon sourire ne ferait pas croire que j'espère ? Et, cependant, dans huit jours, un mois tout au plus, tu me pleureras, ma sœur, comme celui qui est mort aujourd'hui.

— Mon frère !… s'écria Margot en jetant ses deux bras autour du cou de Charles.

— Allons, habillez-vous, chère Marguerite, dit le roi ; cachez votre pâleur et paraissez au bal. Je viens de donner ordre qu'on vous apporte des pierreries nouvelles et des ajustements dignes de votre beauté.

— Oh ! des diamants, des robes, dit Marguerite, que m'importe tout cela maintenant !

— La vie est longue, Marguerite, dit en souriant Charles, pour toi du moins.

Les pages sortirent, Gillonne resta seule.

— Prépare-moi tout ce qu'il me faut pour m'habiller, Gillonne, dit Marguerite.

— Jamais ! jamais !

— Ma sœur, souviens-toi d'une chose : quelquefois c'est en étouffant ou plutôt en dissimulant la souffrance que l'on honore le mieux les morts.

— Eh bien ! sire, dit Marguerite frissonnante, j'irai.

Une larme, qui fut bue aussitôt par sa paupière aride, mouilla l'œil de Charles.

Il s'inclina vers sa sœur, la baisa au front, s'arrêta un instant devant Henriette, qui ne l'avait ni vu ni entendu, et dit :

— Pauvre femme !

Puis il sortit silencieusement.

Derrière le roi, plusieurs pages entrèrent, apportant des coffres et des écrins.

Marguerite fit signe de la main que l'on déposât tout cela à terre.

La jeune fille regarda sa maîtresse d'un air étonné.

— Oui, dit Marguerite avec un accent dont il serait impossible de rendre l'amertume, oui, je m'habille, je vais au bal, on m'attend là-bas. Dépêche-toi donc ! la journée aura été complète : fête à la Grève ce matin, fête au Louvre ce soir.

— Et madame la duchesse ? dit Gillonne.

— Oh ! elle, elle est bien heureuse ; elle peut rester ici ; elle peut pleurer, elle peut souffrir tout à son aise. Elle n'est pas fille de roi, femme de roi, sœur de roi. Elle n'est pas reine. Aide-moi à m'habiller, Gillonne.

La jeune fille obéit. Les parures étaient magnifiques, la robe splendide. Jamais Marguerite n'avait été si belle.

Elle se regarda dans une glace.

— Mon frère a bien raison, dit-elle, et c'est une bien misérable chose que la créature humaine.

En ce moment Gillonne revint.

— Madame, dit-elle, un homme est là qui vous demande.

— Moi ?

— Oui, vous.

— Quel est cet homme ?

— Je ne sais, mais son aspect est terrible, et sa seule vue m'a fait frissonner.

— Va lui demander son nom, dit Marguerite en pâlissant.

Gillonne sortit, et quelques instants après elle rentra.

— Il n'a pas voulu me dire son nom, Madame, mais il m'a prié de vous remettre ceci.

Gillonne tendit à Marguerite le reliquaire qu'elle avait donné la veille au soir à La Mole.

— Oh ! fais entrer, fais entrer, dit vivement la reine.

Et elle devint plus pâle et plus glacée encore qu'elle n'était.

Un pas lourd ébranla le parquet. L'écho, indigné sans doute de répéter un pareil bruit, gronda sous le lambris, et un homme parut sur le seuil.

— Vous êtes… ? dit la reine.

— Celui que vous rencontrâtes un jour près de Montfaucon, Madame, et qui ramena au Louvre, dans son tombereau, deux gentilshommes blessés.

— Oui, oui, je vous reconnais, vous êtes maître Caboche.

— Bourreau de la prévôté de Paris, Madame.

C'étaient les seuls mots qu'Henriette avait entendus de tous ceux que depuis une heure on prononçait autour d'elle. Elle dégagea sa tête pâle de ses deux mains et regarda le bourreau avec ses yeux d'émeraude, d'où semblait sortir un double jet de flammes.

— Et vous venez… ? dit Marguerite tremblante.

— Vous rappeler la promesse faite au plus jeune des deux gentilshommes, à celui qui m'a chargé de vous rendre ce reliquaire. Vous la rappelez-vous, Madame ?

— Ah ! oui, oui, s'écria la reine, et jamais ombre plus généreuse n'aura plus noble satisfaction ; mais où est-*elle* ?

— Elle est chez moi avec le corps.

— Chez vous ? pourquoi ne l'avez-vous pas apportée ?

— Je pouvais être arrêté au guichet du Louvre, on pouvait me forcer de lever mon manteau ; qu'aurait-on dit si, sous ce manteau, on avait vu une tête ?

— C'est bien, gardez-la chez vous ; j'irai la chercher demain.

— Demain, Madame, demain, dit maître Caboche, il sera peut-être trop tard.

— Pourquoi cela ?

— Parce que la reine mère m'a fait retenir pour ses expériences cabalistiques les têtes des deux premiers condamnés que je décapiterais.

— Oh ! profanation ! les têtes de nos bien-aimés ? Henriette, s'écria Marguerite en courant à son amie, qu'elle retrouva debout comme si un ressort venait de la remettre sur ses pieds ; Henriette, mon ange, entends-tu ce qu'il dit, cet homme ?

— Oui. Eh bien ! que faut-il faire ?

— Il faut aller avec lui.

Puis poussant un cri de douleur avec lequel les grandes infortunes se reprennent à la vie :

— Ah ! j'étais cependant si bien, dit-elle : j'étais presque morte.

Pendant ce temps, Marguerite jetait sur ses épaules nues un manteau de velours.

— Viens, viens, dit-elle, nous allons les revoir encore une fois.

Marguerite fit fermer toutes les portes, ordonna que l'on amenât la litière à la petite porte dérobée ; puis, prenant Henriette sous le bras, descendit par le passage secret, faisant signe à Caboche de les suivre.

À la porte d'en bas était la litière, au guichet était le valet de Caboche avec une lanterne.

Les porteurs de Marguerite étaient des hommes de confiance muets et sourds, plus sûrs que ne l'eussent été des bêtes de somme.

La litière marcha pendant dix minutes à peu près, précédée de maître Caboche et de son valet portant la lanterne ; puis elle s'arrêta.

Le bourreau ouvrit la portière tandis que le valet courait devant.

Marguerite descendit, aida la duchesse de Nevers à descendre. Dans cette grande douleur qui les étreignait toutes deux, c'était cette organisation nerveuse qui se trouvait être la plus forte.

La tour du Pilori se dressait devant les deux femmes comme un géant sombre et informe, envoyant une lumière rougeâtre par deux sarbacanes qui flamboyaient à son sommet.

Le valet reparut sur la porte.

— Vous pouvez entrer, Mesdames, dit Caboche, tout le monde est couché dans la tour.

Au même moment la lumière des deux meurtrières s'éteignit.

Les deux femmes, serrées l'une contre l'autre, passèrent sous la petite porte en ogive et foulèrent dans l'ombre une dalle humide et raboteuse. Elles aperçurent une lumière au fond d'un corridor tournant, et, guidées par le maître hideux du logis, elles se dirigèrent de ce côté. La porte se referma derrière elles.

Caboche, un flambeau de cire à la main, les introduisit dans une salle basse et enfumée. Au milieu de cette salle était une table dressée avec les restes d'un souper et trois couverts. Ces trois couverts étaient sans doute pour le bourreau, sa femme et son aide principal.

Dans l'endroit le plus apparent était cloué à la muraille un parchemin scellé du sceau du roi. C'était le brevet patibulaire.

Dans un coin était une grande épée, à poignée longue. C'était l'épée flamboyante de la justice.

Çà et là on voyait encore quelques images grossières représentant des saints martyrisés par tous les supplices.

Arrivé là, Caboche s'inclina profondément.

— Votre Majesté m'excusera, dit-il, si j'ai osé pénétrer dans le Louvre et vous amener ici. Mais c'était la volonté expresse et suprême du gentilhomme, de sorte que j'ai dû…

— Vous avez bien fait, maître, vous avez bien fait, dit Marguerite, et voici pour récompenser votre zèle.

Caboche regarda tristement la bourse gonflée d'or que Marguerite venait de déposer sur la table.

— De l'or ! toujours de l'or ! murmura-t-il. Hélas ! Madame, que ne puis-je moi-même racheter à prix d'or le sang que j'ai été obligé de répandre aujourd'hui !

— Maître, dit Marguerite avec une hésitation douloureuse et en regardant autour d'elle, maître, maître, nous faudrait-il encore aller ailleurs ? je ne vois pas...

— Non, Madame, non, ils sont ici ; mais c'est un triste spectacle et que je pourrais vous épargner en vous apportant caché dans un manteau ce que vous venez chercher.

Marguerite et Henriette se regardèrent simultanément.

— Non, dit Marguerite, qui avait lu dans le regard de son amie la même résolution qu'elle venait de prendre, non ; montrez-nous le chemin et nous vous suivrons.

Caboche prit le flambeau, ouvrit une porte de chêne qui donnait sur un escalier de quelques marches et qui s'enfonçait en plongeant sous la terre. Au même instant un courant d'air passa, faisant voler quelques étincelles de la torche et jetant au visage des princesses l'odeur nauséabonde de la moisissure et du sang.

Henriette s'appuya, blanche comme une statue d'albâtre, sur le bras de son amie à la marche plus assurée ; mais au premier degré elle chancela.

— Oh ! je ne pourrai jamais, dit-elle.

— Quand on aime bien, Henriette, répliqua la reine, on doit aimer jusque dans la mort.

C'était un spectacle horrible et touchant à la fois que celui que présentaient ces deux femmes resplendissantes de jeunesse, de beauté, de parure, se courbant sous la voûte ignoble et crayeuse, la plus faible s'appuyant à la plus forte, et la plus forte s'appuyant au bras du bourreau.

On arriva à la dernière marche.

Au fond du caveau gisaient deux formes humaines recouvertes par un large drap de serge noire.

Caboche leva un coin de voile, approcha son flambeau et dit :

— Regardez, madame la reine.

Dans leurs habits noirs, les deux jeunes gens étaient couchés côte à côte avec l'effrayante symétrie de la mort. Leurs têtes, inclinées et rapprochées du tronc, semblaient séparées seulement au milieu du cou par un cercle de rouge vif. La mort n'avait pas désuni leurs mains, car, soit hasard, soit pieuse attention du bourreau, la main droite de La Mole reposait dans la main gauche de Coconnas.

Il y avait un regard d'amour sous les paupières de La Mole, il y avait un sourire de dédain sous celles de Coconnas.

Marguerite s'agenouilla près de son amant, et de ses mains éblouissantes de pierreries leva doucement cette tête qu'elle avait tant aimée.

Quant à la duchesse de Nevers, appuyée à la muraille, elle ne pouvait détacher son regard de ce pâle visage sur lequel tant de fois elle avait cherché la joie et l'amour.

— La Mole ! cher La Mole ! murmura Marguerite.

— Annibal ! Annibal ! s'écria la duchesse de Nevers, si beau, si fier, si brave, tu ne me réponds plus !...

Et un torrent de larmes s'échappa de ses yeux.

Cette femme si dédaigneuse, si intrépide, si insolente dans le bonheur ; cette femme qui poussait le scepticisme jusqu'au doute suprême, la passion jusqu'à la cruauté, cette femme n'avait jamais pensé à la mort.

Marguerite lui en donna l'exemple.

Elle enferma dans un sac brodé de perles et parfumé des plus fines essences la tête de La Mole, plus belle encore puisqu'elle se rapprochait du velours et de l'or, et à laquelle une préparation particulière, employée à cette époque dans les embaumements royaux, devait conserver sa beauté.

Henriette s'approcha à son tour, enveloppant la tête de Coconnas dans un pan de son manteau.

Et toutes deux, courbées sous leur douleur plus que sous leur fardeau, montèrent l'escalier avec un dernier regard pour les restes qu'elles laissaient à la merci du bourreau, dans ce sombre réduit des criminels vulgaires.

— Ne craignez rien, Madame, dit Caboche, qui comprit ce regard, les gentilshommes seront ensevelis, enterrés saintement, je vous le jure.

— Et tu leur feras dire des messes avec ceci, dit Henriette arrachant de son cou un magnifique collier de rubis et le présentant au bourreau.

On revint au Louvre comme on en était sorti. Au guichet, la reine se fit reconnaître ; au bas de son escalier particulier, elle descendit, rentra chez elle, déposa sa triste relique dans le cabinet de sa chambre à coucher, destiné dès ce moment à devenir un oratoire, laissa Henriette en garde de sa chambre, et plus pâle et plus belle que jamais, entra vers dix heures dans la grande salle du bal, la même où nous avons vu, il y a tantôt deux ans et demi, s'ouvrir le premier chapitre de notre histoire.

Tous les yeux se tournèrent vers elle, et elle supporta ce regard universel d'un air fier et presque joyeux.

C'est qu'elle avait religieusement accompli le dernier vœu de son ami.

Charles, en l'apercevant, traversa chancelant le flot doré qui l'entourait.

— Ma sœur, dit-il tout haut, je vous remercie.

Puis tout bas :

— Prenez garde ! dit-il, vous avez au bras une tache de sang…

— Ah ! qu'importe, sire, dit Marguerite, pourvu que j'aie le sourire sur les lèvres !

XXXI

LA SUEUR DE SANG.

Quelques jours après la scène terrible que nous venons de raconter, c'est-à-dire le 30 mai 1574, la cour étant à Vincennes, on entendit tout à coup un grand bruit dans la chambre du roi, lequel, étant retombé plus malade que jamais au milieu du bal qu'il avait voulu donner le jour même de la mort des deux jeunes gens, était, par ordre des médecins, venu chercher à la campagne un air plus pur.

Il était huit heures du matin. Un petit groupe de courtisans causait avec feu dans l'antichambre, quand tout à coup, retentit le cri, et parut au seuil de l'appartement la nourrice de Charles, les yeux baignés de larmes et criant d'une voix désespérée :

— Secours au roi ! secours au roi !

— Sa Majesté est-elle donc plus mal ? demanda le capitaine de Nancey, que le roi avait, comme nous l'avons vu, dégagé de toute obéissance à la reine Catherine pour l'attacher à sa personne.

— Oh ! que de sang ! que de sang ! dit la nourrice. Les médecins ! appelez les médecins !

Mazille et Ambroise Paré se relayaient tour à tour auprès de l'auguste malade, et Ambroise Paré, qui était de garde, ayant vu s'endormir le roi, avait profité de cet assoupissement pour s'éloigner quelques instants.

Pendant ce temps, une sueur abondante avait pris le roi ; et comme Charles était atteint d'un relâchement des vaisseaux capillaires, et que ce relâchement amenait une hémorragie de la peau, cette sueur sanglante avait épouvanté la nourrice, qui ne pouvait s'habituer à cet étrange phénomène, et qui, protestante, on se le rappelle, lui disait sans cesse que c'était le sang huguenot versé le jour de la Saint-Barthélémy qui appelait son sang.

On s'élança dans toutes les directions ; le docteur ne devait pas être loin, et l'on ne pouvait manquer de le rencontrer.

L'antichambre resta donc vide, chacun étant désireux de montrer son zèle en ramenant le médecin demandé.

Alors une porte s'ouvrit, et l'on vit apparaître Catherine.

Elle traversa rapidement l'antichambre et entra vivement dans l'appartement de son fils.

Charles était renversé sur son lit, l'œil éteint, la poitrine haletante ; de tout son corps découlait une sueur rougeâtre ; sa main, écartée, pendait hors de son lit, et au bout de chacun de ses doigts pendait un rubis liquide.

C'était un horrible spectacle.

Cependant, au bruit des pas de sa mère, et comme s'il les eût reconnus, Charles se redressa.

— Pardon, Madame, dit-il en regardant sa mère, je voudrais bien mourir en paix.

— Mourir, mon fils, dit Catherine, pour une crise passagère de ce vilain mal ! Voudriez-vous donc nous désespérer ainsi ?

— Je vous dis, Madame, que je sens mon âme qui s'en va. Je vous dis, Madame, que c'est la mort qui arrive, mort de tous les diables... Je sens ce que je sens, et je sais ce que je dis.

— Sire, dit la reine, votre imagination est votre plus grave maladie ; depuis le supplice si mérité de ces deux sorciers, de ces deux assassins qu'on appelait La Mole et Coconnas, vos souffrances physiques doivent avoir diminué. Le mal moral persévère seul, et, si je pouvais causer avec vous dix minutes seulement, je vous prouverais...

— Nourrice, dit Charles, veille à la porte, et que personne n'entre. Ma reine Catherine de Médicis veut causer avec son fils bien-aimé Charles IX.

La nourrice obéit.

— Au fait, continua Charles, cet entretien devait avoir lieu un jour ou l'autre, mieux vaut donc aujourd'hui que demain. Demain, d'ailleurs, il serait peut-être trop tard. Seulement, une troisième personne doit assister à notre entretien.

— Et pourquoi ?

— Parce que, je vous le répète, la mort est en route, reprit Charles avec une effrayante solennité ; parce que d'un moment à l'autre elle entrera dans cette chambre comme vous, pâle et muette, et sans se faire annoncer. Il est donc temps, puisque j'ai mis cette nuit ordre à mes affaires, de mettre ordre ce matin à celles du royaume.

— Et quelle est celle personne que vous désirez voir ? demanda Catherine.

— Mon frère, Madame. Faites-le appeler.

— Sire, dit la reine, je vois avec plaisir que ces dénonciations, dictées par la haine bien plus qu'arrachées à la douleur, s'effacent de votre esprit et vont bientôt s'effacer de votre cœur. Nourrice ! cria Catherine, nourrice !

La bonne femme, qui veillait au dehors, ouvrit la porte.

— Nourrice, dit Catherine, par ordre de mon fils, quand M. de Nancey viendra, vous lui direz d'aller quérir le duc d'Alençon.

Charles fit un signe qui retint la bonne femme prête à obéir.

— J'ai dit mon frère, Madame, reprit Charles.

Les yeux de Catherine se dilatèrent comme ceux de la tigresse qui va se mettre en colère. Mais Charles leva impérativement la main.

— Je veux parler à mon frère Henri, dit-il. Henri seul est mon frère ; non pas celui qui est roi là-bas, mais celui qui est prisonnier ici. Henri saura mes dernières volontés.

— Et moi, s'écria la Florentine avec une audace inaccoutumée en face de la terrible volonté de son fils, tant la haine qu'elle portait au Béarnais la jetait hors de sa dissimulation habituelle, si vous êtes, comme vous le dites, si près de la tombe, croyez-vous que je céderai à personne, surtout à un étranger, mon droit de vous assister à votre heure suprême, mon droit de reine, mon droit de mère ?

— Madame, du Charles, je suis roi encore ; je commande encore, Madame : je vous dis que je veux parler à mon frère Henri, et vous n'appelez pas mon capitaine des gardes ?... Mille diables, je vous en préviens, j'ai encore assez de force pour l'aller chercher moi-même.

Et il fit un mouvement pour sauter à bas du lit, qui mit au jour son corps pareil à celui du Christ après la flagellation.

— Sire, s'écria Catherine en le retenant, vous nous faites injure à tous : vous oubliez les affronts faits à notre famille, vous répudiez notre sang ; un fils de France doit seul s'agenouiller près du lit de mort d'un roi de France. Quant à moi, ma place est marquée ici par les lois de la nature et de l'étiquette ; j'y reste donc.

— Et à quel titre, Madame, y restez-vous ? demanda Charles IX.

— À titre de mère.

— Vous n'êtes pas plus ma mère, Madame, que le duc d'Alençon n'est mon frère.

— Vous délirez, Monsieur, dit Catherine ; depuis quand celle qui donne le jour n'est-elle plus la mère de celui qui l'a reçu ?

— Du moment, Madame, où cette mère dénaturée ôte ce qu'elle donna, répondit Charles en essuyant une écume sanglante qui montait à ses lèvres.

— Que voulez-vous dire, Charles ? je ne vous comprends pas, murmura Catherine regardant son fils d'un œil dilaté par l'étonnement.

— Vous allez me comprendre, Madame.

Charles fouilla sous son traversin et en tira une petite clef d'argent.

— Prenez cette clef, Madame, et ouvrez mon coffre de voyage ; il contient certains papiers qui parleront pour moi.

Et Charles étendit la main vers un coffre magnifiquement sculpté, fermé d'une serrure d'argent comme la clef qui l'ouvrait, et qui tenait la place la plus apparente de la chambre.

Catherine, dominée par la position suprême que Charles prenait sur elle, obéit, s'avança à pas lents vers le coffre, l'ouvrit, plongea ses regards vers l'intérieur, et tout à coup recula comme si elle avait vu dans les flancs du meuble quelque reptile endormi.

— Eh bien, dit Charles, qui ne perdait pas sa mère de vue, qu'y a-t-il donc dans ce coffre qui vous effraye, Madame ?

— Rien, dit Catherine.

— En ce cas, plongez-y la main, Madame, et prenez-y un livre ; il doit y avoir un livre, n'est-ce pas ? ajouta Charles avec ce sourire blêmissant, plus terrible chez lui que n'avait jamais été la menace chez un autre.

— Oui, balbutia Catherine.

— Un livre de chasse ?

— Oui.

— Prenez-le, et apportez-le-moi.

Catherine, malgré son assurance, pâlit, trembla de tous ses membres, et allongeant la main dans l'intérieur du coffre :

— Fatalité ! murmura-t-elle en prenant le livre.

— Bien, dit Charles. Écoutez maintenant : ce livre de chasse… j'étais insensé… j'aimais la chasse, au-dessus de toutes choses… ce livre de chasse, je l'ai trop lu ; comprenez-vous, Madame ?…

Catherine poussa un gémissement sourd.

— C'était une faiblesse, continua Charles ; brûlez-le, Madame ! il ne faut pas qu'on sache les faiblesses des rois !

Catherine s'approcha de la cheminée ardente, laissa tomber le livre au milieu du foyer, et demeura debout, immobile et muette, regardant d'un œil atone les flammes bleuissantes qui rongeaient les feuilles empoisonnées.

À mesure que le livre brûlait, une forte odeur d'ail se répandait dans toute la chambre.

Bientôt il fut entièrement dévoré.

— Et maintenant, Madame, appelez mon frère, dit Charles avec une irrésistible majesté.

Catherine, frappée de stupeur, écrasée sous une émotion multiple que sa profonde sagacité ne pouvait analyser, et que sa force presque surhumaine ne pouvait combattre, fit un pas en avant et voulut parler.

La mère avait un remords ; la reine avait une terreur ; l'empoisonneuse avait un retour de haine.

Ce dernier sentiment domina tous les autres.

— Maudit soit-il, s'écria-t-elle en s'élançant hors de la chambre, il triomphe, il touche au but ; oui, maudit, qu'il soit maudit !

— Vous entendez, mon frère, mon frère Henri, cria Charles poursuivant sa mère de la voix ; mon frère Henri à qui je veux parler à l'instant même au sujet de la régence du royaume.

Presque au même instant, maître Ambroise Paré entra par la porte opposée à celle qui venait de donner passage à Catherine, et s'arrêtant sur le seuil pour humer l'atmosphère alliacée de la chambre.

— Qui donc a brûlé de l'arsenic ? dit-il.

— Moi, répondit Charles.

XXXII

LA PLATE-FORME DU DONJON DE VINCENNES.

Cependant Henri de Navarre se promenait seul et rêveur sur la terrasse du donjon ; il savait la cour au château qu'il voyait à cent pas de lui, et à travers les murailles, son œil perçant devinait Charles moribond.

Il faisait un temps d'azur et d'or : un large rayon de soleil miroitait dans les plaines éloignées, tandis qu'il baignait d'un or fluide la cime des arbres de la forêt, fiers de la richesse de leur premier feuillage. Les pierres grises du donjon elles-mêmes semblaient s'imprégner de la douce chaleur du ciel, et des ravenelles, apportées par le souffle du vent d'est dans les fentes de la muraille, ouvraient leurs disques de velours rouge et jaune aux baisers d'une brise attiédie.

Mais le regard de Henri ne se fixait ni sur ces plaines verdoyantes, ni sur ces cimes chenues et dorées : son regard franchissait les espaces intermédiaires, et allait au delà se fixer ardent d'ambition sur cette capitale de la France, destinée à devenir un jour la capitale du monde.

— Paris, murmurait le roi de Navarre, voilà Paris ; c'est-à-dire la joie, le triomphe, la gloire, le pouvoir et le bonheur ; Paris, où est le Louvre, et le Louvre, où est le trône ; et dire qu'une seule chose me sépare de ce Paris tant désiré !... ce sont les pierres qui rampent à mes pieds et qui renferment avec moi mon ennemie.

Et en ramenant son regard de Paris à Vincennes, il aperçut à sa gauche, dans un vallon voilé par des amandiers en fleurs, un homme sur la cuirasse duquel se jouait obstinément un rayon de soleil, point enflammé qui voltigeait dans l'espace à chaque mouvement de cet homme.

Cet homme était sur un cheval plein d'ardeur, et tenait en main un cheval qui paraissait non moins impatient.

Le roi de Navarre arrêta ses yeux sur le cavalier et le vit tirer son épée hors du fourreau, passer la pointe dans son mouchoir, et agiter ce mouchoir en façon de signal.

Au même instant, sur la colline en face, un signal pareil se répéta, puis tout autour du château voltigea comme une ceinture de mouchoirs.

C'étaient de Mouy et ses huguenots, qui, sachant le roi mourant, et qui, craignant qu'on ne tentât quelque chose contre Henri, s'étaient réunis et se tenaient prêts à défendre ou à attaquer.

Henri reporta ses yeux sur le cavalier qu'il avait vu le premier, se courba hors de la balustrade, couvrit ses yeux de sa main, et brisant ainsi les rayons de soleil qui l'éblouissait, reconnut le jeune huguenot.

— De Mouy ! s'écria-t-il comme si celui-ci eût pu l'entendre.

Et dans sa joie de se voir ainsi environné d'amis, il leva lui-même son chapeau et fit voltiger son écharpe.

Toutes les banderoles blanches s'agitèrent de nouveau avec une vivacité qui témoignait de leur joie.

— Hélas ! ils m'attendent, dit-il, et je ne puis les rejoindre… Que ne l'ai-je fait quand je le pouvais peut-être !… Maintenant j'ai trop tardé.

Et il leur fit un geste de désespoir auquel de Mouy répondit par un signe qui voulait dire *j'attendrai*.

En ce moment Henri entendit des pas qui retentissaient dans l'escalier de pierre. Il se retira vivement. Les huguenots comprirent la cause de cette retraite. Les épées rentrèrent au fourreau et les mouchoirs disparurent.

Henri vit déboucher de l'escalier une femme dont la respiration haletante dénonçait une marche rapide, et reconnut, non sans cette secrète terreur qu'il éprouvait toujours en l'apercevant, Catherine de Médicis.

Derrière elle étaient deux gardes qui s'arrêtèrent au haut de l'escalier.

— Oh ! oh ! murmura Henri, il faut qu'il y ait quelque chose de nouveau et de grave pour que la reine mère vienne ainsi me chercher sur la plate-forme du donjon de Vincennes.

Catherine s'assit sur un banc de pierre adossé aux créneaux pour reprendre haleine.

Henri s'approcha d'elle, et avec son plus gracieux sourire :

— Serait-ce moi que vous cherchez, ma bonne mère ? dit-il.

— Oui, Monsieur, répondit Catherine, j'ai voulu vous donner une dernière preuve de mon attachement. Nous touchons à un moment suprême : le roi se meurt et veut vous entretenir.

— Moi ! dit Henri en tressaillant de joie.

— Oui, vous. On lui a dit, j'en suis certaine, que non seulement vous regrettez le trône de Navarre, mais encore que vous ambitionnez le trône de France.

— Oh ! fit Henri.

— Ce n'est pas, je le sais bien, mais il le croit, lui, et nul doute que cet entretien qu'il veut avoir avec vous n'ait pour but de vous tendre un piège.

— À moi ?

— Oui. Charles, avant de mourir, veut savoir ce qu'il y a à craindre ou à espérer de vous ; et de votre réponse à ses offres, faites-y attention, dépendront des derniers ordres qu'il donnera, c'est-à-dire votre mort ou votre vie.

— Mais que doit-il donc m'offrir ?

— Que sais-je, moi ! des choses impossibles, probablement.

— Enfin, ne devinez-vous pas, ma mère ?

— Non : mais je suppose, par exemple…

Catherine s'arrêta.

— Quoi ?

— Je suppose que, vous croyant ces vues ambitieuses qu'on lui a dites, il veuille acquérir de votre bouche même la preuve de cette ambition. Supposez qu'il vous tente comme autrefois on tentait les coupables, pour provoquer un aveu sans torture ; supposez, continua Catherine en regardant fixement Henri, qu'il vous propose un gouvernement, la régence même.

Une joie indicible s'épandit dans le cœur oppressé de Henri ; mais il devina le coup, et cette âme vigoureuse et souple rebondit sous l'attaque.

— À moi ? dit-il, le piège serait trop grossier ; à moi la régence, quand il y a vous, quand il y a mon frère d'Alençon ?

Catherine se pinça les lèvres pour cacher sa satisfaction.

— Alors, dit-elle vivement, vous renoncez à la régence ?

— Le roi est mort, pensa Henri, et c'est elle qui me tend un piège.

Puis tout haut :

— Il faut d'abord que j'entende le roi de France, répondit-il, car, de votre aveu même,

Madame, tout ce que nous avons dit là n'est que supposition.

— Sans doute, dit Catherine ; mais vous pouvez toujours répondre de vos intentions.

— Eh ! mon Dieu ! dit innocemment Henri, n'ayant pas de prétentions, je n'ai pas d'intentions.

— Ce n'est point répondre, cela, dit Catherine sentant que le temps pressait, et se laissant emporter à sa colère ; d'une façon ou de l'autre, prononcez-vous.

— Je ne puis pas me prononcer sur des suppositions, Madame ; une résolution positive est chose si difficile et surtout si grave à prendre, qu'il faut attendre les réalités.

— Écoutez, Monsieur, dit Catherine, il n'y a pas de temps à perdre, et nous le perdons en discussions vaines, en finesses réciproques. Jouons notre jeu en roi et en reine. Si vous acceptez la régence, vous êtes mort.

— Le roi vit, pensa Henri.

Puis tout haut :

— Madame, dit-il avec fermeté, Dieu tient la vie des hommes et des rois entre ses mains : il m'inspirera. Qu'on dise à Sa Majesté que je suis prêt à me présenter devant elle.

— Réfléchissez, Monsieur.

— Depuis deux ans que je suis proscrit, depuis un mois que je suis prisonnier, répondit Henri gravement, j'ai eu le temps de réfléchir, Madame, et j'ai réfléchi. Ayez donc la bonté de descendre la première près du roi, et de lui dire que je vous suis. Ces deux braves, ajouta Henri en montrant les deux soldats, veilleront à ce que je ne m'échappe point. D'ailleurs, ce n'est point mon intention.

Il y avait un tel accent de fermeté dans les paroles de Henri, que Catherine vit bien que toutes ses tentatives, sous quelque forme qu'elles fussent déguisées, ne gagneraient rien sur lui ; elle descendit précipitamment.

Aussitôt qu'elle eut disparu, Henri courut au parapet et fit à de Mouy un signe qui voulait dire : Approchez-vous et tenez-vous prêt à tout événement.

De Mouy, qui était descendu de cheval, sauta en selle, et, avec le second cheval de main, vint au galop prendre position à deux portées de mousquet du donjon.

Henri le remercia du geste, et descendit.

Sur le premier palier il trouva les deux soldats qui l'attendaient.

Un double poste de Suisses et de chevau-légers gardait l'entrée des cours ; il fallait traverser une double haie de pertuisanes pour entrer au château et pour en sortir Catherine s'était arrêtée là et attendait.

Elle fit signe aux deux soldats qui suivaient Henri de s'écarter, et posant une de ses mains sur son bras :

— Cette cour a deux portes, dit-elle ; à celle-ci, que vous voyez derrière les appartements du roi, si vous refusez la régence, un bon cheval et la liberté vous attendent ; à celle-là, sous laquelle vous venez de passer, si vous écoutez l'ambition… Que dites-vous ?

— Je dis que si le roi me fait régent, Madame, c'est moi qui donnerai des ordres aux soldats et non pas vous. Je dis que si je sors du château à la nuit, toutes ces piques, toutes ces hallebardes, tous ces mousquets s'abaisseront devant moi.

— Insensé ! murmura Catherine exaspérée, crois-moi, ne joue pas avec Catherine ce terrible jeu de la vie et de la mort.

— Pourquoi pas ? dit Henri en regardant fixement Catherine ; pourquoi pas avec vous aussi bien qu'avec un autre puisque j'y ai gagné jusqu'à présent ?

— Montez donc chez le roi, Monsieur, puisque vous ne voulez rien croire et rien entendre, dit Catherine en lui montrant l'escalier d'une main et en jouant avec un des deux couteaux empoisonnés qu'elle portait dans cette gaine de chagrin noir devenue historique.

— Passez la première, Madame, dit Henri ; tant que je ne serai pas régent, l'honneur du pas vous appartient.

Catherine, devinée dans toutes ses intentions, n'essaya point de lutter, et passa la première.

XXXIII

LA RÉGENCE.

Le roi commençait à s'impatienter, il avait fait appeler M. de Nancey dans sa chambre, et venait de lui donner l'ordre d'aller chercher Henri, lorsque celui-ci parut.

En voyant son beau-frère apparaître sur le seuil de la porte, Charles poussa un cri de joie, et Henri demeura épouvanté comme s'il se fût trouvé en face d'un cadavre.

Les deux médecins qui étaient à ses côtés s'éloignèrent ; le prêtre qui venait d'exhorter le malheureux prince à une fin chrétienne se retira également.

Charles IX n'était pas aimé, et cependant on pleurait beaucoup dans les antichambres. À la mort des rois, quels qu'ils aient été, il y a toujours des gens qui perdent quelque chose et qui craignent de ne pas retrouver ce quelque chose sous leur successeur.

Ce deuil, ces sanglots, les paroles de Catherine, l'appareil sinistre et majestueux des derniers moments d'un roi, enfin, la vue de ce roi lui-même, atteint d'une maladie qui s'est reproduite depuis, mais dont la science n'avait pas encore eu d'exemple, produisirent sur l'esprit encore jeune et par conséquent encore impressionnable de Henri un effet si terrible que, malgré sa résolution de ne point donner de nouvelles inquiétudes à Charles sur son état, il ne put, comme nous l'avons dit, réprimer le sentiment de terreur qui se peignit sur son visage en apercevant ce moribond tout ruisselant de sang.

Charles sourit avec tristesse. Rien n'échappe aux mourants des impressions de ceux qui les entourent.

— Venez, Henriot, dit-il en tendant la main à son beau-frère avec une douceur de voix que Henri n'avait jamais remarquée en lui jusque-là. Venez, car je souffrais de ne pas vous voir ; je vous ai bien tourmenté dans ma vie, mon pauvre ami, et parfois, je me le reproche maintenant, croyez-moi ! parfois j'ai prêté les mains à ceux qui vous tourmentaient ; mais un roi n'est pas maître des événements, et outre ma mère Catherine, outre mon frère d'Anjou, outre mon frère d'Alençon, j'avais au-dessus de moi, pendant ma vie, quelque chose de gênant, qui cesse du jour où je touche à la mort : la raison d'État.

— Sire, balbutia Henri, je ne me souviens plus de rien que de l'amour que j'ai toujours eu pour mon frère, que du respect que j'ai toujours porté à mon roi.

— Oui, oui, tu as raison, dit Charles, et je te suis reconnaissant de parler ainsi, Henriot ; car en vérité tu as beaucoup souffert sous mon règne, sans compter que c'est pendant mon règne que ta pauvre mère est morte. Mais tu as dû voir que l'on me poussait souvent. Parfois j'ai résisté ; mais parfois aussi j'ai cédé de fatigue. Mais, tu l'as dit, ne parlons plus du passé ; maintenant c'est le présent qui me pousse, c'est l'avenir qui m'effraye.

Et en disant ces mots, le pauvre roi cacha son visage livide dans ses mains décharnées.

Puis, après un instant de silence, secouant son front pour en chasser ces sombres idées et faisant pleuvoir autour de lui une rosée de sang :

— Il faut sauver l'État, continua-t-il à voix basse et en s'inclinant vers Henri, il faut l'empêcher de tomber entre les mains des fanatiques ou des femmes.

Charles, comme nous venons de le dire, prononça ces paroles à voix basse, et cependant Henri crut entendre derrière la coulisse du lit comme une sourde exclamation de colère. Peut-être quelque ouverture pratiquée dans la muraille, à l'insu de Charles lui-même, permettait-elle à Catherine d'entendre cette suprême conversation.

— Des femmes ? reprit le roi de Navarre pour provoquer une explication.

— Oui, Henri, dit Charles, ma mère veut la régence en attendant que mon frère de Pologne revienne. Mais écoute ce que je te dis, il ne reviendra pas.

— Comment ! il ne reviendra pas ? s'écria Henri, dont le cœur bondissait sourdement de joie.

— Non, il ne reviendra pas, continua Charles, ses sujets ne le laisseront pas partir.

— Mais, dit Henri, croyez-vous, mon frère, que la reine mère ne lui aura pas écrit à l'avance ?

— Si fait, mais Nancey a surpris le courrier à Château-Thierry et m'a rapporté la lettre ; dans cette lettre j'allais mourir disait-elle. Mais moi aussi j'ai écrit à Varsovie, ma lettre y arrivera, j'en suis sûr, et mon frère sera surveillé. Donc, selon toute probabilité, Henri, le trône va être vacant.

Un second frémissement plus sensible encore que le premier se fit entendre dans l'alcôve.

— Décidément, se dit Henri, elle est là ; elle écoute, elle attend !

Charles n'entendit rien.

— Or, poursuivit-il, je meurs sans héritier mâle.

Puis il s'arrêta : une douce pensée parut éclairer son visage, et posant sa main sur l'épaule du roi de Navarre :

— Hélas ! te souviens-tu, Henriot, continua-t-il, te souviens-tu de ce pauvre petit enfant que je t'ai montré un soir dormant dans son berceau de soie, et veillé par un ange ? Hélas ! Henriot, ils me le tueront !…

— sire, s'écria Henri, dont les yeux se mouillèrent de larmes, je vous jure devant Dieu que mes jours et mes nuits se passeront à veiller sur sa vie. Ordonnez, mon roi.

— Merci ! Henriot, merci, dit le roi avec une effusion qui était bien loin de son caractère, mais que cependant lui donnait la situation. J'accepte ta parole. N'en fais pas un roi… heureusement il n'est pas né pour le trône, mais un homme heureux. Je lui laisse une fortune indépendante ; qu'il ait la noblesse de sa mère, celle du cœur. Peut-être vaudrait-il mieux pour lui qu'on le destinât à l'Église ; il inspirerait moins de crainte. Oh ! il me semble que je mourrais, sinon heureux, du moins tranquille, si j'avais là pour me consoler les caresses de l'enfant et le doux visage de la mère !

— Sire, ne pouvez-vous les faire venir ?

— Eh ! malheureux ! ils ne sortiraient pas d'ici. Voilà la condition des rois, Henriot : ils ne peuvent ni vivre ni mourir à leur guise. Mais depuis ta promesse je suis plus tranquille.

Henri réfléchit.

— Oui, sans doute, mon roi, j'ai promis, mais pourrai-je tenir ?

— Que veux-tu dire ?

— Moi-même, ne serai-je pas proscrit, menacé comme lui, plus que lui, même ? Car, moi, je suis un homme, et lui n'est qu'un enfant.

— Tu te trompes, répondit Charles ; moi mort, tu seras fort et puissant, et voilà qui te donnera la force et la puissance.

À ces mots, le moribond tira un parchemin de son chevet.

— Tiens, lui dit-il.

Henri parcourut la feuille revêtue du sceau royal.

— La régence à moi, sire ! dit-il en pâlissant de joie.

— Oui, la régence à toi, en attendant le retour du duc d'Anjou, et comme, selon toute probabilité, le duc d'Anjou ne reviendra point, ce n'est pas la régence que te donne ce papier, c'est le trône.

— Le trône, à moi ! murmura Henri.

— Oui, dit Charles, à toi, seul digne et surtout seul capable de gouverner ces galants débauchés, ces filles perdues qui vivent de sang et de larmes. Mon frère d'Alençon est un traître, il sera traître envers tous. Laisse-le dans le donjon où je l'ai mis. Ma mère voudra te tuer, exile-la. Mon frère d'Anjou, dans trois mois, dans quatre mois, dans un an peut-être, quittera Varsovie et viendra te disputer la puissance ; réponds à Henri par un bref du pape. J'ai négocié cette affaire par mon ambassadeur, le duc de Nevers, et tu recevras incessamment le bref.

— Ô mon roi !

— Ne crains qu'une chose, Henri, la guerre civile. Mais en restant converti, tu l'évites, car le parti huguenot n'a consistance qu'à la condition que tu te mettras à sa tête, et M. de Condé n'est pas de force à lutter contre toi. La France est un pays de plaine, Henri, par conséquent un pays catholique. Le roi de France doit être le roi des catholiques et non le roi des huguenots ; car le roi de France doit être le roi de la majorité. On dit que j'ai des remords d'avoir fait la Saint-Barthélémy ; des doutes, oui ; des remords, non. On dit que je rends le sang des huguenots par tous les pores. Je sais ce que je rends : de l'arsenic, et non du sang.

— Oh ! sire, que dites-vous ?

— Rien. Si ma mort doit être vengée, Henriot, elle doit être vengée par Dieu seul. N'en parlons plus que pour prévoir les événements qui en seront la suite. Je te lègue un bon parlement, une armée éprouvée. Appuie-toi sur le parlement et sur l'armée pour résister à tes seuls ennemis : ma mère et le duc d'Alençon.

En ce moment, on entendit dans le vestibule un bruit sourd d'armes et de commandements militaires.

— Je suis mort, murmura Henri.

— Tu crains, tu hésites, dit Charles avec inquiétude.

— Moi ! sire, répliqua Henri ; non, je ne crains pas ; non, je n'hésite pas ; j'accepte.

Charles lui serra la main. Et comme en ce moment sa nourrice s'approchait de lui, tenant une potion qu'elle venait de préparer dans une chambre voisine, sans faire attention que le sort de la France se décidait à trois pas d'elle :

— Appelle ma mère, bonne nourrice, et dis aussi qu'on fasse venir M. d'Alençon.

XXXIV

LE ROI EST MORT : VIVE LE ROI !

Catherine et le duc d'Alençon, livides d'effroi et tremblants de fureur tout ensemble, entrèrent quelques minutes après. Comme Henri l'avait deviné, Catherine savait tout et avait tout dit, en peu de mots, à François. Ils firent quelques pas et s'arrêtèrent attendant.

Henri était debout au chevet du lit de Charles.

Le roi leur déclara sa volonté.

— Madame, dit-il à sa mère, si j'avais un fils, vous seriez régente, ou, à défaut de vous, ce serait le roi de Pologne, ou, à défaut du roi de Pologne enfin, ce serait mon frère François ; mais je n'ai pas de fils, et après moi le trône appartient à mon frère le duc d'Anjou, qui est absent. Comme un jour ou l'autre il viendra réclamer ce trône, je ne veux pas qu'il trouve à sa place un homme qui puisse, par des droits presque égaux, lui disputer ses droits, et qui expose par conséquent le royaume à des guerres de prétendants. Voilà pourquoi je ne vous prends pas pour régente, Madame, car vous auriez à choisir entre vos deux fils, ce qui serait pénible pour le cœur d'une mère. Voilà pourquoi je ne choisis pas mon frère François, car mon frère François pourrait dire à son aîné : « Vous aviez un trône, pourquoi l'avez-vous quitté ? » Non, je choisis donc un régent qui puisse prendre en dépôt la couronne, et qui la garde sous sa main et non sur sa tête. Ce régent, saluez-le, Madame ; saluez-le, mon frère ; ce régent, c'est le roi de Navarre !

Et avec un geste de suprême commandement, il salua Henri de la main.

Catherine et d'Alençon firent un mouvement qui tenait le milieu entre un tressaillement nerveux et un salut.

— Tenez, monseigneur le régent, dit Charles au roi de Navarre, voici le parchemin qui, jusqu'au retour du roi de Pologne, vous donne le commandement des armées, les clefs du trésor, le droit et le pouvoir royal.

Catherine dévorait Henri du regard, François était si chancelant qu'il pouvait à peine se soutenir ; mais cette faiblesse de l'un et cette fermeté de l'autre, au lieu de rassurer Henri, lui montraient le danger présent, debout, menaçant.

Henri n'en fit pas moins un effort violent, et, surmontant toutes ses craintes, il prit le rouleau des mains du roi, puis, se redressant de toute sa hauteur, il fixa sur Catherine et François un regard qui voulait dire :

— Prenez garde, je suis votre maître.

Catherine comprit ce regard.

— Non, non, jamais, dit-elle ; jamais ma race ne pliera la tête sous une race étrangère ; jamais un Bourbon ne régnera en France tant qu'il restera un Valois.

— Ma mère, ma mère, s'écria Charles IX en se redressant dans son lit aux draps rougis, plus effrayant que jamais, prenez garde, je suis roi encore : pas pour longtemps, je le sais bien ; mais il ne faut pas longtemps pour donner un ordre, il ne faut pas longtemps pour punir les meurtriers et les empoisonneurs.

— Eh bien ! donnez-le donc, cet ordre, si vous l'osez. Moi, je vais donner les miens. Venez, François, venez.

Et elle sortit rapidement, entraînant avec elle le duc d'Alençon.

— Nancey ! cria Charles ; Nancey, à moi, à moi ! je l'ordonne, je le veux, Nancey, arrêtez ma mère, arrêtez mon frère, arrêtez…

Une gorgée de sang coupa la parole à Charles au moment où le capitaine des gardes ouvrit la porte, et le roi suffoqué râla sur son lit.

Nancey n'avait entendu que son nom ; les ordres qui l'avaient suivi, prononcés d'une voix moins distincte, s'étaient perdus dans l'espace.

— Gardez la porte, dit Henri, et ne laissez entrer personne.

Nancey salua et sortit.

Henri reporta ses yeux sur ce corps inanimé et qu'on eût pu prendre pour un cadavre, si un léger souffle n'eût agité la frange d'écume qui bordait ses lèvres.

Il regarda longtemps ; puis se parlant à lui-même :

— Voici l'instant suprême, dit-il, faut-il régner, faut-il vivre ?

Au même instant la tapisserie de l'alcôve se souleva, une tête pâlie parut derrière, et une voix vibra au milieu du silence de mort qui régnait dans la chambre royale :

— Vivez, dit cette voix.

— René ! s'écria Henri.

— Oui, sire.

— Ta prédiction était donc fausse : je ne serai donc pas roi ? s'écria Henri.

— Vous le serez, sire, mais l'heure n'est pas encore venue.

— Comment le sais-tu ? parle, que je sache si je dois te croire.

— Écoutez.

— J'écoute.

— Baissez-vous.

Henri s'inclina au-dessus du corps de Charles. René se pencha de son côté. La largeur du lit les séparait seule, et encore la distance était-elle diminuée par leur double mouvement. Entre eux deux était couché et toujours sans voix et sans mouvement le corps du roi moribond.

— Écoutez, dit René : placé ici par la reine mère pour vous perdre, j'aime mieux vous servir, moi, car j'ai confiance en votre horoscope ; en vous servant je trouve à la fois, dans ce que je fais, l'intérêt de mon corps et de mon âme.

— Est-ce la reine mère aussi qui t'a ordonné de me dire cela ? demanda Henri plein de doute et d'angoisses.

— Non, dit René, mais écoutez un secret.

Et il se pencha encore davantage. Henri l'imita, de sorte que les deux têtes se touchaient presque.

Cet entretien de deux hommes courbés sur le corps d'un roi mourant avait quelque chose de si sombre, que les cheveux du superstitieux Florentin se dressaient sur sa tête et qu'une sueur abondante perlait sur le visage de Henri.

— Écoutez, continua René, écoutez un secret que je sais seul, et que je vous révèle si vous me jurez sur ce mourant de me pardonner la mort de votre mère.

— Je vous l'ai déjà promis une fois, dit Henri dont le visage s'assombrit.

— Promis, mais non juré, dit René en faisant un mouvement en arrière.

— Je le jure, dit Henri étendant la main droite sur la tête du roi.

— Eh bien, sire, dit précipitamment le Florentin, le roi de Pologne arrive !

— Non, dit Henri, le courrier a été arrêté par le roi Charles.

— Le roi Charles n'en a arrêté qu'un sur la route de Château-Thierry ; mais la reine mère, dans sa prévoyance, en avait envoyé trois par trois routes.

— Oh ! malheur à moi ! dit Henri.

— Un messager est arrivé ce matin de Varsovie. Le roi partait derrière lui sans que personne songeât à s'y opposer, car à Varsovie on ignorait encore la maladie du roi. Il ne précède Henri d'Anjou que de quelques heures.

— Oh ! si j'avais seulement huit jours ! dit Henri.

— Oui, mais vous n'avez pas huit heures. Avez-vous entendu le bruit des armes que l'on préparait ?

— Oui.

— Ces armes, on les préparait à votre intention. Ils viendront vous tuer jusqu'ici, jusque dans la chambre du roi.

— Le roi n'est pas mort encore.

René regarda fixement Charles :

— Dans dix minutes il le sera. Vous avez donc dix minutes à vivre, peut-être moins.

— Que faire alors ?

— Fuir sans perdre une minute, sans perdre une seconde.

— Mais par où ? s'ils attendent dans l'antichambre. Ils me tueront quand je sortirai.

— Écoutez : je risque tout pour vous, ne l'oubliez jamais.

— Sois tranquille.

— Suivez-moi par ce passage secret, je vous conduirai jusqu'à la poterne. Puis, pour vous donner du temps, j'irai dire à la belle-mère que vous descendez ; vous serez censé avoir découvert ce passage secret et en avoir profité pour fuir : venez, venez.

Henri se baissa vers Charles et l'embrassa au front.

— Adieu, mon frère, dit-il : je n'oublierai point que ton dernier désir fut de me voir te succéder. Je n'oublierai pas que ta dernière volonté fut de me faire roi. Meurs en paix. Au nom de nos frères, je te pardonne le sang versé.

— Alerte ! alerte ! dit René, il revient à lui ; fuyez avant qu'il ne rouvre les yeux, fuyez.

— Nourrice ! murmura Charles, nourrice !

Henri saisit au chevet de Charles l'épée désormais inutile du roi mourant, mit le parchemin qui le faisait régent dans sa poitrine, baisa une dernière fois le front de Charles, tourna autour du lit, et s'élança par l'ouverture qui se referma derrière lui.

— Nourrice ! cria le roi d'une voix plus forte, nourrice !

La bonne femme accourut.

— Eh bien ! qu'y a-t-il, mon Charlot ? demanda-t-elle.

— Nourrice, dit le roi la paupière ouverte et l'œil dilaté par la fixité terrible de la mort, il faut qu'il se soit passé quelque chose pendant que je dormais : je vois une grande lumière, je vois Dieu notre maître ; je vois monseigneur Jésus, je vois la benoîte vierge Marie. Ils le prient, ils le supplient pour moi : le Seigneur tout-puissant me pardonne… il m'appelle… Mon Dieu ! mon Dieu ! recevez-moi dans votre miséricorde… Mon Dieu ! oubliez que j'étais roi car je viens à vous sans sceptre et sans couronne… Mon Dieu ! oubliez les crimes du roi pour ne vous rappeler que les souffrances de l'homme… Mon Dieu ! me voilà.

Et Charles, qui, à mesure qu'il prononçait ces paroles, s'était soulevé de plus en plus comme pour aller au-devant de la voix qui l'appelait, Charles, après ces derniers mots, poussa un soupir et retomba immobile et glacé entre les bras de sa nourrice.

Pendant ce temps, et tandis que les soldats, commandés par Catherine, se portaient sur le passage connu de tous par lequel Henri devait sortir, Henri, guidé par René, suivait le couloir secret et gagnait la poterne, sautait sur le cheval qui l'attendait, et piquait vers l'endroit où il savait retrouver de Mouy.

Tout à coup au bruit de son cheval, dont le galop faisait retentir le pavé sonore, quelques sentinelles se retournèrent en criant :

— Il fuit ! il fuit !

— Qui cela ? s'écria la reine mère en s'approchant d'une fenêtre.

— Le roi Henri, le roi de Navarre, crièrent les sentinelles.

— Feu, dit Catherine, feu sur lui !

Les sentinelles ajustèrent, mais Henri était déjà trop loin.

— Il fuit, s'écria la reine mère, donc il est vaincu.

— Il fuit, murmura le duc d'Alençon, donc je suis roi.

Mais au même instant, et tandis que François et sa mère étaient encore à la fenêtre, le pont-levis craqua sous les pas des chevaux, et précédé par un cliquetis d'armes et par une grande rumeur, un jeune homme lancé au galop, son chapeau à la main, entra dans la cour en criant : *France !* suivi de quatre gentilshommes, couverts comme lui de sueur, de poussière et d'écume.

— Mon fils ! s'écria Catherine en étendant les deux bras par la fenêtre.

— Ma mère ! répondit le jeune homme en sautant à bas du cheval.

— Mon frère d'Anjou ! s'écria avec épouvante François en se rejetant en arrière.

— Est-il trop tard ? demanda Henri d'Anjou à sa mère.

— Non, au contraire, il est temps, et Dieu t'eût conduit par la main qu'il ne t'eût pas amené plus à propos ; regarde et écoute.

En effet, M. de Nancey, capitaine des gardes, s'avançait sur le balcon de la chambre du roi.

Tous les regards se tournèrent vers lui.

Il brisa une baguette en deux morceaux, et, les bras étendus, tenant les deux morceaux de chaque main :

— Le roi Charles IX est mort ! le roi Charles IX est mort ! le roi Charles IX est mort ! cria-t-il trois fois.

Et il laissa tomber les deux morceaux de la baguette.

— Vive le roi Henri III ! cria alors Catherine en se signant avec une pieuse reconnaissance. Vive le roi Henri III !

Toutes les voix répétèrent ce cri, excepté celle du duc François.

— Ah ! elle m'a joué, dit-il en déchirant sa poitrine avec ses ongles.

— Je l'emporte, s'écria Catherine, et cet odieux Béarnais ne régnera pas !

XXXV

ÉPILOGUE.

Un an s'était écoulé depuis la mort du roi Charles IX et l'avènement au trône de son successeur.

Le roi Henri III, heureusement régnant par la grâce de Dieu et de sa mère Catherine, était allé à une belle procession faite en l'honneur de Notre-Dame de Cléry.

Il était parti à pied avec la reine sa femme et toute la cour.

Le roi Henri III pouvait bien se donner ce petit passe-temps ; nul souci sérieux ne l'occupait à cette heure. Le roi de Navarre était en Navarre, où il avait si longtemps désiré être, et s'occupait fort, disait-on, d'une belle fille du sang des Montmorency et qu'il appelait la Fosseuse. Marguerite était près de lui, triste et sombre, et ne trouvant que dans ses belles montagnes, non pas une distraction, mais un adoucissement aux deux grandes douleurs de la vie : l'absence et la mort.

Paris était fort tranquille, et la reine mère, véritablement régente depuis que son cher fils Henri était roi, y faisait séjour tantôt au Louvre, tantôt à l'hôtel de Soissons, qui était situé sur l'emplacement que couvre aujourd'hui la halle au blé, et dont il ne reste que l'élégante colonne qu'on peut voir encore aujourd'hui.

Elle était un soir fort occupée à étudier les astres avec René, dont elle avait toujours ignoré les petites trahisons, et qui était rentré en grâce auprès d'elle pour le faux témoignage qu'il avait si à point porté dans l'affaire de Coconnas et de La Mole, lorsqu'on vint lui dire qu'un homme qui disait avoir une chose de la plus haute importance à lui communiquer, l'attendait dans son oratoire.

Elle descendit précipitamment et trouva le sire de Maurevel.

— *Il* est ici, s'écria l'ancien capitaine des pétardiers, ne laissant point, contre l'étiquette royale, le temps à Catherine de lui adresser la parole.

— Qui, *il* ? demanda Catherine.

— Qui voulez-vous que ce soit, Madame, sinon le roi de Navarre ?

— Ici ! dit Catherine, ici… lui… Henri… et qu'y vient-il faire, l'imprudent ?

— Si l'on en croit les apparences, il vient voir madame de Sauve ; voilà tout. Si l'on en croit les probabilités, il vient conspirer contre le roi.

— Et comment savez-vous qu'il est ici ?

— Hier, je l'ai vu entrer dans une maison, et un instant après madame de Sauve est venue l'y joindre.

— Êtes-vous sur que ce soit lui ?

— Je l'ai attendu jusqu'à sa sortie, c'est-à-dire une partie de la nuit. À trois heures, les deux amants se sont remis en chemin. Le roi a conduit madame de Sauve jusqu'au guichet du Louvre ; là, grâce au concierge, qui est dans ses intérêts sans doute, elle est rentrée sans être inquiétée, et le roi s'en est revenu tout en chantonnant un petit air et d'un pas aussi dégagé que s'il était au milieu de ses montagnes.

— Et où est-il allé ainsi ?

— Rue de l'Arbre-Sec, hôtel de la Belle-Étoile, chez ce même aubergiste où logeaient les deux sorciers que Votre Majesté a fait exécuter l'an passé.

— Pourquoi n'êtes-vous pas venu me dire la chose aussitôt ?

— Parce que je n'étais pas encore assez sûr de mon fait.

— Tandis que maintenant ?

— Maintenant, je le suis.

— Tu l'as vu ?

— Parfaitement. J'étais embusqué chez un marchand de vin en face ; je l'ai vu entrer d'abord dans la même maison que la veille ; puis comme madame de Sauve tardait, il a mis imprudemment son visage au carreau d'une fenêtre du premier, et cette fois je n'ai plus conservé aucun doute. D'ailleurs, un instant après madame de Sauve l'est venue rejoindre de nouveau.

— Et tu crois qu'ils resteront, comme la nuit passée, jusqu'à trois heures du matin ?

— C'est probable.

— Où est donc cette maison ?

— Près de la Croix-des-Petits-Champs, vers Saint-Honoré.

— Bien, dit Catherine. M. de Sauve ne connaît point votre écriture ?

— Non.

— Asseyez-vous là et écrivez.

Maurevel obéit, et prenant la plume :

— Je suis prêt, Madame, dit-il.

Catherine dicta :

« Pendant que le baron de Sauve fait son service au Louvre, la baronne est avec un muguet de ses amis, dans une maison proche de la Croix-des-Petits-Champs, vers Saint-Honoré ; le baron de Sauve reconnaîtra la maison à une croix rouge qui sera faite sur la muraille. »

— Eh bien ? demanda Maurevel.

— Faites une seconde copie de cette lettre, dit Catherine.

Maurevel obéit passivement.

— Maintenant, dit la reine, faites remettre une de ces lettres par un homme adroit au baron de Sauve, et que cet homme laisse tomber l'autre dans les corridors du Louvre.

— Je ne comprends pas, dit Maurevel.

Catherine haussa les épaules.

— Vous ne comprenez pas qu'un mari qui reçoit une pareille lettre se fâche ?

— Mais il me semble, Madame, que du temps du roi de Navarre il ne se fâchait pas.

— Tel qui passe des choses à un roi ne les passe peut-être pas à un simple galant. D'ailleurs, s'il ne se fâche pas, vous vous fâcherez pour lui, vous.

— Moi ?

— Sans doute. Vous prenez quatre hommes, six hommes s'il le faut, vous vous masquez, vous enfoncez la porte, comme si vous étiez les envoyés du baron, vous surprenez les amants au milieu de leur tête-à-tête, vous frappez au nom du roi ; et le lendemain le billet perdu dans le corridor du Louvre, et trouvé par quelque âme charitable qui l'a déjà fait circuler, atteste que c'est le mari qui s'est vengé. Seulement, le hasard a fait que le galant était le roi de Navarre ; mais qui pouvait deviner cela, quand chacun le croyait à Pau ?

Mainevel regarda avec admiration Catherine, s'inclina et sortit.

En même temps que Maurevel sortait de l'hôtel de Soissons, madame de Sauve entrait dans la petite maison de la Croix-des-Petits-Champs.

Henri l'attendait à la porte entr'ouverte.

Dès qu'il l'aperçut dans l'escalier :

— Vous n'avez pas été suivie ? dit-il.

— Mais non, dit Charlotte, que je sache, du moins.

— C'est que je crois l'avoir été, dit Henri, non-seulement cette nuit, mais encore ce soir.

— Oh ! mon Dieu ! dit Charlotte, vous m'effrayez, sire ; si un bon souvenir donné par vous à une ancienne amie allait tourner à mal pour vous, je ne m'en consolerais pas.

— Soyez tranquille, ma mie, dit le Béarnais, nous avons trois épées qui veillent dans l'ombre.

— Trois, c'est bien peu, sire.

— C'est assez quand ces épées s'appellent de Mouy, Saucourt et Barthélémy.

— De Mouy est donc avec vous à Paris ?

— Sans doute.

— Il a osé revenir dans la capitale ? Il a donc, comme vous, quelque pauvre femme folle de lui ?

— Non, mais il a un ennemi dont il a juré la mort, il n'y a que la haine, ma chère, qui fasse faire autant de sottises que l'amour.

— Merci, sire.

— Oh ! dit Henri, je ne dis pas cela pour les sottises présentes, je dis cela pour les sottises passées et à venir. Mais ne discutons pas là-dessus, nous n'avons pas de temps à perdre.

— Vous partez donc toujours ?

— Cette nuit.

— Les affaires pour lesquelles vous étiez revenu à Paris sont donc terminées ?

— Je n'y suis revenu que pour vous.

— Gascon !

— Ventre-saint-gris ! ma mie, je dis la vérité ; mais écartons ces souvenirs : j'ai encore deux ou trois heures à être heureux, et puis une séparation éternelle.

— Ah ! sire, dit madame de Sauve, il n'y a d'éternel que mon amour.

Henri venait de dire qu'il n'avait pas le temps de discuter, il ne discuta donc point ; il crut, ou, le sceptique qu'il était, il fit semblant de croire.

Cependant, comme l'avait dit le roi de Navarre, de Mouy et ses deux compagnons étaient cachés aux environs de la maison.

Il était convenu que Henri sortirait à minuit de la petite maison au lieu d'en sortir à trois heures ; qu'on irait comme la veille reconduire madame de Sauve au Louvre, et que de là on irait rue de la Cerisaie, où demeurait Maurevel.

C'était seulement pendant la journée qui venait de s'écouler que de Mouy avait enfin eu notion certaine de la maison qu'habitait son ennemi.

Ils étaient là depuis une heure à peu près, lorsqu'ils virent un homme, suivi à quelques pas de cinq autres, qui s'approchait de la porte de la petite maison, et qui, l'une après l'autre, essayait plusieurs clefs.

À cette vue, de Mouy, caché dans l'enfoncement d'une porte voisine, ne fit qu'un bond de sa cachette à cet homme, et le saisit par le bras.

— Un instant, dit-il, on n'entre pas là.

L'homme fit un bond en arrière, et en bondissant son chapeau tomba.

— De Mouy de Saint-Phale ! s'écria-t-il.

— Maurevel ! hurla le huguenot enlevant son épée. Je te cherchais ; tu viens au-devant de moi, merci !

Mais la colère ne lui fit pas oublier Henri ; et se retournant vers la fenêtre, il siffla à la manière des pâtres béarnais.

— Cela suffira, dit-il à Saucourt. Maintenant, à moi, assassin ! à moi !

Et il s'élança vers Maurevel.

Celui-ci avait eu le temps de tirer de sa ceinture un pistolet.

— Ah ! cette fois, dit le Tueur de Roi en ajustant le jeune homme, je crois que tu es mort.

Et il lâcha le coup. Mais de Mouy se jeta à droite, et la balle passa sans l'atteindre.

— À mon tour maintenant, s'écria le jeune homme.

Et il fournit à Maurevel un si rude coup d'épée que, quoique ce coup atteignît sa ceinture de cuir, la pointe acérée traversa l'obstacle et s'enfonça dans les chairs.

L'assassin poussa un cri sauvage qui accusait une si profonde douleur que les sbires qui l'accompagnaient le crurent frappé à mort et s'enfuirent épouvantés du côté de la rue Saint-Honoré.

Maurevel n'était point brave. Se voyant abandonné par ses gens et ayant devant lui un adversaire comme de Mouy, il essaya à son tour de prendre la fuite, et se sauva par le même chemin qu'ils avaient pris, en criant : « À l'aide ! »

De Mouy, Saucourt et Barthélémy, emportés par leur ardeur, les poursuivirent.

Comme ils entraient dans la rue de Grenelle, qu'ils avaient prise pour leur couper le chemin, une fenêtre s'ouvrait et un homme sautait du premier étage sur la terre fraîchement arrosée par la pluie.

C'était Henri.

Le sifflement de de Mouy l'avait averti d'un danger quelconque, et ce coup de pistolet, en lui indiquant que le danger était grave, l'avait attiré au secours de ses amis.

Ardent, vigoureux, il s'élança sur leurs traces l'épée à la main.

Un cri le guida : il venait de la barrière des Sergents. C'était Maurevel, qui, se sentant pressé par de Mouy, appelait une seconde fois à son secours ses hommes emportés par la terreur.

Il fallait se retourner ou être poignardé par derrière.

Maurevel se retourna, rencontra le fer de son ennemi, et presque aussitôt lui porta un coup si habile que son écharpe en fut traversée. Mais de Mouy riposta aussitôt.

L'épée s'enfonça de nouveau dans la chair qu'elle avait déjà entamée, et un double jet de sang s'élança par une double plaie.

— Il en tient ! cria Henri, qui arrivait. Sus ! sus, de Mouy !

De Mouy n'avait pas besoin d'être encouragé.

Il chargea de nouveau Maurevel ; mais celui-ci ne l'attendit point.

Appuyant sa main gauche sur sa blessure, il reprit une course désespérée.

— Tue-le vite ! tue-le ! cria le roi ; voici ses soldats qui s'arrêtent, et le désespoir des lâches ne vaut rien pour les braves.

Maurevel, dont les poumons éclataient, dont la respiration sifflait, dont chaque haleine chassait une sueur sanglante, tomba tout à coup d'épuisement ; mais aussitôt il se releva, et, se retournant sur un genou, il présenta la pointe de son épée à de Mouy.

— Amis ! amis ! cria Maurevel, ils ne sont que deux. Feu, feu sur eux !

En effet, Saucourt et Barthélémy s'étaient égarés à la poursuite de deux sbires qui avaient pris par la rue des Poulies, et le roi et de Mouy se trouvaient seuls en présence de quatre hommes.

— Feu ! continuait de hurler Maurevel, tandis qu'un de ses soldats apprêtait effectivement son poitrinal.

— Oui, mais auparavant, dit de Mouy, meurs, traître, meurs, misérable, meurs damné comme un assassin.

Et saisissant d'une main l'épée tranchante de Maurevel, de l'autre il plongea la sienne du haut en bas dans la poitrine de son ennemi, et cela avec tant de force qu'il le cloua contre terre.

— Prends garde ! prends garde ! cria Henri.

De Mouy fit un bond en arrière, laissant son épée dans le corps de Maurevel, car un soldat rajustait et allait le tuer à bout portant.

En même temps Henri passait son épée au travers du corps du soldat, qui tomba près de Maurevel en jetant un cri.

Les deux autres soldats prirent la fuite.

— Viens ! de Mouy, viens ! cria Henri. Ne perdons pas un instant ; si nous étions reconnus, ce serait fait de nous.

— Attendez, sire ; et mon épée, croyez-vous que je veuille la laisser dans le corps de ce misérable ?

Et il s'approcha de Maurevel gisant et en apparence sans mouvement ; mais au moment où de Mouy mettait la main à la garde de cette épée, qui effectivement était restée dans le corps de Maurevel, celui-ci se releva armé du poitrinal que le soldat avait lâché en tombant, et à bout portant il lâcha le coup au milieu de la poitrine de de Mouy.

Le jeune homme tomba sans même pousser un cri : il était tué raide.

Henri s'élança sur Maurevel ; mais il était tombé à son tour, et son épée ne perça plus qu'un cadavre.

Il fallait fuir ; le bruit avait attiré un grand nombre de personnes, la garde de nuit pouvait venir. Henri chercha parmi les curieux attirés par le bruit une figure, une connaissance, et tout à coup poussa un cri de joie.

Il venait de reconnaître maître La Hurière.

Comme la scène se passait au pied de la croix du Trahoir, c'est-à-dire en face de la rue de l'Arbre-Sec, notre ancienne connaissance, dont l'humeur naturellement sombre s'était encore singulièrement attristée depuis la mort de La Mole et de Coconnas, ses deux hôtes bien-aimés, avait quitté ses fourneaux et ses casseroles au moment où justement il apprêtait le souper du roi de Navarre et était accouru.

— Mon cher La Hurière, je vous recommande de Mouy, quoique j'aie bien peur qu'il n'y ait plus rien à faire. Emportez-le chez vous, et s'il vit encore n'épargnez rien, voila ma bourse. Quant à l'autre, laissez-le dans le ruisseau et qu'il y pourrisse comme un chien.

— Mais vous ? dit La Hurière.

— Moi, j'ai un adieu à dire. Je cours, et dans dix minutes je suis chez vous. Tenez mes chevaux prêts.

Et Henri se mit effectivement à courir dans la direction de la petite maison de la Croix-des-Petits-Champs ; mais en débouchant de la rue de Grenelle, il s'arrêta plein de terreur.

Un groupe nombreux était amassé devant la porte.

— Qu'y a-t-il dans cette maison, demanda Henri, et qu'est-il arrivé ?

— Oh ! répondit celui auquel il s'adressait, un grand malheur, Monsieur. C'est une belle jeune femme qui vient d'être poignardée par son mari, à qui l'on avait remis un billet pour le prévenir que sa femme était avec un amant.

— Et le mari ? s'écria Henri.

— Il est sauvé.

— La femme ?

— Elle est là.

— Morte ?

— Pas encore ; mais, Dieu merci, elle n'en vaut guère mieux.

— Oh ! s'écria Henri, je suis donc maudit !

Et il s'élança dans la maison.

La chambre était pleine de monde, tout ce monde entourait un lit sur lequel était couchée la pauvre Charlotte percée de deux coups de poignard.

Son mari, qui pendant deux ans avait dissimulé sa jalousie contre Henri, avait saisi cette occasion de se venger d'elle.

— Charlotte ! Charlotte ! cria Henri fendant la foule et tombant à genoux devant le lit.

Charlotte rouvrit ses beaux yeux déjà voilés par la mort ; elle jeta un cri qui fit jaillir le sang de ses deux blessures, et faisant un effort pour se soulever :

— Oh ! je savais bien, dit-elle, que je ne pouvais pas mourir sans le revoir.

Et en effet, comme si elle n'eût attendu que ce moment pour rendre à Henri cette âme qui l'avait tant aimé, elle appuya ses lèvres sur le front du roi de Navarre, murmura encore une dernière fois : Je t'aime, et retomba expirée.

Henri ne pouvait rester plus longtemps sans se perdre. Il tira son poignard, coupa une boucle de ses beaux cheveux blonds qu'il avait si souvent dénoués pour en admirer la longueur, et sortit en sanglotant au milieu des sanglots des assistants, qui ne se doutaient pas qu'ils pleuraient sur de si hautes infortunes.

— Ami, amour, s'écria Henri éperdu, tout m'abandonne, tout me quitte, tout me manque à la fois !

— Oui, sire, lui dit tout bas un homme qui s'était détaché du groupe de curieux amassé devant la petite maison et qui l'avait suivi, mais vous avez toujours le trône.

— René ! s'écria Henri.

— Oui, sire, René qui veille sur vous : ce misérable en expirant vous a nommé ; on sait que vous êtes à Paris, les archers vous cherchent, fuyez, fuyez.

— Et tu dis que je serai roi, René ! un fugitif !

— Regardez, sire, dit le Florentin en montrant au roi une étoile qui se dégageait, brillante, des plis d'un nuage noir, ce n'est pas moi qui le dis, c'est elle.

Henri poussa un soupir et disparut dans l'obscurité.

FIN DE LA REINE MARGOT

Table of Contents

La Reine Margot

Le Latin de M. de Guise.

La Chambre de la reine de Navarre.

Un Roi poëte.

La Soirée du 24 août 1572.

Du Louvre en particulier, et de la Vertu en général.

La Dette payée.

La Nuit du 24 août 1572.

Les Massacrés.

Les Massacreurs.

Mort, Messe ou Bastille.

L'Aubépine du cimetière des Innocents.

Les Confidences.

Comme il y a des clefs qui ouvrent des portes auxquelles elles ne sont pas destinées.

Seconde Nuit de noces.

Ce que femme veut Dieu le veut.

Le Corps d'un ennemi mort sent toujours bon.

Le Confrère de maître Ambroise Paré.

Les Revenants.

Le Logis de maître René, le parfumeur de la reine mère.

Les Poules noires.

L'Appartement de madame de Sauve.

Sire, vous serez roi.

Un nouveau Converti.

La rue Tizon et la rue Cloche-Percée.

Le Manteau cerise.

Margarita.

La Main de Dieu.

La Lettre de Rome.

Le Départ.

Maurevel.

La Chasse à courre.

Fraternité

La Reconnaissance du roi Charles IX

Dieu dispose

La Nuit des rois

Anagramme

La Rentrée au Louvre

La Cordelière de la reine mère

Projets de vengeance

Les Atrides

L'Horoscope

Les Confidences

Les Ambassadeurs

Oreste et Pylade

Orthon
L'Hôtellerie de la Belle-Étoile
De Mouy de Saint-Phale
Deux Têtes pour une couronne
Le Livre de vénerie
La Chasse au vol
Le Pavillon de François Ier
Les Investigations
Actéon
Le Bois de Vincennes
La Figure de cire
Les Boucliers invisibles
Les Juges
La Torture du brodequin
La Chapelle
La Place Saint-Jean-en-Grève
La Tour du pilori
La Sueur de sang
La Plate-forme du donjon de Vincennes
La Régence
Le Roi est mort : vive le roi !
Épilogue
À propos

Made in the USA
Columbia, SC
30 April 2025

57370118R00193